C. W. CERAM

GÖTTER, GRÄBER UND GELEHRTE

Roman
der Archäologie

VERLAG VOLK UND WELT
BERLIN

Diese Ausgabe
entspricht der ergänzten Auflage von 1972
Die vier ganzseitigen Karten zeichnete Heinrich Hartmann,
Schwalldorf bei Tübingen
Mit einer Vorbemerkung von Heinz Mode

ISBN 3-353-00094-1
3. Auflage
Lizenzausgabe des Verlages Volk und Welt, Berlin 1987
für die Deutsche Demokratische Republik
L. N. 302, 410/177/87
Copyright by Rowohlt Verlag GmbH, Hamburg 1949
© Rowohlt Verlag GmbH, Reinbek bei Hamburg, 1967, 1972
Printed in the German Democratic Republic
Einbandentwurf: Klaus Krüger
Satz: Clausen & Bosse, Leck/Schleswig
Druck und buchbinderische Verarbeitung: Karl-Marx-Werk Pößneck V 15/30
LSV: 7302
Bestell-Nr. 647 412 1

02120

VORBEMERKUNG

DER erste Roman der Archäologie, geschrieben von C. W. Ceram, ist heute bereits ein «Klassiker», ein Buch, das sich bewährt hat und viele Menschen emotional in ein Wissensgebiet eingeführt hat, das zu ihrem alltäglichen Leben in keiner unmittelbaren Beziehung stand. Das große Thema der alten Hochkulturen der Menschheit, ihre Entdeckung und Erschließung für das Geschichtsbewußtsein ist hier erstmalig von einer Belastung durch veraltete schulpädagogische Reglementierung und Einseitigkeit befreit worden. Die Einengung des Begriffes Altertum auf die Antike Griechenlands und Roms wurde gesprengt, die Begrenzung auf eine heroisierende Darstellung dynastischer und kriegerischer Ereignisse wurde aufgehoben. Die abenteuerliche Suche nach den Spuren der Vergangenheit unterhalb der Erdoberfläche und außerhalb der heimatlichen Fluren macht sogar Tonscherben alter Gefäße und Ziegel zerstörter Bauwerke zu Interesse erweckenden Augenzeugen der Vergangenheit, die der Archäologe zum Sprechen bringt und deren Aussage auch der Nichtfachmann nach einiger Übung zu begreifen versteht.

Einen Roman kann und soll man nicht verändern, erweitern oder erneuern. Er steht in sich abgeschlossen, für sich, seine Zeit, seinen Autor. Es ist jedoch legitim, einiges für den heutigen Leser, etwa 30 Jahre nach dem Erscheinen der ersten Ausgabe, hinzuzufügen. Da wäre zunächst an die vom Autor gesetzte Einschränkung des Begriffes «Archäologie» zu denken, den er auf die alten Hochkulturen anwendet und auch unter diesen in Form einer Vierteilung allein die minoisch-mykenischen, die ägyptischen, die mesopotamischen und die mesoamerikanischen Hochkulturen auswählt. Ein abschließendes Kapitel enthält zwar den Hinweis auf das im Buch nicht geschriebene; es soll aber an dieser Stelle betont werden, daß es sich hierbei um sehr wichtige Gebiete, u. a. Süd- und Ostasien und Afrika, handelt, die nicht berücksichtigt worden sind. Ausgeklammert bleiben auch die nachhomerischen Kulturen Griechenlands und Roms.

Die Beschränkung Cerams auf eine spezifische Auswahl von Entwicklungsstadien und -räumen früher menschlicher Geschichte erwächst als Konsequenz aus der Konzeption des gesamten Buches. Diese bezieht in besonderem Maße, wie Ceram selbst schreibt, die Forschungsgeschichte und die Forscherpersönlichkeiten, ihre Schicksale, Erfolge und Mißerfolge, als dramatisches Element in den «Roman» ein. So ist die Limitierung der behandelten Themen also nicht nur allein auf den teilweise noch ungenügenden Erkenntnisstand in vielen Entwicklungsräumen zurückzuführen, sondern sie ergibt sich auch aus der Absicht des Autors, ein populär-unterhaltendes, ein spannendes Buch zu schreiben.

«Götter, Gräber und Gelehrte» ist eine Schilderung des Abenteuers der Archäologie. Wir sollten jedoch nicht vergessen, daß die Archäologie eine wissenschaftliche Disziplin ist, die, vom Standpunkt des Marxismus-Leninismus aus betrachtet, eine wesentliche Stellung im System der Gesellschaftswissenschaften und speziell in der Geschichtswissenschaft einnimmt. Cerams Buch vermittelt uns in erster Linie Einblicke in die großartigen Überreste alter Kulturen und ihre Entdeckungsgeschichte. Der Archäologie obliegt jedoch außer dieser noch eine andere wichtige Aufgabe. Sie hat als historische Teilwissenschaft die allgemeinen und spezifischen Gesetze der Entwicklung von der Urgesellschaft zur frühen Klassengesellschaft zu erforschen. Auf diese Weise leistet die Archäologie ihren Beitrag zu einem komplexen wissenschaftlichen Bild von der Geschichte der Menschheit.

Die marxistische Archäologie geht davon aus, daß sie – deren Forschungsfeld doch eigentlich weite Vergangenheit betrifft – durch ihr Mitwirken bei der Erstellung und praktischen Bestätigung allgemeiner Gesetzmäßigkeiten der gesellschaftlichen Entwicklung, letztlich auch für die Erkenntnis, für das Begreifen unserer neuen und neuesten Geschichte, arbeitet. Die Archäologie ist also keinesfalls nur eine Wissenschaft der Suche nach zerfallenen Städten, Palästen und Tempeln, sondern sie umfaßt auch die Erforschung jener sozialökonomischen Aussagen, die sich hinter dem Ausgegrabenen verbergen, eine Analyse aller materiellen Hinterlassenschaften früher Zeiten der Menschheit nach der Methodik des historischen Materialismus und ihre Einordnung in den welthistorischen Zusammenhang.

Im Schlußkapitel seines Buches verweist Ceram auf den englischen Historiker und Geschichtsphilosophen Arnold Joseph Toynbee, dessen umfassendes Geschichtswerk «A Study of History» auf der Annahme von 21 Kulturen beruht und der – ebenso wie Oswald Spengler – das «gelehrte Geschichtsbild der fortschreitenden Entwicklung» endgültig begraben habe. Hier ist Ceram, wenn auch nur in wenigen Sätzen, der modernen bürgerlichen Geschichtsschreibung verpflichtet. Ceram behandelt dieses Thema jedoch nur ganz am Rande, und er bringt keine Argumente für die Gültigkeit des Toynbeeschen Welt- und Geschichtsbildes. Deshalb ist es an dieser Stelle auch nicht geboten, breit auf den Gegenbeweis einzugehen. (Der interessierte Leser sei verwiesen auf: I. S. Kon, Die Geschichtsphilosophie des 20. Jahrhunderts. Kritischer Abriß, Berlin 1964.) Die historisch-materialistische Geschichtsauffassung, die auf einer dialektischen Konzeption der Entwicklung der menschlichen Gesellschaft, der Produktivkräfte und Produktionsverhältnisse, basiert, wird durch die Resultate auch der archäologischen Forschung ständig weiter untermauert und gefestigt – sie bestätigt sich kontinuierlich in der Praxis.

Halle (Saale) im April 1977　　　　　　　　　　　　　　　　Heinz Mode

«*Es gibt keine patriotische Kunst und keine patriotische Wissenschaft. Beide gehören, wie alles hohe Gute, der ganzen Welt an, und können nur durch allgemeine freie Wechselwirkung aller zugleich Lebenden, in steter Rücksicht auf das, was uns vom Vergangenen übrig und bekannt ist, gefördert werden.*»
GOETHE

«*Wer seine Zeit recht sehen will, soll sie von ferne betrachten. Wie fern? Sehr einfach, genau so weit, daß er die Nase der Cleopatra nicht mehr erkennt.*»
ORTEGA Y GASSET

EINLEITUNG

WOVON DIE REDE IST

ICH rate dem Leser, das Buch nicht auf der ersten Seite zu beginnen. Ich tue das deshalb, weil ich weiß, wie wenig die überzeugteste Versicherung des Autors verfängt, daß er einen außerordentlich interessanten Stoff vorzutragen habe, wie wenig besonders dann, wenn der Titel einen Roman der Archäologie verspricht, der Altertumskunde, von der jedermann überzeugt ist, daß sie eine der trockensten und langweiligsten Wissenschaften sei.

Ich empfehle, auf Seite 82 anzufangen und das Kapitel über Ägypten, das «Buch der Pyramiden», zuerst zu lesen. Dann habe ich die Hoffnung, daß auch der mißtrauischste Leser unserem Thema wohlwollender gegenübertritt und sich entschließt, gewisse Voreingenommenheiten übers Bücherbord zu werfen. Nach solcher Einführung allerdings bitte ich den Leser, in seinem eigenen Interesse zurückzublättern und mit Seite 18 zu beginnen. Danach nämlich bedarf er zum besseren Verständnis auch der erregendsten Geschehnisse einer planmäßigen Führung. –

Unser Buch ist ohne wissenschaftliche Ambitionen geschrieben. Vielmehr wurde nur versucht, eine bestimmte Wissenschaft derart zum Gegenstand der Betrachtung zu machen, daß die Arbeit der Forscher und Gelehrten vor allem in ihrer inneren Spannung, ihrer dramatischen Verknüpfung, ihrem menschlichen Gebundensein sichtbar wurde. Dabei durfte die Abschweifung nicht gescheut werden, ebensowenig wie die persönliche Reflexion und die Herstellung aktueller Bezogenheit. Dadurch ist ein Buch entstanden, das der Wissenschaftler «unwissenschaftlich» nennen muß.

Ich habe dafür nur eine Entschuldigung, daß dies genau in meiner Absicht lag. Denn ich fand, daß diese reiche Wissenschaft, in deren Taten sich Abenteuer und Stubenfleiß, romantischer Aufbruch und geistige Selbstbescheidung paarten, in der die Tiefe aller Zeiten und die Weite globalen Raumes ausgeschritten wurde, in Fachpublikationen begraben worden war. Wie hoch auch immer der wissenschaftliche Wert dieser Publikationen war – sie waren keineswegs dazu geschrieben, «gelesen» zu werden. Ja, es ist merkwürdig, daß insgesamt bisher nicht mehr als drei oder vier Versuche gemacht worden sind, die Erkundungszüge in die Vergangenheit zu einem erregenden Abenteuer zu kompilieren; merkwürdig deshalb, weil es wirklich kaum ein erregenderes Abenteuer gibt – sofern man geneigt ist, Abenteuer stets als Mischung von Geist und Tat zu sehen. –

Trotz der jeder reinen Deskription abholden Methode, die mir hier die Feder führte, bin ich in höchstem Grade der reinen archäologischen Wissenschaft verpflichtet. Wie könnte es anders sein – das Buch ist ein Loblied auf ihre Ergebnisse, ihren Scharfsinn, ihre Unermüdlichkeit; auf die Forscher selbst vor allem, die meist nur aus echter Bescheidenheit verschwiegen, was – weil es des Nacheiferns wert ist – der Verkündung bedarf. Aus dieser Verpflichtung heraus resultiert auch mein Versuch, falsche Gruppierungen und falsche Akzente zu vermeiden. Der «Roman der Archäologie» ist ein Roman im barocken Sinn, insofern er im ältesten Sinn romantische (der Realität durchaus nicht widersprechende) Ereignisse und Lebensläufe erzählt.

Aber er ist ein «Tatsachenroman», und das will im vorliegenden Fall im allerstrengsten Sinne heißen: Alles, was hier erzählt wird, ist nicht etwa nur an Tatsachen geknüpft (und von der Phantasie des Autors ausgeschmückt), sondern ist im einwandfreiesten Sinn allein aus Tatsachen zusammengefügt (zu denen die Phantasie des Autors auch nicht das kleinste Ornament hinzufügte, sofern dies Ornament nicht ebenfalls von der Zeitgeschichte geliefert wurde).

Dennoch bin ich überzeugt, daß der Fachwissenschaftler, der dies Buch in die Hand bekommt, Fehler in ihm entdecken wird. So erschien mir zum Beispiel anfangs als schwer umschiffbare Klippe die Schreibung der Namen. Mehr als einmal hatte ich die Auswahl zwischen einem Dutzend verschiedener Schreibweisen desselben Namens. Dem Charakter des Buches entsprechend entschloß ich mich schließlich durchgehend zur gebräuchlichsten Schreibweise – ohne ein wissenschaftliches Prinzip durchzuführen, das stellenweise zur völligen Unverständlichkeit geführt hätte. Dieser Entschluß fiel mir leichter, als ich die Bemerkung des großen deutschen Historikers Ed. Meyer fand, der in seiner «Geschichte des Altertums» – obwohl zur Fachwelt sprechend – vor derselben Frage stand und schließlich sagte: «... da habe ich keinen anderen Ausweg gesehen, als ganz prinzipienlos zu verfahren.» Einer Entscheidung, die ein Historiker von außerordentlichem Rang getroffen hat, darf sich der Verfasser eines einfachen Berichtes wohl beugen.

Sicher aber sind mir darüber hinaus rein sachliche Fehler unterlaufen – ich glaube nicht, daß das zu vermeiden ist, wenn man ein so ungeheures Material, das nicht weniger als vier Spezialwissenschaften umfaßt, zum erstenmal in einen Überblick zu pressen versucht. Hier bin ich jedem zuständigen Leser für Berichtigungen dankbar. –

Aber nicht nur der Wissenschaft fühle ich mich verpflichtet, sondern auch einer bestimmten Art von Literatur, genauer gesagt, dem Schöpfer der Literatur, der mit diesem Buche ein bescheidenes Werk angefügt sein soll. Es ist meines Wissens Paul de Kruif, der amerikanische Arzt, der es zum erstenmal unternahm, die Entwicklung einer ganz speziellen Wissenschaft so darzustellen, daß sie mit einer Erregung gelesen werden konnte, die in unserem Jahrhundert nur noch vom Kriminalroman ausgelöst wird. De Kruif entdeckte im Jahre 1927, daß die Entwicklung der Bakteriologie, sieht man sie richtig und ordnet man sie richtig, romanhafte Elemente enthält. Und er entdeckte weiterhin, daß sich auch die verwickeltsten wissenschaftlichen Probleme auf eine höchst einfache und verständliche Art darstellen lassen, wenn man sie als Arbeitsprozesse beschreibt, das heißt, wenn man den Leser genau denselben Weg führt, den der Wissenschaftler selber nahm – vom Augenblick der Eingebung an bis zum Ergebnis. Und er fand, daß die Umwege, Kreuzwege und Sackgassen, auf die der Wissenschaftler gelockt wurde durch seine menschliche Unzulänglichkeit, durch Versagen seines Gehirns, durch störende Zufälle und hindernde Einflüsse von außen, von jener Dynamik, jener Dramatik durchweht sind, die eine unheimliche Spannung zu erzeugen vermögen. So entstand sein Buch von den «Mikrobenjägern» – und allein der Titel, der die nüchterne Bezeichnung «Bakteriologen» in eine menschliche Kategorie verwandelte, enthielt durch diese Verwandlung das Programm für eine neue literarische Kategorie, für den «Tatsachenroman».

Seit Paul de Kruifs erstem Versuch gibt es kaum ein wissenschaftliches Gebiet, dem nicht der eine oder andere Autor, oder mehrere zugleich, mit dieser neuen literarischen Methode zu Leibe gegangen wäre. Es ist durchaus in der Ordnung, daß dies meist von Schriftstellern geschah, die im wissenschaftlichen Sinn Dilettanten waren. Grundlage für eine noch ausstehende Kritik scheint mir dies: In welchem Verhältnis steht in ihren Büchern die Wissenschaft zur Literatur; wieweit überwiegt die «Tatsache» oder wieweit der «Roman». Mir scheint, daß die besten Bücher jener Kategorie angehören, die ihr romanhaftes Element nur aus der «Ordnung» der Fakten gewinnen und damit der Tatsache stets den Vorrang lassen. Dieser Kategorie versuchte ich mein Buch nahezubringen, und ich hoffe, damit jedem Leser genutzt zu haben, der «sicher»-gehen will und dieses Buch trotz seiner romanhaften Art als Nachschlagewerk benutzen möchte. Er kann es.

Ich tat es in nachträglicher Arbeit besonders deshalb, weil ich auf dem hier begangenen Gebiet eine Vorläuferin habe, die der anderen Kategorie angehört. Es ist Anne Terry White mit ihrem Buch «Lost Worlds», das mir in die

Hände fiel, als ich «Götter, Gräber und Gelehrte» fast beendet hatte. Ich möchte der amerikanischen Kollegin meine Hochachtung für ihre Arbeit aussprechen, halte aber doch das Prinzip, die «Tatsache» vor dem «Roman» rangieren zu lassen, für das richtigere. Deshalb auch entschloß ich mich im Gegensatz zu Frau White, all denen, die sich für die Wissenschaft von den vergangenen Zeiten nun auch weiterhin zu interessieren versuchen, stets mit klaren und einwandfreien Hinweisen zu dienen. So habe ich keine Furcht gehabt, mit Daten und Überblicken den Fluß der Erzählung zu unterbrechen, und ich habe dem Buch Literaturhinweise, Karten, Zeittafeln und ein Register angefügt.

Zum Schluß muß ich all denen, die mir halfen, meinen Dank aussprechen. Die deutschen Professoren Dr. Eugen von Mercklin, Dr. Carl Rathjens und Dr. Franz Termer hatten die Freundlichkeit, das Manuskript – jeder für sein Gebiet – zu überprüfen. Prof. Dr. Kurt Erdmann, Prof. Dr. Dr. Hartmut Schmökel und der Schliemann-Forscher Dr. Ernst Meyer gaben nachträglich einige wichtige Korrekturen. Sie alle erteilten mir wertvolle Hinweise, unterstützten mich in jeder Hinsicht, vor allem in der Beschaffung von Literatur (wofür ich außerdem noch Prof. Dr. Walter Hagemann, Münster, danken muß), und machten mich auf einige Fehler aufmerksam, die ich noch ausmerzen konnte. Ihnen allen danke ich nicht nur für ihre Hilfe, sondern vor allem auch für das Verständnis, das sie als Fachwissenschaftler einem Buch gegenüber zeigten, das so ganz und gar aus dem Rahmen aller Fachwissenschaft fällt. Auch möchte ich nicht vergessen, Edda Rönckendorff und Erwin Dunkker dafür zu danken, daß sie mir einen Teil der oft recht schwierigen Übersetzungsarbeiten abnahmen.

November 1949   C.W.C.

I. DAS BUCH DER STATUEN

« Welches Wunder begibt sich? Wir flehten um trinkbare Quellen,
Erde, dich an, und was sendet dein Schoß uns herauf?
Lebt es im Abgrund auch? Wohnt unter der Lava verborgen
noch ein neues Geschlecht? Kehrt das entflohne zurück?
Griechen, Römer, o kommt! o seht, das alte Pompeji
findet sich wieder, aufs neu bauet sich Herkules' Stadt!»

SCHILLER

I. KAPITEL

VORSPIEL AUF KLASSISCHEM BODEN

Im Jahre 1738 verließ Maria Amalia Christine, Tochter Augusts III. von Sachsen, den Dresdener Hof und heiratete Karl von Bourbon, König beider Sizilien.

Die lebhafte, kunstsinnige Königin stöberte durch die weiten Räume der neapolitanischen Gärten und Paläste und entdeckte Statuen und Bildwerke, die vor dem letzten Ausbruch des Vesuvs zum Teil zufällig gefunden, zum Teil auf die Initiative eines Generals d'Elbœuf zutage gefördert worden waren.

Entzückt von der Schönheit dieser Torsi, bestürmte sie den königlichen Gemahl, ihr neue Stücke suchen zu lassen. Da der Vesuv nach dem Großausbruch im Mai des Jahres 1737 – die Flanke des Berges hatte sich geöffnet, und ein Teil der Vesuvspitze war in die Luft geflogen – seit anderthalb Jahren ruhig unter dem blauen Himmel Neapels stand, gab der König ihren Bitten nach.

Nun, es lag nichts näher, als dort weiterzuforschen, wo d'Elbœuf aufgehört hatte. Der König beriet sich mit Cavaliere Rocco Gioacchino de Alcubierre, dem obersten Befehlshaber seiner Genietruppen. Der Spanier schaffte Arbeiter heran, Werkzeuge und Pulver. Die Schwierigkeiten waren bedeutend. Fünfzehn Meter steinharter Eruptionsmasse waren zu überwinden. Von einem Brunnenschacht aus, den noch d'Elbœuf entdeckt hatte, trieb man Gänge und bohrte Sprenglöcher. Und dann kam der Augenblick, da die Spitzhacke Metall fand und es unter ihrem Schlage dröhnte wie eine Glocke. Das erste, was man gefunden hatte, waren drei Bruchstücke von überlebensgroßen bronzenen Pferden.

Jetzt erst tat man das klügste, was man tun konnte, was man eigentlich schon vom ersten Augenblick an hätte tun sollen: Man holte einen Fachmann. Der Marchese Don Marcello Venuti, Humanist, Leiter der Königlichen Bibliothek, überwachte die weiteren Funde. Drei Marmorbildwerke, mit Togen bekleidete Römer, bemalte Säulen und ein bronzener Pferdeleib folgten. Das Königspaar erschien zur Besichtigung. Der Marchese ließ sich an einem Strick in die Hohlgänge hinab und entdeckte eine Stiege. Ihre Form ließ ihn

Vorspiel auf klassischem Boden 19

einen Schluß auf das Bauwerk ziehen, dessen Richtigkeit am 11. Dezember 1738 bestätigt wurde. Da fand man eine Inschrift, aus der zu ersehen war, daß ein gewisser Rufus das «Theatrum Herculanense» aus eigenem Gelde erbaut habe.

Damit war eine versunkene Stadt entdeckt. Wo ein Theater war, mußte ein Ort sein. Ahnungslos war d'Elbœuf einst geradenwegs – weite Hänge erstarrten Lavaschlammes hatten ihm zur Auswahl bereitgelegen – auf die Mitte der Schaubühne gestoßen! Diese Bühne lag voller Statuen. Und nur hier und nirgendwo sonst konnte soviel bildhauerische Arbeit buchstäblich aufeinanderliegen, denn der gewaltig sich anwälzende Lavastrom hatte die Rückwand des Theaters, die reich mit Bildwerken geschmückte Skenenwand, auf die Bühne gestürzt, wo sie dröhnend zusammengefallen war und ihre steinernen Körper auf siebzehnhundert Jahre zur Ruhe gegangen waren.

Die Inschrift nannte den Namen der Stadt: Herculaneum.

LAVA, das flüssig ausströmende Gestein, Gemisch aller Mineralien, erstarrt zu Glas und neuem Gestein. Zwanzig Meter tief unter solcher Decke lag Herculaneum.

Lapilli dagegen, kleine vulkanische Steinchen, zusammen mit fetter Asche aus dem Vulkan geschleudert, regnen herab, lagern locker und sind mit leichtem Werkzeug zu entfernen. Längst nicht so tief wie die begrabene Schwesterstadt lag Pompeji unter solchen Lapilli.

Wie es oftmals in der Geschichte wie im Leben des Menschen geht, geschieht das Schwierige zuerst, und der weiteste Weg wird für den kürzesten gehalten. Nachdem d'Elbœuf zu graben begonnen hatte, vergingen fünfunddreißig Jahre, bis der erste Spatenstich zur Freilegung von Pompeji führte.

Der Cavaliere Alcubierre, immer noch mit den Grabungen betraut, war unzufrieden geworden mit seinen Funden. Karl von Bourbon zwar hatte sich ein Museum einrichten können, wie es kein anderes gab in der Welt. Doch einigten sich König und Ingenieur, den Schauplatz der Grabung zu verlegen, diesmal nicht blind hineinzustoßen in die Schlacke der Erde, sondern dort zu beginnen, wo Gelehrte hinwiesen und sagten: Hier liegt Pompeji; nach antiken Quellen am selben Tage zugeschüttet wie die Stadt des Herkules!

Was nun geschah, ähnelt jenem Spiel, das die Kinder «Feuer und Wasser» nennen; aber mit einem Mitspieler, der nicht ehrlich ist, der statt «heiß» zu rufen, wenn sich die Hand bereits dem Gesuchten nähert, «naß» schreit. Und hier hatten die Geister der Rachsucht, der Schatzgier, der Ungeduld die Rolle dieses Irrlichtes übernommen.

Am 1. April 1748 begann die Grabung. Am 6. April fand man bereits die erste große, wunderbare Wandmalerei. Am 19. April stieß man auf den ersten Toten. Lang hingestreckt auf dem Boden lag ein Skelett; den Händen, die noch zu greifen schienen, waren Gold- und Silbermünzen entrollt.

Statt nun aber weiterzugraben, System walten zu lassen und das Entdeckte auszuwerten, um zu zeitsparenden Schlüssen zu gelangen, schüttete man, ohne zu ahnen, daß man in die Mitte Pompejis gestoßen war, die Gräblöcher wieder zu und stach an anderer Stelle erneut in den Boden.

Konnte es anders sein? Die Triebfeder des Königspaares war lediglich das Entzücken gebildeter Laien (wobei es mit der Bildung gerade beim König nicht weit her war); Antrieb für Alcubierre war die Bewältigung eines technischen Problems (Winckelmann sagte später zornig, er hätte mit Altertümern genausoviel zu tun gehabt «wie der Mond mit Krebsen»); und in allen anderen Beteiligten lebte nichts als der verborgene Gedanke, vielleicht einen schnellen und glücklichen Griff zu tun, wenn wieder einmal Gold und Silber unter der Spitzhacke klirren sollte (von den vierundzwanzig Leuten, die am 6. April schürften, waren zwölf Zuchthäusler und die anderen schlecht bezahlt).

Man entdeckte den Zuschauerraum des Amphitheaters. Als man keine Statuen fand, kein Gold und keinen Schmuck, grub man an anderer Stelle! Geduld hätte zum Ziel geführt. In der Gegend des Herkulaner Tores stieß man auf eine Villa, von der man – niemand weiß mehr, wie der Glaube entstand – völlig unberechtigterweise behauptete, sie sei das Haus des Cicero. (Solche Behauptungen, völlig aus der Luft gegriffen, sollten noch oftmals in der Geschichte der Archäologie eine Rolle spielen; nicht selten eine fruchtbare.) Die Wände dieser Villa zeigten wunderbare Fresken, die ausgeschnitten und kopiert wurden. Dann wurde die Villa zugeschüttet! Ja, schließlich ließ man an die vier Jahre lang die Gegend um Cività (das frühere Pompeji) völlig unbeachtet, wandte sich reicherer Grabung wieder bei Herculaneum zu und entdeckte dort allerdings einen der damals interessantesten antiken Schätze: die Villa mit der Bibliothek, die der Philosoph Philodemos benutzt hatte, heute Villa dei Papiri genannt.

1754 endlich fanden sich auf der Südseite Pompejis wieder die Reste einiger Grabstätten und antiken Mauerwerks. Und von diesem Tage an bis heute ist in beiden Städten mit geringen Unterbrechungen gegraben worden. Und Wunder über Wunder traten zutage.

NUR wenn wir die Art der Katastrophe kennen, die über die Städte hereinbrach, können wir verstehen und begreifen, welche Wirkung ihre Entdeckung auf das Jahrhundert der Vorklassik ausübte.

Mitte August des Jahres 79 n. Chr. hatten sich die ersten Anzeichen eines Ausbruchs des Vesuvs gezeigt, wie er vorher schon des öfteren stattgefunden hatte. In den Vormittagsstunden des 24. aber wurde klar, daß eine nie dagewesene Katastrophe ihren Anfang nahm.

Unter furchtbarem Donnerschlag spaltete sich die Spitze des Berges. Eine Rauchpinie entfaltete sich in den Dom des Himmels, und unter Getöse und zuckenden Blitzen prasselte ein Stein- und Aschenregen hernieder, der die Sonne verdunkelte. Vögel fielen tot aus der Luft, Menschen rasten schreiend davon, Tiere verkrochen sich. Dabei stürzten Wasserfluten durch die Straßen, von denen man nicht wußte, ob sie vom Himmel oder von der Erde gekommen.

Die Städte hatten mitten in der tätigen Frühe eines sonnigen Tages gelegen. Auf zweierlei Art wurde ihnen ihr Ende bereitet. Eine Schlammlawine, Gemisch des Aschenregens mit Regenflut und Lava, wälzte sich über Herculaneum, drang in Straßen und Gassen, stieg, wuchs, bedeckte Dächer, quoll in Fenster und Türen, füllte die Stadt, wie Wasser einen Schwamm füllt, und deckte sie zu mit allem, was nicht durch schleunigste Flucht sich gerettet hatte.

Anders Pompeji. Keine Schlammflut kam hier, vor der es sichtbarlich nur eine Rettung gab, die Flucht. Hier begann es mit dem leisen Aschenregen, den man abschütteln konnte; dann fielen die Lapilli, dann waren Bimssteinstücke von vielen Kilogramm dabei. Langsam nur wurde die Größe der Gefahr offenbar. Da aber war es zu spät. Schwefeldämpfe sanken herab, krochen in Fugen und Ritzen, wolkten unters Tuch, das sich die schwer und schwerer atmenden Menschen vors Gesicht schlugen. Rannten sie hinaus, Freiheit und Luft zu gewinnen, schlugen ihnen die Lapilli so dicht auf die Köpfe, daß sie entsetzt zurückwichen. Kaum hatten sie wieder das Haus gewonnen, da brach die Decke zusammen und begrub sie. Einige wurden kurze Zeit verschont. Unter Treppenpfeilern und Bogengängen hockten sie für eine bange halbe Stunde. Dann krochen die Schwefeldämpfe heran und erstickten auch sie.

Nach achtundvierzig Stunden brach die Sonne wieder hervor. Da hatten Pompeji und Herculaneum aufgehört zu existieren. In einem Umkreis von achtzehn Kilometern war die Landschaft zerstört, die Flur zugedeckt. Bis nach Afrika, Syrien und Ägypten waren Aschenteilchen geflogen. Nur eine dünne Rauchsäule stieg aus dem Vesuv. Und wieder blaute der Himmel.

Man muß sich vergegenwärtigen, welch atemraubendes Ereignis dies war für alle Wissenschaft, die sich mit Vergangenem beschäftigte.

Fast siebzehnhundert Jahre vergingen.

Andere Menschen, mit anderem Wissen, mit anderen Sitten, und doch durch jene Blutsbande, welche die ganze Menschheit verbinden, verwandt mit den Verschütteten, gruben den Spaten in die Erde und brachten ans Licht, was so lange geruht hatte. Dies war durchaus dem Zauber einer Totenerweckung zu vergleichen!

Vernarrt in seine Wissenschaft und dann frei von jeder Pietät kann es dem Forscher geschehen, diese Art der Katastrophe als besonders glücklich zu preisen. «Ich weiß nicht leicht etwas Interessanteres...», sagt Goethe über Pompeji sehr profan. Und in der Tat ist kaum eine bessere Möglichkeit denkbar als solcher Aschenregen, eine Stadt in aller Betriebsamkeit täglichen Lebens forschender Nachwelt zu erhalten, nein, man muß «konservieren» sagen und trifft den Sachverhalt besser. Hier starb keine alte Stadt den natürlichen Tod des Verwelkens. Hier wurden lebendige Städte plötzlich mit dem Zauberstab berührt, und das Gesetz der Zeit, des Werdens und Vergehens, hatte seine Gültigkeit verloren.

Bis zum Jahr der ersten Ausgrabung hatte man nichts gehabt als das Faktum: zwei Städte waren verschüttet worden. Jetzt aber erkannte man langsam den dramatischen Vorgang, und die Mitteilungen antiker Autoren füllten sich mit Leben. Man erkannte die Entsetzlichkeit der Katastrophe, ihre Plötzlichkeit, die so jäh den Tageslauf unterbrochen hatte, daß das Ferkel nicht vom Ofen genommen, das Brot nicht aus dem Backhaus entfernt werden konnte.

Welche Geschichte verbirgt sich hinter den Resten zweier Gebeine, die noch die Fesseln der Sklaven tragen, angekettet, während ringsum der Untergang herrschte? Welche Qual hinter dem Sterben des Hundes, der unter der Decke eines Zimmers gefunden wurde, ebenfalls angekettet; der höher und höher gestiegen war auf dem durch Fenster und Türen quellenden Lapillischutt, bis die Decke dem Tiere Halt gebot, bis es das letzte Mal bellte und dann erstickte?

Familiengeschichten, Dramen zwischen Not und Tod öffnen sich dem grabenden Spaten. Bulwers letztes Kapitel aus seinem berühmten Roman vom «Untergang Pompejis» trägt nicht den Charakter des Unwahrscheinlichen. Mütter fanden sich, die ihre Kinder im Arm hielten; mit ihrem letzten Stückchen Schleier hatten sie sie geschützt, bis beide erstickten. Männer und Frauen wurden ausgegraben, die ihre Schätze zusammengerafft hatten, bis

Vorspiel auf klassischem Boden

vors Tor gekommen und dann unterm Regen der Lapilli zusammengebrochen waren, noch mit letzter Kraft den Schmuck, das Geld umkrallend. «Cave Canem», «Hüte dich vor dem Hunde», steht als Mosaik vor der Pforte des Hauses, in dem Bulwer seinen Glaukus wohnen läßt. Zwei junge Mädchen hatten vor dieser Schwelle mit der Flucht gezögert, sie hatten ihre Wertsachen zusammenraffen wollen, und es war zu spät geworden.

Vor dem Tore des Herkules fand man Körper neben Körper, zusammengesunken, noch beladen mit dem Hausrat, der zu schwer geworden war. In einem zugeschütteten Zimmer stieß man auf die Skelette einer Frau und eines Hundes. Genauere Betrachtung enthüllte einen schrecklichen Vorgang. Während das Skelett des Hundes die Form gewahrt hatte, waren die Gebeine der Frau in alle Winkel des Zimmers verstreut. Durch was aber verstreut? Oder muß es heißen verschleppt? Verschleppt vom Hunde, bei dem im Augenblick des Hungers die wölfische Natur gesiegt hatte und der dem Tode vielleicht einen Tag abgewonnen hatte, indem er die Herrin angefallen und aufgefressen hatte? Nicht weit entfernt davon war eine Totenfeier unterbrochen worden. So wie die Teilnehmer am Leichenmahl auf den Ruhebetten gelagert hatten, so fand man sie nun, nach siebzehnhundert Jahren, Teilnehmer am eigenen Begräbnis.

Hier waren es sieben Kinder, die in ihrem Zimmer, ahnungslos spielend, vom Tode überrascht worden waren. Dort vierunddreißig Menschen, eine Ziege bei ihnen, die sich wohl unter schrecklichem Geläut ihrer Halsglocke in die vermeintliche Geborgenheit menschlicher Behausung zu retten gesucht hatte. Wer zu lange gezögert hatte mit seiner Flucht, dem hatte nicht mehr Mut oder Umsicht oder Kraft geholfen. Ein wahrhaft herkulischer Mann wurde gefunden. Er hatte die Mutter mit ihrer vierzehnjährigen Tochter, die beide vor ihm liefen, nicht mehr zu schützen vermocht. Zusammen waren sie niedergebrochen. Wohl hatte er mit letzter Kraft noch einmal versucht, sich zu erheben. Da hatten ihn die Dämpfe betäubt, er war niedergesunken, war auf den Rücken gerollt und hatte sich ausgestreckt. Die Asche hatte ihn zugedeckt und bewahrte seine Form. Die Gelehrten gossen Gips in diese Form und gewannen den Umriß eines Menschen, die Plastik eines toten Pompejaners.

Wie mochte es gedröhnt haben aus verschüttetem Hause, als ein Verlassener, ein Zurückgebliebener entdeckte, daß ihm Tür und Weg versperrt waren? – als er die Axt nahm und die Wand zu zerschlagen begann? Als sich zeigte, daß auch hinter der Wand noch kein Ausweg war, als er seine Axt in die zweite Wand schlug und schließlich, nachdem ihm auch aus neuem Raume nur Schutt entgegenstürzte, zusammenbrach?

So, wie sie bewohnt und belebt gewesen, so standen die Häuser, der Tempel der Isis, das Amphitheater. In den Schreibstuben lagen die Wachstäfelchen, in der Bibliothek die Papyrusrollen, in den Handwerksstuben das Werkzeug, in den Bädern die Striegel. Auf den Tischen der Gasthäuser standen noch die Gefäße und lag das eilig hingeworfene Geld des letzten zahlenden Gastes. An den Wänden der Schenken fanden sich Verse schmachtender oder verzweifelter Liebhaber, an den Wänden der Villen Wandgemälde, die, wie Venuti schrieb, «viel schöner als die Werke Raffaels» waren.

Solcher Fülle von Entdeckungen nun sah sich der gebildete Mensch des 18. Jahrhunderts gegenüber; als nach der Renaissance Geborener aufgeschlossen für alles Schöne der Antike, als Sohn der Zeit, die die beginnende Macht exakter Wissenschaften ahnte, begierig, sich den Tatsachen zu widmen und nicht im bewundernden Ästhetizismus zu verharren.

Doch um diese beiden Anschauungen zu vereinen, tat ein Mann not, der die Liebe zur Kunst der Alten mit den Methoden wissenschaftlicher Forschung und Kritik vereinte. Als die ersten Spatenstiche zur Ausgrabung Pompejis ansetzten, lebte der Mann, dem diese Aufgabe Lebenswerk wurde, als gräflicher Bibliothekar bei Dresden. Er war dreißig Jahre alt geworden und hatte noch nichts Wesentliches geleistet. Aber einundzwanzig Jahre später schrieb bei der Nachricht von seinem Tode kein Geringerer als Gotthold Ephraim Lessing: «Dies ist seit kurzem der zweite Schriftsteller, dem ich mit Vergnügen ein paar Jahre von meinem Leben geschenkt hätte!»

2. KAPITEL

WINCKELMANN
ODER
DIE GEBURT EINER WISSENSCHAFT

Angelika Kauffmann hat ihren Lehrer Winckelmann 1764 zu Rom gemalt. Er sitzt vor einem aufgeschlagenen Buche, den Federkiel in der Hand. Übergroße dunkle Augen stehen unter einer sehr geistigen Stirn. Die Nase ist groß und auf diesem Bilde fast bourbonisch. Mund und Kinn sind weich und rund. Im ganzen hat er eher den Kopf eines Künstlers als den eines Gelehrten. «In ihn hat die Natur alles gelegt, was den Mann macht und ziert», sagte Goethe.

Geboren wurde er 1717 als Sohn eines Schuhflickers zu Stendal. Als Knabe stromerte er zu allen Hünengräbern der Umgebung und verführte die Kameraden, mit ihm nach alten Urnen zu graben. 1743 hatte er es bis zum Konrektor in Seehausen gebracht. «Ich habe den Schulmeister mit großer Treue gemacht und ließ Kinder mit grindigten Köpfen das ABC lesen, wenn ich während dieses Zeitvertreibs sehnlich wünschte, zur Kenntnis des Schönen zu gelangen, und Gleichnisse aus dem Homer betete.» 1748 ging er als Bibliothekar zum Grafen von Bünau nahe Dresden und verließ damit das friderizianische Preußen ohne Bitterkeit, das er als «despotisches Land» erkannt hatte und an das er nur mit Schaudern dachte, «wenigstens habe ich die Sklaverei mehr als andere gefühlt». Mit diesem Ortswechsel war die Richtung seines Lebensweges bestimmt. Er gerät in einen Kreis bedeutender Künstler, und er findet in Dresden die damals umfangreichste Antikensammlung Deutschlands, vor der ihm jeder andere Plan (er spielte damals mit dem Gedanken, nach Ägypten zu gehen) entfällt. Seine ersten Schriften erschienen, und Widerhall kommt aus ganz Europa. Geistig immer unabhängiger, religiös nicht dogmatisch, tritt er zum Katholizismus über, um einen Arbeitsplatz in Italien zu gewinnen; Rom ist ihm eine Messe wert.

1758 ist er Bibliothekar und Aufseher der Sammlungen des Kardinals Albani. 1763 wird er zum Oberaufseher über alle Altertümer in und um Rom bestellt und besucht Pompeji und Herculaneum. 1768 wird er ermordet!

Drei Werke Winckelmanns sind es vor allem, die zur Begründung wissenschaftlicher Altertumsforschung führten.

Es sind seine «Sendschreiben» über die herculanischen Entdeckungen, sein Hauptwerk «Geschichte der Kunst des Altertums» und seine «Monumenti antichi inediti».

Wir haben von den planlosen Methoden der Ausgrabungen bei Pompeji und Herculaneum gehört. Schlimmer noch als die Planlosigkeit war die Geheimnistuerei, gestützt vom Verbot selbstsüchtiger Herrscher, Fremde, seien es Reisende oder Wissenschaftler, zu den Entdeckungen zuzulassen, um der Welt von ihnen mitzuteilen. Ein Bücherwurm namens Bayardi hatte als einziger vom König die Erlaubnis erhalten, den ersten Katalog der Funde aufzustellen. Er begann mit dem Vorwort, ohne die Stätte der Grabungen auch nur zu besichtigen. Er schrieb und schrieb – und ohne das eigentliche Werk auch nur begonnen zu haben, hatte er bereits 1752 fünf Bände mit 2677 Seiten gefüllt. Dabei brachte er es fertig, eifersüchtig und boshaft Nachrichten zweier anderer, die, statt sich mit einem Vorwort aufzuhalten, sogleich an den Kern der Sache gegangen waren, durch ministerielle Order verbieten zu lassen.

Gelang es dennoch einem gelehrten Manne, einige der ausgegrabenen Stücke zur näheren Untersuchung freizubekommen, so geriet er, weil alle Vorarbeiten noch ungetan waren, auf so abwegige Theorien wie Martorelli. Der suchte in einem zweibändigen Werke von 652 Seiten an einem ausgegrabenen Tintenfasse nachzuweisen, daß in der Antike viereckige Bücher und keine Buchrollen gebräuchlich gewesen wären – obwohl er die Papyrusrollen des Philodemos vor Augen gehabt hatte.

1757 endlich erschien der erste Folioband über die Altertümer, herausgebracht von Valetta und vom König mit 12 000 Dukaten finanziert. In diese Atmosphäre von Mißgunst, Intrige und verstaubter Perückengelehrsamkeit geriet Winckelmann. Nach unsäglichen Schwierigkeiten gelang es ihm, wie ein Spion betrachtet, die Erlaubnis zum Besuche der Königlichen Museen zu erhalten. Aber: Es war ihm strengstens untersagt, auch nur die kleinste Zeichnung von diesen Bildwerken anzufertigen!

Der darüber verbitterte Winckelmann fand einen Gesinnungsgenossen. In dem Augustinerkloster, in dem er Aufnahme gefunden hatte, lernte er den Pater Piaggi kennen und traf ihn über einer sehr sonderbaren Arbeit.

Als man seinerzeit die Bibliothek der Villa dei Papiri entdeckt hatte, war man begeistert gewesen über die reichen Funde alter Aufzeichnungen. Man nahm sie in die Hand, wollte sie prüfen – da zerfielen sie zu Kohlenstaub.

Man versuchte dies und jenes, die Rollen zu retten. Vergeblich, bis eines Tages ein Pater erschien mit «einem Rahmen fast von der Art, wie sie die

Perückenmacher zur Zubereitung der Haare haben», und behauptete, die Rollen damit aufwickeln zu können. Man ließ ihn gewähren. Als Winckelmann in seiner Klause erschien, war der Pater bereits jahrelang bei der Arbeit. Er hatte Erfolge beim Aufrollen der Schriften – aber Mißerfolge beim König und bei Alcubierre, die die Schwierigkeiten der Arbeit nicht erkannten.

Während Winckelmann bei ihm hockte, geiferte der erboste Mönch über all und jedes, was im Blickfeld seines Fensters geschehen war. Mit unendlich vorsichtiger Hand, als sortierte er Flaumfedern, drehte er einen verkohlten Papyrus millimeterweise auf seine Maschine. Dabei schimpfte er auf den König und seine Lauheit, auf die Unfähigkeit der Beamten und Arbeiter. Wenn er Winckelmann endlich eine neugewonnene Kolumne aus einer Abhandlung des Philodemos über die Musik vorlegen konnte, so brachte ihn der Stolz auf das Gewonnene zu neuem Geifern gegen Ungeduldige und Neider.

Winckelmann war um so empfänglicher für die Reden des Paters, als es ihm auch weiterhin versagt blieb, die Stätte der Grabungen zu besichtigen, und er sich nach wie vor aufs Museum beschränken mußte, wo er nicht kopieren durfte. Er bestach Aufseher. Sie zeigten ihm dies und jenes. Aber inzwischen waren Dinge gefunden worden, die für die umfassende Beurteilung der antiken Kultur wichtig waren. Es waren Darstellungen und Bilder besonders erotischer Natur. Der engdenkende König, schockiert von einem Bildwerk, das einen Satyr mit einer Ziege in lustvoller Vereinigung zeigte, ließ all diese Werke sofort nach Rom schaffen und unter strengen Verschluß legen. Und diese Werke bekam Winckelmann nicht zu sehen.

Trotz aller Schwierigkeiten gab er im Jahre 1762 sein erstes Sendschreiben «Über die herculanischen Entdeckungen» heraus. Zwei Jahre später besuchte er neuerdings die Stadt und das Museum und veröffentlichte das zweite Sendschreiben. Beide Werke enthielten Hinweise auf das, was Winckelmann in der Klause des Paters vernommen hatte, und waren voll herber Kritik. Als das zweite Sendschreiben in einer französischen Übersetzung dem neapolitanischen Hof in die Hände fiel, erhob sich ein Sturm der Entrüstung über diesen Deutschen, dem man eine selten erteilte Erlaubnis gegeben (das Museum zu besichtigen!) und der sie so schlecht gelohnt hatte. Natürlich waren Winckelmanns Angriffe berechtigt, sein Zorn nicht ohne Gründe. All dies aber ist unwichtig geworden. Der Wert der Sendschreiben lag darin, daß sie der Welt zum erstenmal eine klare sachliche Beschreibung der Ausgrabungen am Vesuv gaben. –

Um dieselbe Zeit erschien das eigentliche Hauptwerk Winckelmanns: die

«Geschichte der Kunst des Altertums». Hier war es ihm gelungen, die ungeheuer angewachsene Flut antiker Monumente mit ordnendem Blick zu bannen und «ohne Vorbild», wie er mit Stolz bemerkt – zum erstenmal die *Entwicklung* der antiken Kunst zu beschreiben. Aus geringen Angaben der Alten baute er ein System, tastete sich mit äußerstem Scharfsinn an erstmalige Erkenntnisse heran und übermittelte sie mit solchem Schwung der Sprache, daß die gebildete Welt von einer Welle der Hingabe an antike Ideale überflutet wurde, einer Hingabe, die das Jahrhundert der «Klassik» bestimmte.

Dieses Buch wurde von entscheidendem Einfluß auf die Archäologie. Es erregte den Wunsch, der Schönheit nachzuspüren, wo immer sie noch verborgen sein mochte; es zeigte den Weg, den Schlüssel zum Verständnis alter Kulturen durch Betrachtung ihrer Denkmäler zu finden; und es weckte die Hoffnung, mit dem Spaten auf anderes, Niegesehenes zu stoßen, versunken wie Pompeji, doch der Wunder ebenso voll wie dieses.

Das eigentliche wissenschaftliche Rüstzeug aber gab er der jungen Archäologie in die Hand mit seinen 1767 veröffentlichten «Monumenti antichi inediti». «Ohne Vorbild» wurde er Vorbild! Indem Winckelmann zur Deutung und Erklärung der Bildwerke den ganzen Bezirk griechischer Mythologie durchmaß und dabei aus den kleinsten Hinweisen Rückschlüsse zu ziehen wußte, befreite er die bisherige Methode von allen philologischen Befangenheiten, von der Vormundschaft der alten Historiker, denen man kanonische Bedeutung beigemessen hatte.

VIELE Behauptungen Winckelmanns waren falsch, viele Rückschlüsse zu eilig. Sein Bild der Antike war idealisiert. Nicht nur «Menschen, Göttern gleich» hatten in Hellas gelebt. Seine Kenntnis der griechischen Kunstwerke war bei aller Materialfülle sehr beschränkt geblieben. Was er gesehen hatte, waren zumeist Kopien der römischen Zeit gewesen, zu makelloser Weiße gewaschen von Billionen von sickernden Wassertropfen und mahlenden Sandkörnchen. Aber die Welt der Alten war nicht streng und weißleuchtend in strahlender Landschaft. Bunt war sie (wie wir es uns noch heute, längst ausgerüstet mit genauem Wissen, kaum vorstellen können). Die originale griechische Plastik und Skulptur war eingefärbt. Die Marmorstatue einer Frau von der Akropolis zu Athen zeigt die Farben Rot, Grün, Blau und Gelb. Und nicht selten zeigten die Statuen nicht nur rote Lippen, sondern glühende edelsteinerne Augen und künstliche Wimpern, sehr fremd anzusehen für unseren Blick. Winckelmanns Verdienst bleibt, Ordnung geschaffen zu haben, wo nur Chaos war, Wissen gebracht zu haben, wo nur Vermutung und Sage herrschten, und, über das hinaus, was er durch die Eröffnung der antiken Welt für die deutsche Klassik Goethes und Schillers tat, der Forschung die Werkzeuge zurechtgelegt zu haben, die dann eines Tages den Archäologen dazu dienen konnten, noch andere, noch ältere Kulturen dem Dunkel der Zeit zu entreißen.

1768 von einer Heimatreise zurückkommend nach Italien, machte er in einem Triestiner Hotel die Bekanntschaft eines Italieners, nicht ahnend, daß er es mit einem mehrfach vorbestraften Verbrecher zu tun hatte.

Wir können nur vermuten, daß Winckelmann durch seine besondere Veranlagung dazu bewogen wurde, die Gesellschaft dieses ehemaligen Kochs und Zuhälters zu suchen, sogar auf seinem Zimmer mit ihm zu essen. Winkkelmann war ein großer Gast des Hotels. Seine Kleidung war reich, sein Gehaben verriet den Weltmann, und bei Gelegenheit ließ er Goldmünzen sehen, Erinnerungsstücke an eine Audienz bei Maria Theresia. Der Italiener, auf den wenig passenden Namen Arcangeli hörend, besorgte sich eine Schlinge und ein Messer.

Am Abend des 8. Juni 1768, da der Gelehrte beschlossen hatte, noch einige Druckanweisungen zu schreiben, und sich, bereits der Oberkleider entledigt, noch einmal an den Schreibtisch gesetzt hatte, geschah der Mord. Der Italiener trat herein, warf Winckelmann die Schlinge um den Hals, gewann in dem kurz sich entspinnenden Kampfe die Oberhand und brachte dem Forscher sechs schwere Messerstiche bei.

Obwohl tödlich verwundet, schleppte sich der robuste Mann die Stiege hinab, erregte jedoch, blutübersudelt und bleichen Angesichts, bei Kellner und Kammermädchen solch tatenloses Entsetzen, daß es zu spät wurde für jede Hilfe.

Als der Gelehrte nach wenigen Stunden verschieden war, da fand man auf seinem Schreibtisch ein Blatt Papier mit den letzten Worten seiner Hand: «Es soll...» stand dort.

Nach diesen beiden Worten hatte ein Mörder einem großen Gelehrten und dem Begründer einer neuen Wissenschaft die Feder aus der Hand geschlagen.

Sein Werk aber trug Früchte. In aller Welt leben seine Jünger. Bald zweihundert Jahre sind vergangen, und noch alljährlich feiern die Archäologen zu Rom und Athen, in den heute großen archäologischen Instituten, den «Winkkelmannstag», den 9. Dezember, den Tag seiner Geburt!

3. KAPITEL

FÄHRTENSUCHER DER GESCHICHTE

Wenn wir heute ein kunstgeschichtliches Werk aufschlagen, das uns Bilder aus der Antike zeigt, so müßte uns, wenn wir ins Nachdenken geraten, Überraschung überkommen. Die Autoren der Bücher scheinen keine Schwierigkeiten gehabt zu haben, in den Unterschriften ihrer Bilder mit größter Genauigkeit zu sagen, worum es sich handelt. Dieser Kopf, den ein Bauer aus der Campagna grub, ist der des Augustus, diese Reiterstatue stellt den Marc Aurel dar, dies ist der Bankier Lucius Cäcilius Jucundus – oder aber noch mehr, noch genauer: Dies ist der Apollon Sauroktonos des Praxiteles, dies ist eine Amazone des Polyklet; oder «Zeus raubt ein schlafendes Mädchen», Innenbild einer *unsignierten* Vase des Duris.

Wer von uns zerbricht sich den Kopf darüber, woher der Verfasser der Unterschrift sein Wissen hat, woher die Sicherheit seiner Behauptung vor Bildwerken, die weder den Namenszug des Schöpfers tragen noch den des Dargestellten?

Oder aber wir wandern durch unsere Museen und sehen die vergilbten, halbverwesten und von Jahrhunderten zernagten Papyrusblätter – wir sehen Bruchstücke von Vasen, Reliefplatten, Säulen, bedeckt mit wunderlichen Bildern und Zeichen, Hieroglyphen und Keilschriften. Wir wissen, daß es Männer gibt, die diese Zeichen lesen können, lesen, wie wir eine Zeitung und ein Buch. Geben wir uns Rechenschaft, welche Fülle von Scharfsinn hier aufgeboten werden mußte, um hinter das Geheimnis dieser Schriften und Sprachen zu kommen, die schon zu einer Zeit, da das nördliche Europa noch barbarisches Land war, niemand mehr schrieb, niemand mehr sprach? Überlegen wir, wie überhaupt es wohl möglich war, den toten Zeichen einen Sinn zu geben?

Oder wir blättern in den Werken unserer Historiker. Wir lesen von der Geschichte alter Völker, deren Erbe in Bruchstücken der Sprache, in vielen unserer Sitten und Bräuche, in den Werken unserer Kultur und in Spuren gemeinsamen Blutes wir in uns tragen, obwohl ihr Leben sich in fernen Zonen erfüllte und in nachtgrauer Zeit versunken ist. Wir lesen von ihrer Geschichte. Wir hören keine Sagen, keine Märchen, wir hören Zahlen, Daten, vernehmen die Namen ihrer Könige, erfahren, wie sie lebten in Krieg und Frieden, in ihren Häusern, in ihren Tempeln. Wir erfahren von ihrem Aufstieg und Untergang, fixiert auf Jahr und Monat und Tag, obwohl dies alles zu einer Zeit geschah, da unsere Zeitrechnung noch nicht begonnen hatte, da unser Kalender noch ungeboren war.

Woher dies Wissen, die Genauigkeit und die Bestimmtheit der geschichtlichen Tabellen?

WIR wollen vom Werden der Archäologie erzählen, also eine Entwicklung darstellen und nichts vorwegnehmen. Die meisten der soeben gestellten Fragen werden sich im Verlauf unserer Darstellung von selber beantworten. Damit wir durch Wiederholung nicht ermüden, sei nur einiges schon jetzt erwähnt, was Licht auf die Schwierigkeiten und die Methoden der Archäologie wirft.

Der römische Kunsthändler Augusto Jandolo erzählt in seinen Lebenserinnerungen, wie er als Knabe in Begleitung seines Vaters der Öffnung eines etruskischen Sarkophages beiwohnen durfte.

«Es war kein leichtes Unternehmen, den Deckel zu bewegen, endlich aber hob er sich, stand senkrecht und fiel dann schwer auf der anderen Seite nieder. Und da geschah, was ich nie mehr vergaß und bis zum Tode vor Augen haben werde. Ich sah, im Innern des Sarkophags ruhend, den Leib eines jungen Kriegers in voller Kriegsausrüstung, Helm, Speer, Schild und Beinschienen. Wohlgemerkt: Ich sah nicht ein Skelett, ich sah seinen Körper, formvollendet in allen seinen Gliedern, steif ausgestreckt, als hätte man ihn soeben in sein

Singender Zecher. Innenbild einer
Schale aus dem Kreis des Epiktetos.
Abbildung 1

Grab gelegt. Es war die Erscheinung eines Augenblicks. Dann schien alles sich im Schein der Fackeln aufzulösen. Der Helm rollte nach rechts, der runde Schild fiel in das eingesunkene Bruststück der Rüstung, die Beinschienen nahmen plötzlich flach ihren Platz am Grunde ein, die eine rechts, die andere links. Bei der Berührung mit der Luft war der seit Jahrhunderten unangetastete Leib plötzlich zu Staub zerfallen... in der Luft aber und um die Flamme der Fackeln schien ein goldener Staub zu schweben.»

Da hatte nun ein Mensch jenes rätselhaften Volkes gelegen, von dem uns noch heute weder Herkunft noch Abstammung bekannt ist. Einen einzigen Blick hatten die Entdecker auf sein Gesicht tun dürfen, auf seinen Leib – dann war er zerfallen und unwiederbringlich dahin. Warum? – Unvorsichtigkeit der Entdecker trug die Schuld.

Als man auf klassischem Boden, lange vor der Entdeckung Pompejis, die ersten Statuen dem Boden entnahm, aufgeklärt genug, in den nackten Gestalten nicht nur heidnische Götzen zu sehen, sondern den Wert ihrer Schönheit zu ahnen, als man sie in den Palästen der Renaissancefürsten aufstellte, der Stadtherrscher und Kardinäle, der Emporkömmlinge und Kondottieri, da wurden sie nicht anders betrachtet denn als Kuriositäten, deren Sammeln Mode war; und es konnte durchaus geschehen, daß in solchem privaten Museum eine antike Statue neben dem getrockneten Embryo eines zweiköpfigen Kindes stand, ein antikes Relief neben einem Vogelbalg, den, als er lebte, der heilige Franz, der Freund der Vögel, berührt haben sollte.

Bis ins vorige Jahrhundert hinein war es Habsucht und Unverständnis nicht verwehrt, sich an Funden zu bereichern, Gefundenes zu zerstören, wenn es Profit versprach.

Auf dem Forum Romanum, Versammlungsplatz der Römer, auf dem sich ums Kapitol die herrlichsten Bauten gruppierten, brannten im 16. Jahrhundert Kalköfen, und Tempelsteine wurden zu Baumaterial. Die Päpste verwendeten die Marmorstücke, um ihre Brunnen zu schmücken. Mit Pulver wurde das Serapeum gesprengt, um einem Innozenz den Marstall zu verschönern. Die Steine der Caracalla-Bäder wurden zu gut bezahltem Verkaufsobjekt. Durch vier Jahrhunderte hindurch diente das Kolosseum als Steinbruch. Noch 1860 setzte der neunte Pius dies Werk der Zerstörung fort, um ein christliches Bauwerk billig mit heidnischen Gaben zu schmücken.

Die Archäologen des 19. und 20. Jahrhunderts standen vor Trümmern, wo unversehrte Denkmäler ihnen hätten Kunde geben können.

Doch wo dies alles nicht geschah, wo keine unbefugte Hand zerstörte, kein Dieb verborgene Schätze suchte, wo dem Archäologen unberührte Vergan-

Fährtensucher der Geschichte 33

genheit vor Augen trat – und wie selten geschah das! –, da begannen Schwierigkeiten anderer Art; da begann die Kunst der Deutung.

1856 entdeckte man bei Düsseldorf Skelettreste. Wenn wir heute dies Skelett meinen, sprechen wir vom Neandertalmenschen. Damals hielt man es für Tierknochen, nur Dr. Fuhlrott, ein Gymnasiallehrer aus Elberfeld, deutete den Fund richtig.

Professor Mayer aus Bonn meinte damals, die Gebeine gehörten einem 1814 gefallenen Kosaken. Wagner aus Göttingen nannte ihn einen Holländer, Pruner-Bey aus Paris einen alten Kelten. Der große Arzt Virchow, dessen so oft voreilig angewandte Autorität viele Wissenschaften hemmte, erklärte das Skelett als die Reste eines gichtbrüchigen Greises.

Rund fünfzig Jahre brauchte die Wissenschaft, bis sie feststellte – daß der Gymnasiallehrer aus Elberfeld recht gehabt hatte.

Zwar gehört dies Beispiel mehr der vorgeschichtlichen Gräberforschung und der Anthropologie an als der Archäologie. Doch haben wir ein besser passendes Äquivalent in dem Versuch, eine der berühmtesten griechischen Plastiken, die Laokoon-Gruppe, zeitlich einzuordnen. Winckelmann noch rückt sie hinauf in die Zeit Alexanders des Großen. Das vorige Jahrhundert sah sie als Meisterwerk der rhodischen Kunstschule, entstanden etwa um 150 v. Chr. Andere verlegten sie in die erste Kaiserzeit, und heute wissen wir, daß sie ein Werk der Bildhauer Agisandros, Polydoros und Athenodoros aus der Mitte des ersten Jahrhunderts v. Chr. ist.

Gut, die Deutung ist, auch wenn unversehrtes Material vorliegt, schwierig. Wie aber, wenn bereits an der Echtheit des Materials selbst gezweifelt werden muß?

Hierher gehört die tolle Eulenspiegelei, welcher der Professor Beringer aus Würzburg zum Opfer fiel. 1726 erschien von ihm ein Buch, dessen lateinischer Titel hier nicht wiedergegeben werden soll; er umfaßt anderthalb Seiten. In ihm ist die Rede von Versteinerungen, die von Beringer und seinen Scholaren in der Nähe Würzburgs gefunden worden waren. Man erfährt von Blumen, Fröschen, einer Spinne, die gerade eine Fliege fängt (versteinert zusammen mit ihrem Opfer); von einem versteinerten Stern, einem Halbmond, von Tafeln mit hebräischen Schriftzeichen, von den seltsamsten Dingen. Und das Buch sparte nicht mit Abbildungen; nach der Natur gezeichnet, in vortrefflichen Kupfern wiedergegeben, sah man in Bildern, was das Wort beschrieb. Das Buch war umfangreich, der Kommentar nicht arm an Angriffen und Ausfällen gegen Widersacher des Professors, es wurde gekauft und gelobt – bis die schreckliche Wahrheit ans Licht kam. Schüler hatten sich einen Ulk gemacht. Sie hatten die «Versteinerungen» in Heimarbeit hergestellt. Sie hatten dafür gesorgt, daß sie dort zu liegen kamen, wo der Professor zu graben pflegte.

Erwähnt man Beringer, darf Domenech nicht vergessen werden. Von diesem französischen Abbé bewahrt die Pariser Arsenalbibliothek ein Prachtwerk mit 228 Tafeln, das er in Faksimiledruck 1860 als «Manuscrit pictographique américain» herausbrachte. Diese «Indianerzeichnungen» stellten sich später als die Schmierskizzen im Zeichenheft eines von niederdeutschen Eltern stammenden amerikanischen Hinterwäldlerknaben heraus.

Sagt hier jemand, solches könne nur einem Beringer und einem Domenech passieren? Nun, auch der große Winckelmann ist hereingefallen, auf den Bruder Casanovas. Dieser illustrierte Winckelmann die «Monumenti antichi». Neben dieser Arbeit stellte er in Neapel drei Gemälde her, wovon eins Jupiter und Ganymed, die andern tanzende weibliche Figuren darstellten. Er schickte sie Winckelmann, behauptete kühn, sie wären in Pompeji von den Wänden abgelöst worden, und erzählte dazu, um die Behauptung glaubhaft zu machen, eine toll-romantische Geschichte von einem Offizier, der sie heimlich stückweise geraubt hätte. Lebensgefahr, dunkle Nacht, Schatten der Gräber – Casanova wußte um die Wirkung des Dekorums. Und Winckelmann fiel drauf rein!

Er glaubte nicht nur an die Echtheit der Gemälde, er glaubte das ganze tolle Märchen. Im fünften Stück seiner «Geschichte der Kunst des Altertums» veröffentlichte er eine genaue Beschreibung der Funde und erklärte, besonders der Ganymed sei ein Gemälde, «desgleichen niemals noch bisher gesehen worden». Womit er recht hatte; er war nach Casanova der erste. «Der Liebling Jupiters ist ohne Zweifel eine der allerschönsten Figuren, die aus dem Altertume übrig sind, und mit dem Gesichte desselben finde ich nichts zu vergleichen; es blüht soviel Wollust auf demselben, daß dessen ganzes Leben nichts als ein Kuß zu sein scheint.»

Wenn der kritische Winckelmann solcher Täuschung zum Opfer fiel – wer darf sagen, daß er sicher sei, ihr immer zu entgehen? Ein russischer Archäologe hat in unseren Tagen noch einmal die Schwierigkeiten bewiesen, indem er für ein relativ einfach erscheinendes herculanisches Marmorbild neun verschiedene Deutungen zur Auswahl vorlegte.

DIE Kunst, sich nicht betölpeln zu lassen, die Methode, aus den verschiedensten Merkmalen Echtheit, Art und Geschichte eines Werkes abzulesen, das Werk also zu deuten, heißt Hermeneutik.

Die Literatur, die sich allein mit der Deutung bekannter klassischer Funde befaßt, füllt Bibliotheken. Wir können einzelne Deutungen verfolgen vom ersten Versuch, den Winckelmann machte, bis zu den Streitgesprächen heutiger Gelehrter über denselben Gegenstand. Archäologen sind Fährtensucher. Mit einem Scharfsinn, den wir detektivisch nennen dürfen, tragen sie (buchstäblich oft) Steinchen auf Steinchen, bis sich der logisch zwingende Schluß aufdrängt.

Sie haben es einfacher als ein Kriminalist? Sie haben tote Gegenstände vor sich, die keine gegnerische Aktivität entfalten, keine Spuren mehr bewußt verwirren, keine falschen Fährten legen? Es ist richtig daß sich die toten Steine keiner Betrachtung erwehren. Aber wieviel Fälschung steckt bereits in ihnen? Wieviel Fehler sind denen unterlaufen, die erste Nachricht gaben von einem Fund? Denn keinem Archäologen ist es möglich, alle Überreste im Original zu betrachten, verstreut wie sie sind über Europa und die Museen der Welt. Heute gibt ihnen die Photographie genaues Abbild; aber längst ist nicht alles photographiert, und noch immer muß die Zeichnung helfen, subjektiv verfärbt, subjektiv mißverstanden. Und die Zeichnungen, oft von keinem in der Mythologie oder der Altertumswissenschaft Beschlagenen gemacht, sind ungenau, voller Mißverständnisse.

Auf einem Sarkophag, der heute im Louvre zu Paris steht, ist in der Gruppe von Amor und Psyche der rechte Unterarm des Amor abgebrochen, aber die zugehörige Hand auf der Wange der Psyche erhalten. In den Publikationen zweier französischer Archäologen ist diese Hand als Bart wiedergegeben. Psyche mit Bart!

Trotz der offenbaren Unsinnigkeit dieser Zeichnungen schreibt ein anderer Franzose, der Verfasser eines Louvre-Kataloges: «Der Sarkophag-Skulpteur hat diese Gruppe nicht verstanden, denn seine Psyche, obwohl als Frau gekleidet, trägt einen Bart.»

Und sehen wir im folgenden keine falsche Fährte, verwirrender vielleicht, als ein bewußter Kopf sie legt?

In Venedig befindet sich ein Relief, das in einer Szenenfolge darstellt, wie zwei Knaben einen mit zwei Rindern bespannten Wagen führen, in dem eine Frau steht. Das Relief ist vor etwa hundertfünfzig Jahren ergänzt worden. Die damaligen Ausdeuter hielten die dargestellte Geschichte für eine Illustration zu einer Herodotschen Erzählung. Herodot berichtet von der Herapriesterin Kydippe, die, als einmal die Ochsen ausblieben, die sie zu ihrem Tempel zu fahren pflegten, von ihren beiden Söhnen, die sich statt der Tiere ins Joch spannten, zum Gottesdienst gefahren worden sei. Die gerührte

Mutter habe die Götter angefleht, ihren Söhnen das höchste irdische Glück zuteil werden zu lassen. Und Hera, mit fragwürdigem Ratschluß der Götter, ließ die beiden Söhne sanft entschlafen; denn sanfter Tod in früher Jugend sei höchstes Glück.

Auf diese Deutung hin wurde das Bildwerk ergänzt. Ein Gitter zu Füßen der Frau wurde zu Wagen mit Rad, ein Strickende in der Hand eines Knaben zur Deichsel. Die Ornamente wurden reicher, die Konturen ergänzt, das Relief tiefer. Und nun häuften sich die Einzelheiten neuer Deutung. Auf Grund der Ergänzung wurde das Relief datiert – falsch datiert; die Ornamente wurden für Bilder gehalten, der Tempel zu einer Grabädikula erklärt – falsch erklärt; die Fabel des Herodot ausgeschmückt – falsch ausgeschmückt. Denn die ganze Ergänzung war falsch. Es handelte sich gar nicht um eine Illustration zu Herodot, denn niemals ist Herodot in der Antike «illustriert» worden. Der Wagen ist eine freie Erfindung des ergänzenden Künstlers, die er so weit trieb, daß er die Räder mit Speichen versah, die derart ornamental gehalten in der Antike niemals vorkamen; die Deichsel ist erfunden ebenso wie die Gurte um den Hals der Tiere. Ist an diesem Beispiel zu erkennen, auf wieviel falsche Fährten eine falsche Beschreibung zu locken vermag? –

Von Herodot hörten wir. Damit von einem Schriftsteller, dessen Werk uns noch immer sprudelnde Quelle ist für Hinweise, für Datierungen, für Kunstwerke und ihre Schöpfer. Die Werke antiker Autoren, welcher Zeit sie auch angehören, sind die Grundpfeiler der Hermeneutik. Wie oft aber ist der Archäologe auch durch sie getäuscht worden! Verkünden Schriftsteller nicht eine höhere Wahrheit als die der platten Wirklichkeit? Darf ihnen Historie nicht (und Mythos ohnehin) als bloßer Vorwurf dienen, den sie verwandeln, formen, mit Eigenem füllen, auf daß er künstlerische Gestalt gewinne?

Schriftsteller lügen, sagt der amusische Mensch. Und wenn wir die dichterische Freiheit wissenschaftlicher Ungenauigkeit als Lüge kennzeichnen wollen, so haben die Alten nicht weniger gelogen als die Modernen. Und mühsam sucht sich der Archäologe durch das Dickicht ihrer Behauptungen den Weg. Für die Datierung des Olympischen Zeusbildes zum Beispiel, der berühmtesten Gold-Elfenbein-Statue des Phidias, ist es wichtig, vom Tode des Phidias zu wissen. Darüber aber liegen die widersprechendsten Nachrichten vor, von Ephoros, von Diodor, Plutarch und Philochoros. Er soll im Gefängnis gestorben, und er soll entkommen sein, er soll in Elis hingerichtet sein, und er soll dort ein friedliches Ende genommen haben. Ein neu entdeckter Papyrus, 1910 in Genf veröffentlicht, bestätigt den Bericht des Philochoros.

Dies gibt ein Ahnen von den Tücken der Objekte, denen der Archäologe gegenübersteht mit Schaufel und Scharfsinn. Die kritischen Methoden zu erklären, das Sehen, Zeichnen und Beschreiben, das Deuten aus dem Mythos, aus der Literatur, aus den Inschriften und Münzen und Geräten, das kombinierende Deuten aus anderen Bildwerken, aus Fundort, Aufstellung, Umgebung – all dies zu erklären, würde die Aufgabe dieses Buches überschreiten, das seinen unterhaltenden Charakter nicht einbüßen soll.

Deshalb sei lediglich denen, die ihren Scharfsinn zu prüfen lieben, zum Vergnügen und zur Unterhaltung die Frage vorgelegt: Was ist das? – und es sei gleich hinzugefügt: Die Archäologen haben die Antwort noch nicht gefunden.

Das geheimnisvolle Pentagondodekaeder.
Abbildung 2

Seinem Äußeren nach ist es, wie die Abbildung erkennen läßt, ein Bronzegegenstand in Form eines Pentagondodekaeders; inmitten jeder Fläche befindet sich eine runde Öffnung verschiedener Größe, und innen ist der Gegenstand hohl. Die Fundorte aller Exemplare liegen im Norden der Alpen, die Fundumstände lassen auf römischen Ursprung schließen.

Ein Interpret sieht in dem rätselhaften Gegenstand ein Spielzeug, der andere einen Glücksspielwürfel, ein dritter eine «Lehre» zum Messen zylindrischer Körper, ein vierter einen Kerzenhalter.

Was ist es?

4. KAPITEL

DAS MÄRCHEN VOM ARMEN JUNGEN, DER EINEN SCHATZ FAND

Es folgt ein Märchen, das Märchen vom Betteljungen, der als Siebenjähriger davon träumte, eine Stadt zu finden, und der neununddreißig Jahre später auszog, suchte und nicht nur die Stadt fand, sondern einen Schatz dazu, wie ihn die Welt seit den Funden der Konquistadoren nicht gesehen hatte.

Dies Märchen ist das Leben des Heinrich Schliemann, der eine der erstaunlichsten Gestalten nicht nur unter den Archäologen, sondern unter allen Männern ist, die jemals Gläubige einer Wissenschaft waren.

So begann es: Ein kleiner Knabe stand vor einem Grabe auf dem Friedhof seines Heimatdörfchens, hoch oben im deutschen Lande Mecklenburg. Der Bösewicht Hennig lag dort begraben, genannt Bradenkierl. Einen Schäfer sollte er lebendig gebraten, ihm dann noch, dem schon Gerösteten, einen Fußtritt versetzt haben. Dies rächte sich – wie es hieß –, indem alljährlich der linke Fuß des Bradenkierl, mit einem Seidenstrumpf bekleidet, aus seinem Grabe wachsen mußte.

Der Knabe wartete, und nichts geschah. Da bat er seinen Vater, nachzugraben, nachzuforschen, wo dieses Jahr der Fuß wohl bliebe.

Nicht weit davon war ein Hügel. Dort sollte eine goldene Wiege vergraben sein. Küster und Muhme erzählten davon. Der Knabe fragte den Vater, den verlotterten und armen Pastor: «Du hast kein Geld? Warum graben wir nicht die Wiege aus?»

Der Vater erzählte dem Knaben Sagen, Märchen und Legenden. Er erzählte auch – alter Humanist – vom Kampf der Helden Homers, von Paris und der Helena, von Achilles und Hektor, vom starken Troja, vom brennenden und zerstörten. Weihnachten 1829 schenkte er ihm Jerrers «Illustrirte Weltgeschichte». Da war ein Bild, auf dem Äneas, seinen Sohn an der Hand, den alten Vater auf dem Rücken, aus der brennenden Burg flüchtet. Der Knabe sah das Bild, sah die starken Mauern, das gewaltige Skäische Tor. «So sah Troja aus?» fragte er. Der Vater nickte. «Und dies alles ist zerstört, restlos zerstört, und niemand weiß, wo es stand?» – «Sicher», erwiderte der Vater.

Das Märchen vom armen Jungen, der einen Schatz fand

«Das glaube ich nicht», sagte der Knabe Heinrich Schliemann. «Wenn ich groß bin, werde ich Troja finden; und den Schatz des Königs!» Der Vater lachte.

Das ist keine Erfindung, es ist nicht einmal sentimental verfärbte Rückerinnerung, wie sie oft am Lebensende den Erfolgreichen überkommt. Das, was sich ein Siebenjähriger vornahm, wurde Wirklichkeit. Als Einundsechzigjähriger noch, nun weltberühmter Ausgräber, erwog er bei zufälligem Heimataufenthalt, das Grab des bösen Hennig zu untersuchen. Und im Vorwort zu seinem Ithaka-Buche steht: «Als ich im Jahre 1832, im Alter von zehn Jahren, meinem Vater als Weihnachtsgabe einen Aufsatz über die Hauptbegebenheiten des Trojanischen Kriegs und die Abenteuer des Odysseus und Agamemnon überreichte, ahnte ich nicht, daß ich sechsunddreißig Jahre später dem Publikum eine Schrift über denselben Gegenstand vorlegen würde, nachdem ich das Glück gehabt hatte, mit eigenen Augen den Schauplatz dieses Krieges und das Vaterland der Helden zu sehen, deren Namen durch Homer unsterblich geworden sind.»

«Die ersten Eindrücke, welche ein Kind empfängt, bleiben ihm während seines ganzen Lebens.» Aber diese Eindrücke geschahen nicht lange durch Erzählung klassischer Taten. Seine Schulerziehung brach mit dem vierzehnten Jahre ab, und er kam als Lehrling in ein Materialwarengeschäft des kleinen Städtchens Fürstenberg. Fünfeinhalb Jahre lang verkaufte er Heringe, Branntwein, Milch und Salz im Detail, mahlte Kartoffeln zum Destillieren und fegte den Laden. Von fünf Uhr morgens bis elf Uhr abends.

Er vergaß das Gelernte, das vom Vater Gehörte. Aber eines Tages kam ein betrunkener Müllerbursche ins Geschäft, lümmelte sich auf den Ladentisch und sprach mit tönender Stimme Verse, voll des verachtenden Pathos, das der ehemals Studierte den Niederen im Geiste zeigt. Schliemann war berauscht. Er verstand kein Wort. Doch als er hörte, es seien Verse aus Homers Ilias, da kratzte er seine Pfennige zusammen und zahlte dem Trunkenen einen Schnaps für jede Wiederholung.

Sein Lebenslauf wurde abenteuerlich. 1841 ging er nach Hamburg und heuerte als Junge auf einem Schiff nach Venezuela an. Nach vierzehntägiger Reise geriet das Schiff in schweren Sturm und ging vor der Insel Texel unter. Er landete, völlig abgerissen, in einem Hospital. Die Empfehlung eines Familienfreundes brachte ihn als Bürodiener nach Amsterdam. Und war ihm der Flug in die geographische Weite nicht geglückt, so glückte ihm jetzt die Eroberung der Gefilde des Geistes.

In ärmlicher Dachstube ohne Ofen begann er, neue Sprachen zu studieren. Nach einer ganz ungewöhnlichen, selbstersonnen Methode lernte er innerhalb zweier Jahre Englisch, Französisch, Holländisch, Spanisch, Portugiesisch und Italienisch.

«Diese angestrengten und übermäßigen Studien hatten mein Gedächtnis innerhalb eines Jahres in einem solchen Grade gestärkt, daß mir das Studium des Holländischen, Spanischen, Italienischen und Portugiesischen sehr leicht erschien; und ich hatte es nicht nötig, mehr als sechs Wochen auf jede dieser Sprachen zu verwenden, um sie geläufig zu sprechen und zu schreiben!»

Zum Korrespondenten und Buchführer bei einer Firma avanciert, die mit Rußland Handelsbeziehungen unterhielt, begann er 1844, zweiundzwanzig Jahre alt, Russisch zu lernen. Aber niemand in Amsterdam sprach diese schwerste Sprache. Alles, was er als Lehrmittel auftreiben konnte, war eine alte Grammatik, ein Lexikon und eine schlechte Übersetzung des «Telemach».

Damit begann er das Studium. Er redete so laut, er deklamierte den auswendig gelernten «Telemach» so dröhnend gegen die kahlen Wände seines Zimmers, daß sich die Mieter beschwerten und er zweimal umziehen mußte. Schließlich kam er auf den Einfall, daß ein Zuhörer ihm guttun würde, und er mietete für vier Franken wöchentlich einen armen Juden, der auf einem Stuhle sitzen und sich den «Telemach» anhören mußte – und der von allem kein Wort verstand! Aber nach sechs angestrengten Wochen unterhielt sich Schliemann fließend mit den russischen Kaufleuten, die zur Indigo-Versteigerung nach Amsterdam gekommen waren, in ihrer eigenen Sprache.

Im gleichen Maße, wie er studierte, hatte er geschäftlichen Erfolg. Es bedarf keiner Erwähnung, daß er dabei Glück hatte. Aber es ist nötig zu sagen, daß er zu den wenigen gehörte, die das Glück, das jeden Tag an jedem vorüberrollt, festzuhalten wissen. Der arme Pastorssohn, der Lehrling, der Schiffbrüchige, der Bürodiener – aber eben auch der Kenner von acht Sprachen – wurde ein Händler erst, und dann, in schwindelerregendem Aufstieg, ein königlicher Kaufmann, geradlinig den Weg zum Geld als den Weg zum Erfolg ansehend. 1846 bereits, ein Vierundzwanzigjähriger, ging er als Agent seiner Firma nach Petersburg, ein Jahr später gründete er ein Handelshaus auf eigene Rechnung. Das kostete Arbeit, kostete Zeit.

«Erst im Jahre 1854 wurde es mir möglich, das Schwedische und Polnische zu erlernen!» Er machte Reisen. 1850 war er in Nordamerika. Die Angliederung Kaliforniens an die Vereinigten Staaten gab ihm automatisch das nordamerikanische Bürgerrecht. Der Goldrausch erfaßte ihn wie viele andere auch. Er gründete eine Bank für Goldhandel. Nun aber ist er bereits ein Mann, der vom Präsidenten der Vereinigten Staaten empfangen wird. «Um sieben Uhr fuhr ich zum Präsidenten der USA und sagte ihm, daß mich der Wunsch, dies herrliche Land zu sehen und die Bekanntschaft seiner großen Führer zu machen, veranlaßt hatte, von Rußland hierher zu reisen; meine erste und größte Pflicht sei, ihn zu begrüßen. Er empfing mich sehr herzlich, stellte mich seiner Frau und Tochter vor und seinem Vater, und ich unterhielt mich anderthalb Stunden mit ihm.»

Doch kurz darauf warf ihn ein Fieber nieder; und schließlich trieb ihn Beklemmung vor seiner unheimlichen, wilden Kundschaft zurück nach Petersburg. Ja, ein Goldsucher war er in diesen Jahren, gerade so, wie ihn einer seiner Biographen (Ludwig) beschreibt.

Doch aus seinen Briefen aus dieser Zeit, aus seinen zwei Selbstbiographien geht hervor, wie stets und überall ihn sein Jugendtraum nicht losließ, eines Tages die fernen Stätten homerischer Taten zu sehen und sich ihrer Erforschung zu widmen. Das ging so weit, daß er eine seltsame Scheu hegte (er, der wahrscheinlich Sprachbegabteste seines Jahrhunderts), sich der griechischen Sprache zu nähern, aus Furcht, ihrem Zauber zu verfallen und sein Geschäft zu verlassen, ehe er die Grundlage zu freier wissenschaftlicher Arbeit gewonnen hätte. Erst 1856 begann er mit dem Studium des Neugriechischen, das er wiederum in sechs Wochen meisterte. Und in drei weiteren Monaten bewältigte er die Schwierigkeiten der homerischen Hexameter. Mit welchem Aufwand aber tat er das? «Ich bin dabei, Plato so gründlich zu studieren, daß er, wenn er in sechs Wochen einen Brief von mir erhielte, ihn verstehen müßte!»

Zweimal stand er in den folgenden Jahren dicht davor, den Boden homerischer Helden zu betreten. Auf einer Reise bis zum zweiten Katarakt des Nils, durch Palästina, Syrien und Griechenland, hinderte ihn nur plötzliche Krankheit, auch die Insel Ithaka zu besuchen. (Ganz nebenbei hatte er auf dieser Reise Lateinisch und Arabisch gelernt. Seine Tagebücher sind nur lesbar für Sprachgenies; stets schrieb er in der Sprache des bereisten Landes.)

1864 war er im Begriff, die trojanische Ebene zu besuchen, als er sich zu einer zweijährigen Weltreise bestimmen ließ, deren Frucht sein erstes Buch war, in französischer Sprache geschrieben.

Da aber war er bereits ein freier Mann. Der kleine Pastorssohn aus Mecklenburg hatte den unheimlichen Geschäftssinn eines Selfmademan von pionier-amerikanischem Ausmaß entwickelt. Von seinem «harten Herzen» sprach er in einem Briefe, als er den Krimkrieg 1853 handelspolitisch ausnutzte, sich am amerikanischen Bürgerkrieg bereicherte und ein Jahr darauf am Teeimport. Immer wieder begleitete ihn dabei unheimliches Glück. Während des Krimkrieges mußte er zwei Dampferladungen nach Memel umdirigieren. Da brach in den Memeler Speichern ein Brand aus. Alle Waren wurden vernichtet. Nur die Waren des Heinrich Schliemann nicht, die man aus Raummangel zufälligerweise in einen abseitigen Holzschuppen umgelagert hatte.

Dann konnte er schreiben, und viel Stolz klang durch die Bescheidenheit der Formulierung: «Der Himmel hatte meine Handelsunternehmungen auf wunderbare Weise gesegnet, so daß ich am Ende des Jahres 1863 mich im Besitze eines Vermögens befand, nach welchem zu streben mein Ehrgeiz niemals gewagt hatte.» Und jetzt kommt, anschließend an diese Zeile, eine in ihrer Selbstverständlichkeit ungeheuerlich anmutende Formulierung, eine sachliche Feststellung, die einen Vorgang beschreibt, der völlig unwahrscheinlich und nur für Heinrich Schliemann selbstverständlich war.

«Ich zog mich daher», sagt er schlicht, «vom Handel zurück, um mich ausschließlich den Studien, welche den größten Reiz für mich haben, zu widmen.»

1868 reiste er nach Ithaka, durch den Peloponnes und durch die Troas. Vom 31. Dezember 1868 datiert das Vorwort seines Buches «Ithaka». Und der Untertitel lautete: «Archäologische Forschungen von Heinrich Schliemann.»

Eine Photographie zeigt ihn aus seinen Petersburger Tagen. Es ist die Photographie eines mit schwerem Pelzmantel angetanen Herrn. Er hat sie einer Förstersfrau geschenkt, die er als kleines Mädchen gekannt hatte. Sie trägt auf der Rückseite die stolze Widmung: «Photographie von Henry Schliemann, früher Lehrling des Herrn Hückstaedt in Fürstenberg; jetzt St. Petersburger Großhändler I. Gilde, erblicher russischer Ehrenbürger, Richter im St. Petersburger Handelsgerichte und Direktor der Kaiserlichen Staatsbank zu St. Petersburg.»

Ist dies kein Märchen? Daß ein Mann größten wirtschaftlichen Erfolges alle Schiffe seines Geschäfts hinter sich verbrennt, um dem Traumweg seiner Jugend zu folgen? Daß ein Mann – und damit kommen wir zum neuen Abschnitt dieses großen Lebens – es wagt, kaum mit mehr belastet als mit seinem Homer im Kopfe, der wissenschaftlichen Welt zu trotzen, dem Zweifel an Homer sein Kredo zuzurufen, die Feder der Philologen zu verachten, um mit dem Spaten zu klären, was hundert Bücher bis dahin verwirrt hatten?

Das Märchen vom armen Jungen, der einen Schatz fand

Homer galt Schliemanns Zeit als der Sänger versunkener Vorwelt. Zweifel an der Existenz der Person gingen zusammen mit dem Zweifel am Berichteten, und weit entfernt waren die Gelehrten jener Tage von der kühnen Formulierung Späterer, die Homer den ersten Kriegsberichterstatter nannten. Der Wahrheitswert seines Berichts vom Kampf um des Priamos Burg wurde dem der alten Heldenlieder gleichgeachtet oder sogar ins Dämmerlicht der Mythe verwiesen.

Beginnt nicht die Ilias damit, daß der «fernhintreffende Apollon» eine tödliche Krankheit in die Reihen der Achäer schickt? Greift Zeus selber nicht ein in den Kampf ebenso wie die «lilienarmige Here»? Werden nicht Götter zu Menschen, verwundbar wie diese, als sogar die Göttin Aphrodite das Erz eines Speeres zu fühlen bekommt?

Mythos, Sage, Legende – voll des göttlichen Funkens eines der größten unter den Dichtern, aber eben unter den Dichtern.

Und hinzu kam dies: Das iliadische Griechenland muß ein Land hoher Kultur gewesen sein. Zu der Zeit aber, da die Griechen ins Licht unserer datierbaren Geschichte traten, sind sie uns bekannt als simples Völkchen, weder durch die Pracht von Palästen noch durch die Macht der Könige, noch durch Flotten von tausend Schiffen ausgezeichnet. In der Tat war es leichter, an eine dichterische Inspiration des Menschen Homer zu glauben, als anzunehmen, daß auf eine Epoche ausgebildeter Zivilisation die Niederung der Jugend-Barbarei und auf diese wieder die Höhe hellenischer Kultur gefolgt sei.

Solche Erwägungen aber waren es nicht, die Schliemann, den Träumer in homerischen Welten, von seinem Glauben abbringen konnten. Er las den Homer als bare Realität; als Sechsundvierzigjähriger nicht anders denn als Knabe vorm Bilde des flüchtenden Äneas.

Wenn er die Beschreibung des gorgonischen Schildes des Agamemnon überprüfte, wenn er vom Schildgurt hörte, der die Gestalt einer dreiköpfigen Schlange hatte, von den Streitwagen, Waffen und Geräten vernahm, die in allen Details beschrieben wurden, so stand es für ihn außer jedem Zweifel, daß er die Schilderung einer griechischen Wirklichkeit vor sich hatte. All diese Helden, Achilles und Patroklos, Hektor und Äneas, ihre Taten, ihre Freundschaften, ihr Haß und ihre Liebe sollten erfunden sein? Er glaubte an ihre individuelle Existenz. Und er wußte sich eins in diesem Glauben mit dem gesamten griechischen Altertum und mit den großen Historikern Herodot und Thukydides, die stets den Trojanischen Krieg für ein wirkliches Ereignis und alle seine Teilnehmer für geschichtliche Persönlichkeiten gehalten hatten.

Mit diesem Glauben fuhr der Millionär Heinrich Schliemann in seinem sechsundvierzigsten Lebensjahr nicht ins moderne Griechenland, sondern direkt ins Reich der Achäer. Und mußte es ihn nicht bestätigen, ihn enthusiasmieren, wenn er bei erster Begegnung mit einem ithakischen Hufschmied dessen Frau als Penelope und dessen Söhne als Odysseus und Telemach vorgestellt bekam?

Es klingt unglaubwürdig, aber so geschah es: Auf dem Dorfplatz saß er des Abends, der reiche und merkwürdige Fremde, und las den Söhnen derer, die seit dreitausend Jahren tot waren, den XXIII. Gesang der Odyssee vor. Und Rührung überwältigte ihn, er weinte; und mit ihm weinten die Männer und Frauen!

TROTZ allem bleibt es erstaunlich, was nun geschah. Denn wo in der Weltgeschichte hat Enthusiasmus allein zum Erfolg verholfen? Das Wort vom Glück, das auf die Dauer nur dem Tüchtigen blühe, ist hier wenig passend. Denn daß Schliemann im Sinne wissenschaftlicher Archäologie ein Tüchtiger, das heißt ein Wissender war, ist für seine ersten Grabungsjahre zumindest umstritten. Das Glück aber sollte ihm blühen wie keinem.

Als den Platz, wo Troja – wenn überhaupt – gestanden haben könnte, bezeichneten die meisten der zeitgenössischen Gelehrten das damalige kleine Dörfchen Bunarbashi, das sich nur dadurch auszeichnete, daß es (selbst heute noch) auf jedem seiner Häuser bis zu zwölf Storchennester trug. Es befanden sich zwei Quellen dort, die die wagemutigen Archäologen zu der Ansicht trieben, daß hier eventuell das alte Troja gestanden haben könnte.

«Und sie erreichten die zwo schönsprudelnden Quellen, woher sich
Beide Bäch' ergießen des wirbelvollen Skamandros.
Eine rinnt beständig mit warmer Flut, und unter ihr
Wallt aufsteigender Dampf, wie der Rauch des brennenden Feuers;
Aber die andere fließt im Sommer auch kalt wie der Hagel
Oder des Winters Schnee und gefrorene Schollen des Eises.»

So heißt es bei Homer, im XXII. Gesang der Ilias, Vers 147 bis 152. Schliemann mietete sich für fünfundvierzig Piaster einen Führer, bestieg ein Pferd ohne Zaum und Sattel und warf den ersten Blick auf das Land seines Knabentraumes.

«Ich gestehe, daß ich meine Rührung kaum bewältigen konnte, als ich die ungeheure Ebene von Troja vor mir sah, deren Bild mir schon in den Träumen meiner ersten Kindheit vorgeschwebt hatte.»

Das Märchen vom armen Jungen, der einen Schatz fand

Dieser erste Blick aber sagte ihm schon, daß dies nicht Trojas Stätte sein konnte, drei Stunden von der Küste entfernt, während die Helden Homers fähig waren, täglich mehrere Male von ihren Schiffen zur Burg zu laufen. Und auf diesem Hügel sollte des Priamos Burg gestanden haben, mit zweiundsechzig Räumen, mit den zyklopischen Mauern und dem Torweg, durch den das hölzerne Pferd des Listenreichen in die Stadt gebracht worden war?

Schliemann besah sich die Quellen und schüttelte den Kopf. Auf einem Raum von fünfhundert Metern zählte er nicht zwei (wie Homer sie erwähnte), sondern vierunddreißig. Und sein Führer behauptete noch, er habe sich verzählt, es seien vierzig, weshalb dieser Ort »Kirk Giös« genannt werde, das hieße «Die vierzig Augen».

Und hatte nicht Homer von einer warmen und einer kalten Quelle gesprochen? Schliemann, der seinen Homer wörtlich nahm wie die frühen Theologen die Bibel, zog sein Taschenthermometer, untersuchte jede der vierunddreißig Quellen und fand überall die gleiche Temperatur von siebzehneinhalb Grad.

Er ging noch weiter. Er schlug die Ilias auf und las die Verse vom furchtbaren Kampf des Achilles gegen den Hektor; las, wie Hektor vorm «mutigen Renner» entfloh, und sie «also kreiseten dreimal um Priamos' Feste», «und alle Götter schaueten zu».

Schliemann machte den beschriebenen Weg. Er fand einen Abhang, so steil, daß er gezwungen war, ihn auf allen vieren rückwärts hinabzukriechen. Das bestärkte ihn in der Überzeugung, daß Homer, dessen Geländebeschreibung er als militärische Topographie nahm, nie daran gedacht haben konnte, seine Helden dreimal diesen Abhang hinunterklettern zu lassen «in eilendem Laufe».

Und mit der Uhr in der einen, mit dem Homer in der anderen Hand schritt er den Weg ab zwischen dem Hügel, der Troja bergen, und dem Vorgebirge, an dem die Schiffe der Achäer gelegen haben sollten. Er verfolgte den ersten Schlachttag des trojanischen Kampfes, so wie ihn der zweite bis siebente Gesang der Ilias schildert, und stellte fest, daß, hätte Troja auf Bunarbashi gelegen, die Achäer in neun Kampfesstunden nicht weniger als 84 Kilometer durchlaufen haben müßten!

Die Rechtfertigung seines Zweifels, daß hier Troja gelegen habe, fand er aber in dem völligen Mangel jeder Spur von Ruinen, ja selbst von Tonscherben, deren sonstige Häufigkeit jemanden zu der Bemerkung veranlaßt hatte: «Nach den Grabfunden der Archäologen zu schließen, haben sich die alten Völker mit nichts anderem als der Herstellung von Vasen beschäftigt, wobei sie kurz vor ihrem Untergang stets den niedrigen Charakter zeigten, alle zu zertrümmern und die schönsten Stücke als Puzzlespiel zu hinterlassen.»

«Mykenä und Tiryns», schrieb Schliemann, «sind bereits vor 2335 Jahren (geschrieben 1868) zerstört worden, und dennoch sind die vorhandenen Ruinen von solcher Beschaffenheit, daß sie wohl noch 10 000 Jahre dauern können.» Troja ist nur 722 Jahre früher zerstört worden; zyklopische Mauern verschwinden nicht spurlos, und dennoch fehlte von ihnen jedes Zeichen.

Sie fehlten aber nicht an anderer Stelle. Sie zeigten sich bereits dem oberflächlich prüfenden Blick zwischen den Ruinen von Neu-Ilium, jetzt Hissarlik geheißen, was soviel wie «Palast» bedeutet, zweieinhalb Stunden nördlich von Bunarbashi, nur eine Stunde von der Küste entfernt. Zweimal untersuchte Schliemann den Gipfel eines Hügels, der ein viereckiges, ebenes Plateau von 233 Meter Seitenlänge zeigte. Dann war er überzeugt, Troja gefunden zu haben.

Er trug Beweise zusammen. Und er entdeckte, daß er nicht völlig allein stand mit seiner Überzeugung. Aber nur wenige waren es, die sie teilten. Frank Calvert zum Beispiel, amerikanischer Vizekonsul, Engländer von Geburt. Ihm gehörte ein Teil des Hügels von Hissarlik, er besaß dort eine Villa und hatte einige Grabungen angestellt, die ihn zur selben Theorie wie Schliemann geführt hatten, ohne daß er doch die Konsequenzen gezogen hätte. Es waren außerdem der schottische Gelehrte C. MacLaren und der Deutsche Eckenbrecher, deren Stimmen aber ungehört verhallt waren.

Wie nun stand es hier mit den Quellen Homers, der Hauptstütze der Bunarbashi-Theorie? Nur kurze Unsicherheit befiel Schliemann, als ihm hier das Gegenteil widerfuhr wie bei Bunarbashi, als er *keine* Quelle fand, während er dort vierunddreißig gefunden hatte. Calverts Beobachtung half ihm: Im Verlaufe kurzer Zeit waren in dem vulkanischen Boden mehrere heiße Quellen verschwunden und wieder erschienen. Und mit beiläufiger Bemerkung tat er nun ab, was den Gelehrten bisher so wichtig erschienen war. Und was ihm dort als Widerlegung gedient hatte, diente ihm hier als Beweis. Der Verfolgungskampf zwischen Hektor und Achilles hatte nichts Unwahrscheinliches mehr, wenn er hier geschehen war, wo die Abhänge des Hügels sanft sich breiteten. Fünfzehn Kilometer hatten sie zurücklegen müssen, wenn sie dreimal um die Stadt gelaufen waren, und dies dünkte ihn nach eigener Erfahrung nicht zuviel für Krieger, angespornt von der Hitze haßerfüllten Zweikampfs.

Und wiederum war ihm das Urteil der Alten entscheidender als die Gelehrsamkeit seiner Tage. Berichtete nicht Herodot, daß Xerxes in Neu-Ilium erschienen sei, die Reste von «Priams Pergamos» besichtigt und der ilischen Minerva tausend Rinder geopfert hatte?

Tat nicht nach Xenophon der Feldherr Lakedämons, Mindaros, dasselbe? Ebenso wie nach Arrianus Alexander der Große, der, nicht genug der Opferung, Waffen aus Troja entnahm, die er von seiner Leibwache als Glücksspender in der Schlacht vor sich hertragen ließ? Tat nicht auch Cäsar viel für Ilium Novum, einmal, weil er Alexander bewunderte, und zum zweiten, weil er deutliche Beweise für seine Verwandtschaft mit den Iliern zu haben glaubte?

Sollten sie alle einem Traume gefolgt sein? Falscher Berichterstattung ihrer Tage?

Zum Schluß seines Kapitels aber, in dem Schliemann die Beweise häufte, ließ er alle Gelehrsamkeit beiseite, blickte bezaubert über die Landschaft und schrieb so, wie er als Knabe wohl gerufen hätte: «... so will ich hinzufügen, daß man, sowie man den Fuß auf die trojanische Ebene setzt, sofort beim Anblick des schönen Hügels von Hissarlik von Erstaunen ergriffen wird, der von Natur dazu bestimmt zu sein scheint, eine große Stadt mit ihrer Zitadelle zu tragen. In der Tat würde diese Stellung, wenn sie gut befestigt wäre, die ganze Ebene von Troja beherrschen, und in der ganzen Landschaft ist kein Punkt, der mit diesem verglichen werden kann.»

«Von Hissarlik aus sieht man auch den Ida, von dessen Gipfel Jupiter die Stadt Troja überschaute!»

UND jetzt ging ein Besessener zu Werke. All die Energie, die den Kaufmannslehrling zum Millionär gemacht, durfte sich zur Verwirklichung seines Traumes verströmen. Und rücksichtslos setzte er seine materiellen Mittel ebenso ein wie sich selber.

1869 hatte er eine Griechin geheiratet, Sophia Engastromenos, schön wie sein Bild von Helena, bald ganz wie er in der großen Aufgabe aufgehend, homerisches Land zu finden; sie teilte Strapazen, Drangsal und Widerwärtigkeiten mit ihm. Im April 1870 begann er zu graben, 1871 grub er zwei Monate lang, in den beiden folgenden Jahren je viereinhalb Monate. Hundert Arbeiter etwa standen ihm zur Verfügung. Ruhelos war er tätig, und nichts hielt ihn ab; das Fieber nicht, das auf Mückenleibern aus den Sümpfen quoll, tückisch und gefährlich, nicht der Mangel an gutem Wasser, weder die Aufsässigkeit der Arbeiter noch die Langsamkeit der Behörden und das Unverständnis der Wissenschaftler aller Welt, die ihn einen Narren schalten und schlimmeres.

Auf der Höhe der Stadt hatte der Tempel der Athene gestanden, Poseidon und Apollon hatten die Mauer der Pergamos gebaut – so hieß es bei Homer. Also mußte in der Mitte des Hügels der Tempel zu finden sein und drum herum, auf den Urboden gegründet, die Göttermauer. Er stach den Hügel an; Widerstand von Mauern, die ihn belanglos dünkten, wurde durch deren Abriß überwunden. Er fand Waffen und Hausrat, Schmuck und Vasen, überwältigendes Zeugnis, daß hier eine reiche Stadt bestanden; aber er fand noch etwas anderes, und zum erstenmal lief der Name Heinrich Schliemann um die Welt: Unter den Ruinen von Neu-Ilium fand er andere Ruinen, unter diesen wieder neue, der Hügel glich einer ungeheuren Zwiebel, von der er Schicht um Schicht abblättern mußte. Und jede dieser Schichten schien zu verschiedensten Zeiten bewohnt gewesen zu sein, Völker hatten gelebt und waren gestorben, Städte waren aufgebaut worden und wieder verfallen, Schwert und Brand hatten gewütet, eine Zivilisation hatte die andere abgelöst, und immer wieder hatte sich eine Stadt der Lebendigen erhoben auf einer Stadt der Toten.

Jeder Tag brachte eine Überraschung. Ausgezogen war Schliemann, um das homerische Troja zu finden, aber im Laufe der Jahre fanden er und seine Mitarbeiter nicht weniger als sieben versunkene Städte, später noch zwei weitere! Neun Blicke in eine Vorwelt, von der die Welt nichts geahnt hatte und nichts gewußt!

Welche dieser neun Städte aber war das Troja Homers, das Troja der Helden und des heroischen Kampfes? Klar war, daß die unterste Schicht die prähistorische war, die älteste, so alt, daß den Bewohnern der Gebrauch des Metalls noch unbekannt war, und daß die oberste Schicht die jüngste sein mußte, die Reste des neuen Iliums bergend, in dem Xerxes und Alexander geopfert hatten.

Schliemann grub und suchte. Und er fand in der zweiten und dritten Schicht von unten Brandspuren, er fand die Reste gewaltiger Wälle und die Trümmer eines riesigen Tors. Und er war gewiß: Diese Wälle umschlossen Priamos' Palast, und dies Tor war das Skäische!

Er stieß auf Schätze, Schätze vom wissenschaftlichen Standpunkt aus. Durch das, was er heimschickte und Fachleuten zur Beurteilung übergab, rundete sich das Bild einer fernen Epoche zu einem geschlossenen Gemälde, in dem jede Einzelheit erkennbar wurde, bis zum Porträt des Volkes.

Es war der Triumph Heinrich Schliemanns, aber es war auch der Triumph Homers. Was als Sage und Mythos gegolten hatte, zugeschrieben der Phantasie des Dichters, war bewiesen worden in seiner Existenz.

Das Märchen vom armen Jungen, der einen Schatz fand 49

Eine Welle der Begeisterung durchlief die Welt. Und Schliemann, der mit seinen Arbeitern mehr als 250 000 Kubikmeter Erde bewältigt hatte, empfand Anrecht auf eine Atempause. Sein Blick begann sich auf andere Aufgaben zu richten. Er setzte den 15. Juni 1873 als vorläufig letzten Grabungstag an. Und da fand er, einen Tag vorm letzten Spatenstich, das, was seine Arbeit krönen sollte mit goldenem Glanze und was die Welt mit Entzücken erfüllte.

Der Vorgang war dramatisch. Noch heute bleibt einem der Atem stehen, wenn man von dieser Entdeckung liest. In der Frühe eines heißen Tages war es. Schliemann beaufsichtigte zusammen mit seiner Gattin die übliche Grabung, nicht mehr überzeugt, noch Wesentliches zu fördern, doch stets voller Aufmerksamkeit. Sie waren angekommen bei 28 Fuß Tiefe auf jenem Mauerwerk, das Schliemann Priamos' Palast zuschrieb. Da fand sein Blick plötzlich einen Anhalt, so zwingend für die Bewegtheit seiner Phantasie, daß er sofort und wie unter einem Zwange zu handeln begann. Und wer weiß, was die räuberischen Arbeiter getan hätten, wenn sie gesehen, was Schliemann sah. Er ergriff seine Frau am Arm. «Gold», flüsterte er. Sie starrte ihn erstaunt an. «Schnell», stieß er hervor, «schick die Arbeiter nach Hause, sofort!» – «Aber...» begann die schöne Griechin. «Kein Aber, erzähl ihnen, was du willst, erzähl ihnen, daß ich heute Geburtstag habe, daß mir das eben erst eingefallen sei und daß sie alle einen Feiertag haben sollen! Nur schnell, schnell!»

Die Arbeiter entfernten sich. «Hol deinen roten Schal!» rief Schliemann und sprang in die Grube. Mit dem Messer arbeitete er wie ein Besessener. Mächtige Steinmassen, Schutt der Jahrtausende, hingen immer drohender über seinem Haupte. Er achtete nicht der Gefahr. «In größter Eile schnitt ich den Schatz mit einem großen Messer heraus, was nicht ohne die allergrößte Kraftanstrengung und die furchtbarste Lebensgefahr möglich war; denn die große Festungsmauer, welche ich zu untergraben hatte, drohte jeden Augenblick über mir einzustürzen. Aber der Anblick so vieler Gegenstände, deren jeder einzelne einen unermeßlichen Wert hatte, machte mich tollkühn, und ich dachte nicht an Gefahren.»

Elfenbein blinkte matt, Gold klirrte. Seine Frau hielt den Schal, und der Schal füllte sich. Mit Schätzen, deren Wert nicht abzumessen schien. Des Priamos Schatz! Der Goldschatz eines der mächtigsten Könige grauer Vorzeit, mit Blut und Tränen behaftet, Schmuck göttergleicher Menschen, dreitausend Jahre begraben und unter den Schuttmauern sieben verschollener Reiche hervorgehoben an das Licht eines neuen Tages! Schliemann zweifelte nicht einen Augenblick daran, daß er den Schatz gefunden hatte. Kurz vor seinem Tode erst wurde bewiesen, daß er sich hatte irreführen lassen vom Rausch seiner Begeisterung, daß Troja nicht in der zweiten und nicht in der dritten, sondern in der sechsten Schicht von unten lag, und daß der Schatz der eines Königs war, tausend Jahre älter als Priamos.

Das Ehepaar brachte die Schätze in seine Holzhütte, heimlich, gehetzt, wie Diebe. Und dann kam der Augenblick, da sich auf dem Holze einer rohen Tischplatte die Schmuckstücke häuften. Da waren Diademe und Spangen, Ketten, Platten und Knöpfe, Drähte, Schlangen und Fäden. «Vermutlich hat jemand aus der Familie des Priamos den Schatz in aller Eile in die Kiste gepackt, diese fortgetragen, ohne Zeit zu haben, den Schlüssel herauszuziehen, ist aber auf der Mauer von Feindeshand oder vom Feuer erreicht worden und hat die Kiste im Stich lassen müssen, die sogleich fünf oder sechs Fuß hoch mit der roten Asche und den Steinen des daneben stehenden königlichen Hauses überschüttet wurde.»

Und Schliemann, der Phantast, nimmt ein Paar der Ohrgehänge, nimmt einen Halsschmuck und legt alles seiner jungen Frau an – dreitausendjähriger Schmuck für die zwanzigjährige Griechin! Er starrt sie an. «Helena!» flüstert er. –

Wohin aber mit diesem Goldschatz? Schliemann kann nicht schweigen, die Nachricht von dem Fund sickert durch. Auf abenteuerlichen Wegen schafft er den Schatz mit Hilfe der Verwandten seiner Frau nach Athen, von dort aus weiter aufs Land. Als Schliemanns Haus auf Veranlassung des türkischen Gesandten mit Beschlag belegt wird, entdecken die Beamten keine Spur des Goldes.

Ist er ein Dieb? – Die Gesetzgebung der Türkei war in bezug auf antike Funde vieldeutig. Willkür herrschte. Ist es ein Wunder, daß dieser Mann, der sein ganzes Leben eines Traumes wegen geändert hatte, nun, vom Erfolg überwältigt, für sich und damit für die Wissenschaft Europas den Goldschatz zu retten sucht? Hatte nicht siebzig Jahre vorher Thomas Bruce, Graf von Elgin und Kincardine, mit einem ganz anderen Schatze ähnlich gehandelt? Athen war damals noch türkisch. Lord Elgin hatte einen Ferman, der die Bemerkung enthielt, «es sollte ihn niemand hindern, einige Steinblöcke mit Inschriften oder Figuren darauf von der Akropolis fortzuführen». Diesen Satz legte Elgin sehr weitherzig aus. Zweihundert Kisten, gefüllt mit dem Schmuck des Parthenons, schickte er nach London. Jahrelang ging der Streit um das Besitzrecht dieser wunderschönen Stücke griechischer Kunst. 74 240

Das Märchen vom armen Jungen, der einen Schatz fand

Pfund hatte Lord Elgin der Erwerb gekostet. Als 1816 durch einen Parlamentsbeschluß die Sammlung aufgekauft wurde, zahlte man ihm nicht einmal die Hälfte, nämlich 35 000 Pfund! – Als Schliemann den «Schatz des Priamos» gehoben hatte, fühlte er sich auf der Höhe seines Lebens.

Konnte solcher Erfolg noch eine Steigerung erfahren?

5. KAPITEL

DIE MASKE DES AGAMEMNON

Es gibt Lebensläufe, in denen sich die Erfolge in so unwahrscheinlicher Weise häufen, daß der nachträgliche Betrachter seine Feder hüten muß, um nicht in literarische Paroxysmen zu verfallen, um nicht die Superlative bereits im Anfang zu verbrauchen, die in der Folge um so notwendiger werden. Es gibt aber Lebensläufe, die sich superlativisch abspielen. Und ein solcher ist der Heinrich Schliemanns, dessen märchenhafter Charakter immer erstaunlicher wird, dessen archäologische Erfolge drei Höhepunkte erreichen, von denen die Auffindung des «Schatzes des Priamos» der erste war und die Exploration der Königsgräber von Mykenä der zweite werden sollte.

Eins der finstersten und erhabensten Kapitel griechischen Menschentums, voll von dunklen Leidenschaften, ist die Geschichte der Pelopiden zu Mykenä, die Geschichte von Heimkehr und Tod des Agamemnon. Zehn Jahre hatte Agamemnon vor Troja gestanden. Ägisthos hatte die Zeit genutzt.

«Weil wir andern dort, so viel Arbeiten vollendend,
Harreten, saß er im Winkel der rossenährenden Argos
Ruhig, das Weib Agamemnons mit schmeichelnder Rede betörend.»

Er stellte einen Wächter auf, der ihm die Heimkehr des Gatten zu melden hatte. Zwanzig Männer stellte er bereit. Dann lud er den Agamemnon zum Gastmahl – «doch schändliche Tücke gedenkend» – «und erschlug ihn über dem Mahl, wie einer den Stier erschlägt an der Krippe. Keiner der Freunde Agamemnons entrann, soviel ihm gefolget!» Acht Jahre währte es, bis Orestes, der Sohn und Rächer, erschien und Klytämnestra, die Mutter, und Ägisthos, den Mörder des Vaters, erschlug.

Die Tragiker bemächtigten sich des Vorgangs, das gewaltigste Stück des Aischylos behandelt Agamemnon, der Franzose Jean-Paul Sartre schrieb noch in unseren Tagen ein Drama um Orestes, und nie versank die Erinnerung an den «König der Männer», der einer der mächtigsten und reichsten gewesen ist, Herrscher über den Peloponnes.

Doch es war nicht nur das blutige Mykenä, es war auch das goldene. Schon

Die Maske des Agamemnon

Troja war reich nach Homer, doch Mykenä noch reicher, und das Wort «golden» war ständiges Schmuckwort seiner Beschreibung. Des Priamos Schatz hatte Schliemann bezaubert, er suchte nach neuem Schatz. Und – was niemand wahrscheinlich dünkte – er fand ihn! Mykenä liegt «im äußersten Winkel der rossenährenden Argos», auf halbem Wege von Argos nach «Korinthos' Landesenge». Blickt man vom Westen auf die ehemalige Königsburg, so erkennt man ein Trümmerfeld, Reste gewaltiger Mauern, hinter denen sich, erst sanft, dann steil ansteigend, der Berg Euböa erhebt mit der Kapelle des Propheten Elias.

Etwa 170 n. Chr. war Pausanias hier gereist und hatte beschrieben, was er sah. Das war mehr noch gewesen, als sich dem Blicke Schliemanns bot. Doch in einem unterschied sich die Aufgabe des Archäologen hier von der vor Troja: Der Platz, auf dem das alte Mykenä gestanden, lag zweifelsfrei fest. Wohl hatte sich der Staub der Jahrtausende auf die Ruinen gelagert, und Schafe weideten dort, wo einst Könige geherrscht; aber die Ruinen waren vorhanden und zeugten von Größe, Pracht und vergangener Herrlichkeit.

Das «Löwentor», der Haupteingang zum Palast, lag frei dem Blick staunender Wanderer, ebenso die sogenannten «Schatzhäuser», einst für Backöfen gehalten, darunter das berühmteste, das des Atreus, des ersten Pelopiden und Vaters Agamemnons. Mehr als dreizehn Meter hoch ist das unterirdische Gemach, in Gestalt einer Kuppel, deren Raumspannung sich in kühner Wölbung selber trägt, gefügt aus ungebundenen zyklopischen Steinen.

Mehrere antike Schriftsteller beschrieben Schliemann diesen Platz als den der Gräber Agamemnons und der mit ihm erschlagenen Freunde. Die Lage der Burg war klar, doch nicht die der Gräber. Und hatte Schliemann Troja gefunden, indem er der Meinung aller Gelehrten entgegenarbeitete, auf

Querschnitt und Grundriß des «Schatzhauses des Atreus».
Abbildung 3

nichts pochend als auf seinen Homer, so pochte er diesmal auf eine bestimmte Stelle des Pausanias und behauptete, daß alle Wissenschaft hier falsch übersetzt und mißverstanden habe. Während bis dahin angenommen worden war – und zwei der größten archäologischen Autoritäten hatten das getan, der Engländer Dodwell und der Deutsche Curtius –, daß Pausanias die Grabstelle als außerhalb des Burgwalles gelegen bezeichne, behauptete Schliemann, sie müßte innerhalb liegen. Schon in seinem Ithaka-Buch hatte er diese Meinung vertreten, die wiederum mehr orthodoxen Glauben an die Schriften der Alten zeigte als wissenschaftliche Überlegung. Doch erscheint das belanglos – denn er grub, und sein Graben gab ihm recht.

«Ich fing das große Werk am 7. August 1876 mit 63 Arbeitern an...» – «Seit dem 19. August habe ich die Ausgrabungen mit durchschnittlich 125 Arbeitern und vier Schuttkarren fortgesetzt und gute Fortschritte gemacht.»

In der Tat: Das erste, was er nach ungeheuren Mengen von Vasen und wieder Vasen fand, war ein sehr sonderbares Rund, gebildet von doppelter Reihe aufrechtstehender Steine. Es gab für Schliemann kein Zögern, hierin die runde Agora von Mykenä zu sehen, in dem sonderbaren Steinzirkel die Rundbank zu erkennen, auf der die Hohen der Burg Platz genommen hatten zu Versammlung, zu Rat und Gericht; auf der der Herold des Euripides gestanden, der – in dem Stück «Elektra» – das Volk zur Agora gerufen.

«Gelehrte Freunde» bestätigten ihn. Und als er bei Pausanias in bezug auf eine andere Agora den Satz fand: «Hier bauten sie den Platz der Ratsversammlung, damit sie das Grab der Helden innerhalb des Platzes der Ratsversammlung hätten», da wußte er mit jener somnambulen Gewißheit, die ihn durch sechs Städte hindurch auf den Schatz des Priamos geführt hatte, daß er auf dem Grabe Agamemnons stand.

Und als er als nächstes neun Grabstellen fand (5 Schachtgräber *innerhalb* der Burganlage, 4 um 100 Jahre jüngere Kuppelgräber *außerhalb*; heute kennt man insgesamt 15), vier davon mit guterhaltenen Reliefs, schwand letzter Zweifel, schwand die Vorsicht des Wissenschaftlers, und er schrieb: «In der Tat zögere ich keinen Augenblick zu verkünden, daß ich hier die Gräber gefunden habe, welche Pausanias, der Tradition folgend, dem Atreus, dem König der Männer Agamemnon, seinem Wagenlenker Eurymedon, der Kassandra und ihren Gefährten zuschreibt!»

Inzwischen schritt die Arbeit am Schatzhaus nahe dem Löwentor nur langsam vorwärts. Steinharter Schutt erschwerte die Grabung. Doch auch hier seine nachtwandlerische Sicherheit: «Ich bin überzeugt, daß die Tradition, wonach diese geheimnisvollen Gebäude als Speicher zur Aufbewahrung

Die Maske des Agamemnon

der Schätze der uralten Könige dienten, vollkommen wahr ist.» Und schon die ersten Funde in dem Schutt, den er beiseite räumen mußte, um den Eingang zu finden, übertrafen an Feinheit der Form, Schönheit der Ausführung und Qualität des Materials alles, was er ähnliches in Troja gefunden. Bruchstücke von Friesen, bemalte Vasen, Terrakotta-Idole der Hera, Formsteine zum Gießen von Schmucksachen («welche wahrscheinlich alle von Gold und Silber waren», schloß der Schatzgräber sofort), Ornamente von glasiertem Ton, Glasperlen und Gemmen.

Welche Erdbewegungen er mit seinen Arbeitern ausführte, erhellt die Bemerkung: «Soweit meine Ausgrabungen fortgeschritten sind, finde ich nirgends eine Schuttanhäufung tiefer als 26 Fuß und selbst diese Tiefe nur neben der großen Ringmauer; von dort erhebt sich der Fels rasch, und weiterhin übersteigt die Tiefe des Schuttes nicht 13 bis 20 Fuß.»

ABER die Arbeit lohnte.

Unterm 6. Dezember 1876 notierte er die Aufdeckung des ersten Grabes. Die Schürfung mußte mit größter Sorgfalt geschehen. Fünfundzwanzig Tage rutschte Sophia, die unermüdliche Helferin, auf den Knien, schabte mit dem Taschenmesser, grub mit den Händen. Dann fanden sie insgesamt fünf Grabstätten. Und in den Gräbern die Skelette von fünfzehn Leichen. Ein Kabel ging an den König von Griechenland:

«Mit außergewöhnlicher Freude melde ich Eurer Majestät, daß ich die Gräber entdeckt habe, welche die Tradition als die Agamemnons, der Kassandra, Eurymedons und ihrer Kameraden bezeichnet, getötet während der Mahlzeit durch Klytämnestra und ihren Liebhaber Ägisthos.»

Man muß sich die Erschütterung Schliemanns vorstellen, als er nach und nach die Skelette derer entdeckte, die von der Welt ins Reich der Fabel verwiesen worden waren, nicht anders als die Helden, die vor Troja gekämpft, als er in die Gesichter blickte, von der Zeit zerfressen, doch noch erkennbar, mit leeren Augenhöhlen, geschwundener Nase, den Mund zu schrecklicher Grimasse verzerrt wie unterm Eindruck eines zuletzt gesehenen Frevels, Knochen, an denen noch Fleisch hing, Armbänder und Schmückstücke klirrten, Knochen von Menschen, die vor mehr als zwei Jahrtausenden gelebt hatten in Haß und Leidenschaft.

Es gab gar keinen Zweifel für ihn. Und viele Gründe waren es in der Tat, die zu bestätigen schienen, was er glaubte. «Diese Körper waren buchstäblich mit Juwelen und Gold überladen», schrieb er. Hätte man gewöhnlichen Sterblichen solche Schätze ins Grab gelegt? fragte er. Er fand Waffen, reiche, kostbare Waffen, mit denen die Toten ausgerüstet waren für jede Möglichkeit im Reich der Schatten. Er wies auf die offensichtlich schnelle Verbrennung der Körper hin. Kaum hatten sich die Bestatter Zeit genommen, das Feuer alles verzehren zu lassen, als sie auch schon Kiesel und Erde draufschütteten – in der Eile der Mörder, die ihre Spur tilgen wollen. Und deutete nicht alles darauf hin, daß, obwohl die Beifügung der Schätze auf Achtung vor der herrschenden Sitte schließen ließ, doch die Bestattung und die Grabstellen selber so unwürdig waren, wie sie nur der hassende Mörder dem gehaßten Opfer zu bieten wagt? Wurden sie nicht «wie das Aas unreiner Tiere in erbärmliche Löcher geworfen»?

Schliemann bemühte seine Autoritäten, die alten Schriftsteller. Er zitierte aus dem «Agamemnon» des Aischylos, aus des Sophokles «Elektra» und des Euripides «Orestes». Kein Zweifel überkam ihn, und doch war, wie wir heute wissen, seine Theorie falsch. Ja, Königsgräber hatte er unter der Agora gefunden, aber nicht die Agamemnons und seiner Gefährten, sondern Gräber, die höchstwahrscheinlich mehr als vierhundert Jahre älter waren.

Dies spielte keine Rolle. Wichtig war, daß er einen zweiten großen Schritt in eine verlorene Vorwelt getan, daß er wiederum Homers Wahrhaftigkeit aufgezeigt und daß er Schätze (im wissenschaftlichen wie im materiellen Sinn) gehoben hatte, die uns Auskunft geben über eine Kultur, die uns auf europäischem Boden Urmutter ist. «Es ist ja eine ganz neue, gar nicht geahnte Welt, die ich für die Archäologie aufdeckte!» –

Dieser wunderbare Mann nun, wieder einmal auf der Höhe eines Erfolges, der telegraphisch mit Ministern und Königen verkehrt, der von unbändigem Stolz ist, aber niemals hochmütig, vergißt in einer Zeit, da alle Welt von ihm Auskunft verlangt, auch die kleinsten Dinge nicht und kann sich maßlos über eine Ungerechtigkeit empören. Da erscheint eines Tages nach zahllosen anderen Besuchern der Kaiser von Brasilien, besichtigt Mykenä und gibt bei der Abfahrt dem Polizeikommandeur Leonardos das wahrhaft fürstliche Trinkgeld von 40 Franken! Der Kommandeur hatte sich Schliemann gegenüber stets loyal verhalten. So gerät Schliemann in Erregung, als er hört, mißgünstige andere Beamte hätten behauptet, Leonardos habe in Wirklichkeit 1 000 Franken erhalten und habe den Rest unterschlagen. Als Leonardos daraufhin seines Amtes enthoben wird, tritt Schliemann in Aktion. Der weltberühmte Forscher macht für den kleinen Polizisten seine besten Beziehungen mobil. Er schlägt gar keine Umwege ein, er drahtet an den Minister: «Als Gegenleistung für die vielen hundert Millionen, um die ich Griechenland bereichert habe, bitte ich mir die Gefälligkeit zu erweisen, meinen Freund, den

Die Maske des Agamemnon

Polizisten Leonardos in Nauplion zu pardonieren und auf seinem Posten zu belassen. Geschieht für mich, Schliemann.» Als nicht sofort Antwort eintrifft, jagt er ein zweites Telegramm hinterher: «Schwöre, daß Polizist Leonardos ehrlich und tüchtig. Nichts als Verleumdung. Garantiere, daß nur 40 Franken bekam. Fordere Gerechtigkeit!» Und er tut darüber hinaus das Tollste, was möglich ist. Er schickt dem Kaiser von Brasilien, der inzwischen in Kairo gelandet ist, ein Telegramm:

«Bei Ihrer Abreise aus Nauplion haben Eure Majestät dem Polizeikommandeur Leonida Leonardos 40 Franken zur Verteilung unter die Polizisten gegeben. Der Bürgermeister, um den braven Mann zu verleumden, behauptet, er habe 1 000 von Eurer Majestät erhalten. Leonardos wurde des Amtes entsetzt, und nur mit größter Mühe konnte ich ihn vor dem Gefängnis retten. Da ich ihn seit Jahren als den ehrlichsten Menschen von der Welt kenne, bitte ich im Namen der heiligen Wahrheit und der Menschlichkeit Eure Majestät, mir zu telegrafieren, wieviel Leonardos bekommen hat, 40 Franken oder mehr?» Und Heinrich Schliemann, der Forscher, zwingt im Namen der Gerechtigkeit den Kaiser von Brasilien, seine Schäbigkeit öffentlich einzugestehen. Der Polizist Leonardos ist gerettet. So handelt Schliemann – ein Träumer, wenn er in die alten Welten blickt, ein kalt überlegender Detektiv, wenn er nach Schätzen spürt, ein Michael Kohlhaas, wenn er um eine gerechte Sache ficht.

Die Goldschätze waren ungeheuer. Erst sehr viel später, in unserem Jahrhundert, sollten sie durch den Fund von Carnarvon und Carter in Ägypten übertroffen werden. «Alle Museen der Welt zusammengenommen besitzen nicht ein Fünftel davon», schrieb Schliemann.

Im ersten Grabe fand er auf jedem der drei Skelette fünf Diademe aus purem Gold, Lorbeerblätter und Kreuze aus Gold. In einem anderen Grabe – drei Frauen lagen dort – sammelte er nicht weniger als 701 dünne goldene Blätter mit wunderbaren Ornamenten, Tieren und Blumen, Schmetterlingen und Tintenfischen. Goldene Schmuckstücke mit bildlichen Darstellungen, Löwen und anderem Getier, Kriegern in mörderischem Kampfe, Schmuckstücke in Form von Löwen und Greifen, von liegenden Hirschen und Frauen mit Tauben. Und eines der Skelette hatte auf dem Haupte eine Krone von Gold, auf deren Stirnband 36 goldene Blätter befestigt waren, aufrecht um den Kopf stehend, um einen Kopf, der nun nahe der Staubwerdung war, ebenso wie der andere, der ein kunstvolles Diadem trug, an dem noch Teile des Schädels klebten.

Goldene Gefäße aus Mykenä.
Abbildung 4

Er fand außerdem fünf goldene Diademe, noch mit dem Golddraht, mit dem sie am Kopfe befestigt waren, eine Unzahl von goldenen Kreuzen und Rosetten, Brustnadeln und Haarlockenhalter, Bergkristalle, Schieber von Achat und linsenförmige Gemmen von Sardonyx und Amethyst. Er fand Zepter von vergoldetem Silber mit Griffen von Bergkristall, Becher und Dosen aus Gold, Schmucksachen aus Alabaster.

Und er fand – das Wichtigste – jene goldenen Masken und Brustplatten, mit denen man der Tradition gemäß die königlichen Toten zu schützen gesucht hatte gegen jeden Einfluß von außen. Wieder auf den Knien liegend und assistiert von seiner Frau, schabte er die Tonschicht ab, die auf den fünf Leichen des vierten Grabes lag. Die Köpfe der Leichen boten ihm nur für Stunden ihren Anblick – dann zerfielen sie zu Staub. Aber die goldenen Masken behielten mit schimmerndem Glanz ihre Form – und diese Form, diese Gesichtszüge waren durchaus individuell «und so ganz und gar verschieden von den idealen Typen von Göttern und Helden, daß ohne allen Zweifel eine jede derselben das Bild des Verstorbenen darstellen muß».

Er fand Siegelringe mit wundervoller Intaglio-Arbeit, er fand Armbänder, Stirnbänder und Gürtel, 110 goldene Blumen, 68 goldene Knöpfe ohne und 118 Goldknöpfe mit Intaglio-Ornamenten – nein, auf der nächsten Seite seiner Grabbeschreibung finden sich schon wieder 130 neue Goldknöpfe erwähnt, auf der anderen Seite ein Tempelmodell aus Gold, auf der übernäch-

Die Maske des Agamemnon

sten ein Tintenfisch aus Gold. Genug von dieser Schilderung, die bei Schliemann zweihundertsechs große Seiten füllt. Er fand Gold, Gold, Gold.

Abends, wenn der Tag schwand und die Schatten der Nacht auf die Akropolis von Mykenä sanken, ließ Schliemann Feuer anzünden «zum erstenmal seit 2344 Jahren». Wachtfeuer – an jene anderen erinnernd, die der Klytämnestra und ihrem Geliebten einst das Nahen des Agamemnon gekündet hatten. Diesmal aber dienten die Feuer dazu, die Diebe von einem der größten Schätze abzuschrecken, die je dem Grabe toter Könige entnommen wurden.

6. KAPITEL

SCHLIEMANN UND DIE WISSENSCHAFT

SCHLIEMANNS dritte große Grabung förderte kein Gold mehr zutage. Aber sie legte eine Burg zu Tiryns frei; und zusammen mit dem, was er in Mykenä entdeckt hatte und was ein Jahrzehnt nach ihm der englische Archäologe Evans auf Kreta fand, rundete sich erst das Bild eines prähistorischen Kulturkreises, der einst die Gestade des Mittelmeeres beherrscht hatte.

Doch zuvor einiges über Schliemanns Stellung in seiner Zeit. Das ist so aktuell wie nur je; denn noch heute kämpft jeder Forscher zwischen den Kreuzfeuern des Publikums und der Fachwelt. Schliemanns Berichte hatten ein anderes Publikum als die «Sendschreiben» Winckelmanns. Der Weltmann des 18. Jahrhunderts hatte für die Gebildeten geschrieben, für den kleinen Kreis Bevorzugter, für die, die Museen besaßen oder zumindest Zutritt zu ihnen erlangten, weil sie zu einer Hofwelt gehörten. Diese kleine Welt wurde erschüttert durch die Aufdeckung Pompejis, sie wurde entzückt durch die Ausgrabung schon einer Statue, aber ihr Interesse verließ niemals die parkettierte Ebene des Künstlerisch-Ästhetischen. Winckelmanns Wirkung war durchgreifend, aber bedurfte des Mediums der Dichter und Schriftsteller, um aus der dünnen Zone der Bildung in die ganze Tiefe und Breite seiner Zeit zu strahlen.

Schliemann wirkte ohne Medium. Er wirkte unmittelbar. Er publizierte jeden Fund, und er war selber der größte Bewunderer dieser Funde. Seine Briefe gingen in alle Welt, seine Artikel an alle Zeitungen. Schliemann wäre der Mann des Radios, des Films und des Fernsehens gewesen, hätte es das damals schon gegeben. Seine Funde in Troja entfachten einen Wirbel nicht allein in einer Kleinwelt Gebildeter, sondern bei jedermann. Winckelmanns Statuenbeschreibungen hatten Ästheten angesprochen, entzückte Kenner. Schliemanns Goldfunde sprachen Menschen einer Zeit an, die man im Land seiner Herkunft die «Gründerzeit» nannte, Menschen auf der Hochwoge wirtschaftlicher Prosperity, die den Selfmademan schätzten, gesunden Menschenverstand besaßen und sich auf seine Seite stellten, als sich die «reinen Wissenschaftler» von dem «Laien» abwandten.

Ein Museumsdirektor schrieb ein paar Jahre nach Schliemanns Zeitungsberichten von 1873: «Zur Zeit dieser Berichte herrschte bei den Gelehrten wie beim Publikum eine große Aufregung. Überall, im Hause und auch auf der Straße, im Postwagen und auf der Eisenbahn, wurde von Troja geredet. Man war voll des Staunens und des Fragens.»

Hatte uns Winckelmann, wie Herder sagt, «das Geheimnis der Griechen von ferne gezeigt», so hatte Schliemann bereits ihre Vorwelt aufgedeckt. Mit unglaublicher Kühnheit hatte er die Archäologie aus dem Petroleumlicht der Studierstuben unter die Sonne eines hellenischen Himmels geführt und die Troja-Frage mit dem Spaten gelöst. Aus dem Bezirk klassischer Philologie war er mit einem Schritt hinausgetreten in die lebendige Vorgeschichte und hatte eine klassische Wissenschaft um die Prähistorie erweitert.

Das Tempo, in dem diese umstürzenden Maßnahmen getroffen wurden, die Häufung der Erfolge, Schliemanns zwielichtige Persönlichkeit, nicht ganz Kaufmann, nicht ganz Gelehrter und doch mit außerordentlichem Erfolg beides, der «reklamehafte Zug» seiner Veröffentlichungen schockierte die internationale Gelehrtenwelt und darunter besonders die deutsche. Den Aufruhr kennzeichnet in seiner Größe die Zahl von 90 Veröffentlichungen über Troja und Homer, die in diesen Jahren Schliemannscher Tätigkeit aus den Studierstuben schossen. Der Hauptangriffspunkt, den die Gelehrten unter das Feuer ihrer Philippiken nahmen, war sein Dilettantentum. Im Verlauf der Geschichte der Ausgrabungen werden wir immer wieder den zünftigen Archäologen begegnen, die den Männern, die doch nur den Anstoß zu neuem Sprung ins Dunkle gaben, das Leben schwermachten. Weil die Angriffe gegen Schliemann grundsätzlicher Natur waren, so sei hier einiges dazu gesagt und zitiert. Als erster möge ein sehr verärgerter Philosoph das Wort erhalten, Arthur Schopenhauer:

«Dilettanten, Dilettanten! – so werden die, welche eine Wissenschaft oder Kunst, aus Liebe zu ihr und Freude an ihr, per il loro diletto, treiben, mit Geringschätzung genannt von denen, die sich des Gewinnes halber darauf gelegt haben; weil *sie* nur das Geld delektiert, das damit zu verdienen ist. Diese Geringschätzung beruht auf ihrer niederträchtigen Überzeugung, daß keiner eine Sache ernstlich angreifen werde, wenn ihn nicht Not, Hunger oder sonst welche Gier dazu anspornt. Das Publikum ist desselben Geistes und daher derselben Meinung: hieraus entspringt sein durchgängiger Respekt vor den ‹Leuten vom Fach› und sein Mißtrauen gegen Dilettanten. In Wahrheit hingegen ist dem Dilettanten die Sache Zweck, dem Manne vom Fach, als solchem, bloß Mittel; nur der aber wird eine Sache mit ganzem Ernste betreiben, dem unmittelbar an ihr gelegen ist und der sich aus Liebe zu ihr damit beschäftigt; sie con amore treibt. Von Solchen, und nicht von den Lohndienern, ist stets das Größte ausgegangen.»

Professor Wilhelm Dörpfeld, Schliemanns Mitarbeiter, Ratgeber und Freund, einer der wenigen Fachleute, die ihm Deutschland an die Seite stellte, schrieb noch 1932: «Nie verstanden hat er dagegen den Spott und Hohn, mit dem mehrere Gelehrte und namentlich deutsche Philologen seine Arbeiten in Troja und Ithaka begleitet haben. Und auch ich habe diesen Spott, mit dem einige große Gelehrte später auch meine Ausgrabungen an homerischen Orten bedacht haben, stets bedauert und nicht nur für unberechtigt, sondern auch für unwissenschaftlich gehalten!»

Das Mißtrauen der «Fachleute» gegen den erfolgreichen «Outsider» ist das Mißtrauen des Bürgers gegen das Genie. Der Mann der gesicherten Lebensbahn verachtet den schweifenden der unsicheren Zonen, der «seine Sach' auf nichts gestellt» hat. Diese Verachtung ist ungerecht.

Betrachten wir die Entwicklung wissenschaftlicher Forschung so weit zurück, wie immer wir wollen, so ist nicht schwer festzustellen, daß eine außerordentliche Zahl großer Entdeckungen von den «Dilettanten» gemacht wurde, den «Outsidern» oder gar «Autodidakten», die, getragen von der Besessenheit einer Idee, die Hemmschuhe der Fachbildung nicht spürten, die Scheuklappen des Spezialistentums nicht kannten und die Hürden übersprangen, die akademische Tradition errichtet hatte.

Otto von Guericke, der größte deutsche Physiker des 17. Jahrhunderts, war von Haus aus Jurist. Denis Papin war Mediziner. Benjamin Franklin, Sohn eines Seifensieders, wurde ohne Gymnasial- oder gar Universitätsbildung nicht nur ein tätiger Politiker (dazu können auch mindere Qualitäten verhelfen), sondern auch bedeutender Gelehrter. Galvani, der Entdecker der Elektrizität, war Mediziner, und wie Wilhelm Ostwald in seiner «Geschichte der Elektrochemie» nachweist, verdankte er die Entdeckung gerade der Lückenhaftigkeit seiner Erkenntnisse. Fraunhofer, Verfasser hervorragender Arbeiten über das Spektrum, konnte bis zum vierzehnten Lebensjahr weder lesen noch schreiben. Michael Faraday, einer der bedeutendsten Naturforscher, war Sohn eines Hufschmiedes und begann als Buchbinder. Julius Robert Mayer, Entdecker des Gesetzes von der Erhaltung der Energie, war Arzt. Gleichfalls Arzt war Helmholtz, als er als Sechsundzwanzigjähriger seine erste Arbeit zum gleichen Thema veröffentlichte. Buffon, Mathematiker und Physiker, hat seine bedeutendsten Veröffentlichungen auf dem Gebiete der Geologie getan. Der Mann, der den ersten elektrischen Telegraphen konstruierte, war der Professor der Anatomie Thomas Sömmering. Samuel

Schliemann und die Wissenschaft

Morse war Maler, ebenso wie Daguerre. Der erste schuf das Telegraphen-Alphabet, der zweite erfand die Photographie. Die Schöpfer des lenkbaren Luftschiffes, Zeppelin, Groß und Parseval, waren Offiziere und hatten von Technik keine Ahnung. Die Reihe ist endlos. Entfernte man diese Männer und ihr Wirken aus der Geschichte der Wissenschaften, so bräche der Bau zusammen. Dennoch hatten sie zu ihrer Zeit Hohn und Spott zu tragen.

Die Reihe setzt sich fort in der Geschichte der Wissenschaft, die wir hier behandeln. William Jones, der die ersten guten Übersetzungen aus dem Sanskrit lieferte, war nicht Orientalist, sondern Oberrichter in Bengalen. Grotefend, der erste Entzifferer einer Keilschrift, war klassischer Philologe, sein Nachfolger Rawlinson Offizier und Politiker. Die ersten Schritte auf dem langen Weg zur Entzifferung der Hieroglyphen ging Thomas Young, ein Arzt. Und Champollion, der ans Ziel kam, war eigentlich Professor der Geschichte. Humann, der Pergamon ausgrub, war Eisenbahningenieur.

Genügt die Liste für das, was hier gesagt werden soll? All das, was den Fachmann auszeichnet, kann in seinem Wert nicht bestritten werden. Aber ist nicht, wenn die Mittel sauber bleiben, das Ergebnis das wichtigste? Sollte den «Outsidern» nicht unsere besondere Dankbarkeit gelten?

JA, Schliemann hat bei den ersten Ausgrabungen böse Fehler gemacht. Er hat alte Gebäude niedergerissen, die wertvoll waren, er hat Mauern zerstört, die wichtige Hinweise gewesen wären. Aber Ed. Meyer, der große deutsche Historiker, bestätigt ihm dies: «Für die Wissenschaft hat sich das unmethodische Vorgehen Schliemanns, direkt bis auf den Urboden zu gehen, als höchst segensreich erwiesen; bei einer systematischen Ausgrabung wären die älteren Schichten, welche der Hügel birgt, und damit diejenige Kultur, welche wir als die eigentlich ‹trojanische› bezeichnen, schwerlich jemals aufgedeckt worden.»

Tragisches Mißgeschick war es, daß gerade seine ersten Deutungen und Datierungen fast alle falsch waren. Aber als Kolumbus Amerika entdeckt hatte, glaubte er, Indien gefunden zu haben. Setzt das seine Leistung herab?

Kein Zweifel: Zog er im ersten Jahre auf den Hügel von Hissarlik wie der Knabe, der mit dem Hammer auf sein Spielzeug losgeht, um zu sehen, was drin ist, so war der Mann, der Mykenä und Tiryns ausgrub, bereits durchaus als wissenschaftlicher Spatenforscher anzusprechen. Dörpfeld bestätigte ihm dies ebenso wie der Engländer Evans – dieser mit Vorbehalten.

Genau aber wie Winckelmann einst unter «despotischem Lande» Preußen gelitten hatte, so hatte Schliemann unterm Unverständnis gerade des Landes zu leiden, aus dem er kam und das ihm seine Jugendträume mitgegeben hatte. Trotz seiner Grabungen, deren Ergebnisse aller Welt vor Augen lagen, konnte noch im Jahre 1888 von einem gewissen Forchhammer eine «Erklärung der Ilias» in zweiter Auflage erscheinen, in der der unglückliche Versuch gemacht wurde, den Trojanischen Krieg als Kämpfe der Strömungen des Meeres und der Flüsse, des Nebels und des Regens in der troischen Ebene zu erklären. Doch Schliemann wehrte sich wie ein Löwe. Als sich Hauptmann Boetticher, ein strohköpfiger Querulant und sein Hauptgegner, zu der Behauptung verstieg, Schliemann habe bei seinen Grabungen absichtlich Mauerzüge zerstört, um zu beseitigen, was der Hypothese vom alten Troja entgegenstehe, lud er den Mann auf seine Kosten nach Hissarlik ein. Sachverständige wohnten der Zusammenkunft bei und bestätigten die Ansichten Schliemanns und Dörpfelds. Der Hauptmann sah sich sorgfältig um, zog ein grimmiges Gesicht, fuhr nach Hause und behauptete, das «sogenannte Troja» sei nichts als eine ungeheure ehemalige Feuernekropole. Da lud Schliemann, während einer vierten Grabung im Jahre 1890, die internationale Gelehrtenschaft auf seinen Hügel. Er errichtete Bretterhäuschen am Hügelrande des Skamandros-Tales und schuf Unterkunft für vierzehn Wissenschaftler. Engländer, Amerikaner, Franzosen und Deutsche (darunter Virchow) folgten dem Ruf. Und auch sie bestätigten, überwältigt vom Augenschein, was Schliemann und Dörpfeld behauptet hatten. – Unschätzbaren Wert hatten seine Sammlungen. Kraft letztwilliger Bestimmung sollten sie nach seinem Tode dem Museum derjenigen Nation zufallen, «die ich am meisten liebe und schätze». Erst bot er sie der griechischen Regierung an, dann der französischen. Einem russischen Baron schreibt er 1876 nach Petersburg: «Als ich vor einigen Jahren nach dem Preis meiner trojanischen Sammlung gefragt wurde, nannte ich 80 000 Pfund. Aber nachdem ich zwanzig Jahre meines Lebens in Petersburg verbracht habe und alle meine Sympathien Rußland gehören, und da ich aufrichtig wünsche, daß die Sammlung dorthin käme, verlange ich nur 50 000 Pfund von der russischen Regierung und würde, wenn nötig, sogar bereit sein, auf 40 000 Pfund herunterzugehen...»

Seine eigentliche und am offensten ausgesprochene Liebe aber gilt England, wo er das größte Echo gefunden, wo sich die Spalten der «Times» ihm stets geöffnet hatten, als sich ihm noch alle deutschen Blätter versagten, von wo aus ihm schließlich sogar der Premierminister Gladstone ein Vorwort für sein Mykenä-Buch geschrieben hatte (was vorher der berühmte A. H. Sayce aus Oxford für sein Trojawerk getan).

Daß die Sammlungen schließlich doch nach Berlin gingen «zu ewigem Be-

1 · Schmale Straßen und Gebäude in Pompeji, zum Teil rekonstruiert

2 · Zeitgenössische Illustration zu einem Bericht über die Ausgrabung Trojas durch Heinrich Schliemann.

3 · Der größte Teil des Oberkörpers dieser «Schlangengöttin» ist rekonstruiert worden, das ganze Gesicht zum Beispiel und beide Unterarme. Ob ein sitzender Löwe tatsächlich Hutschmuck war, ob die Figur Schlangen in der Hand hielt, kann mit Recht angezweifelt werden. Aber dies Kunstwerk in der hier gezeigten Form macht einen so nachhaltigen Eindruck auf den Betrachter, daß es bestimmend für unsere Vorstellungen von der altkretischen Welt wurde

4 · Die Stufenpyramide von Medum, erbaut von König Snofru, IV. Dynastie. Sie hatte ursprünglich sieben Stufen; nur noch drei sind erhalten

5 · Die Stufenpyramide von Sakkara, erbaut von Imuthes für König Djoser, III. Dynastie

6 · Großer Säulensaal im Ammunstempel zu Karnak aus der XIX. Dynastie. Die wuchtige Monumentalität des Alten Reiches, wie sie sich in den Pyramiden darstellt, ist ersetzt durch die Kolossalität des Neuen Reiches

7 · Im «Tal der Könige». Hinter der niedrigen Steinmauer im Vordergrund beginnt der Gang, der zum Grabe Tut-ench-Amuns führt. Links daneben, in den bebauten Hügel hineinstoßend, der Eingang zum Grab Ramses' VI. Das Bild gibt einen guten Eindruck davon, mit welcher Intensität die Archäologen in diesem Tale gruben; hier blieb kein Stein an seinem Platze

8 · Der Thronsessel des Tut-ench-Amun, aus Holz, mit Blattgold überzogen und mit Fayence-, Glas- und Steineinlagen verziert. Das Bild zeigt den jungen König mit seiner Gemahlin Anches-en-Amun. Der König dürfte in dem jugendlichen Alter gestorben sein, in dem er hier dargestellt ist – in seinem achtzehnten Lebensjahr

9 · Drei vergoldete Holzstatuetten aus dem Grab Tut-ench-Amuns

Schliemann und die Wissenschaft

sitz und ungetrennter Aufbewahrung», ist wieder – welche Ironie – einem Manne zu danken, der der Archäologie nur als Liebhaber nahestand, dem großen Arzte Virchow, der es erreichte, daß Schliemann Ehrenmitglied der Anthropologischen Gesellschaft wurde und schließlich Ehrenbürger der Stadt Berlin zusammen mit Bismarck und Moltke.

Wie ein Dieb hatte einst Schliemann seinen Schatz vor dem Zugriff der Behörden gesichert und versteckt. Nach vielen Umwegen waren wichtige Stücke seiner Sammlung aus Troja schließlich im Berliner Museum für Früh- und Vorgeschichte gelandet. Jahrzehntelang ruhten die Schätze dort und überstanden einen großen Krieg. Dann kam der zweite große Krieg; dann fielen Bomben. Teile der Sammlungen blieben verschont und wurden an sichere Orte gebracht. Der «Goldschatz des Priamos» kam erst zur Preußischen Staatsbank, dann in den Luftschutzbunker am Berliner Zoo. Beide Stätten sind zerstört. Die meisten Keramik-Schätze gingen nach Schönebeck an der Elbe, nach Schloß Petruschen bei Breslau und nach Schloß Lebus. In Schönebeck ist nichts erhalten geblieben. Aus Petruschen bei Breslau kommt keine Nachricht – das Gebiet ist polnisch geworden. Auf Schloß Lebus war bei Kriegsende geplündert worden, dann hatte die ostdeutsche Regierung die Schloßruine zum Abbruch bestimmt. Bald aber sickerten Nachrichten nach Berlin, daß bei Lebus doch noch Keramik zu retten sei. Als eine Wissenschaftlerin die Erlaubnis erhielt, Lebus zu untersuchen, fand sie doch bei den östlichen Lokalbehörden keine Unterstützung. Da besorgte sie sich 50 Pfund Bonbons und gewann so die Kinder, ihr die alte Keramik herbeizuschaffen. Wenn auch die Kinder schnell schlau genug waren, die unversehrte Keramik zu zerschlagen, um zwei- oder dreimal Scherben abliefern zu können – also zwei- oder dreimal Bonbons zu kassieren –, so kam doch noch Unversehrtes herbei, aus den Häusern nämlich – wo die Töpfe und Schüsseln und Krüge, aus denen die alten Trojaner und das Königsgeschlecht der Atriden gegessen und getrunken hatte, von den märkischen Bauern erneut in Gebrauch genommen worden waren!

Aber Schlimmeres entdeckte sie. Als der deutsche Zusammenbruch vorbei war, wußten die Überlebenden von Lebus nichts vom Wert der Kisten mit den Tongeräten. Als sich neues Leben im Dorfe regte, als jemand heiratete, zogen junge Burschen am Polterabend los, holten eine Schubkarre voller Urnen und Amphoren, die unersetzlichen Funde Heinrich Schliemanns, und zerschellten sie unter fröhlichem Geschrei auf der Schwelle des Brautpaares!

So wurden Teile Trojas im Jahre 1945 zum zweitenmal zerstört und mit Hilfe eines halben Zentners Süßigkeiten zum zweitenmal gesammelt.

7. KAPITEL

MYKENÄ, TIRYNS UND DIE INSEL DER RÄTSEL

1876 hatte der Vierundfünfzigjährige in Mykenä den Spaten angesetzt, 1878/79 grub er mit Virchows Beistand zum zweitenmal in Troja, 1880 legte er in Orchomenos, der dritten Stadt, die Homer mit dem Beiwort «golden» versieht, die reiche Decke der Schatzkammer des Minyas bloß, 1882 grub er mit Dörpfeld zum drittenmal in der Troas, und zwei Jahre später begann er seine Grabung in Tiryns.

Und wieder geschieht, was wir schon kennen: Das Mauerwerk der tirynthischen Burg lag bloß; eine Feuersbrunst hatte die Steine zu Kalk und den sie verbindenden Lehm zu wirklichen Ziegeln gebrannt; die Archäologen hielten diese Mauern für Reste aus dem Mittelalter, und griechische Reiseführer erklärten, daß in Tiryns nichts Besonderes zu sehen sei.

Schliemann verließ sich auf seine alten Schriftsteller und begann mit solchem Eifer zu graben, daß er die Kümmelpflanzungen eines Bauern aus Kophinion zerstörte und 275 Franken Strafe zahlen mußte.

In Tiryns sollte Herakles geboren sein. Die zyklopischen Mauern galten dem Altertum als Wunderwerk. Pausanias stellte sie den ägyptischen Pyramiden gleich. Proitos, hieß es, sagenhafter König von Tiryns, hatte sich sieben Zyklopen kommen lassen, die ihm diese Mauern fügten, die dann auch noch anderswo gebaut wurden, in Mykenä vor allem, so daß Euripides die ganze Argolis «das zyklopische Land» nannte.

Schliemann grub und fand Grundmauern eines Palastes, der alle bisher gefundenen übertraf und der einen überwältigenden Eindruck gab von jenem prähistorischen Volke, das ihn gebaut und dessen Könige in ihm gelebt hatten.

Einem Fort gleich erhob sich die Burg auf einem Felsen von Kalkstein. Aus Blöcken von zwei bis drei Meter Länge, einem Meter Höhe und einem Meter Dicke waren ihre Mauern gefügt. Ihre Gesamtstärke betrug in der Unterburg, die nur Wirtschaftsräume und Stallungen barg, sieben bis acht Meter, in der Oberburg, in der der Herrscher gewohnt, bis zu elf Meter bei einer Höhe von insgesamt sechzehn Meter!

Welch einen Anblick muß das Innere geboten haben, als es bevölkert war

Mykenä, Tiryns und die Insel der Rätsel 67

von waffenklirrenden Kriegern. Nichts hatte man bis dahin gewußt von dem Plan dieser homerischen Paläste, nichts war erhalten geblieben vom Palast des Menelaos, des Odysseus und anderer Herrscher; selbst die Reste von Troja, von Priamos' Burg, ließen die Anlage nicht mehr erkennen.

Hier aber trat unterm forschenden Spaten ein homerischer Palast klar zutage. Hier waren die Säulenhallen und Säle, hier der Männerhof mit Altar, das stattliche Megaron mit Vorsaal und Vorhalle, hier war noch das Badezimmer zu erkennen (dessen Fußboden durch einen einzigen Kalksteinblock von 20 000 Kilogramm Gewicht gebildet wurde), wo sich Homers Helden gebadet und gesalbt hatten. Hier erstand unter Schliemanns Spaten ein Bild, wie es uns die «Odyssee» von der Heimkehr des Listenreichen entwirft, vom Gelage der Freier und vom Blutbad im großen Saal.

Doch etwas anderes war noch interessanter. Das waren die Art der gefundenen Topfware und die Wandmalereien. Schliemann entdeckte sofort die Verwandtschaft aller vorgefundenen Keramik, aller Vasen, Töpfe, Tongefäße, mit denen, die er in Mykenä gefunden, ja, er wies bereits auf ihre Verwandtschaft mit jenen hin, die von anderen Archäologen in Asine, Nauplion, Eleusis und auf verschiedenen Inseln gefunden worden waren, deren bedeutendste Kreta war. Hatte er nicht im Schutt von Mykenä ein Straußenei gefunden (das er allerdings zuerst für eine Alabastervase gehalten hatte) – deutete das nicht auf Ägypten? Entdeckte er hier nicht jene Vasen mit dem sogenannten «geometrischen» Muster, die schon 1500 v. Chr. von den Phöniziern an den Hof Thutmosis' III. gebracht worden waren?

Und in ausführlicher Erklärung suchte er zu beweisen, daß er einem kulturellen Zusammenhang auf die Spur gekommen sei, der asiatischen oder afrikanischen Ursprungs war; einer Kultur, die sich an der ganzen Ostküste Griechenlands hingezogen, die meisten der Inseln umfaßt und – wahrscheinlich – ihr kulturelles Zentrum in Kreta gehabt hatte.

Wir nennen heute diese Kultur die kretisch-mykenische. Schliemann hatte ihre ersten Spuren gefunden. Ihre Aufdeckung sollte einem anderen vorbehalten bleiben.

ALLE Räume des Palastes waren mit Kalk verputzt. Alle Wände zeigten Wandmalereien in Form von Friesen, meist eingefaßt durch ein gelbblaues Band, das sich wahrscheinlich in Leibeshöhe rund um die Zimmer gezogen und die Wände in zwei Teile gegliedert hatte.

Unter diesen Wandmalereien befand sich eine sehr merkwürdige. Auf blauem Grund war ein mächtiger Stier dargestellt, rot gefleckt, offensichtlich in stürmendem Sprunge, mit kreisrundem Auge, das gut seine Wildheit ahnen ließ, und erhobenem, wie peitschendem Schwanze. Und auf diesem Stier befand sich ein Mann in einer seltsamen, halb springenden, halb tanzenden Stellung, eine Hand um ein Horn des Stieres geklammert.

In Schliemanns Tiryns-Buch kommt ein Dr. Fabricius mit folgender Erklärung zu Worte: «... so könnte man wohl daran denken, daß der Mann auf dem Rücken des Stieres als Reitkünstler oder Stierbändiger aufzufassen sei, der seine Fertigkeit zeigte, im wilden Laufe auf den Rücken des Tieres zu springen, ähnlich wie der an der bekannten Stelle der Ilias erwähnte Rossebändiger, der in raschem Dahinjagen von dem Rücken des einen der vier Rosse, die er zusammengekoppelt führt, auf ein anderes hinüberspringt.» Diese Erklärung, der Schliemann damals offenbar nichts hinzuzufügen hatte, war nicht ausreichend. Hätte aber Schliemann einem oft gehegten Gedanken nachgegeben, wäre er nach Kreta gefahren, so hätte er dort gefunden, was ihm im Zusammenhange mit diesem Bilde vieles bestätigt und seiner Lebensarbeit die Krone verliehen hätte.

Der Plan, auf Kreta zu graben, ganz besonders bei Knossos, begleitete Schliemann bis zur letzten Stunde. Da, wo viel Schutt war, bestand Aussicht, viel zu finden. Ein Jahr vor seinem Tode schrieb er: «Ich möchte die Arbeiten meines Lebens mit einem großen Werk schließen, nämlich mit der Ausgrabung des uralten, prähistorischen Palastes der Könige von Knossos in Kreta, den ich vor drei Jahren entdeckt zu haben glaube.»

Aber die Widerstände waren groß. Zwar hatte er einen Erlaubnisschein des Gouverneurs von Kreta. Aber der Besitzer des Hügels war Gegner jedes «Buddelns» und verlangte den irrsinnigen Preis von 100 000 Franken, für den er allein geneigt war, das Grundstück zu verkaufen. Schliemann handelte, drückte den Preis auf 40 000 herab. Als er nach einer Reise wiederkam, um den Abschluß perfekt zu machen, zählte er die Olivenbäume seines neuen Besitzes und entdeckte, daß das Gelände anders als verabredet abgesteckt war und daß ihm jetzt nur noch 888 statt 2 500 Bäume bleiben würden. Da trat er zurück. Schliemanns merkantile Einstellung hatte sein archäologisches Interesse überwogen. Ein Vermögen hatte er in die Wissenschaft gesteckt – wegen des Öls aus 1612 Olivenbäumen begab er sich der Möglichkeit, den Schlüssel zu den vorgeschichtlichen Rätseln zu finden, die er durch seine Funde geschmiedet, aber längst nicht alle gelöst hatte!

Ist es bedauerlich? Nein, sein Leben war reich und erfüllt, als ihm der Tod im Jahre 1890 den Spaten aus der Hand nahm, den großen Gräber selbst begrub.

Zum Weihnachtsfest 1890 wollte er bei seiner Frau und bei seinen Kindern sein. Ein Ohrenleiden quälte ihn sehr. Beschäftigt mit neuen Plänen, begnügte er sich damit, auf der Durchreise durch Italien ein paar unbekannte Ärzte zu konsultieren. Sie beruhigten ihn. Aber am Weihnachtstage brach er auf der Piazza della Santa Carità in Neapel zusammen, behielt zwar das Bewußtsein, verlor aber die Sprache. Mitleidige brachten den Millionär ins Spital. Dort verweigerte man die Aufnahme. Als man ihn auf der Polizei durchsuchte, fand man die Adresse eines Arztes. Man holte ihn. Der Arzt erklärte, um wen es sich handelte, forderte eine Droschke zum Transport. Die Leute blickten auf den gebrochen am Boden liegenden Mann in einer einfachen Kleidung, die ihnen ärmlich erschien. Als sie einwendeten, wer das bezahlen solle, rief der Arzt: «Er ist ein reicher Mann!» Und er griff in die Oberkleider des Kranken, zog einen Beutel hervor – einen Beutel voller Gold!

Eine Nacht lang quälte sich Heinrich Schliemann noch; immer bei Bewußtsein. Dann starb er.

Als sein Leichnam nach Athen übergeführt worden war, standen an dem Sarge der König und der Kronprinz von Griechenland, die diplomatischen Vertreter der fremden Mächte und die Minister des Landes sowie die Leiter aller einheimischen wissenschaftlichen Institute. Vor der Büste Homers dankten sie dem Philhellenen, der die Kenntnis des griechischen Altertums um tausend Jahre bereichert hatte. Seine Frau stand neben dem Sarge und seine beiden Kinder.

Sie hießen Andromache und Agamemnon.

ARTHUR EVANS, 1851 geboren, also neununddreißig Jahre alt, als Schliemann die Augen schloß, Engländer par excellence – das war der Mann, der den Kreis nahezu schließen sollte, den Schliemann als dunklen Bogenriß auf der alten Tafel der Geschichte erkannt hatte.

Er steht in äußerstem Gegensatz zu Schliemann. Evans absolvierte seine Studien in Harrow, Oxford und Göttingen, begann sich für hieroglyphische Schriften zu interessieren, fand Schriftzeichen, die ihn nach Kreta wiesen, reiste dort, begann 1900 mit Grabungen, wurde 1909 Professor für vorgeschichtliche Archäologie in Oxford, stieg langsam und sicher auf der Rangleiter der Wissenschaft, konnte eines Tages seinem Namen das «Sir» voransetzen, erhielt zahlreiche Auszeichnungen, noch 1936 die wertvolle Copley Medaille der Royal Society – kurz, war in Wesen und Entwicklung das genaue Gegenteil des schweifenden, ungebändigten Schliemann.

Das Ergebnis seiner Forschung aber war nicht weniger interessant. Er kam nach Kreta, um sich die Bestätigung seiner Theorie über jene Schriftzeichen zu holen, die ihn besonders interessierten.

Er hatte seinen Aufenthalt nicht auf lange berechnet. Aber er wanderte über die Insel und sah die gewaltigen Reste von Schutt und Ruinen, die schon Schliemann fasziniert hatten. Und eines Tages tat er seine Schriften-Theorien beiseite und griff zum Spaten. Das war im Jahre 1900. Ein Jahr später verkündete er, daß er mindestens noch ein Jahr benötigte, um alles freizulegen, was der Wissenschaft dienen könne. Aber er irrte. Tatsächlich war er nach einem Vierteljahrhundert immer noch am Graben, auf derselben Stelle, auf der er einst nicht geglaubt hatte, sich lange aufhalten zu müssen.

Er grub auf den Spuren von Legenden und Sagen – genau wie Schliemann. Er grub Paläste und Schätze aus – genau wie Schliemann. Er gab den Rahmen zu dem Bilde, das Schliemann gezeichnet, aber er lieferte gleichzeitig die Skizzen zu vielen weiteren Bildern, zu denen uns noch alle Farben fehlen.

Er hatte den Spaten in kretischen Boden gesenkt und hatte eine Insel der Rätsel angestochen.

8. KAPITEL

DER FADEN DER ARIADNE

KRETA liegt an der äußersten Peripherie eines Gebirgsbogens, der sich von Griechenland durch das Ägäische Meer bis nach Kleinasien spannt.
Das Ägäische Meer war keine Völkerscheide. Schon Schliemann hatte das bewiesen, als er in Mykenä und Tiryns Dinge gefunden, die aus fernen Landen stammen mußten – und Evans sollte auf Kreta Elfenbein aus Afrika und Statuen aus Ägypten finden. Handel und Krieg sind die Triebkräfte des Verkehrs – in der kleinen Welt des Altertums genauso friedlich und räuberisch zugleich wie in unserer heutigen großen. So bildeten die Inseln mit ihren beiden Mutterländern eine wirtschaftliche und kulturelle Einheit. Mit ihren Mutterländern? Mutterland war hier nicht gleich Festland – es sollte schnell bewiesen werden, daß eigentlicher Mutterboden (insofern als ein schöpferischer Akt auf ihr vonstatten ging) eine der Inseln war, Kreta.
Zeus selber ist der Sage nach dort geboren worden von Rhea, der Erdmutter, in der Höhle der Dikte. Bienen brachten ihm Honig, die Ziege Amalthea bot ihm das Euter, die Nymphen warteten ihn. Waffenfähige Jugend sammelte sich, um ihn vorm eigenen Vater zu schützen, dem kinderfressenden Kronos.
Und Minos selber soll dort geherrscht haben, der sagenhafte König, Sohn des Zeus, der mächtigsten einer, nur unter Glorie genannt von den Alten.
Evans grub bei Knossos. Das Mauerwerk lag dicht unter der Oberfläche. Ein paar Stunden Arbeit schon brachten Resultate. Nach ein paar Wochen stand der erstaunte Evans vor Gebäuderesten, die acht Ar bedeckten, und im Laufe der Jahre wuchsen die Reste eines Palastes aus dem Boden, der eine Oberfläche von zweieinhalb Hektar bedeckte.
Die Anlage war klar und zeigte (trotz äußerlich großer Unterschiede) Verwandtschaft mit den Palästen von Tiryns und Mykenä, zeigte aber durch ihre Gewaltigkeit, gepaart mit Prunk und Schönheit, daß diese Festlandsburgen nur Nebengründungen gewesen sein können, Hauptstädte von Kolonien, vorgeschobene Provinz.
Um ein ungeheures Rechteck, den größten Hof, erhoben sich Gebäudeflügel nach allen Seiten, die Mauern aus Luftziegeln, die flachen Dächer gestützt

von Pfeilern. Die Gemächer aber, die Korridore, die Hallen der verschiedenen Stockwerke zeigten einen so verwirrenden Grundriß, eröffneten dem Besucher so viele Möglichkeiten des Verirrens, der Mißleitung, daß sich der Ausruf «Labyrinth» auch dem einfachsten Besucher von den Lippen rang, der keine Ahnung davon hatte, daß die Sage dem König Minos ein Labyrinth zuschreibt, gebaut von Dädalos, Vorbild aller Labyrinthe überhaupt.

Evans zögerte nicht, der Welt zu verkünden, daß er den Palast des Minos gefunden habe, des Sohnes des Zeus, des Vaters der Ariadne und der Phädra, des Herrn des Labyrinths und des schrecklichen Stiermenschen oder Menschenstiers, der in ihm hauste: des Minotauros.

Was Evans nun aufdeckte, waren Wunder. Das Volk, das hier gewohnt hatte – ein Volk, von dem Schliemann nur koloniale Spuren gefunden hatte und von dem man bis dahin nichts gewußt hatte als sagenhafte Züge –, hatte geschwelgt in Reichtum und Wollust und war – wahrscheinlich – auf der Höhe seiner Entwicklung schon jener sybaritischen Dekadenz verfallen, die den Keim des Untergangs in sich trägt, weil sie selbst auf rosenblättrigem Lager Schwielen bekommt.

Wirtschaftliche Hochblüte allein ist Quelle solch dekadenter Kultur. Was Kreta heute noch ist, Land des Weins und des Öls der Oliven, das war es damals schon. Es war Handelszentrum. Seehandelszentrum, da es eine Insel war. Und was nach den ersten Ausgrabungen alle Welt verblüffte, daß nämlich dieser reichste Palast griechischer Vorwelt vollkommen ohne Befestigung und schützenden Wall war, das wurde erklärt durch die Entdeckung der Handelsgüter, die einer stärkeren Macht zu ihrem Schutz bedurften, einer mehr offensiven als der nur defensiven trutziger Mauern: einer die See beherrschenden Flotte.

Dieser Palast lag dem nahenden Schiffer jener Zeiten nicht als Burg vor Augen, sondern mit weißkalkigen Säulen, stuckverzierten Wänden, leuchtend unter brennender Kreta-Sonne, als ein Juwel der See, das seinen Reichtum aus allen Facetten funkelte.

Evans entdeckte die Vorratsräume. Krug stand dort neben Krug; Riesenkrüge, einst alle voll Öl, reich ornamentiert, kunstvoll gemustert in einer Art, wie man sie schon in Tiryns gefunden hatte. Evans machte sich die Mühe, den Fassungsraum der Ölmagazine abzuschätzen. Er kam auf 75 000 Liter. Vorrat eines einzigen Palastes. – Und die Nutznießer dieses Reichtums?

Evans entdeckte schon nach kurzer Zeit, daß seine Funde nicht alle derselben Epoche angehören konnten, daß nicht alle Mauern dasselbe Alter hatten, nicht alle Keramik, Fayence, Malerei unterm selben Stilwillen

Rekonstruktion des südlichen Palastaufganges in Knossos (nach Th. Fyfe).
Abbildung 5

entstanden war. Bald erkannte er die Zäsuren dieser Kultur – in scharfsichtiger Sichtung der Jahrtausende. Und er unterschied – eine Gliederung, die noch heute gültig ist – eine frühminoische Periode vom dritten bis zum zweiten Jahrtausend, eine mittelminoische bis etwa 1 600 v. Chr. und eine spätminoische – die kürzeste Epoche mit jähem Ende – bis etwa 1 250 v. Chr. Selbst vor der frühen Periode fand er noch Spuren menschlicher Tätigkeit, aus jener Zeit, die wir neolithisch nennen, da das Metall noch unbekannt und alles Gerät aus Stein war. Bis auf ein Alter von zehntausend Jahren setzte Evans diese Zeugnisse an; doch folgten ihm andere Forscher nicht in diese Ferne der Geschichte, nennen aber ein Alter von fünftausend Jahren als sicher.

Woher die Datierungen, woher diese Periodisierung?

Evans fand in jeder Epoche Gegenstände fremder Herkunft, Keramik und Töpferware aus Ägypten, aus genau datierten pharaonischen Herrscherperioden, den Dynastien. Als Blüte, als Hochkultur bezeichnete er die Zeit des Überganges von der mittelminoischen zur spätminoischen Epoche, also die Jahrzehnte um 1 600 v. Chr., als wahrscheinlich ein Minos lebte, Herrscher der Flotte, Beherrscher der See. Es war die Zeit, da aus allgemeinem Wohlleben sich Pracht entfaltete. Kulte der Schönheit wurden getrieben. Die Wandmalereien zeigten Jünglinge, die über Wiesen wanderten und Krokusse in schlanke Kelche pflückten; Mädchen, die durch Felder von Lilien wateten. Hier stand Kultur im Begriff, in reichen Prunk umzuschlagen. Hier war die Malerei nicht mehr formstark gebändigter Schmuck, sondern Schwelgerei der Farbe, trunkenes Leuchten; hier war Wohnen nicht mehr Notwendigkeit, sondern Luxus, Kleidung nicht bloßer Bedarf der Natur und Sitte, sondern Sache des Geschmacks und des Raffinements.

Altkretische Göttin mit Löwen. Abdruck eines Siegelringes aus Knossos (um 1500 v. Chr.)
Abbildung 6

Der Faden der Ariadne

Kein Wunder, daß Evans den Ausdruck «modern» anwandte auf das, was er fand. Dieses Bauwerk von der Größe des Buckingham-Palastes barg Entwässerungsgräben und luxuriöse Waschräume, Entlüftungsanlagen, Sickergruben und Abfallschächte. Weit mehr noch aber drängte sich ihm die Parallele zur Moderne auf bei Betrachtung der Menschen, ihrer Haltung, ihrer Kleidung, ihrer *Moden*.

Noch zu Anfang der mittelminoischen Periode trugen die Frauen eine hohe Zipfelmütze und einen langen buntgemusterten Rock, vorn geschlitzt und durch einen Gürtel gehalten, mit hohem, steifem Halskragen, der beide Brüste offenließ.

Diese alte Tracht entwickelte sich in der Zeit der Blüte zu einem raffinierten Kostüm. Aus dem einfachen Kleid war ein Mieder mit Ärmeln geworden, den Rumpf eng einschließend, Formen bildend und wieder die Brüste zeigend, doch jetzt in hervortretender erregender Koketterie. Die Röcke fielen lang herab, gefälbelt, reich und bunt gemustert, einige mit den Bildern eines Erdhügels geschmückt, aus dem stilisierte Lotosblüten wuchsen; darüber einen bunten Schurz. Auf dem Kopfe trugen die Damen eine hohe, aus der alten Zipfelmütze entwickelte Haube. Wollen wir die Modernität ihrer Erscheinung als groteske Hypermodernität sehen? Wenn es modern ist, daß Frauen ihr Haar kurz tragen, so waren diese Frauen übermodern, denn sie trugen den Kopf geschoren, genau wie die Männer!

So zeigen sie sich auf den Bildern: Mit lässiger Grazie in der Bewegung, mit müder Anmut in Gartenstühle gestreckt, mit einem Handschuh spielend, Konversation machend mit pariserischem Charme des Blicks und des Ausdrucks – es scheint unwahrscheinlich, daß dies Damen einer Zeit waren, die Tausende von Jahren vergangen ist.

Um sich diese Zeitenferne zu vergegenwärtigen, bedarf es allerdings nur eines Blickes auf die Männer. Sie tragen samt und sonders nichts als einen Lendenschurz.

Unter all den wunderbaren Bildern, die Evans fand (von denen «sogar unsere ungebildeten Arbeiter den Zauber und die Bezauberung verspürten»), kam eines besonders häufig vor, dessen Inhalt wir bereits kennen: der Stiertänzer.

Ein Tänzer? Ein Artist? Das war Schliemanns Meinung gewesen, als er das Bild in Tiryns gefunden, in dieser dunklen Vorpostenburg, in der nichts war, was ihn an alte Legenden erinnern konnte, an Stiere und Opfer und rauchendes Blut in Tempeln.

Evans aber – stand er nicht auf dem Boden, auf dem Minos geherrscht

*Der «Stiertänzer».
Abdruck einer Gemme aus Kreta.*
Abbildung 7

hatte, der König mit dem Minotauros, dem stiergleichen Ungeheuer? Was sagt die Legende?

Minos, König von Knossos, Kreta und aller hellenischen Meere, sandte seinen Sohn, Androgeus mit Namen, als Teilnehmer an den Spielen nach Athen. Stärker als alle Griechen, obsiegte er und wurde von Ägeus, dem König von Athen, aus Mißgunst erschlagen. Der erzürnte Vater sandte seine Flotte nach Athen, überzog die Stadt mit Krieg, bezwang sie und forderte furchtbare Sühne. Alle neun Jahre hatten die Athener die Auslese ihrer Jugend zu schicken, sieben Jünglinge und sieben Jungfrauen, als Opfer für des Minos Ungeheuer. Als aber das schreckliche Opfer zum drittenmal fällig war, erbot sich Theseus, des Ägeus Sohn, heimgekehrt von langer, mit Heldentaten gesäumter Fahrt, nach Kreta zu schiffen, um das Ungeheuer zu töten.

> «Durchs kretische Meer hin rauschte des Schiffes
> Blaustrahlender Bug. Den Theseus trug es
> Und sieben Paare ionischer Jugend.»

Schwarze Segel flatterten um den Mast, und weiße Segel wollte Theseus hissen auf der Rückfahrt, wenn seine Absicht gelungen war. Ariadne sah den Todgeweihten, und des Minos Tochter verlor ihr Herz an ihn. Sie gab ihm ein Schwert zum Kampfe und ein Wollknäuel, dessen Ende sie halten wollte, wenn Theseus sich ins Labyrinth begab, um das Ungeheuer zu jagen. In schrecklichem Kampfe bezwang er das Untier. Am Wollfaden fand er den

Der Faden der Ariadne 77

Ausweg, und eilends floh er mit Ariadne und seinen Genossen heimwärts. Doch so erregt war er vom Geschenke neuen Lebens, daß er nicht dran dachte, die Segel zu wechseln, wie die Verabredung gelautet. Und Ägeus, Vater des Theseus, sah die Schwärze der Segel, nahm sie als Zeichen des Todes und stürzte sich ins Meer.

Bot diese Legende Anhalt zur Erklärung des Bildes? Zwei Mädchen und ein Knabe trieben mit einem Stiere ihr Spiel. War es ein Spiel? Ging es nicht vielleicht um Leben und Tod? Zeigte das Bild vielleicht die Opfer vor dem Minotauros, was – wiederum vielleicht – nichts anderes hieß als «des Minos Stier»?

Verglich man aber die Legende noch weiter mit der aufgefundenen Wirklichkeit, so tauchten noch andere Fragen auf. Daß sie einen Kern von Wahrheit barg, das lag zutage: das Labyrinth. Daß der Sieg des Theseus Sinnbild für den Sieg der Eroberer war, die vom Festland gekommen waren und des Minos Palast zerstört hatten, konnte angenommen werden. Daß aber ein persönlicher Racheakt des Minos, die Größe des Sühneopfers, das er für seinen gemordeten Sohn verlangte, Grund zur Zerstörung seines Reiches gewesen sein soll, war unwahrscheinlich in höchstem Grade.

Das Reich wurde aber zerstört. Es wurde so gründlich und so jäh vernichtet, daß die Zerstörer keine Zeit fanden zu sehen, zu hören, zu lernen – so gründlich vernichtet wie dreitausend Jahre später das Reich Montezumas durch eine Handvoll Spanier, so daß nichts davon blieb als Ruinen und tote Steine, die nicht mehr sprachen.

Woher – wohin? Herkunft und Ende dieses reichen Volkes von Kreta ist noch heute Problem aller Archäologen, aller Wissenschaftler, die sich mit Frühgeschichte befassen.

Nach Homer lebten fünf verschiedenartige Völker auf der Insel. Nach Herodot war Minos kein Grieche – nach Thukydides war er es wohl. Evans, der Mann, der sich am meisten mit dieser Frage beschäftigte, glaubte an

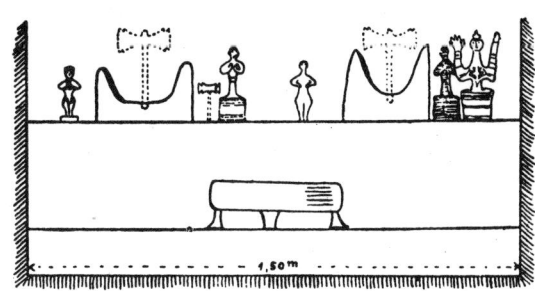

Kultnische in Knossos.
Nach einer Skizze von Evans.
Abbildung 8

einen afrikanisch-libyschen Ursprung. Eduard Meyer, der gründliche Historiker des Altertums, bemerkte nur, daß sie wahrscheinlich *nicht* aus Kleinasien kamen. Dörpfeld, der alte Mitarbeiter Schliemanns, zieht noch 1932, als Achtzigjähriger, gegen Evans vom Leder und nennt als Herkunftsort der kretisch-mykenischen Kunst Phönizien; diese Kunst sei also nicht, wie Evans behaupte, in Kreta entstanden.

Wo ist der Faden der Ariadne, der aus dem Labyrinth des Für und Wider herausführt?

Die Schrift könnte dieser Faden sein. Evans kam wegen der Schrift nach Kreta. 1894 schon hatte er die ersten kretischen Zeichen beschrieben. Er entdeckte zahllose Bilderinschriften und bei Knossos an die zweitausend Tontäfelchen mit den Zeichen eines linearen Schriftsystems. Aber Hans Jensen stellte in einem gründlichen Werke über «Die Schrift» noch 1935 nüchtern fest: «Die Entzifferung der kretischen Schrift steht noch völlig in den Anfängen, so daß wir über das eigentliche Wesen derselben noch nicht im klaren sind.»

Dunkel wie seine Herkunft und seine Schrift ist uns auch das Ende des kretischen Reiches. Theorien liegen vor, in Fülle und Kühnheit. Evans erkannte drei deutliche Stadien der Zerstörung. Zweimal wurde der Palast wieder aufgebaut, das drittemal war die Zerstörung endgültig.

Versuchen wir die Geschichte jener Tage aus der Vogelperspektive zu sehen, so erkennen wir wandernde Horden, die in Griechenland einfallen, hellhäutige Achäer, aus dem Norden kommend, aus den Donauländern oder vielleicht aus Südrußland, die die Burgen der Dunkelhäutigen überfallen, Mykenä und Tiryns zerstören – Einfall barbarischen Volks, das sich ausbreitet, übers Meer selbst eilt und Kreta vernichtet. Wir sehen wenig später neue Heerzüge, die Dorier; sie vertreiben die Achäer, sie sind noch weniger kulturbringend als diese. Waren die Achäer noch Plünderer, die in «Besitz» zu nehmen wußten, würdig homerischen Gesangs, so waren die Dorier nur Plünderer, die zerstörten. Mit ihnen aber begann das neue Griechentum.

So war es –

– sagen die einen! Und was sagen die anderen?

EVANS entdeckte, daß die Zerstörung des minoischen Palastes mit der Gewalt eines Naturereignisses vor sich gegangen sein muß. Pompeji war das klassische Beispiel für solches Ereignis. Hier, in den Gemächern des Palastes, stieß Evans auf ähnliche Zeichen der Überraschung durch Tod und Vernichtung, wie sie d'Elbœuf und Venuti am Fuße des Vesuvs zum erstenmal gesehen

Der Faden der Ariadne

hatten; liegengelassene Werkzeuge, angefangene Werkstücke und Kunstwerke, jäh unterbrochene Hausarbeit.

Es formte sich ihm eine Theorie, die durch eine eigene Erfahrung bestätigt wurde. Am 26. Juni 1926, abends 21.45 Uhr, Evans lag lesend im Bett, erfolgte ein jäher Erdstoß. Sein Bett bewegte sich, die Wände des Hauses zitterten, Gegenstände fielen um, ein Eimer vergoß sein Wasser, die Erde seufzte und stöhnte erst, dann brüllte sie auf, als sei der Minotauros lebendig geworden. Doch der Stoß dauerte nicht lange. Als sich die Erde beruhigt hatte, sprang Evans aus dem Bett und rannte hinaus. Er stürzte zum Palast. Seine Rekonstruktionen hatten gehalten. Wo es möglich gewesen, hatte er seit Jahren Träger und Stützen aus Stahl benutzt. Aber in den Dörfern der Umgebung bis hin zur Hauptstadt Kandia hatte das Erdbeben schrecklich gewütet.

Dies die persönliche Erfahrung, die Evans' Theorie bekräftigte. Eine Theorie, die davon ausging, daß Kreta eins der bewegtesten Erdbebengebiete von Europa ist. Nur die Gewalt solchen Bebens, das plötzlich die Erde rüttelte, spaltete und Menschenwerk verschlang, konnte den Palast des Minos so zerstört haben, daß nichts mehr auf ihm zu bauen ging als ein paar armselige Hütten.

Soweit Evans. Einige teilen seine Ansicht nicht. Ein späterer Tag wird Klarheit bringen. Evans hat den Ring schließen können, dessen erstes Schimmern der gläubige Schliemann unter mykenischer Asche erblickte. Beide waren Entdecker – die Zeit der Erklärer ist gekommen, die den Faden der Ariadne finden werden. Wo brennt die Studierlampe, die dem Entzifferer der kretischen Schrift leuchtet? Die so weites Licht wirft, daß es zur Erhellung eines Europas reicht, das mehr als dreitausend Jahre lang begraben war in Dunkelheit?

Mit dieser Frage beendete ich 1949 dieses Kapitel. Mitte 1950 kam die erste Antwort: Ernst Sittig, Professor in Tübingen, habe das Problem gelöst – dies Problem, an dem der finnische Forscher Sundwall vierzig Jahre lang gearbeitet hatte, dann der Deutsche Bossert, der Italiener Meriggi, der tschechische Gelehrte Hrozny (der Entzifferer der hethitischen Keilschrifttexte von Boghazköy), bis 1948 Alice Kober in New York resigniert erklärte: «Eine unbekannte Sprache, geschrieben in einer unbekannten Schrift, kann nicht entziffert werden...»

Ein großer Triumph schien errungen. Sittig hatte als erster mit voller Konsequenz die in zwei Weltkriegen ausgebildete Kunst (und Wissenschaft) der Dechiffrierung militärischer Geheimschriften (die statistisch-mathematisch, mit Häufigkeitsberechnungen arbeitet) auf die Altphilologie angewendet.

Auf Anhieb glaubte er, erst elf, dann sogar dreißig Zeichen der sogenannten «Kretischen Linearschrift B» entziffert zu haben. Aber Mitte 1953 kam eine andere Antwort. Dem jungen Engländer Michael Ventris geriet eine von Blegen in Pylos ausgegrabene Tontafel in die Hand, die eine Zeichengruppierung zeigte, wie sie Sittig bis dahin nicht vorgelegen hatte, und welche der geniale Ventris – ein Architekt von Haus aus, also wieder einmal ein Außenseiter – einwandfrei als *griechisch* lesen konnte. Das entwertete Sittigs Lesung; nicht dreißig, sondern nur drei seiner Deutungen waren richtig gewesen.

Teil einer kretischen Bilderschrift auf einem Diskos,
den Evans auf Kreta gefunden hat.
Abbildung 9

Nun aber hob ein Ringen an, das noch lange währen wird. Die Altphilologie steht vor der endgültigen Lösung ihres Entzifferungsproblems: die meisten kretischen Tafeln sind lesbar. Aber aus welchem Grunde schrieb man auf Kreta, im Zentrum selbständiger, hochentwickelter Kultur, rund sechshundert Jahre vor Homer mit eigener Schrift die Sprache der Griechen, eines noch keineswegs hochentwickelten Stammes? Bestanden mehrere Sprachen nebeneinander? Stimmt vielleicht einiges an unserer frühgriechischen Chronologie nicht? Wird vielleicht sogar Homer wiederum zum Problem?

Der Oxforder Professor Leonard R. Palmer wagte 1963 in seinem Buch «Mycenaeans and Minoans» («Mykener und Minoer, Ägäische Vorgeschichte im Licht der Linear-B-Tafeln») neue Deutungen. Er wurde derartig heftig von der Fachwelt attackiert und korrigiert, daß er sich gezwungen sah, schon zwei Jahre später eine «*wesentlich* redigierte und erweiterte» Neuauflage zu veranstalten. Nun – weitere Jahre der Forschung werden Klarheit bringen.

Wenden wir uns inzwischen einem Lande zu, dessen Schrift uns ebenfalls lange ein Rätsel aufgab (welches jedoch, wie wir sehen werden, auf nahezu *dramatische* Weise gelöst wurde), einem Lande, das von Beginn an uns immer wieder durch die gewaltigsten Denkmäler ansprach, die uns die Alte Welt hinterließ – dem Lande am Nil.

II. DAS BUCH DER PYRAMIDEN

«Soldaten! Vierzig Jahrhunderte blicken auf euch herab!»

NAPOLEON

«Die da bauten aus Granit, die eine Halle mauerten in die Pyramide, die da Schönes leisteten in dieser schönen Arbeit... ihre Opfersteine sind ebenso leer wie die der Müden, die auf dem Uferdamme sterben ohne einen Hinterbliebenen.»

Altägyptischer Spruch

«O Mutter Nut! Breite deine Flügel über mich aus, wie die unvergänglichen Sterne!»

Inschrift auf dem Sarg des Königs Tut-ench-Amun

9. KAPITEL

EINE NIEDERLAGE WIRD ZUM SIEG

AM Beginn der archäologischen Entdeckung Ägyptens stehen Napoleon I. und Vivant Denon. Ein Kaiser und ein Baron. Ein Feldherr und ein Mann der Kunst. Sie gingen ein Stück Weges zusammen; sie kannten sich gut, aber ihr Wesen hatte nichts miteinander gemein. Wenn sie zur Feder griffen, entstanden bei dem einen Befehle, Dekrete und Gesetzbücher, bei dem andern leichtfertige, sittenlose, ja, pornographische Novellen und Zeichnungen, die zu den sekretierten Kuriositäten zählen.

Als Napoleon diesen Mann wählte, um ihn einer seiner Expeditionen als künstlerischen Mitarbeiter zu attachieren, da tat er einen jener glücklichen Griffe, die erst von den Späteren gewürdigt werden.

Am 17. Oktober 1797 wurde der Frieden von Campo Formio unterzeichnet. Damit war der italienische Feldzug beendet, und Napoleon kehrte nach Paris zurück. «Napoleons Heldentage sind vorüber!» schrieb Stendhal. Der Dichter irrte. Die Heldentage begannen. Aber bevor Napoleon wie ein Komet ganz Europa erhellte und schließlich versengen sollte, ergab er sich «wahnwitziger, einem kranken Hirn entsprungener Chimäre». In schmalem Zimmer ruhelos auf und ab schreitend, verzehrt von Ehrgeiz, sich mit Alexander vergleichend, verzweifelnd am Ungetanen, schrieb er: «Paris lastet auf mir wie ein bleierner Mantel! – Ein Maulwurfshügel ist euer Europa! Nur im Osten, wo sechshundert Millionen Menschen wohnen, können große Reiche gegründet und große Revolutionen verwirklicht werden!» (Übrigens ist die hohe Einschätzung Ägyptens als Pforte zum Osten weit älter als Napoleon; Goethe hat bereits den Bau des Suezkanals vorausgesagt und politisch richtig eingeschätzt. Und noch früher: Leibniz entwarf 1672 eine Denkschrift an Ludwig XIV., in der er die Bedeutung Ägyptens für eine französische Imperialpolitik richtig – richtig im Sinne späterer politischer Entwicklung – darlegte.)

Am 19. Mai 1798 stieß Napoleon an der Spitze einer Flotte von dreihundertachtundzwanzig Schiffen, an Bord ein Heer von achtunddreißigtausend Mann (fast genausoviel wie unter Alexander, als er auszog, Indien zu gewinnen), von Toulon aus in See. Ziel: Über Malta nach Ägypten!

Ein alexandrinischer Plan. Napoleons Blick ging über Ägypten hinaus

Eine Niederlage wird zum Sieg

ebenfalls nach Indien. Der Heerzug über See war der Versuch, England, das unfaßbare im europäischen Gefüge, tödlich zu treffen an einem seiner Glieder. Nelson, Befehlshaber der englischen Flotte, kreuzte einen Monat lang vergeblich im Mittelmeer, war zweimal Bonaparte fast auf Sichtweite nahe – und verfehlte ihn beide Male.

Am 2. Juli betrat Napoleon ägyptischen Boden. Nach entsetzlichem Wüstenmarsch badeten die Soldaten im Nil. Und am 21. Juli tauchte aus früher Dämmerung Kairo empor, eine Vision aus «Tausendundeiner Nacht», mit den schlanken Türmen seiner vierhundert Minaretts, mit der Kuppel von Djami-el-Azhar, der Moschee. Doch neben dieser Fülle der Zierlichkeit, der filigranen Ornamentik vor den Nebeln eines frühen Himmels, neben der ganzen prächtigen, schwelgerischen, zauberischen Welt des Islam, erhoben sich, aus der Dürre gelber Wüste, gegenüber der grauvioletten Wand des Mokattam-Gebirges, die Profile gigantischer Bauwerke, kalt, groß, abweisend – die Pyramiden von Gizeh, steingewordene Geometrie, schweigende Ewigkeit, Zeugen einer Welt, die schon tot war, als der Islam noch nicht geboren war.

Die Soldaten fanden keine Zeit, sich Erstaunen und Bewunderung hinzugeben. Dort lag tote Vergangenheit, Kairo war zauberische Zukunft, vor ihnen aber stand kriegerische Gegenwart: das Heer der Mamelucken. Zehntausend Reiter, glänzend geübte, tänzelnde Pferde, blitzende Yatagans; vor dem Gewimmel der Herrscher Ägyptens, Murad, mit dreiundzwanzig seiner Beys, auf schwanenweißem Roß, mit grünem Turban, glitzernd von Brillanten. Napoleon wies auf die Pyramiden, und es sprach nicht nur der Feldherr zu den Soldaten, der Psychologe zur Masse, sondern ein Abendländer konfrontierte sich mit der Weltgeschichte. Hier fiel das Wort: «Soldaten! Vierzig Jahrhunderte blicken auf euch herab!»

Der Zusammenstoß war furchtbar. Es siegte nicht die Begeisterung der Orientalen, es siegten die Kader der europäischen Bajonette. Die Schlacht wurde zum Schlachten. Am 25. Juli zog Bonaparte in Kairo ein. Der halbe Weg nach Indien schien getan.

Aber der 7. August sah die Seeschlacht von Abukir. Nelson hatte endlich die französische Flotte gefunden und war über sie hergefallen wie ein rächender Engel. Napoleon saß in der Falle. Das ägyptische Abenteuer war entschieden. Es währte noch ein Jahr, es brachte noch die Siege des Generals Desaix in Oberägypten und zuletzt Napoleons Landsieg bei demselben Abukir, das die Vernichtung seiner Flotte gesehen hatte. Aber mehr als Siege brachte es Not, Hunger, Pestilenz und für viele die Erblindung durch die ägyptische Augenkrankheit, die zu so ständigem Begleiter aller militärischen

Einheiten wurde, daß sich bei der Wissenschaft der Name «Ophthalmia militaris» dafür einbürgerte.

Am 19. August 1799 entfloh Bonaparte seiner Armee. Am 25. August stand er an Bord der Fregatte «Muiron» und sah die Küste des pharaonischen Landes im Meer versinken. Er drehte sich um und wandte den Blick nach Europa.

Diese Expedition Napoleons, militärisch mißraten, bewirkte dennoch, auf Sicht gesehen, die politische Erschließung des modernen Ägypten und die wissenschaftliche des antiken. Denn an Bord der französischen Flotte hatten sich nicht nur zweitausend Kanonen befunden, sondern auch hundertfünfundsiebzig «Gelehrte Zivilisten», von den Seeleuten und Soldaten mit prägnanter, doch fehlgehender Kürze «die Esel» genannt; ganz abgesehen von einer Bibliothek mit nahezu allen in Frankreich aufzutreibenden Büchern über das Land am Nil und von Dutzenden von Kisten mit wissenschaftlichen Apparaten und Meßinstrumenten.

In den Frühlingstagen des Jahres 1798 hatte Napoleon zum erstenmal im großen Sitzungssaale des «Institut de France» vor den Wissenschaftlern von seinen Plänen gesprochen. In der Hand die zweibändige «Arabische Reise» von Niebuhr, mit dem Knöchel des Zeigefingers zur Bestätigung seiner Worte hart auf den Lederrücken pochend, hatte er die Aufgaben der Wissenschaft in Ägypten erläutert. Wenige Tage später standen mit ihm an Bord seiner Flotte Astronomen und Geometer, Chemiker und Mineralogen, Techniker und Orientalisten, Maler und Dichter. Unter ihnen auch ein sonderbarer Mann, von der galanten Josephine als Zeichner an Napoleon empfohlen.

Dominique Vivant Denon war sein voller Name. Unter Ludwig XV. hatte er die Aufsicht über eine Sammlung antiker Steine gehabt und als Günstling der Pompadour gegolten. In Petersburg war er Gesandtschaftssekretär gewesen und sehr beliebt bei Katharina. Weltmann, den Frauen zugeneigt, in allen schönen Künsten dilettierend, angefüllt mit Bosheit, Spott und Geist, war er doch mit aller Welt befreundet. Als Diplomat bei den Eidgenossen war er häufiger Gast bei Voltaire gewesen und hatte das berühmte «Frühstück von Ferney» gemalt. Mit einem andern Blatt, der in Rembrandtscher Manier gezeichneten «Anbetung der Hirten», hatte er sich sogar die Mitgliedschaft der Akademie erworben. In Florenz schließlich, in der kunstgesättigten Atmosphäre toskanischer Salons, erreichte ihn die Nachricht vom Ausbruch der Großen Französischen Revolution. Er eilte nach Paris. Und soeben noch Gesandter, «gentilhomme ordinaire», reich, unabhängig, fand er jetzt seinen Namen auf der Emigrantenliste, sah seine Güter konfisziert, sein Vermögen beschlagnahmt.

Eine Niederlage wird zum Sieg

Arm, verlassen, verraten von vielen, vegetierte er in elenden Quartieren, nährte sich vom Erlös einiger Zeichnungen, strich um die Märkte, sah auf dem Grève-Platz die Köpfe von vielen fallen, die seine Freunde gewesen, bis er einen unerwarteten Gönner fand, Jacques Louis David, den großen Maler der Revolution. Er durfte Davids Kostümentwürfe stechen, die Entwürfe, die auch die Mode revolutionieren sollten. Dadurch eroberte er sich das Wohlwollen des «Unbestechlichen», und er entfaltete – kaum hatte er auf dem Parkett Fuß gefaßt, nachdem er durch den Schmutz Montmartres gewatet war – seine diplomatischen Fähigkeiten, erhielt von Robespierre seine Güter zurück und wurde von der Emigrantenliste gestrichen. Er lernte die schöne Josephine Beauharnais kennen, wurde Napoleon vorgestellt, gefiel, und machte die ägyptische Expedition mit.

Vom Nilland zurückgekehrt, wurde er, nun ein erprobter, arrivierter, hochgeehrter Mann, Generaldirektor aller Museen. Und Napoleon, dem Sieger auf allen Schlachtfeldern Europas, auf dem Fuße folgend, fledderte er Kunst (was er «sammeln» nannte) und trug die ersten Batzen zu einem der Reichtümer Frankreichs zusammen. Wenn er als Maler und Zeichner mit so großem Erfolg dilettiert hatte, warum sollte ihm nicht auf dem Gebiet der Literatur der gleiche Erfolg beschieden werden? Man könne, wurde auf einer Gesellschaft behauptet, keine wirkliche Liebesgeschichte schreiben, ohne obszön zu werden. Denon wettete. Und nach vierundzwanzig Stunden legte er «Le Point de Lendemain» vor, die Novelle, die ihm einen besonderen Platz in der Literatur eroberte; die bei Kennern den Ruf genießt, die delikateste ihrer Gattung zu sein, und von der Balzac sagte: «... sie ist eine Hohe Schule der Ehemänner und für die Junggesellen ein köstliches Gemälde der Sitten des letzten Jahrhunderts.»

Von ihm stammte auch das «Œuvre Priapique», 1793 zum erstenmal erschienen, ein Radierwerk, das hält, was der Name verspricht, und an phallischer Deutlichkeit nichts zu wünschen übrigläßt. Es ist interessant, daß auch jene archäologischen Publizisten, die sich näher mit Denon befassen, von dieser Seite seiner Tätigkeit nichts zu ahnen scheinen. Und es ist amüsant, daß ein so gewissenhafter Kulturhistoriker wie Eduard Fuchs, der als Sittenforscher dem Pornographen einen ganzen Abschnitt widmet, nichts zu wissen scheint von seiner Wichtigkeit für die ersten Schritte der Ägyptologie.

Denn dieser vielseitige, in mancher Beziehung erstaunliche Mann tat doch nur eines, was ihm noch unser Gedenken sichert: Wenn Napoleon Ägypten mit Bajonetten erobert hatte und es doch nicht länger als ein Jahr zu halten vermochte, so eroberte uns Denon das Land der Pharaonen mit dem Zeichenstift, bewahrte es für eine neue Ewigkeit und riß es mit einem Ruck vor unser Bewußtsein. Als er, bis dahin nur Mann der Salons, ägyptischen Boden betrat, muß er, angeweht vom ersten Gluthauch der Wüste, geblendet vom ersten Flimmern des Sandes, in Verzückung geraten sein, die anhielt, solange er aus immer neuen ungeheuren Trümmern den Atem von fünf hingestreuten Jahrtausenden spürte.

Er wurde Desaix beigeordnet, der, auf den Spuren Murad-Beys, des geflohenen Mameluckenführers, mit seiner Armee in tollem Zug nach Oberägypten jagte. Und der einundfünfzigjährige Denon, wohlgelitten bei dem General, der den Jahren nach sein Sohn sein konnte, bestaunt und bewundert von Soldaten, unter denen Knaben waren, achtete nicht der Strapazen und des Klimas. Auf einem abgetriebenen Klepper hastete er heute der Vorhut voraus und schleppte sich morgen mit dem Trosse nach. Schon die Dämmerung sieht ihn nicht mehr im Zelte; er zeichnet während des Lagerns, während des Marsches; er hat den Block neben sich, wenn er die Mahlzeit hinunterschlingt. Alarm! Er gerät in ein Scharmützel, feuert die Soldaten an, schwenkt sein Papier! Da sieht er eine malerische Szene, er vergißt, wo er ist; er zeichnet!

Dann steht er vor den Hieroglyphen. Er weiß nichts von ihnen. Niemand ist da, der seinen Wissensdurst befriedigen kann. Doch er zeichnet sie, auf alle Fälle. Und sofort unterscheidet sein laienhafter, doch aufs Prinzipielle gerichteter Blick drei Arten, deren Verschiedenheit er richtig als Ausdruck verschiedener Zeiten erkennt: vertieft, flach erhaben, en creux. In Sakkara zeichnet er die Stufenpyramide des Djoser, in Dendera die ungeheuren Reste der ägyptischen Spätzeit; auf der ausgedehnten Ruinenstätte des hunderttorigen Theben jagt er hin und her, unermüdlich, verzweifelt, wenn der Befehl zum Aufbruch kommt und sein Stift noch nicht zu erfassen vermocht hatte, was alles sich dem Auge bot. Dann schimpft er, treibt ein paar lungernde Soldaten herbei, die ihm noch schnell, in fliegender Hast, den Kopf einer Statue freischarren müssen, deren Ausdruck ihn fesselte.

So geht der abenteuerliche Zug bis Assuan, bis zum ersten Katarakt. In Elephantine zeichnet er die reizvolle, mit Pfeilern umgebene Kapelle Amenophis' III., und sein vortreffliches Blatt ist die einzige Kunde von ihr, denn 1822 wurde sie abgebrochen. Und als sich die Heersäule heimwärts wendet, als der Sieg bei Sediman erfochten und Murad-Bey vernichtend geschlagen ist, da schleppt der Baron Dominique Vivant Denon in seinen zahllosen Blättern eine wertvollere Beute heim als die Soldaten, die sich an mameluckischem Schmuck bereichert hatten. Denn wie stark auch immer sein künstlerisches Empfinden sich entzündet hatte vor fremden Welten, so hatte doch die Exaktheit seiner Zeichnung nie darunter gelitten. Er hatte den auch für die Wissenschaft brauchbaren Realismus der alten Kupferstecher geübt, die kein Detail ausließen und weder von Impression noch von Expression das geringste ahnten, die sich «Handwerker» schelten ließen und das Wort nicht als Deklassierung nahmen. So boten seine Zeichnungen unschätzbares Material für den forschenden und vergleichenden Gelehrten. Und vorzüglich auf Grund dieses Materials sollte das Werk entstehen, das die Ägyptologie begründete – die «Description de l'Egypte».

Inzwischen war in Kairo das «Ägyptische Institut» gegründet worden. In der Zeit, da Denon zeichnete, maßen und rechneten, forschten und trugen die übrigen Männer der Wissenschaft und Kunst zusammen, was die Oberfläche Ägyptens bot. Die Oberfläche – denn so reich war das Material, das offen zutage lag, noch unbearbeitet und voll aller Rätsel, daß kein Grund war, zum Spaten zu greifen. Neben Abgüssen, Notizen, Abschriften, Zeichnungen, pflanzlichem, tierischem und mineralogischem Material barg die Sammlung siebenundzwanzig Bildwerke, meist Bruchstücke von Statuen, und mehrere Sarkophage. Und sie barg außerdem einen Fund ganz besonderer Art: eine schwarzpolierte Basaltstele, einen Stein, der in dreierlei Sprache und dreierlei Schrift eine Inschrift trug, als «Dreisprachenstein von Rosette» berühmt wurde und nicht mehr und nicht weniger werden sollte als der Schlüssel zu allen Geheimnissen Ägyptens.

Aber im September 1801, nach der Kapitulation Alexandriens, mußte Frankreich, nach vielem Widerstreben, alle von Bonaparte eroberten ägyptischen Altertümer an England ausliefern. General Hutchinson übernahm den Transport, und Georg III. überwies die kostbaren Stücke, damals von einem Seltenheitswert ersten Ranges, an das «Britische Museum». Frankreichs Verdienst schien nutzlos, ein Jahr der Arbeit schien sinnlos vertan, mehrere Gelehrte, Opfer der ägyptischen Krankheit, schienen umsonst ihr Augenlicht eingebüßt zu haben. Da erwies es sich, daß, was nach Paris gelangte, noch genug war für eine Gelehrtengeneration; es zeigte sich, daß kein Stück unkopiert geblieben war, und der erste, der ein sichtbares und bleibendes Ergebnis der ägyptischen Expedition vorlegte, war Denon, der im Jahre 1802 seine «Voyage dans la Haute et la Basse Égypte» («Reise in Ober- und Unterägypten») erscheinen ließ. Gleichzeitig aber begann Francois Jomard, fußend auf dem gesamten Material der wissenschaftlichen Kommission und besonders auf dem Denons, mit der Redaktion des Werkes, das, einmalig in der Geschichte der Archäologie, mit einem Schlage eine zwar nicht wie Troja versunkene, doch nicht minder ferne, nicht minder rätselhafte, bis dahin nur von wenigen Reisenden gekannte Kultur in den Blickpunkt der modernen Welt rückte.

Die «Description de l'Égypte» erschien in vier Jahren, von 1809 bis 1813. Das Aufsehen, das die vierundzwanzig schweren Bände erregten, ist nur noch der erregenden Wirkung zu vergleichen, die später Bottas erste Publikation über Ninive und noch später Schliemanns Troja-Buch hervorrufen sollten. Die Bedeutung der umfangreichen Prachtwerke jener Zeit, mit ihrer Unzahl von Stichen, oft koloriert, kostbar gebunden, nur den Wohlhabenden erschwinglich, bei diesen aber als Schatz des Wissens gehütet, ist schwer verständlich im Zeitalter der Rotationspresse. Heute, da jede wissenschaftliche Entdeckung von Rang sofort in alle Welt geht, in Bild und Film und Wort und Ton millionenfach vervielfältigt, und sich mit anderen Publikationen trifft, von denen die eine lauter ist als die andere, die jeder sich kaufen kann und die jeder sofort vergißt, weil eine andere, neuere, seine Aufmerksamkeit erheischt; heute, wo nichts mehr bewahrt wird, wo das Wertvolle untergeht im Wertlosen, heute ist nur noch zu ahnen, welche Erregung sich der Menschen bemächtigte, als sie die ersten Bände der «Description» in der Hand hielten und Niegeschautes erblickten, Niegehörtes lasen, von einem Leben erfuhren, von dem sie nie geahnt, und einen Blick in Jahrtausende taten, der sie, ehrfürchtiger noch als wir, erschauern machte.

Denn Ägypten war alt, es war älter als jede Kultur, von der bis dahin die Rede ging. Es war schon alt, als die ersten Versammlungen auf dem Kapitol die Politik des Römischen Weltreiches festlegten. Es war schon alt und bereits verweht, als in den Wäldern Nordeuropas Germanen und Kelten noch Bären und Wisente jagten. Als die erste ägyptische Dynastie zu herrschen begann, als also, vor rund fünftausend Jahren, fixierbare ägyptische Geschichte anhub, da war bereits eine bewundernswerte kulturelle Form vorhanden. Und

Eins der ersten Zeugnisse ägyptischer Kunst, die sogenannte «Schminktafel des Königs Narmer» (Vorder- und Rückseite). Sie ist etwa 5000 Jahre alt, und es ist möglich, daß sie den großen Menes selber zeigt, den Begründer der 1. Dynastie, nach einem Sieg über unterägyptische Feinde.
Abbildung 10

Eine Niederlage wird zum Sieg

als die letzte, die sechsundzwanzigste Dynastie, ausstarb und unterging, da dauerte es noch ein halbes Jahrtausend bis zu unserer Ära. Die Libyer herrschten, die Äthiopier, die Assyrer, die Perser, die Griechen, die Römer – und dann erst leuchtete der Stern über dem Stall von Bethlehem.

Natürlich hatte man gewußt von den steinernen Wundern am Nil. Aber sagenhaft, gestützt auf geringe Kenntnis. Wenige der Monumente waren in die Museen gelangt, wenige waren öffentlich zugänglich. Der Rom-Tourist konnte die Löwen auf der Kapitol-Treppe bewundern (die heute verschwunden sind), auch die Statuen einiger ptolemäischer Könige, also sehr späte Werke, verfertigt zu einer Zeit, da der Glanz des alten Ägypten verschwunden war und sich bereits der neue des alexandrinischen Griechentums ausgebreitet hatte. Dazu kamen ein paar Obelisken (zwölf standen in Rom), einige Reliefs in den Gärten der Kardinäle, Skarabäen, Nachbildungen des Mistkäfers, der den Ägyptern heilig war, und die man, wegen der geheimnisvollen Zeichen, die sie auf dem Bauche trugen, in Europa als Amulett benutzte, später als Schmuck und als Siegelstein. – Das war alles.

Wenig war es, was die Pariser Buchhandlungen an informatorischem wissenschaftlichem Material zu bieten hatten. Zwar erschien 1805 eine große, fünfbändige Ausgabe des Strabo, eine vortreffliche Übersetzung seiner geographischen Bücher, und machte für alle lesbar, was bisher nur dem Gelehrten zugänglich gewesen war. Strabo hatte Ägypten zur Zeit des Augustus bereist. Auch das zweite Buch Herodots, dieses erstaunlichsten Reisenden des Altertums, bot Wissenswertes. In wessen Hände aber kamen die Werke Herodots? Und in wessen Gedächtnis lebten die anderen verstreuten Nachrichten der antiken Autoren?

«LICHT ist das Kleid, das du anhast...» sagt der Psalmist. Früh am Morgen erhebt sich die Sonne an einem stahlblauen Himmel, zieht ihre Bahn, gelb, grell, dörrend, widergespiegelt von braunem, gelbem, ockerfarbenem, weißem Sand. Scharf sind die Schatten, blau hingegossen in den Sand wie Tinte, Scherenschnitte ihrer Originale. Und gegen diese ewig besonnte Dürre, die kein «Wetter» kennt, keinen Regen, keinen Schnee, keinen Nebel, keinen Hagel, die nie das Grollen des Donners hörte und niemals das Zucken der Blitze sah – gegen diese Dürre, die die Luft trocken macht, keimfrei, konservierend, das Land unfruchtbar, körnig, brechend, krümelnd in allen Schollen, wälzt sich der Nil an, der Vater der Ströme, «Allvater Nil». Er bricht aus den Tiefen des Landes, genährt von den Seen und Himmelsgüssen des dunklen, feuchten, tropischen Sudans, schwillt, steigt über alle Ufer, überschwemmt den Sand, verschlingt die Wüste, speit Schlamm aus, den fruchtbaren Juli-Schlamm, alljährlich seit Jahrtausenden, steigt um sechzehn Ellen – sechzehn Kinder umspielen den Flußgott in der symbolischen Marmorgruppe im Vatikan – und hat, wenn er langsam zurücksinkt in sein Bett, satt und zufrieden, nicht nur die Wüste verschlungen, sondern die Trockenheit der Erde, die Dürre des Sandes. Da, wo seine braunen Wasser standen, beginnt das Keimen, dort schießt Getreide aus dem Boden, trägt doppelte und vierfache Frucht, bringt «fette Jahre», die die «mageren» ernähren können. Dort entsteht jedes Jahr von neuem Ägypten, «das Geschenk des Nils», wie es Herodot vor zweieinhalbtausend Jahren nannte, die «Kornkammer» des Altertums, die Rom hungern ließ, wenn die Wasser einmal zu niedrig gestanden oder die Flut zu hoch gegangen war.

In dieser Landschaft nun, jetzt überragt von gleißenden Kuppeln und zerbrechlichen Minaretts, in den Städten durchwogt von Menschen von hundert Rassen und Farben, von Fellachen, Arabern, Nubiern, Berbern, Kopten, Beduinen, Negern, durchgellt von tausend verschiedenen Zungen, erhoben sich, Gruß einer anderen Welt, die Trümmer von Tempeln, Gräbern, Säulensälen. Dort erhoben sich die Pyramiden – siebenundsechzig hinterließen ihre Spuren allein auf dem Felde von Kairo – in schattenloser Wüste, aufgereiht am «Exerzierplatz der Sonne», die ungeheuren Grüfte der Könige, eine allein errichtet aus zweieinhalb Millionen Steinblöcken, zusammengetragen von mehr als hunderttausend Sklaven im Verlauf von zwanzig Jahren.

Dort lagerte einer der Sphinxe, halb Mensch, halb Tier, eingerissen die Löwenmähne, Löcher nur noch die Nase und die Augen, nachdem die Mamelucken seinen Kopf als Zielscheibe für ihre Kanonen genommen hatten, ausruhend seit Jahrtausenden, breit hingelagert für neue Ewigkeiten, so mächtig in den Maßen, daß ein Thutmosis, träumend, daß ihm der Thron dafür geschenkt würde, eine Kapelle zwischen seinen Pranken errichten konnte.

Und dort erhoben sich nadelscharf die Obelisken, Torhüter der Tempel, Finger in der Wüste, aufgereckt bis zu achtundzwanzig Meter Höhe, zu Ehren von Königen und Göttern. Und es fanden sich außerdem Grottentempel und Höhlentempel, Statuen vom «Dorfschulzen» bis zum Pharao, Sarkophage, Säulen und Pylonen, Skulpturen aller Art, Reliefs und Malereien. In unendlichen Reihenprozessionen marschierten die Menschen auf, die einst das Reich beherrscht – starr ausgerichtet, Größe atmend in jeder Bewegung, stets profiliert, einem Ziele zustrebend – «das Leben der Ägypter bestand in der Wanderung zum Tode»; so sehr ist diese Zielstrebigkeit in den ägyptischen Wandreliefs betont, daß «der Weg» von einem modernen Kulturphilosophen zum ägyptischen Ursymbol erklärt werden konnte, ebenbürtig in seiner Bedeutungstiefe dem abendländischen «Raum», dem griechischen «Körper». Und all dies in diesem ungeheuersten Denkmälerfriedhof, den unsere Erde birgt, war bedeckt mit Hieroglyphen. Mit Zeichen, Bildern, Umrissen, Andeutungen, Chiffren, geheimnisvoll, rätselhaft; mit Symbolismen von Menschen, Tieren, Fabelwesen, Pflanzen, Früchten, Geräten, Kleidungsstücken, Flechtwerk, Waffen, geometrischen Figuren, Wellenlinien und Flammen. Sie fanden sich auf Holz, auf Stein und auf unzähligen Papyri. Sie zeigten sich auf Tempelwänden, in den Kammern der Gräber, auf den Gedenktafeln, auf Särgen, Stelen, Statuen, Götterbildern, Kästen und Gefäßen, ja selbst Schreibzeuge und Stöcke trugen hieroglyphische Zeichen. Die Ägypter schienen das schreibseligste aller alten Völker gewesen zu sein. «Wollte jemand die Inschriften des Tempels von Edfu abschreiben und schriebe vom Morgen bis zum Abend, er würde in zwanzig Jahren nicht damit fertig!»

Diese Welt öffnete die «Description» dem Blick Europas, dem forschenden Abendland, das zum Aufbruch in die Vergangenheit angetreten war, das auf

Tempelfassade von Edfu.
Abbildung 11

Anregung Carolines, der Schwester Napoleons, mit neuem Eifer in Pompeji grub, und dessen Gelehrte von Winckelmann die ersten Methoden archäologischer Forschung und Betrachtungsweise gelernt hatten und begierig waren, sie zu erproben.

Nun aber, nach soviel auf die «Description» gehäuftem Lobe, ist es an der Zeit, eine Einschränkung zu machen: Zwar war das Material, das sie ausbreitete in Beschreibung, Zeichnungen und Kopien, reichhaltig. Aber da, wo sie das alte Ägypten zeigte, begnügte sie sich mit dem Zeigen. Meistens erklärten die Herausgeber gar nichts, weil sie keine Erklärung wußten, und wo sie doch erklärten, da taten sie es falsch!

Denn alle Denkmäler, die sie vorführten, blieben stumm. Alle Ordnung, die sie versuchten, war eine erfühlte und keine bewußte. Unlesbar waren die Hieroglyphen, undeutbar waren alle Zeichen, fremd war die Sprache! Die «Description» führte eine ganz neue Welt vor; und diese ganze neue Welt war in ihrem Zusammenhang, in ihrer Ordnung, in ihrer Bedeutung ein vollkommenes Rätsel.

Was alles würde man erfahren, wenn es jemandem gelingen könnte, die Hieroglyphen lesbar zu machen! Aber war das möglich? De Sacy, der große Orientalist zu Paris, erklärte: «Das Problem ist zu verwickelt und wissenschaftlich unlösbar!» Andererseits: Hatte nicht soeben ein kleiner deutscher Schulmann aus Göttingen, Grotefend mit Namen, eine schmale Schrift herausgegeben, die den Weg zur Entzifferung der Keilschriften von Persepolis wies, und hatte er nicht bereits erste Ergebnisse seiner Dechiffrierung vorgelegt? Und hatte nicht Grotefend außerordentlich wenig Material besessen, während hier unzählige hieroglyphische Inschriften offen und klar zutage lagen? Und war nicht von einem Soldaten Napoleons eine merkwürdige schwarze Basalttafel gefunden worden, von der nicht nur die Gelehrten, die ihrer ansichtig geworden, sondern bereits die Zeitung, die die erste Nachricht darüber gebracht, behauptet hatten, daß in ihr der Schlüssel zur Entzifferung der Hieroglyphen durch einen glücklichen Zufall gegeben sei? Wo war der Mann, der diese Tafel zu nutzen wußte?

Kurz nach dem Fund war in der Zeitung «Courrier de l'Egypte» unter dem revolutionären Datum «Le 29 fructidor, VIIe année de la République. Rosette, le 2 fructidor an 7» ein Bericht darüber erschienen. Und ein seltsam anmutender Zufall brachte diese in Ägypten erschienene Zeitung in das Vaterhaus des Mannes, der, in einer genialen Arbeit sondergleichen, zwanzig Jahre später die Inschriften der schwarzen Tafel lesen und damit das Rätsel der Hieroglyphen lösen sollte.

10. KAPITEL

CHAMPOLLION UND DER DREISPRACHENSTEIN

Als Dr. Gall, der berühmte Phrenologe, zur Popularisierung seiner Schädellehre von Ort zu Ort zog, bewundert, geschmäht, verehrt, begeifert, da wurde ihm in Paris, auf einer Gesellschaft, ein blutjunger Student vorgestellt. Gall, sofort den Schädel seines Gegenübers mit den Blicken messend, rief überwältigt: «Ah, welch ein Sprachgenie!» Der Sechzehnjährige, den Gall vor sich hatte, beherrschte damals – wovon der Schädeldoktor keine Ahnung haben konnte (oder war der Ausruf eine seiner gut vorbereiteten Scharlatanerien?) – außer Latein und Griechisch bereits ein halbes Dutzend orientalischer Sprachen.

Es hat sich im 19. Jahrhundert eine Art der biographischen Darstellung eingebürgert, die mit Eifer ausgrub, daß der dreijährige Descartes vor einer Euklid-Büste «Ha!» gerufen hatte, und die Goethes Wäscherechnungen sammelte, um auch noch in der Gruppierung von Jabots und Manschetten die Klaue des Genies nachzuweisen.

Das erste Beispiel zeigt nur einen methodischen Unfug auf, und das zweite kann eine Albernheit sein. Aus diesen Quellen aber speisen sich die Anekdoten, und was wäre gegen Anekdoten vorzubringen? Selbst die Geschichte vom dreijährigen Descartes ist ein Feuilleton wert, geschrieben auf dem weichen Boden der leichten Nachdenklichkeiten, unter Ausschaltung derer, die vierundzwanzig Stunden am Tage nur ernsthaft sind. Also wollen wir uns nicht scheuen, von Champollions wundersamer Geburt zu berichten.

Mitte des Jahres 1790 ließ der Buchhändler Jacques Champollion in dem kleinen Orte Figeac in Frankreich plötzlich, nachdem alle Ärzte ihr Unvermögen eingestanden hatten, an das Bett seiner völlig gelähmten Frau den «Zauberer» Jacqou rufen. Figeac liegt in der Dauphiné, im Südosten Frankreichs, in der «Provinz der sieben Wunder», einem der schönsten Länder im Lande, wo Gott ohnehin schon wohnt, bevölkert von einem harten konservativen Menschenschlag, schwer aus der Lethargie zu rütteln, doch, einmal erwacht, zu überschwemmendem Fanatismus bereit; dabei streng katholisch und leicht hingegeben dem Mystisch-Wunderbaren.

Der Zauberer ließ die Kranke – und dies und das Folgende berichten mehrere Zeugnisse – auf erhitzte Kräuter legen, ließ sie heiße Weine trinken, kündigte sofortige Genesung an und prophezeite (was die Familie außerordentlich überraschte) die Geburt eines Knaben, der, jetzt noch im Mutterleibe, einst Ruhm ernten solle, der Jahrhunderte überdauern würde!

Am dritten Tage erhob sich die Kranke. Am 23. Dezember 1790, morgens um 2 Uhr, wurde Jean-François Champollion geboren, der spätere Entzifferer der Hieroglyphen. Und beide Prophezeiungen hatten sich erfüllt.

Wenn vom Teufel gezeugte Kinder einen Pferdefuß haben, so überrascht es nicht, mindere Merkmale dort zu finden, wo ein Zauberer die Hand im Spiele hatte. Der Arzt konstatierte nach Untersuchungen des jungen François mit viel Erstaunen, daß er eine gelbe Hornhaut besaß, was sonst nur dem Orientalen eigen und bei einem Mitteleuropäer eine Kuriosität ersten Ranges bildet. Darüber hinaus hatte er einen ungewöhnlich dunklen, fast braunen Teint, und auch der ganze Schnitt seines Gesichtes war ausgesprochen orientalisch. Zwanzig Jahre später nannte man ihn allgemein den «Ägypter».

Er war ein Kind der Revolution. Im September 1792 war in Figeac die Republik verkündet worden. Vom April 1793 an herrschte die Schreckenszeit. Champollions Vaterhaus stand dreißig Schritte vom Place d'armes (der später seinen Namen tragen sollte), auf dem der Freiheitsbaum gepflanzt wurde. Das erste, was er bewußt hörte, war die rauschende Musik der Carmagnole und das Weinen derer, die in seinem Vaterhaus Schutz suchten vor entfesseltem Pöbel, darunter ein Priester, der sein erster Lehrer wurde.

Fünf Jahre alt ist er – notiert ein gerührter Biograph –, als er sein erstes Entzifferungswerk durchführt, indem er dadurch, daß er Auswendiggelerntes mit Gedrucktem vergleicht, sich selber das Lesen beibringt. Knapp das siebente Jahr hat er erreicht, als er zum erstenmal das zauberische Wort «Ägypten» hört, «im trügerischen Glanz einer Fata Morgana», denn der Plan des zwölf Jahre älteren Bruders Jacques-Joseph, an der ägyptischen Expedition teilzunehmen, zerschlägt sich.

Er ist, so berichten Zeugnisse und Aussagen, ein schlechter Schüler in Figeac. Deshalb holte ihn im Jahre 1801 sein Bruder, ein begabter Philologe, archäologisch sehr interessiert, nach Grenoble und übernimmt seine Erziehung. Als der elfjährige François sehr bald im Lateinischen und Griechischen ganz ungewöhnliche Kenntnisse zeigt und sich mit erstaunlichem Erfolg der Erlernung des Hebräischen zu widmen beginnt, beschließt sein Bruder, obwohl selber von glänzenden Gaben, im Hinblick auf das, was der jüngere für den

Champollion und der Dreisprachenstein

Familiennamen einst leisten wird, sich selber mit Bescheidenheit nur Champollion-Figeac, später sogar nur noch Figeac zu nennen. Und im selben Jahre unterhielt sich Fourier mit dem jungen François. Fourier hatte den ägyptischen Feldzug mitgemacht, war berühmter Physiker und Mathematiker, war Sekretär des «Ägyptischen Instituts» in Kairo, französischer Kommissar bei der ägyptischen Regierung, Chef der Gerichtsbarkeit und die Seele der wissenschaftlichen Kommission gewesen. Jetzt war er Präfekt des Isère-Départements geworden, nahm Wohnung in Grenoble und versammelte sofort einen Kreis erlauchtester Geister um sich. Während einer Schulinspektion kommt er mit François in eine Debatte, merkt auf, lädt ihn zu sich und zeigt dem Kinde seine ägyptische Sammlung. Der dunkle Knabe blickt verzaubert auf die ersten Papyrusfragmente, sieht fasziniert die ersten hieroglyphischen Inschriften auf Steintafeln. «Kann man das lesen?» fragt er. Fourier schüttelt den Kopf. «Ich werde es lesen!» sagt der kleine Champollion, völlig überzeugt (später erzählt er oft diese Geschichte). «In ein paar Jahren werde ich es lesen! Wenn ich groß bin!»

Erinnert das nicht an den anderen Knaben, der zu seinem Vater sagte: «Ich werde Troja finden»? Ebenso überzeugt, von ebenso traumwandlerischer Sicherheit? Aber auf welch verschiedenen Wegen, mit welch grundverschiedenen Methoden gingen sie an die Verwirklichung ihres Knabentraums! Schliemann als reiner Autodidakt, Champollion nicht eine Sekunde abweichend vom vorgezeichneten Weg wissenschaftlicher Ausbildung (diesen Weg allerdings mit einer Schnelligkeit zurücklegend, die alle Studiengenossen überholte), Schliemann, als er sein Werk beginnt, bar jeder fachlichen Grundlage, Champollion mit dem Rüstzeug allen Wissens, das ihm sein Jahrhundert zur Verfügung stellen konnte.

Für die Ausbildung sorgte der Bruder. Er suchte den ungeheuren, alles an sich raffenden Wissensdurst des Knaben zu zügeln. Ohne Erfolg. Champollion suchte die entlegensten Gefilde der Gelehrsamkeit auf und trieb Quergänge in alle Berge des Wissens. Mit zwölf Jahren verfaßte er sein erstes Buch mit dem höchst merkwürdigen Thema «Geschichte berühmter Hunde». Und der Mangel an geordneten Geschichtsüberblicken, der ihn in seiner Arbeit hinderte, läßt ihn eine historische Tabelle entwerfen: «Chronologie von Adam bis Champollion dem Jüngeren». (Der ältere Bruder hatte seinen Namen aufgegeben, weil er spürte, wer einst den größeren Schatten werfen würde. Champollion nennt sich «der Jüngere», indirekt auf seinen Bruder hinweisend.)

Mit dreizehn Jahren beginnt er Arabisch, Syrisch, Chaldäisch und dann

Koptisch zu lernen. Und dabei ist eins bemerkenswert: Alles, was er lernt, was er tut, was ihm zufliegt, steht im Bannkreis Ägyptens! Womit auch immer er sich beschäftigt, unvermutet gerät es ihm zu einem ägyptischen Problem. Er befaßt sich mit dem Altchinesischen; nur um zu versuchen, die Verwandtschaft mit dem Altägyptischen zu beweisen! Er studiert Zend-, Pahlavi- und Parsi-Textproben, die entlegensten Sprachen, das entlegenste Material, das nur Fouriers Name nach Grenoble gelangen läßt, er rafft zusammen, was sich ihm bietet, und entwirft im Sommer 1807, als Siebzehnjähriger, die erste Historische Karte Ägyptens, die erste Karte des Reichs der Pharaonen.

Die Kühnheit dieses Tuns ist nur zu verstehen, wenn man sich vergegenwärtigt, daß keine anderen Grundlagen dafür vorhanden waren als Bibelstellen, meist verstümmelte lateinische, arabische, hebräische Texte, und Vergleiche mit dem Koptischen, der einzigen Sprache, die vielleicht tatsächlich als Brücke zum alten Ägyptisch dienen konnte und die bekannt war, weil sie noch bis ins 17. Jahrhundert unserer Zeitrechnung in Oberägypten gesprochen worden war.

Gleichzeitig trägt er Material zusammen für ein Buch. Er hat beschlossen, nach Paris zu gehen. Aber die Grenobler Akademie wünscht eine Abschlußarbeit. Die Herren dachten an die Ausarbeitung der üblichen Rede, an eine rhetorische Leistung. Champollion entwirft das Buch «Ägypten unter den Pharaonen».

Am 1. September 1807 liest er die Einleitung. Ein schlanker Jüngling, hochaufgerichtet, von der hektischen Schönheit aller Frühreifen, so steht er vor der Akademie. Was er spricht, ist formuliert in kühnen Thesen, vorgetragen mit zwingender Logik. Die Wirkung ist außerordentlich. Einstimmig wird der Siebzehnjährige zum Mitglied der Akademie ernannt. Renauldon, der Präsident, erhebt sich, schließt ihn in die Arme: «Wenn die Akademie Sie trotz Ihrer Jugend zu ihrem Mitgliede ernennt, so hat sie das, was Sie getan haben, im Auge. Aber mehr noch zählt sie auf das, was Sie noch zu tun vermögen! Sie ist überzeugt, daß Sie Ihre Hoffnungen rechtfertigen werden und daß Sie eines Tages, wenn Ihre Arbeiten Ihnen einen Namen gemacht haben werden, sich daran erinnern, von ihr die ersten Ermutigungen erhalten zu haben.»

Über Nacht ist Champollion vom Schüler zum Akademiker geworden.

Als er das Schulgebäude verläßt, wird er bewußtlos. Er ist in dieser Zeit hypersensibel, ein Sanguiniker mit vorherrschend elegischem Einschlag, geistig nicht nur hoch entwickelt, sondern von vielen bereits öffentlich als Genie bezeichnet, aber auch körperlich seinen Jahren voraus. (Als er, nachdem er die Schulbank verlassen hat, zu heiraten beschließt, so ist das mehr als erste Schülerschwärmerei.) Er weiß, daß ein neuer Lebensabschnitt vor ihm liegt. Er sieht eine ungeheure Stadt vor sich, Zentrum Europas, Schnittpunkt von Geist, Politik und Abenteuer. Als sich der schwerfällige Wagen, in dem er sich mit seinem Bruder siebzig Stunden lang durchrütteln lassen muß, Paris nähert, hat er lange nachgedacht, geschüttelt zwischen Traum und Wirklichkeit, umflattert von vergilbten Papyri, umklungen von Worten aus einem Dutzend Sprachen, bedrückt von Steinen voller Hieroglyphen, darunter dem geheimnisvollen, schwarzbasaltenen, dem von Rosette, den er vor Tagen zum erstenmal sah, beim Abschied von Fourier, und dessen Inschriften ihn verfolgen.

Und da – und auch das ist authentisch – beugt er sich plötzlich zum Bruder, spricht laut weiter, was er dachte, was er insgeheim stets hoffte und nun plötzlich weiß, und in seinem braunen Gesicht glühen die dunklen Augen: «Ich werde die Hieroglyphen entziffern!» sagt er. «Ich weiß es!»

Als Finder der Rosettesteins wird Dhautpoul genannt. Aber Dhautpoul war lediglich Chef der Genietruppen, Chef des Mannes, der ihn wirklich fand. Andere Quellen nennen stets Bouchard. Aber Bouchard war nur der Offizier, der die Befestigungsarbeiten bei dem verfallenen Fort de Rachid, damals schon Fort Julien genannt, 7,5 Kilometer nordwestlich von Rosette am Nil, leitete und später den Transport des Steins nach Kairo übernahm.

Der wirkliche Finder ist ein unbekannter Soldat. Wir werden nicht mehr erfahren, ob er von zufälligem Bildungsgrad her den Wert des Fundes erkannte, als seine Spitzhacke auf den Stein stieß, oder ob er einfach vorm Anblick dieser Platte, über und über bedeckt mit geheimnisvollen Zeichen, in das Geschrei des Naiven ausbrach, der sich fürchtet, magischem Bannkreis zu verfallen.

Der Stein, der so unvermutet aus den Trümmern der Festung stieg, war so groß wie eine Tischplatte, feinkörnig, «hammerhart», aus schwarzem Basalt. Die eine Seite war poliert. Sie zeigte drei Inschriften, drei Kolumnen, zum Teil verwittert und auch verwischt durch die Reibung der Sandkörner, die zwei Jahrtausende auf ihr lagerten. Und von diesen drei Inschriften war die erste, mit vierzehn Linien, hieroglyphisch, die zweite, mit zweiundzwanzig Linien, demotisch und die dritte, mit vierundfünfzig Linien, griechisch.

Griechisch! Also lesbar. Also verständlich.

Ein General Napoleons, Hellenist aus Passion, begann sofort die Übertragung. Es handelte sich, stellte er fest, um eine Widmung der Priesterschaft von Memphis, die Ptolemäus V. im Jahre 196 v. Chr. für empfangene Wohltaten pries.

Mit allen anderen Beutestücken Frankreichs gelangte die Tafel nach der Kapitulation Alexandriens ins «Britische Museum» Londons. Aber die «Kommission» hatte, wie auch von allen anderen Stücken, Abgüsse und Kopien hergestellt. Sie kamen nach Paris, die Gelehrten eilten herbei und begannen zu vergleichen. –

Zu vergleichen – denn was lag näher, als allein schon aus der Anordnung der Kolumnen zu schließen, daß sie den gleichen Text enthielten? Schon der «Courrier de l'Égypte» hatte es angedeutet, schon er hatte davon gesprochen, daß hier der Schlüssel zum Tor des toten Reiches läge, hier die Möglichkeit verborgen sei, «Ägypten durch die Ägypter zu erklären». Konnte es nach der Übersetzung der griechischen Inschrift noch große Schwierigkeiten machen, die hieroglyphischen Zeichen festzulegen, die den griechischen Wörtern, Begriffen und Namen entsprachen?

Die besten Köpfe der Zeit bemühten sich. Nicht nur in Frankreich. Auch in England (vorm Original des Steins), in Deutschland, in Italien. Vergebens! Denn samt und sonders gingen sie von einer falschen Voraussetzung aus. Samt und sonders lebten sie über die Hieroglyphen in Vorstellungen, die zum Teil bis auf Herodot zurückgingen, und mit der unheimlichen Beharrlichkeit, die so vielen falschen Vorstellungen in der Geistesgeschichte der Menschheit eigen war, ihre Köpfe verblendeten. Es bedurfte, um hinter das Geheimnis der Hieroglyphen zu kommen, einer geradezu kopernikanischen Wendung, eines Einfalls, der, ausbrechend aus allen bisherigen Bahnen der Tradition, das Dunkel erleuchten mußte wie ein Blitzstrahl.

ALS der siebzehnjährige Champollion, von seinem Bruder eingeführt, vor De Sacy erschien, seinem künftigen Lehrer, dem kleinen unscheinbaren Mann, doch bekannt weit über Frankreichs Grenzen hinaus, war er weder scheu noch befangen, und wie einst als Elfjähriger vor Fourier in Grenoble bezauberte er auch hier.

De Sacy war mißtrauisch. Er, der Neunundvierzigjährige auf der Höhe des Wissens seiner Zeit, sah einen Jüngling vor sich, der mit ungeheurer Kühnheit in dem Buche «Ägypten unter den Pharaonen» einen Plan in Angriff genommen hatte, von dem er selber erklärt hatte, daß die Zeit noch nicht reif sei, ihn zu verwirklichen. Aber was sagt er später, in der Erinnerung an diese erste Begegnung? Da spricht er, der Weise, von den «tiefen Eindrücken», die er empfangen habe! Ist es ein Wunder? Das Buch, von dem de Sacy nur die Einführung zu sehen bekam, war um die Jahreswende fast völlig fertig. Dem Siebzehnjährigen also gebührt bereits die Anerkennung, die ihm sieben Jahre später, nach der Publikation, so reich zuteil wurde. Champollion stürzt sich ins Studium. Völlig ablehnend gegenüber allen Anfechtungen der Weltstadt Paris vergräbt er sich in die Bibliotheken, läuft von Institut zu Institut, hat hundert Aufträge der Grenobler Gelehrten zu erfüllen, die ihn mit Briefen überschütten, studiert Sanskrit, Arabisch und Persisch (das «Italienisch des Orients», wie De Sacy es nennt), die Muttersprache fast aller andern orientalischen Idiome, und zwischendurch schreibt er seinem Bruder um eine chinesische Grammatik – «zur Zerstreuung»!

Er fühlt sich so in den Geist des Arabischen ein, daß sich seine Stimme verändert, daß in einer Gesellschaft sich ein Araber vor ihm verbeugt, ihn für seinesgleichen hält und beginnt, sein Salamât zu machen. Seine Kenntnis Ägyptens vertieft sich rein vom Studium her so weit, daß der damals berühmteste Afrikareisende Somini de Manencourt nach einer Unterhaltung überrascht ausruft: «Er kennt die Länder, die wir besprechen, ebensogut wie ich selber!»

Nur ein Jahr später spricht und schreibt er das Koptische so gut («Ich spreche koptisch zu mir selber...»), daß er zu seiner Übung allerlei private Abhandlungen auf koptisch, in demotischen Schriftzeichen, niederlegt. Und vierzig Jahre darauf passiert der tolle Schildbürgerstreich, daß ein Gelehrter einen solchen Text als ägyptisches Original aus der Zeit der Antonine veröffentlicht und scharfsinnig kommentiert – ein französisches Gegenstück zu Beringers deutschem Buch über die Versteinerungen!

Dabei geht es ihm schlecht, bitter schlecht. Wäre der Bruder nicht, der ihn in selbstlosester Weise unterstützt, müßte er verhungern. Er wohnt in einem kümmerlichen Zimmer nahe dem Louvre, für das er achtzehn Francs Miete zahlt. Er bleibt sie schuldig, schreibt Bittbriefe an den Bruder, beschwört ihn, ist ratlos, kann nicht haushalten, verfällt aber in Bestürzung, als ihm Figeac mitteilt, daß er gezwungen sei, seine Bibliothek zu verpfänden, wenn sich François nicht einschränke. Einschränken? Noch mehr? Seine Schuhsohlen sind durchgelaufen. Sein Rock ist zerschlissen. Schließlich schämt er sich, in Gesellschaft zu erscheinen. Er erkrankt und legt in der Kälte und Nässe eines ungewöhnlich harten Pariser Winters die Keime zu dem Übel, an dem er sterben soll. Zwei kleine Erfolge halten ihn aufrecht.

Der Kaiser braucht Soldaten. Im Jahre 1808 erfolgt die generelle Aushebung aller Männer bis hinab zum sechzehnten Lebensjahr. Champollion überfällt Entsetzen. All sein Wesen sperrt sich gegen den Zwang; er, der die stärkste Disziplin des Geistes wahrt, erschauert, wenn er die Kader der Garden erblickt, einer stupiden Disziplin unterworfen, die jeden Geist nivelliert. Hatte nicht schon Winckelmann unter den Drohungen eines Militarismus gelitten? «Es gibt Tage», schreibt François verzweifelt an Figeac, «wo ich den Kopf verliere!»

Der Bruder, der immer half, hilft auch hier. Er macht die Freunde mobil, macht Eingaben, schreibt unzählige Briefe – und Champollion darf weiterstudieren, darf sich in einer Zeit, die dem Waffenrausch verfallen ist, toten Sprachen widmen.

Das zweite aber, was ihn beschäftigt, nein, was ihn jetzt so zu faszinieren beginnt, daß er zeitweise sogar der drohenden Gefahr seiner Militarisierung vergißt, ist das Studium des Steins von Rosette. Denn seltsam: Genau wie später Schliemann, der bereits alle europäischen Sprachen spricht und schreibt und allein vor der Erlernung des Altgriechischen, dem doch seine ganze Sehnsucht gilt, immer wieder zögert, weil er ahnt, daß er, dies letzte Studium einmal beginnend, ihm restlos verfallen wird – genauso kreiste Champollions Denken immer wieder um den Dreisprachenstein, kreiste auf den Windungen einer Spirale sozusagen, die sich immer enger um das Objekt allen Trachtens wand, doch je mehr er sich dem Objekte näherte, desto langsamer, desto zögernder wurde er in seiner Bewegung, weil dem Drange, das große Problem nur wohlvorbereitet, ausgerüstet mit allem Wissen der Zeit, in Angriff zu nehmen, immer noch nicht genügt schien.

Jetzt aber, ganz plötzlich, vor eine neue, in London verfertigte Kopie der Rosettana gestellt, kann er sich nicht mehr bezähmen. Zwar beginnt er auch diesmal noch nicht mit der eigentlichen Entzifferung – er begnügt sich mit einem Vergleich der Rosettana mit einem Papyrus –, aber es gelingt ihm auf Anhieb, aus dem schwarzen Stein «für eine ganze Reihe von Buchstaben die richtigen Werte selbständig zu finden». «Ich unterbreite Dir meinen ersten Schritt!» schreibt er am 30. August 1808, ein Achtzehnjähriger, an seinen Bruder. Und hinter der Bescheidenheit, mit der er seine Methode erläutert, bricht zum erstenmal der Stolz des jungen Entdeckers hervor.

Und in diesem Augenblick, da er den ersten Schritt getan hat, da er sich auf dem rechten Wege weiß zum Erfolg und zum Ruhm, da erhält er eine Nachricht, die ihm wie ein Blitzstrahl vor die Füße fährt. Nichts anderes hatte er zwischen sich und dem Ziel gesehen als Arbeit, Mühsal, Entbehrung. Zu all dem bereit, war er vorangeschritten. Da kommt die Nachricht, die alles, was er bisher tat, aber auch das, was er glaubte, hoffte und bereits wußte, sinnlos erscheinen läßt: Die Hieroglyphen sind entziffert!

Champollion und der Dreisprachenstein

Aus einem ganz anderen Gebiet des menschlichen Forschens und Mühens, dem jahrzehntelangen Kampf um die Eroberung des Südpols, wird eine Geschichte berichtet, die in mehr dramatischer, augenfälligerer Art und Weise einen Augenblick schildert, der genau dem entspricht, da Champollion erfährt, daß ihm ein anderer zuvorgekommen ist. Da ist unter entsetzlichen Mühseligkeiten der Kapitän Scott mit ein paar Männern, ein paar Schlitten und ein paar Hunden dem Pol nahe gekommen. Und da sieht er, halb geblendet vor Hunger und Erschöpfung, doch mit dem unbändigen Stolz, der erste am Pol zu sein, auf dem weißen endlosen Schneefeld, das jungfräulich sein sollte, plötzlich eine Fahne! Die Fahne Amundsens!

Wie gesagt, dies Beispiel ist dramatischer, denn hinter ihm stand der weiße Tod. Aber wird das Gefühl des Jünglings Champollion anders gewesen sein als das des Kapitäns Scott? Und es ist kein Trost, daß das, was ihm geschah, Dutzenden widerfuhr im Jahrhundert der gleichzeitigen Entdeckungen. Sie alle werden gefühlt haben, was Scott fühlte im Anblick der Fahne.

Hatte Champollion aber die Nachricht getroffen wie ein Blitz, so war auch ihre Wirkung so: vorübergehend. Amundsens Fahne stand fest und zeugte von seinem Sieg. Nicht fest aber stand die Entzifferung der Hieroglyphen.

Champollion erfuhr die Nachricht auf der Straße. Auf dem Wege ins Collège de France. Ein Freund erzählt sie ihm, atemlos, nicht ahnend, womit Champollion seit Jahr und Tag rang, wovon er träumte, woran er sich entzündete, woran er gearbeitet hatte in unzähligen Tagen und Nächten, wofür er darbte, hungerte, sich demütigte. Er ist erschreckt, als Champollion wankt, sich schwer auf ihn stützt.

«Alexandre Lenoir!» sagt der Freund. «Soeben erschien sein Werk, eine Broschüre nur. Die ‹Nouvelle Explication›, die völlige Entzifferung der Hieroglyphen! Denke, was das bedeutet!»

Wem sagt er das!

«Lenoir?» fragt Champollion. Er schüttelt den Kopf. Dann glimmt ein Hoffnungsfunke in ihm. Gestern hat er Lenoir gesehen. Er kennt ihn seit einem Jahr, Lenoir ist ein angesehener Wissenschaftler, aber beileibe kein Genie. «Es ist unmöglich!» sagt er. «Niemand hat davon gesprochen. Selbst Lenoir hat kein Wort davon gesagt!»

«Das erstaunt dich?» fragt der Freund. «Wer verrät solche Entdeckung vor der Zeit?»

Champollion reißt sich plötzlich los. «Wer ist der Buchhändler?» Er stürmt davon. Mit zitternden Händen zahlt er Francstücke auf einen staubigen Ladentisch; nur wenige Exemplare von der Broschüre sind verkauft. Nun jagt er nach Hause, wirft sich auf das verschlissene Kanapee, beginnt zu lesen. –

Und dann stellt in der Küche die Witwe Mécran plötzlich ihre Töpfe auf den Tisch: aus dem Zimmer ihres Mieters dringt ein höllischer Lärm. Sie lauscht entsetzt, dann läuft sie hinüber, öffnet die Tür. Dort liegt François Champollion auf dem Kanapee, sein Körper bäumt sich, aus seinem Munde brechen unartikulierte Laute, aber er lacht, kein Zweifel, er schüttelt sich in einem ungeheuren hysterischen Gelächter.

In der Hand hat er das Buch Lenoirs. Entzifferung der Hieroglyphen? Hier hat einer die Fahne zu früh gepflanzt! Champollion weiß genug von den Möglichkeiten, um beurteilen zu können, daß alles, was Lenoir hier behauptet, barer Unsinn ist, freie Erfindung, abenteuerliche Mischung aus Phantasie und einer Gelehrsamkeit auf falschem Wege.

Doch der Schlag war furchtbar. Er wird ihn nicht vergessen. Seine Erschütterung hat ihm gezeigt, wieweit er bereits innerlich mit der Aufgabe, die toten Bilder reden zu machen, verwachsen ist. Als er erschöpft einschläft, hetzen ihn wilde Träume. Aus dem Rausch der Phantasmagorien reden die ägyptischen Stimmen. Und der Traum macht ihm deutlich, was ihm die Praxis beschwerlichen Lebens oftmals verwischte: daß er ein Besessener ist, ein von den Hieroglyphen Behexter, ein manisch Fixierter.

Alle seine Träume münden in den Erfolg. Dieser Erfolg dünkt ihn greifbar. Als er sich ruhelos wälzt, weiß der Achtzehnjährige nicht, daß ihn noch mehr als ein Dutzend Jahre von der Erreichung seines Zieles trennen! Er ahnt nichts davon, daß Rückschlag auf Rückschlag kommen wird und daß er, der nichts im Sinne hat als die Hieroglyphen und das Land der Pharaonen, eines Tages als Hochverräter in die Verbannung gehen wird.

*

11. KAPITEL

EIN HOCHVERRÄTER
ENTZIFFERT DIE HIEROGLYPHEN

Als zwölfjähriger Knabe, beim Studium des Alten Testaments im Urtext, hatte sich Champollion in einem Aufsatz über die republikanische Staatsform als die einzig vernünftige erklärt. Aufgewachsen in den geistigen Strömungen, die das Jahrhundert der Aufklärung vorbereitet und die Große Revolution ausgelöst hatte, litt er unter dem neuen Despotismus, der sich in Edikten und Dekreten einschlich und mit Napoleons Kaiserkrönung offen sein Antlitz zeigte. Anders als der Bruder, der Napoleons Zauber verfiel, blieb er kritisch bei allen Erfolgen und folgte auch in Gedanken nicht dem Siegeszug der französischen Adler.

Seine politische Entwicklung zu verfolgen, ist hier nicht der Ort. Doch soll es verschwiegen werden, daß ein Ägyptologe es war, der, unbändigem Freiheitsdrang folgend, mit der Fahne in der Faust die Zitadelle von Grenoble eroberte? Daß Champollion, der unter Napoleons hartem Regime litt, die Bourbonen nicht mochte, mit eigener Hand dennoch das Lilienbanner von der Turmspitze der Zitadelle holte und die Trikolore hißte, dieselbe Fahne, die den Bonapartisten anderthalb Jahrzehnte durch ganz Europa vorangeflattert war und ihm jetzt als Symbol neuer Freiheit galt?

Champollion war wieder in Grenoble. Vom 10. Juli 1809 datiert seine Ernennung zum Geschichtsprofessor an der Universität. Also stand er mit neunzehn Jahren als Professor dort, wo er einst als Schüler gelauscht hatte, und unter seinen Studenten waren junge Leute, die noch zwei Jahre zuvor mit ihm auf der Schulbank gesessen hatten. Nimmt es wunder, daß er angefeindet wurde, daß er in ein Netz von Intrigen geriet, das besonders fest gesponnen wurde von den älteren Professoren, die sich übergangen, übervorteilt, zurückgesetzt fühlten?

Und welche Ideen vertrat der junge Geschichtsprofessor! Er proklamierte den Drang nach Wahrheit als das höchste Ziel historischer Forschung, und er verstand die absolute Wahrheit darunter und nicht eine bonapartistische oder bourbonische. Und er forderte zu diesem Zweck die Freiheit der Wissenschaft, und er verstand auch darunter die absolute Freiheit und nicht eine solche, der Grenzen gesteckt waren durch Erlasse und Verbote und von der man Einsicht in Notwendigkeiten forderte, die von Machtansprüchen diktiert waren. Er forderte, was in den gärenden Köpfen der ersten Tage der Großen Revolution proklamiert und was seitdem verraten worden war von Jahr zu Jahr.

Deshalb war er ein Politiker, der notwendig mit den Tagesläuften in Konflikt geraten mußte. Niemals verrät er seine Ideen, aber oft wird er mutlos. Dann zitiert er dem Bruder, was ein anderer wahrscheinlich aus den Schlußworten von Voltaires «Candide» genommen hätte, was er aber, der Orientalist, aus einem der heiligen Bücher des Orients nimmt: «Mache Deine Felder urbar! Im Zend-Avesta heißt es, daß es besser sei, sechs Geviertspannen dürren Landes urbar zu machen, als vierundzwanzig Schlachten zu gewinnen, und ich bin ganz derselben Meinung!» Und verstrickt in immer mehr Intrigen, krank davon, durch üble Machenschaften der Kollegen auf ein Viertel des Gehaltes gesetzt, schreibt er wenig später: «Mein Los ist entschieden: arm wie Diogenes, will ich versuchen, eine Tonne zu kaufen und einen Sack für meine Bekleidung. Danach werde ich meinen Unterhalt von der wohlbekannten Großmut der Athener erhoffen.» Er schreibt Satiren gegen Napoleon. Doch als Napoleon endlich gestürzt ist, als am 19. April 1814 die Verbündeten in Grenoble einziehen, da fragt er mit skeptischer Bitterkeit, ob wohl nun, nachdem die Herrschaft des Despoten beseitigt wurde, die Herrschaft der Ideen wirklich beginnen könne? Und er zweifelt.

Aber übertönt jemals die Heftigkeit seiner Gefühle für die Freiheit des Volkes und der Wissenschaft seine Leidenschaft für das Studium Ägyptens? Er ist nach wie vor von einer ganz unglaublichen Fruchtbarkeit. Er tut Fernliegendes, Nebensächliches, erarbeitet sich ein koptisches Wörterbuch und schreibt gleichzeitig Theaterstücke für die Grenobler Salons, darunter ein Iphigenien-Drama. Er verfaßt Lieder, politisch gefärbte Chansons, die ihm vom Schreibtisch weg in den Mund der Leute auf der Gasse gehen, unfaßbares Tun etwa für deutsche gelehrte Fachleute, doch in Frankreich in der Tradition stehend, die im zwölften Jahrhundert mit Peter Abälard beginnt. Und er tut das, was ihm zentrale Lebensaufgabe bleibt: er gräbt sich immer tiefer ein in die Geheimnisse Ägyptens, das ihn nicht losläßt, ganz gleich, ob auf der Straße das «Vive l'Empereur!» erschallt oder das «Vive le Roi!» Er schreibt unzählige Aufsätze, bereitet Bücher vor, hilft anderen Autoren in aller Welt, lehrt, plagt sich mit mittelmäßigen Studenten. Das alles aber frißt und zerrt an seinen Nerven, seiner Gesundheit. Im Dezember 1816 schreibt er: «Mein koptisches Wörterbuch wird alle Tage dicker. Seinem Verfasser ergeht es umgekehrt.» Er stöhnt, als er auf Seite 1069 angekommen ist und das Werk immer noch nicht zum Abschluß kommen kann.

Ein Hochverräter entziffert die Hieroglyphen

Und da kommen die «Hundert Tage», die Europa noch einmal aufseufzen lassen unter dem Zugriff Napoleons, die stürzen machen, was eben mühsam errichtet wurde, die die Verfolger zu Verfolgten stempeln, die Herrschenden wieder zu Untertanen, den König zu einem Flüchtling und die auch Champollion aus seiner Gelehrtenstube jagen: Napoleon kehrt zurück! In wahrhaft operettenhafter Steigerung, ihm Meilensteine der Verlogenheit setzend, schreiben die Zeitungen: «Der Unhold ist entwischt!» – «Der Werwolf ist bei Cannes gelandet!» – «Der Tyrann war in Lyon!» – «Der Usurpator steht sechzig Stunden vor der Hauptstadt!» – «Bonaparte kommt mit raschen Schritten!» – «Napoleon wird morgen unter unseren Mauern sein!» – «Seine Majestät ist in Fontainebleau!»

Am 7. März steht Napoleon auf seinem Zuge zur Hauptstadt vor Grenoble. Mit seiner Tabaksdose klopft er an das Tor. Es ist Nacht, Fackellicht umloht ihn. Eine weltgeschichtliche Opernszene. Denn eine schreckliche Minute lang steht Napoleon allein gegen die Kanonen auf den Wällen, auf denen die Kanoniere umeinanderhasten. Dann gellt der Schrei: «Es lebe Napoleon!» und «einzieht der Abenteurer, der Grenoble als Kaiser verläßt», denn Grenoble, das Herz der Dauphiné, ist die wichtigste Operationsbasis, die zu gewinnen war.

Figeac, der Bruder Champollions, einst schon vom Kaiser berauscht, verfällt ihm nun vollends. Napoleon verlangt einen Geheimsekretär. Der Bürgermeister führt ihm Figeac vor, buchstabiert ihm mit Absicht den Namen falsch: «Champoléon». «Welch ein gutes Omen», ruft der Kaiser aus, «er trägt die Hälfte meines Namens!» Auch Champollion selber ist zugegen. Napoleon fragt ihn nach seiner Arbeit, hört von der koptischen Grammatik, von dem Wörterbuch. Und während Champollion kühl bleibt (er verkehrt seit seinem zwölften Jahre mit Herrschern, die den Göttern näherstanden als Napoleon), ist der Kaiser fasziniert von dem jungen Gelehrten, unterhält sich lange mit ihm, verspricht ihm in imperatorischer Laune, die beiden Werke in Paris drucken zu lassen. Nicht genug damit, am andern Tage besucht er ihn in der Bibliothek, kommt immer wieder auf seine Sprachstudien zurück – und das alles in Tagen und Stunden, da er auf dem Wege ist, sein Weltreich neu zu erobern. Zwei Eroberer Ägyptens stehen sich hier gegenüber. Der eine, der das Land am Nil in seine globalpolitischen Pläne einbezog und es neu erstehen lassen wollte (tausend Schleusen wollte er damals bauen, um die wirtschaftliche Rentabilität für alle Zeiten zu sichern) und der jetzt, aufs neue entflammt, Näheres vom Koptischen hörend, sofort beschließt, das Koptische zur neuen einheitlichen Volkssprache zu erheben. Und der andere, der Ägypten noch nie gesehen hat, doch das alte Versunkene tausendmal schon im Geiste erschaute und es später erobern wird durch die Kraft seines Wissens und seines Verstandes.

Aber Napoleons Tage sind gezählt. Jäh wie sein zweiter Aufstieg ist auch sein zweiter Zusammenbruch. Elba war ihm Ausflugsort, St. Helena wird ihm Sterbelager. – Wieder ziehen die Bourbonen in Paris ein. Sie sind nicht stark, sie sind nicht mächtig, also sind sie nicht rachgierig. Aber kann es anders sein, als daß jetzt Hunderte von Verdammungsurteilen gefällt werden, daß es «Strafen regnet wie einst Manna bei den Juden», daß auch Figeac unter den Verfolgten ist, weil er sich exponiert hatte, als er Napoleon nach Paris gefolgt war? Und daß man in den schnellen politischen Verfahren, bei den vielen Neidern, die der junge Professor in Grenoble hatte, zwischen den Brüdern nicht unterscheidet, da man sie auch als Wissenschaftler schon verwechselt hatte? Konnte man es denn, da auch der jüngere Champollion in den letzten Stunden der «Hundert Tage», zur selben Zeit, da er sich verzweifelt bemühte, für einen ägyptischen Papyrus tausend Francs zusammenzubekommen, den sogenannten «Delphinatischen Bund» begründen half, der sich für die Sache der Freiheit erklärte und jetzt höchst anrüchig ist?

Als die Royalisten gegen Grenoble rückten, war Champollion auf den Wällen und feuerte zum Widerstand an, völlig verkennend, wo die größere Freiheit winkte. Aber was geschieht? Im Augenblick, da der General Latour mit dem Bombardement der Innenstadt beginnt, als die Wissenschaft und die Frucht seiner Arbeit in Gefahr gerät, da eilt Champollion von den Wällen, Politik und Militär hinter sich lassend, läuft in den zweiten Stock des Bibliotheksgebäudes empor und übersteht dort, Wasser und Sand schleppend, allein im weiten Hause, die ganze Kanonade, sein Leben einsetzend für die Rettung seiner Papyri.

In diesen Tagen beginnt Champollion, entlassener Professor, verbannt als Hochverräter, mit der Arbeit an der endgültigen Entzifferung der Hieroglyphen. Die Verbannung dauert anderthalb Jahre. Es folgt weitere unermüdliche Arbeit. Grenoble und Paris sind wiederum die Stationen. Neuer Hochverratsprozeß droht. Im Juli 1821 verläßt er die Stadt, in der er vom Schüler zum Akademiker geworden war, als Flüchtling. Aber ein Jahr später veröffentlicht er seine Schrift «Lettre à M. Dacier relative à l'alphabet des hiéroglyphes phonétiques», die Schrift, die die Grundlagen der Entzifferung enthält und seinen Namen in den Mund aller bringt, die ihren Blick, hungrig von bisher ungestillten Fragen, auf die Rätsel der Pyramiden und Tempel gerichtet hatten.

So merkwürdig es klingt: Daß die Hieroglyphen, die aller Welt vor Augen lagen, über die eine ganze Reihe antiker Autoren geschrieben hatte, über die sich das abendländische Mittelalter in immer neuen Deutungen ergangen war und die dann mit Napoleons Expedition in unzähligen Abschriften in die Gelehrtenstuben kamen, dennoch bis dahin nicht entziffert worden waren, ist nicht allein Unvermögen, sondern auch Schuld, nicht nur Erkenntnismangel der vielen, sondern auch Ergebnis einer Irreführung durch einen einzelnen.

Herodot, Strabo und Diodor hatten Ägypten bereist und die Hieroglyphen als unverständliche Bilderschrift erwähnt. Aber nur Horapollon, im vierten Jahrhundert n. Chr., hatte eine ausführliche Beschreibung ihrer Bedeutung hinterlassen (die Andeutungen bei Clemens Alexandrinus und Porphyrius sind nicht verständlich). Es leuchtet ein, daß mangels jeden Anhaltspunktes Horapollons Schrift zum Ausgangspunkt aller Betrachtungen genommen wurde. Horapollon aber sprach von den Hieroglyphen stets als von einer Bilderschrift, und jede Deutung also, über Hunderte von Jahren hinweg, suchte symbolischen Sinn in den Bildern. Das ließ der Phantasie der Unwissenschaftlichen die Zügel schießen, die Wissenschaftler aber brachte es zur Verzweiflung.

Als Champollion die Hieroglyphen entziffert hatte, lernte man erkennen, wieviel Wahres bei Horapollon stand, da sah man die Entwicklung, die von der klaren frühen Symbolik ausging, in der eine Wellenlinie das Wasser, eine Grundlinie das Haus, eine Fahne den Gott darstellte. Solche Symbolik, im Gefolge Horapollons angewandt auf die späteren Inschriften, wies Irrwege.

Die Irrwege waren abenteuerlich. Der Jesuit Athanasius Kircher, ein erfindungsreicher Mann (unter anderem Konstrukteur der Laterna magica), veröffentlichte von 1650 bis 1654 in Rom vier Bände mit Übersetzungen von Hieroglyphen, von denen aber auch nicht eine einzige richtig war, ja nicht einmal den entferntesten Sinn traf. Die Zeichengruppe «Autokrator», den Beinamen der römischen Kaiser, las er «Der Fruchtbarkeit und aller Vegetation Schöpfer ist Osiris, dessen zeugende Kraft der heilige Mophta aus dem Himmel in sein Reich zieht».

Immerhin hatte er den Wert erkannt, den das Studium des Koptischen bot, dieser späteren Form der Sprache Ägyptens – ein Wert, der von einem Dutzend anderer Gelehrter geleugnet wurde.

Hundert Jahre später erklärte De Guignes vor der «Pariser Inschriften-Akademie» auf Grund hieroglyphischer Vergleiche, daß die Chinesen ägyptische Kolonisten seien. Immerhin (fast bei jedem Forscher ist dieses «immerhin» anzufügen, denn jeder fand zumindest eine einzige richtige Spur) – hatte er den ägyptischen Königsnamen «Menes» richtig gelesen. Flugs kehrte ihm das ein Gegner in die Lesung «Manouph», was Voltaire, den giftigsten Glossierer seines Zeitgeistes, zu seinem Ausfall gegen die Etymologen veranlaßte, «für welche die Vokale nicht mitzählen und denen an den Konsonanten wenig gelegen ist». (Übrigens ließen englische Forscher derselben Zeit im Gegensatz zur letzten These die Ägypter aus China kommen.)

Man sollte meinen, daß die Auffindung des Dreisprachensteins von Rosette den wilden Vermutungen Halt geboten hätte. Das Gegenteil war der Fall. Der Weg zur Lösung schien jetzt so offenbar, daß auch Laien ihn zu beschreiten wagten. Ein Anonymus aus Dresden buchstabierte aus dem kurzen hieroglyphischen Fragment der Rosettana den gesamten griechischen Text heraus. Ein Araber Ahmed Bin Abubekr «enthüllte» einen Text, den der sonst ernsthafte Orientalist Hammer-Purgstall sogar übersetzte; ein Pariser Namenloser erkannte in einer Tempelinschrift von Dendera den 100. Psalm, und in Genf erschien die Übersetzung der Inschriften des sogenannten «Pamphylischen Obelisken», die ein «viertausend Jahre vor Christo geschriebener Bericht vom Sieg der Frommen über die Bösen» sein sollten.

Die Phantasie überschlug sich. Sie paarte sich mit ungewöhnlicher Arroganz und Dummheit beim Grafen Palin, der behauptete, das Wesen der Rosettana auf den ersten Blick erkannt zu haben. Auf Horapollon, auf pythagoreische Doktrinen und auf die Kabbala gestützt, symbolisierte er sie dermaßen schnell, daß er in einer Nachtwache zum Ergebnis gelangte, es acht Tage später dem Publikum übergab und sich, nach seiner Behauptung, allein durch diese Schnelligkeit vor den «systematischen Irrtümern bewahrte, die einzig nur aus langem Nachdenken hervorgehen können».

Inmitten dieses Feuerwerks von Entzifferungen saß Champollion, ordnend, vergleichend, prüfend, Stufe um Stufe die Höhe der Lösung gewinnend, und mußte dann hören, daß der Abbé Tandeau de St. Nicolas eine Broschüre verfaßt hatte, in der haarscharf bewiesen wurde, daß die Hiero-

Eine noch rebusartige ägyptische Bilderschrift aus dem Ende des 4. Jahrtausends v. Chr., aus der sich später die verschiedenen Arten der eigentlichen Hieroglyphen entwickelten. Erst seit einigen Jahrzehnten weiß man: Dies ist ein als Horusfalke symbolisierter König, der ein besiegtes syrisches Land (Oval mit Kopf eines spitzbärtigen Syrers) an einem Strick hält, also unter seiner Herrschaft. Er sitzt auf sechs Lotosblüten, das heißt auf 6000 Gefangenen. Die darunter abgebildete Harpune bezeichnet wahrscheinlich den Namen des Landes; das mit Wellenlinien ausgefüllte Viereck soll zeigen, daß das Land am Wasser gelegen ist – beides deutet auf Syrien.
Abbildung 12

glyphen überhaupt keine Schrift, sondern ein Dekorationsmittel gewesen seien. – Unbeirrt schreibt Champollion bereits 1815 in einem Brief über Horapollon: «Dies Werk wird ‹Hieroglyphica› genannt, aber es gibt durchaus nicht die Auslegung dessen, was wir Hieroglyphen nennen, sondern die der heiligen symbolischen Skulpturen, das heißt der ägyptischen Sinnbilder, die völlig verschieden sind von den eigentlichen Hieroglyphen. Das ist gegen die allgemeine Ansicht, allein der Beweis für das, was ich vorbringe, findet sich auf den ägyptischen Denkmälern. Man sieht in den emblematischen Szenen die heiligen Skulpturen, von denen Horapollon redet, wie die Schlange, die sich in den Schwanz beißt, den Geier in der von ihm geschilderten Stellung, den himmlischen Regen, den Mann ohne Kopf, die Taube mit dem Lorbeerblatt usw., aber man sieht sie nicht in den eigentlichen Hieroglyphen!»

Man sah in diesen Jahren in den Hieroglyphen das System eines mystischen Epikuräertums, kabbalistische, astrologische und gnostische Geheimlehre, landwirtschaftliche, kaufmännische und verwaltungstechnische Hinweise für das praktische Leben; man las aus ihnen Bibelabschnitte und sogar vorsintflutliche Literatur, chaldäische, hebräische und selbst chinesische Abhandlungen heraus; «gerade als ob die Ägypter gar keine eigene Sprache zum Ausdruck zu bringen gehabt hätten», bemerkt Champollion hierzu.

All diese Versuche zur Deutung fußten mehr oder weniger auf Horapollon. Es gab nur einen Weg zur Entzifferung. Der führte gegen Horapollon. Und ihn ging Champollion.

Die großen Entdeckungen des Geistes sind zeitlich selten fixierbar. Sie sind Ergebnis unzähliger Denkvorgänge, langjährigen Trainings des Geistes auf ein einziges Problem hin, Kreuzpunkt von Bewußtem und Unbewußtem, von gezielter Aufmerksamkeit und irrendem Traum. Und selten erfolgt eine Lösung durch den Einfall eines Blitzes.

Die großen Entdeckungen verlieren von ihrer Größe, wenn man sich mit ihrer Vorgeschichte befaßt. Ums Prinzip wissend, erscheinen dem Nachkommenden die Irrwege einfältig, die falschen Vorstellungen verblendet, die Probleme einfach. Es ist schwer vorstellbar heute, was es bedeutete, daß Champollion Zug um Zug gegen die Meinung der gelehrten Welt, die auf Horapollon schwur, seine eigene Meinung setzte. Man darf nicht vergessen, daß die Gelehrten und das Publikum nicht etwa zu dem Manne Horapollon hielten, weil sie in ihm eine Autorität achteten, wie ihre mittelalterlichen Kollegen in Aristoteles, wie die späteren Theologen in den Kirchenvätern, sondern daß sie selbst bei größter Skepsis überhaupt keine andere Möglichkeit sahen als diese: Die Hieroglyphen sind eine Bilderschrift! Denn hier verband sich zum Unheil der Forschung autoritative Äußerung mit Augenschein. In Horapollon sprach nicht nur jemand, der immerhin den letzten geschriebenen Hieroglyphen um anderthalb Jahrtausende näherstand, sondern er sagte aus, was jedermann sehen konnte: hier waren Bilder, Bilder und nochmals Bilder!

Und in dem Augenblick, den wir nicht festzulegen wissen, da Champollion der Einfall kam, die hieroglyphischen Bilder seien «Buchstaben» (genauer gesagt «Lautzeichen»; seine eigene früheste Formulierung lautet: «... ohne streng alphabetisch zu sein, dennoch lautlich»), da erst war die Wendung, die Abwendung von Horapollon vollzogen, die zur Entzifferung führen mußte. Ist es nach solchem Leben, nach solcher Arbeit überhaupt noch möglich, von einem Einfall zu sprechen? Ist hier eine glückhafte Minute hereingebrochen? – Als Champollion zum erstenmal dieser Gedanke kam, verwarf er ihn wieder. Als er eines Tages das Zeichen der liegenden Schlange mit dem «f» identifizierte, schob er diese Feststellung als unhaltbar wieder beiseite. Als mehrere andere, die Skandinavier Zoëga und Akerblad, der Franzose De Sacy, vor allem der Engländer Thomas Young, den demotischen Teil der Rosettana als «Buchstabenschrift» erkannten, da gerieten ihnen Teillösungen. Aber sie kamen nicht weiter, sie gaben auf oder widerriefen, und De Sacy erklärte seine völlige Kapitulation vor den hieroglyphischen Schriften, die dastünden «unangetastet wie die Heilige Bundeslade».

Und selbst Thomas Young, der hervorragende Ergebnisse bei der Entzifferung des demotischen Teils erzielte, weil er ihn «lautlich» las, widerrief sich selber noch 1818, indem er bei der Entzifferung des Namens Ptolemäus die Zeichen willkürlich wieder in Buchstaben, Einsilben- und Zweisilbenwerte zerlegte.

Und hier tritt der Unterschied zwischen zwei Methoden und zwei Ergebnissen zutage. Young, der Naturwissenschaftler, zweifellos ein genialer Mann, aber philologisch ungeschult, der schematisch arbeitete, durch Vergleichung, durch geistvolles Interpolieren, entzifferte doch nur einige Worte, wobei es ein wunderbarer Beweis für seine Intuition ist, wenn ihm Champollion später bestätigt, daß von der Liste seiner 221 symbolischen Gruppen 76 richtig gedeutet waren. Champollion aber, der mehr als ein Dutzend alter Sprachen beherrschte, durch seine Kenntnis des Koptischen dem Sprachgeist des alten Ägypten nähergerückt als jeder andere, erriet nicht wie Young einzelne Worte oder Buchstaben, sondern erkannte das *System*. Er deutete nicht nur, sondern machte die Schrift lesbar und lehrbar. Und in dem Augen-

Ein Hochverräter entziffert die Hieroglyphen

blick, da er das System in den Grundzügen erkannt hatte, da konnte er wirklich fruchtbar den Einfall wiederaufgreifen, der als Vermutung längst laut geworden war: daß die Entzifferung bei den Königsnamen begonnen werden müßte.

WARUM bei den Königsnamen? Auch dieser Einfall lag nahe, auch dieser Gedanke scheint heute simpel. Die Inschrift von Rosette, hatten wir bereits mitgeteilt, enthielt die Meldung, daß die Priesterschaft dem König Ptolemäus Epiphanes besondere Ehrerweisungen bewilligt habe. Der griechische Text, der sofort lesbar gewesen war, hatte völlige Klarheit gegeben. Da nun, wo in der hieroglyphischen Inschrift der Name des Königs etwa vermutet werden durfte, fand sich eine Zeichengruppe, die in einen ovalen Ring eingeschlossen war, den man sich angewöhnte, «Cartouche» zu nennen.

Lag es nicht auf der Hand, in dieser «Cartouche», der einzigen Hervorhebung, das Wort zu vermuten, das eben einer Hervorhebung würdig war, den Namen des Königs? Sieht es nicht nach der Arbeit eines intelligenten Schülers aus, die Buchstaben des Namens Ptolemäus unter die entsprechenden hieroglyphischen Zeichen zu ordnen und damit (bei alter Schreibweise) acht hieroglyphische Zeichen mit acht Buchstaben zu identifizieren?

Alle großen Gedanken sind einfach in nachträglicher Betrachtung. Was hier durch Champollion geschah, war der Bruch mit der horapollonischen Tradition, die vierzehn Jahrhunderte lang die Köpfe verwirrt hatte. Nichts schmälert den Triumph des Entdeckers, dem nun das Glück sofort eine glänzende Bestätigung in die Hände spielte. Im Jahre 1815 war der sogenannte «Obelisk von Philä» gefunden worden, den der Archäologe Banks 1821 nach England brachte und der ebenfalls (ein zweiter «Rosette-Stein») eine hieroglyphische und eine griechische Inschrift zeigte. Und wieder fand sich dort, eingerahmt in die «Cartouche», der Name Ptolemäus. Aber es war noch eine

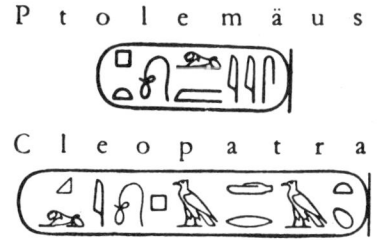

Die beiden «Cartouches», die Champollion auf den richtigen Weg
zur Entzifferung der Hieroglyphen brachten.
Abbildung 13

zweite Inschriftengruppe eingerahmt. Und Champollion, geleitet von der griechischen Inschrift am Fuß des Obelisken, vermutete in ihr den Namen Cleopatra.

Es klingt wieder höchst einfach: Aber als Champollion die beiden Inschriftengruppen gemäß den vermuteten Namen untereinander schrieb (hier in unserer Schreibweise) und als im Namen Cleopatra das 2., 4. und 5. Zeichen mit dem 4., 3. und 1. des Namens Ptolemäus übereinstimmte, da war der Schlüssel zur Entzifferung der Hieroglyphen gefunden. Nur der Schlüssel zu einer fremden Schrift? – Der Schlüssel zu allen verschlossenen Toren Ägyptens.

HEUTE wissen wir, wie unendlich kompliziert das hieroglyphische Schriftsystem ist. Heute lernt der Student als Selbstverständlichkeit, was damals unerkennbar blieb, lernt, was Champollion, fußend auf dieser ersten Erkenntnis, sich mühsam errang und was damals fast undurchschaubar bleiben mußte, weil es durcheinandergebreitet war durch drei Jahrtausende. Heute kennen wir die Veränderungen der hieroglyphischen Schriften, wissen von der Entwicklung, die von den alten Hieroglyphen zu einer Schreibschrift, der sogenannten «hieratischen», ging und dann noch später, weiter verkürzt, weiter abgeschliffen, bei einer Gebrauchsschrift, beim «Demotischen» endete. Der Gelehrte zu Champollions Zeit sah diese Entwicklung nicht. Eine Entdeckung, die ihm bei dieser Inschrift weiterhalf, versagte bei der nächsten. Welcher heutige Europäer ist in der Lage, eine Mönchshandschrift des 12. Jahrhunderts zu lesen, selbst wenn bereits eine der modernen Sprachen verwendet wurde? Und ein prunkvolles Initial eines mittelalterlichen Dokuments ist dem Unvorgebildeten nicht einmal als Buchstabe erkennbar. Von solchen Schriften aber, die zu unserem eigenen Kulturkreis gehören, sind wir nicht einmal tausend Jahre entfernt. Der Gelehrte jedoch, der den Blick auf die Hieroglyphen richtete, sah in einem fremden Kulturkreis eine Schriftentwicklung von dreitausend Jahren vor sich!

| Hieroglyph. | Hierat. | Demot. |
| 1500 | 1300 | 400–100 |

Beispiel dafür, wie sich die bereits hochentwickelten Hieroglyphen zur hieratischen und dann zur demotischen Schrift entwickelten.
Abbildung 14

Ein Hochverräter entziffert die Hieroglyphen

Heute ist es keine Schwierigkeit mehr, zwischen «Phonetischen Zeichen», «Wortzeichen» und «Deutzeichen» zu unterscheiden, mit welcher Unterteilung die erste Ordnung in die Verschiedenwertigkeiten der Zeichen und Bilder gebracht ist. Heute irritiert es nicht mehr, wenn eine Inschrift von rechts nach links, die andere von links nach rechts, die dritte von oben nach unten gelesen werden muß; denn man weiß, daß dies der Brauch inzwischen festgelegter verschiedener Zeiten war. Rosselini in Italien, Leemans in den Niederlanden, de Rougé in Frankreich, Lepsius und Brugsch in Deutschland fügten Erkenntnis an Erkenntnis. Zehntausend Papyri kamen nach Europa, immer neue Inschriften von Gräbern, Denkmälern, Tempeln wurden schließlich fließend gelesen. Postum erschien von Champollion die «Grammaire Egyptienne» (Paris 1836-1841), dann der erste Versuch eines altägyptischen Wörterbuches (die Erklärung der Sprache ging stets mit der Entzifferung der Schrift Hand in Hand), die «Notizen» und die «Monumente». Bauend auf diesen Ergebnissen und den Forschungen der Späteren gelang der Wissenschaft der nicht nötige, aber stolze Schritt von der Entzifferung zum Schreiben. Im «Egyptian Court» des Kristallpalastes zu Sydenham sind die Namen der Königin Victoria und des Prinzgemahls Albert in Hieroglyphen angebracht. Der Hof des «Ägyptischen Museums» in Berlin zeigt seine Gründungsinschrift in hieroglyphischen Zeichen. Und schon Lepsius brachte an der Cheopspyramide zu Gizeh eine Tafel an, die dort in Hieroglyphen Namen und Herrscherwürde Friedrich Wilhelms IV. (er hatte die Expedition ausgerüstet) verewigte.

Ist es zuviel, wenn wir dem Mann, dem der Ruhm gebührt, die Denkmäler reden gemacht zu haben, obwohl er das Land seines Studiums bis zu seinem achtunddreißigsten Lebensjahr nur aus den Inschriften kannte, wenigstens bei einem seiner ersten wirklichen ägyptischen Abenteuer folgen? Auf ägyptischen Boden?

NICHT immer ist es dem Stubengelehrten vergönnt, seine Theorien durch die Anschauung bestätigt zu finden. Oft bietet sich ihm nicht einmal die Gelegenheit, die Stätten in Wirklichkeit zu sehen, durch die seine Phantasie jahrzehntelang streifte.

Es war Champollion nicht bestimmt, zu seinen großen theoretischen Eroberungen noch eine erfolgreiche Ausgräbertätigkeit zu fügen. Aber er durfte Ägypten sehen. Und er durfte durch Augenschein bestätigt finden, was er in der Klausur gedacht. Schon als Jüngling hatte er, weit hinausgehend über die reinen Entzifferungsversuche, an einer Chronologie und einer Topographie des alten Ägypten gearbeitet, und Hypothese hatte sich ihm an Hypothese gereiht, wenn es gegolten hatte, eine Statue, eine Inschrift auf Grund geringer Anhaltspunkte zeitlich und räumlich einzuordnen. Jetzt kam er in das Land seiner Forschung und befand sich etwa in der Situation des Zoologen, der aus Knochenresten und Versteinerungen die Gestalt eines Dinosauriers modelliert hatte und ihm plötzlich, versetzt in die Kreidezeit, leibhaftig begegnet.

Champollions Expedition (vom Juli 1828 bis zum Dezember 1829) ist ein Triumphzug. Nur die amtlichen französischen Vertreter haben noch nicht vergessen, daß er einst als Hochverräter galt (das Verfahren war im Zuge der Maßnahmen einer «toleranten Monarchie» eingestellt worden; genaue Einzelheiten darüber fehlen). Die Eingeborenen aber strömten herbei, um den zu sehen, «der die Schrift der alten Steine lesen kann». Champollion muß eiserne Strenge walten lassen, um die Teilnehmer seiner Expedition Abend für Abend auf die Nilschiffe «Hathor» und «Isis», unter den Schutz «der zwei freundlichen ägyptischen Göttinnen», zurückzubekommen. Der Enthusiasmus der Eingeborenen enthusiasmiert die Expedition, bis sie schließlich dem Gouverneur von Girge, Mohammed Bey, sogar die «Marseillaise» und die Freiheitslieder aus der «Stummen von Portici» vorsingt. Aber die Expedition arbeitet auch. Champollion schreitet von Entdeckung zu Entdeckung, von Bestätigung zu Bestätigung. In den Steinbrüchen von Memphis erkennt und rubriziert er die Arbeiten der verschiedenen Epochen mit einem Blick. In Mit-Rahine entdeckt er zwei Tempel und eine ganze Totenstadt. In Sakkara (wo mehrere Jahre später eine große Fundstätte für Mariette entstehen soll) findet er den Königsnamen «Onnos», den er sofort treffsicher in die früheste Zeit hinaufdatiert. In Tell-el-Amarna entdeckt er, daß der Riesenbau, den Jomard als Getreidespeicher bezeichnet hatte, in Wirklichkeit der große Tempel der Stadt gewesen ist.

Dann aber ist ihm der Triumph gegönnt, zu sehen, daß er recht hatte mit der Behauptung, für die er sechs Jahre früher das Gelächter der ganzen Ägyptischen Kommission geerntet hatte.

Die Schiffe legen an in Dendera. Der Tempel liegt vor ihnen, einer der großen ägyptischen Tempel, von dem wir heute wissen, daß an ihm die Könige der XII. Dynastie, die mächtigsten Herrscher des «Neuen Reiches», Thutmosis III., der große Ramses und sein Nachfolger, schließlich die Ptolemäer und die Römer Augustus, Nerva, und am Tor und an der Umfassungsmauer noch Domitian und Trajan gebaut haben. Hier waren am 25. Mai 1799 Napoleons Truppen in schrecklichem Fußmarsch angelangt und waren überwältigt worden von dem Bild, das sich ihnen bot. Hier hatte, noch ein paar

Ein Hochverräter entziffert die Hieroglyphen 115

	Zeichen	Um-schrift	Dargestellter Gegenstand[1]	Bemerkungen
1	𓄿	ꜣ	Geier	harter Stimm-einsatz (hebr. א)
2	𓇋	j	Schilfrohr	
	𓇌 oder \\\\	jj, j		seit dem mittl. Reich im Auslaut für j
3	⌐◦	ꜥ	Unterarm	gepreßter stimmloser Kehllaut
4	𓅱	w	Wachtel	
5	𓃀	b	Bein	
6	□	p	Stuhl	
7	𓆑	f	gehörnte Schlange	
8	𓅓	m	Eule	
9	𓈖	n	Wasser	
10	⌒	r	Mund	
11	𓉐	h	Hof	
12	𓎛	ḥ	geflochtene Flachssträhne	rauher gesprochen als h
13	●	ḫ	Placenta (?)	wie deutsches ch in ach
14	⊶	ẖ	Tierbauch mit Zitzen	ähnlich dem vorigen Laut
15	—	s	Riegel	ursprünglich stimmh. s
16	𓊃	ś	gefaltetes Tuch	ursprünglich stimmlos. s
17	⎕, ⎔	š	Teich, See	wie deutsch. sch
18	△	ḳ	Hügel(abhang)	tief gutturaler k-Laut
19	⌒	k	Korb mit Handgriff	
20	𓎼	g	Ständer für Krüge	
21	◠	t	Brot	
22	=	ṯ	Viehstrick	entw. wie engl. th oder wie deutsches tsch
23	⌒	d	Hand	
24	 𓆓	ḏ	Schlange	entw. wie ds oder wie dj

Tabelle, die das zuletzt hochentwickelte ägyptische «Alphabet» zeigt. Vierundzwanzig Buchstaben, aber alles Konsonanten. Da bei solcher Schreibung eine Zusammenstellung «m-n-ḥ» sowohl «Wachs» wie «Papyruspflanze» wie «Jüngling» bedeuten konnte, ist klar, welche Schwierigkeiten die Entzifferung bot.
Abbildung 15

Monate früher, der General Desaix mit seiner ganzen Division die Verfolgung der Mamelucken unterbrochen, fasziniert von der Macht und Herrlichkeit eines versunkenen Reiches (welche Vorstellung für einen General des 20. Jahrhunderts!). Hier stand nun Champollion, vertraut mit fast jeder Einzelheit aus Bericht, Zeichnung, Inschriftenkopie (wie oft hatte er mit Denon, dem Begleiter des Generals Desaix, darüber gesprochen). Es war Nacht, helle, gleißende ägyptische Mondnacht; seine Begleiter drängten, er gab nach, und die fünfzehn Wissenschaftler der Expedition, an der Spitze Champollion, stürmten, nicht mehr zu halten, den Tempel. Eine Schar, «die ein Ägypter für einen Beduinenstamm, ein Europäer für eine Anzahl gut bewaffneter Karthäuser gehalten hätte»!

L'hôte, einer der Teilnehmer, berichtet, und seine Sprache stammelt: «Wir durcheilen auf gut Glück ein Palmengehölz – feenhafter Anblick im Mondschein! Dann geht's ins hohe Gras, in Dornen und Gebüsch hinein. Umkehren? Nein, das wollen wir nicht. Vorwärts gehen? Wir wissen nicht, wie. Wir erheben starkes Geschrei, aber nur fernes Bellen ist die Antwort. Da sehen wir einen zerlumpten Fellachen, der hinter einem Baum eingeschlafen ist. Mit einem Stock bewaffnet, mit wenigen schwarzen Lappen bekleidet, sieht er wie ein Dämon aus (‹eine ambulante Mumie› nennt ihn Champollion). Entsetzt und zitternd erhebt er sich, voll Angst, niedergeschlagen zu werden... Ein tüchtiger zweistündiger Marsch noch. Und endlich erscheint der Tempel, lichtüberrieselt, ein Bild, das uns trunken macht vor Bewunderung... Unterwegs hatten wir gesungen, um unsere Ungeduld zu töten, aber hier, vor dem mit himmlischem Licht überfluteten Propylon – welche Empfindung! Unter dem von riesenhaften Säulen gestützten Portikus ist vollendete Ruhe und der geheimnisvolle Zauber, den tiefer Schatten hervorbringt – und draußen blendet das Mondlicht! Seltsamer, wunderbarer Gegensatz...

Dann zünden wir im Innern Feuer von dürrem Grase an. Neuer Reiz, neuer Ausbruch von Enthusiasmus, wie plötzliches Delirium. Es war wie Fieber, wie Wahnsinn, was uns ergriff. Die Ekstase bemächtigte sich aller... Dies Zauberbild, erfüllt von Magie, war eine *Wirklichkeit* – unter dem Portikus von Dendera.»

Und was schreibt Champollion? Die andern nennen ihn den «Meister»; und diesem Rang gemäß ist er maßvoll. Doch auch unter der gewollten Nüchternheit seiner Worte spürt man die Erregung. «Ich werde nicht versuchen, den Eindruck zu beschreiben, den uns besonders der Portikus des großen Tempels machte. Man kann ihn wohl ausmessen, aber eine Vorstellung davon zu geben, ist unmöglich. Er bildet den denkbar größten Grad von Vereinigung der Anmut mit der Majestät. Wir blieben zwei Stunden dort, voller Ekstase, durchstreiften mit unserem armen Tropf von Fellachen die Hallen und versuchten unterm gleißenden Mondlicht die Inschriften der Außenseite zu lesen.»

Es ist der erste große, gut erhaltene ägyptische Tempel, den der Sehnsüchtige sieht. Und was er noch in der Nacht und tags darauf notiert, zeigt, mit welcher Intensität dieser Mann bereits in Ägypten lebte, wie er in Phantasie, in Traum und Gedanke so vorbereitet war, daß nichts ihm wirklich neu erschien, daß alles ihm nur Bestätigung wurde, daß ihm unvermutet Einsichten zuteil werden konnten auf einem metaphysischen Schnittpunkt, wo auch rationalistischen Geistern die Erleuchtung geschieht, die den nur gelehrten Begleiter überrascht. Für die meisten Begleiter Champollions waren Tempel, Tor, Säule und Inschrift nur Stein und totes Denkmal. Für sie war das merkwürdige Kostüm, das sie angelegt hatten, eben nur Kostümierung – während Champollion in ihm lebte. Alle hatten kahlgeschorene Köpfe, über denen sie riesige Turbane trugen. Sie hatten goldbestickte Tuchjacken an und gelbe Stiefel. «Wir tragen es gut und mit gravitätischer Miene», sagt L'hôte. Aber diese Bemerkung enthält den Spaß am Kostüm. Champollion indessen, seit Jahren schon in Grenoble wie in Paris «der Ägypter» geheißen, bewegte sich – alle Freunde bezeugen es – wie ein Eingeborener.

Er entziffert nicht nur, er deutet nicht bloß. Er konzipiert, ihm werden plötzlich Einsichten zuteil. Er spricht seinen Triumph über die Kommission aus: Dies ist nicht der Tempel der Isis, wie behauptet wird, dies ist der Tempel der Hathor, der Göttin der Liebe. Und «uralt» soll dieser Tempel sein? Seine endgültige Gestalt hat er erst unter den Ptolemäern bekommen, vollendet wurde er von den Römern (dies Alter von achtzehn Jahrhunderten bedeutet wenig gegen die dreißig Jahrhunderte, in denen sich vorher bereits ägyptische Geschichte vollzog). Und der überwältigende Eindruck unter dem bleichen Mond hinderte ihn nicht an der Erkenntnis, daß dieses Bauwerk zwar «ein Meisterstück der Architektur» ist, doch «bedeckt mit Skulpturen im schlechtesten Stil». «Mag es die Kommission nicht übelnehmen», schreibt er, «aber die Basreliefs von Dendera sind abscheulich, und das konnte nicht anders sein – sind sie doch aus einer Epoche des Verfalls. Die Skulptur war schon verderbt, indessen die Baukunst, die als eine chiffrierte Kunst weniger der Veränderung zugänglich ist, sich noch der Götter Ägyptens und der Bewunderung aller Jahrhunderte würdig erhalten hatte.» –

Als Champollion drei Jahre später stirbt, scheidet er zu früh für die junge Wissenschaft der Ägyptologie und zu früh, um seine öffentliche Bestätigung uneingeschränkt zu erfahren. Gleich nach seinem Tode erscheinen, besonders von englischen und deutschen Gelehrten, Schmähschriften, die, verblendet für unser Gefühl, sein Entzifferungssystem trotz offenkundig richtiger Ergebnisse als bare Phantasieprodukte abtun. Er wird glänzend gerechtfertigt durch den Deutschen Richard Lepsius, der im Jahre 1866 das zweisprachige sogenannte «Dekret von Kanopus» findet, das Champollions Methode einwandfrei bestätigt. Schließlich stellt der Franzose Le Page-Renouf in einer Rede vor der «Royal Society» im Jahre 1896 in London Champollion endlich auf den ihm zukommenden Platz – vierundsechzig Jahre nach seinem Tode!

Champollion hatte das Geheimnis der Schrift gelöst. Die Arbeit des Spatens konnte beginnen!

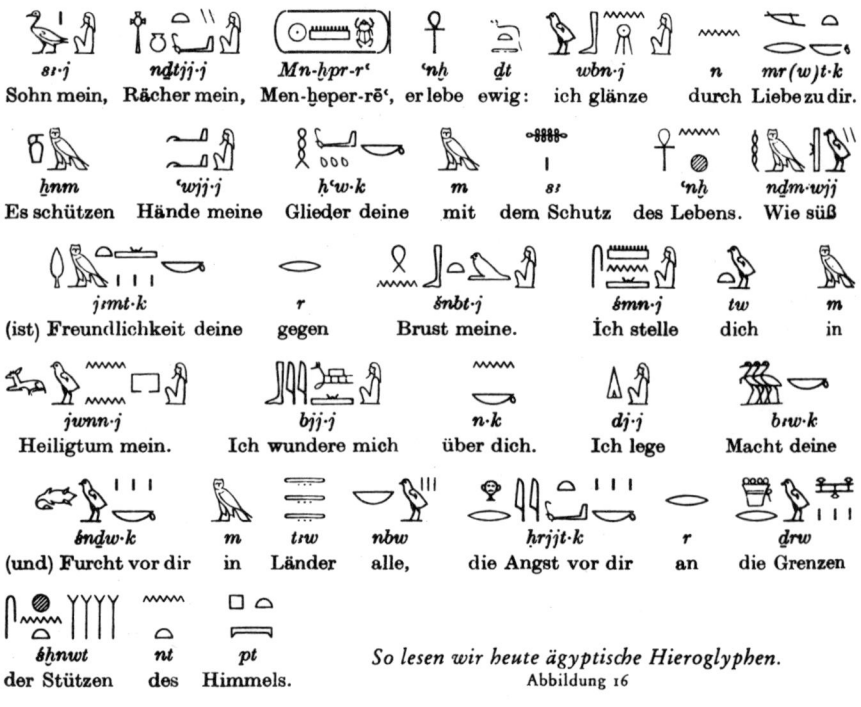

So lesen wir heute ägyptische Hieroglyphen.
Abbildung 16

12. KAPITEL

«VIERZIG JAHRHUNDERTE
BLICKEN AUF EUCH HERAB!»

Dieses Buch gibt nur einen Überblick. Es schreitet von Gipfelpunkt zu Gipfelpunkt und kann sich besonders der Ameisenarbeit der Stubengelehrten nicht genügend widmen, deren Verdienst das Rubrizieren, des Katalogisieren, aber auch durchaus die kühne Deutung, die schöpferische Hypothese und die fruchtbare Anregung war.

An vier Namen knüpfen sich – in der Rangordnung, die unsere Betrachtungsweise diktiert – die großen ägyptologischen Entdeckungen der Jahrzehnte nach Champollions Entzifferung der Hieroglyphen. Man kann sie mit Beinamen versehen. Es sind der Italiener Belzoni, der Sammler; der Deutsche Lepsius, der Ordner; der Franzose Mariette, der Bewahrer; und der Engländer Petrie, der Messer und Deuter. Es wäre für die Zukunft gut, wenn man ein Sinnbild darin sähe, daß die Angehörigen der vier großen europäischen Nationen gemeinsam am selben Werke schufen, demselben Ziele zustrebten, geeint durch den allem anderen übergeordneten Drang nach Erkenntnis und Wahrheit, der erst in unserem Jahrhundert wieder – das sich dessen nicht rühmen darf – nationalen Belangen untergeordnet wird. –

«Einer der bemerkenswertesten Männer in der ganzen Geschichte der Ägyptologie», sagt der Archäologe Howard Carter, und er meint damit Giovanni Battista Belzoni (1778–1823), der sich, nicht lange bevor er nach Ägypten kam, in einem Londoner Zirkus als «starker Mann» produziert hatte. Carters Bemerkung zielt mehr auf die Persönlichkeit als auf die Leistung. Wir wissen längst, daß in der Geschichte der Archäologie die Außenseiter eine wichtige Rolle spielen. Das Außenseitertum Belzonis aber ist gewiß eins der absonderlichsten.

Aus achtbarer römischer Familie stammend, in Padua geboren, sollte er Geistlicher oder Mönch werden. Bevor er zur Kutte kam, geriet er in politische Intrigen. Statt in die stets aufnahmebereiten italienischen Gefängnisse ging er nach London. Es gibt einen Bericht, in dem der «italienische Riese» und «starke Mann» beschrieben wird, der jeden Abend eine Anzahl Männer rund um eine Tingeltangel-Bühne trägt, offensichtlich noch weit entfernt von archäologischen Ambitionen. Es scheint, als ob er dann Maschinenbau studiert habe (aber auch Scharlatanerie ist ihm zuzutrauen), denn 1815 glaubt er durch die Einführung eines mechanischen Wasserrades, das viermal soviel Arbeit leisten sollte wie die Schöpfräder der Eingeborenen, in Ägypten sein Glück machen zu können. Auf jeden Fall muß er ein Mann von Geschick gewesen sein, denn immerhin erfocht er sich die Erlaubnis, sein Modell im Palaste Mohammed Alis aufzustellen, des nicht ungefährlichen Mannes, der damals auf den ersten Stufen der Erfolgsleiter stand, die den bettelarmen Albanesen, späteren Kaffeehändler, Feldherrn und Pascha zum Herrn Ägyptens und eines Teiles von Syrien und Arabien aufsteigen ließ. Als Belzoni bei ihm war, war er bereits an Stelle des vertriebenen türkischen Gouverneurs zehn Jahre lang von der Pforte bestätigter Pascha. Zweimal hatte er englische Truppen vernichtend geschlagen und hatte eins der großen weltgeschichtlichen Gemetzel veranstaltet, indem er seine politische Auseinandersetzung mit den Mamelucken dadurch löste, daß er sämtliche vierhundertachtzig Beys unter Vorspiegelungen zu einem Mahl nach Kairo lud und sie dabei umbringen ließ. Wie dem auch sei, Mohammed Ali, sonst, wie man sieht, dem Fortschritt zugetan, ließ sich von Belzonis Wasserrad dennoch nicht überzeugen. Belzoni aber hatte inzwischen von dem Schweizer Afrikareisenden Burckhardt eine Einführung bei dem britischen Generalkonsul in Ägypten, Salt, erhalten und vermaß sich, die «Kolossalbüste des Memnon» (des Zweiten Ramses, die jetzt im «Britischen Museum» steht) von Luxor nach Alexandrien zu bringen.

Seine nächsten fünf Jahre sind ausgefüllt mit Sammeln. Er sammelte erst für Salt, dann für eigene Rechnung. Er sammelte alles, was ihm unter den Spaten kam, vom Skarabäus bis zum Obelisken. (Ein Obelisk fiel ihm beim Transport in den Nil; er fischte ihn wieder heraus.) Er tat das zu einer Zeit, da Ägypten, nun bekannt geworden als der ungeheuerste Antiquitätenfriedhof, den es auf der Welt gab, planlos und wahllos geräubert wurde und niemand zögerte, das antike Gold mit den Goldgräbermethoden zu erobern, die zwei Jahrzehnte später in Kalifornien und Australien der Eroberung des natürlichen Goldes galten. Gesetze gab es nicht, oder sie wurden nicht beachtet, und mehr als einmal wurden Meinungsverschiedenheiten mit der Flinte ausgetragen.

Konnte es wundernehmen, wenn die Sammelleidenschaft, die allein aufs Objekt ausging und nicht auf die Erkenntnis, mehr zerstörte als entdeckte, mehr Schaden anrichtete als Wissen vermittelte? Auch Belzoni, der, wie sich schnell herausstellte, trotz seines abwechslungsreichen Vorlebens Zeit gefunden hatte, sich einiges Fachwissen anzueignen, kannte im Drange zum Objekt

«Vierzig Jahrhunderte blicken auf euch herab!»

Sethos I. kämpft gegen die Hethiter in Syrien. Das Bild stammt von einem Tempel in Theben und war samt den Schriftzeichen einst bemalt. Belzoni, der das Grab des Sethos einst entdeckte, fand nur noch Spuren dieser Farbe.
Abbildung 17

kein Hindernis. Er sprengte die versiegelten Grabkammern mit einem Sturmblock.

Bei solcher Methode, die einem modernen Archäologen die Haare sträuben macht, bliebe unverständlich, wie ein Mann wie Howard Carter an anderer Stelle von ihm sagen kann, daß ihm für seine Ausgrabungen und «für die Art und Weise ihrer Ausführung volle Anerkennung» gezollt werden müßte, wenn Belzoni nicht als Kind seiner Zeit betrachtet werden würde und er nicht außerdem zwei Dinge getan hätte, die er, in großem Maßstab, als erster tat und die damit die ersten Glieder einer noch nicht abgerissenen Kette von archäologischen Untersuchungen werden sollten.

Im Oktober 1817 entdeckte Belzoni im Tal von Biban-el-Muluk bei Theben neben anderen Gräbern das Grab Sethos' I., das hundert Meter lange Grab des Vorgängers des großen Ramses, des Besiegers der Libyer, Syrer und Hethiter. Der herrliche, aber leere Alabastersarg, den er dabei fand, befindet sich im Soane-Museum in London. (Dreitausend Jahre lang war er schon leer, dieser Sarkophag; wo die Mumie war, welch abenteuerlichen Weg sie ging – das aufzudecken, war nicht mehr Belzoni beschieden.) Mit dem Aufdecken dieses Grabes begannen die wichtigsten Funde im «Tal der Könige», die ihren Höhepunkt erst in unserem Jahrhundert haben sollten.

Und ein halbes Jahr später, am 2. März 1818, öffnete der Italiener, wie noch heute eine Inschrift über dem Eingang dem Besucher sagt, die zweite Pyramide von Gizeh, die Pyramide des Chefren, und stieß bis in die Grabkammer vor! Mit diesen ersten Untersuchungen begann die Wissenschaft von den Pyramiden, von den gewaltigsten Bauwerken der Alten Welt, und aus dem Dunkel der ägyptischen Frühzeit lösten sich innerhalb der riesigen geometrischen Aufrisse die ersten menschlichen Züge.

Belzoni war nicht der erste, der im «Tal der Könige» wühlte. Er war auch nicht der erste, der den Eingang zu einer Pyramide suchte. Aber er war – obwohl weit mehr Gold- als Wahrheitssucher – der erste, der an zwei Stellen, vor Grabkammer und Pyramide, die *archäologischen* Probleme anriß, die noch heute an denselben Stellen ihre Rätsel aufgeben.

Belzoni ging 1820 nach England und veranstaltete in London in der acht Jahre vorher erbauten «Egyptian Hall» in Piccadilly eine Ausstellung. Der Alabastersarg und ein Modell des Sethos-Grabes waren die Prunkstücke. Wenige Jahre später, auf neuer Forschungsreise nach Timbuktu, starb er. Und es mag ihm verziehen sein, daß er im «Ramesseum» zu Theben seinen Namen am Throne Ramses' II. verewigte und auch damit als erster neben viel Verdienstvollem einen Unfug begann, den Generationen von «sammelnden»

Mr. Browns, Herrn Schmidts und Messieurs Blancs bis heute zum Mißvergnügen der Archäologen fortsetzen.
Belzoni war der große Sammler. Die Zeit für den Ordner war gekommen.

ALEXANDER VON HUMBOLDT, der Reisende und Naturforscher, war es, der König Friedrich Wilhelm IV. von Preußen (der sonst an Plänen reicher war als an Taten) dazu veranlaßte, bedeutende Geldmittel für eine Forschungsreise nach Ägypten zu bewilligen. Als Leiter wurde der erst einunddreißigjährige Richard Lepsius bestellt. Die Wahl hätte nicht besser sein können.

Lepsius (1810 in Naumburg geboren) hatte Philologie und vergleichende Sprachwissenschaft studiert, mit dreiundzwanzig Jahren promoviert und war als Zweiunddreißigjähriger außerordentlicher Professor in Berlin geworden. Ein Jahr später, nach zweijähriger Vorbereitung, ging er auf die Reise.

Die Expedition war auf drei Jahre berechnet, von 1843 bis 1845. Sie hatte damit, was bis dahin keine Forschungsgesellschaft gehabt hatte: Zeit! Sie ging nicht mehr bloß auf schnelle Beute aus, sondern auf das Erkennen und das Registrieren, und konnte überall, wo es Erfolg versprach, den Spaten ansetzen. So verwandte sie allein sechs Monate auf Memphis und sieben auf Theben. (Wenn man bedenkt, daß in unserem Jahrhundert auf ein einziges Grab, das des Tut-ench-Amun, mehrere Jahre verwendet wurden, so erscheint die Zeit, die Lepsius auf ungeheure Ruinenfelder verwandte, gering; damals war die Zeit bedeutend.)

Die ersten Erfolge, die Lepsius erzielte, waren die Aufdeckung des «Alten Reiches» in zahlreichen Denkmälern («Altes Reich» – das ist die Frühzeit Ägyptens von etwa 2900 bis 2270 v. Chr., die Zeit der Pyramidenbauer). Er fand die Spuren und Reste von dreißig bis dahin unbekannt gebliebenen Pyramiden, deren Zahl damit auf siebenundsechzig wuchs. Dazu trat die bis dahin überhaupt unbekannte Gräbergattung der sogenannten «Mastabas» (Schacht-Grabkammern der Vornehmen des «Alten Reiches»), von denen er einhundertdreißig untersuchte. In Tell-el-Amarna zeigte sich ihm die Gestalt des religiösen Reformators Amenophis IV. in ihren ersten Umrissen. Er vermaß als erster das «Tal der Könige». Die Reliefs der Tempelwände, die unzähligen Inschriften, besonders zahlreich die «Cartouches» mit Königsnamen wurden abgeklatscht oder abgeschrieben. Er durchstöberte die Jahrtausende und kam bis ins vierte Jahrtausend v. Chr. hinauf (so glaubte er; heute wissen wir: bis ins dritte). Er war der erste, dem sich Geschautes ordnete, der ägyptische *Geschichte* sah, das *Gewordensein* erkannte, wo andere nur durcheinandergewürfelte Trümmerfelder gesehen hatten.

Früchte der Expedition waren die Schätze des «Ägyptischen Museums» in Berlin; Frucht des Studiums an den Quellen war eine Unzahl von Veröffentlichungen, angefangen bei dem zwölfbändigen Prachtwerk (einem Enkel der «Description») über die «Denkmäler Ägyptens und Äthiopiens» bis zu Spezialuntersuchungen über entlegenste Probleme. Als er 1884, als Vierundsiebzigjähriger, starb, konnte sein deutscher Biograph Georg Ebers (dieser vortreffliche Ägyptologe, aber grundschlechte Romancier, dessen Romane aus dem Pharaonenreich «Uarda» und «Eine ägyptische Königstochter» noch um die Jahrhundertwende in keiner Leihbibliothek und keiner Jungmädchenbücherei fehlten) mit Recht sagen, daß Richard Lepsius der eigentliche Begründer der modernen wissenschaftlichen Ägyptologie gewesen sei.

Zwei seiner Veröffentlichungen sind es vor allen anderen, die dem großen Ordner in der Betrachtung durch die Nachwelt stets diesen Platz sichern werden: Es sind die 1849 in Berlin erschienene «Chronologie Ägyptens» und das ebenfalls in Berlin, jedoch ein Jahr später herausgekommene «Ägyptische Königsbuch».

ÄGYPTEN hatte wie alle alten Völker keine in unserem Sinne von historischem Fixpunkt ausgehende feste Zeitrechnung und kein exaktes historisches Gefühl. Nur der unentwegte Fortschrittsglaube des vorigen Jahrhunderts, das sich selber an der Spitze aller Zeiten fühlte, konnte in dieser Tatsache geschichtliche Primitivität erblicken. Erst Oswald Spengler sah in dem «Mangel» lediglich eine charakteristische Anschauung, einen Begriff der Zeit bei den alten Völkern, der nur «anders» war als der unsere.

Wo keine Zeitrechnung ist, ist keine Geschichtsschreibung. Es gibt keine ägyptischen Historiker, es gibt nur unvollständige Annalen, Hinweise auf Vergangenes, in der Regel historisch kaum wahrheitsgetreuer als etwa unsere Sagen und Märchen. Man stelle sich vor, wir sollten den Versuch machen, eine datenmäßig einigermaßen einwandfreie Chronologie der abendländischen Geschichte aus den Inschriften an unseren öffentlichen Gebäuden, aus den Texten der Kirchenväter und den Märchen der Brüder Grimm zu gewinnen! Nahezu vor dieser Aufgabe standen die Archäologen, als sie die ersten Versuche unternahmen, den Ablauf der ägyptischen Geschichte datenmäßig zu rekonstruieren. Wir müssen kurz auf die Versuche einer Chronologie eingehen. Denn sie geben ein vortreffliches Beispiel dafür, mit welchem Scharfsinn unter Ausnutzung aller Anhaltspunkte der Archäologe den vier Jahrtausenden zu Leibe ging. Mit dem Ergebnis, daß wir heute viel genauer als etwa die Griechen (viel genauer als Herodot, der Ägypten vor fast zweieinhalb Jahrtausenden bereiste) über die ägyptischen Daten Bescheid wissen. (Wir gehen hier, um das Thema nicht noch einmal aufgreifen zu müssen, über die Erkenntnisse von Lepsius aus dem Jahre 1849 und die seiner Vorgänger hinaus.)

Obwohl also alle ägyptischen Quellen von vornherein mit Vorsicht zu betrachten waren, war es doch die Schrift eines ägyptischen Priesters, die die ersten Anhaltspunkte bot. Es war Manetho aus Sebennytos, der etwa dreihundert Jahre v. Chr. unter der Regierung der beiden ersten ptolemäischen Könige (also bald nach dem Tode Alexanders des Großen) in bereits griechischer Sprache eine Geschichte seines Landes schrieb, «Ägyptische Denkwürdigkeiten».

Sein Werk ist uns nicht einmal vollständig erhalten. Wir kennen es nur aus Abrissen und Auszügen von Julius Africanus, Eusebius und Josephus. Manetho teilte die lange Liste der ihm bekannten Pharaonen in dreißig «Dynastien» ein, eine Einteilung, die wir übernommen haben und auch heute noch anwenden, obwohl wir längst um Manethos Fehlerquellen wissen und ein moderner Historiker Ägyptens, der Amerikaner J. H. Breasted, Manethos Buch nur noch «eine Zusammenstellung kindischer Volksmärchen» nennt.

Bei so scharfem Urteil müssen wir bedenken, daß sich Manetho mangels jeden Vorgängers – und drei Jahrtausende vor sich – etwa in der Situation eines modernen griechischen Historikers befand, der heute, allein aus den nationalen Überlieferungen und Traditionen schöpfend, eine Geschichte Griechenlands vom Trojanischen Krieg an entwerfen soll. Manethos Liste war jahrzehntelang einziger Anhaltspunkt für die Archäologen. (Übrigens: Das Wort «Archäologie» ist nach wie vor der wissenschaftliche Dachbegriff für die Altertumswissenschaften; da die Reichhaltigkeit der ägyptischen Denkmäler und Inschriften aber bald ein Spezialstudium erforderte, spricht man seit Lepsius von der «Ägyptologie», genauso wie man sich neuerdings angewöhnt hat, von «Assyriologie» zu sprechen, wenn man das archäologische Studium des Zweistromlandes meint.) Wie sich die abendländischen Gelehrten im Laufe der Zeit von Manetho und seinen Zeitbestimmungen entfernt haben, zeigt folgende Liste, in der versucht wird, das Jahr anzugeben, in dem König Menes die erste Einigung Ägyptens vollzog, also das älteste dynastische Datum, mit dem die eigentliche Geschichte Ägyptens beginnt:

Champollion 5867 v. Chr., Lesueur 5770, Bökh 5702, Unger 5613, Mariette 5004, Brugsch 4455, Lauth 4157, Chabas 4000, Lepsius 3892, Bunsen 3623, Ed. Meyer 3180, Wilkinson 2320, Palmer 2225; in neuerer Zeit aber macht man wieder einen Schritt in die Vergangenheit zurück. Breasted datiert Menes 3400, der Deutsche Georg Steindorff 3200 und allerneueste Forschung 2900.

Es ist einleuchtend, daß alle Datierungen um so schwieriger wurden, je weiter man in die Vergangenheit zurückging. Zur neueren Geschichte (womit wir mit neuerer die des «Neuen Reiches» und der sogenannten «Spätzeit» meinen, die schon beendet war, als Cäsar an der Seite Cleopatras lag) ließen sich Vergleichsdaten aus der assyrisch-babylonischen, der persischen, hebräischen und griechischen Geschichte heranziehen. (1859 hatte Lepsius «Über einige Berührungspunkte der ägyptischen, griechischen und römischen Chronologie» geschrieben.)

Für die fernere Vergangenheit aber ergaben sich plötzlich neue Vergleichs- und damit Kontrollmöglichkeiten, als 1843 die sogenannte «Königstafel von Karnak» in die «Pariser Nationalbibliothek» geholt werden konnte, die eine Liste der ägyptischen Herrscher von der ältesten Zeit bis zur XVIII. Dynastie enthält. Und im «Ägyptischen Museum» von Kairo können wir heute die aus einem Grabe gewonnene «Königstafel von Sakkara» betrachten, die auf der einen Seite einen Hymnus auf Osiris, den Gott der Unterwelt, enthält und auf der anderen Seite das Gebet des Schreibers Tunri zu achtundfünfzig in zwei Reihen aufgezählten Königen, deren erster Miëbis, deren letzter Ramses der Große ist.

Berühmter aber und wichtiger noch für die Ägyptologie wurde die «Königsliste von Abydos». In einer Galerie des Sethos-Tempels sehen wir Sethos I. und, noch als Kronprinzen, Ramses II. Sie verehren – Sethos schwenkt ein Räuchergefäß – ihre Ahnen, deren nicht weniger als sechsundsiebzig in zwei Reihen namentlich aufgeführt sind. (Und die Mengen an Brot stehen dort, an Bier, Rindfleisch, Gänsefleisch, Weihrauch und anderen Dingen, die der Opferung dienen sollten und nicht vergessen werden dürfen.) Es war klar: Hier waren Vergleichsmöglichkeiten, hier ließ sich die Reihenfolge kontrollieren, aber hier waren noch keine datenmäßigen Festlegungen.

Doch man hatte, überall verstreut, Angaben über die Regierungsdauer einiger Könige, Angaben über die Dauer dieses oder jenes Feldzuges, über die Dauer eines Tempelbaues; und die sogenannte «Addierung der Minimallänge» der Regierungszeiten aller Könige gab der ägyptischen Geschichte das Skelett. Die ersten einwandfreien Datierungen aber ermöglichte etwas, das älter war als Ägypten, älter als die menschliche Geschichte, älter als der Mensch überhaupt: der Lauf der Gestirne.

«*Vierzig Jahrhunderte blicken auf euch herab!*»

Die Ägypter hatten einen Jahreskalender (von alters her benötigten sie ihn zur Vorausberechnung der Nilüberflutungen, an denen die Existenz des Landes hing), den einzigen einigermaßen brauchbaren Kalender des Altertums; nicht den ersten, wie wir später sehen werden, obwohl er bereits, nach den Feststellungen des Deutschen Ed. Meyer, 4241 v. Chr. eingeführt wurde. (Übrigens bot dieser Kalender die Grundlage für den 46 v. Chr. in Rom eingeführten «Julianischen Kalender», den das Abendland übernahm und erst im Jahre 1582 n. Chr. durch den «Gregorianischen» ersetzte.)

Die Archäologen wandten sich um Rat an Mathematiker und Astronomen. Sie lieferten ihnen alte Texte, übertragene Inschriften, sie lieferten, lesbar gemacht, jeden hieroglyphischen Hinweis auf Ereignisse des Himmels, auf den Lauf der Gestirne. Und nach Meldungen über den Aufgang des Sirius (am 1. Thout, das ist der 19. Juli, begann mit dem Siriusaufgang das ägyptische Neujahr) gelang es, den Beginn der XVII. Dynastie ziemlich genau auf das Jahr 1580 v. Chr. und ebenso den Anfang der XII. Dynastie für etwa das Jahr 2000 (mit einer möglichen Unsicherheit von nur drei oder vier Jahren) festzulegen.

Jetzt waren Fixierpunkte gegeben. Jetzt konnte man die Regierungsjahre, die von einer ganzen Anzahl von Königen bekannt waren, «einpassen». Jetzt stellte man fest, daß die Regierungsdauer, die Manetho für einige Dynastien angegeben hatte, ganz unsinnig hoch war (heute wissen wir: oft doppelt so hoch wie in Wirklichkeit). Und jetzt konnte man mit diesem Rückgrat der drei Jahrtausende, mit so gewonnener Chronologie (deren erste brauchbare Lepsius, der Ordner, geliefert hatte) darangehen, eine Geschichte Ägyptens zu entwerfen.

Für das bessere Verständnis der Zusammenhänge geben wir hier einen kurzen Überblick über die Geschichte des Nillandes (die beste Geschichte Ägyptens ist auch heute noch die des Amerikaners J. H. Breasted, «A History of Egypt»).

Die ägyptische Kultur ist eine Stromkultur. Als die ersten politischen Bindungen erfolgten, entstand im Delta das «Nordreich» und zwischen Memphis (Kairo) und dem ersten Katarakt des Nils das «Südreich».

Die eigentliche Geschichte Ägyptens beginnt mit der Einigung dieser beiden Reiche etwa 2900 v. Chr. unter König Menes, I. Dynastie.

Die Reihe der vielen nun folgenden Dynastien hat man des Überblicks halber zu größeren Gruppen zusammengefaßt, die man als «Reiche» bezeichnet. (Die Datierungen sind, besonders was die Frühzeit betrifft, auch heute noch ungenau und können im Anfang der ägyptischen Geschichte bis zu einem

Jahrhundert von der Wirklichkeit abweichen. Ich zitiere in Datum und Gliederung bis zum «Neuen Reich» Georg Steindorff [Anfangsdatum siehe Fußnote S. 410]. Dann wähle ich eine dem Zweck angepaßte übersichtliche Gliederung, folge aber in den dynastischen Daten weiterhin demselben Autor.)

DAS ALTE REICH (2900–2270 v. Chr.)

umfaßt die I. bis VI. Dynastie. Es ist die Zeit des ahnungsvollen Aufbruchs der Kultur, die sich ihre ersten Gesetze schafft, ihre Religion, ihre Schrift und ihre erste künstlerische Formensprache. Es ist die Zeit der Pyramidenbauer von Gizeh, der Könige Cheops, Chefren und Mykerinos, die alle der IV. Dynastie angehören.

Die erste Zwischenzeit (2270–2100 v. Chr.)

wird durch den katastrophalen Zusammenbruch des «Alten Reiches» eingeleitet und ist, bei Weiterbestehen eines Scheinkönigtums in Memphis, vielleicht als Übergangsepoche zu einem Feudalismus anzusehen. Die Zwischenzeit umfaßt die VII. bis X. Dynastie mit insgesamt mehr als dreißig Königen.

DAS MITTLERE REICH (2100–1700 v. Chr.)

wird in seiner Entwicklung von thebanischen Fürsten bestimmt, die die Könige in Herakleopolis stürzen und das Land wieder einigen. Es umfaßt die XI. bis XIII. Dynastie, ist als eine kulturelle Blütezeit anzusprechen und manifestierte sich unter vier Herrschern namens Amenemhet und drei namens Sesostris in zahlreichen hervorragenden Bauwerken.

Die zweite Zwischenzeit (1700–1555 v. Chr.)

steht unterm Zeichen der Hyksosherrschaft; XIV. bis XVI. Dynastie. Ein semitisches Volk, die Hyksos («Hirtenkönige»), fällt ins Nilland ein, erobert es, beherrscht es ein Jahrhundert lang, wird aber schließlich von thebanischen Fürsten (XVII. Dynastie) wieder aus dem Lande gejagt. (Früher nahm man an, daß mit dieser Vertreibung der Hyksos die biblische Sage vom Auszug der Kinder Israels aus Ägypten zusammenhängt. Diese These ist jetzt aufgegeben.)

DAS NEUE REICH (1555–1090 v. Chr.)

ist die Epoche politischer Großmacht, «cäsarischen» Pharaonentums, der XVIII. bis XX. Dynastie. Die Eroberungen Thutmosis' III. schaffen die

«*Vierzig Jahrhunderte blicken auf euch herab!*» 129

Verbindung nach Vorderasien, zwingen fremde Völker zum Tribut und lassen ungeheure Reichtümer ins Land fließen. Prachtbauten entstehen. Amenophis III. nimmt die Verbindung zu den Königen von Babylonien und Assyrien auf. Sein Nachfolger Amenophis IV. (seine Gemahlin ist Nofretete) ist der große religiöse Reformer, der an Stelle der alten Religion die Verehrung des Sonnengestirns einführt und sich von da an «Echnaton» nennt. Er gründet auf Wüstensand eine neue Hauptstadt: nach Theben entsteht Tell-el-Amarna. Doch die neue Religion überlebt den König nicht. In Bürgerkriegen bricht sie zusammen. Unter seinem Schwiegersohn Tut-ench-Amun wird die Residenz nach Theben zurückverlegt.

Die Höhe politischer Macht aber erreicht Ägypten unter den Herrschern der XIX. Dynastie. Ramses II., später der «Große» genannt, manifestiert in sechsundsechzigjähriger Regierungszeit seine Macht in monumentalen, besser gesagt, in kolossalen Bauwerken in Abu Simbel, Karnak, Luxor, im «Ramesseum», in Abydos, Memphis.

Auf seinen Tod folgt Anarchie. Ramses III. stellt in einundzwanzigjähriger Regierung Ruhe und Ordnung wieder her. Dann gerät Ägypten unter die Herrschaft der immer mächtiger gewordenen Amun-Priester.

Die dritte Zwischenzeit (1090–712 v. Chr.)
ist eine Folge von Aufstieg und Niedergang. Von den Königen der XXI. bis XXIV. Dynastie ist Sesonchis I. uns interessant als Eroberer von Jerusalem, der den Salomonischen Tempel plünderte. Unter der XXIV. Dynastie wurde ganz Ägypten zeitweilig äthiopischer Besitz.

Die Spätzeit (712–525 v. Chr.)
Unter der XXV. Dynastie wird Ägypten von den Assyrern unter Asarhaddon erobert. Die XXVI. Dynastie vermag noch einmal ein geeintes Ägypten herzustellen (doch ohne Äthiopien). Die Verbindung mit Griechenland belebt Verkehr, Handel und Geisteskultur. Der letzte der Dynastie, Psammetich III., wird von dem Perserkönig Kambyses bei Pelusium besiegt. Damit wird Ägypten persische Provinz. Die eigentliche ägyptische Geschichte, der Ablauf einer Kultur, ist mit dem Jahre 525 beendet.

DIE PERSISCHE HERRSCHAFT (525–332 v. Chr.)
ist unter Kambyses, Darius I. und Xerxes I. gefestigt, unter Darius II. verfällt sie. Die ägyptische Kultur lebt in dieser Zeit von den Traditionen; das Land ist «die Beute starker Völker».

Das Buch der Pyramiden

DIE GRIECHISCH-RÖMISCHE HERRSCHAFT
(332 v. Chr. bis 638 n. Chr.)

332 erobert Alexander der Große Ägypten und gründet Alexandrien, das zum Mittelpunkt griechisch-weltstädtischen Geistes wird. Das Alexanderreich zerfällt. Ptolemäus III. verleiht Ägypten noch einmal politische Macht. Die zwei Jahrhunderte bis zu Christi Geburt sind angefüllt mit dynastischen Streitigkeiten der Ptolemäer. Ägypten gerät immer mehr unter den Einfluß Roms. Unter den späteren Cäsaren wird der Anschein eines national-ägyptischen Staates aufrechterhalten, in Wirklichkeit ist Ägypten nichts anderes als römische Provinz, ausgebeutete Kolonie, Kornkammer des Römischen Reiches.

Das Christentum findet frühzeitig Eingang in Ägypten. Von 640 n. Chr. ab aber gerät es in völlige Abhängigkeit vom arabischen Kalifenreich, später vom Reich der Osmanen, und findet den Anschluß an die europäische Geschichte erst durch den Eroberungszug Napoleons.

IM Jahre 1850 bestieg Auguste Mariette, ein etwa dreißigjähriger französischer Archäologe, die Zitadelle von Kairo. Kaum in Ägypten gelandet, wollte er sofort den Blick über die Stadt genießen, der dem Fremden so dringlich empfohlen wird. Er blickte nicht auf eine Stadt, sondern in ein Reich; er hatte die Augen des wohlvorbereiteten Mannes, der über das Konditorenwerk der Minaretts hinweg in den Silhouetten der ungeheuren Monumente, die den Rand der westlichen Wüste säumten, allein die vergangenen Welten sah. Er war mit flüchtigem Auftrag gekommen; der Blick von der Zitadelle wurde ihm Schicksal.

Mariette, 1821 in Boulogne geboren, hatte sich frühzeitig mit ägyptologischen Studien befaßt. 1849 wurde er Assistent am Louvre-Museum zu Paris. Er erhielt den Auftrag, in Kairo Papyri anzukaufen. Er kam in Ägypten an, sah den Raubbau an den Altertümern, und bald interessierte ihn nicht mehr das Feilschen mit Antiquitätenhändlern, sondern die Tat, die helfen konnte. Helfen? – Mariette sah, daß Ägypten, ohne zu ahnen, was es tat, einen Ausverkauf in Antiquitäten veranstaltete. Wissenschaftler und Touristen, Ausgräber und alle, die aus irgendeinem Grunde ägyptischen Boden betraten, schienen von der Sucht befallen zu sein, «Antiquitäten zu sammeln», das heißt, die alten Bauwerke zu plündern und die Kostbarkeiten aus dem Lande zu schleppen. Und die Eingeborenen halfen. Die Arbeiter, die den Archäologen dienten, ließen alle kleinen Gegenstände verschwinden und verschleuderten sie an die Fremden, die so «närrisch» waren, dafür rundes Gold

«Vierzig Jahrhunderte blicken auf euch herab!»

zu geben. Und immer noch wurde dabei rücksichtslos zerstört; stets kam es mehr auf den materiellen Erfolg an als auf den wissenschaftlichen. Es waren, trotz Lepsius' Vorbild, wieder die Methoden im Schwange wie zu Belzonis Zeiten. Und Mariette, den alles dazu drängte, nur zu forschen und zu graben, erkannte, daß für die Zukunft der archäologischen Wissenschaft eins wichtiger war als alles andere: das Bewahren! Als er sich entschloß, für immer in Ägypten zu bleiben, wo allein er Schutz und Schirm gewähren konnte, träumte ihm nicht von seinen künftigen Erfolgen. Er ahnte nicht, daß ihm in wenigen Jahren der Aufbau des größten ägyptologischen Museums der Welt gelingen sollte.

Doch vor dem Bewahren und Hüten der Schätze stand auch bei Mariette, dem dritten der vier großen Ägyptologen des vorigen Jahrhunderts, die Entdeckung.

Er war noch nicht lange in Ägypten, als ihm etwas Merkwürdiges auffiel. In privaten Luxusgärten der Würdenträger ebenso wie vor neueren Tempeln, in Alexandrien sowohl wie in Kairo und Gizeh, fanden sich – genauso als Schmuckstücke zur Schau gestellt wie die antiken griechischen Statuen in den Prachtgärten der Renaissance-Fürsten – steinerne Sphinxe von ganz offensichtlicher Gleichartigkeit. Mariette war der erste, der die Frage stellte: Woher kamen sie? Von wo waren sie hergeschleppt?

Der Zufall spielt eine wichtige Rolle bei allen Entdeckungen. Als Mariette über das Trümmerfeld von Sakkara schritt, fand er angesichts der großen Stufenpyramide wiederum einen Sphinx. Nur der Kopf schaute noch aus dem Sand heraus. Mariette war keineswegs der erste, der ihn gesehen hatte. Aber er war der erste, der die Gleichartigkeit dieses Sphinx mit denen von Kairo und Alexandrien erkannte. Und als er eine Inschrift fand, die eine Anrede des Apis trug, des heiligen Stieres von Memphis, da assoziierte sich ihm Gelesenes, Gehörtes, Gesehenes zum Phantasiebild der geheimnisvollen, verschollenen Sphinxallee, von deren ehemaliger Existenz man wußte, deren Liegestatt aber niemand mehr ahnte. Er griff sich einige Araber, faßte selber den Spaten – und legte einhunderteinundvierzig Sphinxe frei!

Heute nennen wir den wesentlichen Teil der Gesamtanlage dessen, was sich dort bei Sakkara über und auch unter dem Sande befand, das «Serapeum» oder «Serapeion» nach dem Gotte Serapis. – Auch *unter* dem Sande? Die Sphinxallee verband zwei Tempel miteinander. Und als Mariette sie gefunden hatte (außer den wohlerhaltenen Sphinxen noch eine Unzahl von Fundamenten, deren «Löwenmenschen» gestohlen und verschleppt worden waren), als er sie befreit hatte vom ewig wehenden Sand, der sich auch heute längst wieder über das Serapeum gelegt hat, da hatte er gleichzeitig etwas anderes gefunden, was stets im Zusammenhang mit der Sphinxallee genannt worden war: die Gräber der heiligen Apis-Stiere! Es war eine Entdeckung, die uns in gewisse Kultformen der Ägypter einen tiefen Einblick gewährte; in die Art einer religiösen Verehrung, die uns fremd ist, unheimlich, und die schon den alten Griechen so fremd und unheimlich war, daß sie sie in ihren Reiseberichten als ungewöhnlich, absonderlich vermerkten.

Die Götter der Ägypter nahmen erst spät Menschengestalt an. Sie waren dem religiösen Bewußtsein der Alten inkarniert in Zeichen, Pflanzen und Tieren. Göttin Hathor lebte in einer Sykomore, Gott Nefertem als Lotosblume, Göttin Neith wurde als ein Schild verehrt, auf dem zwei Pfeile kreuzweise aufgenagelt waren. Vor allem aber sollte sich die Gottheit in Tiergestalt zeigen. Gott Chnum war ein Widder, Gott Horus ein Falke, Thout ein Ibis, Suchos ein Krokodil, die Göttin von Bubastis eine Katze, die von Buto eine Schlange.

Neben diesen Göttern in Tiergestalt aber wurde das Tier selbst verehrt, wenn es durch gewisse Merkmale gezeichnet war. Und das bekannteste, dem der pomphafteste Kult zuteil wurde, der jemals einem Tier auf dieser Erde zuteil geworden ist, war Apis, der heilige Stier von Memphis, den die Ägypter für den «Diener des Gottes Ptah» hielten.

Im Tempel selber war der Aufenthalt dieses heiligen Tieres. Priester pfleg-

Der Apis-Stier. Das weiße Dreieck auf seiner Stirn ist eins der Kennzeichen, die ihn vor allen anderen Stieren heiligsprachen.
Abbildung 18

Gott Ptah, der Schöpfer der Welt.
Abbildung 19

ten ihn. Starb er, so wurde er unter feierlichen Zeremonien einbalsamiert und bestattet, und ein neuer mit denselben Merkmalen nahm seine Stelle ein. Friedhöfe entstanden, des Andenkens von Göttern und Königen würdig. Die Katzengräber von Bubastis und Benihasan gehören zu diesen Tierfriedhöfen, die Krokodilgräber von Ombos, die Ibisgräber von Aschmunen, die Widdergräber von Elephantine. Es waren Kulte, die das ganze Land durchzogen, die im Lauf der ägyptischen Geschichte unzählige Verwandlungen durchmachten, ortsgebunden das eine Mal mächtig emporflackerten, dann wieder für Jahrhunderte versanken. (Und wen von uns das allzu sonderbar dünkt und vielleicht lächeln machen sollte, der möge sich vorzustellen versuchen, wie absurd alle Angehörigen fremder Kulturkreise etwa unseren Kult mit der Jungfrau von der Unbefleckten Empfängnis empfinden müssen.)

Mariette stand auf dem Friedhof der heiligen Apis-Stiere! Wie bei den Gräbern der Vornehmen erhob sich über dem Eingang eine Kapelle. Ein schräger Schacht führte hinab in die Grüfte, in denen seit den Zeiten des großen Ramses alle Apis-Stiere gemeinsam schlummerten. Ein hundert Meter langer Gang barg die Grabkammern. In Erweiterungsarbeiten, die bis in die Ptolemäerzeit gingen, wurden die Gänge bis auf dreihundertfünfzig Meter verlängert. Welch ein Kult!

Unterm flackernden Licht der Fackeln, Arbeiter hinter sich, die kaum zu flüstern wagten, schritt Mariette von Grabkammer zu Grabkammer. Die Steinsarkophage, in denen die Stiere ruhten, waren aus schwerem schwarzem und rotem Granit, jeder aus einem einzigen polierten Stück, mehr als drei Meter hoch, mehr als zwei Meter breit und nicht weniger als vier Meter lang. (Man hat das Gewicht dieser Blöcke auf je 65 000 Kilogramm berechnet!)

Von vielen der Sarkophage waren die Deckel zurückgeschoben. Mariette und seine Nachfolger fanden nur noch zwei, die unversehrt waren und Schmuckstücke enthielten. Die anderen waren ausgeplündert worden. Wann? Niemand weiß es. Von wem? Die Räuber sind namenlos – Räuber am Werke! Das war es, was alle Ägyptologen mit Leid und ohnmächtigem Zorn immer wieder entdecken sollten. Der ewig wandernde Sand, der Tempel und Grüfte und ganze Städte zudeckte, tilgte alle Spuren.

MARIETTE war in die dunklen Bezirke versunkener Kulte getaucht. Es sollte ihm beschieden sein (auf seine Grabungen und Forschungen in Edfu, Karnak und Der-el-Bahri können wir nicht näher eingehen), auch einen Blick in das reiche, farbige Alltagsleben der alten Ägypter tun zu dürfen.

Heute rastet der Tourist, emporgestiegen aus den Gräbern der Stiere, auf der Terrasse von «Mariettes Haus», zur Rechten die Stufenpyramide, zur Linken das Serapeum, schlürft arabischen Kaffee und läßt sich von redseligen Wächtern auf die Bilderwelt vorbereiten, die ihn nun erwartet.

Nicht weit vom Serapeum entfernt entdeckte Mariette das Grab des Hofbeamten und Großgrundbesitzers Ti. Wurde die letzte Hand an die Gräber der Stiere noch in der Ptolemäerzeit gelegt (in der dann allerdings die Arbeit so jäh unterbrochen wurde, daß ein schwarzer ungeheurer Granitsarkophag gleich hinter dem Eingang liegenblieb, ohne noch an Ort und Stelle geschafft zu werden), so war das Grab des reichen Ti uralt; es wurde bereits fertig, als sich, 2600 Jahre v. Chr., soeben die Könige Cheops, Chefren und Mykerinos ihre Pyramiden errichtet hatten. Dieses Grab, Stätte des Todes, zeugte in einer Anschaulichkeit für Lebendiges wie kein Denkmal zuvor. Mariette wußte längst genug von den Bestattungsarten der alten Ägypter, um auch in diesem Grabe neben Schmuck aller Art Gegenstände des täglichen Gebrauchs und reiches Bildwerk, erzählende Reliefs, zu erwarten. Was ihm aber hier von den Hallen und Korridoren entgegenleuchtete, übertraf alles, was man bis dahin an detaillierter Darstellung des täglichen Lebens gefunden hatte.

Der reiche Herr Ti hatte Wert darauf gelegt, alles, aber auch wirklich alles, was sich zu Lebzeiten an Handel und Wandel um ihn abspielte, auch im Tode um sich zu haben. Freilich, im Mittelpunkt aller Darstellungen steht er selber, der reiche Herr Ti, dreimal, viermal so groß wie die Sklaven und das niedere Volk, auch in den körperlichen Proportionen seine Macht und seine Bedeutung abhebend gegen die Minderen und Machtlosen.

Aber wir sehen in den sehr stilisierten, linearen, doch stets bis ins Detail gehenden Wandbildern und Reliefs nicht nur den Müßiggang der Reichen. Wir sehen: die Flachsbereitung, Schnitter beim Mähen, Eseltreiber, Dreschende, das Worfeln des Getreides; wir sehen eine Darstellung des gesamten Schiffbaues vor viereinhalb Jahrtausenden: das Behauen der Stämme, die Bearbeitung der Bretter, Handhabung von Dächsel, Handramme und Stemmeisen (was nur eine Werkzeugbezeichnung ist, denn das «Eisen» war Kupfer in diesen Zeiten). Wir erkennen die Handwerkszeuge mit aller Deutlichkeit und sehen, daß Säge, Beil und sogar Drillbohrer bekannt waren. Wir sehen Goldschmelzer und lernen, wie man damals Öfen mit hohen Temperaturen anblies; wir erblicken Bildhauer und Steinmetzen und sehen Lederarbeiter am Werke.

Wir sehen aber auch, und das immer wieder, welche Macht einem Beamten wie Herrn Ti gegeben war. Die Dorfschulzen werden ihm zur Abrechnung vor sein Haus getrieben, von Schergen über den Boden geschleift, roh und

Der große Herr Ti fährt durch die Papyrusdickichte.
Abbildung 20

wüst am Halse gewürgt. Wir sehen endlose Reihen von Bäuerinnen, die ihm Gaben bringen, von Dienern, die Opfertiere herbeischleppen und schlachten (und so ins einzelne gehen die Bilder, daß wir erkennen, mit welchem Trick der Schlächter vor fünfundvierzig Jahrhunderten den Ochsen zu Fall brachte). Und wir blicken in Herrn Tis Privatleben wie durch ein Fenster seiner Wohnung: Herr Ti bei Tische, Herr Ti mit seiner Frau, mit seiner

Familie. Herr Ti auf dem Vogelfang, Herr Ti mit Familie im Delta auf Reisen, Herr Ti – und das ist eines der schönsten Reliefs – auf der Fahrt in den Papyrusdickichten.

Aufrecht stehend gleitet er im Boot dahin, gequälte Ruderer ducken sich in die Riemen. Oben durchs Dickicht schwirren die Vögel. Das Wasser unter ihm wimmelt von Fischen und vom Getier des Nils. Ein Boot fährt voraus. Die Bemannung schleudert Harpunen in die Nacken von Flußpferden, von denen eins ein Krokodil zerbeißt. Eine Darstellung, die, bei aller Geschlossenheit der Komposition, bei aller Klarheit und Sicherheit der Linienführung, für uns Heutige durchaus das Unheimliche birgt; Herr Ti fährt nicht nur durchs Dickicht der Papyrusstauden, er fährt durch alle Dickichte der Welt.

Der für die Zeit Mariettes unschätzbare Wert dieser Darstellungen lag kaum im Künstlerischen. Er lag darin, daß hier Darstellungen gegeben waren, die uns intimste Einzelheiten des täglichen Lebens der alten Ägypter verrieten; die uns nicht nur zeigten, was sie taten, sondern wie sie es taten. Diese Einsichten (die uns nicht nur das Grab des Ti gewährt, sondern daneben das des Ptahhotep, eines hohen Staatsbeamten, und ebenso das vierzig Jahre später entdeckte Grab des Mereruka – alle nahe beim Serapeum) in eine zwar sorgfältig ausgearbeitete, doch in den technischen Mitteln noch unendlich primitive Art, die materiellen Schwierigkeiten des Lebens zu überwinden (Sklavenkraft war alles), lassen die Leistung jener Menschen, die die Pyramiden erbauten, um so großartiger erscheinen, aber für die Zeit Mariettes um so rätselhafter. (Noch Jahrzehnte nach Mariette geisterten durch Presse und Fachbücher und Reiseberichte die phantastischen Vermutungen darüber, mit welchen geheimen Mitteln die Ägypter ihre zyklopenhaften Bauten aufgeführt haben mögen. Dies Geheimnis, das kein Geheimnis war, sollte im Prinzip von einem Manne gelöst werden, der, als Mariette am Serapeum grub, gerade bei London geboren wurde.)

ACHT Jahre, nachdem Mariette von der Zitadelle von Kairo den ersten Blick auf das alte Ägypten getan, nach acht Jahren, in denen er während all seiner Ausgrabungen auf Schritt und Tritt dem großen Ausverkauf der ägyptischen Antiquitäten ohnmächtig hatte zusehen müssen, hatte er, der ins Nilland gekommen war, um einige Papyri zu kaufen, erreicht, was ihm als wesentliche Aufgabe vorgeschwebt hatte: Er gründete in Bulak das «Ägyptische Museum», und er wurde wenig später vom Vizekönig zum Direktor der Ägyptischen Altertümerverwaltung und obersten Aufseher aller Ausgrabungen gemacht.

«Vierzig Jahrhunderte blicken auf euch herab!»

Das Museum wurde 1891 nach Gizeh verlegt und fand 1902 sein endgültiges Haus in Kairo, unweit der großen Nilbrücke, von Dourgnon, in einem antikisierenden Stil erbaut, wie man ihn um die Jahrhundertwende nicht besser zu finden wußte. Das Museum war nicht nur Sammlung, es war auch Kontrollstation. Was von nun an in Ägypten entdeckt, zufällig gefunden oder planvoll ausgegraben wurde, gehörte dem Museum bis auf die Stücke, die den ernsthaften Ausgräbern, Archäologen und Wissenschaftlern aller Art als Ehrengeschenk überlassen wurden. Damit stoppte Mariette den Ausverkauf, den Raubbau in Antiquitäten, und bewahrte, ein Franzose, für Ägypten, was Ägypten von Rechts wegen gehörte. Und das dankbare Ägypten errichtete ihm im Vorgarten seines Museums ein Standbild, überführte nach seinem Tode den Leichnam und setzte ihn in einem Marmorsarkophag bei. –

Sein Werk wuchs. Unter seinen Nachfolgern, den Direktoren Grébaut, de Morgan, Loret und besonders Gaston Maspero, wurden alljährlich archäologische Unternehmungen veranstaltet. Unter Maspero wurde das Museum in einen aufsehenerregenden Kriminalfall verwickelt. Aber das gehört zum Kapitel um die Königsgräber. Vorher müssen wir in einem eigenen Kapitel des Mannes gedenken, der der vierte ist in der Reihe der großen, die Grundlagen schaffenden Ägyptologen, eines Engländers, der nach Ägypten kam, als Mariette sich schon zum Sterben bereitete.

13. KAPITEL

PETRIE UND DAS GRAB DES AMENEMHET

Es ist erstaunlich, in welcher Fülle sich augenblicklich gerade in der Archäologie die Frühbegabungen hervorgetan haben. Schliemann spricht als kaufmännischer Lehrling ein halbes Dutzend Sprachen, Champollion äußert sich als Zwölfjähriger zu politischen Fragen, Rich erregt bereits im neunten Lebensjahr Aufsehen. Und von William Matthew Flinders Petrie, der der große Messer und Deuter unter den Archäologen werden sollte, behauptet eine biographische Zeitungsnotiz, daß er bereits als Zehnjähriger außerordentliches Interesse an ägyptischer Spatenforschung gezeigt habe und schon damals den Satz prägte, der durch sein Leben hindurch Leitwort für ihn wurde: daß man nämlich, Ehrfurcht und Erkenntnisdrang ins rechte Verhältnis setzend, die ägyptische Erde Körnchen für Körnchen «abschaben» müßte, um nicht nur zu sehen, was sie in ihren Tiefen berge, sondern um auch zu erkennen, wie das Verborgene einst unterm Licht gelagert war. Diese Notiz (die hier der Kuriosität halber angeführt wird und nicht nachgeprüft werden konnte) erschien in London im Jahre 1892, als Flinders Petrie zum Professor am «University College» ernannt worden war (dies übrigens, mit neununddreißig Jahren, keineswegs besonders früh).

Fest steht, daß er bereits in jüngsten Jahren mit seinem Interesse für Altertümer eine Reihe von Neigungen verband, die bis dahin selten in solcher Verbindung aufgetreten waren und ihm später speziellen Nutzen bringen sollten. Er experimentierte in Naturwissenschaften, er interessierte sich mehr als dilettantisch für Chemie und trieb geradezu einen Kult mit dem, was die Grundlagen der exakten Wissenschaften seit Galilei ausmachte, mit der messenden Mathematik. Zu gleicher Zeit trabte er durch die Londoner Antiquitätengeschäfte, prüfte das Erarbeitete am Objekt und klagte, ein Schüler noch, daß es auf dem Gebiet der Archäologie, speziell der Ägyptologie, noch durchaus an den grundlegenden Arbeiten fehle.

Was der Schüler vermißte, schuf der Mann. Seine wissenschaftlichen Publikationen umfassen neunzig Bände. Seine dreibändige «Geschichte Ägyptens» (1894–1905) ist der von außerordentlicher Forschungsfülle getragene Vorläufer aller späteren Arbeiten. Sein großer Bericht «Zehn Jahre Ausgräbertätigkeit in Ägypten 1881–1891» (erschienen 1892) ist noch heute erregend zu lesen.

Petrie, am 3. Juni 1853 bei London geboren, begann als Altertumsforscher in England und berichtete zuerst über Stonehenge, die neolithische Siedlung. Aber bereits 1880 ging er nach Ägypten, ein Siebenundzwanzigjähriger. Mit Unterbrechungen grub er sechsundvierzig Jahre lang, bis 1926.

Er findet die griechische Pflanzstadt Naukratis. Er gräbt aus den Schutthügeln von Nebesche einen Ramses-Tempel. Bei Kantara (einst führte dort die große Heerstraße von Ägypten nach Syrien, heute landen dort auf großem Platze Flugzeuge) «schabt» er aus den «Hügeln der Totengräber» ein Söldnerlager Psammetichs I. und identifiziert die Stätte mit dem griechischen Daphnae und dem biblischen Tachpanches. Schließlich steht er, wo zweihundert Jahre vor ihm, 1672, als erster aufmerksamer Abendländer der Gelehrte Vansleb, Pater aus Erfurt, schon stand: vor den Resten der zwei kolossalen Sandsteinstatuen des Königs Amenophis III., die schon Herodot erwähnt.

(«Memnonssäulen» hießen sie bei den alten Griechen. Wenn die Mutter Eos über den Horizont stieg, seufzte und klagte der Sohn Memnon mit einem Ton, der nicht menschlich war und dennoch zu Herzen aller ging, die ihn hörten. Strabo und Pausanias berichteten darüber. Viel später noch wartete Hadrian [130 n. Chr.] mit seiner Gattin Sabina auf die Klage des Memnon; sie wurden reich belohnt mit einem Tönen, das sie ergriff wie nichts zuvor. Septimius Severus ließ dann den oberen Teil der Statuen mit Sandsteinblöcken «wiederherstellen» – und der Klang verschwand. Noch heute haben wir keine einwandfreie wissenschaftliche Erklärung für das Entstehen des Tons, an dem nicht gezweifelt werden kann.)

Hier nagte der Wind der Jahrhunderte. Vansleb sah noch den unteren Teil wenigstens der einen Statue. Petrie steht nur noch vor Trümmern, kann nur noch schätzen und veranschlagt die Höhe jeder der einst dort thronenden Königsgestalten auf zwölf Meter. (Beim südlichen Koloß ist die Länge des Mittelfingers an einer Hand 1,38 Meter.)

Und schließlich findet Petrie, nicht weit davon, den Eingang zum Grab der Pyramide von Hauwara und damit das verschollene Grabmal des Amenemhet und seiner Tochter Ptah-nofru. Und dieser Fund endlich ist wert, auch heute noch genau erzählt zu werden. –

Eine vollständige Aufzählung seiner Grabungen kann hier nicht erfolgen und erübrigt sich in einem Buche, das keine Petrie-Biographie ist. Er grub sein ganzes Leben hindurch. Er spezialisierte sich nicht wie Evans, der ein Vierteljahrhundert allein dem Studium des Palastes von Knossos widmete.

Er «schabte» tatsächlich ganz Ägypten ab, und er spazierte dabei durch drei Jahrtausende. Und er wurde, und das ist typisch für ihn, besonders Sachkenner des Kleinsten und Intimsten, was die Ägypter zu bieten hatten, der Keramik und gesamten Kleinplastik (er wirkte bahnbrechend, als er als erster die Kleinkunst zu zeitlichen Bestimmungen heranzog), und gleichzeitig des Größten und Erhabensten, was sie bis in unsere Zeit zurückließen, der ungeheuren, ragenden Todesmäler, der Pyramiden!

DER Leser, in den letzten Abschnitten mehr mit Geschichte als mit Geschichten, mehr mit Aufzählungen als mit Erlebnissen bekannt gemacht, mag ungeduldig geworden sein. Ich hoffe, er wird in den nächsten Kapiteln entschädigt werden.

Im Jahre 1880 erschien ein merkwürdiger Europäer auf dem Pyramidenfeld von Gizeh. Nach Untersuchung des Geländes fand er ein verlassenes Grab, das irgend jemand vor ihm bereits mit einer Tür versehen hatte – vielleicht hatte er es als Magazin benutzt. Der merkwürdige Mann teilte seinem Gepäckträger mit, daß er in diesem Grabe zu wohnen gedenke. Am nächsten Tage war er eingerichtet. Auf einer Kiste blakte eine Lampe, in der Ecke bullerte ein Kochherd. William Flinders Petrie war zu Hause. Und am Abend, zur Zeit der blauen Schatten, kroch ein splitternackter Engländer über die Trümmer am Fuß der Großen Pyramide, gewann den Eingang und tauchte, ein Gespenst in toten Räumen, ins brutheiße Grabmal. Nach Mitternacht kletterte er wieder empor; mit brennenden Augen, von Kopfschmerzen geplagt, schweißüberströmt, ein Mann, entlassen aus dem feurigen Ofen – so hockte er vor seiner Kiste und kopierte die Notizen, die er in der Pyramide gemacht, die Messungen, die Längs- und Querschnitte, die Ganggefälle und Winkelmaße – und bereits die ersten Hypothesen. – Hypothesen, wovon? Gab es Geheimnisse um die Pyramide, die vor aller Augen offen dalag seit Jahrtausenden? Herodot schon hatte sie bewundert (während er den Sphinx nicht erwähnte), und die Alten hatten sie eins der sieben Weltwunder genannt. Wunder – das ist das Unerklärliche. Mußte nicht dem Menschen des 19. Jahrhunderts, des technisierten, rationalisierten, mechanisierten Zeitalters, bar des Glaubens und ohne Sinn für die Erhabenheit materieller Zwecklosigkeit, allein die Existenz der Pyramiden staunende Fragen aufgeben?

Man wußte, daß die Pyramiden Gräber waren, riesige Sarkophag-Häuser. Aber was um Himmels willen hatte die Pharaonen veranlaßt, in Verhältnissen zu bauen, die in der Welt nicht ihresgleichen hatten? (So glaubte man damals. Heute kennt man Mittelamerika und weiß, daß im Tolteken-

Dschungel ähnliches geschah.) Was hatte sie gezwungen, aus ihrem Grabmal eine Festung zu machen, mit verborgenen Zugängen, mit blinden Türen, mit Sackschächten, die vor Granitblöcken jäh endeten? Was hatte den Cheops veranlaßt, einen Berg über seinen Sarkophag zu türmen? Zweieinhalb Millionen Kubikmeter Kalkstein? Der Engländer, der Nacht für Nacht, halbblind, atemschnappend in der ausgetrockneten Luft der halbverschütteten Gänge arbeitete, war entschlossen, die Rätsel der Pyramide mit den wissenschaftlichen Methoden seines Jahrhunderts zu lösen, die Geheimnisse ihrer Herstellung und Bauweise, alles, was als Frage in dem auftauchte, der sie sah. Viele dieser Ergebnisse sind inzwischen bestätigt worden, viele auch widerlegt von neuer Forschung. Wenn wir jetzt über die Pyramiden sprechen, so benutzen wir nicht nur das, was einst Petrie entdeckte. Wenn wir Zahlen geben, so sind es die modernerer Forschung. Aber wenn wir uns auf die Spur jener setzen, die die Arbeit der Pharaonen ad absurdum führten, auf die Spur der Räuber, so werden wir uns wieder Petrie als Führer wählen.

Vor mehr als viereinhalb Jahrtausenden: Vom Nil herauf wälzte sich ein breiter Strom nackter Sklaven, hellhäutige und schwarze, plattnasige und wulstlippige und geschorene. Stinkend nach schlechtem Öl und Schweiß, nach Rettich, Zwiebeln und Knoblauch (Geld im Werte von sieben Millionen Mark wurde nach Herodot allein für die Nahrung an die Arbeiter der Cheopspyramide gezahlt), johlend und seufzend unter den Peitschenhieben der Aufseher, zogen sie über die polierten Platten der Granitstraße, die sich vom Nil herauf bis zum Bauplatz erstreckte, stöhnten unter der Last schulterschneidender Stricke und zerrten die riesigen, auf Walzen langsam rollenden Schlitten herbei, beladen mit den Steinen, von denen jeder mehr als einen Kubikmeter Rauminhalt hatte. Unter ihrem Geschrei, ihrem Gestöhn, ihrem Sterben wuchs die Pyramide. Sie wuchs zwanzig Jahre lang. Jedesmal, wenn der Nil seine Schlammfluten über die Ufer warf, wenn alle Feldarbeit ruhte, wurden die Hunderttausend zusammengetrieben für Cheops, zum Bau des Grabmals, das «Echet Chufu» hieß, «Horizont des Cheops»!

Die Pyramide wuchs. 2 300 000 Steinblöcke wurden herangeschafft und aufeinandergetürmt durch Menschenkraft. Länger als 230 Meter war jede der vier Seiten. Höher als 146 Meter ragte schließlich die Spitze empor. Das Grab des einen Pharao ist fast so hoch wie der Kölner Dom, höher als der Stephansdom in Wien, weit höher als St. Peter zu Rom, die samt der Londoner St.-Pauls-Kathedrale sich bequem im Grab des Ägypters unterbringen ließe. Das gesamte Mauerwerk, gebrochen aus dem Felsen und Kalkstein diesseits und jenseits des Nils, umfaßt 2 521 000 Kubikmeter, aufgetürmt auf einer Grundfläche von fast 54 300 Quadratmetern. –

Heute fährt man mit der Straßenbahn Linie 14 bis nahe ans Pyramidenfeld, empfangen von schreienden Dragomanen, Eseltreibern und Kamelhütern, die Bakschisch fordern. Das Stöhnen der Sklaven ist erloschen, das Pfeifen der Peitschen vom Nilwind verschluckt, der Geruch des Schweißes verweht. Was blieb, ist das ungeheure Werk. Eins? Viele – denn steigt man heute auf die Cheopspyramide (die die höchste und größte ist), schaut man südwärts (links liegt der Sphinx, rechts die zweite und dritte Pyramide, die des Chefren und des Mykerinos), so erhebt sich in der Ferne eine weitere Gruppe riesenhafter Pharaonenmäler, die Pyramiden von Abusir, Sakkara und Dahschur. Von vielen anderen zeugen nur noch die Ruinen. Die Pyramide von Abu Roasch ist abgetragen, so daß man von oben in die Grabkammer blicken kann, die einst verborgen war unter tausend Tonnen schweren Gesteins. Die Pyramide von Hauwara (in deren verschlammten Gängen Petrie 1889 den Spuren der Räuber folgte) und die von Illahun, um Felsenkerne herum aus ungebrannten Nilziegeln errichtet, sind verwittert. Und die «falsche Pyramide» («el Haram el-Kaddab» – weil sie den Arabern so völlig verschieden von allen anderen Pyramiden erschien) bei Medum bot die besten Angriffspunkte für Zerstörung, für Wetter und wehenden Sand, denn sie ist nie vollendet worden – und ragt dennoch vierzig Meter hoch empor. Pyramiden von den ältesten Zeiten bis zur Ära der äthiopischen Herrscher von Meroë – einundvierzig Pyramiden bilden allein die nördliche Gruppe des Feldes von Meroë und bergen vierunddreißig Könige, fünf Königinnen, zwei Kronprinzen! Pyramiden – erbaut unter Blut, Schweiß und Tränen. Grabmäler für einzelne, die Einzige waren und ihren Namen für Ewigkeiten von immer wieder anderen hunderttausend Namenlosen steinern gegen den Himmel schreiben ließen! Nur zum Ruhm? Nur aus monumentalem Willen zu steinerner Manifestation? Nur aus der Hybris der Mächtigen, die das Maß der Sterblichen verloren hatten?

DER Sinn des Pyramidenbaus ist nur aus der besonderen Art des religiösen Glaubens der Ägypter zu erfassen. Nicht aus ihrem Götterglauben – die Zahl der Götter ist unübersehbar; nicht aus ihrer Priesterweisheit – Riten und Dogmen haben Formwandlungen erlitten wie die Tempel des «Alten», «Mittleren» und «Neuen Reiches»; sondern aus der religiösen Grundvorstellung, daß der Weg des Menschen kontinuierlich über seinen leiblichen Tod hinaus weiterführe bis in alle Ewigkeit; daß das «Jenseits» das «Gegenland» von Himmel und Erde sei, bevölkert von den Verstorbenen, wenn ihnen – und das ist hier das wichtige – die rechten Bedingungen der Existenz mitgegeben werden konnten. Zu dieser rechten Existenz gehörte schlechterdings alles, was die Existenz des Lebenden begleitet hatte. Es gehörte das feste Haus dazu und die Nahrung, um Hunger und Durst zu stillen; die Dienerschaft, Sklaven und Beamte; alle Bedarfsgegenstände des täglichen Lebens. Vor allem aber war notwendig: Erhaltung des Körpers, völlig sicherer Schutz vor jedem verderblichen Einfluß. Nur dann war es möglich, daß die nach dem Tode frei umherflatternde «Seele» (ägyptisch «baj») den Körper, zu dem sie gehörte, wiederzufinden vermochte, ebenso wie sein Schutzgeist, der «Ka», die Personifikation seiner Lebenskraft, die mit ihm geboren wurde, aber nicht mit dem Tode des Leibes verging, sondern weiterlebte, um dem Verstorbenen im Jenseits die nötige Kraft zu gewähren – im Jenseits, wo das Getreide sieben Ellen hoch wächst, aber dennoch bestellt sein will.

Diese Vorstellung war es, die zweierlei bewirkte: die Mumifizierung der toten Körper (die wir auch bei den Inkas, den Maoris, Jivaros und anderen kennen, aber nicht im entferntesten so ausgebildet) und den festungsartigen Gräberbau. Denn jede Pyramide war eine Festung allein zum Schutz der innen verborgenen Mumie, doppelt, fünffach, zehnfach gesichert gegen jeden Feind, gegen Frevel und Ruhestörung.

Tausende von Lebenden wurden in der Fron geopfert, um dem einen Toten die ewige Sicherheit und das ewige Leben zu geben. Ein Pharao, der zehn, fünfzehn, zwanzig Jahre an seinem Grabe bauen ließ, ruinierte die Volkskraft, verschuldete nicht nur sich, sondern seine Kinder und Kindeskinder. Er schwächte die Finanzen des Reiches noch nach seinem Tode, denn sein Ka forderte ständige Opfer, ständigen Priesterdienst – ein vorsorglicher Pharao verschrieb die Einkünfte von nicht weniger als zwölf Dörfern vorweg allein den Priestern, die die Opferung für seinen Ka zelebrieren sollten.

Die Macht des Glaubens übertönte die Stimme jeder politischen und moralischen Vernunft. Das Werk der Pharaonen ist – und nur das ihre, denn der minder Mächtige begnügte sich mit der Mastaba, der Mann des Volks mit dem Grab im Sand – die Frucht grenzenlos übersteigerter Egozentrik, die ein Denken in der Gemeinschaft nicht kannte. Die Pyramiden dienten nicht wie die ungeheuren Bauwerke der Christenheit, die Kathedralen und Dome, in erster Linie frommer Gemeinde; nicht wie die Babylonischen Türme, die Ziggurahs, waren sie an erster Stelle Sitz der Götter und Heiligtum für alle. Sie dienten in der Hauptsache nur ihm, dem Pharao; nur seinem toten Leibe, nur seiner Seele, seinem Ka.

Ägyptische Götter. Links: Ra, die Sonne. Mitte: Osiris, der Todesgott. Rechts: Isis, die Gemahlin des Osiris, Göttin der Natur.
Abbildung 21

Aber eins ist keine Frage: Die Größe der Mäler, die die Könige der IV. Dynastie vor siebenundvierzig Jahrhunderten errichteten, überschreitet das Maß, das Glaube, Religion und Sicherheit vorschrieben. Später sehen wir, daß sehr bald der Pyramidenbau solcher Größenordnung nachließ und schließlich erlosch; und zwar zu einer Zeit, da Könige regierten, die nicht minder absolute Herrscher waren als Cheops, Chefren und Mykerinos, ja, die gottähnlicher waren als die früheren Herrscher und die wie Sethos I. und Ramses II. durch noch größere Kluft getrennt waren von der fronenden Masse.

Der eine, allzu materialistische Grund, als daß er ausreichen könnte zur Erklärung für das Aufhören des großen Pyramidenbaues, liegt darin, daß die Kühnheit der Grabräuber wuchs, ja, daß sich in gewissen Dörfern die Räuberei durch Jahrhunderte hindurch als Erwerbszweig ausbildete: soziale Kompensation der ewig Hungrigen gegen die ewig Vollen. (Von diesen Räubern, die die Geschichte der Gräber zu einem Pitaval machten, werden wir noch hören.) Die Sicherheit der toten Leiber war in den Pyramiden nicht mehr gewährleistet, und diese Entwicklung erzwang neue, völlig andere Schutzmaßnahmen und damit andere Grabbauten.

Der andere Grund aber wird höchstwahrscheinlich nur durch die morphologische Geschichtsbetrachtung geliefert, die die Kulturen nebeneinander sieht, in analogem Aufstieg und analogem Verfall, und nach dem Erwachen

10 · Howard Carter öffnet die Tür des zweiten vergoldeten Schreins, in dem er den Sarg des Tut-ench-Amun vermutet. Sein Blick fällt auf einen dritten vergoldeten Schrein ...

11 · Howard Carter rollt das Bahrtuch ab, das den zweiten Sarg des Tut-ench-Amun bedeckt

12 · Der zweite Sarg liegt bereits frei – deutlich ist zu erkennen, wie eng er in den ersten (äußeren) eingeschachtelt ist

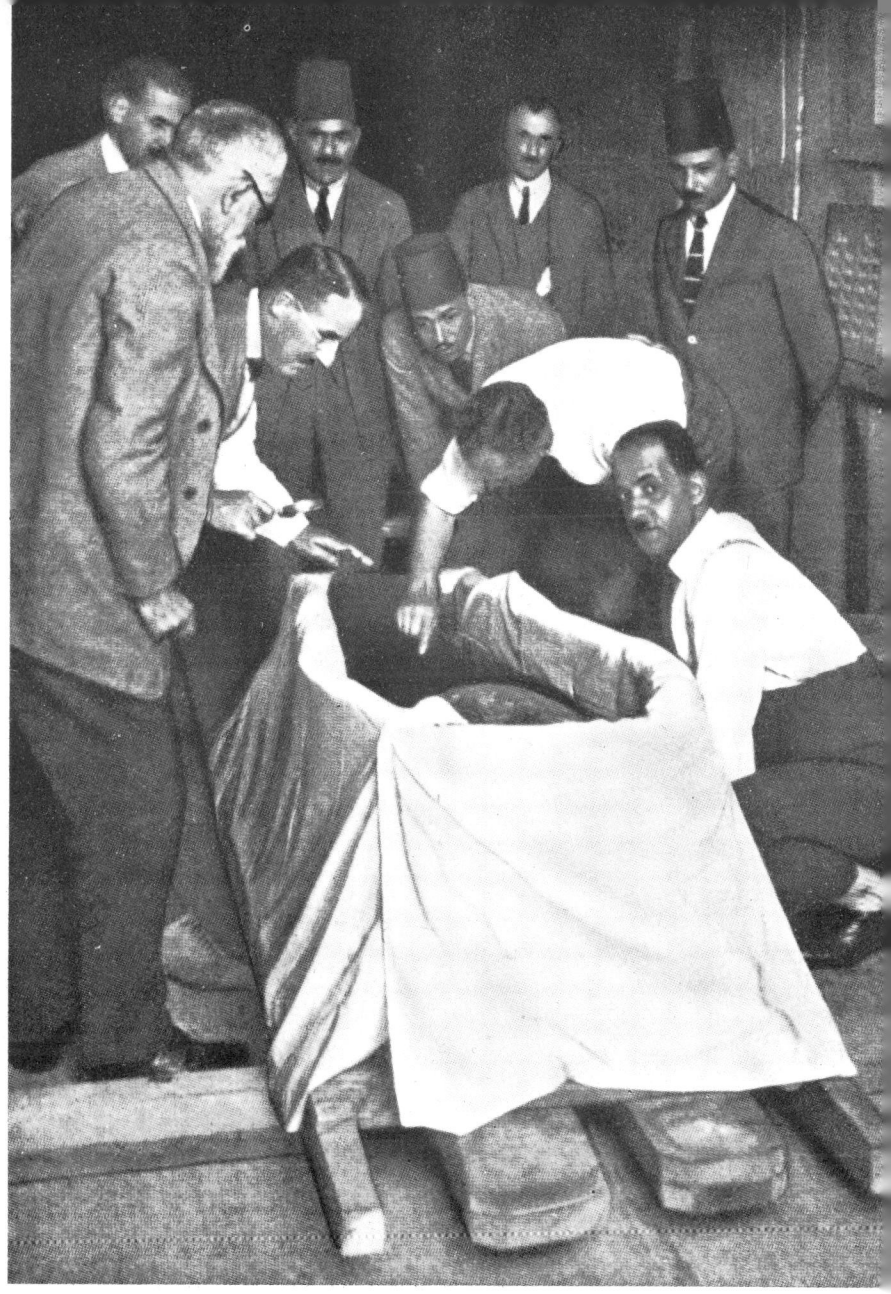

13 · Im Beisein einer wissenschaftlichen Kommission macht der Anatom Dr. Derry den ersten Schnitt in die Umhüllung der Mumie des Tut-ench-Amun

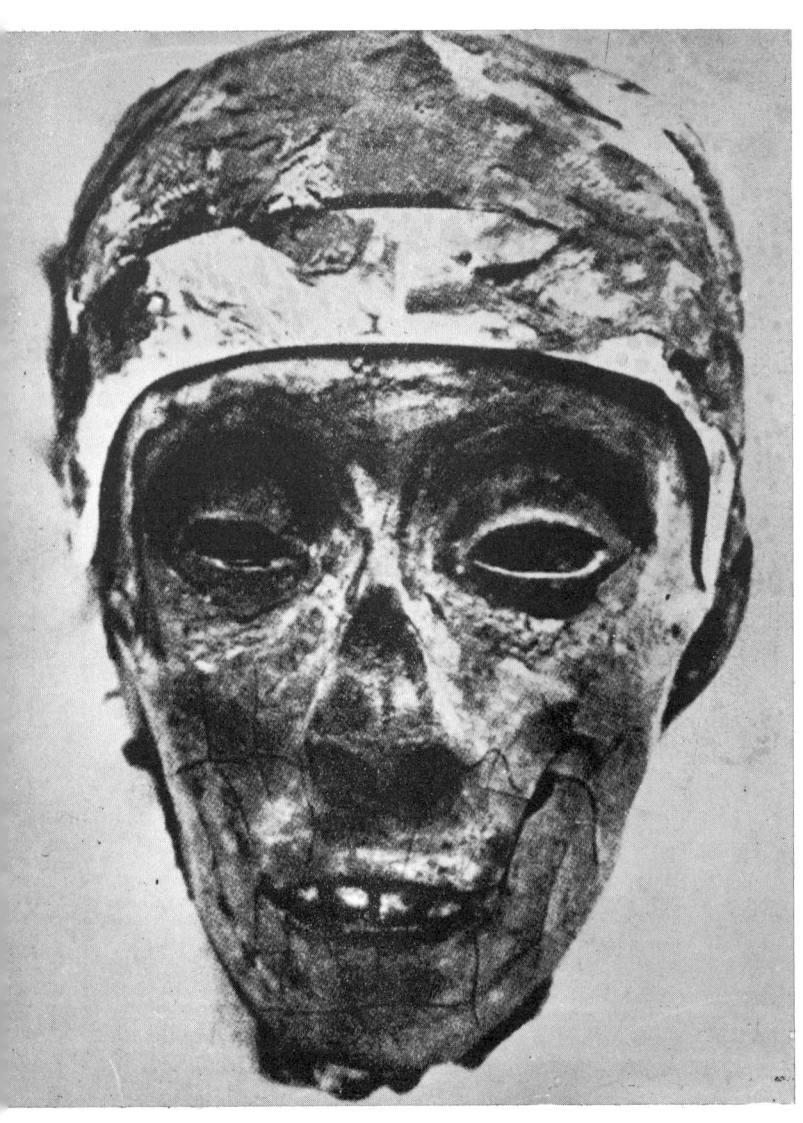

14 · Der Kopf des Tut-ench-Amun

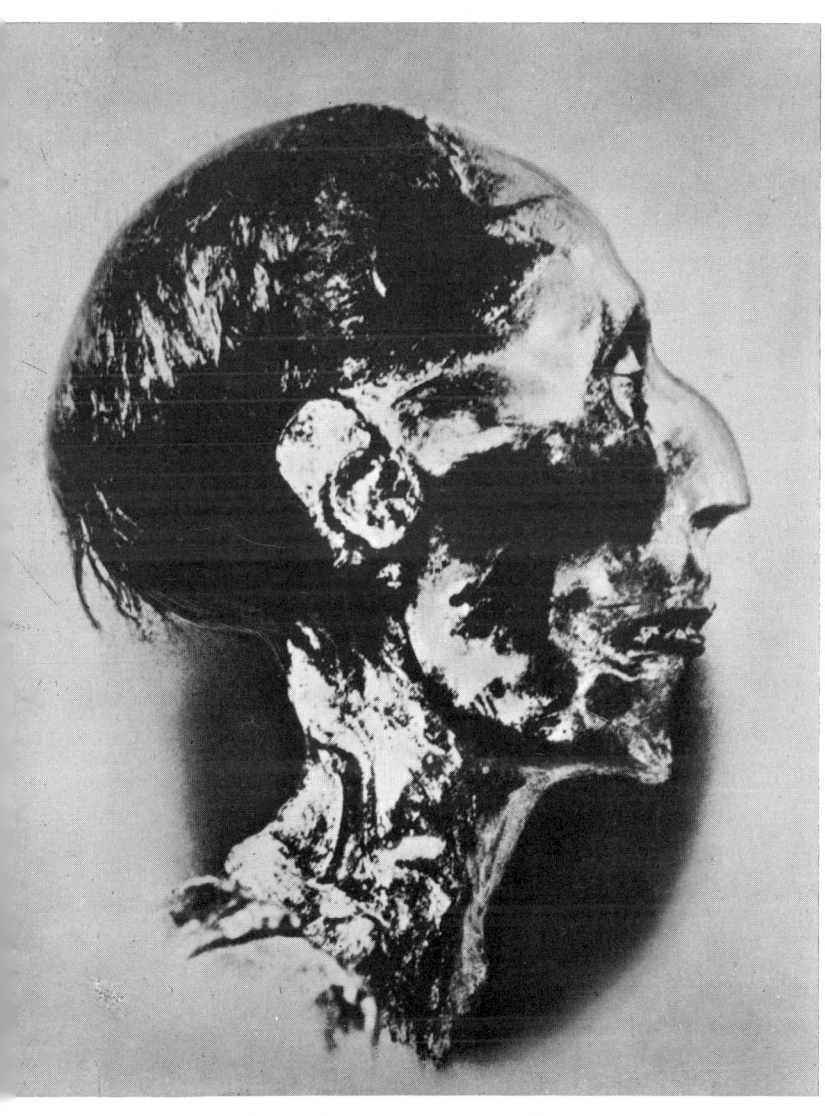

15 · Der Kopf der Mumie Ramses' II., später «der Große» genannt

16 · Rekonstruktion der Prozessionsstraße Nebukadnezars II. von Babylon unter Verwendung originaler Teile

17 · *Urkundenstein. Nach begründeter Ansicht zeigt er links den babylonischen König Marduk-apal-iddin, der einen Magnaten mit Ländereien belehnt. Auf der Leiste über den Gestalten sind vier Göttersymbole dargestellt*

18 · Die Stele des Naram-Sin, eines babylonischen Königs, der wahrscheinlich fünfundfünfzig Jahre regierte und der Dynastie von Agade angehörte (um 2630 bis 2470 v. Chr.). Die Stele ist 1899 in Susa ausgegraben worden; sie ist etwa zwei Meter hoch. Sie zeigt den König beim Sieg über aufständische Bergvölker, vor allem die Lulubu. Es lohnt sich, solche alten Bildwerke genau zu betrachten; wer es vermag, gewinnt «Geschichten» in der «Geschichte»

Petrie und das Grab des Amenemhet

einer Kulturseele stets die Neigung zur himmelstürmenden Monumentalität registriert. Und damit besteht trotz aller Verschiedenheit doch ein Zusammenhang zwischen babylonischer Ziggurah, romanisch-gotischem Kirchenbau des Abendlandes und den Pyramiden Ägyptens. Denn sie alle stehen am Anfang einer Kultur, in dem mit barbarischer Kraft das Ungeheure getürmt wird. (Denken wir daran, daß die frühen gotischen Kathedralen so groß gebaut wurden, daß die gesamte Bewohnerschaft der Stadt, die sie baute, sie nicht zu füllen vermochte.) Mit einer Kraft, die keine Hindernisse anerkennt, die aus dem Dunkel des Bewußtseins plötzlich die Rechenkünste notwendiger Statik gebiert, aus mühsamem Begreifen der Natur die ersten Gesetze notwendiger Mechanik!

Das 19. Jahrhundert, das Zeitalter des technischen Fortschritts, wollte nicht glauben, daß dies möglich gewesen sei. Der abendländische Techniker konnte nicht zugeben, daß solche Bauwerke ohne «Maschinen» entstehen konnten, ohne Flaschenzüge und wahrscheinlich ohne Winden und Kräne. Der Drang zur Monumentalität aber hatte die Schwierigkeiten überspielt, und die quantitative Kraft früher Kultur hatte die qualitative Kraft später Zivilisation ebenbürtig aufgewogen!

Die Pyramiden sind durch Muskelkraft erbaut worden. In vorgebohrte Löcher trieb man Hölzer und begoß sie mit Wasser, bis sie quollen: so sprangen die Steinquadern aus dem Mokattam-Gebirge. Auf Walzen und Schlitten rollte und zog man sie herbei. Schicht um Schicht wurde die Pyramide errichtet. Es ist eine der archäologischen Doktorfragen, ob nach einem oder nach mehreren Bauplänen (Lepsius und Petrie galten als die Antipoden – die neuere Forschung neigt sich Lepsius zu und nimmt mehrere Baupläne, sprunghafte Vergrößerungspläne an). Die Arbeit dieser Menschen vor 4700 Jahren war von solcher Art, daß man, wie Petrie sagte, die Fehler in den Längenmaßen und Winkeln der Großen Pyramide «mit dem Daumen zudecken konnte». Und sie fügten die Steine so, daß schon vor achthundert Jahren der arabische Schriftsteller Abd-el-Latif bewundernd bemerkte, was noch heute der Cook-Reisende in der großen Halle der Cheopspyramide mit Blitzlicht und Kamera feststellen kann: daß hier Meisterarbeit geleistet wurde, denn in die Fugen der Quader läßt sich «weder Nadel noch Haar» schieben! Und daß die alten Baumeister im Hinblick auf die Statik zuviel des Guten taten, wenn sie zum Beispiel in der eigentlichen Grabkammer zur Entlastung der Deckenträger aus Granit darüber fünf Hohlräume aussparten (obwohl nach moderner Überprüfung ein Hohlraum ausgereicht hätte), vermerkt ein Kritiker zu Unrecht – außer acht lassend, daß wir in einer Zeit der geröntgten T-Träger nicht nur unsere Brücken mit fünffacher, achtfacher oder zwölffacher Sicherheit zu bauen pflegen.

Noch lange werden die Pyramiden stehen. Von der des Cheops ist nur die Spitze abgebröckelt (ein Plateau von zehn Quadratmetern hat sich gebildet), und die glatte schmückende Verschalung, die Außenhaut aus feinem Mokattam-Kalkstein, ist bis auf wenige Reste herabgeglitten und gibt den gelblichen Kalkstein frei, der, in der Nähe gebrochen, das massive Material darstellt. Die Pyramide steht und mit ihr viele andere. Wo aber sind die Könige, die in ihnen Sicherheit finden wollten, angstfreie Heimstätte für ihren toten Körper und seinen Ka?

Und hier nun fand die Hybris der Pharaonen ihren Umschlag in die verdiente Tragik. Denen, die nicht in steinernen Festungen, sondern in Mastabas unter der Erde oder in einfachen Sandgräbern dörrten, wurde mehr Gerechtigkeit als den Herrschern. An vielen von ihnen schritten die Räuber vorüber. Der Granitsarkophag des Cheops aber ist verstümmelt und leer – wir wissen nicht, seit wann. Den Sarkophag des Chefren fand schon Belzoni 1818 mit zerbrochenem Deckel, angefüllt mit Geröll. Vom reichornamentierten Basaltsarkophag des Mykerinos fehlte bereits in den dreißiger Jahren des vorigen Jahrhunderts, als Colonel Vyse die Grabkammer fand, der Deckel; Teile des hölzernen Innensarges lagen in einem oberen Gemach herum, dazwischen Stücke der Königsmumie! Der Sarkophag ging zusammen mit dem Schiffe, das ihn nach England bringen sollte, vor der spanischen Küste unter.

Millionen von Steinquadern sollten die toten Königskörper schützen; zugemauerte Gänge, architektonische Verschleierungstricks sollten jedermann abhalten, sich etwa freventlich zu bereichern. Denn Reichtum bargen die Grabkammern, kaum vorstellbare Schätze. Auch der tote König blieb ein König – und schlüpfte der Ka in die Mumie zu neuem Leben im Jenseits, so bedurfte er des Schmucks, der luxuriösen Gebrauchsgegenstände, des gewohnten kostbaren Geräts und der vertrauten Waffen aus Gold und edlen Metallen, geschmückt mit Lapislazuli, Edelsteinen und Kristallen. Schützten die Pyramiden wirklich? Es stellte sich heraus, daß sie gerade durch ihre Größe die Frevler nicht schreckten, sondern ihnen winkten. Ihre Quadern verbargen – aber ihre Größe rief allzu deutlich: Wir haben etwas zu verbergen!

So gingen die Räuber ans Werk – von den ältesten Zeiten bis zur Gegenwart, immer wieder. Mit welcher List, welcher Ausdauer, welcher korrupten Verschlagenheit – das sollte Petrie entdecken, als er im Grabmal des Amenemhet seine Enttäuschung erlebte.

Petrie und das Grab des Amenemhet

Es ist nötig, einige Bemerkungen über das einzufügen, was seit etwa hundert Jahren in der Presse (auch in der Fachpresse) immer wieder als «Rätsel der Großen Pyramide» auftaucht.

Wir kennen das: Wo noch Ungewißheit vorliegt, ist weiter Raum für die Spekulation. Aber man muß unterscheiden zwischen Spekulation und Hypothese. Die letztere gehört zur Arbeitsmethode jeder Wissenschaft; sie geht vom gesicherten Ergebnis aus und eröffnet Möglichkeiten, hinter denen das Fragezeichen stets sichtbar bleibt. Die Spekulation dagegen ist ohne Hemmung. Meist sind nicht einmal die Ausgangspunkte «gesichert», sondern «gewollt», und stets ist das, was sich Folgerung nennt, nichts als eine Phantasie, die auf Traumsohlen die abwegigsten Pfade der Metaphysik, der dunkelsten Wälder der Mystik, der geheimnisvollsten Gefilde des falsch ausgelegten Pythagoras und der Kabbala beschreitet. Am gefährlichsten sind diese Spekulationen dort, wo sie sich mit der Logik zu paaren scheinen, jener Logik, der wir als Menschen des 20. Jahrhunderts stets Ovationen bereit halten.

Die ägyptischen Funde forderten zu Spekulationen heraus: Wir erwähnten bereits einige, als wir über die vor-champollionischen Deutungen der Hieroglyphen berichteten. Wir können hier den sehr modernen Versuch der Sir Galahad (es verbirgt sich eine Frau hinter dem Namen) hinzufügen, die in dem Buch «Mütter und Amazonen» nicht als diskutierbare These, sondern als kategorische Behauptung vorträgt, daß bei den Ägyptern in schon geschichtlicher Zeit ein ausgesprochenes Matriarchat bestanden habe. (Sir Galahad führt übrigens ihre Beweise mit einem so bestechenden Feuerwerk des Stils und der Sprache vor, daß man nur wünschen kann, es möge diese Kraft des Vortrags ein einziges Mal einem ernsthaften Archäologen gegeben sein.) Besonderer Erwähnung bedarf in diesem Zusammenhang Silvio Gesell, der Wirtschaftler und Schwundgeld-Theoretiker, der seit 1945 in Deutschland wieder viel von sich reden macht. Er blieb nicht in seinem Fach und erhob die strenge Frage: Kannte Moses das Pulver? Und er «beweist» mit außergewöhnlichem Scharfsinn, daß Moses am Hofe des Ramses (mit Hilfe des Schwiegervaters Jethro, der als Priester über geheime Kenntnisse verfügte) die Bundeslade als Sprengstofflaboratorium mißbrauchte. Das 2. Buch Mose, Kapitel 30, Vers 23–38, gibt ein Sprengstoffrezept. Der brennende Dornbusch, die ägyptischen Kriegswagen, die umstürzen und deren Räder durch geheimnisvolle Kräfte abgerissen werden, der Fels, der durch einen Schlag gesprengt wird, die Rotte Korah, die von der berstenden Erde verschlungen wird, die Mauern Jerichos, die auf Signal hin einstürzen – all dies ist nach Silvio Gesell Ergebnis der Wissenschaft, die in der Bundeslade ihre Fabrik gebaut hatte. Empfing nicht Moses unter Böllerschüssen und Rauchentwicklung die Gesetzestafeln? Brauchte der ungeschickte Laborant nicht vierzig Tage, um seine Brandwunden zu heilen?

Silvio Gesells Meinung unterstützt von naturwissenschaftlicher Seite her Johannes Lang, der unentwegte Verfechter der Hohlwelt-Theorie. Nicht immer haben wir eine so klare Selbstbezichtigung einer Spekulation.

Worauf es ankommt, ist dies: Von alters her mußte gerade die Große Pyramide (die des Cheops – merkwürdigerweise keine andere) dazu herhalten, mystische Zahlenwunder zu liefern. Diese Zahlenmystik ist auf keinem anderen Niveau zu betrachten als die angeführten Beispiele. Daran ändert nichts, daß sich auch in unseren Tagen immer wieder ernsthafte Wissenschaftler (die auf speziellem Gebiet Hervorragendes leisten können) der Zahlenmystik ergeben.

Die Große Pyramide wurde oft als «Bibel in Stein» bezeichnet. Wir kennen die «Auslegungen» der Bibel. Die Auslegungen der Großen Pyramide erreichen sie nahezu. Aus dem Grundriß, aus der Lage der Tore, Gänge, Hallen und der Grabkammer hat man die ganze Geschichte des Menschengeschlechtes abgelesen! Ein Forscher sagte auf Grund dieser in der Pyramide festgelegten «Geschichte» den Beginn des Ersten Weltkrieges für das Jahr 1913 voraus; und die Gläubigen notierten, daß er sich «nur um ein Jahr» geirrt habe.

Doch haben die Zahlenmystiker Material zur Hand, das bestürzend wirkt, wenn man es nicht sofort auf seine normale Bedeutung zurückführt. Tatsache ist zum Beispiel: Die Pyramiden sind genau nach den Himmelsgegenden ausgerichtet. So deckt sich die Diagonale der Cheopspyramide von Nordosten nach Südwesten in der Verlängerung mit der Diagonale der Pyramide des Chefren. Die meisten weiteren Feststellungen beruhen auf fehlerhaften Messungen oder auf Übertreibungen und ungebührlicher Ausweitung der Möglichkeiten, die jedes große Bauwerk liefert, wenn man mit sehr kleinen Meßeinheiten an seine Maße geht. Es sind inzwischen – seit den ersten Messungen durch Flinders Petrie – relativ genaue Maße von der Großen Pyramide genommen worden. Wir müssen uns darüber klar sein, daß auch jede moderne Messung nur eine ungefähre ist – denn der Belag der Pyramide ist nicht erhalten, ihre Spitze ist zerstört. Jede Zahlenmystik also, die ihre Beweise mit Zentimeter- und Zolleinheiten belegt, ist von vornherein diskreditiert. Hinzu kommt, daß wir den Ägyptern zwar außerordentliche Kenntnisse in der Astronomie zubilligen müssen, ihnen aber niemals eine Maßeinheit zedieren können, wie sie uns etwa im Pariser Urmeter gegeben ist (wir erinnern uns hier, um die ganze Fremdartigkeit der Gedankenwelt, die nicht wie die unsere stets aufs Exakte gerichtet ist, zu verstehen, an das Fehlen des historischen Zeitgefühls).

Es ist nicht schwer, bei einem sehr großen Bauwerk mit sehr geringen Meßwerten in frappierender Weise zu operieren. Es ist ziemlich sicher, daß, wenn wir die Kathedrale von Chartres oder den Kölner Dom mit Zentimetermaßen betrachten, wir durch die rechte Addition, Subtraktion und Multiplikation die ungeahntesten Vergleiche mit kosmischen Zahlenwerten erzielen können. Höchstwahrscheinlich liegt auf dieser Ebene auch die Feststellung, daß die Zahl π nicht mehr als «Ludolfsche Zahl» zu betrachten sei, weil sie den Pyramidenbauern bereits bekannt gewesen ist.

Selbst wenn sich herausstellen sollte, daß die Ägypter wirklich astronomische und mathematische Erkenntnisse von besonderem Rang in den Maßen der Großen Pyramide festgelegt haben (Erkenntnisse, wie sie die moderne Wissenschaft erst im 19. und 20. Jahrhundert fand – zum Beispiel den wirklich genauen Sonnenabstand), so ist das kein Grund, diese Zahlenwerte in irgendeinen mystischen Bezug zu setzen oder gar Prophezeiungen aus ihnen herzuleiten.

Im Jahre 1922 gab der deutsche Ägyptologe Ludwig Borchardt nach eingehendem Studium der Großen Pyramide ein Buch heraus: «Gegen die Zahlenmystik an der Großen Pyramide bei Gizeh.» Hier finden wir Argumente, die dem Strom der Mystik die Wasser abgraben.

PETRIE war einer der Archäologen, die sich durch keine Hindernisse schrekken lassen. Hartnäckig, unnachgiebig, spürfreudig und ausdauernd gräbt er 1889 einen Schacht in die Nilziegelpyramide eines Königs (von dem er zur Zeit des Grabens nicht einmal weiß, daß es Amenemhet III. ist, einer der großen seltenen Friedensherrscher Ägyptens), gräbt quer durchs Gestein, weil er den Eingang nicht finden kann – und stellt dann fest, daß andere vor ihm am Orte waren, noch findiger, noch ausdauernder, noch spürfreudiger als er; Menschen einer längst vergangenen Zeit auf grabschänderischem Wege, nicht mit der Absicht, vergangene Epochen bewundernd ans Licht zu heben, zur Ehre der Vergangenheit, zur Belehrung der Gegenwart, sondern um zu rauben! Es ist wichtig, daß gerade der unermüdliche Petrie es ist, der die bessere Unermüdlichkeit der Räuber rühmt.

Als er sich entschloß, die Pyramide – vom Dorfe Hauwaret-el-Makta erreichte er das Bauwerk in dreiviertelstündigem Eselsritt – in Angriff zu nehmen, suchte er den Eingang da, wo er bei fast allen Pyramiden zu finden gewesen war: auf der Nordseite. Er fand ihn nicht – genausowenig wie ihn seine Kollegen vor ihm gefunden hatten. Er fand ihn auch nicht auf der Ostseite, und er beschloß, statt mühsame Suchzeit zu vertun, einen Tunnel quer ins Mauerwerk zu treiben.

Der Entschluß war großartig. Petries technische Mittel waren beschränkt. Er wußte, daß schwere Arbeit vor ihm lag. Aber er ahnte kaum, daß er wochenlang schürfen sollte. Und man muß sich mit aller Kraft der Phantasie vorstellen, was es nach solcher Mühsal in ägyptischer Hitze, mit unzulänglichen Werkzeugen und immer wieder renitenten Arbeitern bedeutete, wenn Petrie in dem Augenblick, da er das letzte Mauerstück zur glückhaft gefundenen Grabkammer löste, feststellen mußte, daß Schnellere ihm zuvorgekommen waren.

Wieder treffen wir hier auf das Gefühl, das so oft als einziges dem Forscher am Ende seiner Mühe winkt: die entsetzliche Enttäuschung, die nur die Starken frei von Lähmung hält. (Genau zwölf Jahre später hätte ein ähnlicher Fall ihm wenigstens Genugtuung der Schadenfreude geben können. Moderne Genossen der antiken Grabräuber erbrachen das Grab Amenophis' II. [der um 1420 v. Chr. gestorben war] und zerschnitten auf der Suche nach königlichen Schätzen die Hüllen der Mumie. Sie wurden enttäuscht – und als Kollegen ihrer Vorgänger sicher bitterer noch als Petrie. Die Zunftgenossen vor 3000 Jahren hatten ihr Handwerk bereits so gründlich besorgt, daß für die Nachfahren aber auch nicht das geringste mehr geblieben war.)

Das Loch, das Petrie geschaffen hatte, war zu eng für seine Schultern. Er konnte nicht abwarten, bis es erweitert war. Er band einen ägyptischen Jungen an ein Seil, gab ihm ein Licht in die Hand und schickte ihn in die dunkle Kammer. Der warme Flackerschein der Kerze fiel auf zwei Sarkophage – aufgebrochen, leer!

Dem Wissenschaftler blieb nur noch der Versuch, trotz der Räuberei festzustellen, wessen Grab er angebrochen hatte. Neue Schwierigkeit! In die Pyramide war das Grundwasser eingedrungen. Als Petrie das erste Loch erweitert hatte und die Grabkammer selber betrat, stand er im Wasser wie später in einem Schachtgrab, das ihm eine schmuckbeladene Mumie schenken sollte. Genausowenig wie später ließ er sich hier abschrecken. Mit einem Spaten stocherte er den Boden ab, Zoll für Zoll. Und dann fand er ein alabasternes Gefäß, auf dem der Name Amenemhet stand. Und in einer zweiten Kammer fand er zahllose Opfergaben, alle namentlich gewidmet der Prinzessin Ptah-nofru, der Tochter des dritten Amenemhet.

Petrie und das Grab des Amenemhet

Amenemhet III., König der XII. Dynastie, regierte von 1849 bis 1801 v. Chr. (nach Breasted). Seine Familie regierte insgesamt 213 Jahre, und die Zeit, da Amenemhet III. die beiden Kronen Ägyptens trug, war eine der glücklichsten in diesem Lande, das von Kriegen nach außen (gegen barbarische Randvölker) und nach innen (gegen die stets aufständischen Gaufürsten) jahrhundertelang verheert worden war. Amenemhet sorgte für Frieden. Seine zahllosen Bauwerke – darunter die Eindämmung eines ganzen Sees – dienten ebenso profanen wie religiösen Zwecken, seine Maßnahmen sozialer Art sind für die Begriffe abendländischer Zivilisation kaum bemerkenswert, für das unvorstellbar klassengespaltene – und allein auf Sklavenwirtschaft aufgebaute – Ägypten bedeutend.

«Er macht Ägypten grünen mehr als der große Nil,
Er hat die beiden Länder mit Stärke gefüllt,
Er ist Leben, das die Nasengänge kühlt,
Die Schätze, die er gibt, sind Speisen denen, die ihm folgen,
Er nährt die, welche seinen Pfad betreten.
Der König ist Nahrung, und sein Mund ist Überfluß.»

Das Grab dieses Königs gefunden zu haben, diente Petrie zur Ehre – der Wissenschaftler durfte nicht völlig unbefriedigt sein. Den Spatenforscher aber, den Digger, mußte noch anderes reizen. Auf welchen Wegen waren die eingedrungen, die ihm zuvorgekommen waren? Wo war der wirkliche Eingang zur Pyramide? Hatten die Räuber die Tür entdeckt, die er und die Forscher vor ihm vergeblich gesucht hatten? – Die Räuber hatten sich den Architekten auf die Spur gesetzt. Petrie setzte sich auf die Spur der Räuber.

Das war, ungezählte Jahre nach dem Raubzug, ein Unternehmen, das der Tunnelgrabung nur wenig nachstand – denn die Grundwasser waren emporgestiegen, Dreck, Ziegelreste und Geröll hatten sich zu zähem Schlamm vereinigt, und es gab Durchlässe, die Petrie, der Unermüdliche, auf dem Bauch kriechend, schwer atmend, Schlamm in Mund und Nase, «robbend» überwinden mußte. Er wollte wissen, wo der wirkliche Eingang war! Und er fand ihn. Er war – entgegen allen bisherigen Erfahrungen, entgegen aller ägyptischen Tradition – auf der Südseite! – Dennoch hatten ihn die Räuber gefunden! War es ein Wunder, daß sich Petrie, in seiner Forscherehre erschüttert, fragte, ob dies «Finden» mit rechten Dingen zugegangen sei? Ob es wirklich nur Frucht reinen Scharfsinns gewesen sei, nur Ergebnis unermüdlicher Ausdauer? Er schöpfte einen Verdacht, dem er nachging.

Er schritt systematisch den Weg ab, den die Räuber gegangen waren. Er stand vor allen Hindernissen, denen die Räuber sich gegenübergesehen hatten. Und stets befragte er seinen eigenen Scharfsinn. Und keineswegs immer gab ihm sein Verstand die Antwort, die die Räuber gefunden hatten. Welch geheimnisvoller Instinkt hatte die Räuber durch die zahllosen Fallen, Tricks und Kniffe der pharaonischen Architekten geleitet? – Da war eine Treppe, die in einer ausweglosen Kammer jäh endete. Die Räuber hatten offenbar schnell gefunden, daß der Ausweg das Dach der Kammer war, das ganze Dach, eine ungeheure Falltür. Sie waren durchgebrochen, mühsam, wie sich moderne Geldschrankknacker durch eine Tresortür schweißen. Aber wo befanden sie sich dann? In einem Gang, der angefüllt war mit massiven Steinblöcken. Petrie, der Fachmann, konnte abschätzen, welcher Arbeit es bedurft hatte, um diesen Gang nur aufzuräumen. Und er konnte sich die Gefühle der Räuber vorstellen, als sie nach ihrer Bewältigung wiederum auf eine Kammer ohne Ausweg stießen und dann, nach erneuter Wegräumung der Hindernisse, auf eine dritte Kammer ohne Tür. Und schließlich schwankte er in seiner Bewunderung – sollte er den Instinkt der Räuber (die aus allen Schwierigkeiten stets den richtigen Ausweg gefunden hatten) oder ihre Ausdauer höher schätzen? Es war keine Frage – sie mußten Wochen, Monate, vielleicht ein Jahr und länger gegraben haben. Und unter welchen Umständen? Vielleicht in der Furcht vor den Wächtern, den Priestern, auch den opfernden Besuchern, die dem großen Amenemhet Gaben brachten? Oder war es ganz anders gewesen? – Petries Ehrgeiz, des Mannes, der selber soviel Scharfsinn und Erfahrung einzusetzen hatte bei der Überwindung der Schwierigkeiten, die die alten Architekten zum Schutze der Könige bewußt den künftigen Frevlern in den Weg gebaut hatten – dieser ehrgeizige Stolz zwang ihn zu leugnen, daß der Scharfsinn niederer räubernder Ägypter vor Hunderten von Jahren allein ausreichend gewesen sein sollte, diese verschlungenen Wege aufzudecken. Konnte es möglich sein – wofür die ägyptische Literatur gewisse Anhaltspunkte bot –, daß die Räuber sozusagen fachmännische Hilfe gehabt hatten? Daß vielleicht die Priester und Wächter ihnen mit geheimem Wissen, mit Hinweis und Unterstützung zur Hand gegangen waren, korrupte Angehörige bereits korrumpierter Beamtenklasse? Damit kommen wir zum großen «Räuberkapitel» der ägyptischen Geschichte, das in grauer Zeit begann, im «Tal der Könige» seine erregende Fortsetzung fand und vor gar nicht allzu langer Zeit in einem modern anmutenden Kriminalfall seinen Höhepunkt erreichte.

14. KAPITEL

RÄUBER IM «TAL DER KÖNIGE»

Zu Beginn des Jahres 1881 reiste ein wohlhabender kunstinteressierter Amerikaner den Nil aufwärts bis Luxor, bis zu dem Dorfe, das gegenüber der alten Königstadt Theben liegt. Er wollte einige Altertümer kaufen. Er verachtete den offiziellen, seit dem Einfluß Mariettes allzu streng geregelten Verkaufsverkehr und verließ sich auf seinen Instinkt. Der trieb ihn des Abends in die dunklen Gassen, in die Hinterstuben des Basars und brachte ihn schließlich mit einem dunklen Ägypter zusammen, der ihm einige offensichtlich echte und wertvolle Gegenstände anbot.

Die Methode des Amerikaners möge uns Gelegenheit zu einer kleinen Abschweifung geben. Heute warnt jeder Reiseführer den Touristen vor dem «schwarzen» Ankauf von Antiquitäten. Mit Recht – die meisten sogenannten «Antiquitäten» sind in moderner ägyptischer Heimindustrie hergestellt oder sogar aus Europa eingeführt. Mit äußerst erfindungsreichen Tricks versuchen die schwarzen Händler Echtheit vorzutäuschen. Selbst ein so guter Kunstkenner wie der deutsche Kunsthistoriker Julius Meier-Graefe fiel in den zwanziger Jahren auf einen solchen Trick herein. Er fand im Sand – unwissentlich vom geschäftstüchtigen Fremdenführer geleitet – eine kleine Statue. Der Umstand des Selber-Findens ließ ihn an der Echtheit der «Antiquität» nicht zweifeln. Er «bestach» den Führer, um sich dessen Verschwiegenheit zu sichern. Unterm Rock schaffte er die kleine Arbeit ins Hotel. Um sich einen Sockel dazu zu besorgen, suchte er einen Händler auf und fragte ihn dabei, wie er das Stück fände. Der Händler lächelte. Und Julius Meier-Graefe schreibt: «Der Händler bat mich in das hintere Gelaß des kleinen Ladens, öffnete einen Schrank und zeigte mir vier oder fünf haargenau gleiche Stücke, jedes bedeckt mit tausendjährigem Sand. Sie kommen aus Bunzlau, aber er bezog sie von dem Agenten in Kairo, einem Griechen.»

Durch welche merkwürdigen Späße – außerhalb der Fälscherei als Erwerbszweig – auch die Wissenschaft mit Überraschungen rechnen muß, geht aus der autobiographischen Erzählung eines modernen französischen Romanciers, Kommissars in China und Kultusministers des Generals de Gaulle hervor, an der zu zweifeln kein Grund ist, die aber natürlich nicht als Beispiel für viele andere gelten darf und hier nur als Kuriosum wiedergegeben wird. Im Jahre 1925 traf Malraux in einer Bar in Singapur einen russischen Sammler, der auf Kosten des Bostoner Museums reiste, um Kunstgegenstände anzukaufen. Nach dem ersten russischen Redeschwall zeigte er ihm fünf kleine Elfenbeinelefanten, die er eben einem Inder abgekauft und wie die Orgelpfeifen vor sich auf den Tisch gestellt hatte. «Sie sehen, lieber Freund, ich kaufe kleine Elefanten. Wenn wir Ausgrabungen machen, stecke ich sie in die Gräber vor dem Wiederzuschütten. Fünfzig Jahre später werden andere Leute, wenn sie die Särge wieder öffnen, sie hübsch patiniert und verwittert drinnen finden und sich furchtbar darüber den Kopf zerbrechen... Ich mache gern denen, die nach mir kommen, ein wenig Kopfzerbrechen; auf einem der Türme von Angkor-Wat, lieber Freund, habe ich eine äußerst unanständige Inschrift in Sanskrit eingraviert; hübsch verschmiert, sieht sie sehr alt aus. Irgendein Pfiffikus wird sie entziffern. Man muß die biederen Menschen ein bißchen ärgern...»

Nach dieser Abschweifung zurück zu dem Amerikaner, der zwar als Ägyptologe Dilettant, aber doch nicht ohne Sachkenntnis war. So geriet er bei dem Angebot des Ägypters in eine gewisse Erregung und kaufte, ohne die Gepflogenheit des orientalischen Feilschens solchem Angebot gegenüber gebührend zu berücksichtigen, einen Papyrus, wie er ihn in solcher Wohlerhaltenheit und Schönheit bis dahin selten gesehen hatte. Er verbarg ihn in seinem Koffer und reiste, Zoll und Polizeikontrolle hintergehend, schleunigst ab. Als er, in Europa angekommen, den Papyrus von einem Experten untersuchen ließ, wurde er belehrt, daß er in der Tat nicht nur eine ungewöhnliche Kostbarkeit erstanden, sondern darüber hinaus – allerdings ohne sein weiteres Zutun – nun eine sehr sonderbare Angelegenheit ins Rollen gebracht hatte.

Bevor wir darüber berichten, müssen wir aber einen Blick auf die ganz ungewöhnliche Geschichte des «Tals der Könige» werfen.

Das «Tal der Könige» oder, wie man auch sagt, die «Königsgräber von Bilban-el-Muluk» liegen auf dem Westufer des Nils, gegenüber von Karnak und Luxor (wo sich die ungeheuren Säulensäle und Tempel des «Neuen Reiches» erheben), und gehören zu dem weiten, jetzt wüsten Gelände, das einst die Nekropole Thebens trug. Dort entstanden im «Neuen Reich» die Grüfte für die vornehmen Toten, aber auch die Tempel für die Könige und die zu Ehren des Gottes Amun.

Die Verwaltung und der ständige Ausbau dieser riesigen Totenstadt bedurfte einer Unmenge von Personal, das einem besonderen Beamten, dem «Fürsten des Westens und Obersten der Nekropolensöldner», unterstand. Die Wachmannschaften wohnten in Kasernen; und in Häusergruppen, die schließlich die Größe kleiner Dörfer annahmen, lebten die Erd- und Bauarbeiter, die Steinmetzen und Maler, die Künstler aller Art und schließlich die Balsamierer, die Mumifizierer, die das Sterbliche bewahrten und die ewige Hülle schufen für den Ka.

Das war, wie gesagt, zur Zeit des «Neuen Reiches», als die Mächtigsten herrschten, die je über Ägypten regierten, die «Söhne der Sonne», der erste und der zweite Ramses. Es war die Zeit der XVIII., aber vor allem der XIX. Dynastie von ungefähr 1350 bis 1200 v. Chr., es war, denkt man in den Spenglerschen Analogien, unsere Gegenwart, die Herrschaft der nahezu reinen Zivilisation, die Ausbildung des «Cäsarismus». Was sich dort geschichtlich vollzog, geschah «gleichzeitig» im cäsarischen Rom, das die monumentale Kultur Griechenlands im nur noch Kolossalen endgültig aufgehoben hatte, genau wie die pyramidale Größe der alten Ägypter sich im «Neuen Reich» in den protzenden Bauten von Karnak, Luxor und Abydos aufgelöst hatte; es geschah zur «selben Zeit» durch Sanherib in Ninive, dem «assyrischen Rom»; es zeigte sich (immer Spengler folgend) beim chinesischen Cäsar Hoang-ti und in den indischen Riesenbauten seit 1250. Es war die Zeit, da der Kultur der Ägypter geschah, was uns geschieht, den Abendländern der Neuen Welt um New York, die Wolkenkratzerstadt.

Zu Beginn des Wachstums dieser größten Totenstadt, die wir kennen, besonders aber zu Beginn jeglicher Bautätigkeit im «Tal der Könige», stand einer der bemerkenswertesten Entschlüsse des Königs Thutmosis I. (1545 bis 1515 v. Chr.). Er ist bemerkenswert für die ganze weitere Geschichte der regierenden Dynastien Ägyptens, ja, höchstwahrscheinlich auch von Bedeutung (obwohl Untersuchungen in dieser Richtung, die über das Fachgebiet des Archäologen bedeutend hinausgingen, kaum vorgenommen worden sind) für die Festlegung des Zeitpunktes, in dem sich die traditionsgebundene, beseelte ägyptische «Kultur» in die traditionsleugnende, stark entseelte und jede gewachsene Form zertrümmernde «Zivilisation» verwandelte.

Wie dem auch sei: Thutmosis I. faßte als erster König den Entschluß, sein Grab von seinem Totentempel zu trennen – ganze anderthalb Kilometer – und seinen Leichnam nicht mehr in weithin sichtbarem, prunkvollem Grabmal beizusetzen, sondern in verborgener Felsenkammer! Das klingt unserem Ohr wenig bedeutsam. Aber was Thutmosis anordnete, war ein völlig abrupter Bruch mit einer siebzehnhundertjährigen Tradition.

Er schuf seinem Ka, damit seinem Fortleben nach dem Tode, unabsehbare Schwierigkeiten, indem er den Tempel vom Grabe trennte, den Tempel, in welchem zu den Festzeiten die Opfergaben dargebracht wurden, die der Existenz des Ka so notwendig waren. Aber – und das ist der äußere Anlaß zu diesem Entschluß, er glaubte durch solche Maßnahme eine Sicherheit gewonnen zu haben, die seinen Vorgängern, wie die Erfahrung der geschändeten Gräber gezeigt hatte, nicht gegeben war. Triebkraft der Anweisungen, die er seinem Baumeister Ineni gab, war die Angst, die trotz aller rationalistischen Zersetzung, aller Verweltlichung der Religion (die XXI. Dynastie bereits bestand aus Priestern des Amun, «Priesterkönigen»; vorher war ihre Macht im Staat stetig gewachsen) noch mächtig lodernde Angst vor der Zerstörung seiner Mumie, der Schändung seines Grabes. Bei Beginn der XVIII. Dynastie aus Theben gab es in ganz Ägypten kaum noch ein Königsgrab, das nicht beraubt worden war, kaum hervorragende Mumien, die nicht eines Teils ihrer «magischen Rüstung» entkleidet und damit für ewig geschändet waren. Und selten nur waren die Grabräuber gefaßt worden, hin und wieder vielleicht waren sie überrascht worden und hatten einen Teil ihrer Beute im Stich lassen müssen. Fünfhundert Jahre vor Thutmosis wurde der Frevler, der die Mumie der Gemahlin des Königs Zer zum besseren Transport gerade zerstückelt hatte, gestört und verbarg einen der eingetrockneten Arme in aller Eile in einem Mauerloch des Grabes, wo ihn englische Archäologen im Jahre 1900 fanden – unversehrt, unter den Binden noch einen kostbaren Ring aus Amethyst- und Türkisperlen.

Ineni hieß der oberste Baumeister des Thutmosis. Wir können uns nur vorstellen, wie die Beratung zwischen Herrscher und Architekt vor sich gegangen sein mag. Nachdem der Entschluß, die Tradition zu durchbrechen, einmal gefaßt war, ist sicher der einzige Ausweg, dem Schicksal seiner Vorgänger zu entgehen, von Thutmosis schnell erkannt worden. Der Ausweg hieß Geheimhaltung, absolute Geheimhaltung von Bauort und Grabanlage.

Durch die Eitelkeit des Baumeisters Ineni wissen wir heute, wie das Werk vor sich ging. Auf den Wänden seiner eigenen Grabkapelle hinterließ er im Rahmen einer ausführlichen Lebensgeschichte auch den Bericht über den Bau des ersten Schachtgrabes. Und der Satz, auf den es ankommt, lautet: «Ich allein überwachte den Ausbau des Felsengrabes Seiner Majestät. Niemand sah es, niemand hörte es!» Ein moderner Archäologe aber, einer der besten Kenner des ‹Tals der Könige› und aller Bauschwierigkeiten dort (Carter), schätzt die Zahl der Arbeiter, die Ineni zweifellos beschäftigt haben mußte, auf über hundert. Und er schreibt, nüchtern und ohne moralische Wertung:

«Es ist begreiflich, daß hundert oder mehr Arbeiter, die von des Königs teuerstem Geheimnis wußten, nicht frei umhergehen durften, und Ineni fand sicherlich wirksame Mittel, sie zum Schweigen zu bringen. Möglicherweise ist das Werk von Kriegsgefangenen ausgeführt worden, die man nach seiner Vollendung umbrachte!»

Hat der ungeheuerliche Bruch mit der Tradition zu dem Ergebnis geführt, das Thutmosis wünschte? Sein Grab ist das erste im «Tal der Könige», in der steil abfallenden Rückwand des einsamen, düsteren Talkessels. Er bohrte eine steile Treppe in den Fels und legte das Grab im Prinzip so an, wie es fünfhundert Jahre lang alle späteren Baumeister der Pharaonen taten, so daß die Griechen, von der Form der schlauchartigen Gräber ausgehend, sie «Syringe» nannten, nach der Syrinx, der langen Hirtenflöte. (Strabo, der griechische Reisende im letzten Jahrhundert v. Chr., beschrieb schon vierzig «der Besichtigung werte Gräber».)

Wir wissen nicht, wie lange Thutmosis wirklich seine Ruhe gehabt haben mag. Wir wissen nur, daß es – in den Maßen der ägyptischen Geschichte gerechnet – nicht allzu lange gewesen sein kann. Zusammen mit seiner Tochter und anderen Mumien wurde er eines Tages verschleppt – nicht durch Räuber, sondern zum Schutz vor Räubern, weil selbst sein Felsengrab nicht mehr sicher schien. Die Könige gingen dazu über, ihre Gräber immer enger aneinander in den Fels zu schlagen. Das Bewachungspersonal konnte sich konzentrieren, die Aufmerksamkeit war nicht mehr zersplittert – dennoch ging die Räuberei weiter.

In das Grab Tut-ench-Amuns drangen schon zehn oder fünfzehn Jahre nach seinem Tode Räuber ein. Im Grabe Thutmosis' IV. ließen ebenfalls wenige Jahre nach seinem Tode Räuber sogar ihre Visitenkarte zurück, Wandkritzeleien, Zinken, antikes Rotwelsch, und demolierten das Grab derart, daß hundert Jahre später der pietätvolle Haremheb im achten Jahr seiner Regierung dem Beamten Kej den Befehl gab, «die Grabstätte des Königs Thutmosis IV. des Seligen in der kostbaren Wohnstätte im westlichen Theben wiederherzustellen».

Aber der Höhepunkt aller Grabräuberei wurde unter der XX. Dynastie erreicht. Die machtvolle Herrscherherrlichkeit des ersten und zweiten Ramses, des ersten und zweiten Sethos war vorüber. Die folgenden neun Könige mit Namen Ramses trugen nichts als einen großen Namen. Ihre Herrschaft war schwächlich und immer bedroht. Bestechlichkeit und Korruption bildeten eine neue unfaßbare Macht. Die Friedhofswächter verbanden sich mit den Priestern, die Aufseher mit den Bezirksvorstehern, ja, selbst der Vorsteher des westlichen Theben, der oberste Beamte zur Bewachung der Nekropole, steckte eines Tages unter einer Decke mit den Grabräubern. Und es mutet unheimlich an, wenn wir heute aus Papyrus-Funden aus der Zeit Ramses' IX. (1142 bis 1123 v. Chr.) zu Zeugen eines Grabräuberprozesses werden können, der damals Aufsehen erregte; Zeugen eines Prozesses vor dreitausend Jahren, in dem die bis jetzt anonymen Räuber plötzlich Namen haben!

Eines Tages erhielt Peser, Vorsteher des östlichen Theben, Berichte über ausgedehnte Grabplünderungen auf der Westseite. Vorsteher des westlichen Theben war der offenbar fragwürdige Pewero, der dem Peser genausowenig gewogen war wie dieser ihm. So nahm Peser wahrscheinlich mit Vergnügen die Gelegenheit wahr, seinen ranggleichen Kollegen bei dem Wesir des ganzen Thebener Bezirks, bei Chamwese, in Mißkredit zu bringen. (Wir folgen hier der unterhaltsam erzählten Darstellung Howard Carters, der sich in den Zitaten auf die herrliche Sammlung ägyptischer Dokumente von Breasted stützt, die «Ancient Records of Egypt».)

Doch die Sache ging übel für Peser aus; denn er beging den Fehler, in seiner Anzeige die genaue Anzahl der geplünderten Gräber zu nennen: zehn Königsgräber, vier von Priesterinnen und sehr viele Privatgräber. Mehrere Mitglieder der Kommission nämlich, die Chamwese zur Prüfung über den Fluß schickte, vielleicht auch ihr Leiter, vielleicht sogar der Wesir selber, der sie aussandte, hatten zweifellos (was für die Vorsicht Peweros spricht) von den Räubereien profitiert. Sie hatten, würden wir heute sagen, Prozente bezogen, und ihr Urteil wird festgestanden haben, als sie über den Fluß gerudert wurden. So erledigten sie auch tatsächlich die Anzeige formaljuristisch, indem sie nicht etwa auf die Fragen eingingen, ob Plünderungen überhaupt stattgefunden hatten, sondern indem sie nachwiesen, daß Pesers Angaben völlig unrichtig waren. Denn statt zehn Königsgräbern war nur eins wirklich erbrochen worden, statt vier Priesterinnengräbern nur zwei! Die Tatsache, daß tatsächlich nahezu alle Privatgräber geplündert waren, konnte nicht geleugnet werden. Aber die Kommission sah keinen Anlaß, deshalb einen so verdienten Beamten wie Pewero vor Gericht zu ziehen. Die Anzeige wurde niedergeschlagen! Am nächsten Tag versammelte der triumphierende Pewero (wir können uns seinen Charakter vorzüglich vorstellen) «die Aufseher, die Totenstadtverwalter, die Handwerker, die Polizei und alle Araber der Totenstadt» und sandte sie zu einer Kundgebung, die wir heutzutage in neuem Sprachgebrauch wahrscheinlich «spontan» nennen würden, hinüber aufs Ostufer, ja, er fügte die besondere Anweisung hinzu, die Nähe des Peserschen Hauses keineswegs zu meiden.

Dies war Peser zuviel!

Mit Recht empfand er, was hier geschah, als Provokation erster Ordnung, und in einem verständlichen Wutanfall beging er seinen zweiten, diesmal entscheidenden Fehler. Er geriet in heftigen Wortwechsel mit einem der Anführer des Weststadthaufens und gab schließlich in hoher Erregung vor Zeugen die Absicht kund, diesen ungeheuerlichen Vorgang über den Kopf des Wesirs hinweg dem König direkt zu melden.

Darauf hatte Pewero nur gewartet. Er unterrichtete eilenden Fußes den Wesir von dieser unglaublichen, alle Ordnung umstürzenden Absicht Pesers, den Dienstweg zu umgehen. Der Wesir rief das Gericht zusammen. Er zwang den ungeschickten Peser, selbst als Richter mitzuwirken. Er mußte helfen, sich selber des Meineids anzuklagen und sich für schuldig zu befinden.

Die Modernität dieser Geschichte, zu deren eindeutig belegten Einzelheiten auch hier nicht das geringste hinzugefügt wurde (sie ließe sich viel ausführlicher erzählen), findet nun auch den Märchenschluß, den wir stets wünschen, aber selten erleben.

Zwei oder drei Jahre nämlich nach diesem so ungewöhnlich korrupten Verfahren wurde eine Bande von acht Grabräubern gefaßt, die, nachdem sie «mit einer Doppelrute an Händen und Füßen geschlagen wurden», ein Protokoll abgaben, das offenbar in die Hände eines Unbestechlichen geriet und nicht mehr totgeschwiegen werden konnte. Wir wissen fünf Namen dieser Räuber. Es sind der Steinmetz Hapi, der Kunsthandwerker Iramun, der Bauer Amenemheb, der Wasserträger Kemwese und der Negersklave Ehenufer. Und sie sagten aus:

«Wir öffneten ihre Särge und ihre Hüllen, in denen sie waren. Wir fanden die erhabene Mumie dieses Königs... Da war eine große Reihe von Amuletten und goldenen Schmuckstücken an seinem Hals; sein Kopf war mit einer goldenen Maske bedeckt; die erhabene Mumie dieses Königs war ganz und gar mit Gold bedeckt. Ihre Hüllen waren innen und außen vergoldet und versilbert; mit allen köstlichen Steinen ausgelegt. Wir rissen das Gold ab, das wir an der erhabenen Mumie des Gottes fanden, und ihre Amulette und Schmuckstücke, die an ihrem Halse waren, und die Hülle, in der sie ruhte. – Wir fanden des Königs Gemahlin in gleicher Weise; wir rissen alles, was wir an ihr fanden, in gleicher Weise ab. Wir steckten ihre Hüllen in Brand. Wir stahlen ihre Geräte, die wir bei ihnen fanden, als da waren Gefäße aus Gold, Silber und Bronze. Wir teilten und machten das Gold, das wir an den Mumien dieser beiden Götter fanden, und die Amulette, Schmuckstücke und Hüllen in acht Teile.»

Das Gericht sprach sie schuldig. Pesers Behauptungen waren damit gestützt durch Tatsachen; denn unter den Gräbern, deren Beraubung jetzt zugegeben worden war, befand sich auch eins der ursprünglich von Peser angegebenen.

Aber es scheint, als ob auch dieses Gerichtsverfahren (und eine Anzahl ähnlicher Fälle wurde noch abgeurteilt) die systematisch organisierte Plünderung des «Tals» nicht aufhalten konnte. Wir wissen aus Gerichtsurkunden, daß die Gräber Amenophis' III., Sethos' I. und Ramses' II. erbrochen wurden. «... und unter der folgenden Dynastie», sagt Carter, «scheinen alle Versuche, die Gräber zu bewachen, aufgegeben worden zu sein.» Und er enthüllt dies düstere Panorama der Raubzüge im «Tal»: «Seltsames muß das Tal gesehen haben, und verwegen waren die Abenteuer, die sich dort abspielten. Man kann sich das tagelange Pläneschmieden vorstellen, die heimlichen nächtlichen Zusammenkünfte auf dem Felsen, das Bestechen oder Betäuben der Friedhofswächter und dann das verwegene Graben im Dunkeln, das Hindurcharbeiten durch ein kleines Loch bis in die Grabkammer, das fieberhafte Suchen bei schwachem Lichtschimmer nach tragbaren Schätzen und die Rückkehr im Morgengrauen, mit Beute beladen. Dies alles können wir uns vorstellen und uns gleichzeitig vergegenwärtigen, wie unvermeidlich es war. Indem ein König für seine Mumie eine sorgfältige und kostbare Ausstattung vorsah, die er seiner Würde entsprechend fand, trug er selber zu ihrer Zerstörung bei. Die Versuchung war zu groß. Reichtum, der die habsüchtigen Träume überstieg, lag dort für den bereit, der Mittel und Wege fand, ihn zu gewinnen, und früher oder später mußte der Grabräuber zum Ziel gelangen.»

WEIT erregender aber noch als dies muß ein anderes Bild gewesen sein. Wir haben jetzt so viel von Grabräubern, verräterischen Priestern, bestechlichen Beamten, korrupierten Bürgermeistern, von diesem ganzen, quer durch die gesellschaftliche Rangordnung organisierten Diebesnetz erzählen müssen (das Petrie als erster vermutet hatte, als er im Grabe des Amenemhet die Spur der Räuber verfolgte), daß der Eindruck entstehen könnte, als habe es besonders zur Zeit der XX. Dynastie überhaupt keine Gerechten, keine Gläubigen mehr gegeben, die den toten Königen Ehre zollten.

Zur selben Zeit aber, da die Diebe mit ihrer Beute über nächtliche Pfade schlichen, lauerten kleine Gruppen Getreuer auf anderem Pfad. Sie hatten sich notgedrungen der Methoden ihrer Gegner bemächtigen müssen, um doch das Gegenteil erreichen zu können. Raub konnte nur mit schnellerem Raub bekämpft werden. Und in diesem Kleinkrieg, diesem Präventivkrieg weniger getreuer Priester und unbestechlicher Beamter gegen die vortrefflich organisierten Räuber, müssen wir uns eine noch größere Heimlichkeit vorstellen, noch geheimnisvollere Vorbereitung; nächtliche Gegenverschwörung gegen die der Räuber an vielleicht nur wenig entferntem Ort.

Wir müssen unsere Einbildungskraft mobil machen, um das heiße Flüstern zu vernehmen, um den geschirmten Fackelschein vor geöffnetem Sarkophag, die in der Furcht vor Überraschung geduckten Gestalten zu sehen. Die Überraschung hätte sie nichts gekostet – sie waren rechtens dort –, aber ein einziger Blick eines Bestechlichen hätte die Räuber informiert, welch neuer König zur Schutzhaft entführt werden und damit ihrem Beutegriff entzogen werden sollte. Und wir müssen dann den Zug von Priestern zu erkennen suchen; zu zweit, zu dritt höchstens hasten sie hinter dem vielleicht letzten Wächter her, der seinem Amte treu blieb und sie jetzt führt. Sie schleppen die balsamierten Körper ihrer toten Könige. Sie schleppen Mumien von Grab zu Grab, um sie vor frevelndem Zugriff zu schützen. Sie erfahren von neuem Komplott und müssen ihre Nachtausflüge wiederholen. Die toten Könige, deren Mumien ruhen sollten bis in alle Ewigkeit, beginnen zu wandern!

Und dann war es einmal anders. Dann geschah es vielleicht an hellem Tage. Polizei sperrte das «Tal» ab. Träger und Lasttierkolonnen transportierten einen der riesigen Särge aus unsicher gewordener Grabkammer zu neuem Versteck. Militär rückte an – und vielleicht mußten wieder einmal viele Zeugen ihr Leben lassen, um das neue Geheimnis zu wahren.

Ramses III. wurde dreimal aus seinem Grabe geholt und wieder bestattet. Amosis, Amenophis I., Thutmosis II. und sogar Ramses der Große wandern. Schließlich liegen sie aus Mangel an neuem Versteck zu mehreren in einem einzigen Grabe.

«Im 14. Jahr im dritten Monat der zweiten Jahreszeit am 6. Tage wurde Osiris, König Usermare (Ramses II.) gebracht, ihn wieder zu bestatten in dem Grab des Osiris, Königs Menmare Sethos (I.): durch den Oberpriester des Amun, Pinutem.»

Aber auch hier sind sie nicht sicher. Sethos I. und Ramses II. werden in das Grab der Königin Inhapi geschleppt. Schließlich liegen im Grabe Amenophis' II. nicht weniger als dreizehn Königsmumien. Und die andern werden dann und wann, bei den verschiedensten Gelegenheiten, aus den ursprünglichen Gräbern, den ersten und zweiten Verstecken hervorgeholt und über den wüsten einsamen Höhenpfad (den man noch heute begehen kann) hinaus aus dem «Tal der Könige» in ein Grab gebracht, das in den Felsenkessel von Der-el-Bahri gehauen war, nicht weit von dem Riesentempel, den die Königin Hatschepsut, die unglückliche Mitregentin und Schwester des dritten Thutmosis, dort zu bauen begonnen hatte.

Hier blieben die Mumien dreitausend Jahre lang in Frieden ruhen. Die Kenntnis der genauen Grablage ging wahrscheinlich durch einen jener Zufälle verloren, wie er auch das Grab des Tut-ench-Amun nach der ersten oberflächlichen Plünderung schützte: ein starker Sturmregen vielleicht, der den Eingang im tiefgelegenen Teil des «Tals» zuspülte. Ein anderer Zufall in unserer Zeit, die Reise des amerikanischen Sammlers nach Luxor, sollte offenbaren, daß dies ungeheure Massengrab der Könige wiederum, diesmal im Jahre 1875 n. Chr., auf Grund eines weiteren Zufalls aufgefunden worden war!

15. KAPITEL

MUMIEN

Das «Tal der Könige» wird zugedeckt vom Dunkel der Geschichtslosigkeit. «Wir müssen uns», schreibt Carter, «ein verlassenes Tal denken, für den Ägypter zweifellos voller Geisterspuk, seine höhlenartigen Galerien ausgeraubt und leer, der Eingang zu manchen von ihnen offen, ein Heim für Füchse, Wüsteneulen und Scharen von Fledermäusen. Und doch, ob auch seine Gräber ausgeraubt, verlassen und zerstört waren, sein Zauber war nicht ganz dahin. Es blieb das ‹Heilige Tal der Könige›, und große Scharen von Schwärmern und Neugierigen müssen es noch besucht haben. Einige seiner Gräber wurden tatsächlich zur Zeit Osorkons I. (ungefähr 900 v. Chr.) als Begräbnisstätten für Priesterinnen wieder benutzt.»

Tausend Jahre später finden wir das «Tal» bevölkert von den ersten christlichen Eremiten, die sich in den leeren Syringen eingenistet haben. – «Glanz und königliche Pracht sind durch demütige Armut ersetzt. Die ‹kostbare Wohnstätte› des Königs ist zu der engen Zelle eines Einsiedlers geworden.»

Das aber ändert sich. Die Tradition hatte das «Tal» dazu bestimmt, Heimstätte für Könige und Räuber zugleich zu sein. Im Jahre 1743 gibt der englische Reisende Richard Pococke den ersten modernen Bericht vom «Tal». Mit einem Scheich als Führer kann er vierzehn offene Gräber besichtigen. (Strabo kannte, wie gesagt, vierzig; jetzt sind einundsechzig bekannt.) Aber die Gegend war unsicher. In den Hügeln von Kurna kampierte eine Räuberbande. Als sechsundzwanzig Jahre später James Bruce das «Tal» besucht hatte, weiß er vom fruchtlosen Versuche zu erzählen, die Banden auszuräuchern. «Alle sind geächtet und der Todesstrafe verfallen, wenn sie anderswo angetroffen werden. Osman Bey, ein alter Statthalter von Girge, der den von diesen Leuten angerichteten Unfug nicht länger ertragen konnte, befahl, getrocknete Reisigbündel zusammenzutragen, und besetzte mit seinen Soldaten den Teil des Berges, wo die größte Anzahl dieser Elenden sich aufhielt; dann befahl er, ihre sämtlichen Höhlen mit diesen trockenen Reisigbündeln anzufüllen, und steckte sie dann in Brand, so daß die meisten von ihnen umkamen; doch seitdem ergänzten sie ihre Zahl wieder, ohne ihre Gewohnheiten zu ändern.»

Als Bruce, um Kopien der Wandreliefs im Grabe Ramses' III. anzufertigen, in der Grabkammer nächtigen wollte, wurden seine eingeborenen Führer von Schrecken ergriffen und schleuderten unter Flüchen die Fackeln von sich. Unterm zuckenden Verlöschen aller Lichter «stießen sie schreckliche Prophezeiungen aus über all das Unglück, das alsbald nach ihrem Weggang aus der Höhle hereinbrechen werde!» Und als Bruce das «dunkle Tal» mit dem einzigen bei ihm gebliebenen Diener hinunterreitet, um sein Nilboot zu erreichen, erhebt sich Geschrei, und von der dunklen Höhe herab sausen Steinbrocken, knallen Schüsse. Eine allgemeine Schießerei beendet seinen Besuch im «Tal», das er fluchtartig verlassen muß. Ja, auch als wieder dreißig Jahre später Napoleons «Ägyptische Kommission» kam, das «Tal» und seine Gräber zu vermessen, wurde sie von den thebanischen Räubern beschossen.

Heute ist das «Tal» Ziel unzähliger Fremder aus aller Welt. Einer der reichsten Schätze, die je aus altem Boden gehoben wurden, ist erst vor einigen dreißig Jahren in ihm entdeckt worden. Jetzt schlagen auch vor dieser Fundstelle bereits schreiende Dragomane auf ihre Esel ein, aus Cooks Rasthaus drüben bei Der-el-Bahri kommen die Besucher, die Araber rufen in prächtigstem Englisch zur Besichtigung der «de Kingses tombes» auf. Und es berührt wehmütig und erheiternd zugleich, wenn man – die ungeheure Geschichte des Niltals, seiner Könige und Völker vorm inneren Auge – im Reiseführer erfährt: «Die wichtigsten Gräber und das Grab des Tut-ench-Amun werden dreimal wöchentlich vormittags elektrisch beleuchtet!»

DER größte Fund im «Tal», der die ganze europäische Öffentlichkeit in solche Spannung und Erregung versetzte, wie es durch eine archäologische Entdeckung vorher nur geschehen war, als Schliemann Troja gefunden hatte, fand im Jahre 1922 statt.

Einige Jahrzehnte vorher aber geschah ein fast ebenso erstaunlicher Fund, doch unter viel merkwürdigeren Begleitumständen im Talkessel von Der-el-Bahri.

Wir erinnern uns des Amerikaners, dem es gelungen war, in den winkligen Gassen von Luxor einen wertvollen ägyptischen Papyrus zu erwerben. Als der europäische Experte die zweifellose Echtheit und den Wert des Papyrus erkannt hatte, versuchte er den Amerikaner auszuhorchen. Der vergnügte Sammler, dem auf europäischem Boden niemand mehr seine Beute rauben konnte, erzählte gern und stellte sein Licht nicht unter den Scheffel. Der Experte schrieb einen ausführlichen Brief nach Kairo. Die Aufdeckung einer außergewöhnlichen Grabschändung kam ins Rollen.

Mumien

Als Professor Gaston Maspero in seinem Museum in Kairo den Brief aus Europa erhielt, war er über zweierlei bestürzt. Erstens darüber, daß sein Museum wieder um einen kostbaren Fund gekommen war. Wieder – denn seit nicht weniger als sechs Jahren tauchten auf die geheimnisvollste Weise auf dem Schwarzen Markt der Altertümer seltene und im Sinn der Wissenschaft außerordentlich kostbare Kleinodien auf, deren Herkunft auch dann niemals zu ermitteln war, wenn sich die glücklichen Käufer irgendwo außerhalb Ägyptens bereit erklärten, die näheren Umstände des Kaufs zu schildern. Meist war dann von dem großen Unbekannten die Rede; aber einmal war dieser Unbekannte ein Araber, einmal ein junger Neger, dann ein zerlumpter Fellache und schließlich ein offensichtlich wohlhabender Scheich. Der zweite Punkt aber, der Maspero erregte, war die Tatsache, daß das neueste Stück, von dem ihm nun berichtet wurde, die Grabbeigabe eines Königs der XXI. Dynastie war, von deren Gräbern jede Kunde verlorengegangen war! Wer hatte diese Gräber gefunden? War es das Grab eines *einzigen* Königs?

Überblickte Professor Maspero die «schwarzen» Stücke, von deren Auftauchen ihm bis dahin zu Ohren gekommen war, so genügte oberflächlichste Überprüfung, um festzustellen, daß die Stücke aus den Grabbeigaben *verschiedener* Könige stammten.

War es wahrscheinlich, daß moderne Grabräuber gleich mehrere alte Gräber entdeckt hatten? Der Schluß lag nahe, daß eins der großen Sammelgräber gefunden worden war!

Die Aussichten, die sich dadurch ergaben, waren für einen Gelehrten wie Maspero erregend. Es mußte etwas geschehen. Die ägyptische Polizei hatte versagt. Er mußte der neuen Räuberei selber auf die Spur kommen. Das Ergebnis mehrerer, im engsten Kreise geführter Besprechungen war die Entsendung eines seiner jungen Assistenten nach Luxor.

Dieser Assistent benahm sich vom Augenblick an, da er das Nilschiff verließ, völlig anders als gemeinhin ein Archäologe. Er quartierte sich im selben Hotel ein wie der Amerikaner, der den Papyrus erstanden hatte. Und dann streifte Tag und Nacht ein reicher junger «Franke» durch alle Gassen und Winkel des Basars, klimperte mit Geld, kaufte diese oder jene Kleinigkeit, bezahlte großzügig. Kam er mit den Händlern in vertrauteres Gespräch, so gab er gute Trinkgelder, doch genau dosiert, um keinen Verdacht zu erregen. Er erhielt immer neue Angebote von «Altertümern» aus der modernen Heimindustrie. Aber der junge Mann, der in diesem Frühjahr des Jahres 1881 durch Luxor streifte, ließ sich nicht betrügen. Die konzessionierten Händler hatten das bald ebenso erfahren wie die «wilden». Der Fremde stieg in ihrer Achtung, und Achtung weckt Vertrauen. Eines Tages winkte ihm ein Händler, der vor dem Tor seines Gewölbes hockte. Und dann hielt der Assistent des «Ägyptischen Museums» eine kleine Statue in der Hand. Er konnte sich beherrschen und machte ein völlig unbeteiligtes Gesicht. Er hockte sich mit dem Händler auf die Matte und begann zu feilschen. Dabei drehte er die kleine Statue in der Hand und wußte: Sie ist nicht nur ein echtes Stück, fast dreitausend Jahre alt, sondern sie ist – die Inschrift ließ es erkennen – die Beigabe eines Grabes der XXI. Dynastie!

Das Feilschen dauerte lange. Schließlich kaufte der Assistent die kleine Arbeit. Aber er äußerte sich abfällig. Er ließ durchblicken, daß er Größeres suche, Wertvolleres. Und noch am selben Tage machte er die Bekanntschaft eines hochgewachsenen, in den besten Jahren stehenden Arabers. Abd-el-Rasul nannte er sich. Er war das Oberhaupt einer weitverzweigten Familie. Und als der junge Assistent mit ihm das Gespräch einige Tage lang fortgeführt hatte, als ihm dieser Araber nach erneuter Zusammenkunft endlich noch andere Grabbeigaben, diesmal aus der Zeit der XIX. und XX. Dynastie, zeigte, ließ er ihn verhaften. Er war überzeugt, den Grabräuber gefunden zu haben.

Wirklich?

Abd-el-Rasul wurde mit mehreren seiner Angehörigen vor den Mudir von Kene gebracht. Da'ud Pascha leitete persönlich das Verhör. Aber unzählige Entlastungszeugen marschierten auf. Alle Bewohner des Dorfes, das Abd-el-Rasuls Heimat war, beschworen seine völlige Unschuld, ja die Unschuld der ganzen Familie, die zu den ältesten und geachtetsten der Gemeinde zähle. Der Assistent, völlig überzeugt von der Richtigkeit seiner Anklage, hatte bereits nach Kairo telegraphiert und den Erfolg gemeldet. Jetzt mußte er sehen, daß Abd-el-Rasul mit seinen Angehörigen mangels Beweises freigegeben wurde. Er beschwor die Beamten; sie zuckten mit den Schultern. Er ging zum Mudir. Der aber sah ihn erstaunt an, wunderte sich über die Ungeduld des «Franken» und sagte, er möge warten.

Der Assistent wartete einen Tag, dann noch einen. Dann schickte er ein neues Telegramm nach Kairo, schränkte ein, was er zuerst gemeldet. Er wurde krank über der zehrenden Ungewißheit, krank vor der orientalischen Ruhe des Mudirs. Der aber kannte seine Leute.

Howard Carter gibt die Erzählung eines seiner ältesten Arbeiter wieder. Der war in seiner Jugend als Dieb gefaßt und vor den Mudir geschleppt worden. Seine Angst vor dem strengen Da'ud Pascha war groß, aber sie wurde gepaart mit dem Schrecken der Unsicherheit, als er statt vor ein richterliches Forum in das Privatgemach des Paschas gebracht wurde, der sich, es war an einem glühheißen Tage, in einer großen irdenen Badewanne in kühlendem Wasser rekelte.

Da'ud Pascha sah ihn an, er tat weiter nichts als ihn ansehen, aber der alte Arbeiter berichtete, noch nach vielen Jahren beeindruckt: «... und als seine Augen durch mich hindurchdrangen, fühlte ich, wie meine Knochen in mir zu Wasser wurden. Dann sagte er ganz ruhig zu mir: ‹Dies ist das erste Mal, daß du vor mir erscheinst; du bist entlassen, aber nimm dich sehr, sehr in acht, daß du nicht zum zweitenmal kommst›; und ich war so in Schrecken gebracht, daß ich meinen Beruf wechselte und nie wiederkam!»

Diese Autorität Da'uds – sicher gestützt durch schreckliche Maßnahmen, wenn sie allein nicht ausreichte – trug Früchte, die der junge Assistent, der zu dieser Zeit fiebrig auf dem Krankenbett lag, nicht mehr erwartet hatte. Einen Monat später nämlich ging einer der Verwandten und Komplicen Abd-el-Rasuls zu Da'ud und legte ein umfassendes Geständnis ab. Der Mudir ließ den jungen Wissenschaftler, der immer noch in Luxor war, sofort verständigen. Neue Verhöre begannen. Und es stellte sich heraus, daß ganz Kurna, das Heimatdorf Abd-el-Rasuls, ein Dorf von passionierten Grabräubern war. Das Gewerbe hatte sich von den Vätern auf die Söhne vererbt, es blühte seit undenklichen Zeiten, wahrscheinlich in ununterbrochener Kette seit dem 13. Jahrhundert v. Chr. Eine solche Räuberdynastie hatte es auf der Welt kein zweites Mal gegeben!

Der größte Fund, den diese Dynastie je gemacht, war das Sammelgrab von Der-el-Bahri. Im Fund und in der Plünderung dieses Grabes paaren sich Zufall und Systematik. Sechs Jahre zuvor, 1875, hatte Abd-el-Rasul in dem Felsmassiv, das sich zwischen dem «Tal der Könige» und Der-el-Bahri erhebt, rein zufällig eine verborgene Öffnung entdeckt. Als er sie unter mancherlei Schwierigkeiten untersuchte, fand er, daß er auf eine geräumige Grabkammer mit Mumien gestoßen war. Schon die erste Prüfung sagte ihm, daß hier ein Schatz zu heben war, der ihm und seiner Familie eine Rente auf Lebenszeit geben konnte – wenn es möglich war, das Geheimnis zu wahren.

Nur die führenden Mitglieder der Familie wurden eingeweiht. Feierlich schwuren sie, niemals das Geheimnis zu verraten, den Fund dort zu lassen, wo er seit dreitausend Jahren war, und das Grab als mumifiziertes Bankkonto allein der Familie Abd-el-Rasuls zu betrachten, von dem nur abgehoben werden durfte, wenn die Familie es nötig hatte. Es klingt unglaublich, daß es tatsächlich sechs Jahre lang gelang, das Geheimnis zu wahren. In diesen sechs Jahren wurde die Familie reich. Am 5. Juli 1881 aber trat der Beauftragte des Museums von Kairo, geführt von Abd-el-Rasul, vor die Graböffnung!

Es ist eine der kleinen Bosheiten, die das Schicksal parat hält, daß dieser Beauftragte weder der junge Assistent war, dem allein die Entdeckung der Räuber gedankt werden mußte, noch Professor Maspero, der sie angeregt hatte. Das neue Telegramm, das nun mit unbezweifelbaren Angaben nach Kairo gegangen war, hatte Maspero nicht erreicht; er befand sich auf einer Reise. Da Eile geboten war, mußte ein Vertreter entsandt werden. Es war Emil Brugsch-Bey, Bruder des berühmten Ägyptologen Heinrich Brugsch, damals als Konservator am Museum tätig. Als er in Luxor anlangte, fand er den jungen Kollegen, der mit so gutem Erfolg Detektiv gewesen war, fieberkrank. Er machte einen Diplomatenbesuch beim Mudir. Alle Interessierten waren sich einig, daß unverzüglich, um keine Zeit mehr zu weiterer Räuberei zu lassen, das Grab beschlagnahmt werden müßte. So machte sich Emil Brugsch-Bey, nur in Begleitung Abd-el-Rasuls und seines arabischen Gehilfen, am frühen Morgen des 5. Juli auf. Und was er bald darauf sah, das glich den Schätzen im Märchen von Aladin, und was sich in den nächsten neun Tagen ereignete, das sollte er nicht mehr vergessen.

Abd-el-Rasul machte nach beschwerlicher Kletterei halt und wies auf ein Loch, das auf sehr natürliche Weise mit Steinen zugedeckt war. Es lag unzugänglich und jedem direkten Blick verborgen. Es war kein Wunder, daß die Augen der Menschen drei Jahrtausende lang darüber hinweggeglitten waren. Abd-el-Rasul wickelte ein Seil von der Schulter und bedeutete Brugsch, daß es nötig sei, sich in das Loch hinunterzulassen. Brugsch, den obskuren Führer unter der Bewachung seines verläßlichen arabischen Gehilfen zurücklassend, zögerte nicht, der Aufforderung zu folgen. Vorsichtig, nicht ohne gewisse Besorgnis, der Irreführung eines gewitzten Diebes zum Opfer gefallen zu sein, hangelte er Hand über Hand hinab. Glimmte in ihm eine Hoffnung, etwas zu finden, so hatte er doch nicht die geringste Vorstellung von dem, was ihn wirklich erwartete.

Es erwies sich, daß der Schacht etwa elf Meter tief war. Unten angekommen, entzündete er seine Fackel, bog nach wenigen Schritten um eine scharfe Ecke und – stand vor den ersten riesigen Sarkophagen.

Einer der größten, die gleich hinter dem Eingang standen, besagte inschriftlich, daß er die Mumie Sethos' I. barg, die Mumie, die Belzoni im Oktober 1817 vergeblich in der ursprünglichen Gruft des Pharaos im «Tal der Könige» gesucht hatte. Der Flackerschein seiner Fackel fiel auf weitere Särge, auf unzählbare Kostbarkeiten des ägyptischen Totenkults, die achtlos über den Boden und die Särge verstreut waren. Brugsch ging weiter, bahnte sich oft schrittweise den Weg. Plötzlich öffnete sich vor ihm die eigentliche

Grabkammer, unendlich weit erscheinend, im trüben Licht. Die Särge lagen regellos durcheinander, teils geöffnet, teils noch verschlossen. Einzelne Mumien lagen zwischen unzähligen Geräten und Schmuckstücken. Brugsch stand atemlos. Wußte er in dieser Sekunde, daß ihm ein Anblick beschert war wie noch nie einem Europäer vor ihm?

Er stand vor den leibhaftigen Körpern der mächtigsten Herrscher der Alten Welt. Oft kriechend, dann wieder frei schreitend, stellte er fest, daß hier Amosis I. lag (1580 bis 1555 v. Chr.), der die endgültige Vertreibung der barbarischen «Hirtenkönige», der Hyksos, zu seinem Ruhme gefügt hatte (womit jedoch nach heutiger Annahme die biblische Erzählung vom Auszug der Israeliten aus Ägypten nicht zusammenhängt); daß dort die Mumie des ersten Amenophis zu finden war (1555 bis 1545 v. Chr.), der später der Schutzheilige der ganzen thebanischen Totenstadt werden sollte. Und unter zahllosen Särgen weniger bekannter ägyptischer Herrscher findet er schließlich – und er muß sich, die Fackel in der Hand, niedersetzen, minutenlang überwältigt – die Mumien der beiden größten Herrschergestalten, deren Ruhm ohne die Archäologen, ohne jede historische Wissenschaft durch die Jahrtausende hindurch von Geschlecht zu Geschlecht auf uns überkommen ist. Er findet die toten Körper von Thutmosis III. (1501 bis 1447 v. Chr.) und von Ramses II. (1298 bis 1232 v. Chr.), der Große genannt, an dessen Hof, wie man damals glaubte, Moses aufgewachsen sein sollte, der Gesetzgeber des jüdischen Volkes und des Abendlandes, die Herrscher, die vierundfünfzig und sechsundsechzig Jahre regierten und Weltreiche unter Blut und Tränen ihrer Untertanen nicht nur schufen, sondern lange Zeit zu bewahren wußten!

Als der überwältigte Brugsch die Inschriften der Särge flüchtig überprüfte, kaum wissend, wo er beginnen sollte, da fand er doch sofort die Geschichte von den «wandernden Mumien». Und es erstand vor ihm das Bild jener zahllosen Nächte, da die Priester im «Tal der Könige» die toten Pharaonen zum Schutz vor Diebstahl und Schändung aus ihren Gräbern gerissen und – oft über mehrere Zwischenstationen – hier in Der-el-Bahri in neue Sarkophage gebettet hatten, einen neben den anderen. Mit einem Blick sah er, wie damals Angst und Eile die Peitsche geschwungen hatten, denn einige der Mumien waren nur schräg gegen die Wand gelehnt. Und mit Erschütterung las er später in Kairo, was die Priester den Wänden der Särge anvertraut hatten: die Odysseen der toten Könige.

Als er die Zahl der versammelten Herrscher überschlug, kam er auf vierzig. Vierzig Mumien. Vierzig sterbliche Reste derer, die einst eine Welt regierten in Gottähnlichkeit; die dreitausend Jahre in Frieden geruht hatten, bis erst ein Räuber und dann er, Emil Brugsch-Bey, wieder einen Blick auf sie werfen durfte.

TROTZ aller Fürsorge (die sie teilweise noch vor dem eigenen Tode trafen) waren die ägyptischen Herrscher oft sehr pessimistisch. «Die da bauten aus Granit, die eine Halle mauerten in die Pyramide, die da Schönes leisteten in dieser schönen Arbeit ... ihre Opfersteine sind ebenso leer wie die der Müden, die auf dem Uferdamme sterben ohne einen Hinterbliebenen!»

Der Pessimismus hinderte sie nicht, immer neue Vorsorge zu treffen, um ihren toten Leib in rechter Weise zu erhalten. Herodot beschreibt Totenbräuche und Einbalsamierung, wie sie nach eigenen Erkundigungen noch im Schwange waren, als er Ägypten bereiste. (Der Text ist hier nach Howard Carter wiedergegeben.) «Stirbt eine angesehene Persönlichkeit, so bestreichen sich die Frauen des Hauses die Köpfe, ja sogar die Gesichter mit Erde. Dann verlassen sie den Toten, stürzen aus dem Haus und durchziehen die Stadt mit geschürzten Röcken, entblößen die Brust und schlagen sich. Alle weiblichen Verwandten schließen sich dem Zug an und tun das gleiche. Auch die Männer gürten sich und schlagen sich die Brust. Nach diesen Zeremonien tragen sie den Leichnam fort zur Einbalsamierung.»

Es ist an der Zeit, einiges über Mumien zu sagen. Das Wort ist vieldeutig, was klar wird, wenn man die Bemerkung des schon einmal erwähnten arabischen Reisenden Abd-el-Latif aus dem 12. Jahrhundert liest, daß in Ägypten «Mumie» zu medizinischen Zwecken billig verkauft werde. Mumiya oder Mumiyai ist ein arabisches Wort und bezeichnet im Sinn Abd-el-Latifs entweder Asphalt oder «Judenpech» oder die natürliche Ausschwitzung der Felsen, wie sie aus dem Mumienberg in Derabgerd in Persien gewonnen wurde. Ein «Gemisch aus Pech und Myrrhen» nannte der arabische Reisende die Mumie – und noch im sechzehnten und siebzehnten Jahrhundert wurde in Europa ein schwungvoller Handel damit getrieben, ja, noch im vorigen Jahrhundert verkaufte der Apotheker «Mumie» als Heilmittel gegen Brüche und Wunden. Schließlich ist Mumie auch Haar und Fingernagel, abgeschnitten vom Lebendigen; ist Teil des Menschen, der fürs Ganze gilt und deshalb ansprechbar ist für Beschwörung und Verhexung. Sagen wir heute «Mumie», so meinen wir fast ausschließlich einbalsamierte Körper, besonders die wohlerhaltenen Körper der alten Ägypter. Man unterschied früher zwischen «natürlicher» Mumifizierung und «künstlicher» und sah als «natürliche Mumien» solche an, die ohne besondere Behandlung sich durch gewisse günstige

Bedingungen ohne Verwesung erhalten haben, also etwa die Körper im Kapuzinerkloster bei Palermo, im Kloster auf dem Großen St. Bernhard, im Bleikeller der Domkirche zu Bremen oder im Schloß zu Quedlinburg. Man hält die Unterscheidung auch heute noch aufrecht, aber mit Einschränkung, nachdem die zahlreichen Untersuchungen, besonders von Elliot Smith, und die Analyse der Mumie des Tut-ench-Amun durch Douglas E. Derry ergeben haben, daß das Hauptverdienst der wunderbaren Konservierung weniger kunstvoller Balsamierung als dem besonders trockenen Klima des Nillandes zuzuschreiben ist, der Keimfreiheit der Luft und des Sandes. So hat man tadellos erhaltene Mumien ohne Sarg und ohne die Spuren von Eingeweideentfernung einfach im Sand gefunden; und sie waren nicht schlechter erhalten als balsamierte Leichen, die durch die Harze, Asphalte und zahlreich verwendeten balsamischen Öle, durch – wie der Papyrus Rhind erzählt – das «Wasser aus Elephantine, das Natron aus Eileithyiaspolis und die Milch der Stadt Kim» im Laufe der Zeit oft stark zersetzt worden waren oder zu unförmiger Masse verklebten.

Im vorigen Jahrhundert besonders nahm man an, daß die Ägypter im Besitz besonderer chemischer Geheimmittel gewesen seien. Es gelang auch bis heute noch nicht, eine authentische, wirklich genaue und vollständige Mumifizierungsanweisung aufzufinden. Aber wir wissen heute, daß bei Verwendung der zahllosen Ingredienzien religiöse Rituale, mystische Beziehungen oft größere Bedeutung hatten als die chemische Wirksamkeit. Und wir müssen berücksichtigen, daß sich die Kunst der Mumifizierung im Laufe der Jahrtausende sicher mehrfach gewandelt hat. So beobachtete schon Mariette, daß die Mumien von Memphis, die älteren, nahezu schwarz, ausgetrocknet und sehr zerbrechlich sind, die neueren aus Theben dagegen gelb, mattglänzend und oft geschmeidig, was nicht durch den Altersunterschied allein erklärt werden kann.

Herodot berichtet uns von drei Arten der Mumifizierung, von denen die erste dreimal teurer war als die zweite; die dritte war die wohlfeilste, die sich auch der untere Beamte leisten konnte (keineswegs der Mann des Volkes, der das Schicksal seines toten Körpers allein dem gütigen Klima anheimgeben konnte).

In den ältesten Zeiten gelang es nur, die rein äußerlichen Formen der Körper zu erhalten. Später fand man Mittel, die Schrumpfung der Haut zu vermeiden, so daß wir Mumien finden konnten, die wohlerhaltene, in ihrer Individualität noch erkennbare Gesichtszüge tragen.

Die Leiche wurde in der Regel so behandelt: Zuerst wurde mit einem metallenen Haken das Gehirn durch die Nasenlöcher herausgezogen; mit einem Steinmesser wurde die Bauchhöhle geöffnet, dann wurden die Eingeweide entfernt (manchmal wahrscheinlich auch durch den After) und in den sogenannten «Kanopen» (Krügen oder Vasen) beigesetzt; das Herz wurde herausgenommen und durch einen steinernen Skarabäus ersetzt. Es folgte äußerst gründliche Waschung und eine «Einsalzung», der der Leichnam länger als einen Monat ausgesetzt blieb. Schließlich wurde er wieder getrocknet – was nach einigen Nachrichten bis zu siebzig Tagen währte.

Die Einsargung fand in oft mehreren Holzsärgen (die meist die Form des menschlichen Körpers hatten) oder in Sarkophagen statt; oder mehrere ineinandergeschachtelte Holzsärge wurden in einen Steinsarkophag gebettet. Die Gestalt wurde in liegender Haltung beigesetzt. Die Hände wurden entweder über Brust oder Schoß gekreuzt oder aber die Arme längs der Seiten ausgestreckt. Die Haare wurden meist kurz geschoren, bei Frauen aber oft in voller Länge belassen und wunderbar onduliert. Die Schamhaare wurden rasiert.

Der Leib wurde zum Schutz vor dem Zusammenfall ausgestopft mit Lehm, Sand, Harzen, Sägespänen, Leinwandballen; unter Zusatz aromatischer Stoffe, merkwürdigerweise auch Zwiebeln. Auch die weiblichen Brüste wurden ausgestopft. Dann begann der sicher langwierige Prozeß des Einwickelns mit Leinwandbinden und Tüchern, die im Laufe der Zeit von asphaltenen Stoffen so durchtränkt wurden, daß es dem Wissenschaftler oftmals nicht mehr gelang, sie sorgfältig wieder abzuwickeln. Die Diebe, die es auf die zahllosen Schmuckstücke abgesehen hatten, die in die Binden eingewickelt waren, machten sich natürlich diese Mühe überhaupt nicht, sondern zerschnitten die Binden kreuz und quer.

1898 öffnete Loret, der damalige Generaldirektor der Altertümerverwaltung, unter anderem das Grab Amenophis' II. Auch er fand «wandernde Mumien», die dreizehn Königsmumien nämlich, die ebenfalls unter der XXI. Dynastie von Priestern in schwerer nächtlicher Arbeit zusammengetragen worden waren. Aber Loret fand längst nicht die Kostbarkeiten, die Brugsch noch gefunden hatte. Nur die Mumien selber fand er unberührt (Amenophis lag in seinem Sarkophag), alles andere war geraubt. Dennoch drangen, nachdem auf Vorstellungen von Sir William Garstin das Grab wieder zugemauert worden war, um die toten Könige in Frieden ruhen zu lassen, ein oder zwei Jahre später moderne Grabräuber ein, rissen Amenophis aus seinem Sarge und beschädigten seine Mumie schwer. Wahrscheinlich hatten auch sie mit den Wächtern zusammengearbeitet wie fast alle Diebe in den Jahrtausenden zuvor. Dieser Fall bewies, daß Brugsch richtig gehandelt hatte, als er das Sammelgrab räumte, und daß jedes Bedenken, geboren aus Pietät, unter den ägyptischen Verhältnissen falsch am Platze war!

Als Emil Brugsch-Bey den engen Schacht wieder emporkletterte, als er die vierzig toten Könige verlassen hatte, arbeiteten seine Gedanken bereits an der Möglichkeit der Bergung. Das Grab zu belassen, wie es war, hieß, daß weitergeplündert wurde. Es aber ausräumen und nach Kairo schaffen, bedeutete die Beschäftigung einer Unzahl von Arbeitern, die kaum aus anderem Ort als Kurna zu beschaffen waren, der Heimat der Abd-el-Rasuls, der Urheimat der Diebe. Als sich Brugsch zu neuer Audienz dem Mudir melden ließ, hatte er sich trotz aller schrecklichen Möglichkeiten für das letztere entschieden. Der nächste Morgen schon fand ihn mit dreihundert Fellachen am Fundort. Er ließ das Gelände absperren. Zusammen mit seinem arabischen Gehilfen sonderte er eine kleine Gruppe ab, die vertrauenerweckender schien als die Masse der anderen. Während diese schwer arbeitende Gruppe – es stellte sich heraus, daß zum Hieven der schwersten Stücke sechzehn Männer benötigt wurden – die Kostbarkeiten einzeln emporschickte, nahmen Brugsch und sein Gehilfe jede in Empfang, registrierten sie und ließen sie am Fuß des Hügels in eine Reihe legen. Die Arbeit geschah in achtundvierzig Stunden! Howard Carter, der moderne Archäologe, bemerkt lakonisch: «Heutzutage arbeiten wir nicht mehr ganz so schnell!» Die Eile war auch in nicht nur archäologischer Hinsicht übertrieben. Denn der Dampfer aus Kairo hatte mehrere Tage Verspätung. Brugsch-Bey ließ die Mumien verpacken, die Särge einhüllen und nach Luxor schaffen. Erst am 14. Juli fand die Verladung statt.

Dann aber geschah etwas, was Brugsch, den abgehärteten Wissenschaftler, noch mehr beeindruckte als die Entdeckung der Schätze selbst. Denn was sich nun, während sich das Nilschiff langsam stromabwärts den Weg bahnte, abspielte, rührte nicht mehr den Wissenschaftler an, sondern den Menschen, dem die Ehrfurcht noch nicht verlorengegangen war.

Mit Windeseile hatte sich in allen Nildörfern und weit im Lande herumgesprochen, welche Last das Schiff barg. Und es zeigte sich, daß das alte Ägypten, das in seinen Herrschern Götter gesehen hatte, noch nicht erloschen war. Brugsch stand auf dem Verdeck, und er sah, daß Hunderte von Fellachen mit ihren Weibern dem Schiff das Geleit gaben, von Luxor ab immer wieder andere bis weit hinab zum großen Nilknie, bis Kuft und Kench. Die Männer schossen ihre Flinten ab zu Ehren der toten Pharaonen, die Weiber bewarfen Gesicht und Leib mit Erde und Staub und rieben sich die Brüste mit Sand. Die Fahrt des Schiffes war begleitet von weithin hallendem Klagegesang. Eine Fantasia, eine Prozession, fern dem Prunk, erschütternd in der Klage.

Brugsch konnte den Anblick nicht mehr ertragen und wandte sich ab. Handelte er richtig? War vielleicht unterm Blickpunkt jener, die dort ihre Klageschreie ausstießen und die Brüste schlugen, auch er nichts anderes als ein Räuber, als einer jener Diebe und Frevler, die dreitausend Jahre lang die Gräber geschändet hatten? War die Begründung, der Wissenschaft zu dienen, ausreichend?

Howard Carter gab uns viele Jahre später eine klare Antwort. Er nimmt die Geschehnisse um das Grab des Amenophis zum Anlaß für folgende Bemerkung: «Eine Lehre können wir aus diesem Fall ziehen, und wir empfehlen sie den Kritikern, die uns Vandalen nennen, weil wir Gegenstände aus den Gräbern entfernen. Indem wir die Altertümer den Museen zuführen, sorgen wir für ihre Erhaltung; an Ort und Stelle gelassen, würden sie unvermeidlich früher oder später zur Beute der Diebe werden, was ihrer Vernichtung gleichkäme.»

Als Brugsch in Kairo landete, bereicherte er nicht nur ein Museum, sondern die ganze Welt um die Kenntnis von dem, was einst war in Herrlichkeit und unwiederbringlicher Größe.

16. KAPITEL

HOWARD CARTER
ENTDECKT TUT-ENCH-AMUN

Im Jahre 1902 erhielt der Amerikaner Theodor Davis von der ägyptischen Regierung die Erlaubnis, im «Tal der Könige» Ausgrabungen vorzunehmen. Er grub zwölf Winter lang. Er entdeckte so aufschlußreiche Gräber wie das des vierten Thutmosis, des Siptah, des Haremheb, und er fand Mumie und Sarg des großen «Ketzerkönigs» Amenophis IV. (dessen Gemahlin Nofretete war, deren herrliche farbige Porträtbüste das bei uns wohl bekannteste ägyptische Bildwerk geworden ist), dieses Herrschers, der sich als Reformator «Echnaton» nannte («Die Sonnenscheibe ist zufrieden») und der an Stelle der altüberlieferten Religion vorübergehend die Verehrung des Sonnengestirns eingeführt hatte.

Im Anfangsjahr des ersten großen Weltkriegs ging die Konzession über an Lord Carnarvon und Howard Carter. Damit beginnt die Geschichte des bedeutendsten ägyptischen Gräberfundes, die, wie die Schwester Carnarvons in einer Skizze über ihren Bruder später schrieb, «wie Aladins Wunderlampe anfängt und wie eine griechische Sage der Nemesis endet».

Die Entdeckung dieses Grabes von Tut-ench-Amun ist für unser Buch besonders wichtig. Im Zuge der Geschichte der archäologischen Entdeckungen stellt sie den Höhepunkt aller Erfolge dar. Gleichzeitig aber ist sie – suchen wir in der Entwicklung unserer Wissenschaft einen dramatischen Spannungsbogen zu erkennen – einer Peripetie gleichzusetzen. Die Exposition wurde von Winckelmann und einer unübersehbaren Reihe von Systematikern, Methodikern und Spezialisten geschrieben. Die ersten groben Knoten der gerade begonnenen Handlung lösten Champollion, Grotefend und Rawlinson (von den beiden zuletzt Genannten wird das «Buch der Türme» berichten). Die ersten, die aktiv die Handlung weitertrieben und Beifall auf offener Szene fanden, waren Mariette, Lepsius und Petrie in Ägypten, Botta und Layard im Zweistromland (siehe «Buch der Türme») und die Amerikaner Stephens und Thompson in Yucatan (siehe «Buch der Treppen»). Zur atemraubenden dramatischen Gipfelung unter leidenschaftlicher Anteilnahme aller Mitspielenden kam es zum erstenmal in den Entdeckungen von Schliemann und Evans in Troja und Knossos, dann von Koldewey und

Woolley in Babylon und im Lande Ur, der Heimat Abrahams. Schliemann war der letzte große, selber grabende Dilettant gewesen, der geniale Einzelgänger. In Knossos und Babylon arbeiteten bereits ganze Stäbe von Fachleuten. Regierungen, Fürsten, reiche Mäzene, wohlhabende Universitäten, archäologische Institute und private Geldmänner aus allen Teilen der modernen Welt sandten Jahr für Jahr wohlausgerüstete Expeditionen in alle Teile der Alten Welt. Bei der Entdeckung des Grabes von Tut-ench-Amun aber wurde alles, was bisher in einzelnen Leistungen und in Unsummen von Erfahrungen auf dem weiten Gebiet der Forschung geleistet worden war, in grandiosester Weise zusammengefaßt. Hier galt kein anderes Diktat als das der Wissenschaft. Die Schwierigkeiten, die Layard mit der abergläubischen Dummheit, Evans mit der Mißgunst der zuständigen Behörden auszufechten hatte, waren hier bereits ersetzt durch die bereitwillige Unterstützung der Regierung. Der Neid der wissenschaftlichen Kollegen, der noch Rawlinson beschimpft und Schliemann das Leben zur Hölle gemacht hatte, wurde ersetzt durch das größte Beispiel internationaler Zusammenarbeit und Hilfsbereitschaft, das von der Wissenschaft je geboten wurde. Die Zeit der großen Pioniertaten, da ein einzelner, wie Layard etwa, nur mit Esel und Felleisen zur Eroberung einer versunkenen Stadt ausgezogen war, war vorüber. Howard Carter, obwohl als Petrie-Schüler noch vom alten Schrot und Korn, wurde – wenn man solchen Vergleich wagen darf – der archäologische Vollzugsbeamte, bei dem verwegener Vorstoß in unentdecktes Land bereits abgelöst war durch die strengen Methoden des registrierenden Landvermessers einer alten Kultur.

Aber dadurch, daß er sich bei aller wissenschaftlichen Akribie doch die große Begeisterung zu erhalten wußte und gleichzeitig die wissenschaftliche Strenge, Genauigkeit, Sorgfalt ruckartig zur höchsten Vollkommenheit entwickelte, ist auch er einer der Großen im Reich der Altertumswissenschaft, im Reich der Männer, die mit dem Spaten nicht mehr nur nach Schätzen und nach den Leibern toter Könige gruben, sondern nach allen Rätseln der Menschheit, seit sie in den hohen Kulturen Gestalt, Gesicht, Charakter und Geist gewann.

LORD CARNARVON ist als Persönlichkeit eine eigentlich nur in England beheimatete Mischung von Sportsmann und Kunstsammler, Gentleman und Weltfahrer, Realist im Handeln und Romantiker im Fühlen. Als Schüler des Trinity-College in Cambridge machte er eines Tages den Vorschlag, auf eigene Kosten die ursprüngliche schöne Täfelung seines Zimmers von den schändlichen späteren Übermalungen zu befreien; er schweifte schon als Jüngling durch alle Antiquitätengeschäfte und sammelte als Mann mit Leidenschaft und großem Verständnis alte Stiche und Zeichnungen. Gleichzeitig aber ist er ständiger Gast auf allen Rennplätzen, übt sich, bis er ein vorzüglicher Schütze wird, widmet sich dem Wassersport und macht – schon mit dreiundzwanzig Jahren Erbe sehr großen Vermögens – eine Segelfahrt um die Welt. Das dritte in England lizenzierte Auto gehörte ihm. Autosport wurde ihm zur Leidenschaft. Diese Neigung sollte seinem Leben eine entscheidende Wendung geben. Um die Jahrhundertwende hat er in Deutschland auf einer Straße vor Bad Langenschwalbach einen Autounfall, überschlägt sich mit seinem Wagen und hat neben einer Reihe von schweren Verletzungen für sein ganzes weiteres Leben unter starken Atembeschwerden zu leiden, die ihm die Winteraufenthalte in England unerträglich machen. Deshalb geht er 1903 zum erstenmal ins milde Klima Ägyptens, trifft auf die Grabungsfelder mehrerer archäologischer Expeditionen, und der reiche, unabhängige Mann, bisher ohne Aufgabe und Ziel, erkennt in dieser Tätigkeit eine geradezu wunderbare Vereinigungsmöglichkeit seiner Schätzung aller sportlichen Reize und seiner Neigung zu ernsthafter Beschäftigung mit der Kunst. 1906 fängt er mit eigenen Ausgrabungen an. Aber noch im selben Winter erkennt er, daß seine Kenntnisse unzureichend sind. Er bittet Professor Maspero um Rat, und dieser empfiehlt ihm den jungen Howard Carter.

Die Gemeinschaft dieser beiden Männer war ungewöhnlich glücklich. Howard Carter war die vollkommene Ergänzung von Lord Carnarvon. Er war der umfassend gebildete Wissenschaftler, der sich, schon bevor Lord Carnarvon ihn mit der ständigen Oberaufsicht über alle seine Grabungen belehnt hatte, bei Petrie und Davis beträchtliche praktische Erfahrungen gesammelt hatte. Da aber war er alles andere als ein phantasieloser Faktenforscher, obwohl einige Kritiker seiner Arbeit ihm übertriebene Pedanterie nachsagten. Er war immer von praktischem Geschick und, wenn es drauf ankam, von Unerschrockenheit, ja, von Waghalsigkeit. Das zeigt sich in der abenteuerlichen Episode des Jahres 1916.

Er befand sich auf einem kurzen Urlaub in Luxor, als eines Tages mit den Zeichen großer Bestürzung die Dorfältesten zu ihm kamen und ihn flehentlich um Beistand baten. Durch die Anforderungen des Krieges, die selbst in Luxor spürbar geworden waren, war der Beamtenapparat stark dezimiert worden, die Kontrolle und polizeiliche Aufsicht hatte nachgelassen, und die Grabräuberei war unter den wackeren Enkeln Abd-el-Rasuls jäh wiederaufgelebt.

Eine Gruppe dieser Räuber hatte auf der Westseite des Hügels oberhalb des «Tals der Könige» einen Fund gemacht. Kaum hatte eine Konkurrenzgruppe davon gehört, als sie sich aufmachte, um teilzuhaben an den vermuteten Schätzen. Was nun geschah, mutet an wie ein schlechter Film. Es kam zu einem Gefecht zwischen den beiden Banden. Die erste Abteilung wurde überrumpelt, geschlagen und vertrieben, und es bestand größte Gefahr, daß es zu weiteren blutigen Auseinandersetzungen kommen würde. Carter, obwohl auf Urlaub und für diese Vorgänge nicht im mindesten verantwortlich, entschloß zu handeln. Lassen wir ihn selbst berichten:

«Es war schon spät am Nachmittag. Eilig sammelte ich die wenigen meiner Arbeiter, die der militärischen Aushebung entgangen waren, und machte mich mit der nötigen Ausrüstung nach dem Tatort auf den Weg, ein Unternehmen, das einen Aufstieg von über 600 Meter auf die Hügel von Kurna bei Mondschein mit sich brachte. Es war Mitternacht, als wir auf dem Schauplatz ankamen und der Führer mir das Ende eines Seiles zeigte, das an einem senkrechten Felsen hinabhing. Wenn wir hinhorchten, konnten wir die Räuber tatsächlich arbeiten hören; ich schnitt erst ihr Seil und damit das Mittel zum Entkommen ab und ließ mich, nachdem ich ein eigenes, gutes, starkes Seil befestigt hatte, über den Felsen hinunter. Sich um Mitternacht an einem Seil in ein Nest voll geschäftiger Grabräuber hinunterzulassen, ist ein Zeitvertreib, dem es nicht an Reiz mangelt. Acht Mann waren an der Arbeit, und als ich unten ankam, gab es ein paar ungemütliche Augenblicke. Ich stellte ihnen die Wahl, sich vermittels meines Seils davonzumachen oder ohne Seil zu bleiben, wo sie waren; schließlich nahmen sie Vernunft an und entfernten sich. Den Rest der Nacht verbrachte ich an Ort und Stelle...»

Man muß diese bescheidene und fast trockene Darstellung, die die Gefährlichkeit der Situation nur galgenhumorig durchblitzen läßt, mit seiner Phantasie auffüllen, um sich das Bild eines recht streitbaren Archäologen machen zu können. Übrigens wären die Räuber, hätte Carter sie gewähren lassen, enttäuscht worden. Der Fund stellte sich als ein Grab heraus, das ursprünglich wohl für die Königin Hatschepsut angelegt worden war. Es barg keinerlei Schätze, sondern nur einen unvollendeten Sarkophag aus kristallinischem Sandstein. –

CARNARVON und Howard Carter gingen zusammen an die Arbeit. Erst der Herbst 1917 erlaubte ihnen, in solchem Maßstab zu arbeiten, wie allein es Erfolg versprechen konnte. Und es geschah etwas, was wir des öfteren bereits in der Geschichte der Wissenschaften erlebten: Auf Anhieb führte eine glückhafte Eingebung dazu, daß das engste Feld, auf dem die Entdeckung stattfinden sollte, sofort richtig abgesteckt wurde. Gleich aber setzten sich äußere Umstände, kritische Überlegungen, Zaghaftigkeiten, Zweifel und vor allem «fachmännische Hinweise» als Hemmschuh vor die Vollendung der Tat, die dadurch hinausgezögert, ja, beinahe verhindert wurde.

Hatte nicht schon einer der allerersten Ausgräber überhaupt, der neapolitanische Cavaliere Alcubierre, als er mit ähnlichem Glück am 6. April 1748 gerade auf die Mitte Pompejis gestoßen war, die Grablöcher wieder zugeschüttet, voll Ungeduld angefangen, an anderer Stelle zu graben, um erst nach Jahren festzustellen, daß der erste Spatenstich der richtige gewesen war?

Carnarvon und Carter sahen vor sich das «Tal der Könige». Dutzende hatten vor ihnen hier gegraben, und kein einziger hatte genaue Aufzeichnungen oder gar Pläne darüber hinterlassen. So türmte sich wie ein künstliches Mondgebirge Schuttberg neben Schuttberg, zwischen ihnen die Eingänge zu den entdeckten Gräbern. Es gab keinen anderen Weg, als planmäßig bis auf den Felsboden zu graben. Und Carter schlug vor, in einem Dreieck zu beginnen, das durch die Gräber Ramses' II., Merenptahs und Ramses' VI. abgesteckt war. «Auf die Gefahr hin», schreibt er später, «eines nachträglichen Besserwissens beschuldigt zu werden, will ich feststellen, daß wir entschieden Hoffnung hatten, das Grab eines bestimmten Königs zu finden, und dieser König war Tut-ench-Amun!»

Das klingt unglaublich, wenn man sich das durch und durch umgewühlte «Tal» vorstellt. Das klingt besonders deshalb so kühn, weil die Gründe, die die beiden Ausgräber mit solcher Hoffnung erfüllten, so außerordentlich geringfügig waren und die Meinung der Fachwelt mit Entschiedenheit dahin ging, daß die Zeit der Entdeckungen im «Tal der Könige» vorüber sei.

Genau hundert Jahre vorher hatte bereits Belzoni, als er die Gräber von Ramses I. und Sethos I., von Eje und Mentu-her-chopschef ausgeräumt hatte, geschrieben: «Ich bin der festen Überzeugung, daß es im Tal von Biban-el-Muluk keine anderen Gräber als die durch meine kürzlichen Entdeckungen bekannten gibt; denn ehe ich diesen Ort verließ, spannte ich alle meine bescheidenen Kräfte an in dem Bestreben, noch ein Grab zu finden, aber ohne Erfolg; meine Ansicht wird dadurch bestätigt, daß sich unabhängig von meinen eigenen Forschungen der britische Konsul, Herr Salt, dort vier Monate aufhielt, nachdem ich den Ort verlassen hatte, und sich gleichfalls vergeblich bemühte, noch ein Grab zu finden.» Siebenundzwanzig Jahre nach Belzoni, 1844, kam die große preußische Expedition und vermaß das «Tal» gründlich. Als sie abzog, war auch ihr Leiter, wieder Richard Lepsius, der Meinung, daß alles entdeckt sei, was zu entdecken war. Das hinderte nicht, daß Loret kurz vor der Jahrhundertwende doch noch Gräber fand, ebenso wie Davis kurz nach ihm. Nun aber war buchstäblich jedes Sandkörnchen im «Tal» dreimal gesiebt und gewendet, und als Maspero als Vorsteher der Altertümerabteilung die Konzession für Lord Carnarvon unterzeichnete, gab mit ihm wieder ein Gelehrter der Überzeugung Ausdruck, daß die Konzession eigentlich überflüssig sei; das «Tal» hätte keine Funde mehr zu vergeben.

Was aber gab nach all dem Carter die Hoffnung, dennoch ein Grab zu finden, ja, nicht nur irgendeins, sondern ein ganz bestimmtes? Er kannte aus eigener Anschauung die Funde von Davis. Und darunter war – unter einem Felsen entdeckt – ein Fayencebecher mit dem Namen Tut-ench-Amun. Und in einem Schachtgrab ganz in der Nähe hatte er einen zerbrochenen hölzernen Kasten gefunden. Die Goldplättchen, die dieser Kasten noch enthielt, trugen ebenfalls den Namen Tut-ench-Amuns. Davis stellte die voreilige Behauptung auf, dieses Schachtgrab sei die letzte Ruhestätte des Königs. Carter zog einen anderen Schluß. Dieser wurde bestärkt, als sich herausstellte, daß ein dritter Fund von Davis bei der ersten Prüfung nicht richtig erkannt worden war. Es waren einige mit scheinbar unwichtigen Tonscherben und Leinwandbündeln angefüllte Tongefäße in einem Felsloch. Erneute Überprüfung im New Yorker «Metropolitan Museum of Art» ergab plötzlich, daß es sich zweifellos um die versteckten Reste des Materials handelte, das bei den umständlichen Zeremonien und Bestattungsfeierlichkeiten Tut-ench-Amuns benutzt worden war. Nicht genug damit: Schließlich waren Davis noch, als er das Versteck Echnatons, des Ketzerkönigs, fand, mehrere Tonsiegel Tut-ench-Amuns in die Hand gefallen.

Das alles sieht vielleicht nach starker Beweiskraft aus. Es scheint, als sei ohne weiteres für Carter der Schluß erlaubt gewesen, daß nach diesen Funden das Grab des Tut-ench-Amun entgegen allen bisherigen Mißerfolgen doch noch irgendwo in der Nähe der Fundstücke, also in der Mitte des «Tals» liegen müsse. Aber bedenken wir die drei Jahrtausende, die seitdem über das «Tal» gegangen waren, bedenken wir die zahllosen Verschleppungen aller Grabinhalte durch Räuber und Priester, und nicht zuletzt das zerstörende Wühlen im Anfang oft unkundiger Archäologenarbeit. Carters vier «Beweise» waren ein paar Goldplättchen, ein Fayencebecher, ein paar Tongefäße und einige Siegel. Um an sie nicht nur die Hoffnung, sondern die instinktsichere Gewißheit zu knüpfen, das Grab des Tut-ench-Amun zu finden – dazu gehörte eine geradezu unglaubliche Zuversicht ins eigene Glück.

Howard Carter entdeckt Tut-ench-Amun

Als Carnarvon und Carter mit dem Graben begonnen hatten, entfernten sie in einer Winterarbeit innerhalb des abgesteckten Dreiecks einen großen Teil der obersten Schichten und rückten bis an den Fuß des geöffneten Grabes von Ramses VI. vor. «Hier stießen wir auf eine Reihe Arbeiterhütten, die auf einer Menge großer Feuersteinknollen errichtet waren, wie sie im Tal immer ein Zeichen für die Nähe eines Grabes sind.»

Was nun geschah, wird, wenn man zusammenrückt, was in mehreren Jahren sich abspielte, spannungsvoll. Wegen der Touristen nämlich, denen eine Weiterarbeit in der begonnenen Richtung den Besuch des gern betrachteten Ramses-Grabes verwehrt hätte, entschlossen sich die Ausgräber, das Graben an diesem Ort bis zu günstigerer Gelegenheit zurückzustellen. So gruben sie im Winterhalbjahr 1919/20 nur am Eingang des Grabes von Ramses VI. und fanden dort und in einem kleinen Versteck auch tatsächlich mehrere archäologisch nicht unwichtige Einzelstücke von Grabausrüstungen. «So nahe an einem wirklichen Fund waren wir bisher bei all unseren Arbeiten im Tal noch nie gewesen», notiert Carter.

Jetzt hatten sie ihr Dreieck bis auf das Stück, auf dem die Arbeiterhütten standen, «abgeschabt», wie Petrie gesagt hätte. Und wieder lassen sie diesen letzten Teil unberührt, wieder begeben sie sich an eine ganz andere Stelle, in ein kleines Seitental zum Grab des dritten Thutmosis, und graben dort zwei Winter lang, um «nichts eigentlich Wertvolles» zu finden.

Nun tun sie sich zusammen und erörtern ernsthaft, ob sie nach dieser mehrjährigen Arbeit mit so relativ spärlicher Ausbeute nicht ihre ganze Grabung doch an völlig anderen Ort verlagern sollen! Nur die Stelle mit den Arbeiterhütten und Feuersteinknollen war immer noch nicht untersucht worden, die Stelle am Fuß des Grabes von Ramses VI. Nach langem Zögern und vielfach wieder umgestoßenen Entschlüssen kommen sie überein, dem «Tal» noch einen, nur einen einzigen und wirklich den letzten Winter zu widmen.

Und sie stachen nun genau auf der Stelle des «Tals» den Boden an, den sie sechs Winter zuvor bereits bezeichnet hatten – am Platz der Hütten und Feuersteine. Und diesmal, als sie endlich taten, was sie bereits sechs Jahre lang hätten tun können, als sie nämlich die Arbeiterhütten abrissen, da hatten sie kaum die Hacke angesetzt, als sie den Eingang zum Grabe Tut-ench-Amuns fanden, zum reichsten Königsgrab Ägyptens! Und Carter schreibt: «... das Plötzliche dieser Entdeckung versetzte mich in eine Art Betäubung, und die folgenden Monate waren so voller Ereignisse, daß ich kaum Zeit zum Nachdenken gefunden habe.»

Am 3. November 1922 begann Carter – Lord Carnarvon befand sich zu dieser Zeit in England – die Arbeiterhütten abzureißen (es waren Bruchstücke von Hütten aus der XX. Dynastie). Am Morgen des nächsten Tages wurde unter der ersten Hütte eine Steinstufe gefunden. Am Nachmittag des 5. November waren so viele Schuttmassen beiseite geräumt, daß kein Zweifel mehr daran bestehen konnte, daß der Eingang eines Grabes gefunden worden war.

Aber vielleicht war das Grab eines der unvollendeten, unbenutzten? Vielleicht war es, wenn es wirklich eine Mumie barg, geschändet und geplündert wie alle anderen Gräber? Vielleicht war auch, um keine pessimistisch gesehene Möglichkeit auszulassen, die Mumie, falls eine vorhanden war, nur die eines Hofbeamten oder Priesters?

Die Arbeit schritt voran, und Carters Erregung stieg. Stufe um Stufe trat aus dem Schutt, und als der jähe ägyptische Sonnenuntergang hereinbrach, trat der Fuß der zwölften Stufe hervor, und es wurde «der obere Teil einer verschlossenen, mit Mörtel bestrichenen und versiegelten Tür sichtbar».

«Eine versiegelte Tür... Es war also wirklich wahr... Es war ein Augenblick, bei dem es einen Ausgräber durchschauern konnte.»

Carter prüfte die Siegel. Es waren die der Königstotenstadt. Also mußte zumindest eine sehr hochgestellte Persönlichkeit hinter ihr ruhen. Da die Hütten der Arbeiter seit der XX. Dynastie den Eingang versperrt hatten, mußte mindestens seit dieser Zeit das Grab ungeplündert sein! Und als Carter, fiebernd vor Aufregung, ein Guckloch in die Tür bohrt, «gerade groß genug zum Einführen einer elektrischen Lampe», entdeckt er, daß der Gang hinter der Tür völlig mit Geröll ausgefüllt ist – ein weiterer überzeugender Beweis für den sicheren Schutz, der dem Grab gegeben worden war.

Als Carter, nachdem er seine zuverlässigsten Arbeiter zur Bewachung zurückgelassen hatte, bei Mondschein das «Tal» hinunter heimreitet, kämpft er mit einem Entschluß. «Alles, buchstäblich alles konnte hinter jenem Gang liegen, und es bedurfte meiner ganzen Selbstüberwindung, um nicht den Türeingang zu erbrechen und auf der Stelle weiterzusuchen!» hatte er notiert, als er durch das Guckloch blickte. Jetzt, während das Maultier heimwärts trabt, ringt er mit seinem Drang, seiner Ungeduld, seiner Stimme, die ihm sagt, daß er vor ungeheurer Entdeckung stehe. Und es ist der Bewunderung wert, wenn der Entdecker nach sechsjähriger vergeblicher Arbeit, nun vor dem großen Fund stehend, sich entschließt, das Grab wieder zuzuschütten und das Eintreffen Lord Carnarvons, des Förderers und Freundes, abzuwarten.

Am Morgen des 6. November schickt er das Telegramm: «Habe endlich wunderbare Entdeckung im Tal gemacht; ein großartiges Grab mit unbeschädigten Siegeln; bis zu Ihrer Ankunft alles wieder zugedeckt. Gratuliere!» Am 8. bereits treffen zwei Antworten ein: «Komme, wenn möglich, bald!» – «Denke am 20. in Alexandrien einzutreffen!»

Am 23. traf Lord Carnarvon mit seiner Tochter in Luxor ein. Länger als vierzehn Tage hatte Carter in zehrender Ungeduld, in fiebrig glühender Erwartung untätig vor dem wieder zugeschütteten Grabe sitzen müssen. Schon zwei Tage nach dem Entdecken der Stufen ergoß sich ein Strom von Glückwünschen über ihn. Aber Glückwünsche wozu, zu welcher Entdeckung, zu was für einem Grab? Carter wußte nicht: Hätte er nur eine einzige Handbreit weitergegraben, so wäre er auf einen vollkommen klaren und deutlichen Siegelabdruck Tut-ench-Amuns gestoßen. «Ich hätte eine bessere Nachtruhe gehabt und mir fast drei Wochen Ungewißheit erspart!»

AM Nachmittag des 24. schaufelten die Arbeiter die ganze Treppe frei. Sechzehn Stufen stieg Carter hinab und stand vor der versiegelten Tür. Jetzt sah er die deutlichen Abdrücke und den Namen Tut-ench-Amun; aber er sah noch mehr. Er erblickte, was bis dahin fast alle Entdecker eines Königsgrabes hatten erblicken müssen; auch hier wieder waren andere schneller gewesen. Auch hier hatten Räuber ihr Werk getan.

«Da jetzt die ganze Tür im Licht freistand, vermochten wir etwas zu erkennen, was bisher unseren Blicken entgangen war – nämlich, daß sie an einem Teil zweimal nacheinander geöffnet und wieder geschlossen worden war; ferner, daß die zuerst entdeckten Siegel, der Schakal und die neun Gefangenen, an den wieder geschlossenen Teilen angebracht worden waren, während die Siegel Tut-ench-Amuns sich an dem Teil der Tür befanden, der noch in seinem ursprünglichen Zustand war, und folglich die waren, die das Grab ursprünglich gesichert hatten. Also war das Grab nicht vollständig unversehrt, wie wir gehofft hatten. Plünderer hatten es betreten, und zwar mehr als einmal. Nach den Hütten zu urteilen, die darüber standen, waren es Plünderer aus einer Zeit, die nicht nach der Regierungszeit Ramses' IV. lag; doch daß sie nicht alles ausgeraubt hatten, bewies der Umstand, daß das Grab wieder versiegelt worden war.»

Mit dieser Entdeckung aber war es nicht genug. Carters Verwirrung und Ungewißheit steigerten sich. Als er den letzten Treppenschutt beiseite räumen ließ, fand er Scherben und Kästen mit den Namen Echnatons, Sakeres und Tut-ench-Amuns, fand einen Skarabäus von Thutmosis III. und ein Stück eines anderen mit dem Namen Amenophis' III. Konnte diese Fülle von Königsnamen einen anderen Schluß zulassen als den, daß entgegen den Erwartungen doch nicht ein Einzelgrab, sondern ein Versteck für viele gefunden worden war?

Gewißheit darüber konnte nur die Öffnung der Tür bringen. Die nächsten Tage waren angefüllt mit dieser Arbeit. Wie Carter schon beim ersten Blick durch die kleine Öffnung festgestellt hatte, lag dahinter ein Gang, angefüllt mit Geröll. An der Verschiedenartigkeit dieses Gerölls war deutlich erkennbar, wo die Räuber in schulterbreitem Tunnel eingedrungen waren und auf welche Art sie den Gang wieder zugeschüttet hatten.

Nach mehrtägiger Arbeit stießen die Ausgräber etwa zehn Meter in der Tiefe des Ganges auf eine zweite Tür. Auch hier fanden sich die Siegel Tutench-Amuns und der Königstotenstadt, auch hier aber war deutlich zu erkennen, wo unrechte Besucher bereits eingedrungen waren.

Aus der Ähnlichkeit dieser ganzen Anlage mit einem Versteck Echnatons, das ganz in der Nähe gefunden worden war, kamen Carter und Carnarvon nun zur ziemlich sicheren Überzeugung, wirklich nur ein Versteck statt eines Grabes gefunden zu haben. Und war in einem Versteck, das offensichtlich schon von Räubern besucht war, noch viel zu erwarten?

Ihre Hoffnungen waren gedämpft. Dennoch stieg die Spannung, je mehr Geröll vor der zweiten Tür entfernt wurde. «Der entscheidende Augenblick war gekommen», schreibt Carter. «Mit zitternden Händen machten wir eine kleine Öffnung in der linken oberen Ecke...»

Carter nahm eine Eisenstange und stieß sie hindurch; sie schwenkte frei durch den leeren Raum. Er machte ein paar Flammenproben; keinerlei Gase machten sich bemerkbar. Dann erweiterte er das Loch.

Nun drängten sich alle Beteiligten zusammen. Lord Carnarvon, seine Tochter Lady Evelyn und der Ägyptologe Callender, der auf die erste Nachricht vom neuen Fund als Helfer herbeigeeilt war. Carter strich mit nervöser Bewegung ein Zündholz an, entflammte die Kerze und führte sie an das Loch; seine Hand war nicht sicher. Als er, buchstäblich zitternd vor Erwartung und Neugier, den Kopf der Öffnung näherte, um endlich den Blick ins Innere zu tun, brachte die heiße Luft, die sich von innen her ihren Ausweg suchte, die Kerze zum Flackern. Carter konnte im ersten Augenblick nichts erkennen. Als aber seine Augen sich an das matte Flackerlicht gewöhnten, als er erst Konturen, dann Schatten, dann erste Farben wahrnahm, als sich seinem Blick immer deutlicher abzeichnete, was der Raum hinter der zweiten versiegelten Tür enthielt – da brach er nicht etwa in verzückte Rufe aus, sondern er blieb stumm... Eine Ewigkeit verging für die, die neben ihm warte-

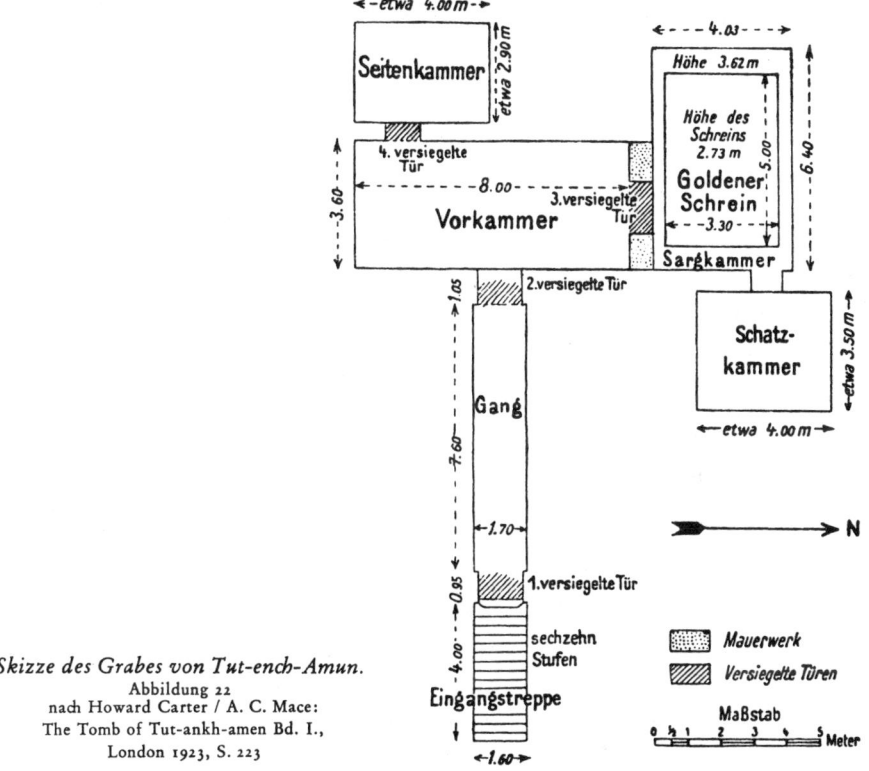

Skizze des Grabes von Tut-ench-Amun.
Abbildung 22
nach Howard Carter / A. C. Mace:
The Tomb of Tut-ankh-amen Bd. I.,
London 1923, S. 223

ten. Dann konnte Carnarvon die Ungewißheit nicht mehr länger ertragen und fragte: «Können Sie etwas sehen?»

Und Howard Carter wendet sich langsam um und sagt aus tiefster Seele, wie verzaubert: «Ja, wunderbare Dinge!»

«SICHER hatte man nie vorher in der ganzen Geschichte von Ausgrabungen so Wunderbares geschaut, wie es uns jetzt das Licht unserer elektrischen Lampe enthüllte.»

Das sagt Carter, als sich die erste Erregung der Entdecker gelegt hatte und sie nacheinander in Ruhe vor das Guckloch getreten waren. Und das Wort wurde gültig, als sie am 17. die Tür geöffnet hatten. Als jetzt das Licht einer starken elektrischen Lampe zuckende Blitze auf goldenen Bahren, goldenem Thronsessel, matte Reflexe auf zwei großen schwarzen Statuen, auf Alabastervasen und seltsamen Schreinen hervorrief. Bizarre Tierköpfe schleuderten verzerrte Schatten über die Wände. Aus einem der Schreine züngelte eine goldene Schlange. Wie Schildwachen standen sich die beiden Statuen gegenüber «mit goldenem Schurz, goldenen Sandalen, mit Keule und Stab und mit der schimmernden heiligen Schlange an ihrer Stirn».

Zwischen dieser Pracht, die mit wenigen Blicken nicht zu übersehen war, fanden sich die Spuren des Lebendigen. An der Tür stand noch ein halb gefülltes Gefäß mit Mörtel, dort stand die noch geschwärzte Lampe, hier war noch der Fingerabdruck auf der frisch gemalten Fläche, dort auf der Schwelle lag das zum Abschiedsgruß niedergelegte Blumengewinde.

So zwischen totem Prunk und lebendigem Zeichen dauerte es geraume Zeit, bis sich Carnarvon und Carter plötzlich bestürzt der Tatsache bewußt wurden, daß in dieser Museumsfülle kostbarer Schätze weder ein Sarkophag noch eine Mumie zu erblicken war. Sollte die vielerörterte Frage – Grab oder Versteck? – sich von neuem erheben?

Da entdeckten sie, als sie zum erstenmal ihre Augen systematisch über alle Wände führten, daß sich zwischen den beiden königlichen Schildwachen eine dritte versiegelte Tür befand. «Visionen von Kammer über Kammer, jede gleich der ersten, die wir gesehen hatten, von Gegenständen erfüllt, zogen in Gedanken an uns vorüber und ließen uns atemlos zurück.» Als sie am 27. mit Hilfe der starken elektrischen Lampen, die Callender inzwischen installiert hatte, diese dritte Tür untersuchten, erkannten sie dicht über dem Boden eine Öffnung, auch versiegelt, aber später als die eigentliche Tür. Auch hier waren die Räuber gewesen. Was konnte diese zweite Kammer oder dieser zweite Gang noch bergen? Wenn sich die Mumie hinter der Tür befand – war sie beschädigt? Es gab hier einiges, was rätselhaft war. Nicht nur die ganze Anlage dieses Grabes war abweichend von allen bisher bekannten anderen; viel merkwürdiger war, daß Räuber sich die Mühe gemacht hatten, durch die dritte Tür einzudringen, ohne sich zuerst dessen zu bemächtigen, was greifbar vor dieser Tür lag. Was wollten sie finden, daß sie durch die Haufen von Gold, die in der Vorkammer lagen, nur hindurchwateten? –

Als Carter sich in dieser erstaunlichen Schatzkammer umsah, erblickte er hinter den Gegenständen mehr als ihren Materialwert. Welche Aufschlüsse gaben diese Dinge der Forschung! Hier waren zahllose ägyptische Gebrauchs-, Luxus- und Kulturgegenstände zusammengetragen, von denen jedes einzelne Stück vom Archäologen als reichlicher Lohn eines ganzen mühsamen Grabungswinters angesehen worden wäre. Außerdem offenbarte sich hier die ägyptische Kunst einer bestimmten Epoche in solcher Kraft und Lebendigkeit, daß Carter nach nur eiligem Umblick bereits klar wird: ein genaues Studium wird «eine Änderung, wenn nicht gar einen Umsturz aller früheren Ansichten in sich schließen».

Es dauerte nicht lange, und sie machten eine neue wichtige Entdeckung. Einer von ihnen blickte neugierig unter eine der drei großen Bahren. Er entdeckte ein kleines Loch. Er rief die anderen. Sie krochen herbei und führten die elektrische Lampe ein. Und ihr Blick fiel in eine kleine Seitenkammer, kleiner als die Vorkammer, doch mit Gebrauchsgegenständen und Kostbarkeiten aller Art überfüllt, ja vollgestopft. Und in dieser Kammer war nach dem Besuch der Plünderer nicht aufgeräumt worden (wie offensichtlich in der Vorkammer). Der Räuber, der hier gewühlt hatte, «hatte seine Arbeit mit der Gründlichkeit eines Erdbebens ausgeführt». (Hier erhebt sich wieder die Frage: Die Räuber hatten gewühlt, sie hatten, was sich erkennen ließ, einzelne Stücke aus der Seitenkammer in die Vorkammer hinübergeworfen; sie hatten einiges zerstört, zerbrochen; aber sie hatten außerordentlich wenig wirklich geraubt – nicht einmal das, was hinter der zweiten Tür ihnen direkt in die Hände fiel. Sind sie zu früh überrascht worden?)

Bis zu dieser Entdeckung waren alle, die die Vorkammer hatten betreten dürfen, wie im Rausch gewesen; ihre Gedanken hatten vor diesem Anblick nicht normal funktioniert. Jetzt, nach dem Blick auf das, was die Seitenkammer enthielt, in der Erwartung dessen, was sich hinter der dritten versiegelten Tür noch befinden konnte – jetzt wurde ihnen klar, welch geradezu ungeheure wissenschaftliche Aufgabe ihnen hier gestellt war und welche Arbeit und Organisation vor ihnen lag. Denn dieser Fund – allein der, den sie bis jetzt getan hatten – war nicht in einem Grabungswinter auszuwerten.

17. KAPITEL

DIE GOLDENE MAUER

WENN wir jetzt hören, daß Carnarvon und Carter sich entschlossen, das soeben ausgeschaufelte Grab noch einmal zuzuwerfen, so hat das eine andere Bedeutung als das schnelle Zuschütten schnell ergrabener Fundorte durch schnelle frühere Ausgräber.

Diese Ausgrabung dieser Funde um Tut-ench-Amun (noch war keine Gewißheit über das Grab gegeben) wurde vom ersten Augenblick an so überlegt geplant, daß sie als vorbildlich dienen darf – wenn man auch berücksichtigen muß, daß sich bei weniger sensationellem Fund kaum solche Hilfsquellen erschlossen hätten, wie sie damals sofort strömten.

Folgendes war Carter klar: Auf keinen Fall durfte er gleich mit schneller Ausgrabung beginnen. Abgesehen davon, daß es wichtig war, die ursprüngliche Lage aller Gegenstände genau festzustellen (um Zeitbestimmungen und andere Anhaltspunkte zu gewinnen), mußte berücksichtigt werden, daß sehr viele Geräte und Kostbarkeiten sofort nach Berührung (oder vorher) konserviert werden mußten, um erhalten zu werden. Dazu war nötig, daß bei der Größe des Fundes ein umfangreiches Lager an Präpariermitteln und Verpackungsstoffen angelegt wurde. Der Rat Sachverständiger über die beste Behandlungsart mußte eingeholt werden, ein Laboratorium mußte geschaffen werden, um die Möglichkeit einer Sofort-Analyse wichtiger, aber unterm Zugriff eventuell zerfallender Stoffe zu gewinnen. Allein das Katalogisieren solchen Fundes bedurfte großer organisatorischer Vorarbeit. Das alles verlangte Maßnahmen, die nicht vom Fundort aus zu treffen waren. Es war nötig, daß Carnarvon nach England ging und Carter zumindest nach Kairo. Und wer jetzt nach Kenntnis des großen Räuberkapitels der ägyptischen Geschichte doch noch Zweifel darüber hegen sollte, daß selbst in unserer Zeit dieses Kapitel noch nicht abgeschlossen ist, der wird sich durch Carters Entschluß, das Grab am 3. Dezember wieder zuzuschütten belehren lassen müssen. Denn in dieser Zuschüttung sah Carter – auch wenn er Callender als Wächter zurückließ – die einzige Möglichkeit, sich vor jedem Zugriff moderner Nachfahren der Abd-el-Rasuls zu schützen. Darüber hinaus bestellte er, kaum in Kairo angekommen, ein schweres Eisengitter für die innere Tür.

Die goldene Mauer

Aufschlußreich aber für die Gründlichkeit und Exaktheit, mit der diese großartigste ägyptische Ausgrabung vorgenommen wurde, war die Hilfeleistung, die ihr vom ersten Augenblick an aus allen Teilen der Welt in oft selbstlosester Weise entgegengebracht wurde. Carter dankt später für diese umfassende Hilfe, die ihm zuteil wurde, mit Recht. Er beginnt mit dem Abdruck eines Briefes, den ihm der eingeborene Führer seiner Arbeiterschar während seiner Abwesenheit schickte. Er soll auch hier abgedruckt sein, um nicht die intellektuelle Hilfe allein zu rühmen:

Karnak, Luxor   5. August 1923
Mr. Howard Carter Esq.

Ehrenwerter Herr!
Bitte diesen Brief zu schreiben in der Hoffnung, daß Ihr Euch guter Gesundheit erfreut, und erbitte vom Allmächtigen, daß er Euch erhalte und in Sicherheit zu uns zurückbringe.

Bitte Eure Exzellenz zu benachrichtigen, daß Vorratsraum Nr. 15 in Ordnung ist, Schatz ist in Ordnung, der nördliche Vorratsraum ist in Ordnung. Wadain und Haus sind in Ordnung und bei Euren ganzen Arbeiten werden die Anordnungen nach Euren ehrenwerten Angaben weitergeführt.

Rais Hussein, Gas Hassan, Hassan Awad, Abdelad Ahmed und alle Gaffirs des Hauses möchten ihre besten Grüße senden.

Meine besten Grüße an Euer achtenswertes Selbst und alle Mitglieder der Familie des Lords und an alle Eure Freunde in England.

Sich nach Eurer baldigen Ankunft sehnend
Euer sehr gehorsamer Diener
Rais Ahmed Gurgar

Allein auf die zaghafte Anfrage an eine in Theben direkt benachbarte Expedition stellte ihm Lythgoe, Kurator an der ägyptischen Abteilung des «Metropolitan Museum of Art» in New York, seinen Photographen Harry Burton zur Verfügung. Und Lythgoe, der sich damit eigener wertvoller Hilfsmittel begab, telegraphierte zurück: «Nur zu erfreut, in jeder Weise zu helfen. Bitte über Burton und jedes andere Mitglied unseres Stabes zu verfügen.» Die Folge war, daß auch die Zeichner Hall und Hauser und der Leiter der Ausgrabungen bei den Pyramiden von Lischt, A. C. Mace, zu Carter hinüberwechselten. Von Kairo aus stellte der Direktor der staatlichen ägyptischen Abteilung für Chemie, Lucas, seinen Urlaub zur Verfügung. Dr. Alan Gardiner nahm sich der Inschriften an, und Professor James H. Breasted von der Universität Chicago eilte herbei, um seine Kenntnisse für die historische Bedeutung der Siegelabdrücke zur Verfügung zu stellen.

Später – am 11. November 1925 – begannen Dr. Saleh Bey Hamdi und Douglas E. Derry, Professor der Anatomie an der Ägyptischen Universität, die Untersuchung der Mumie. A. Lucas schrieb eine größere Arbeit über «Die Chemie im Grabe» (über Metalle, Öle, Fette, Textilien). P. E. Newberry untersuchte die Blumenkränze im Grabe und bestimmte die Arten der Blumen von vor fast 3300 Jahren (ihm gelang es, aus den gebundenen Blumen und Früchten die Jahreszeit der Bestattung des Tut-ench-Amuns festzulegen, aus Kenntnis der Blütezeit von Kornblume und kleiner Picris, der Fruchtreife von Mandragora – dem «Liebesapfel» aus dem Hohenlied – und des Nachtschattens zu sagen: Tut-ench-Amun wurde in der Zeit zwischen Mitte März und Ende April beigesetzt!). «Besondere Stoffe» untersuchten noch Alexander Scott und H. J. Plenderleith.

Diese Zusammenarbeit erstklassiger Spezialisten (auch aus den Gebieten, die der Altertumswissenschaft völlig fern lagen) gab die Gewähr, daß bei der Ausräumung dieses Grabes die wissenschaftliche Ausbeute größer sein würde als je zuvor. Die Arbeit konnte beginnen. Am 16. Dezember bereits wurde das Grab wieder geöffnet, am 18. machte der Photograph Burton in der Vorkammer die ersten Versuche, und am 27. wurde der erste Gegenstand ans Licht gebracht.

GRÜNDLICHKEIT verlangt Zeit. Die Arbeit am Grabe Tut-ench-Amuns dauerte mehrere Winter. Sie genau zu beschreiben, ist hier nicht der Platz. Wir folgen dem wunderbaren farbigen Bericht Howard Carters nur in den Höhepunkten. So ist es auch unmöglich, die Funde näher zu beschreiben. Nur ein paar der allerschönsten Stücke dürfen nicht unerwähnt bleiben. Die hölzerne Truhe etwa, eins der künstlerisch wertvollsten Stücke ägyptischer Kunst. Sie war mit dünner Gipsschicht bezogen und auf allen Seiten bemalt. Und bei dieser Bemalung paarten sich Farbgewalt und Farbempfinden mit ganz außerordentlicher Feinheit der Zeichnung. Die Jagd- und Schlachtszenen sind mit solchem Sinn für das wohlkomponierte Detail gezeichnet, daß sie «selbst persische Miniaturen übertreffen». Diese Truhe war mit vielerlei Gegenständen gefüllt. Und es ist ein gutes Beispiel für die Sorgfalt der Arbeit, die von den Wissenschaftlern geleistet wurde, daß es Carter drei Wochen schwerster, weil subtilster Arbeit kostete, um auf den Boden der Truhe zu gelangen.

Die goldene Mauer

Nicht weniger bedeutend waren die drei großen Bahren, von deren Gebrauch man durch Grabmalereien wußte, von denen aber noch nie eine gefunden worden war. Es waren merkwürdige Möbelstücke, mit einer Erhöhung für die Füße statt für den Kopf, die erste mit Löwenköpfen, die zweite mit Kuhköpfen, die dritte mit einem Kopf halb Nilpferd, halb Krokodil geschmückt. Alle drei Bahren waren überschüttet mit Kostbarkeiten, mit Waffen und Kleidern; ein Thronsessel lag darauf mit derart verzierter Rückenlehne, daß Carter «ohne zu zögern» behauptet, «daß sie das Schönste darstellt, was bis jetzt in Ägypten gefunden worden ist».

Und schließlich sind die vier Wagen zu nennen, die zu groß gewesen waren, um unzerlegt ins Grab geschafft werden zu können. So hatte man sie zersägt. Die Räuber hatten sie außerdem noch einmal durcheinandergeworfen. Alle vier Wagen waren von oben bis unten mit Gold bedeckt; jeder Zoll war entweder mit eingehämmerten Ornamenten und Bildern oder mit eingelegten Bildern aus farbigem Glas und Steinen geziert. Sechshundert bis siebenhundert einzelne Stücke enthielt allein die Vorkammer. Welche Widerstände sich nicht nur von innen (ein kleiner Fehltritt konnte Unersetzliches zerstören), sondern auch von außen ergaben, werden wir noch hören.

Am 13. Mai rollten bei 37 Grad im Schatten auf einer Feldeisenbahn, deren Schienen hinten stets abgebrochen werden mußten, um vorn zu neuem Gleis zu werden, die ersten vierunddreißig schweren Packkisten die anderthalb Kilometer hinunter zum Frachtboot auf dem Nil. Die Kostbarkeiten rollten denselben Weg, den sie in umgekehrter Richtung vor mehr als dreitausend Jahren in feierlicher Prozession zurückgelegt hatten! Sieben Tage später waren sie in Kairo.

Mitte Februar war die Vorkammer ausgeräumt. Es war Platz geschaffen für die Arbeit, der alle mit Spannung entgegensahen: Die versiegelte Tür zwischen den beiden Schildwachen konnte geöffnet werden. Jetzt wurde Gewißheit darüber erwartet, ob die nächste Kammer die Mumie barg. Als sich Freitag, dem 17. Februar, nachmittags um 2 Uhr, die etwa zwanzig Personen in der Vorkammer versammelten, die der Ehre des Dabeiseins gewürdigt worden waren, ahnte keiner von ihnen, was er zwei Stunden später sehen sollte. Nach den Schätzen, die bereits geborgen worden waren, war es schwer, sich vorzustellen, daß noch Bedeutsameres, noch Kostbareres ans Licht kommen könnte. Die Besucher – es waren Regierungsmitglieder und Wissenschaftler – nahmen auf engen Stuhlreihen Platz. Als Carter den treppenartigen Vorbau erkletterte, dessen Höhe ihm das Lösen der Türsteine bequemer machen sollte, wurde es totenstill.

Carter nahm mit größter Vorsicht die oberste Schicht der Steine heraus. Die Arbeit war zeitraubend und schwierig, denn es bestand Gefahr, daß Steine sich lösten, nach innen fielen und zerstörten oder beschädigten, was immer sich hinter der Tür befand. Außerdem mußte er versuchen, die der Wissenschaft wichtigen Siegelabdrücke zu erhalten. Als sich die erste Öffnung zeigte, gesteht Carter: «Die Versuchung, jeden Augenblick innezuhalten und hineinzuschauen, war unbezwinglich!»

Mace und Callender halfen ihm. Gedämpftes Raunen erhob sich, als sich Carter nach zehn Minuten die an langer Schnur befestigte elektrische Lampe reichen ließ und sie durch die Öffnung einführte.

Was er sah, war außerhalb jeder Erwartung, ja, es war ungeheuerlich, aber im ersten Augenblick auch völlig unbegreiflich. Carter sah sich vor einer blinkenden Wand, die er, von rechts nach links blickend, nicht abmessen konnte. Sie versperrte den ganzen Eingang. Carter führte die Lampe so tief ein, wie er konnte. Er stand vor einer Mauer aus massivem Gold.

So schnell es ging, lockerte er weitere Steine. Jetzt konnten auch die anderen den goldenen Glanz sehen. Als ein Stein nach dem anderen entfernt wurde und immer mehr von der goldenen Mauer sichtbar wurde, da – schreibt Carter – «konnten wir wie durch eine elektrische Leitung das Prickeln der Erregung spüren, in das die Zuschauer hinter der Schranke gerieten».

Jetzt aber wurde Carter, Mace und Callender zur gleichen Zeit klar, was es mit dieser Mauer auf sich hatte. Sie standen tatsächlich vorm Eingang der Sargkammer. Und was sie als Mauer sahen, war die Vorderwand eines ganz ungewöhnlich großen, wahrscheinlich des kostbarsten Totenschreins, den je ein Mensch erblickt hatte. Des Schreins, der in seinem Innern die Särge und schließlich den Sarkophag mit der Mumie bergen mußte.

Zwei Stunden schwerer Arbeit waren nötig, um den Eingang so zu öffnen, daß die Sargkammer zu betreten ging. Eine Pause ergab sich, die die Geduld aller bis zum Zerreißen anspannte, als auf der Schwelle die zerstreuten Perlen einer Halskette gefunden wurden, die die Plünderer wahrscheinlich fallen gelassen hatten. Während die Zuschauer voller Ungeduld auf ihren Stühlen rutschten, sammelte Carter mit der Beharrlichkeit des echten Archäologen, der selbst vorm Allergrößten das Allerkleinste nicht gering achtet, Perle für Perle sorgfältig ein.

Jetzt erwies sich, daß die Sargkammer etwa einen Meter tiefer lag als die Vorkammer. Carter nahm die Lampe und ließ sich hinab. Ja, er stand vor einem Totenschrein. Der Schrein war so groß, daß er fast die ganze Kammer ausfüllte. Carter fand, um ihn abzuschreiten, nur einen etwa 65 Zentimeter

19 · Griechische Tempel waren farbig! Dachkonstruktion des Parthenons (447 bis 432 v. Chr.) in der farbigen Rekonstruktion des berühmten deutschen Baumeisters und Architekturhistorikers Gottfried Semper (1803–1879)

20 · Waffenführende Athene auf einer griechischen, in Athen bemalten Vase (spätes 6. Jahrhundert v. Chr.)

21 · Der goldene Sargdeckel über der Mumie des Tut-ench-Amun (XVIII. Dynastie, um 1350 v. Chr.). Im Grabe des Pharaos im «Tal der Könige» von Carnarvon und Carter aufgefunden

22 · Vorraum zum Grab der Königin Nephertari zu Theben. Die Malereien sind in leichtem Relief auf Stucco-Grund ausgeführt (XIX. Dynastie, 13. Jahrhundert v. Chr.). Das Grab wurde 1904 von einer italienischen Expedition entdeckt

23 · Ziegenbock am Lebensbaum. Vierfarbige Figur auf Holzkern (ungefähr 2500 v. Chr.); aus Ur in Chaldäa, der Heimat Abrahams

24 · Einer der Bogenschützen aus der «Leibwache»; von einer Wandbekleidung aus farbig glasierten Ziegeln am Palast des Darius in Susa. (Rekonstruktion mit Hilfe von Originalteilen im Louvre)

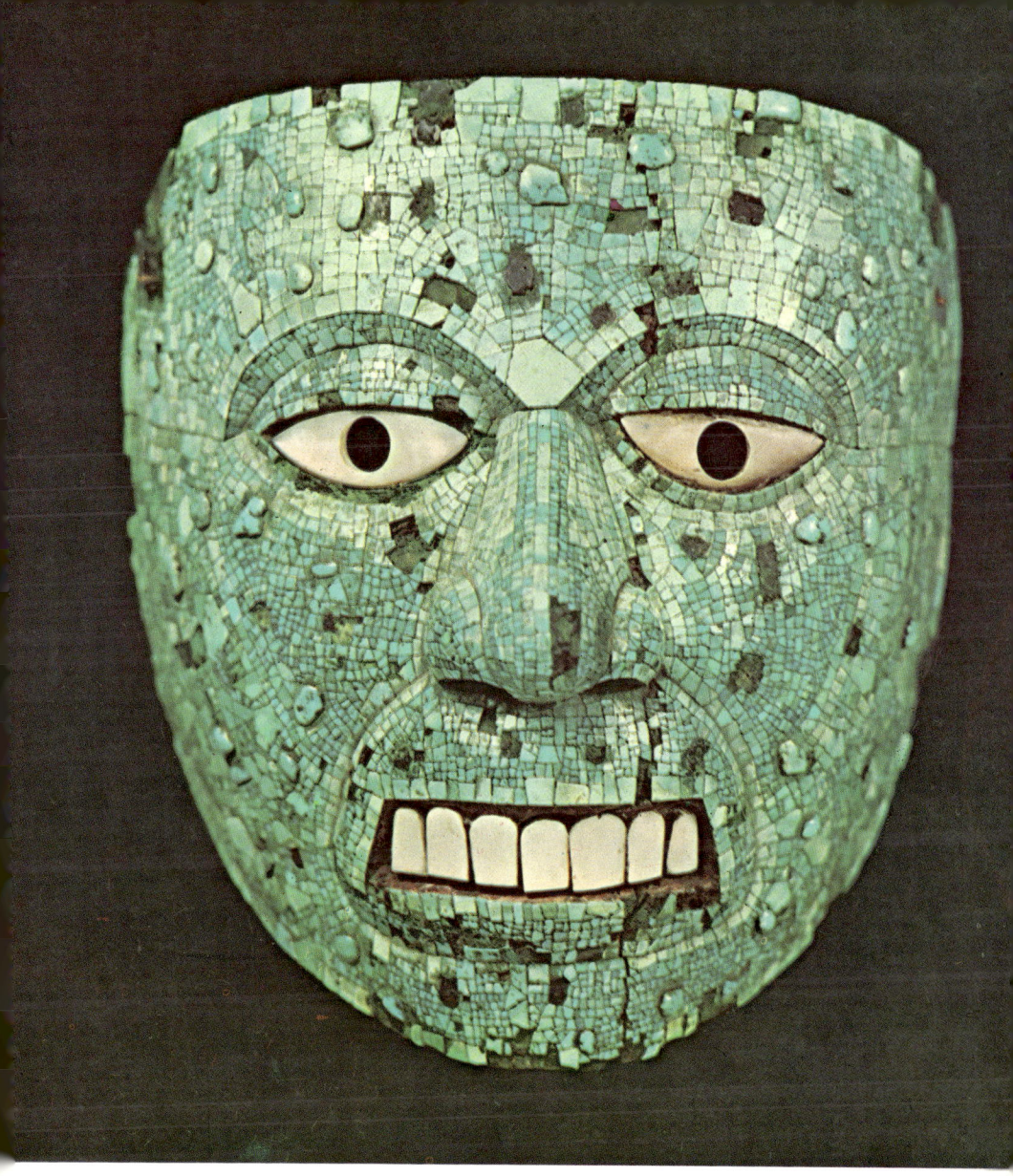

25 · Holzmaske der Azteken mit Mosaiküberzug aus Türkisen. Augen und Zähne sind aus Perlmutter

26 · Pyramide mit Menschenfiguren (Atlanten) in Tula (Hidalgo) aus der toltekischen Kulturepoche

Die goldene Mauer

breiten Gang zwischen Schrein und Mauer. Er mußte sich mit Vorsicht bewegen, denn auf diesem schmalen Gang waren überall Totengaben aufgestellt.

Lord Carnarvon und Lacau durften jetzt als erste folgen. Sie standen sprachlos. Dann schätzten sie die Größe des Schreins. Später ergab genaue Messung: seine Maße waren 5,00 × 3,30 × 2,73 Meter.

Er war tatsächlich von oben bis unten mit Gold überzogen, in die Seiten waren Füllungen von leuchtend blauer Fayence eingelassen, bedeckt mit Zauberzeichen, die dem Toten Schutz gewähren sollten.

Die brennende Frage, die jetzt alle drei überfiel, war diese: Hatten die Räuber Zeit gefunden, auch in diesen Schrein einzudringen? Hatten sie die Mumie geschändet? Carter entdeckte, daß die östlichen großen Flügeltüren des Schreins zwar verriegelt, aber nicht versiegelt waren. Mit bebender Hand zogen sie die Querriegel zurück und schlugen die knarrenden Türen auf. Ein zweiter Schrein leuchtete ihnen entgegen. Auch er hatte verriegelte Türen. Und auf diesen Riegeln befand sich ein unversehrtes Siegel.

Alle drei atmeten hörbar auf. Immer waren bisher die Räuber vor ihnen dagewesen. Hier nun, und zwar vorm wichtigsten Stück des Grabes, waren sie selbst die ersten. Unberührt würden sie die Mumie vorfinden, so wie sie vor mehr als dreitausend Jahren gebettet worden war.

Sie schlossen die Tür — «so leise wie möglich». Sie fühlten sich als Eindringlinge. Sie hatten das fahle leinene Bahrtuch bemerkt, das über den inneren Schrein herabhing. «Wir fühlten, daß wir in Gegenwart des toten Königs waren und ihm Ehrfurcht erweisen mußten.»

Sie waren in diesem Augenblick, dem Höhepunkt ihres Forschens, zu keiner weiteren Entdeckung fähig. Zu großartig war, was sich ihnen geboten hatte. Und doch sollten sie in der nächsten Minute vor neuer Entdeckung stehen.

Sie gingen zum anderen Ende der Kammer. Dort fanden sie — eine Überraschung — eine niedrige Tür, die in eine weitere, doch ziemlich kleine Kammer führte. Sie konnten von ihrem Standpunkt aus alles überblicken, was diese Kammer enthielt. Und wir müssen uns vorstellen, was es bedeutet, wenn Carter nach all dem, was er bisher in diesem Grabe gesehen hatte, sagt: «Ein einziger Blick genügte, uns zu zeigen, daß sich hier die größten Schätze des Grabes befanden!»

Aus der Mitte leuchtete ihnen ein goldenes Denkmal entgegen, das weit über allen bloßen Prunk hinaus in seinen vier Schutzgöttinnen eine solche Anmut, Natürlichkeit und Lebendigkeit, so viel Mitgefühl und Bitten und Erbarmen ausstrahlte, «daß man das Anschauen fast als Entweihung empfand». Carter schreibt in der Erinnerung: «... ich schäme mich nicht, einzugestehen, daß es mir unmöglich war, auch nur ein Wort herauszubringen.»

Langsam begaben sich Carter, Carnarvon und Lacau zurück, am goldenen Schrein vorbei in die Vorkammer. Jetzt durften die anderen hinein. «Es war interessant, von der Vorkammer aus zu beobachten, wie sie einer nach dem anderen in der Tür auftauchten. Allen glänzten die Augen, und alle nacheinander erhoben ihre Hände, wie in unbewußter Unfähigkeit, mit Worten die Wunder zu beschreiben, die sie sahen...»

Gegen 5 Uhr nachmittags, drei Stunden nachdem sie das Grab betreten hatten, stiegen alle wieder empor. Als sie in den noch hellen Tag hinaustraten, erschien ihnen «das Tal selbst verändert und in einem besonderen Licht».

DIE weitere Untersuchung dieses größten Fundes in der Geschichte der Altertumswissenschaft erstreckte sich über mehrere Winter. Leider ging davon der erste Winter fast völlig ungenutzt vorüber; Lord Carnarvon war gestorben, und es ergaben sich plötzlich mit der ägyptischen Regierung ernsthafte Streitigkeiten über die Verlängerung der Konzession und über die Verteilung der Funde. Schließlich gelang es internationalen Interventionen, eine gültige Regelung herbeizuführen. Die Arbeit konnte weitergehen. Im Winter 1926/27 geschahen die wichtigsten nächsten Schritte, das Öffnen des goldenen Schreins, das Auseinandernehmen der verschiedenen kostbaren Särge und die Untersuchung der Mumie des Tut-ench-Amun.

Auch diese Arbeit, die wenig Überraschungen für die der Sensation geneigte Öffentlichkeit, wohl aber für die Wissenschaft der Ägyptologie bot, steigerte sich zu einem Höhepunkt hin. Es war der Augenblick, da die Forscher zum erstenmal dem ins leibhaftige Antlitz blickten, der dreiunddreißig Jahrhunderte hindurch unsichtbar für jedes sterbliche Auge geschlafen hatte. Daß dann gerade dieser ersehnte Augenblick die einzige Enttäuschung des Grabes bringen sollte, ist einer der Brüche, die auch die beste Glückskette schließlich in einem ihrer Glieder zu zeigen pflegt.

Die Arbeit begann mit dem Abtragen der Ziegelwand zwischen Vorkammer und Sargkammer. Es folgte das Auseinandernehmen des ersten goldenen Schreins. In ihm stand ein zweiter, im zweiten ein dritter.

Carter hatte Grund zu glauben, daß er nun auf den Sarg stoßen würde. Er beschreibt das Öffnen des dritten Schreins und die neue Entdeckung: «Mit unterdrückter Erregung ging ich an das Öffnen des dritten Schreins, und ich werde diesen spannenden Augenblick unserer mühsamen Arbeit wohl nie vergessen. Ich zerschnitt den Strick, entfernte das kostbare Siegel, zog die Rie-

Die goldene Mauer

gel zurück, öffnete die Türen, und ein vierter Schrein stand vor uns. Auch er glich den anderen, nur war er noch prächtiger und schöner gearbeitet als der dritte. Welch unbeschreiblicher Augenblick für einen Archäologen: Wieder standen wir vor dem Unbekannten. Was barg nun dieser Schrein? In heftiger Erregung zog ich die Riegel der letzten unversiegelten Türen zurück; langsam schlugen sie auf. Vor uns stand, den ganzen Schrein ausfüllend, der ungeheure gelbe Quarzitsarg, unberührt, als hätten fromme Hände ihn eben erst geschlossen. Welch unvergeßlicher herrlicher Anblick, noch gesteigert durch das Glitzern des Goldes auf den Schreinen. Über das Fußende des Sarkophages breitete schützend eine Göttin Arme und Flügel, als wollte sie den Eindringling abwehren. In Ehrfurcht standen wir vor diesem beredten Zeichen...»

Allein der Abtransport der Schreine aus der Grabkammer erforderte vierundachtzig Tage schwerer körperlicher Arbeit. Die vier Schreine umfaßten zusammen ungefähr achtzig Teile – und jedes Teil war schwer, unhandlich und äußerst empfindlich!

Es entbehrt nicht der Komik, die man neben dem Erhabenen nie übersehen sollte, wenn Carter, ein Fachmann im Auseinandernehmen, die Arbeit derer tadelte, die einst die Schreine zusammenfügten. Während er die Meisterschaft der Handwerker bewundert, die die Schreine bauten und vor der Aufstellung jedes Stück sorgfältig mit Nummern und Orientierungszeichen versahen, tadelt er streng die Montierer. «Das Aufstellen aber ist offenbar in Eile und von durchaus unzuverlässigen Leuten ausgeführt worden, denn die einzelnen Teile sind verwechselt und nach den verkehrten Himmelsrichtungen hin aufgestellt, so daß die Schreintüren sich nach Westen statt nach Osten öffneten und das Fußende nach Osten gerichtet war statt nach Westen. Dieser Fehler mag ihnen verziehen sein... Andere Nachlässigkeiten sind aber unverzeihlich. Die Goldverzierungen sind beschädigt, tiefe Eindrücke von Hammerschlägen sind heute noch auf ihnen sichtbar. An einigen Stellen sind ganze Stücke abgeschlagen, und Holzspäne und anderer Abfall sind nie weggeräumt worden.»

Am dritten Februar schließlich erblicken die Forscher zum erstenmal den Sarkophag völlig frei, ein Kunstwerk, geschlagen aus einem einzigen monumentalen Block edelsten gelben Quarzits, 2,75 Meter lang, 1,50 Meter breit und 1,50 Meter hoch. Eine Granitplatte deckte ihn zu.

Als die Winden, die diese mehr als zwölf Zentner schwere Platte heben sollten, kreischend zu arbeiten begannen, war wieder einmal eine Fülle prominenter Besucher im Grabe. «Unter tiefem Schweigen hob sich die riesige

Platte...» Der erste Anblick war enttäuschend: eine Unzahl verhüllender Leinentücher. Um so bezaubernder war der zweite Blick, der, als die Tücher nacheinander entfernt worden waren, auf den König selber fiel.

Schon auf seinen Leib? Nein, auf ein goldenes Abbild des noch knabenhaften Herrschers. Der Goldstuck strahlte, als sei er soeben aus der Werkstatt gekommen. Kopf und Hände waren plastisch vollendet ausgeformt, der Körper dagegen in flachem Relief gearbeitet. In den gekreuzten Händen hielt er die königlichen Insignien: Krummstab und Wedel, ausgelegt mit blauer Fayence. Das Gesicht war pures Gold, die Augen waren aus Arragonit und Obsidian, Brauen und Lider aus lapislazulifarbenem Glas. Dies bunte Gesicht wirkte starr, maskenhaft und doch lebendig zugleich.

Was aber wirkte auf Carter und die anderen Anwesenden bei diesem Anblick ungleich mehr? Carter beschreibt es: «... das war der rührende kleine Blumenkranz, der Abschiedsgruß der jugendlichen Witwe an ihren geliebten Gatten. All die königliche Pracht, all die königliche Herrlichkeit, all der Glanz und Schimmer des Goldes verblaßt gegen die armen verdorrten Blumen, die noch in dem matten Schein ihrer einstigen Farben schimmerten. Sie sprachen am eindringlichsten von der Flüchtigkeit der Jahrtausende.» Es ist eine nicht unwichtige Bemerkung Carters, wenn er, als er im Winter 1925/26 wieder in das Grab einsteigt, um die Särge zu öffnen, sagt: «Auch diesmal überwältigt uns wieder das Geheimnis des Grabes, die Scheu und die Ehrfurcht vor dem längst Vergangenen und noch immer Mächtigen. Selbst während rein mechanischer Betätigungen an seinem Werke verliert der Archäologe dieses Gefühl nie ganz.» Wir sollten solche Bemerkung, ebenso wie die über den Blumenkranz, nicht als Sentimentalität, sondern als menschlich nehmen. Es ist gut, zu wissen, daß dem strengen Wissenschaftler auch das Gemüt nicht unangesprochen bleibt.

Es ist hier nicht möglich, bei den Einzelheiten und kleinen Vorkommnissen zu verweilen, die das zeitraubende Öffnen der Särge mit sich brachte. Langwierig war die Arbeit und in dem engen Raum stets von der Gefahr bedroht, daß ein Fehlgriff, ein falsches Ansetzen des Flaschenzuges, ein brechender Stützbalken schwere Schädigungen der Schätze bringen konnte. Genau wie auf dem Deckel des ersten Sarges lag auch auf dem des zweiten der junge Pharao in feierlichem Pomp, reich geschmückt in der Gestalt des Osiris. Kein anderer Anblick bot sich, als der dritte Sarg frei wurde. Bei all dieser Arbeit war den Beteiligten das ganz unerklärliche Gewicht aufgefallen. Hier gab es wieder eine der Überraschungen, die in diesem Grab nicht abbrechen sollten.

Die goldene Mauer 197

Als Burton seine Aufnahmen gemacht hatte, als Carter den kleinen Blumenkragen und das schützende Leinentuch entfernt hatte, da löste sich beim ersten Anblick das Rätsel des ungeheuren Gewichts. Der dritte, 1,85 Meter lange Sarg bestand aus massivem Gold, zweieinhalb bis dreieinhalb Millimeter stark; allein im Materialwert nicht abzuschätzen.

Zu dieser Überraschung aber, die man wohl eine gute nennen kann, gesellte sich sofort eine zweite, die bei den Forschern schlimme Befürchtungen hervorrief. Schon beim zweiten Sarg hatten sie feststellen müssen, daß die Schmuckornamente unter einer Feuchtigkeit gelitten haben mußten. Nun zeigte sich, daß der ganze Raum zwischen dem zweiten und dritten Sarg fast bis zum Deckel mit einer schwarzen festen Masse ausgefüllt war. Eine doppelte Halskette aus Gold- und Fayence-Perlen konnte von dieser pechartigen Masse zwar vollständig gereinigt werden, aber es erhob sich die für die Forscher beängstigende Frage: Welches Unheil hatten die offenbar unmäßig angewendeten Salböle an der Mumie angerichtet? Als nämlich einer der Mitarbeiter das letzte Leinentuch und den Blumenkragen mit Fayence-Perlen, die beide wohlerhalten aussahen, berührte, zerfielen sie. Die heiligen Öle hatten sie vollkommen zersetzt.

Lucas begann sofort mit der Analyse der Öle. Es muß sich um eine flüssige oder halbflüssige Substanz gehandelt haben, deren Grundbestandteile Fette und Harz waren, während das Holzpech – wonach die Masse nach dem Erwärmen stark duftete – zunächst nicht nachgewiesen werden konnte. Wieder fieberten alle; doch jetzt vorm wirklich letzten entscheidenden Augenblick.

Einige Goldnägel wurden gelöst, dann wurde der Deckel des letzten Sarges an seinen Goldgriffen aufgehoben und die Mumie aufgedeckt. Tut-ench-Amun, nach dem sie sechs Jahre lang gesucht hatten, lag leibhaftig vor ihnen. «In solchen Augenblicken», sagt Carter, «versagt die Sprache!»

Eine Frage taucht auf, die schon längst fällig ist: Wer war dieser Pharao, dieser Tut-ench-Amun, dem ein solches Grabmal bereitet wurde? Es ist erstaunlich: aber er war ein unbedeutender Herrscher. Er starb im Alter von achtzehn Jahren. Er war mit Gewißheit der Schwiegersohn Echnatons, des «Ketzerkönigs», und höchstwahrscheinlich auch sein leiblicher Sohn. Seine Jugend verbrachte er unter der religiösen Reform seines Schwiegervaters als Aton-Anbeter. Daß er sich dann zur alten Religion zurückbekehrte, zeigt seine Namensänderung; aus Tut-ench-Aton wurde Tut-ench-Amun. Wir wissen, daß seine Regierungszeit politisch recht verworren war. Wir sehen auf Bildern, wie er Kriegsgefangene mit Füßen tritt und in der Schlacht die

Echnaton und seine Gemahlin. Der Schwiegervater des Tut-ench-Amun überschüttet den Priester Efe und seine Frau mit Geschenken.
Abbildung 23

Feinde reihenweise, wahrhaft königlich, erschießt. Aber es ist nicht im geringsten sicher, ob er wirklich jemals im Felde gestanden hat. Wir wissen nicht einmal die genaue Dauer seiner Regierung (um 1350 v. Chr.). Den Thron erhielt er durch seine Frau, durch Anches-en-Amun, die er sehr jung geheiratet hat (ein bezauberndes Geschöpf, wenn die Bilder nicht schmeicheln).

Wir kennen durch die zahlreichen Bilder und Reliefs seines unversehrten Grabes, auch durch einige Gebrauchsgegenstände, die wie etwa der Thronsessel gewiß in persönlicher Beziehung zu ihm standen, viele private Züge seines Charakters, die ihn angenehm erscheinen lassen. Aber über seine königlichen Taten sind wir nicht informiert, seine Herrscherfunktion liegt im Dunkel; sicher ist, daß sie bei jemandem, der mit achtzehn Jahren starb, nicht bedeutend gewesen sein kann.

So kommt Carter in seinem historischen Überblick sicher mit Recht zu dem lakonischen Satz: «Soweit unsere Kenntnisse heute reichen, können wir mit Gewißheit sagen, daß das einzige Bemerkenswerte in seinem Leben darin bestand, daß er starb und begraben wurde.»

Diese Wahrheit zwingt zu einer wichtigen Folgerung: Wenn dieser acht-

Die goldene Mauer

zehnjährige Pharao mit solchem, alle abendländischen Vorstellungen übersteigenden Prunk bestattet wurde, mit welchen Grabbeigaben mögen dann Ramses der Große und Sethos I. in ihre Gräber geleitet worden sein? Von Sethos und Ramses spricht Derry, wenn er sagt: «Gewiß war in jeder einzelnen ihrer Grabkammern soviel aufgehäuft wie im gesamten Grab des Tut-ench-Amun.»

Welche unvorstellbaren Schätze müssen im Lauf der Jahrtausende aus den Königsgräbern des «Tals» in die Hände der Räuber gefallen sein!

DER Anblick der Mumie des Pharao war herrlich und schrecklich zugleich. Unsinnig viel Salböl war über sie ausgegossen worden, das jetzt verhärtet und geschwärzt alles verklebt hatte.

Im Gegensatz zu dieser dunklen, konturlosen Masse aber leuchtete in wahrhaft königlichem Glanz eine Goldmaske, die über das Gesicht gedeckt war; ebenso sauber vom dunklen Öl wie die Füße.

In langwierigem Prozeß, nach verschiedenen vergeblichen Versuchen, gelang es durch eine Erhitzung auf 500° Celsius (der Goldsarg wurde durch Zinkplatten geschützt), den Holzsarg von dem Goldsarg zu trennen.

Als es nun an die Untersuchung des Mumienkörpers ging, der einzigen Mumie des «Tals», die dreiunddreißig Jahrhunderte unberührt geblieben war, da zeigte sich etwas, was Carter so formuliert: «Das Schicksal zeigte ironisch lächelnd dem Forscher, daß die Goldräuber und die Priester, die die beraubten Mumien geborgen hatten, die beste Konservierungsarbeit geleistet hatten.» Denn die vor Jahrhunderten geraubten und verschleppten Mumien waren dadurch frühzeitig dem verderblichen Öl entzogen worden; sie waren oft beschädigt (wenn nicht Priester sie «geraubt» hatten) und meist bestohlen – aber sie waren besser erhalten als die Mumie des Tut-ench-Amun, die damit – wenigstens im Hinblick auf ihren Zustand – die einzige Enttäuschung des Grabes bot.

Am 11. November, vormittags um 9 Uhr 45, tat der Anatom Dr. Derry den ersten Schnitt in die obersten Leinenbinden der Mumie. Abgesehen vom Gesicht und den Füßen, die nicht mit Salböl in Berührung gekommen waren, war die Mumie in schrecklichem Zustand. Das Oxydieren der Harzbestandteile hatte eine Art von Selbstverbrennung hervorgerufen, so stark, daß nicht nur wesentliche Teile der Leinenbinden, sondern bis zu einem gewissen Grad sogar die Gewebe und die Knochen der Mumie regelrecht verkohlt waren. Die Salbenschicht war teilweise so verhärtet, daß sie unter den Gliedern und dem Rumpf weggemeißelt werden mußte.

Eine überraschende Entdeckung wurde gemacht, als man unter einem kronenartigen Polster am Kopf ein Amulett fand. Das war an sich nichts Besonderes. Auch Tut-ench-Amun war innerhalb aller Leinenbinden mit der «Magischen Rüstung» bedeckt, unzähligen Amuletten, Symbolen und Zauberzeichen. In der Regel bestanden solche Amulette aus Hämatit. Dies aber war aus *Eisen*! Man hatte einen der frühesten ägyptischen Eisenfunde gemacht, und nicht ohne Ironie muß vermerkt werden, daß in einem von Gold strotzenden Grabe einer der wichtigsten kulturhistorischen Fingerzeige von einem kleinen Stückchen Eisen gegeben wurde!

Außerordentlich verantwortungsvoll war das Lösen der letzten Leinenbinden von dem angekohlten Kopf des jungen Pharao. Schon die leise Berührung mit einem Zobelhaarpinsel zerstörte die Überreste des morschen Gewebes. Dann aber erschien, und Carter, nun endlich vorm Antlitz des jungen Königs stehend, hat das Wort: «...ein friedvolles, sanftes Jünglingsantlitz. Edel und vornehm war es, gut geschnitten, mit scharfgezeichneten Lippen!»

In welcher Fülle der König mit Schmuck bedeckt war, das überschreitet unsere Vorstellungen. Unter den vielfachen Leinwandbinden lagen immer neue Kostbarkeiten in 101 verschiedenen Gruppen. Finger und Zehen steckten in goldenen Hülsen. Von den dreiunddreißig Seiten, die Carter braucht, die Untersuchung der Mumie zu beschreiben, muß er mehr als die Hälfte allein den Leibesfunden widmen. Der König – dieser achtzehnjährige Pharao – war buchstäblich in mehrere Lagen von Gold und Edelsteinen gehüllt.

Später beschreibt Professor Derry von seinem Standpunkt als Anatom die Untersuchung der Mumie in einer besonderen Arbeit. Nur drei seiner Ergebnisse wollen wir hier erwähnen. Er beweist mit starker Wahrscheinlichkeit die Vater-Sohn-Verwandtschaft von Echnaton und Tut-ench-Amun, was für die Erhellung der dynastischen und damit politischen Verhältnisse zur Zeit der aussterbenden XVIII. Dynastie von außerordentlicher Bedeutung ist.

Und er bemerkt etwas, was kunstgeschichtlich hochinteressant ist (und auch von Carter mehrfach bestätigt wurde), nämlich das Verhältnis der darstellenden Künste zum Realismus. Lassen wir ihn selbst sprechen: «Die Goldmaske zeigt Tut-ench-Amun als freundlichen und vornehmen Jüngling. Wer das Glück hatte, das freigelegte Gesicht der Mumie zu sehen, kann bestätigen, wie geschickt, genau und naturgetreu der Künstler der XVIII. Dynastie die Züge wiedergegeben hat. Er hat uns für alle Zeit und in unvergänglichem Metall ein herrliches Porträt des jungen Königs geschenkt.»

Und schließlich gibt er als Anatom klaren Aufschluß über das Alter des

Königs, das uns geschichtlich nicht belegt ist. Aus der Verknöcherung der Gelenkknorren und nach der Beschaffenheit des Beinknochenwuchses verlegt er es zwischen das siebzehnte und neunzehnte Lebensjahr; die Wahrscheinlichkeit spricht für das achtzehnte.

HIER könnte die Geschichte von der Ausgrabung des Königs Tut-ench-Amun beendet sein. Die Ausräumung der Seitenkammer und der kleinen Schatzkammer brachte zwar wichtige, aber für unseren Abriß nicht unbedingt bedeutungsvolle Ereignisse und Erkenntnisse.

Eins aber muß noch gesagt werden. Es betrifft den «Fluch des Pharao». Es betrifft den geheimnisvollen unnatürlichen Tod von mehr als zwanzig Personen, die an der Ausgrabung des Pharao beteiligt waren.

Seit den fast zweihundert Jahren, da es eine Archäologie gibt, ist kein großer Fund aus versunkener Welt derartig publizistisch in die Anteilnahme der breitesten Öffentlichkeit hineingetragen worden wie der Fund Tut-ench-Amuns. Nicht umsonst geschah er im Zeichen der Rotationspresse, des Photos, Films und des damals beginnenden Rundfunks. Mit Glückwunschtelegrammen fing die Anteilnahme der Welt an. Die Reporter waren die zweiten am Platze. Dann kamen – in der ganzen Welt war die Trommel gerührt worden, denn ein Schatz war gefunden worden – die Briefe der Kritiker oder Wohlmeinenden. Strenge Anklagen wegen Entweihungen sandten die einen, Patente für praktische Grabkleidermoden die anderen (nach Carters Mitteilungen). Der erste Winter brachte täglich zehn bis fünfzehn unsinnige oder zumindest überflüssige Briefe. «Was soll man sich zum Beispiel», fragt Carter, «unter einem Menschen vorstellen, der ernsthaft anfragt, ob die Entdeckung des Grabes Licht auf die angeblichen belgischen Kongogreuel geworfen habe?»

Dann kamen die Besucher. Der normale Strom wuchs sich zu Pilgerzügen aus. Es wurde photographiert. Da bei der langwierigen Arbeit im Grab besonders in der ersten Zeit sehr selten ein Gegenstand ins Licht – hinüber ins Laboratorium – getragen wurde, mußten manche Photofreunde tagelang auf einen Schnappschuß warten. Dann konnte Carter beobachten, daß man ein Stück schlichter Mumienleinwand, das er sich ins Laboratorium bringen ließ, auf seinem Wege vom Grab achtmal photographierte.

In drei Monaten des Jahres 1926, auf dem Höhepunkt des Weltgesprächs um Tut-ench-Amun, besichtigten 12 300 Touristen das Grab und 270 Gesellschaften das Laboratorium.

Es ist selbstverständlich, daß eine normale Zeitungsredaktion, die ihren

Lesern nicht vorenthalten darf, wovon die Welt spricht, nicht in der Lage ist, sich jeden Bericht und Aufsatz von einem Spezialisten der Ägyptologie schreiben zu lassen. Über mehrere Nachrichtendienste, über ungenaue schriftliche oder mündliche Berichterstattung, mußten sich in die Zeitungsberichte über Tut-ench-Amun Fehler einschleichen. Es liegt im Wesen der Zeitung, der Sensation größere Wichtigkeit beizumessen als der trockenen Nachricht. Es konnte nicht ausbleiben, daß die Phantasie Lücken füllte.

Wie die Mär vom «Fluch des Pharao» entstand, ist heute nicht mehr nachzuweisen. Sie ging bis in die dreißiger Jahre immer wieder durch die gesamte Weltpresse. Sie ist dennoch nicht anders zu werten als etwa die schon besprochene «Zahlenmystik» an der Großen Pyramide. Nicht anders auch als die immer wiederauftauchende völlig unbewiesene Geschichte vom wiederblühenden «Mumienweizen», den drei- oder gar viertausendjährigen Samenkörnern aus altägyptischen Gräbern, die angeblich ihre Keimfähigkeit nicht verloren haben. (Seit sich diese Geschichte genügend herumgesprochen hat, wird dieser «Mumienweizen» heute ziemlich häufig in den Ritzen der Königsgräber von gewöhnlichen Touristen gefunden; die Fremdenführer sorgen dafür und fahren nicht schlecht dabei.)

Der «Fluch des Pharao» ist ein ebenso guter, leicht gruseliger Unterhaltungsstoff wie der bekannte «Fluch des Hope-Diamanten» oder wie die schreckliche Reihe der Schicksalsschläge, die der weniger bekannte «Fluch der Mönche von Lacroma» heraufbeschwor. (Von der Insel dieses Namens – Ragusa vorgelagert – verwiesen, verfluchten sie das Eiland. Die späteren Besitzer, Kaiser Maximilian, Kaiserin Elisabeth von Österreich und Kronprinz Rudolf, König Ludwig II. von Bayern und Erzherzog Franz Ferdinand starben alle eines unnatürlichen Todes.)

Anlaß, einen «Fluch des Pharao» zu konstruieren, gab wahrscheinlich der frühe Tod Lord Carnarvons. Als er, von einem Moskito gestochen, nach dreiwöchigem Kampfe am 6. April 1923 starb, erhoben sich Stimmen, die von der «Strafe für den Frevler» sprachen.

Unter der Schlagzeile «Die Rache des Pharao» erschienen bald darauf die Untertitel «Ein neues Opfer des Tut-ench-Amun-Fluches!»; und es ging weiter: «ein zweites», ein «siebentes», «ein neunzehntes Opfer»! Dies neunzehnte Opfer erscheint in einem «Drahtbericht aus London vom 21. 2. 1930» in einer deutschen Zeitung. «Heute sprang der achtundsiebzigjährige Lord Westbury aus dem Fenster seiner im siebenten Stock gelegenen Londoner Wohnung und war auf der Stelle tot. Der Sohn Lord Westburys, der seinerzeit als Sekretär des Forschers Carter an den Tut-ench-Amun-Ausgrabun-

Die goldene Mauer

gen beteiligt war, ist im November vorigen Jahres in seiner Wohnung tot aufgefunden worden, obwohl er abends in bester Gesundheit zu Bett gegangen war. Die genaue Todesursache konnte nie festgestellt werden.»

«Ein Gruseln geht durch England...» schreibt eine Zeitung, als Archibald Douglas Reid stirbt, während er eine Mumie röntgen wollte, und nachdem als einundzwanzigstes «Opfer des Pharao» der Ägyptologe Arthur Weigall einem «unbekannten Fieber» erlag.

Dann stirbt A. C. Mace, der mit Carter zusammen die Grabkammer geöffnet hatte (aber der Bericht verschweigt, daß Mace schon lange vorher krank war, trotz der Krankheit Carter half, dann aber wegen der Krankheit die Grabung abbrach).

Schließlich stirbt noch – durch «Selbstmord in geistiger Umnachtung» – Lord Carnarvons Halbbruder, Aubrey Herbert. Und – es ist immerhin verblüffend – im Februar 1929 erliegt Lady Elisabeth Carnarvon einem «Insektenstich». Im Jahre 1930 lebt als einziger der enger Beteiligten nur noch Howard Carter, der Entdecker.

«Der Tod wird auf schnellen Schwingen zu demjenigen kommen, der die Ruhe des Pharao stört» – das ist eine der recht zahlreichen Versionen des «Fluchs», den Tut-ench-Amun als Inschrift in seinem Grabe tragen soll.

Als eines Tages gemeldet wurde, in Amerika sei ein Mr. Carter als neuestes Opfer des Pharao auf geheimnisvolle Weise verunglückt, der Pharao warne also bereits den Entdecker, indem er seine Familie züchtige, da begannen endlich einige ernsthafte Archäologen, nun böse geworden, sich mit diesen Meldungen auseinanderzusetzen.

Carter selbst gibt die erste Entgegnung. Der Forscher, sagt er, geht «an seine Arbeit gewiß mit Ehrfurcht und heiligem Ernst, aber ohne jenen grusligen Schauer, dessen geheimnisvollem Reiz die nach seelischen Sensationen dürstende Menge so leicht erliegt». Er spricht von «lächerlichen Geschichten» und einer «Abart der gewöhnlichen Geistergeschichten». Dann geht er sachlich auf die Meldungen ein, sofern sie behaupteten, daß das Überschreiten der Grabesschwelle tatsächlich eine – wissenschaftlich vielleicht sehr leicht zu erklärende – Lebensgefahr berge. Er deutet auf die bewiesene, weil sorgfältig untersuchte Keimfreiheit des Grabes hin. Und er wird bitter in seinem letzten Satz, wenn er bemerkt: «Der Geist klugen Verständnisses fehlt dem albernen Geschwätz durchaus. Wir sind offenbar nicht so weit fortgeschritten seit der alten Vorzeit, wie gute Menschen es gern glauben.»

Mit gutem Instinkt für die Öffentlichkeit antwortet der deutsche Ägyptologe Professor Georg Steindorff im Jahre 1933. Er macht sich nämlich die

Mühe, den Meldungen, deren Herkunft noch zu ermitteln ist, nachzugehen. Er stellt fest, daß der in Amerika umgekommene Herr Carter nichts als den Namen mit dem Entdecker gemein hat. Er stellt weiter fest, daß die beiden Westbury nicht das geringste, weder direkt noch indirekt, mit dem Grab, mit der Ausräumung, mit der Mumie zu tun gehabt haben. Und er bringt – nach allerlei anderen Hinweisen – das schlagendste Argument: der «Fluch des Pharao» existiert überhaupt nicht; er wurde nie ausgesprochen und besteht in keiner Inschrift.

Er bestätigt, worauf Carter nebenbei hinwies: «Das ägyptische Totenritual hat für den Lebenden keinen Fluch dieses Inhalts, sondern nur eine Aufforderung, dem Toten fromme und wohlwollende Wünsche nachzusenden.»

Es ist eine klare Sinnverfälschung, wenn man die wenigen schützenden Beschwörungsformeln, die sich auf einigen magischen Figürchen der Grabkammer fanden, in «Flüche» verwandeln will. Diese Formeln sollen «den Feind des Osiris (des Verstorbenen) verscheuchen, in welcher Gestalt er auch komme».

SEIT der Entdeckung des Grabes von Tut-ench-Amun sind viele Expeditionen in Ägypten tätig gewesen. 1939, 1940 und 1946 entdeckte Professor Pierre Montet bei Tanis ein perfektes Nest von Königsgräbern aus der XXI. und XXII. Dynastie, darunter das Grab des Pharaos Psusennes. In unterirdischen Felsengalerien von mehr als tausend Meter Länge fand Professor Sami Gabra Kultstätten der Ibis, endlose Grabplätze für heilige Tiere. In die ägyptische Urzeit zurück ging eine Expedition, die König Farouk ausgerüstet hatte – sie fand Gräber aus dem 2. und 3. Jahrhundert v. Chr. Dr. Ahmad Badawi und Dr. Mustapha El-Amir entdeckten 1941 bei Memphis zufällig (eigentlich mit anderer Grabung beschäftigt) eine Stele zu Ehren Amenophis' II. und ein *unberührtes* Grab des Prinzen Sheshank, reich mit Juwelen geschmückt. –

Womit begann dieses Kapitel? Es war Napoleons Feldzug ins Nilland; es war die Geburt eines dunkelhäutigen Knaben namens Jean François Champollion. Zur Zeit, als Napoleon scheiterte und Champollion die ersten fremden Sprachen lernte, saß in Göttingen ein Schulmann vor einigen Inschriftenkopien sehr merkwürdiger Art. Als er entdeckt hatte, was die Zeichen auf diesen Kopien bedeuteten, konnte die wissenschaftliche Eroberung eines anderen alten Reichs beginnen, eines noch älteren Reichs als Ägypten, des Landes zwischen Euphrat und Tigris, wo der Turm von Babel sich erhob und einst Ninive stand und fiel.

III. DAS BUCH DER TÜRME

«Mein Vater und meines Vaters Vater haben vor mir ihre Zelte hier aufgeschlagen... Seit zwölf Jahrhunderten haben sich die wahren Gläubigen – und Gott sei gelobt, sie allein besitzen die wahre Weisheit – in diesem Lande niedergelassen, und keiner von ihnen hat je von einem unterirdischen Palaste gehört, und auch die nicht, die vor ihnen kamen. Und siehe! Da kommt ein Franke aus einem viele Tagereisen entfernten Lande und geht gerade auf den Platz hin und nimmt einen Stock und macht eine Linie dahin und eine Linie dorthin. ‹Hier›, sagt er, ‹ist der Palast›, und ‹dort›, sagt er, ‹ist das Tor›, und zeigt uns, was unser Leben lang unter unseren Füßen gelegen hat, ohne daß wir etwas davon wußten. Wunderbar! Wunderbar! Hast du dies durch Bücher erlernt, durch Zauberei oder durch eure Propheten? Rede, o Bey! Sage mir das Geheimnis der Weisheit!»

Rede des Scheichs Abd-er-Rahman an den englischen Archäologen Layard

18. KAPITEL

IN DER BIBEL STEHT GESCHRIEBEN

Von Strafgerichten durch die Assyrer ist die Rede in der Bibel, vom Turmbau zu Babel und vom prangenden Ninive, von der siebzigjährigen Gefangenschaft der Juden und vom Herrscher Nebukadnezar. Vom Gerichte Gottes über die «große Hure» und von den Schalen seines Zorns, die sieben seiner Engel über die Lande des Euphrats gossen. Jesaja und Jeremia, die Propheten, zeichneten ihre furchtbaren Gesichte von der Zerstörung «des schönsten unter den Königreichen», der «herrlichen Pracht der Chaldäer», die «umgekehrt werde von Gott wie Sodom und Gomorra», auf daß «wilde Hunde in den Palästen heulen und Schakale in den lustigen Schlössern».

In den Jahrhunderten der christlichen Gläubigkeit war das Wort der Bibel unanfechtbar und der Buchstabe heilig. Die Zeit der Aufklärung brachte die Kritik. Doch dasselbe Jahrhundert, in dem die Kritik in allen Philosophien des Materialismus zum permanenten Zweifel wurde, brachte gleichzeitig den Beweis dafür, wieviel Wahres der Kern der Bibel enthielt, mochte es auch eingehüllt sein in viele Schalen späterer Erfindung. –

Flach war das Land zwischen den Flüssen Euphrat und Tigris. Nur hier und da erhoben sich geheimnisvolle Hügel, über die die Staubstürme brausten und schwarze Erde zu steilen Dünen türmten, die hundert Jahre wuchsen und in fünf weiteren Jahrhunderten wieder verwehten. Die Beduinen, die hier rasteten und ihren Kamelen dürftige Nahrung reichten, wußten nicht, ob diese Hügel etwas bargen, und kannten, gläubige Anhänger Allahs und Mohammeds, seines Propheten, nichts von den Worten der Bibel, die dieses Land beschrieben. Es bedurfte einer Ahnung, einer Frage. Es bedurfte eines Anstoßes durch die Tatkraft eines westlichen Mannes, es bedurfte einiger Spatenstiche...

Der Mann, der die ersten Spatenstiche tun sollte, wurde im Jahre 1803 in Frankreich geboren. Noch als Dreißigjähriger ahnte er nichts von der Aufgabe, welche die größte seines Lebens werden sollte. In diesem Alter nämlich kam er, ein Arzt damals, von einer ägyptischen Expedition zurück. Als er in Kairo eintraf, hatte er eine Anzahl Kisten bei sich. Die Polizei verlangte die Öffnung. Die Kisten enthielten, sorgfältig aufgespießt, zwölftausend Insekten.

In der Bibel steht geschrieben

Vierzehn Jahre später gab dieser Arzt und Insektensammler ein fünfbändiges Wert über Assyrien heraus, das für den Antrieb zur wissenschaftlichen Erschließung des Zweistromlandes nicht weniger wichtig wurde, als es die vierundzwanzigbändige «Description de l'Égypte» für die Erschließung Ägyptens geworden war.

NICHT ganz hundert Jahre später erschien in Deutschland (und aus Frankreich und England ließen sich ähnliche Beispiele geben) ein Buch des Professors Bruno Meißner, das den Titel trug: «Könige Babyloniens und Assyriens».

Die Bedeutung dieses Werkes liegt zum geringsten Teil auf dem Gebiet der Fachwissenschaft. Aber es sollte solche Bedeutung nicht haben, denn es wollte lediglich in populärer Form von Herrschern berichten, deren Glanz seit 2000 bis 5000 Jahren vergangen war. Die wirkliche Bedeutung dieses Buches – und aller ähnlicher Bücher von Fachwissenschaftlern anderer Nationalität – liegt nämlich für unsere Darstellung der Entwicklung der Archäologie darin, daß es *überhaupt geschrieben* werden konnte. Und ganz besonders darin, daß dies Schreiben bereits *populär* erfolgen konnte. «Solche Darstellung nämlich –» wir zitieren aus der Einleitung – «bedarf eines Überlieferungsmaterials, das satte Farbtöne zum Kolorit des Lebensbildes der bedeutenden Männer und Frauen beisteuern kann, wenn sie lebendig vor uns erstehen sollen.»

Wie aber stand es mit diesem Überlieferungsmaterial? Wir übergehen die symbolisch überhöhten Berichte des Alten Testaments und zitieren wieder: «Vor nicht viel länger als einem Jahrhundert war uns die ganze assyriologische Wissenschaft noch ein verschlossenes Buch, und noch vor wenigen Dezennien erschienen uns babylonische und assyrische Herrscher nur als wesenlose Schemen, von denen wir nicht mehr als ihre Namen wußten. Soll es nun nach so kurzer Zeit schon möglich sein, die mehr als zwei Jahrtausende umfassende Geschichte des alten Zweistromlandes zu schreiben und dabei wirkliche Charakterbilder seiner Herrscher zu zeichnen?»

Das Buch von Meißner (und mehrere andere zu etwa gleicher Zeit) zeigt, daß das in unserem Jahrhundert möglich wurde. Es zeigt, daß in wenigen Jahrzehnten eine Gruppe von besessenen Ausgräbern, Wissenschaftlern und Dilettanten eine ganze Kultur ans Licht heben konnte. Ja, es bietet uns in seinem Anhang eine Zeittafel, die mit nur wenigen Lücken die Namen und Daten der Herrscher des Zweistromlandes vor uns ausbreitet, zusammengestellt von Ernst F. Weidner, einem der merkwürdigsten unter den oft sehr

208   *Das Buch der Türme*

Eroberung einer syrischen Festung. Relief an der nördlichen Außenseite des großen Tempels von Medinet Habu.
Abbildung 24

merkwürdigen Assyriologen. Zwanzig Jahre lang nämlich saß Weidner als zweiter Redakteur in den Büros der «Berliner Illustrirten Zeitung». Hier redigierte er Unterhaltungsromane und Kreuzworträtsel. Zu gleicher Zeit aber publizierte er bedeutende Aufsätze über assyrische Chronologie und gab ein internationales Fachblatt heraus, das in wenigen hundert Exemplaren erschien und nur von Universitäten und Privatgelehrten bezogen wurde. Erst im Jahre 1942, als alliierte Bomberströme jede Gelehrtenarbeit in der Hauptstadt des «Dritten Reiches» unmöglich machten, übernahm er eine österreichische Professur. Zur Überraschung aller Mitglieder der «Berliner Illustrirten Zeitung», die zwanzig Jahre lang nicht geahnt hatten, daß sie ihre Zimmer mit einem bedeutenden Assyriologen geteilt hatten. –

Die Bedeutung eines solchen Buches und aller ähnlichen lag in der *Möglichkeit* ihres Erscheinens. Die Ergebnisse, die in ihnen populär verarbeitet sind, waren ein wissenschaftlicher Triumph, der höher einzuordnen ist als etwa Lepsius' erste ägyptische Chronologie. In ihnen ist kompiliert, was drei Generationen Besessener zusammentrugen. Sie zeigen den Erfolg nicht eines einzelnen, sondern den unzähliger Arbeitsstunden in der Kanzlei des französischen Konsulats zu Mossul ebenso wie in einer Göttinger Lehrerstube, unter brennender Sonne zwischen Euphrat und Tigris ebenso wie in einer kleinen Schiffskabine, in der unter schwankender Lampe ein englischer Offizier über der Keilschrift grübelte.

Diese mühsame Arbeit ist deshalb ein Triumph über alle anderen der Archäologie, weil hier kaum noch Spuren von vergangener Größe sprachen. Hier standen keine Tempel und Statuen wie auf dem klassischen Boden Griechenlands und Italiens. Hier ragten keine Pyramiden und Obelisken wie in Ägypten, und keine Opfersteine erzählten von den Hekatomben Geschlachteter wie in den Wäldern Yucatans und Mexikos. Die starren Gesichter der Beduinen und Kurden trugen in keinem Zug die Spuren einstiger Ahnengröße. Ihr lebendiger Sagenschatz reichte kaum weiter zurück als bis zu den reichen Zeiten Harun-al-Raschids, und was davor war, lag in Dämmer und Dunkel. Und die Sprachen, die hier noch lebten und gesprochen wurden, schufen keine verständliche Verbindung zu den Sprachen der Jahrtausende vorher.

Deshalb ist der Triumph so groß, weil nichts anderes den Ausgangspunkt für die Forscher bildete als ein paar Bibelworte – abgesehen von den verstreuten Hügeln, die wenig in die Staubebene zwischen den Flüssen paßten – und einige Tonscherben vielleicht, die man dort finden konnte, bedeckt mit merkwürdigen Keilzeichen, die man indes für ornamentalen Schmuck hielt; denn nach Aussage eines frühen Beobachters sahen sie aus, «als seien Vögel über nassen Sand gelaufen»!

19. KAPITEL

BOTTA FINDET NINIVE

ARAM-NACHARAIM, Syrien zwischen den Flüssen, heißt das obere Zweistromland im Alten Testament. Dort liegen die Städte, auf die Gottes Zorn fiel. Dort herrschten zu Ninive und südlich davon im großen Babel die schrecklichen Könige, die andere Götter hatten neben IHM und deshalb ausgetilgt wurden von der Erde. Wir kennen das Land unter dem Namen Mesopotamien. Heute heißt es Irak, und Bagdad ist seine Hauptstadt. Es grenzt im Norden an die Türkei, im Westen an Syrien und Jordanien, im Süden an Saudi-Arabien und im Osten an Persien, ans heutige Iran.

In der Türkei entspringen die beiden Flüsse, die dies Land zur Wiege einer Kultur machten, wie es der Nil mit Ägypten tat: der Euphrat und der Tigris. Sie fließen von Nordwesten nach Südosten, vereinigen sich kurz vorm heutigen Basra (was sie im Altertum nicht taten) und ergießen sich in den Persischen Meerbusen.

Assyrien, das alte Land Assur, erstreckte sich im Norden längs des reißend fließenden Tigris. Babylonien, das alte Sumer und Akkad, breitete sich im Süden zwischen Euphrat und Tigris bis hinunter zu den grünen Wassern des Persischen Meerbusens. In einem Konversationslexikon vom Jahre 1867 findet sich unterm Stichwort Mesopotamien folgende abschließende Bemerkung: «Am blühendsten war das Land unter der assyrischen und babylonischen Herrschaft. Unter der Herrschaft der Araber ward es Sitz des Kalifen und gelangte nochmals zu hoher Blüte. Erst mit den Einfällen der Seldschucken, Tataren und Türken begann es zu sinken, und gegenwärtig ist es zum Teil eine entvölkerte Wüste.»

In dieser Wüste erhoben sich die geheimnisvollen Hügel, oben platt, mit steilen Rändern, vielfach eingerissen, gesprungen wie der gedörrte Schafkäse der Beduinen. Sie entzündeten die Phantasie einiger Männer derart, daß hier im Zweistromlande die Archäologie als Spatenwissenschaft ihre ersten großen Triumphe feiern konnte.

Paul Emile Botta machte in jungen Jahren bereits eine Weltreise. 1830 trat er als Arzt in die Dienste Mohammed Alis und machte eine ägyptische Expedition nach Sennaar mit (wobei er die Insekten sammelte). 1833 machte ihn

Botta findet Ninive

die französische Regierung zum Konsul in Alexandrien. Er unternahm eine arabische Reise und schrieb ein umfangreiches Buch darüber. 1840 wurde er Konsularagent in Mossul. Diese Stadt aber liegt am oberen Tigris. Und wenn die Sonne sank und Botta zu erholendem Ritt die Schwüle der Basare floh, dann erblickte er die merkwürdigen Hügel...

Es ist nicht so, daß diese Hügel ihm als erstem aufgefallen wären. Ältere Reisende, Kinneir, Rich, Ainsworth, hatten bereits Ruinen unter ihnen vermutet. (Der Interessanteste unter ihnen war C. J. Rich. Ein Wunderkind wie Champollion, hatte er mit neun Jahren das Studium der orientalischen Sprachen begonnen. Mit vierzehn Jahren studierte er bereits Chinesisch. Mit vierundzwanzig war er Konsulent der «East Indian Company» in Bagdad und machte Reisen durchs ganze Zweistromtal, die der damaligen Wissenschaft wertvolle Beute brachten.) Die Engländer und Franzosen haben der Wissenschaft und Kunst weit häufiger als etwa Rußland, Deutschland und Italien Männer von weltmännischem Format gestellt, Männer, die glänzende Vertreter ihrer Länder im Ausland waren, nie frei vom Zug zum Abenteuer, aber ihre wissenschaftlichen und künstlerischen Arbeiten ebenso wie ihr umfassendes Interesse für alle exzellenten Äußerungen des menschlichen Geistes doch mit hohem Sinn für politische Notwendigkeiten zu verbinden wußten. (Beispiele aus neuerer Zeit sind in Frankreich Paul Claudel und André Malraux, in England Oberst T. E. Lawrence.)

In die Reihe dieser Männer gehört Botta. Er war Arzt. Er war an den Naturwissenschaften interessiert. Er war Diplomat und wußte gesellschaftliche Beziehungen zu nutzen. Nur Archäologe war er nicht. Was er für seine kommende Aufgabe mitbrachte, war seine Kenntnis der Eingeborenensprache, eine auf seinen Reisen erworbene Fähigkeit, mit den Anhängern des Propheten freundschaftlichen Verkehr zu pflegen, und nicht zuletzt eine unbändige Arbeitskraft, die selbst das oftmals mörderische Klima des Jemen und der versumpften Nilniederung nicht hatte brechen können.

Diesen Voraussetzungen entsprechend ging er an die Arbeit. Und wenn wir sein Vorgehen rückschauend betrachten, so erkennen wir, daß er ganz gewiß weder von einem Plane noch von einer kühnen Hypothese ausging, genaugenommen von nichts anderem als von einer vagen Hoffnung, gemischt mit Neugier; denn schließlich wurde er von seinem Erfolg ebenso überrascht wie die ganze Welt. Abend für Abend schloß er sein Büro und rekognoszierte mit einer Beharrlichkeit ohnegleichen die Landschaft um Mossul. Haus um Haus, Hütte um Hütte besuchte er und stellte die stereotypen Fragen: Habt ihr Antiquitäten? Alte Töpfe? Eine alte Vase vielleicht? – Wo habt ihr die Ziegel her, mit denen dieser Stall gebaut ist? Woher sind diese Tonscherben mit den sonderbaren Keilzeichen?

Er kaufte, was er bekommen konnte. Aber wenn er die Männer beschwor, ihm den Platz zu zeigen, von dem die Stücke stammten – da zuckten die Männer die Achseln, erklärten, daß Allah groß sei und diese Stücke wohl überallhin verstreut habe, er möge sich nur umsehen.

Botta sah seine Bemühung, einen besonders reichen Fundort durch Befragung zu lokalisieren, scheitern und entschloß sich, den Spaten beim erstbesten Hügel anzusetzen, bei Kujundschik.

Und dieser Hügel war der falsche. Zumindest für Botta, zumindest für dieses erste Jahr der Grabung. Denn daß dieser Hügel eine Burg Assurbanipals barg (des Sardanapals der Griechen) – das aufzudecken sollte einem anderen vorbehalten bleiben. Botta grub vergebens.

Man muß sich vorstellen, was es bedeutet, solch immer wieder vergebliches Tun durchzuhalten. Was es heißt, von keinem klaren Hinweis gestützt, nur getragen von der vagen Vorstellung, daß diese Hügel irgend etwas enthalten müßten, was des Ausgrabens wert wäre, Tag für Tag, Woche für Woche, Monat für Monat nichts zu finden als ein paar zerschürfte Ziegel, mit Zeichen bedeckt, die niemand lesen konnte, oder ein paar Skulpturen-Torsi, so zerschlagen, daß ihr Ganzes unerkennbar blieb oder doch so primitiv erschien, daß sich keine Phantasie daran zu stärken vermochte.

Ein volles Jahr lang.

Ist es verwunderlich, wenn Botta nach Ablauf dieses Jahres, nach unzähligen falschen Auskünften der Eingeborenen, einen geschwätzigen Araber fortschickte, der ihm in bilderreicher Sprache wieder einmal von einem Hügel erzählte, der reich sei an allen Dingen, die der Franke suche? Daß er ihn aus dem Lager treiben wollte, als der Araber immer aufdringlicher davon schwätzte, er sei aus einem entfernten Dorfe, er habe von den Wünschen des Franken gehört, er liebe die Franken und er wolle ihm helfen? Ziegel mit Inschriften suche er? Da seien welche in Massen, bei ihm, in Khorsabad, wo sein heimisches Dorf sei. Er müsse es wissen, denn er habe seinen Ofen aus solchen Ziegeln gebaut, und alle in seinem Dorfe hätten von alters her desgleichen getan. Als Botta sich des Mannes nicht mehr erwehren konnte, schickte er ein paar von seinen Leuten mit hinüber. Es waren an die sechzehn Kilometer bis dorthin. Er gab den Leuten genaue Anweisungen, was sie zu tun hätten. Denn immerhin, man konnte nicht wissen...

Daß Botta diese kleine Expedition losschickte, sollte seinen Namen unsterblich machen in der Geschichte der Archäologie. Der Name des Arabers

Assyrische Kavallerie.
Abbildung 25

ist vergessen, verweht. Botta war es, der die ersten Reste einer Kultur ans Licht hob, die fast zwei Jahrtausende geblüht und mehr als zweieinhalb Jahrtausende unter der Erde, vergessen von allen Menschen, geruht hatte.

Eine Woche, nachdem Botta seine Leute auf Erkundung geschickt hatte, kam ein aufgeregter Bote. Kaum nämlich hätte man die Spaten angesetzt, berichtete er, so wären Mauern zum Vorschein gekommen. Kaum hätte man sie vom gröbsten Schmutz befreit, so wären Inschriften sichtbar geworden, Bilder, Reliefs, schreckliche Tiere...

Botta schwang sich aufs Pferd und ritt hinüber. Ein paar Stunden später hockte er in einem Graben und zeichnete die sonderbarsten Figuren, bärtige Menschen, geflügelte Tiere, Gestalten außerhalb jeder Formvorstellung, wie er sie selbst in Ägypten nie gesehen hatte und wie sie sich europäischem Blick noch nie gezeigt hatten. Ein paar Tage später waren alle seine Leute vom Kujundschik herübergeholt. Es rührten sich Hacke und Schaufel. Mauern kamen zum Vorschein, immer neue Mauern. Und dann kam der Augenblick, da Botta nicht mehr zweifeln konnte, daß er, wenn nicht das ganze Ninive, doch einen der glänzendsten Paläste der alten assyrischen Könige aufgedeckt hatte. Es kam der Augenblick, da er diese Überzeugung nicht mehr für sich behalten konnte und sie hinausschickte in die Welt, nach Frankreich, nach Paris. «Ich glaube», so schreibt er stolz, und in Schlagzeilen drucken es die Blätter, «daß ich der erste bin, der Bildwerke entdeckt hat, welche man mit Recht der Periode zuschreiben kann, da Ninive blühte!»

DIE Entdeckung des ersten assyrischen Palastes war nicht nur eine Zeitungssensation für die europäische Welt, sondern auch eine Neuigkeit ersten Ranges für die Wissenschaft. Bisher war die Wiege der Menschheit in Ägypten vermutet worden. Denn nirgends ließ sich die Geschichte der Menschheit so weit zurückverfolgen wie im Lande der Mumiengräber. Vom Zweistromland hatte bisher nur die Bibel berichtet, für die Wissenschaft des 19. Jahrhunderts eine «Legendensammlung». Die spärlichen Hinweise antiker Schriftsteller wurden wichtiger genommen. Sie waren nicht unglaubhaft, aber oft widersprechend in ihren Angaben und mit den Daten der Bibel nicht in Übereinstimmung zu bringen. Bottas Entdeckung bedeutete also nicht mehr und nicht weniger, als daß tatsächlich im Zweistromland eine zumindest ebenso alte, vielleicht – wollte man der Bibel nun auch weiterhin Glauben schenken – sogar ältere Kultur geblüht hatte, geblüht in Macht und Herrlichkeit, die schließlich durch Feuer und Schwert getilgt worden war.

Frankreich war enthusiasmiert. In großzügigster Weise wurden alle Mittel mobil gemacht, um Botta die Weiterarbeit zu erleichtern. Drei Jahre lang grub er, von 1843 bis 1846. Er arbeitete gegen das Klima, die Jahreszeiten, die Eingeborenen, gegen den Pascha, den Gouverneur der Türkei, dem das Land unterstand und der ein Despot war. Dieser gierige Verwaltungsbeamte hatte nur eine Erklärung für Bottas rastlose Grabung: Goldsuche!

Er fing Botta die eingeborenen Arbeiter weg, bedrohte sie mit Folter und Kerker, um Bottas Geheimnis auf die Spur zu kommen. Er stellte einen Ring von Wächtern um den Hügel von Khorsabad. Er schrieb Berichte nach Konstantinopel. Aber Botta war von unerschütterlicher Zähigkeit. Nicht umsonst Diplomat, spann er Intrige gegen Intrige. Da ließ der Pascha offiziell den Franzosen gewähren. Inoffiziell aber ließ er allen Eingeborenen bei fürchterlichen Strafen verbieten, dem Franken, der mit seinen Gräben nichts anderes bauen wolle als eine Festung gegen die Freiheit aller mesopotamischen Völker, in irgendeiner Beziehung zu helfen.

Unerschüttert trieb Botta das Werk voran.

Auf mächtigen Terrassen trat der Palast zutage. Die Schar der Forscher, die sich alsbald auf Bottas erste Nachrichten stürzten, erkannten ihn als den des Königs Sargon, erwähnt in den Weissagungen des Jesaja; als einen Sommerpalast am Rande Ninives, eine Art Versailles, ein riesenhaftes Sanssouci aus dem Jahre 709 v. Chr., nach der Eroberung Babylons gebaut. Mauer auf Mauer stieg aus dem Schutt, Höfe traten zutage mit reichgeschmückten Portalen, mit Prunkräumen, Gängen und Kammern, einem dreigeteilten Harem und den Überresten eines imposanten Terrassenturmes. Die Fülle der Skulpturen und Reliefs war überwältigend. Jäh war das geheimnisvolle Volk der Assyrer aus dem Dunkel der Zeit gehoben. Hier waren

Botta findet Ninive

ihre Bilder, hier ihre Geräte, ihre Waffen, hier sah man sie in häuslichem Tun, im Kriege, auf der Jagd.

Doch die Skulpturen, aus leicht verderblichem Alabaster oft, plötzlich der schützenden Schuttschicht beraubt, zerfielen unterm heißen Atem der Wüste.

Eugène Napoléon Flandin, Zeichner von Ruf, Persienreisender, der schon mehrere Bildwerke über Altertümer veröffentlicht hatte, eilte aus Paris herbei, beauftragt von der Regierung. Er wurde für Botta, was Vivant Denon für die «Ägyptische Kommission» Napoleons geworden war. Aber Denon hatte gezeichnet, was auch weiterhin blieb. Flandin mußte auf dem Papier zu retten suchen, was unter seinen Augen verging.

Es gelang Botta, eine Reihe von Bildwerken auf Flöße zu verladen. Aber der Tigris, hier im Oberlauf noch reißender und ganz ungebändigter Gebirgsfluß, duldete nicht die ungewöhnliche Last. Die Flöße begannen sich zu drehen, zu kreiseln, verloren ihre Stabilität, bekamen Übergewicht, und Götter und Könige Assyriens, eben den Schatten entstiegen, versanken aufs neue.

Botta ließ sich nicht entmutigen. Eine neue Ladung ging den Fluß stromab. Alle erdenklichen Vorsichtsmaßregeln wurden getroffen. Und diesmal gelang es. Ein Schiff nahm die kostbaren Steine auf. Und eines Tages landeten die ersten assyrischen Bildwerke auf europäischem Boden. Ein paar Monate später standen sie im Louvre zu Paris.

Botta aber ging an die Bearbeitung eines umfangreichen Bildwerks. Eine Kommission von neun Wissenschaftlern übernahm die Herausgabe. Darunter waren Burnouf, bald einer der hervorragendsten französischen Archäologen (ein Vierteljahrhundert später Heinrich Schliemanns oft zitierter «Gelehrter Freund»), und ein Engländer namens Layard, dessen Ruf wenig später den Bottas zudecken sollte. Layard saß bereits auf Bottas Spuren. Er sollte einer der glücklichsten Archäologen werden, die je den Spaten in den Schutt der Jahrtausende gesetzt.

Doch sollte Botta, der Pionier auf assyrischem Boden, nicht vergessen werden. Es ist richtig: Er war als Pionier in Assyrien, was Belzoni in Ägypten war, hemmungsloser «Gräber», Beutesucher für den Louvre. (Wieder ein französischer Konsul, Victor Place, übernahm dann als «Sammler» in Ninive die Rolle, die Mariette in Kairo spielte.) Doch Bottas Buch zählt zu den klassischen Werken der Archäologie. «Monuments de Ninive découverts et décrits par Botta, mesurés et dessinés par Flandin» ist sein Titel. In zwei Jahren, 1849 bis 1850, erschien es und umfaßt fünf Bände. Die beiden ersten enthalten die Tafeln über Architektur und Skulptur, der dritte und vierte enthalten die gesammelten Inschriften, der fünfte enthält die Beschreibungen.

20. KAPITEL

DIE ENTZIFFERUNG DER KEILSCHRIFT

In wessen Hände geriet dieses Buch? Wer las sich durch den dritten und vierten Band? Wem waren die dort gesammelten Inschriften verständlich? Die Geschichte aller wissenschaftlichen Taten beweist, daß Entdeckung und Praktifizierung zeitlich weit auseinanderliegen können.

Als Botta neben den Skulpturen auch die mit den sonderbaren Keilzeichen bedeckten Ziegel sammelte, als er sie abzeichnen ließ und nach Paris schickte (selber ohne die geringste Ahnung, wie diese Zeichen zu lesen waren), da saßen, verbreitet über Europa und den Vorderen Orient, eine ganze Anzahl von Gelehrten in ihren Klausen, die den Schlüssel zur Lesung bereits in Händen hielten.

Es klingt unglaubwürdig: Aber diese Männer hielten den Schlüssel zur Lesung der Schrift eines Reiches, von dem sie jetzt durch Botta zum erstenmal umfangreiche Zeugnisse vorgelegt bekamen, bereits seit Jahren in Händen. Rechnet man vom Erscheinungstag des Bottaschen Buches – seit genau siebenundvierzig Jahren! Und um weiter voranzukommen in der Entzifferung, fehlte ihnen nichts als immer neue, andere, genauere und zahlreichere Inschriften, als sie sie bis dahin zu Gesicht bekommen hatten. Die wesentlichen Erkenntnisse zur Entzifferung der Keilschriftsysteme aber waren bereits gemacht, als von Sargons Palast noch keine Mauer zutage lag, als man von Ninive, auf das Layard soeben den Spaten ansetzte, nichts wußte, als was die Bibel erzählt. Und nun, nach Bottas Pioniertat, die von Layards Entdeckungen gefolgt war, bereichert durch die Erkenntnis eines kühnen Engländers, der sich, nicht weit davon, eine Felswand an einem Flaschenzuge hinunterließ, nur um eine Inschrift zu kopieren – nun fügten sich Ausgrabungsergebnisse, Entdeckungen, Entzifferungen, Verbesserungen und Erkenntnisse aus Sprachwissenschaft und allgemeiner Geschichte der alten Völker in einem einzigen Jahrzehnt zu so festgefügtem wissenschaftlichem Bau zusammen, daß um die Mitte des vorigen Jahrhunderts das wissenschaftliche Rüstzeug restlos bereitstand, um jede nun folgende Entdeckung des Spatens sofort zu verarbeiten.

Der erste Mann aber, der den entscheidenden Schritt zur Entschlüsselung der Keilschriften getan hat – und das ist nicht ohne Vergnügen zu vermer-

Die Entzifferung der Keilschrift 217

ken –, erhielt den Anstoß zu dieser Tat keineswegs durch wissenschaftliche Neugier, durch wissenschaftlichen Drang. Er war ein Deutscher, im Jahre 1802 Hilfslehrer an der Stadtschule zu Göttingen, ein hoffnungsvoller junger Mann von siebenundzwanzig Jahren. Und er entzifferte mit Hilfe einer Methode, die für alle Zeiten das Beiwort genial verdient, die ersten zehn Buchstaben einer Keilschrift auf Grund einer Wette!

UNSER Wissen um die Existenz der Keilschriften geht zurück bis ins 17. Jahrhundert. Der italienische Reisende Pietro della Valle sandte die ersten Kopien nach Europa. Aston teilte 1693 in den «Philosophical Transactions» zwei Zeilen mit, die ein gewisser Flower, Agent der Ostindischen Compagnie in Persien, kopiert hatte. Die erregendsten Nachrichten nicht nur von Schriften und Denkmälern, sondern auch von Land und Leuten jener Landschaften brachte Karsten Niebuhr. Dieser Hannoveraner stand in den Diensten Friedrichs V. von Dänemark. Von 1760 bis 1767 bereiste er mit anderen Gelehrten den Orient. Innerhalb Jahresfrist starben, außer Niebuhr, sämtliche Teilnehmer der Expedition. Der unerschrockene Niebuhr reiste allein weiter, kam heil zurück und gab mit seiner «Reisebeschreibung von Arabien und anderen umliegenden Ländern» das Buch heraus, das Napoleon auf seiner Fahrt nach Ägypten ständig bei sich trug.

Diese ersten Keilschriftkopien, die auf allerlei Umwegen, unvollständig, verstümmelt, schlecht abgezeichnet (noch im 18. Jahrhundert erklärte der berühmte englische Orientalist Hyde, es handle sich um Steinzierate, nie und nimmer um Schriften) nach Europa kamen, waren meist keineswegs von assyrisch-babylonischem Boden, nimmt man diese Bezeichnung in engem geographischem Sinne. Fast samt und sonders stammten sie aus einem Ruinenfeld sieben Meilen nordöstlich Schiras, einem riesigen Trümmerhaufen, den schon Niebuhr mit Recht für die Reste des alten Persepolis gehalten hatte.

Diese Bautrümmer gehören einer jüngeren Kultur an, als sie unter Bottas Spaten in den vierziger Jahren erwachte. Sie sind die Überreste der Residenz des Darius und Xerxes, des ungeheuren Palastes, den Alexander der Große zerstörte. «Während eines Trinkgelages, als er seiner Sinne nicht mehr mächtig war», sagt Diodor. Und Kleitarchos erzählt von demselben Gelage, weiß aber, daß es die athenische Tänzerin Thaïs war, die in der Raserei des Tanzes einen Feuerbrand vom Altar reißt und ihn zwischen die Holzsäulen des Palastes schleudert; trunken soll Alexander mit seinen Getreuen dem Beispiel gefolgt sein. (Droysen sagt von diesen Berichten in seiner Geschichte des Hellenismus, daß hier «mit außerordentlichem Talente, aber auf Kosten der Geschichte, Geschichten gemacht» wurden.) Noch mittelalterliche Fürsten des Islam regierten in diesem Palaste. Dann weideten die Schafe zwischen den Ruinen. Die ersten Reisenden räuberten; es gibt kaum ein großes Museum, das nicht persepolitanische Relieffragmente vorweisen kann. Flandin und Coste zeichneten die Trümmer. Andreas und

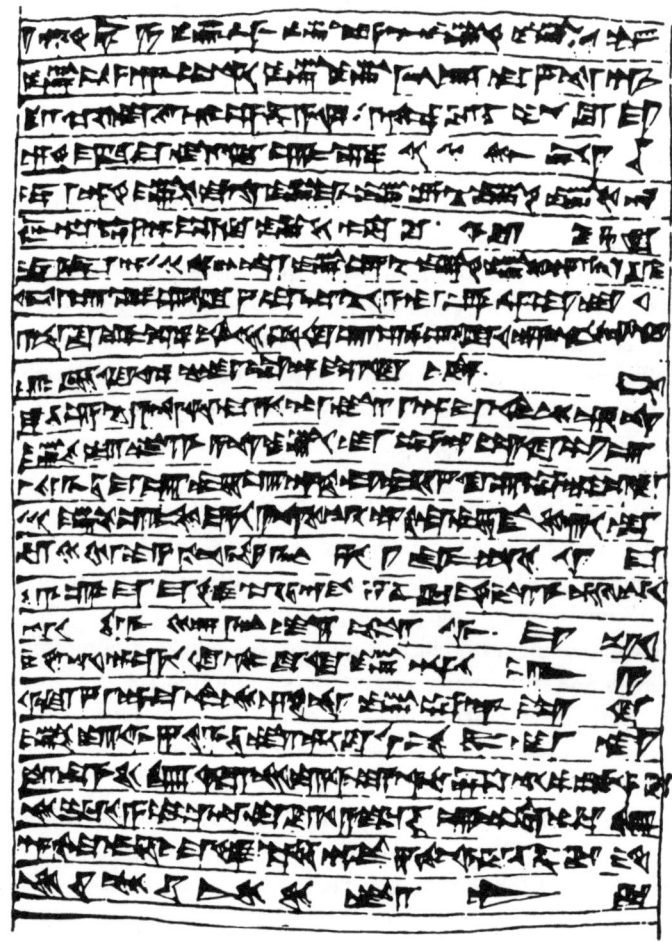

Ein abgerollter Keilschriftzylinder Assurbanipals. In Zeile 13 bekennt sich der König zur Gründung eines Tempels: «Zu eben jener Zeit ließ ich E-mach, den Tempel der Göttin Ninmah in Babil, neu machen.» Die letzten vier Zeilen sind eine Drohung: «Wer meine Namensurkunde mit arglistigem Tun vertilgen, zugrunde richten oder ihren Ort ändern wird, den möge Ninmah vor Bel, Sarrateia zum Bösen sprechen, seinen Namen, seinen Samen in den Ländern vernichten.»
Abbildung 26

Die Entzifferung der Keilschrift

Stolze photographierten sie bereits 1882. Genau wie das Kolosseum in Rom diente auch des Darius Palast als Steinbruch. Im vorigen Jahrhundert konnte von Jahrzehnt zu Jahrzehnt der weitere Verfall der Ruinen beobachtet werden. 1931 bis 1934 leitete Ernst Herzfeld im Auftrag des «Oriental Institute» der Universität Chicago die ersten methodischen Untersuchungen des Ruinenfeldes, die zugleich dazu dienten, Maßnahmen der Erhaltung einzuleiten.

In dieser Landschaft überlagern sich die Kulturen wie nirgends sonst. Folgendes ist denkbar: Ein Araber bringt einem Archäologen einige mit Keilschrift bedeckte Tontafeln in sein Dienstzimmer zu Bagdad. Auf diesen Tontafeln, vielleicht aus der Gegend von Behistun, ist die Rede von Darius, dem Perserkönig. Der Archäologe, seinen Herodot stets zur Hand, läßt sich vom Griechen und von neuer Forschung bestätigen, daß Darius um 500 v. Chr. auf der Höhe seiner Macht stand und den souveränen Mittelpunkt eines Riesenreiches gebildet hatte. Bei Untersuchung anderer Tafeln findet er Hinweise auf alte Geschlechterfolgen, auf Krieg, Verheerungen, mörderische Taten. Er könnte einen Hinweis finden auf Hammurabi etwa, auf ein anderes Riesenreich, diesmal um das Jahr 1700 v. Chr. glänzend, oder aber auf König Sanherib, und damit auf ein drittes Riesenreich, nun um die Wende vom 8. zum 7. Jahrhundert. Und um den Zyklus der Berichte von den Riesenreichen nicht abreißen zu lassen, braucht der Archäologe nur seinem Araber zu folgen. An der nächsten Ecke kauert sich der in einen Kreis von Menschen und hängt gebannt an den Lippen eines Märchenerzählers, der mit eintönigem Singsang und wirkungsvollen Pausen von Harun berichtet, dem wunderbaren Kalifen, der um das Jahr 800 n. Chr., zur Zeit, da das Abendland bereits von Karl dem Großen regiert wurde, auf der Höhe seiner Macht und seines Ruhms der Weisheit stand. Wenn wir hierzu noch unsere neueste Kenntnis des Zweistromlandes fügen, so heißt das nichts anderes, als daß zwischen dem heutigen Damaskus und Schiras sechs große, weithin herrschende und jedesmal auf die Alte Welt größten Einfluß ausübende alte Kulturzentren blühten. Und daß diese Kulturen, auf so engem Raum zusammengepreßt, ineinandergreifend, sich befruchtend, aber auch unabhängig voneinander, zusammen mehr als fünf Jahrtausende mit erregendem Leben füllten. Fünf Jahrtausende oft schrecklicher, doch oft auch erhabener Geschichte der Menschheit. Gegen diese Fülle, der sich der Archäologe im Zweistromland gegenübersah, bildeten die neun Schichten, auf die Schliemann bei der Ausgrabung Trojas stieß, ein simples Problem. Denn die neun Schichten bargen nur eine einzige von wahrhaft historischer Größe. Kulturschichten *ohne* Bedeutung aber waren in Mesopotamien unzählbar. Denn allein eine Stadt der akkadischen Zeit aus dem 3. Jahrtausend v. Chr. stand bereits auf fünf Schichten solchen Kulturschutts. Zu dieser Zeit war Babylon noch nicht geboren!

Daß sich in solch ungeheuren Zeitläufen mit allem anderen nicht nur die Sprachen, sondern auch die Schriften wandelten, leuchtet ein. Genausowenig wie Hieroglyphe gleich Hieroglyphe war, war Keilschrift gleich Keilschrift. Und was Botta nach Paris schickte, sah völlig anders aus als das, was Niebuhr aus Persepolis mitgebracht hatte. Doch die Schriften von Persepolis (und deshalb ist bei allen ersten Veröffentlichungen über die Entzifferung der Keilschrift niemals von assyrischen oder babylonischen, sondern stets nur von persepolitanischen Inschriften die Rede), diese Tafeln, zweieinhalbtausend Jahre alt, wurden der Schlüssel zu allen anderen, die jetzt aus dem Schutt des Euphrat- und Tigris-Tals stiegen.

Ihre Entzifferung ist genial. Sie ist eine der Meisterleistungen des menschlichen Gehirns und den größten wissenschaftlichen und technischen Konstruktionen des Menschengeistes gleichwertig beizuordnen.

Am 9. Juni 1775 wurde zu Münden Georg Friedrich Grotefend geboren. Erst im Geburtsort, später in Ilfeld, wurde er auf dem Pädagogium gebildet und studierte dann in Göttingen Philologie. 1797 wurde er Hilfslehrer an der Stadtschule, 1803 Prorektor, dann Konrektor am Gymnasium zu Frankfurt am Main, 1817 gründete er einen Gelehrtenverein für deutsche Sprache. 1821 wurde er Direktor des Lyzeums zu Hannover. 1849 pensionierte man ihn, wie es dem Beamten zukam, und am 15. Dezember 1853 starb er.

Im Alter von siebenundzwanzig Jahren aber hatte dieser Mann, dessen Lebenslauf von unübertrefflicher Bravheit ist, bar jeden Seitensprungs und jedweder Extravaganz, die aus einem Umtrunk geborene Idee, die geradezu absurde Wette einzugehen, daß er in der Lage sei, den Schlüssel zur Entzifferung der Keilschrift zu finden. Was er zur Verfügung hatte, waren nichts als einige schlechte Kopien persepolitanischer Inschriften. Er ging dem Problem mit jugendlicher Unbekümmertheit zu Leibe. Und ihm gelang, was die besten Gelehrten der Zeit für unmöglich erklärt hatten. Im Jahre 1802 legte er der Akademie der Wissenschaften in Göttingen die ersten Resultate seiner Untersuchungen vor. Und unter der Fülle seiner späteren philologischen Abhandlungen, heute längst uninteressant geworden und vergessen, ragen für alle Zeiten hervor und sollten unvergessen bleiben seine «Beiträge zur Erläuterung der persepolitanischen Keilschrift».

Was Grotefend an Vorarbeiten zugänglich war, war dies: Die Inschriften

Die Entzifferung der Keilschrift

zu Persepolis zeigten sehr verschiedenartigen Charakter. Auf einigen Tafeln fanden sich drei verschiedene Arten, in drei deutlich getrennten Kolumnen nebeneinander geschrieben. Über die Geschichte der alten Perser, der Herrscher von Persepolis, wußten die Gelehrten, also auch der junge Humanist Grotefend, vor allem durch die griechischen Autoren recht gut Bescheid. Es war bekannt, daß Kyros gegen das Jahr 540 v. Chr. die Babylonier vernichtend geschlagen und, indem er das erste große persische Reich gegründet, das Ende Babyloniens für alle Zeiten besiegelt hatte. Es lag der Schluß nahe, daß zumindest eine der Inschriften in der Sprache der Eroberer gehalten sein mußte. Eine weitere Hypothese war, daß höchstwahrscheinlich die mittlere Kolumne, aus dem allgemeinen Empfinden, welches das Wichtigste stets in der Mitte sieht, diese altpersische Sprache zeigen mußte. Außerdem war den Betrachtern eine Zeichengruppe sowohl wie ein einzelnes Zeichen aufgefallen, die beide außerordentlich häufig auftraten. Man dachte sich, daß die Zeichengruppe möglicherweise das Wort «König» bedeuten könne, ein Schluß, den die übrige Denkmalskunde nahelegte. Und das einzelne Zeichen, einen von links oben nach rechts unten verlaufenden Keil, hielt man für einen Wortteiler. Das war alles. Das war erstaunlich wenig. Denn diese kargen Hypothesen schlossen nicht einmal eine Gewißheit darüber ein, von welcher Seite die Inschriften zu lesen waren, nicht einmal die Gewißheit, wo bei den Tafeln oben und unten war, ganz zu schweigen davon, ob die Schrift von links oder rechts zu lesen war. Grotefend, von seiner Jugend nicht zur Oberflächlichkeit verführt, begann ganz von vorn.

Champollion, der genau zwanzig Jahre später die Hieroglyphen entzifferte, sah sich, wenn man die Voraussetzungen in Betracht zieht, vor keinem entfernt so komplizierten Problem. Grotefend hatte keinen Dreisprachenstein, der ihm eine klare Übersetzung bot. Denn Grotefend kannte keine einzige der drei Sprachen und Schriften, die hier nebeneinanderstanden! Also ging er aus von dem Versuch einer exakten Beschreibung.

Er begründete zuerst, daß die Keilzeichen eine Schrift und kein Ornament darstellten. Dann erkannte er in dem völligen Mangel aller Rundungen, daß sie nicht geeignet waren, «geschrieben» zu werden, sondern nur dazu taug-

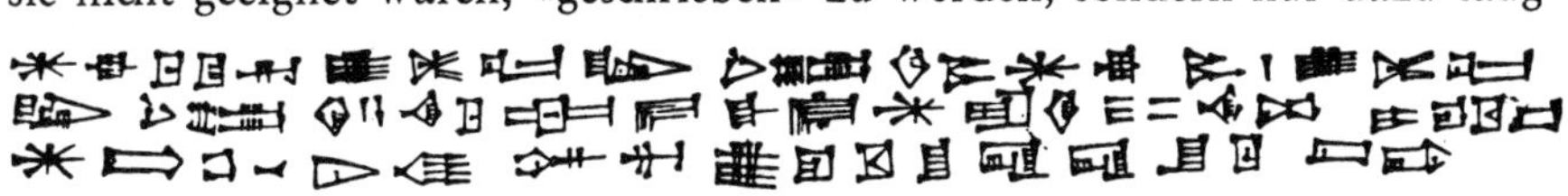

Keilinschrift von der Quadermauer der Nordburg in Babylon. Diese Inschrift hätte Grotefend noch nicht entziffern können. Sie enthält die Mitteilung Nebukadnezars: «Den Duru des Palastes Babylon habe ich mit Gebirgssteinen gemacht.» Dann folgt ein Gebet.
Abbildung 27

ten, eingegraben zu werden in feste Materie. (Heute wissen wir, daß diese uns so schwerfällig erscheinende Handhabung durchaus ausreichte, den gesamten politischen und wirtschaftlichen Verkehr des Zweistromlandes und Altpersiens bis in die Zeit Alexanders des Großen zu regeln. Statt daß die Schreiber eines Magazins ein vorgedrucktes Geschäftspapier mit Kohlepapier und Durchschlagbogen in die Maschine spannten, nahmen sie frisch hergestellte, noch weiche Tontafeln, gruben mit einem Rohrgriffel die Lieferungslisten ein, behielten ein Exemplar und gaben dem Überbringer eine Kopie. Dann wurden beide Tafeln rasch im Ofen gebacken und erhärteten derart, daß sie alles Papier überdauerten und uns noch nach dreitausend Jahren genaue Kunde geben können.)

Dann wies Grotefend nach, daß die Keile vorzüglich in viererlei Richtung wiesen, doch stets so, daß die Hauptrichtung immer von oben nach unten oder von links nach rechts läuft. Die Winkelhaken, aus zwei Keilen gebildet, kehren ihre Öffnungen stets nach rechts. Aus diesen scheinbar simplen Feststellungen zog er als erstes Ergebnis, wie die Inschriften zu betrachten seien: «Man muß sie so halten, daß die Spitzen der Vertikalkeile unterwärts, die der Querkeile aber rechts hingekehrt und die Öffnung der Winkelhaken ebenfalls zur Rechten sehen. Beobachtet man dieses, so wird man finden, daß keine Keilschrift in perpendikulärer, sondern immer in horizontaler Richtung geschrieben sei und die nebenstehenden Figuren auf den Gemmen und Zylindern keinen Maßstab für die Richtung der Schrift abgeben.» Und gleichzeitig schloß er daraus, daß die Schrift von links nach rechts zu lesen sei – was nur dem Abendländer selbstverständlich dünkt.

Doch war damit der Entzifferung wenig gedient. Grotefend stand jetzt vor dem entscheidenden Schritt. Daß er diesen Schritt tun konnte, zeigt sein Genie. – Genie haben bedeutet unter anderem, die Fähigkeit besitzen, das Komplizierte einfach zu sehen und in der Konstruktion ein Prinzip zu erkennen. Grotefends wahrhaft genialer, entscheidender Einfall war von erstaunlicher Simplizität.

Es ist nicht anzunehmen, sagte er sich, daß gewisse Gewohnheiten in der Denkmalsbeschriftung (und die ihm vorliegenden Keilschrift-Kopien waren Denkmäler-Inschriften) plötzlich geändert werden. Das «Ruhe sanft» auf den Grabstätten seiner Heimat fand sich auch auf den Gräbern der Großeltern und Urgroßeltern mit Regelmäßigkeit und würde sich vermutlich bei den Kindern und Kindeskindern finden. Warum sollten sich nicht die konstanten Anfangsworte der ihm bekannten neupersischen Denkmäler auch auf den altpersischen finden, wenn die Voraussetzung, daß die eine der Kolumnen

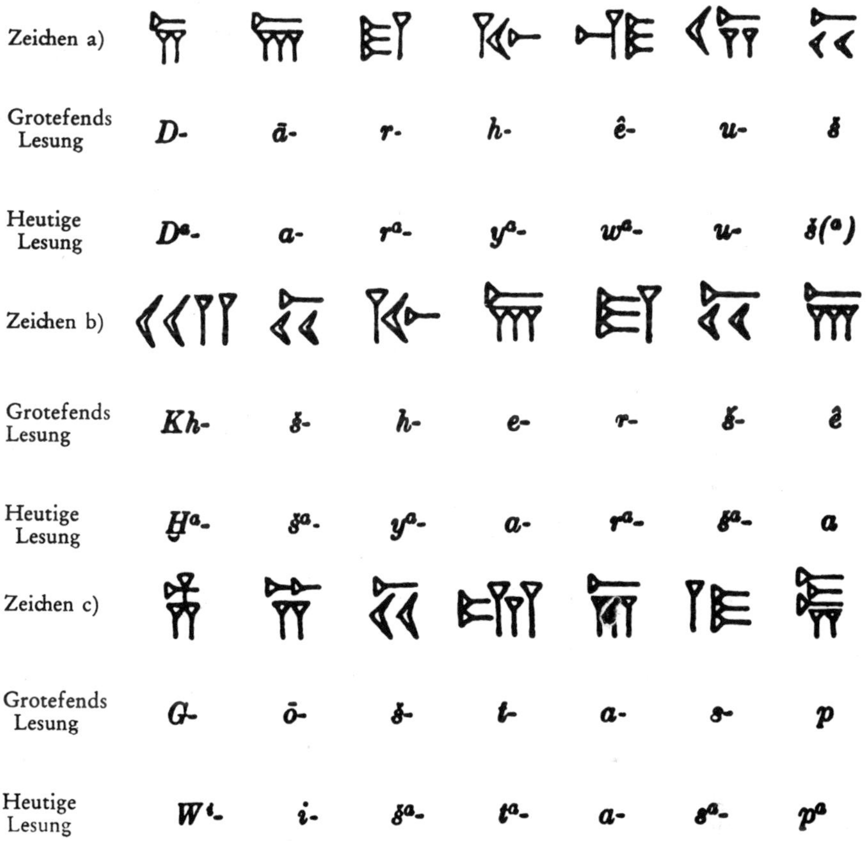

Die Entzifferung der Keilschrift

Zeichen a)							
Grotefends Lesung	D-	ā-	r-	h-	ê-	u-	š
Heutige Lesung	D^a-	a-	r^a-	y^a-	w^a-	u-	š(^{a})
Zeichen b)							
Grotefends Lesung	Kh-	š-	h-	e-	r-	š-	ê
Heutige Lesung	H^a-	š^a-	y^a-	a-	r^a-	š^a-	a
Zeichen c)							
Grotefends Lesung	G-	ō-	š-	t-	a-	s-	p
Heutige Lesung	W^i-	i-	š^a-	t^a-	a-	s^a-	p^a

a) Dārayawauš (Darius)
b) Hšayāršā (Xerxes)
c) Wištāspa (Hystaspes)

So las Grotefend den ersten Keilschrifttext.
Abbildung 28

altpersischen Text zeigte, richtig war? Warum also sollten nicht auch die persepolitanischen Inschriften beginnen wie stets die neueren, ihm bekannten:
 «X, Großkönig, König der Könige, König von A und B,
 Sohn von Y, Großkönig, König der Könige...»,
also mit einer stereotypen Aufzählung der Geschlechterfolge? Dieser Gedanke war die geniale Fortführung der schon vor ihm geäußerten Vermutung, daß eine der häufig auftretenden Keilgruppen das Wort «König» bedeuten könne. Sie war deshalb viel weitergehend, weil sie sofort folgende Schlüsse zuließ: Stimmte sie in wörtlichem Sinn, dann mußte das erste Wort der Name des Königs sein; dann mußte ein schräggestellter Keil fol-

gen, der Wortteiler; dann mußten zwei Worte folgen, von denen das eine «König» heißen mußte. Und dieses Wort «König» mußte sich im ersten Teil der Inschrift häufig wiederholt finden!

Es kann hier nur das Prinzip der jetzt folgenden, sehr verwickelten Gedankengänge Grotefends wiedergegeben werden. Nur wenig Phantasie ist vonnöten, sich vorzustellen, welches Triumphgefühl den jungen Grotefend, den Hilfslehrer, überkommen haben mag, als er im beschaulichen Göttingen, Tausende von Kilometern entfernt von der Stätte, wo die Originale seiner Keilschriften lagen, dreitausend Jahre entfernt von der Zeit, da sie geschrieben wurden, entdeckte, daß seine Hypothesen richtig waren! Nein, das ist zuviel gesagt. Zwar fand er die Reihenfolge, die er errechnete, mehrfach; zwar fand er häufig das Wort, das «König» heißen mußte. Würde er aber irgend jemanden finden, der das als Beweis gelten lassen würde? Und was war, genaugenommen, durch solche Entdeckung gewonnen?

Er überprüfte, was er bisher erreicht. Und da entdeckte er folgendes: Auf fast allen Inschriftentafeln, die ihm zur Verfügung standen, fand er nur zwei verschiedene Versionen der ersten Keilgruppen. Soviel er auch verglich, er stieß immer wieder auf dieselben beiden Gruppen, dieselben beiden Anfangsworte, die nach seiner Theorie den Namen eines Königs darstellen sollten. Und er fand Inschriften, die beide Namen zugleich enthielten!

Grotefends Gedanken überschlugen sich. Was konnte dies in Verfolg seiner Theorie anderes heißen, als daß alle Monumente und Denkmäler, deren Kopien ihm vorlagen, von nur zwei Königen inspiriert waren? Und war es nicht äußerst wahrscheinlich, daß, da auf einigen Tafeln diese Könige nebeneinander genannt waren, es sich um Vater und Sohn handelte?

Erschienen die Namen getrennt, so fand sich hinter dem Namen des einen das Zeichen für «König», hinter dem Namen des zweiten nicht. Danach würde sich, der Theorie entsprechend, diesmal folgende schematische Aufstellung ergeben: «X-König, Sohn des Z
Y-König, Sohn des X-Königs...»

Man muß sich klarmachen, daß bis hierher alles, was Grotefend überlegt hatte, Hypothese war; auf nichts gestützt als die Häufigkeit einiger Zeichen, ihre ständige Wiederkehr und ihre Reihenfolge. Man kann sich vorstellen, in welch fiebrige Erregung Grotefend verfallen sein mag, als er plötzlich, bei Überprüfung dieser zuletzt notierten Aufstellung, den Weg zu einem Beweis, einem tatsächlichen, stichhaltigen Beweis seiner Theorien klar und leuchtend vor Augen sah. Und der aufmerksame Leser eines Jahrhunderts, das Quiz und Denksport liebt, mag, bevor er weiterliest, diese Überprüfung teilen.

Die Entzifferung der Keilschrift

Was ist auffällig? Die Andeutung der Lösung ist nicht zu übersehen. Entscheidend für den nächsten Schritt ist eine Lücke. Genauer gesagt, das Fehlen eines Wortes. Und zwar das Fehlen des Worts «König» hinter dem Namen, der in der schematischen Aufstellung als «Z» erscheint.

Stimmt die Aufstellung nämlich, so bezeichnet sie eine Generationenfolge, Großvater, Vater und Sohn, von denen Vater und Sohn König waren, der Großvater aber nicht. Und Grotefend konnte sich aufatmend sagen: Gelingt es mir, in der Reihe der uns bekannten Perserkönige eine Generationsgruppe zu finden, auf die solches zutrifft, so ist der Beweis für die Richtigkeit meiner Theorie erbracht, und ich habe die ersten Worte der Keilschrift enträtselt!

Jetzt ist es an der Zeit, über die entscheidende Phase des Enzifferungsversuches Grotefend selber das Wort zu lassen: «Völlig überzeugt, daß hier zwei Könige aus der Dynastie der Achämeniden gesucht werden müßten, weil ich die Geschichte der Griechen als Zeitgenossen und umständliche Erzähler vor allen anderen am glaubwürdigsten fand, fing ich an, die Reihe der Könige durchzugehen und zu untersuchen, welche Namen den Charakteren der Inschriften sich am leichtesten anschmiegten. Kyros und Kambyses konnten es nicht sein, weil die beiden Namen der Inschriften keinen gleichen Anfangsbuchstaben hatten, es konnte überhaupt weder ein Kyros noch ein Artaxerxes sein, weil der erste Name im Verhältnis zu den Charakteren zu kurz und der zweite zu lang war. Es blieben mir also nur die Namen des Darius und Xerxes übrig, und sie fügten sich in die Charaktere so leicht, daß ich in die richtige Wahl derselben keinen Zweifel setzen konnte. Dazu kam, daß in der Inschrift des Sohnes dem Vater gleichfalls der Königstitel beigelegt war, aber nicht so in der Inschrift des Vaters, welche Bemerkung sich durch alle persepolitanischen Inschriften in allen Schriftarten bestätigte!»

Dies war der Beweis. Nicht nur Grotefend, der an seine Theorie glaubte, auch der unbefangene Kritiker mußte sich hier beugen vor der zwingenden Kraft einer logischen Kette. – Ein allerletzter Schritt aber war noch zu tun. Bis dahin war Grotefend von der griechischen Schreibung der Königsnamen ausgegangen, wie sie hauptsächlich Herodot überliefert hatte. Er schreibt weiter, ausgehend vom Namen des Großvaters, der ihm bekannt war:

«Da mir nun durch eine richtige Entzifferung der Namen schon über zwölf Buchstaben bekannt werden mußten, und darunter sich gerade alle Buchstaben des Königstitels bis auf einen befanden, so kam es darauf an, jenen nur aus dem Munde der Griechen bekannten Namen die persische Form zu geben, um durch die richtige Bestimmung des Wertes eines jeden Charakters den Königstitel zu entziffern und so die Sprache zu erraten, worin die

Inschriften möchten geschrieben sein. Nun lernte ich aus dem Zend-Avesta (Kollektivname für die Heiligen Schriften der Perser), daß der Name Hystaspes im Persischen Goschasp, Gustasp, Kistasp oder Wistasp lautete, dadurch waren mir die ersten sieben Buchstaben im Namen Hystaspes in des Darius Inschriften gegeben, und die drei letzten hatte ich schon aus der Vergleichung aller Königstitel erkannt.» – Der Anfang war gemacht.

Was jetzt folgte, waren Verbesserungen. Merkwürdigerweise dauerte es länger als dreißig Jahre, bis wirklich entscheidende weitere Entdeckungen gemacht werden konnten. Sie knüpften sich an die Namen des Franzosen Emile Burnouf und des Norwegers Christian Lassen, deren Untersuchungen beide im Jahre 1836 erschienen.

Eins ist sonderbar. Der Name Champollions, des Entzifferers der Hieroglyphen, ist weiten Kreisen geläufig. Kaum einer aber kennt noch den Namen Grotefends. In den Schulen wird er nicht gelehrt, und selbst einige Lexika unserer Tage erwähnen ihn entweder gar nicht oder nur mit kargem Hinweis unter den Literaturangaben. Und doch kommt ihm, nur ihm allein die Priorität der entscheidenden Entdeckung zu, welche die großartigen Ausgrabungen im Zweistromland erst in ihrer geschichtlichen Bedeutung erkennbar werden ließ.

Die Priorität, sagten wir. Denn der Entzifferung der Keilschrift geschah dasselbe wie vielen anderen Entdeckungen oder Erfindungen des menschlichen Geistes: sie wurde zweimal hintereinander vorgenommen! Vollkommen unabhängig von Grotefend gelang sie einem Engländer. Merkwürdigerweise nicht nur später als Grotefend, sondern auch später als dessen Verbesserern Burnouf und Lassen (seine erste wesentliche Schrift erschien 1846!).

Diesem Engländer aber sollte es vorbehalten sein, weit über alles das hinauszukommen, was seine Vorgänger entdeckt hatten; ihm sollte es gelingen, die Kenntnisse von den Keilschriften aus den Gelehrtenstuben in die Universitäten zu tragen, aus dem Stadium der Entzifferung in das Stadium der Lehrbarkeit, und damit nutzbar zu machen für den Gebrauch der vielen, die allmählich nötig wurden, das immer reichhaltiger zutage tretende Inschriften-Material zu verarbeiten. Denn eines Tages fand man eine ganze Bibliothek, eine Bibliothek aus Tontafeln! (Doch das ist eine Geschichte, die später erzählt werden muß.) Und guten Begriff von der Fülle des Materials, die das Zweistromland barg, gibt diese Tatsache: Die Zahl der Keilschrifttafeln, die die Expedition des Deutsch-Amerikaners V. Hilprecht in den Jahren 1888 bis 1900 in Nippur zutage förderte, ist so gewaltig, daß die Entzifferung und Veröffentlichung noch heute nicht abgeschlossen ist.

21. KAPITEL

DIE PROBE AUFS EXEMPEL

Im Jahre 1837 ließ sich der in persischem Kriegsdienst stehende englische Major Henry Creswicke Rawlinson mit Hilfe eines Flaschenzuges von einem hohen Felsen bei Behistun in Persien herab, einzig und allein zu dem Zweck, eine dort in den Felsen gehauene Inschrift zu kopieren.

Dieser Engländer ist nach dem Franzosen Botta der zweite, der mit seiner Neigung zur Wissenschaft der Assyriologie das Leben eines Politikers und Weltmannes zu verbinden wußte. Sein Lebensweg ist im selben Maße abenteuerlich, wie der Grotefends beamtenhaft war. Sein Interesse am alten Persien entsprang einer zufälligen Begegnung. Mit siebzehn Jahren war er Kadett an Bord eines Schiffes, das, um Kap Horn herum, auf dem Wege nach Indien war. Und den Passagieren die Zeit der Monate währenden Reise zu kürzen, gab er eine Bordzeitung heraus. Einer der Passagiere, Sir John Malcolm, Gouverneur von Bombay und hervorragender Orientalist, fand Gefallen an dem aufgeweckten Redakteur von siebzehn Jahren. Sie führten stundenlange Gespräche, verständlicherweise über das, was Sir John Malcolm interessierte. Das war die persische Geschichte, die persische Sprache, die persische Literatur. Und diese Gespräche sollten die privaten Neigungen Rawlinsons bis an sein Lebensende bestimmen, selbst dann, als er viel später von verantwortlichen politischen Aufgaben aufs höchste in Anspruch genommen war.

1810 geboren, trat er 1826 in den Militärdienst der Ostindischen Compagnie und stand 1833 als Major in Persien. Das Jahr 1839 sah ihn als politischen Agenten zu Kandahar in Afghanistan. 1843 wurde er Konsul in Bagdad, 1851 Generalkonsul mit gleichzeitiger Beförderung zum Oberstleutnant. 1856 kehrte er nach England zurück, ging ins Parlament und wurde im selben Jahre zum Rat in der Ostindischen Compagnie gewählt. 1859 wurde er britischer Gesandter am Hof zu Teheran. Von 1865 bis 1868 war er wiederum Mitglied des Parlaments.

Als er begann, sich mit Keilschriften zu befassen, ging er von denselben Tafeln aus, die Burnouf zur Grundlage gedient hatten. Und das Erstaunliche geschah: ohne auch nur das Geringste von Grotefends, Burnoufs und Lassens Arbeiten zu wissen, entzifferte er als erstes auf einem ganz ähnlichen

Wege wie Grotefend die Namen der drei Könige Darayawaush (altpersische Schreibweise des Namens des Darius), Khshayarsha und Vishtaspa! Außerdem entzifferte er vier andere Namen sowie einige Worte, die er indes nicht mit Sicherheit zu lesen wußte. Und als er im Jahre 1836 zum erstenmal die Veröffentlichungen Grotefends in die Hand bekam, fand er bei der Vergleichung seines Alphabets mit dem des kleinen Göttinger Schulmannes, daß er um ein Bedeutendes über ihn hinausgelangt war. Was ihm jetzt fehlte, waren Inschriften mit Namen und noch einmal Namen.

IN der seit Urzeiten heiligen Landschaft Bagistana, der «Götterlandschaft» an der alten Handelsstraße von Hamadan über Kermanschah nach Babylon, steht ein steil aufragender, zweigipfliger Felsberg. Hier ließ vor rund zweitausendfünfhundert Jahren Darius, der Perserkönig (Darayawaush, Dorejawosch, Dara, Darab, Dareios sind nur verschiedene Sprach- und Schreibweisen desselben Namens), an einer Steilwand, mehr als fünfzig Meter über dem Talboden, Bilder und Inschriften anbringen zur Verherrlichung seiner Person, seiner Taten, seiner Siege.

Auf einem Steinbalken stehen frei vor der Felswand Figuren. Hier ragt in flimmernder Luft, unerreichbar jeder frevelnden Hand, der Großkönig, auf seinen Bogen gestützt, den rechten Fuß auf den niedergestreckten Gaumata gesetzt, den Magier, der ihm einst sein Königreich streitig machte. Hinter ihm stehen zwei Perser von Adel, mit Bogen, Köcher und Lanze. Vor ihm, mit gefesselten Händen und durch einen Halsstrick miteinander verbunden, die neun «Lügenkönige», Unterworfene und Bestrafte. An den Seiten sowohl wie auch unterhalb dieses Denkmals stehen in vierzehn Kolumnen die Berichte vom König und seinen Taten, aufgeschrieben in drei verschiedenen Sprachen, die schon Grotefend geschieden hatte, ohne sie doch bezeichnen zu können: Altpersisch, Elamisch und Babylonisch, in Keilzeichen in den Fels gemeißelt und gedacht für die Ewigkeit:

«Es kündet König Darayawaush:
Du, der du in Zukunftstagen
diese Inschrift sehen wirst,
die in den Fels ich hämmern ließ,
diese Menschenbilder hier –
tilge und zerstöre nichts!
Sorg, solang du Samen hast,
unversehrt sie zu erhalten!»

Rawlinson, Soldat und Sportsmann, sechsundzwanzig Jahre alt, ließ sich von den fünfzig Metern, die den Talboden von der Inschrift trennten, nicht schrecken. Ständig in Gefahr abzustürzen, kopierte er, in schwindelnder Höhe hängend, die altpersische Version der Schrift. An die babylonische wagte er sich erst einige Jahre später. Riesige Leitern, Taue und Kletterhaken waren nötig und schwer herbeizuschaffen. Im Jahre 1846 aber legte er der Königlich Asiatischen Gesellschaft zu London nicht nur die erste genaue Kopie der berühmten Inschrift vor, sondern zugleich die vollständige Übersetzung. Es war der erste große, sichtbare und jedermann zugängliche Triumph der Entzifferung.

Inzwischen aber hatte die Arbeit in den europäischen Gelehrtenstuben nicht geruht. Vor allem der Deutsch-Franzose Oppert und der Ire Hincks hatten entscheidende Schritte voran getan. Die vergleichende Wissenschaft hatte Wunder des Scharfsinns vollbracht; die Sprachwissenschaft vor allem, die eine immer genauere Kenntnis der Zend-Sprache und des Sanskrit benutzte, aller indogermanischen Sprachstämme vor allem, um das Altpersische auch grammatikalisch immer deutlicher festzulegen. Und im Verein aller, in einer wahrhaft internationalen Arbeitsgemeinschaft, wurden etwa 60 Zeichen der altpersischen Keilschrift festgelegt. Da aber hatten sich Rawlinson und andere bereits dem Studium der anderen Kolumnen der behistunischen Inschrift (die an Umfang alles andere bis dahin gesammelte Material übertraf) ergeben. Und Rawlinson machte eine Entdeckung, die mit einem Schlage alles Vertrauen in die weitere Entzifferung der Schriften, besonders jener von Botta zutage geförderten, aufs schwerste erschütterte.

Wie wir uns erinnern, waren auf den persepolitanischen sowohl wie auf den behistunischen Inschriften drei verschiedene Sprachen erkennbar gewesen. Mit sicherem Griff hatte Grotefend den Hebel zur Entzifferung dort angesetzt, wo sich der geringste Widerstand bot und wo auch die größte zeitliche Nähe gewisse Parallelen mit bekannteren Sprachgruppen erlaubte: bei der mittelsten der Kolumnen, der schon vor Grotefend als Klasse I bezeichneten.

Nun aber begann man, kaum daß die Schwierigkeiten der Schrift I. Klasse überwunden waren, sich den anderen beiden zuzuwenden. Der Ruhm, die entscheidenden Grundlagen für die Entzifferung der Klasse II geliefert zu haben, gebührt dem Dänen Westergaard (1854 erschien in Kopenhagen die erste Veröffentlichung seiner Ergebnisse). Für die III. Klasse aber gebührt dies Verdienst zu einem Teile Oppert, zum anderen aber wieder Henry Creswicke Rawlinson, in dieser Zeit bereits Generalkonsul zu Bagdad.

Bei der Untersuchung der Klasse III machte man sehr schnell eine niederschmetternde Entdeckung: Klasse I war eine Buchstabenschrift gewesen, mit einem Alphabet, durchaus unseren abendländischen Alphabeten zu vergleichen, in denen Zeichen gleich Laut ist. Jedes Keilgruppen-Zeichen stand hier in der Regel für einen Buchstaben. In der Schrift aber, die nun der Untersuchung vorlag, bedeutete ein einzelnes Zeichen bereits eine Silbe, ja, oftmals ein ganzes, vollständiges Wort. Noch schlimmer: Es gab Fälle – und je länger die Untersuchung dauerte, desto mehr davon fand man –, in denen ein einziges Zeichen sogar verschiedene Silben, ja, mehrere ganz verschiedene Worte bedeuten konnte, bis man schließlich fand, daß dies sogar die Regel war.

Totale Verwirrung herrschte.

Es schien völlig ausgeschlossen, durch dies Dickicht der Vieldeutigkeiten auch nur den schmalsten Pfad zu schlagen. Die besonders von Rawlinson veröffentlichten Entdeckungen (mit dem ausdrücklichen Zusatz, daß trotzdem eine Lesung möglich sei) schufen heftige Erregung in der Gelehrtenwelt und in der Welt der Laien einen Sturm der Entrüstung. Berufene und Unberufene schalteten sich in die Diskussion ein. Wolle man allen Ernstes behaupten, fragten in den wissenschaftlichen und literarischen Beilagen der Zeitungen bekannte und unbekannte Autoren, Wissenschaftler und Laien, daß eine solche total verwirrte Schrift tatsächlich existiert haben solle? Und daß es, falls sie existiert habe, möglich sei, sie trotz aller Vieldeutigkeit zu lesen? Und Stimmen wurden laut, die unverblümt erklärten, Gelehrte, die solches behaupteten, allen voran Rawlinson, hätten derartige «unwissenschaftliche Späße» gefälligst zu unterlassen.

Ein einfaches Beispiel (aus einem Zusammenhang gelöst, der hier in seiner Kompliziertheit nicht darstellbar ist; aber der Anschaulichkeit halber dennoch gebracht): «r» wird durch sechs verschiedene Zeichen ausgedrückt, je nachdem die Silben «ra», «ri», «ru» «ar», «ir», «ur» bezeichnet werden sollen. Tritt zu diesen Silben noch ein Konsonant hinzu, so ergeben sich durch Kompositionen je zweier Zeichen besondere Zeichen für «ram», «mar» und so weiter. Die Mehrdeutigkeit beruht darauf, daß mehrere Zeichen, zu einer Gruppe vereinigt, infolge dieser Vereinigung ihren ursprünglichen Lautwert verlieren und einen bestimmten Begriff oder Namen ausdrücken. So gibt die Gruppe von Zeichen, welche den Namen des berühmten Königs Nebukadnezar enthält, richtig gelesen die Namensform «Nebukudurriussur». Gibt man dagegen jedem einzelnen Zeichen seinen gewöhnlichen Lautwert, so resultiert daraus die Lesung «An–pa–sa–du–sis»!

In diesen Tagen, da allen Außenstehenden die Verwirrung vollständig

Die Probe aufs Exempel

schien, fand einer der Männer mit dem Spaten zu Kujundschik, wo schon Botta gegraben hatte, in einem unterirdischen Zimmer nach und nach an die hundert Tontafeln. Und diese Tafeln, die man später als etwa um die Mitte des 7. Jahrhunderts gefertigt erkannte, enthielten nichts anderes als offenbar für Schüler der Keilschrift hergestellte Gegenüberstellungen von den verschiedenen Werten und Bedeutungen der einzelnen Zeichen, in bezug gesetzt auf den Sinn der Buchstabenschrift.

Die Bedeutung dieses Fundes war kaum abzuschätzen. Es waren Wörterbücher, keine Frage! Notwendig damals für den Abc-Schüler der Keilschrift, als sich die Sprache von der alten Bilder- und Silbenschrift zur Buchstabenschrift hin zu vereinfachen, zu modernisieren begann. Und nach und nach fand man ganze «Lehrbücher» für Anfänger und Fortgeschrittene, dann «Wörterbücher», in denen dem sumerischen Namen das semitische Äquivalent gegenüberstand, ja, schließlich die Versuche zu einem «Real-Lexikon», in dem zusammengehörende Gegenstände des täglichen Lebens reihenweise nebeneinandergestellt waren und stets in der ersten Spalte wiederum der sumerische (nur noch im religiösen Ritus und in der Jurisprudenz gebräuchliche) und in der zweiten der semitische Name zu finden war.

Aber so bedeutend dieser Fund auch war: Es ist klar, daß seine natürliche Unvollständigkeit kaum mehr als Anhalte bot. Nur der Fachmann weiß von den Schwierigkeiten und den Umwegen und Irrwegen, die die Forscher gehen mußten, ehe sie die ersten Ergebnisse vorlegen konnten; ehe sie auch hier zu sagen vermochten: Ja, wir sind in der Lage, trotz aller Mehrdeutigkeiten, auch die komplizierteste Keilschrift zu lesen!

sumerisch	Ideogr.	semitisch
ad		abu (Vater)
gir		kīrr (Schmelzofen)
udun		utûnu (Ofen)
gu		alpu (Rind)
ama		rīmu (Wildstier)
ulu		ullu (Jubel)
ulu		ulßu (Jauchzen)
du		asīmu (passend sein) usw.

Beispiel dafür, wie die Hilfsbücher für den Keilschriftschüler aus dem 7. Jahrhundert v. Chr. aussahen; man fand sie zu Kujundschik, und was einst den Schülern zugute gekommen war, half nach mehr als zwei Jahrtausenden den Gelehrten bei der Entzifferung.
Abbildung 29

Als besonders Rawlinson sich nach der Zeit der totalen Verwirrung entschloß, für diese Behauptung in aller Öffentlichkeit den Beweis anzutreten (angefeindet und von Unwürdigen bespien wie jeder Pionier jeder großen Wissenschaft), da entschloß sich die Asiatische Gesellschaft in London zu einem ganz und gar ungewöhnlichen Schritt, zu dem es in der Geschichte der Wissenschaft nur wenige Gegenbeispiele gibt.

Sie legte zu gleicher Zeit den vier damals bedeutendsten Keilschriftkennern, ohne daß der eine vom andern wußte, in versiegeltem Umschlag eine neuentdeckte, umfangreiche assyrische Keilschrift vor, mit der Bitte, sie umgehend zu entziffern.

Die vier Gelehrten waren die Engländer Rawlinson, Talbot, der Ire Hincks und der Deutsch-Franzose Oppert. Sie machten sich zu gleicher Zeit an die Arbeit. Keiner ahnte vom anderen. Jeder arbeitete nach seiner privaten Methode. Und schließlich sandten sie ihre Ergebnisse in versiegeltem Umschlag zurück. Eine Kommission prüfte die Texte. Und was noch kurz zuvor so laut bezweifelt worden war, wurde jetzt glänzend bestätigt: Es ist möglich, auch diese so überaus komplizierte Silbenschrift zu lesen. Alle vier Texte stimmten in den wesentlichen Punkten überein!

Sicher hat dieser ungewöhnliche Versuch vielen Gelehrten Bitterkeit ins Herz gesenkt; sie fühlten sich düpiert von solcher auf den Beifall des Publikums abgestimmten, doch der Wissenschaft nicht würdigen Methode der Überprüfung.

Doch im Jahre 1857 konnte zu London erscheinen: «Eine Inschrift von Tiglath-Pileser, König von Assyrien, übersetzt von Rawlinson, Talbot, Dr. Hincks und Oppert». Einer der glänzendsten und überzeugendsten Beweise für die Möglichkeit, wissenschaftliche Ziele, allen Schwierigkeiten zum Trotz, auf getrennten Wegen in voller Übereinstimmung zu erreichen.

DIE Entwicklung schritt weiter. Zehn Jahre später schon erschienen die ersten Elementar-Grammatiken der assyrischen Sprache. Über die Schrift hinaus drang die Forschung ins Geheimnis der Sprachen vor. Heute gibt es zahlreiche Wissenschaftler, die die Keilschrift zu lesen wissen. Und kaum noch andere Schwierigkeiten tauchen auf als Undeutlichkeit der Schriftzeichen, Unvollständigkeit der Textplatten, Schwierigkeiten äußerlicher Art, hervorgerufen durch die dreitausend Jahre, die mit Wind und Regen, mit Sand und Schlamm über die Tontafeln, die Palastmauern und alten Städte zogen.

22. KAPITEL

PALÄSTE UNTERM HÜGEL NIMRUD

IM Jahre 1854 wurde der Londoner Kristallpalast vom Hydepark, wo er drei Jahre zuvor die Weltausstellung beherbergt hatte, nach Sydenham übergeführt und als Museum eingerichtet.

Und hier erhielten die Menschen der westlichen Zonen des Abendlandes zum erstenmal eine Ahnung von der Pracht und Herrlichkeit jener versunkenen Metropolen, die in der Bibel so oft verflucht wurden als Horte des Lasters und Stätten der Verderbnis. Hier waren zwei riesige altassyrische Räume aufgebaut, eine ungeheure Palastfassade war rekonstruiert worden, und es wurde der erste überwältigende Eindruck von einer Baukunst gegeben, von welcher bis zu diesem Zeitpunkt nur Sagen, Legenden, fragwürdige antike Reiseberichte und heilige Bücher berichtet hatten.

Hier war eine Zeremonienhalle aufgebaut und ein königliches Gemach, hier standen seltsame geflügelte Menschentiere und riesige Abbilder des löwenwürgenden Gilgamesch, des «siegreichen Helden» und «Herrn des Landes». Wände waren hier von farbig glasierten Ziegeln, wie sie keine andere Baukunst je verwendet. Reliefs zeigten erregende Szenen der Jagd und des Krieges vor siebenundzwanzig Jahrhunderten zur Zeit des großen Königs Assurnasirpal.

Der Mann, dem diese Ausstellung zu danken war, hieß Austen Henry Layard. Im Jahre 1839 ritt er, ein armer Teufel, mit nur einem Begleiter in Mossul am Ufer des Tigris ein. Im Jahre, als das Museum zu Sydenham die Schätze zeigte, die er ausgegraben, saß der «arme Teufel» bereits als Unterstaatssekretär im englischen Außenministerium.

LAYARDS Lebensweg ähnelt sehr dem von Botta und Rawlinson, Abenteurer in ihren Herzen, doch Männer von Größe; Wissenschaftler von Rang, und doch weltoffen; der Politik zugewandt und erfahren in allen Künsten der Menschenbehandlung.

Layard stammt aus einer lange in England ansässigen französischen Familie. Diese Daten geben seinen Lebensweg: Er wurde 1817 zu Paris geboren. Einen Teil der Jugendjahre verbrachte er mit seinem Vater in Italien. 1833 kehrte er nach England zurück und begann das Studium der Rechte. Das Jahr 1839 sah ihn als Reisenden im Orient. Dann lebte er bei der britischen Gesandtschaft in Konstantinopel. 1845 begann er seine Tätigkeit als Ausgräber im Zweistromland. 1852 und 1861 war er zweimal Unterstaatssekretär, 1868 Minister für öffentliche Bauten und 1869 bevollmächtigter Minister Englands in Madrid.

Sein Drang zum Osten, zum fernen Bagdad, nach Damaskus, nach Persien, geht auf einen Jugendtraum zurück. Als er, zweiundzwanzig Jahre alt, in einem muffigen Londoner Anwaltsbüro hockte, eine wenig abwechslungsreiche, streng vorgezeichnete Laufbahn vor sich, in der ihm nichts als eine Perücke winkte, brach er durch die Schranken und folgte diesem Traum.

Sein Lebenslauf ist die Umkehrung des Lebens von Heinrich Schliemann. Bei beiden steht der Jugendtraum am Anfang. Bei Schliemann angeregt durch die Lektüre des Homer, bei Layard durch «1001 Nacht». Schliemann aber begab sich erst, streng und konsequent, auf den Weg des äußeren Erfolges und folgte dann, Millionär und Mann von weltweiten Beziehungen, der Traumstraße. Layard konnte nicht warten. Er zog, ein begeisterter Jüngling, arm in das Land der Märchen, sah mehr, als seine Märchen ihm versprochen hatten, gewann Ruhm und Ehre und erklomm nun erst Stufe um Stufe die Leiter zum Erfolg.

Eins aber hatte er gemeinsam mit Schliemann. So wie dieser sich in seinem Amsterdamer Dachkämmerchen durch das Lernen fremder Sprachen vorbereitete für das, was sein Drang ihm befahl, so lernte Layard schon während seiner Jünglingszeit alles, was er von Nutzen glaubte für die Reisen ins Land seiner Träume. Höchst praktische Dinge waren es, die weit außerhalb seines Rechtsstudiums lagen: der Gebrauch des Kompasses etwa, Standortbestimmungen mit Hilfe eines Sextanten, die Anwendung aller geographischen Meßinstrumente. Aber auch die Behandlung von Tropenkrankheiten, die wundärztliche erste Hilfe und nicht zuletzt einiges von der persischen Sprache und von Land und Leuten in Iran und Irak.

1839 brach er aus der Enge des Büros in London. Er begann seine erste Reise in den Orient. Und bald zeigte er eine Fähigkeit, die wenige seiner Kollegen von der gleichen Wissenschaft besaßen: er erwies sich nicht nur als großer Ausgräber, sondern auch als glänzender Beschreiber seiner Taten, als vorzüglicher Schriftsteller.

Lassen wir ihn zu Worte kommen (das Zitat ist geringfügig gekürzt):

«Im Herbst 1839 und im Winter 1840 war ich durch Kleinasien und Syrien gewandert. Ein Mann begleitete mich, der nicht weniger lernbegierig war als ich selbst. Wir achteten beide keiner Gefahr. Wir ritten allein; unsere Waffen waren unser einziger Schutz, unser Felleisen hinter dem Sattel war unsere Garderobe, und wenn nicht die Gastfreundlichkeit der Bewohner eines turkomanischen Dorfes oder eines arabischen Zeltes uns dieses Geschäftes überhob, warteten wir unsere Pferde selbst. Auf diese Art mischten wir uns unter das Volk.

Mit Vergnügen denke ich an jene glücklichen Tage zurück, da wir in der Morgendämmerung die bescheidene Hütte oder das gemütliche Zelt verließen und, nach Gefallen umherwandernd, uns bei Sonnenuntergang unter einer altersgrauen Ruine, in der ein wandernder Araber seine Hütte aufgeschlagen, oder in einem verfallenen Dorfe, das einen noch wohlbekannten Namen trägt, befanden...

Nun fühlte ich ein unwiderstehliches Verlangen, in die Landschaft jenseits des Euphrat vorzudringen, die Geschichte und Tradition als den Geburtsort der Weisheit des Westens bezeichnen. Die meisten Reisenden haben diese Sehnsucht, den großen Fluß zu überschreiten und die Gegend zu erforschen, die auf der Landkarte von den Grenzen Syriens durch die ungeheure weiße Stelle getrennt ist, die sich von Aleppo bis an die Ufer des Tigris erstreckt. Über Assyrien, Babylonien und Chaldäa schwebt noch ein tiefes Dunkel. An diese Namen ketten sich große Nationen und die düsteren Schatten der Geschichte großer Städte; gewaltige Steinreste, mitten in Wüsten, die durch ihre Öde und den Mangel an jeglicher Gestalt der Beschreibung des Reisenden Hohn sprechen; die Überreste großer Völkerstämme wandern noch, laut Verkündigung der Propheten, durch das Land, durch die Ebenen, die die Juden wie die Heiden als die Wiege ihres Stammes ansehen.

Am 18. März verließ ich mit meinem Begleiter Aleppo. Noch immer reisten wir ohne Führer, ohne Diener. Am 10. April trafen wir in Mossul ein. Während unseres Aufenthaltes in dieser Stadt besuchten wir die großen Steinberge am östlichen Ufer des Flusses, welche man allgemein für die Ruinen von Ninive gehalten hat. Wir ritten auch in die Wüste und untersuchten den Hügel Kalah Schergat, einen ungeheuren Steinberg, der am Tigris, etwa fünfzig Meilen von seiner Vereinigung mit dem Zab, liegt. Auf der Reise dorthin hielten wir in dem kleinen Dorfe Hamum Ali, um welches herum noch Spuren einer Stadt des Altertums zu finden sind, unser Nachtlager. Von dem Gipfel einer künstlichen Anhöhe aus übersahen wir eine weite Ebene, von der wir nur durch den Fluß getrennt waren. Eine Reihe erhabener Erdhügel, von denen einer in pyramidaler Form die anderen überragte, begrenzte diese Ebene im Osten. Über dieselbe hinaus ließ sich der Lauf der Gewässer des

Zab nur unbestimmt angeben. Seine Lage aber macht seine Identifizierung leicht. Es war die Pyramide, welche Xenophon beschrieben hat, in deren Nähe die Zehntausend ihr Lager aufgeschlagen hatten: die Ruinen hier waren dieselben, welche der griechische General vor zweiundzwanzig Jahrhunderten sah und welche schon damals die Ruinen einer alten Stadt waren. Obgleich Xenophon einen Namen, den eine fremde Völkerschaft aussprach, mit einem dem griechischen Ohr vertrauten verwechselt und den Ort Larissa genannt hatte, deutet die Tradition doch noch den Ursprung der Stadt an, und die Gründung derselben dem Nimrud zuschreibend, dessen Namen die Reste jetzt noch tragen, verbindet sie ihn mit den ersten Ansiedlungen des Menschengeschlechts.»

Er kam nicht dazu, die geheimnisvollen Hügel, belastet mit solcher Vergangenheit, sofort genauer zu untersuchen. Aber sie faszinierten ihn, er umstrich sie, wie der Geldgierige eine geschlossene Kassette umstreicht. Immer wieder kommt er in seiner Reisebeschreibung darauf zurück, in immer anderen Worten sucht er sie darzustellen:

«Eine ungeheure formlose Masse, jetzt mit Gras überwachsen und nirgends eine Spur der menschlichen Hand zeigend, außer wo die Winterregen in ihre meist senkrechten Seiten Klüfte gewaschen und dadurch den Inhalt bloßgelegt hatten.» Eine Seite weiter: «Für die wüsten, rohen Haufen, die der Reisende jetzt erblickt, ist er außerstande, eine Gestalt anzugeben.»

Er verglich die Landschaft und die Ruinen, die er in Syrien gesehen, mit den Bildern hier: «Die Stelle des reich ausgehauenen, von üppigen Pflanzen halb verdeckten Karnieses oder Kapitells vertritt hier der formlose, düstere Erdhaufen, der wie ein Hügel über die sonnverbrannte Ebene sich erhebt.»

Schließlich konnte er, obwohl er bald umkehren mußte, seine Neugier nicht mehr zügeln. «Unter den Arabern war eine Sage im Gange, daß unter den Ruinen noch aus schwarzen Steinen behauene seltsame Figuren vorhanden seien; aber während des größten Teiles des Tages, an dem wir mit der Durchforschung der Erd- und Backsteinhaufen, welche einen bedeutenden Strich Landes am rechten Ufer des Tigris bedecken, beschäftigt waren, haben wir vergeblich danach gesucht.»

Und schließlich faßte er zusammen: «Diese ungeheuren Erdhaufen Assyriens machten einen stärkeren Eindruck auf mich, veranlaßten mich zu ernsterem Nachdenken und Überlegen als die Tempel von Baalbek und die Theater Ioniens!»

Ein Hügel vor allem war es, der ihn reizte. Seine Größe war es, seine Aus-

Paläste unterm Hügel Nimrud

dehnung, nicht zuletzt aber der Name des Fleckens, dessen Trümmer sich an seinem Fuß erhoben, ein Name, den er kannte, ein Name, der ihm eine direkte Verbindung zur «Wiege des Menschengeschlechtes» herzustellen schien, wie er selber geschrieben hatte, zu Nimrud, von dem die Bibel erzählt.

Chus, so spricht das 10. Kapitel vom 1. Buch Moses, Chus, der ein Sohn Hams war, dessen Vater Noah hieß, und mit drei Söhnen, deren Weibern und allerlei reinem und unreinem Getier nach der großen Sintflut das Geschlecht der Menschen neu zu zeugen begann, zeugte den Nimrud.

«Der fing an, ein gewaltiger Herr zu sein auf Erden,
und war ein gewaltiger Jäger vor dem Herrn. Daher spricht man:
Das ist ein gewaltiger Jäger vor dem Herrn wie Nimrud.
Und der Anfang seines Reichs war Babel, Erech, Akkad und Chalne
im Lande Sinear.
Von dem Land ist er gekommen nach Assur und baute Ninive und Rehoboth-Ir und Kalah,
dazu Resen zwischen Ninive und Kalah. Dies ist die große Stadt.»

Doch Layard mußte umkehren. Seine Reisepfennige waren aufgezehrt. Er ging nach Konstantinopel. Dort lernte er den englischen Gesandten Sir Stratford Canning kennen. Er sprach Tag um Tag von den geheimnisvollen Hügeln um Mossul, immer dringlicher sprach er davon. Denn inzwischen hatte die Welt aufgehorcht über den Funden Paul Emile Bottas bei Khorsabad. Layards glühende Beschreibungen und sein Enthusiasmus blieben nicht ohne Wirkung auf den Gesandten. Und eines Tages – fünf Jahre waren vergangen seit Layards erster Reise, und Botta stand auf der Höhe seiner Erfolge bei Khorsabad – schenkte Sir Canning dem Achtundzwanzigjährigen sechzig englische Pfund. Sechzig Pfund! Wahrhaftig wenig für das, was Layard vorhatte, dem mehr noch vorschwebte, als was Botta erreicht hatte; Botta, dem die Hilfe der französischen Regierung zur Verfügung stand, Botta, der eine amtliche Stellung in Mossul hatte.

Am 8. November 1845 fuhr Layard auf einem Floß den Tigris abwärts, um am Hügel von Nimrud mit Ausgrabungen zu beginnen.

Aber nicht nur Geldmangel sollte ihn bedrücken. Noch ganz andere Schwierigkeiten sollten sich ergeben. Fünf Jahre waren inzwischen vergangen. Als Layard diesmal von seinem Floß stieg, da setzte er den Fuß in ein Land des Aufruhrs!

Das Land zwischen den Flüssen stand unter türkischer Herrschaft. Ein neuer Statthalter war erschienen. Es scheint zum Gebaren aller Statthalter zu gehören (die interessantesten Geschichten von ihnen erzählt uns die römische Antike), ein zu verwaltendes Land nur unter dem Gesichtspunkt der Ausbeutung zu betrachten, die Einwohner als Milchkühe oder als Hühner, von denen erwartet werden darf, daß sie goldene Eier legen.

Die Methoden des Gouverneurs von Mossul hatten asiatische Ausmaße. Es gibt Beschreibungen von ihm. Er scheint einem Geschichtenbuch entnommen zu sein, in dem er die Gestalt des Bösen verkörperte. Auch äußerlich. Er war einäugig. Er hatte nur ein Ohr. Er war klein, von orientaler Fette. Und um kein Attribut des schurkischen Äußeren auszulassen, war sein Gesicht zerfressen von den Pocken. Er hatte eine schreckliche Stimme, seine Bewegungen waren ungeschlacht, dabei ruckhaft, mißtrauisch, als liege er beständig auf der Lauer gegen Hinterhalte. Er war ein intelligenter Sadist, begabt mit einem Witz von fürchterlichster Art. Als er seine Regierung antrat, war eins seiner ersten Amtsgeschäfte, daß er von den Einwohnern eine «Zahnsteuer» erhob. Eine Abgabe, die alle «Salzsteuern» des Abendlandes weit hinter sich läßt. Erhoben, um ihn für die Abnutzung seines Gebisses und das Zahnziehen zu entschädigen, was sich ergeben hätte, seit er gezwungen wäre, die dreckige Kost dieses Landes zu essen. Doch war dies launiges Vorspiel gegen das, was kam. Er brachte das Volk zum Zittern. Seine Strafaktionen waren Plünderzüge. Er räuberte in den Städten und brandschatzte in den Dörfern.

Zur Despotie gehört das Gerücht, der Nachrichtendienst der Schwachen. Eines Tages wußten ein paar Menschen in Mossul, daß Allah ein Einsehen gehabt hatte und daß der Pascha abgesetzt werden würde. Einige Stunden später wußte der Gouverneur davon. Er kam auf einen Einfall, der einer altitalienischen Novelle entnommen zu sein scheint; bei Boccaccio gibt es eine ähnliche Geschichte, doch mit liebenswürdigeren Begleitumständen.

Auf einer der nächsten Ausfahrten gab der Gouverneur vor, krank zu sein. Er wurde eilends in den Palast gebracht, den er scheinbar leblos erreichte. Der Bericht der Augenzeugen eilte auf den Flügeln der Hoffnung durch alle Straßen. Am folgenden Tage blieben die Palasttore geschlossen. Und als hinter der Mauer das eintönige Klagegebrüll der Leibwächter und Eunuchen anhob, da brach das Volk in Jubel aus: «Allah sei gelobt, der Pascha ist tot!» Und als sich eine Menge, johlend und schreiend, den Tyrannen verfluchend, vor dem Palaste versammelte, da öffneten sich plötzlich die Tore. Dort stand der Pascha. Klein, fett, ekelhaft. Eine Binde über der leeren Augenhöhle, zerfressenen Gesichts, grinsend vor Tücke...

Paläste unterm Hügel Nimrud

Ein Wink – und Soldaten stürzten in die gelähmte Menge. Ein grausames Strafgericht hob an. Köpfe rollten. Dabei trug sein Sadismus einen merkantilen Zug. Er enteignete alle «Aufrührer» und zugleich unter gegebenem Vorwand alle die, deren Besitz er bis dahin nicht berühren durfte. Weil sie «Gerüchte verbreitet hatten, die der Autorität schadeten».

Da endlich erhob sich das Land; es erhoben sich die Stämme, deren Welt die Steppen um Mossul waren. Sie erhoben sich auf ihre Art. Unfähig zu organisiertem Aufruhr, setzten sie Plünderung gegen Plünderung; kein Weg war mehr sicher, kein Fremder seines Kopfes gewiß. Und in diesen Tagen landete Layard mit der Absicht, den Hügel von Nimrud auszugraben.

Dieser Zustand des Landes konnte Layard nicht lange verborgen bleiben. Nach Stunden bereits war ihm klar, daß er in Mossul nichts von seinen Plänen verlauten lassen durfte. Also kaufte er sich eine schwere Büchse und einen kurzen Speer und erzählte jedem, der es hören wollte, er ginge ins Flußtal hinüber, um Wildschweine zu jagen.

Nach wenigen Tagen mietete er sich ein Pferd und ritt los in Richtung auf Nimrud – und damit in gerader Richtung auf das nächste Dorf räuberischer Beduinen!

Und es geschah etwas ganz Unwahrscheinliches: Bis zum Abend hatte er die Freundschaft Awads gewonnen, eines Führers des Stammes, der in nächster Nähe des Hügels Nimrud lagerte. Ja, noch mehr, er hatte sechs Eingeborene zur Verfügung, die ihm gegen geringen Lohn vom nächsten Morgen an helfen wollten, nachzusehen, was der «Bauch des Berges» wohl enthalte.

Als er am Abend dieses Tages in sein Zelt kroch, mag sich der Achtundzwanzigjährige schlaflos gewälzt haben. Morgen sollte sich zeigen, ob das Glück ihn weiterhin leiten würde. Morgen schon? In einigen Monaten vielleicht... Hatte nicht Botta ein ganzes Jahr lang vergeblich gegraben?

Tatsächlich aber sollte Layard vierundzwanzig Stunden später bereits die Mauern zweier assyrischer Paläste angestochen haben. –

Die frühe Sonne schon fand ihn auf dem Hügel. Beim Umherschweifen entdeckte er überall Ziegel mit stempelartigen Inschriften. Awad war es, der Beduinenführer, der seinen neugewonnenen Freund auf das Stück einer alabasternen Platte aufmerksam machte, die um einiges aus der Erde ragte. Dieser Fund löste die Frage, wo der Spaten anzusetzen sei.

Sieben Männer gingen an die Arbeit und trieben einen Laufgraben in den Hügel. Das erste, was sie schon nach wenigen Stunden fanden, waren einige vertikal gestellte Steinplatten. Es stellte sich heraus, daß sie einen Sockelfries aus sogenannten Orthostaten gefunden hatten, also die Wandverkleidung eines Gemaches, das durch solchen Reichtum des Schmucks nur zu einem Palast gehören konnte.

Layard teilte seine kleine Schar. In plötzlicher Angst, eine vielleicht noch reichere Fundstätte zu übergehen, auch in der Hoffnung, völlig unzerstörte Mauern anzustechen (die eben bloßgelegten zeigten Brandspuren), ließ er drei seiner Männer an einer ganz anderen Seite des Hügels beginnen. Und wieder arbeitete sein Spaten mit der Sicherheit einer Wünschelrute. Sofort fand er eine Mauer, bedeckt mit Reliefplatten, getrennt durch einen Inschriftenfries. Er hatte die Ecke eines zweiten Palastes angestochen.

Damit wir erkennen, welcher Art einige Funde waren, die Layard noch im Laufe des Novembers aus dem Boden hob, lassen wir ihn die Beschreibung einer der mit Basrelief geschmückten Orthostaten selber geben:

«Eine Schlachtenszene, in welcher zwei Wagen, jeder von Pferden im Galopp gezogen, dargestellt waren, deren jeder eine Gruppe von drei Kriegern enthielt, von denen die Hauptperson keinen Bart hatte und offenbar ein Verschnittener war. Diese Figur war in eine vollständige Rüstung von Metallschuppen gekleidet. Auf dem Kopf trug sie einen Helm mit einer Spitze. Der Kopfputz ähnelte dem der alten Normannen. Die linke Hand hielt den vollständig aufgezogenen Bogen fest, während die Rechte die Sehne nach

Assyrische Fürsten auf der Löwenjagd.
Abbildung 30

27 · Robert Koldewey, aufgenommen in Babylon

28 · Die Rekonstruktion des alten Turms von Babel. Koldewey fand Reste seines Fundaments und grub den «Babylonischen Turm» aus, den Nebukadnezar II. auf den Trümmern des älteren und zerstörten errichtet hatte

29 · Eine Rekonstruktion der Ziggurah (des Tempelturms) von Ur in Chaldäa. Hier begann der Engländer Leonard Woolley seine Grabungen und fand die reichsten Zeugnisse des wahrscheinlich ältesten Kulturvolks unserer Welt, der «schwarzköpfigen» Sumerer

30 · Einer der geflügelten Menschenstiere vom Palast Sargons II. (722–705 v. Chr.) in Khorsabad, wie sie auch auf der nebenstehenden Rekonstruktionszeichnung dargestellt sind: Pfeilerträger und Wächtertiere zugleich

31 · Restauration und Rekonstruktion des nördlichen Palastflügels zu Khorsabad. An der langen Front des Gebäudes sind deutlich die riesigen geflügelten Menschenstiere zu erkennen, die zuerst von Botta, dann von Layard ausgegraben wurden. Rekonstruktionen solcher Art vermitteln einen Eindruck; in den Einzelheiten wird jede Rekonstruktion von der anderen abweichen. (Zeichnung aus dem vorigen Jahrhundert)

32 · Statuette einer sumerischen Herrscherin, wahrscheinlich aus dem 3. Jahrtausend v. Chr.

33 · Eine Statue des Gudea, des Gaufürsten oder Priesterkönigs von Lagasch. Eine Skulptur dieses Gudea war es, gefunden von Ernest de Sarzec, die uns auf die Spur der Sumerer brachte

34/35 · Eine Stele der alten Mayas, die Stephens vor rund hundert Jahren in Copán (im heutigen Honduras) fand, unten in einer Zeichnung Catherwoods, links in moderner Fotografie wiedergegeben. Es ist gut, wenn man vor solcher Vergleichsmöglichkeit zumindest einen Augenblick lang am technischen Fortschritt, sofern er die Künste betrifft, zweifelt

36 · Menschenopfer in aztekischem Tempel. Der Priester kniet über dem Gefangenen. Mit einem Messer aus Obsidian öffnet er ihm die Brust, reißt das lebendige Herz heraus und zeigt es der Menge. Nach Berichten der spanischen Eroberer soll es vorgekommen sein, daß an einem einzigen Tage in Mexiko-Stadt bis zu 20 000 Menschen derart den Göttern geopfert wurden (aztekische Zeichnung)

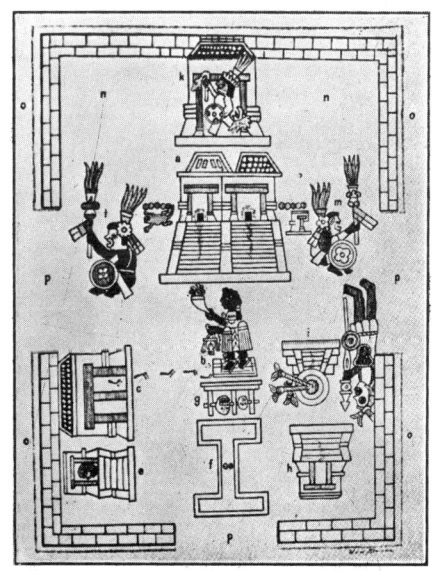

37 · Der Plan eines der großen Tempel (Teocallis) der Azteken (aztekische Zeichnung)

38 · Ornamente an der Quetzalcouatl-Pyramide in Teotihuacan; sie erhob sich in sechs Absätzen, eine breite Treppe führte vom Fuß bis zur Spitze. Die Pyramide war schon uralt (wir kennen ihr genaues Alter noch nicht), als der spanische Eroberer Cortez an ihr vorüberzog

dem Ohre anzog mit einem zum Abschießen daraufliegenden Pfeile. Sein Schwert befand sich in seiner Scheide, deren Ende mit den Figuren von zwei Löwen zierlich geschmückt war. In demselben Wagen befand sich ein Wagenlenker, der die Pferde mit Zügel und Peitsche antrieb, und ein Schildträger, der die Pfeile des Feindes mit einem kreisrunden Schilde abhielt, welcher von geschlagenem Golde gewesen sein mag. Mit Erstaunen beobachtete ich die Eleganz und den Reichtum der Verzierungen, die treue und zarte Zeichnung der Glieder und Muskeln, sowohl bei den Menschen als auch bei den Pferden, und die Kunstkenntnis, welche im Gruppieren der Figuren und der Komposition im allgemeinen dargelegt war.»

Basreliefs solcher Art stehen heute in jedem Museum jeden Landes in Europa und Amerika. Meist wirft der Beschauer nur einen kurzen Blick darauf, um dann weiterzugehen. Aber die Reliefs verdienen es, genau betrachtet zu werden. Sie zeigen uns einen derartig detaillierten Realismus des Inhalts (von einem Realismus des Stils kann man nur bei bestimmten Epochen sprechen), daß bereits die genaue Betrachtung einiger Dutzend Reliefs tiefe Einblicke ins Leben jener Menschen erlaubt, jener Herrscher vor allem, von denen die Bibel so Schreckliches zu berichten weiß.

Zahllose Bilder haben heute, im Zeitalter der Photographie, schon dem Kinde in der Schule einen zumindest schwachen Begriff von diesen Bildwerken vermittelt. Damals aber, als Layard inmitten seiner Handvoll Araber stand, vom Staube der Wüste umweht, da hatte lediglich Botta einige ähnliche Bilder nach Paris schaffen können. Neu waren sie noch, absolut neu und erregend für den, der sie aus der Erde heben und vom Staube der Jahrtausende freiklopfen durfte.

Schlagartig fast, das muß man sich heute klarmachen, wurde für die europäische Welt das Dunkel über dem Zweistromland gelichtet: 1843 saß Rawlinson in Bagdad über der Entzifferung der Inschrift von Behistun. Im selben Jahre begann Botta seine Grabung bei Kujundschik und Khorsabad, und 1845 grub Layard bei Nimrud. Wie erhellend die Arbeit dieser drei Jahre wirkte, geht daraus hervor, daß allein die Inschrift von Behistun uns eine weit genauere Kenntnis von den persepolitanischen Herrschern gab, als sie uns sämtliche antiken Autoren zusammengenommen bis dahin vermittelt hatten. Und heute können wir ohne Übertreibung sagen, daß wir über die Geschichte Assyriens und Babyloniens, über Aufstieg und Untergang der Städte Babylon und Ninive weit besser Bescheid wissen als das gesamte «klassische» Altertum, als alle griechischen und römischen Historiker, die den fernen Zeiten um mehr als zweitausend Jahre näherstanden.

Die Araber freilich, die tagtäglich Layards Entzücken vor den alten zerschrammten Steinplatten sahen, vor den Figuren und zerkratzten Ziegeln, hielten ihn für einen Verrückten. Aber solange er bezahlte, waren sie bereit, zu helfen und wacker zu graben. Doch keiner der Pioniere der Archäologie hat je sein Werk ungestört beenden dürfen. Stets hat sich das Abenteuer mit der Forschung verbunden, die Gefahr mit der Wissenschaft, betrügerischer Eingriff mit selbstlosem Opfer. Bei Layard sollte es nicht anders sein. Aber Layard war ein Mann von Geschick.

Eines Tages – die Grabung war fortgeschritten, jede große Hoffnung war berechtigt, und die geringste Ruhepause schien Layard verlorene Zeit – nahm Awad, der Führer und Freund, den Forscher beiseite. Listig und in geheimem Einverständnis zwinkernd, dabei eine mit Spuren von Blattgold bedeckte kleine Figur beziehungsvoll in den schmutzigen Fingern drehend, gab er mit vielerlei Abschweifungen und Anrufungen des Propheten zu verstehen, daß er wohl wisse, wonach der verehrte Franke wühle. Und er wünsche ihm Glück und alles Gold, das der Hügel berge (wobei er keinen Zweifel über seine eigenen Interessen ließ). Doch sei äußerste Vorsicht geboten. Die Esel von Arbeitern wüßten ihre Zungen nicht zu hüten. Und es müßte vermieden werden, daß die Erfolge Layards zu den großen Ohren des Paschas nach Mossul gelangten. Und er zeigte die Größe der Paschaohren mit der Spannweite seiner Arme.

Aber ein Despot hat nicht nur große, er hat tausend große Ohren. Seine Sinne sind vervielfältigt um die Summen der Sinne aller Kreaturen, denen er Gott ist, dem sie mit Wollust dienen. Es dauerte nicht lange, bis der Pascha sich um Layard zu kümmern begann. Ein Hauptmann erschien und einige Soldaten. Nur der Form halber betrachteten sie Layards Laufgräben, die bereits ausgegrabenen Bildwerke und zeigten sich informiert über die Spuren Goldes, die da und dort aufgetaucht waren. Zeremoniös überreichte der Hauptmann ein Verbot, weiterzugraben.

Man kann sich vorstellen, welche Wirkung dieses Verbot auf Layard hatte, den bei seinem phänomenalen Anfangserfolg der geringste Zeitverlust in Erregung versetzte. Er schwang sich aufs Pferd, ritt nach Mossul, als gelte es eine Parforcejagd, und verlangte unverzüglich Audienz beim Pascha.

Er erhielt sie. Und er lernte die ganze schillernde Vielfalt eines Orientalen kennen. Beschwörend hob der Pascha die Hände. Selbstverständlich – alles, aber auch alles würde er tun, um ihm, Layard, zu helfen, dem Franken, den er bewundere, dessen Volk er verehre, den er um seine Freundschaft bitte, heute, morgen, sein Leben lang, bis Allah ihn abberufe. Aber dort weitergraben? Unmöglich. Dort sei alter mohammedanischer Begräbnisgrund. Der Franke möge sich umsehen, er würde die Grabsteine finden. Schändung wäre es, was Layard täte, in den Augen aller wahrhaft Gläubigen. Und die wahren Gläubigen würden sich erheben, wider ihn, den Franken, wider ihn auch, den Pascha, der dann seine schützende Hand nicht länger mehr über seinen Freund aus der Fremde zu halten vermöge!

Der Besuch war demütigend. Dabei hatte die Demütigung nicht zum geringsten Erfolg geführt. Als Layard abends vor seiner Hütte saß, wurde er sich klar darüber, daß seine ganze Arbeit in Frage gestellt war. Zurückgekehrt vom Pascha, war er sofort zum Hügel geritten, um nachzuprüfen, ob die Behauptung des Despoten, daß dort mohammedanische Grabsteine lägen, richtig sei. Sie war richtig! Als er an abgelegener Stelle den ersten Stein gefunden hatte, war er mißmutig umgekehrt. Überlegend, was zu tun sei, kroch er unter seine Decke. Das aber hätte er nicht tun sollen. Er hätte sich die Grabsteine näher betrachten sollen, wozu er schon am Tage vor der Audienz Gelegenheit gehabt hätte. Und er hätte jetzt nicht unter seine Decke kriechen dürfen; denn damit versäumte er schon in zweiter Nacht einen Anblick, der ihn für das Gespräch mit dem Pascha ausgezeichnet gerüstet hätte. In beiden Nächten nämlich hätte er eine Anzahl Gestalten beobachten können, die auf heimlichem Wege und leisen Sohlen, doch ohne ein Keuchen oder das Klirren eines Steines vermeiden zu können, dem Hügel Nimrud zustrebten. Paarweise näherten sie sich, und paarweise verschwanden sie wieder. Die ganzen beiden Nächte hindurch. Waren es Räuber wie in Ägypten? Aber wenn es Räuber waren – was hätten sie plündern können, hier, wo die Beute nur aus schwerem Bildwerk bestand?

Layard muß ungewöhnlichen Charme besessen haben, er muß ein Meister gewesen sein in der Kunst der Menschenbehandlung. Als er am andern Morgen zum Hügel ritt und den Hauptmann traf, der ihm das Verbot überbracht hatte, geriet er mit ihm ins Gespräch. Es ist nicht anders auszudrücken: er gewann sein Herz. Der Hauptmann wurde vertraulich. Und dann informierte er Layard ganz privat, daß er und seine Männer zwei Nächte lang auf des Paschas Befehl schwer hatten arbeiten müssen, um aus den umliegenden Dörfern Grabsteine auf den Hügel von Nimrud zu schaffen.

«Wir haben dabei mehr wirkliche Gräber wahrer Gläubiger zerstört», sagte er, «um falsche herzustellen, als du schänden könntest zwischen Zab und Selamijah. Wir haben uns und unsere Pferde zuschanden getrieben beim Heranschaffen dieser verwünschten Steine!»

Bevor Layard diese überraschende Neuigkeit – die er bei einiger Aufmerksamkeit viel rechtzeitiger hätte erfahren können – richtig ausnutzen konnte, lösten sich die Schwierigkeiten auf gänzlich andere und völlig unerwartete Weise. Kurz nach diesem vortrefflichen Gespräch nämlich konnte Layard den Pascha im Gefängnis besuchen. Layard den Pascha – nicht umgekehrt! Das gütige Geschick, das wenige Despoten langlebig werden läßt, hatte die Abberufung des Paschas vorgesehen, mehr als das, eine Abrechnung mit seinen Taten. Layard fand ihn in einem Loch, in das der Regen tropfte. «So ist es bestellt um diese Kreaturen», rief der Pascha. «Gestern noch küßten diese Hunde mir die Füße. Heute stürzt alles über mich her!» Und mit einem Blick zur Decke: «Sogar der Regen!»

Mit des Despoten Sturz kamen Tage freier Arbeit für Layard. Und eines Morgens stürzten von der zweiten Grabungsstelle, von der Nordwestecke des Hügels her, aufgeregte Arbeiter herbei. Sie schwenkten ihre Hacken, schrien, tanzten. Und es schien, als sei ihre Erregung ein wunderliches Gemisch aus Furcht und Freude. «Eile, o Bey!» riefen sie. «Gott ist groß, und Mohammed ist sein Prophet! Nimrud haben wir gefunden, Nimrud selber! Mit eigenen Augen haben wir ihn gesehen!»

Layard eilte hinüber. Eine Hoffnung beflügelte seine Schritte. Nicht einen Augenblick glaubte er, was die Eingeborenen annahmen, daß Nimruds Bild dem Schutt entstiegen sei. Seine Hoffnung aber klammerte sich an die Erfolge Bottas. War eins jener herrlichen Menschentiere ans Licht gekommen, wie Botta einige gefunden?

Und dann sah er den gewaltigen Skulpturen-Torso. Es war der aus Alabaster gehauene Riesenkopf eines geflügelten Löwen. «Er war bewundernswert gut erhalten. Der Ausdruck war ruhig, aber majestätisch, und der Umriß der Gesichtszüge zeigte eine Freiheit und Kenntnis der Kunst, die man an Werken einer so frühen Periode wohl schwerlich erwartet haben dürfte.»

Heute wissen wir, daß es das erste große Bildwerk eines der assyrischen Astralgötter der vier Weltecken war, die da sind: Marduk als Flügelstier, Nebo als Mensch, Nergal als Flügellöwe und Ninurta als Adler.

Layard war aufs tiefste beeindruckt. Später schrieb er:

«Stundenlang betrachtete ich diese geheimnisvollen Sinnbilder und dachte über ihre Bedeutung und Geschichte nach. Welche edleren Formen hätte wohl das Volk in den Tempel seiner Götter einführen können? Welche erhabeneren Bilder hätten der Natur entlehnt werden können von Leuten, welche ohne Hilfe der geoffenbarten Religion ihre Begriffe von Weisheit, Macht und Allgegenwart eines höchsten Wesens zu verkörpern suchten? Für Verstand und Kenntnis konnten sie kein besseres Musterbild finden als den Kopf

des Menschen, für Kraft den Körper des Löwen, für die Allgegenwart die Schwingen des Vogels. Diese geflügelten menschenköpfigen Löwen waren keine bedeutungslosen Schöpfungen, nicht das Erzeugnis der Phantasie nur; was sie bedeuten sollten, war darauf geschrieben. Sie hatten Geschlechter mit Ehrfurcht erfüllt und belehrt, welche vor dreitausend Jahren blühten. Durch die Portale, welche sie bewachten, hatten Könige, Priester und Krieger Opfer zu ihren Altären getragen, lange zuvor, ehe die Weisheit des Morgenlandes bis nach Griechenland vorgedrungen war und dieses seine Mythologie mit längst von den assyrischen Geweihten gekannten Sinnbildern versehen hatte. Sie mögen vor der Gründung der Ewigen Stadt begraben worden und ihr Dasein unbekannt gewesen sein. Seit fünfundzwanzig Jahrhunderten waren sie dem Auge des Menschen verborgen, und nun erstanden sie noch einmal in ihrer antiken Majestät. Wie aber ist die Szene um sie herum verändert. Der Luxus und die Zivilisation einer mächtigen Nation hat der Armseligkeit und Unwissenheit einiger weniger halbbarbarischer Stämme Platz gemacht. Der Pracht der Tempel und dem Reichtum großer Städte folgten Ruinen und gestaltlose Erdhaufen. Über der geräumigen Halle, in der sie standen, hatte der Pflug seine Furchen gezogen, hatten die Wellen des Getreides gewogt. Ägypten besitzt nicht weniger wunderbare Monumente, aber sie standen Jahrhunderte frei da, ihre frühere Macht und ihren Ruhm zu bezeugen. Während die, die ich vor mir hatte, eben erst erschienen waren, um den Worten des Propheten Zeugnis zu geben, daß einst ‹der Assur war wie ein Zedernbaum auf dem Libanon, von schönen Ästen und dick vom Laube und sehr hoch, und daß sein Gipfel hoch stand unter großen dicken Zweigen...›»
Zephanja 2, Vers 13 bis 15 beenden die schreckliche Prophezeiung:

«Und er wird seine Hand strecken über Mitternacht,
und Assur umbringen.
Ninive wird er öde machen,
dürr wie eine Wüste;
daß drinnen sich lagern werden allerlei Tiere bei Haufen;
auch Rohrdommeln und Igel
werden wohnen in ihren Säulenknäufen;
und werden in den Fenstern singen,
und auf der Schwelle wird Verwüstung sein;
denn die Zedernbretter sollen abgerissen werden.
Das ist die fröhliche Stadt, die so sicher wohnte
und sprach in ihrem Herzen:

Ich bin's und keine mehr.
Wie ist sie so wüste worden,
daß die Tiere drinnen wohnen!
Und wer vorüber gehet,
pfeifet sie an
und klappet mit der Hand über sie.»

Die Prophezeiung hatte sich erfüllt. Vor vielen Jahrhunderten schon. Nun aber hob Layard ans Licht, was geblieben war.

Die Nachricht von dem Fund, der auf alle Eingeborenen mehr oder weniger erschreckend gewirkt hatte, verbreitete sich rasch. Von fern und nah sprengten die Beduinen heran, ein Scheich erschien mit der Hälfte seines Stammes, und alle feuerten ihre Gewehre ab. Es war eine glänzende Fantasia zur Ehre einer Welt, die seit Urzeiten versunken. Bis zur Grube ritten sie und warfen einen Blick auf den von den Sickertropfen der Jahrtausende gebleichten Riesenkopf, erhoben die Arme und riefen Gott an.

Erst nach langem Zureden gelang es, den Scheich zu veranlassen, in die Grube zu steigen, um sich zu überzeugen, daß keine Erscheinung, kein schrecklicher Djinn, aber auch kein Gott dort im Begriffe sei, ans Licht zu steigen. Dann aber rief er aus: «Das ist kein Werk von Menschenhänden, sondern von jenen unglaublichen Riesen, von welchen der Prophet, Friede sei mit ihm, gesagt hat, daß sie größer waren als die höchsten Dattelbäume. Dies ist eins der Götzenbilder, welche Noah, Friede sei mit ihm, vor der Sintflut verfluchte.»

Indessen aber war einer der Araber, der zuerst des großen Kopfes ansichtig geworden war, mit allen Zeichen des Entsetzens und unter Zurücklassung seines Handwerkszeugs davongelaufen und durchgehend bis Mossul getrabt, wo er mit seinem Bericht, daß der große Nimrud aus seinem Grabe gestiegen sei, nicht wenig Aufregung auf dem Markte schuf.

Der Kadi nahm sich der Sache an. Er verhörte den Davongelaufenen. Was war gefunden worden? Die Knochen, die Überreste des Nimrud? Oder nur sein Standbild, Menschenwerk vielleicht? Er zog den Mufti zu Rate. Der nahm den Fall vorzugsweise theologisch und suchte festzustellen, ob man Nimrud wohl als wahren Gläubigen oder als ungläubigen Hund anzusehen habe.

Der Gouverneur, der Nachfolger des Despoten, traf eine salomonische Entscheidung. Er empfahl Layard, die «Überreste» auf alle Fälle mit höchster Ehrfurcht zu behandeln, vorläufig jedoch alle Grabungen einzustellen.

Nun, dies war nicht das erste Verbot, von dem Layard hörte. Er erwirkte eine Unterredung. Es gelang ihm, den Pascha zu überzeugen, daß die Gefühle der wahren Gläubigen durch weitere Grabung nicht verletzt werden könnten. Und ein zu dieser Zeit endlich eintreffender Ferman des Sultans zu Konstantinopel enthob ihn ein für allemal aller Belästigungen durch die örtlichen Behörden und das religiöse Gewissen der Araber.

Bildwerk auf Bildwerk trat jetzt zutage. Bald waren es nicht weniger als dreizehn Paare geflügelter Löwen und Stiere, die der Erde entstiegen. Der Prachtbau, den Layard in der Nordwestecke des Hügels von Nimrud langsam freilegte und dessen Ausgrabung seinen Ruhm als Entdecker weit über den Bottas leuchten ließ, wurde später als der Palast Assurnasirpals II. erkannt (884 bis 859 v. Chr. nach Weidner), des Königs, der seine Residenz von Assur hierher nach Kalchu verlegt hatte. Wie seine Vorgänger und Nachfahren lebte er im Geiste Nimruds, der, wie die Bibel weiß, «ein großer Jäger war vor dem Herrn». Aus diesem Palast holte Layard die Jagdreliefs, die Tierbilder, deren Naturalismus, nachdem er in Europa bekanntgeworden war, Generationen moderner Künstler Anregung gab. Das Weidwerk war das Tagewerk der assyrischen Edlen. Aus allen Tafeln ging das hervor, aus allen Bildern, aus allen Inschriften. Sie hielten Tierparks, «Paradiese» wie sie hießen, Vorläufer unserer zoologischen Gärten, und hielten in freiem Gehege Gazellen und Löwen. Sie veranstalteten Treibjagden und pflegten eine Jagd mit Netzen, die heute kaum noch irgendwo auf der Welt geübt wird.

Layards größte Sorge war, wie er ein paar dieser geflügelten Kolossalstatuen nach London schaffen könne. Der Sommer hatte eine Mißernte gebracht. Es war zu erwarten, daß räuberische Horden die Landschaft um die Hauptstadt heimsuchen würden. Obwohl sich Layard viele Freunde geschaffen hatte, schien es ihm ratsam, das Unternehmen zu beschleunigen.

Eines Tages wälzte sich ein Haufen von Arabern und Chaldäern über die halbverfaulte Schiffsbrücke vor Mossul, schob, zog und zerrte an einem gigantischen plumpen Fahrzeug, einem Riesenwagen, den ein Paar mächtige Büffelochsen kaum zu bewegen vermochten. Layard hatte dies Monstrum in aller Eile in Mossul zimmern lassen. Einen Stier und einen Löwen hatte er dann für den ersten Transport ausgewählt, zwei der am besten erhaltenen Exemplare, zwei der kleinsten auch, denn das Unternehmen schien gewagt genug bei den geringen Hilfsmitteln, die ihm zur Verfügung standen.

Allein um einen Stier aus dem Schuttberg herauszuschaffen, mußte vom Fundort bis zum Rande des Hügels ein Graben ausgehoben werden, der dreißig Meter lang, fünf Meter breit und bis zu sieben Meter tief war. Während Layard vor Sorge verging, war das Unternehmen für die Araber ein Volksfest. Anders als die Fellachen, die mit Trauer und Klagegesang ihre toten Könige begleitet hatten, als Brugsch-Bey sie den Nil hinab entführte nach Kairo, sahen diese hier nur Gelegenheit zu ohrenzerreißendem Freudengebrüll. Unter solch vortrefflicher Anfeuerung wurde der Koloß auf Walzen herausgerollt.

Als Layard nach dem ersten gelungenen Stück Arbeit des Abends heimritt, begleitete ihn der Scheich Abd-er-Rahman. Layard hat uns seine Ansprache aufgezeichnet, deren einen Teil wir als eine für uns humorvolle Art arabischer Bewunderung bereits als Motto diesem Kapitel voranstellten. So sprach der Scheich:

«Wunderbar! Wunderbar! Es gibt sicher nur einen Gott, und Mohammed ist sein Prophet! Im Namen des Allerhöchsten, o Bey, sage mir, was du mit diesen Steinen machen willst. So viele Tausende von Beuteln für solche Dinge auszugeben! Ist es möglich, daß, wie du sagst, dein Volk Weisheit aus ihnen lernt, oder ist es, wie Seine Ehrwürden der Kadi erklärt, sie kämen in den Palast der Königin, welche diese Götzenbilder mit den übrigen Ungläubigen anbetet? Denn was Weisheit betrifft, so werden euch diese Figuren nicht lehren, bessere Messer, Scheren und bunte Zeuge zu machen, und in der Hervorbringung dieser Dinge zeigen ja die Engländer ihre Weisheit. Aber Gott ist groß! Hier sind die Steine, welche seit der Zeit des heiligen Noah, Friede sei mit ihm, hier begraben gewesen sind. Vielleicht waren sie schon vor der Sintflut unter der Erde!

Jahrelang habe ich in diesem Lande gelebt. Mein Vater und meines Vaters Vater haben vor mir ihre Zelte hier aufgeschlagen; sie haben aber nie etwas von diesen Figuren gehört. Seit zwölf Jahrhunderten haben sich die wahren Gläubigen, und, Gott sei gelobt, sie allein besitzen die wahre Weisheit, in diesem Lande niedergelassen, und keiner von ihnen hat je von einem unterirdischen Palaste gehört und auch die nicht, die vor ihnen kamen. Und siehe! Da kommt ein Franke aus einem viele Tagereisen entfernten Lande und geht gerade auf den Platz hin und nimmt einen Stock und macht eine Linie dahin und eine Linie dorthin.

Hier, sagt er, ist der Palast, und dort, sagt er, ist das Tor, und zeigt uns, was unser Leben lang unter unseren Füßen gelegen hat, ohne daß wir etwas davon wußten.

Wunderbar! Wunderbar! Hast du dies durch Bücher erlernt, durch Zauberei oder durch eure Propheten?

Rede, o Bey! Sage mir das Geheimnis der Weisheit!»

Die Nacht fiel herab, und am Hügel von Nimrud scholl immer noch Geschrei und Lärm. Mit Musik und Tanz und dem Klang der Zimbeln wurde der Erfolg gefeiert. Bleich und riesig lag der geflügelte Stier auf dem Wagen und blickte auf die veränderte Welt...

AM anderen Morgen folgte der Transport zum Fluß. Die Büffel, die ziehen sollten, versagten vor der ungeheuren Last. Layard bat um Hilfe. Der Scheich stellte ihm Männer und Taue. Mit Layard ritt er voran, um den Weg zu weisen. Hinter ihnen tanzten Trommler und Pfeifer, die an Lärm hergaben, was die Instrumente nur leisteten.

«Ihnen folgte der Wagen, den an dreihundert Menschen zogen, die aus Leibeskräften schrien und von Kawassen und Aufsehern angetrieben wurden. Die Frauenzimmer, die durch ihr gellendes Geschrei die Araber in Begeisterung hielten, schlossen den Zug. Abd-er-Rahmans Reiter übten verschiedene Reiterkunststücke um die Gruppe herum aus, sprengten vor und zurück und lieferten Scheingefechte.»

Aber noch waren die Schwierigkeiten nicht überwunden. Der Wagen blieb zweimal stecken. Die Verladung auf die Flöße war ein Stück Arbeit, bei welchem Layard den Schweiß der Angst vergoß. Die Verflößung der viel leichteren Reliefplatten, die er nach Hause geschickt hatte, war nicht halb so schwierig gewesen. Von Mossul waren sie nach Bagdad gegangen, von dort nach Basra am Persischen Golf, wo die Umladung auf Seeschiffe mit allen technischen Hilfsmitteln der geringste Teil der Arbeit gewesen war. Wegen des kolossalen Gewichts der Flügeltiere aber wollte Layard die Umladung in Bagdad, die sich außerhalb seiner Kontrolle vollzog, vermeiden.

Händeringend wiesen die Mossulschiffer, die noch nie in ihrem Leben bis nach Basra gefahren waren, dies Ansinnen von sich. Und nur dem Zufall, daß einem Bagdadschiffer wegen hoher Schulden der Kerker drohte, war es zu danken, daß es Layard unter hohem Geldopfer gelang, diese Verschiffung durchzuführen, ohne daß ihm geschah wie Botta, der seine Figuren im Tigris verloren hatte.

So begaben sich die Götterriesen, die geflügelten Menschentiere, auf die Reise, nachdem sie achtundzwanzig Jahrhunderte geruht hatten. Tausende Kilometer fuhren sie auf einem Floß den Tigris stromab. Und rund zwanzigtausend Kilometer fuhren sie durch zwei Ozeane um Afrika herum (der Suezkanal wurde erst 1869 eröffnet) nach London, um im Britischen Museum eine neue Heimstatt zu finden.

Bevor Layard seine Ausgrabungen zu einem vorläufigen Abschluß brachte, scheint er, mit einem Notizbuch in der Hand, einen letzten Rundgang gemacht zu haben. Dies die abschließende Beschreibung, die sein in wenigen Jahren berühmt gewordenes Buch «Niniveh and its remains» enthält:

«Wir steigen den künstlichen Hügel hinauf, aber noch sehen wir keinen Stein aus dem Grunde hervorstehen; nur eine breite, ebene Plattform, entweder mit üppiger Gerstenernte bedeckt oder gelb und vertrocknet, ohne Vegetation, ärmliche Büschel von Kameldorn ausgenommen. Niedrige schwarze Haufen, aus deren Mitte eine dünne Rauchsäule emporsteigt, sieht man hier und da. Dies sind die Zelte der Araber, um die einige erbärmlich aussehende alte Weiber kriechen. Ein oder zwei Mädchen wird man mit festem Schritt und aufrechter Haltung, den Wasserkrug auf den Schultern oder ein Bündel Reisholz auf dem Kopfe, vielleicht gerade den Gipfel des Hügels erreichen sehen.

Von den Seiten aber scheinen Reihen von wild aussehenden Wesen mit fliegenden Haaren, die Glieder nur durch das leichte, weite und kurze Hemd bedeckt, aus der Tiefe hervorzukommen, einige springend und possenreißend, alle aber wie Verrückte hin und her laufend. Jedes von ihnen trägt einen Korb, und sowie es an den Rand des Ruinenhügels kommt, leert es ihn aus und erzeugt eine Wolke von Staub. So schnell es nur kann, läuft es dann zurück, tanzend, wie vorher schreiend und den Korb über dem Kopf hin und her schwenkend. Dann verschwindet es wieder so plötzlich in der Tiefe, wie es herauskam. Dies sind die Arbeiter, die den Schutt aus den Ruinen tragen.

Auf einer roh in die Erde gehauenen Treppe wollen wir nun in den vorzüglichsten Laufgraben hinabsteigen. Wir gelangen etwa zwanzig Fuß tief hinunter und befinden uns plötzlich zwischen einem Paar geflügelter menschenköpfiger Löwen, die ein Portal bilden. In dem unterirdischen Labyrinthe herrscht Unruhe und Verwirrung. Araber rennen in verschiedenen Richtungen umher; einige tragen erdgefüllte Körbe, andere bringen ihren Kameraden Wasserkrüge. Die Chaldäer in ihren gestreiften Anzügen und sonderbaren kegelförmigen Mützen hauen mit Hacken in den zähen Boden und machen bei jedem Hiebe eine dicke Wolke von feinem Staub. Von einem entfernten Hügel erklingen dann und wann die wilden Melodien kurdischer Musik, und sobald die arbeitenden Araber die Musik hören, stimmen sie im Chor ihr Kriegsgeschrei an und arbeiten mit erneuter Energie.

Wir gehen zwischen den Löwen hindurch in die Ruinen der Haupthalle. An beiden Seiten sehen wir geflügelte gigantische Figuren, einige mit Adlerköpfen, andere ganz wie Menschen, mysteriöse Symbole in den Händen

Paläste unterm Hügel Nimrud

tragend. Zur Linken ist ein anderes Portal, das gleichfalls von geflügelten Löwen flankiert ist. Doch ist einer von ihnen quer vor den Eingang gefallen, und wir finden kaum Platz, um unter ihm hindurchzukriechen. Über dieses Portal hinaus stehen eine geflügelte Figur und zwei Platten mit Basreliefs; sie sind aber derart beschädigt, daß wir kaum eine Spur des dargestellten Gegenstandes erkennen können.

Weiterhin ist keine Spur einer Mauer mehr zu erkennen, obgleich der tiefe Graben fortgeführt ist. Auch die entgegengesetzte Seite der Halle ist verschwunden, und wir sehen nur eine hohe Erdwand. Genauere Untersuchung entdeckt Anzeichen von Mauerwerk, ehemals Ziegel von ungebranntem Lehm, die jetzt freilich längst dieselbe Farbe wie das Erdreich haben, das sie umgibt.

Die Alabasterplatten, die herabgefallen waren, sind wiederaufgerichtet worden. So treten wir in ein Labyrinth von kleinen Basreliefs, die Wagen, Reiter, Schlachten und Belagerungen darstellen. Vielleicht richten die Arbeiter eine Platte zum erstenmal auf, und wir erwarten mit ungeduldiger Neugier, welch neues, wichtiges Ereignis der assyrischen Geschichte oder welch unbekanntes Brauchtum, welch religiöse Zeremonie die Skulptur erklären wird.

Sobald wir etwa hundert Fuß unter diesen zerstreuten Trümmern alter Geschichte und Kultur umhergewandert sind, kommen wir an einen Torweg, den zwei gigantische geflügelte Stiere von gelbem Kalkstein bilden. Der eine ist noch ganz, sein Begleiter indes ist herabgefallen und zerbrochen – der große Menschenkopf liegt zu unseren Füßen.

Wir gehen weiter. Wir sehen eine andere geflügelte Figur, die eine zierliche Blume in der Hand hält, die sie, wahrscheinlich als eine Opfergabe, dem geflügelten Stier darreicht. Nächst dieser Figur finden wir acht schöne Basreliefs. Da ist der König auf der Jagd, wie er über den Löwen und den wilden Stier triumphiert, und die Belagerung einer Burg mit dem Sturmbock. Wir haben nun das Ende der Halle erreicht und sehen eine ausgesucht schön gearbeitete Skulptur vor uns: zwei Könige, die vor dem Emblem der höchsten Gottheit stehen und von geflügelten Figuren begleitet sind; zwischen ihnen steht der Heilige Baum. Vor diesem Relief befindet sich die Steinplattform, auf der in alten Zeiten der Thron des assyrischen Monarchen gestanden haben mag, wenn er gefangene Feinde oder seine Höflinge empfing.

Zur Linken ist ein vierter Ausgang, den zwei Löwen bilden. Wir passieren sie und befinden uns am Rand einer tiefen Schlucht, von welcher nördlich sich die erhabene Ruine hoch über uns erhebt. Figuren von Gefangenen, welche Tributgegenstände, Ohrringe, Armbänder und Affen tragen, sieht man an den Mauern in der Nähe dieser Schlucht, und zwei ungeheure Stiere sowie zwei geflügelte, über vierzehn Fuß hohe Figuren liegen fast an ihrem Rande.

Da die Schlucht die Ruinen an dieser Seite begrenzt, müssen wir zu den gelben Stieren zurückkehren. Sobald wir durch den von ihnen gebildeten Eingang gekommen sind, treten wir in ein von adlerköpfigen Figuren umgebenes Gemach; an dem einen Ende befindet sich ein von zwei Priestern oder Gottheiten bewachtes Tor und in der Mitte ein anderes Portal, an welchem zwei geflügelte Stiere stehen. Welche Richtung wir nun auch einschlagen mögen, so befinden wir uns in einer Menge von Zimmern, und ohne Ortskenntnis würden wir uns bald verirren. Da der angehäufte Schutt gemeiniglich in der Mitte der Zimmer liegengelassen worden ist, so besteht die ganze Ausgrabung aus einer Menge von engen Durchgängen, die an der einen Seite von Alabasterplatten eingefaßt sind; auf der andern Seite beengt sie ein hoher Erdwall, in dem man hier und da eine zerbrochene Vase oder einen mit glänzenden Farben glasierten Backstein halb begraben sehen kann. Wohl ein bis zwei Stunden können wir durch die Galerie wandern und die merkwürdigen Skulpturen oder die zahlreichen Inschriften besehen, die uns umgeben. Hier sehen wir lange Reihen von Königen in Begleitung ihrer Eunuchen und Priester, dort ebenso lange Reihen von geflügelten Figuren, welche, Fichtenzapfen und religiöse Embleme tragend, anscheinend in Adoration vor dem mystischen Baume begriffen sind.

Andere Eingänge, ebenfalls von Löwen und Stierpaaren gebildet, führen uns zu anderen Zimmern. In jedem finden Neugier und Erstaunen neue Gegenstände. Ermüdet gehen wir endlich durch einen Graben auf der entgegengesetzten Seite dessen, durch den wir eintraten, aus dem verschütteten Gebäude wieder heraus und finden uns wieder auf der nackten Plattform.»

Und Layard, selber aufs stärkste beeindruckt, fügt noch hinzu: «Vergeblich sehen wir uns nach Spuren der wunderbaren Überreste, die wir eben gesehen haben, um und sind halb und halb geneigt zu glauben, daß wir einen Traum gehabt oder der Erzählung eines orientalischen Romans zugehört hätten. Manche, die vielleicht später den Ort betreten werden, wenn das Gras wieder über die Ruinen der assyrischen Paläste gewachsen sein wird, werden den Verdacht haben, ich habe von einer Vision berichtet.»

23. KAPITEL

GEORGE SMITH SUCHT DIE STECKNADEL IM HEUHAUFEN

LAYARDS Ausbeute am Hügel Nimrud war mehr als reichhaltig, sie war unerwartet großartig und hatte bereits Bottas Erfolge bei Khorsabad übertrumpft. Es liegt nahe, zu vermuten, daß sich ein Mann nach so erfolgreichem Tun gehütet hat, seinen Ruf durch ein unnötiges Experiment aufs Spiel zu setzen, das aller Wahrscheinlichkeit nach mißglücken mußte.

Unter der Auswahl von ziegelbedeckten Erdhügeln, die zu neuer Grabung reizten, wählte Layard als neues Angriffsobjekt den Hügel Kujundschik, denselben Hügel, in welchem Botta ein ganzes Jahr lang vergeblich gegraben hatte und fast verzweifelt war.

Dieser nur scheinbar absurde Entschluß zeigt, daß Layard weit mehr war als ein glücklicher Finder, geleitet von gutem Stern. Er zeigt, daß er von seinen bisherigen Grabungen profitiert hatte, daß er gelernt hatte, die Oberfläche der Erdschüttungen zu beurteilen und aus kleinsten Anzeichen Schlüsse zu ziehen.

Und mit moralischem Recht geschah ihm wie Schliemann, als dieser ehemalige Großkaufmann und Millionär Troja ausgegraben hatte und den Spaten am Löwentor von Mykenä ansetzte: Alle Welt glaubte, daß der erste Erfolg zufällig gewesen sei und unmöglich übertroffen werden könne. Und alle Welt mußte sich belehren lassen, daß erst diesmal der tiefste Blick in eine versunkene Vergangenheit getan werden sollte, daß erst diesmal Schätze ans Licht treten sollten, die den ganzen Umfang, den ganzen Reichtum der verwehten Kultur offenbarten.

Im Herbst des Jahres 1849 stach Layard den Hügel von Kujundschik an, gegenüber Mossul am anderen Ufer des Tigris, und fand einen der größten Paläste von Ninive!

Er trieb einen senkrechten Schacht in den Berg, bis er in etwa zwanzig Fuß Tiefe auf eine Ziegelschicht traf. Von dort aus grub er horizontale Gänge in die verschiedensten Richtungen. Er stieß auf eine Halle, auf ein Tor, flankiert von Flügelstieren; und in vier Wochen Arbeit hatte er bereits neun Zimmer enthüllt, Zimmer des Palastes von Sanherib (704 bis 681 v. Chr.), einem der mächtigsten und blutigsten Herrscher des assyrischen Reiches.

Inschriften auf Inschriften traten zutage, Bilder, Reliefs und Skulpturen, herrliche Wände aus glasierten Ziegeln, Mosaiken, weiße Inschriften auf türkisblauem Grunde, all dies in einer seltsam kalten, dunklen Farbenpracht, die Schwarz, Gelb und ein dunkles Blau bevorzugte. Die Reliefs und Skulpturen zeigten eine ungemein lebendige Kraft des Ausdrucks und übertrafen in detailliertem Naturalismus bei weitem die Stücke, die aus dem Hügel Nimrud stammten.

Aus Kujundschik stammt das herrliche (wahrscheinlich unter Assurbanipal entstandene) Relief der zu Tode getroffenen Löwin. Im Mark verletzt, den Hinterkörper schon schlaff dem Boden hingegeben, reckt sie ihren Oberkörper und hebt noch einmal das Haupt zu einem mächtigen letzten Gebrüll – dies ist ein Relief von solcher Eindringlichkeit der Gestaltung, solch künstlerischer Gewalt, daß es ebenbürtig an die Seite der besten Schöpfungen gestellt werden muß, die das Abendland aus eigener und vergangener Geschichte kennt.

Nicht länger mehr war jetzt unser Wissen um die fürchterliche Stadt – aber auch die große und erhabene Stadt, die die Bibel nacheinander lobpreist, lästert und verflucht – beschränkt und begrenzt durch die Worte einiger Propheten. Hier trat sie unter Layards Spaten zutage.

DIE große Göttin des Zweistromlandes, Nin, hat der Stadt den Namen gegeben. Sie ist uralt. Schon Hammurabi, der Gesetzgeber, erwähnt um das Jahr 1930 v. Chr. den Ischtar-Tempel, um den die Stadt gelagert war. Aber sie blieb eine Provinzstadt, während Assur und Kalchu schon Residenzen waren.

Sanherib machte sie (um Assur zu meiden, das seinem Vater als Residenz gedient hatte) zur Hauptstadt eines Landes, das ganz Babylonien einschloß, bis nach Syrien und Palästina und im Osten bis in die Gebiete der wilden und auf die Dauer nicht zu unterwerfenden Bergvölker reichte.

Unter Assurbanipal erlebte Ninive die Zeit seines Glanzes; es ist die Stadt, «da die Kaufleute zahlreicher sind als die Sterne des Himmels», ist Brennpunkt von Politik und Wirtschaft, doch auch von Kultur, von Wissenschaft und Kunst. Es ist das Rom der Cäsarenzeit. Aber bereits unter dessen Sohn, unter Sin-schar-ischkun, der nur sieben Jahre regierte, erschien vor ihren Mauern Kyaxares, der Mederkönig, mit einer durch Perser und Babylonier verstärkten Armee, belagerte die Stadt, nahm sie ein, schleifte die Mauern und Paläste und ließ nichts zurück als einen Trümmerhaufen.

Da dies bereits im Jahre 612 v. Chr. geschah, hat Ninives Lebensdauer als

Residenz nicht länger gewährt als etwa neunzig Jahre. Was aber muß in diesen neunzig Jahren geschehen sein, um den Ruf der Stadt über fünfundzwanzig Jahrhunderte hinweg derart lebendig zu erhalten, derart symbolhaft für Größe, gepaart mit Schrecken und Macht, mit Sybaritentum und Zivilisation, mit Aufstieg und jähem Untergang, mit frevler Schuld und gerechter Strafe!

Heute wissen wir es. Heute kennen wir durch die kombinatorischen Fähigkeiten der Ausgräber und Keilschriftleser so viel vom Leben der beiden Herrscher Sanherib und Assurbanipal (auch ihrer Vorläufer und Nachfahren), daß wir sagen können:

Ninive wurde ins Bewußtsein der Menschen geprägt durch kaum etwas anderes als Mord, Plünderung, Unterdrückung, Schändung der Schwachen, Krieg und Schrecknis jeder Art, durch eine blutige Folge von Herrschern, die nur durch Terror regierten, selten Zeit hatten, eines natürlichen Todes zu sterben, und dann abgelöst wurden von noch Schlimmeren.

Sanherib ist der erste halb wahnsinnige Cäsar auf dem Thron der ersten zivilisatorisch gewordenen Weltstadt, so wie sehr viel später Nero der erste auf dem Throne Roms wurde. Ninive ist das assyrische Rom, potenzierte Stadt, Großstadt, Weltstadt, Stadt der Riesenpaläste, der Riesenplätze, der Riesenstraßen, Stadt neuer und unerhörter technischer Triumphe. Es ist die Stadt einer dünnen Herrenschicht, gleich, ob diese ihre Macht aus dem Blut, aus der Rasse, aus dem Adel, aus dem Geld, aus der Gewalt oder aus einer raffinierten Kombination aus all diesem herleitete; und auch Stadt einer geprügelten, rechtlosen grauen Masse Ungefragter, die arbeiten müssen und Sklaven sind, obwohl ihnen unter geschickten Parolen mehr als einmal der Anschein der Freiheit gegeben ist; arbeiten zum Wohle des Ganzen, wie es heißt; Krieg führen zum Wohle des Volkes, wie es heißt; fluktuierende Masse, ewig schwingend zwischen sozialer Revolte und wohliger Knechtschaft wie ein zwanzigjähriger Gezeitenstrom, blind, gläubig, von der Opferbereitschaft des Schlachtviehs, wie es auf den großen Höfen dieser Städte steht – dieser Städte, die nicht mehr eines Gottes sind, sondern vieler Götter, weithergeholt oft, ihrer alten zeugenden Kräfte entkleidet, Städte der Lüge und der Propaganda und der Politik als eines Handwerks permanenter Verlogenheit.

Eine solche Stadt war Ninive.

Dort lag es, weithin sichtbar mit seiner Front schimmernder Paläste, die sich im Wasser des Tigris spiegelten. Eine Vormauer umgab es und eine große Mauer, die den Namen führte «Deren Schreckenglanz die Feinde niederwirft». Sie erhob sich auf einem Fundament aus Quadern. Sie war vierzig Ziegel dick und hundert Ziegel hoch, das sind zehn Meter und vierundzwanzig Meter. Fünfzehn Tore durchbrachen diese Mauer. Ringsherum lief der Stadtgraben, der zweiundvierzig Meter breit war und am «Gartentore» durch eine steinerne Brücke, damals ein Wunder der Baukunst, überwölbt war.

Auf der Westseite stand der Palast «Der seinesgleichen nicht hat», das Prunkhaus Sanheribs. Alte Gebäude, die den neuen Bauplan hinderten, riß er ab wie Augustus, als er aus dem Ziegel-Rom ein Rom aus Marmor baute, wie Hitler in neuester Zeit, als er «Achsen» legte quer durch seine Hauptstadt.

Die Bauwut des Sanherib trieb ihre tollste Blüte vor dem Festhaus des Gottes Assur zu Assur. Hier wurden auf einer Fläche von 16 000 Quadratmetern rings um den Tempel Löcher in den Fels geschlagen, unterirdisch durch Kanäle verbunden und das Ganze mit Erde angefüllt. Der Herrscher wollte dort einen Garten sehen!

Sanherib begann seine Regierung mit einer Verbesserung seiner Ahnentafel. Er verleugnete seinen Vater Sargon und führte seine Abstammung zurück auf die Könige vor der Sintflut, auf Halbgötter wie Adapa und Gilgamesch. (Auch zu dieser Neigung finden wir die historische Parallele, und sehr irren würde man, wenn man sie zufällig nennen wollte: die römischen Cäsaren krönten sich selber zum Gott und ließen sich in allen Provinzen Standbilder errichten. Und beanspruchten nicht auch die ersten abendländischen Diktatoren neuester Zeit den Sitz der Götter, indem sie vorgaben, die Unfehlbarkeit zu besitzen, die ihnen auf den Transparenten in den Straßen ihrer Städte von zwar murrendem, doch letztlich willigem Volk prompt und unentwegt bestätigt wurde?)

«Sanherib war in jeder Beziehung eine ungewöhnliche Natur. Er war ein äußerst begabter Mann, der für Sport, Kunst und Wissenschaft, besonders die Technik begeistert war; aber alle diese Vorzüge wurden aufgehoben durch seine eigenwillige, jähzornige Gemütsart, die unbekümmert um die Möglichkeit der Ausführung eines Vorsatzes auf ein bestimmtes Ziel lossteuerte. Darum ist er gerade das Gegenteil eines guten Staatsmannes gewesen.» (Meißner.)

Seine Regierung hieß Krieg. Er schlug sich in Babylonien, er zog gegen Galläer und Kossäer, im Jahre 701 gegen Tyros, Sidon, Askalon und Ekron, auch gegen Hiskia von Juda, dessen Ratgeber der Prophet Jesaja war. Im jüdischen Land rühmte er sich, sechsundvierzig Festungen und zahllose Dörfer erobert zu haben. Vor Jerusalem aber erlebte er seine Varusschlacht. Jesaja verkündete:

«Er soll nicht kommen in diese Stadt und soll auch keinen Pfeil dahin schießen und mit keinem Schilde davor kommen und soll keinen Wall um sie schütten.»

«Da fuhr aus der Engel des Herrn und schlug im assyrischen Lager 185 000 Mann. Und da sie sich des Morgens früh aufmachten, siehe, da lagen alles eitel tote Leichname.»

Die Pest (heute wissen wir: Malaria tropica) hatte sein Heer geschlagen. Er unternahm «militärische Spaziergänge» nach Armenien. Er schlug sich wieder und wieder mit Babylon herum, das seine despotischen Statthalter nicht dulden wollte. Mit einer Flotte ging er bis vor den Persischen Golf. «Wie ein Heuschreckenschwarm» überfiel er mit den Seinen die Lande. Seine Berichte über die eigenen Taten sind überschwenglich, basieren, was die Zahlen betrifft, auf freier Erfindung. Sie entsprechen im Ton genau den Ansprachen, die die modernen Diktatoren vor ihrem Volk und ihren Truppen zu halten pflegen, in sicherer Gewißheit, daß die meisten ihnen Glauben schenken. Ist es ein Trost für uns Nachgeborene, daß einer unserer Archäologen in den Ruinen Babylons ein Tontäfelchen fand, auf dem der lapidare Satz stand: «Schaust du hin, so sind die Menschen insgesamt blöde!»?

Die Parallelität all dieser Erscheinungen ist nicht gesucht, sondern ergibt sich auf natürliche Weise, wenn man die Epochen der Geschichte der Völker nicht nur nacheinander, sondern auch nebeneinander zu sehen vermag.

Den Höhepunkt despotischer Maßlosigkeit überschritt Sanherib im Jahre 689, als er das wieder einmal abtrünnige Babel nun auszutilgen beschloß von dieser Erde; in jener gründlichen Art, für die das moderne Abendland im Zweiten Weltkrieg die Worte «ausradieren» und «coventrieren» prägte. Einwohner um Einwohner wurde erschlagen, bis die Leichen die Straßen sperrten, die Privathäuser wurden zum Einsturz gebracht, der Tempel E-sagila und sein Turm in den Arachtu-Kanal gestürzt und schließlich Wasser über die Stadt geleitet, so daß Straßen, Plätze und Häuser der Ebene gleich wurden. Sein Grimm überschlug sich. Die tatsächliche Vertilgung der Stadt war ihm zuwenig. Symbolisch auch wollte er sie verschwinden lassen. Erde von Babel ließ er auf Schiffe laden, bis nach Tilmun hinschleppen und in die Winde streuen.

Dies endlich schien ihm Ruhe zu geben für innerpolitische Angelegenheiten. Seiner Favoritin Nakija zuliebe ließ er Asarhaddon, einen seiner jüngeren Söhne, zum Thronfolger ausrufen. Er bestimmte mit äußeren Machtmitteln das Götterorakel, diese seine Wahl gutzuheißen. Und er versammelte eine Art Reichstag, an dem die älteren Brüder Asarhaddons, assyrische Beamte und Massen des Volkes teilnahmen. Er befragte sie um ihr Einverständnis. Sie riefen ihr «Ja». Doch die älteren Brüder, der Tradition verhaftet, überfielen den Vater Ende des Jahres 681, als er im Tempel Ninive zu seinem Gotte betete, und töteten ihn. So endete Sanherib.

Dies war ein Teil der blutigen Geschichte, die Layard aufdeckte mit dem Spaten. Einen anderen Teil sollte er ans Licht heben, als er in zwei Räumen, die offensichtlich dem Palaste Sanheribs erst später angegliedert waren, eine Bibliothek fand.

Der Ausdruck ist nicht falsch gewählt. Er ist auch nicht übertrieben, gemessen an unseren heutigen Büchereien. Der Bücherschatz, den Layard fand, umfaßte dreißigtausend Bände! Eine Bibliothek auf Tontafeln.

Assurbanipal (668 bis 626 v. Chr.), von seiner Großmutter Nakija, der ehemaligen Favoritin Sanheribs, auf den Thron gebracht, war charakterlich der äußerste Gegensatz Sanheribs. Seine Inschriften, oft nicht weniger hochtrabend als die seines Vorgängers, lassen friedfertige Tugenden erkennen und Neigungen zu Wohlleben und Ruhe. Das bedeutet nicht, daß er keine Kriege geführt hätte. Seine Brüder (von denen der eine, Oberpriester des Mondgottes, uns durch die Länge seines Namens besonders auffällig ist: er hieß Assur-etil-schame-irsiti-ubalitsu) machten ihm, besonders der als König von Babel eingesetzte Schamasch-schum-ukin, viel Sorge. Er zertrümmerte das Reich der Elamiter, er eroberte das von seinem direkten Vorgänger wiederaufgebaute Babel, zerstörte es jedoch nicht wie Sanherib, sondern ließ Gnade walten. (Zur Zeit dieser Belagerung, die zwei Jahre währte, blühte übrigens in Babel der Schleichhandel, jene schwarze Wirtschaftsform, die das Abendland nach beiden Weltkriegen, zweitausendfünfhundert Jahre später, gern als eine moderne und erstmalige Form ökonomischer Zerrüttung ansieht. Drei Sila Getreide, wird berichtet – das sind zweieinhalb Liter –, kosteten einen Sekel Silber, also 8,4 Gramm. Für dieses Geld hatte man zu normalen Zeiten die sechzigfache Menge bekommen.)

Ein Dichter weiß von Assurbanipal zu rühmen, was von Sanherib nie zu sagen ging:

> «Die Waffen der aufständischen Feinde ruhten,
> die Wagenlenker lösten ihre Gespanne,
> es ruhten ihre spitzen Lanzen,

sie ließen schlaff ihre gespannten Bogen;
niedergehalten waren die Gewalttätigen,
die gegen ihre Widersacher Kampf ausübten.

Inmitten von Stadt und Haus
nahm keiner die Habe seines Genossen mit Gewalt weg,
im Umkreis des gesamten Landes
tat kein Mensch Schaden.

Wer allein seines Weges ging,
zog wohlbehalten auf ferner Straße,
es war kein Räuber da, der Blut vergoß,
es wurde keine Gewalttat begangen.

Es bewohnten die Länder eine ruhige Wohnstätte,
wie feines Öl waren wohlbestellt die vier Weltgegenden.»

Für alle Zeiten aber empfing sein Name Glanz durch die Gründung der Bibliothek, die er «zum Zwecke seines eigenen Lesens» zusammenstellen ließ. Die Auffindung dieser Tafel war Layards letzter großer Triumph als Ausgräber, bevor er seinen Platz anderen überließ, nach England zurückkehrte und seine Laufbahn als Politiker begann.

Die Bibliothek war der Schlüssel zur gesamten assyrisch-babylonischen Kultur. Sie ist systematisch zusammengestellt. Einen Teil der Tafeln erwarb der König aus Privatbesitz, der größte Teil besteht aus Abschriften, die er in allen Bezirken seiner Lande anfertigen ließ. Schadanu, einen seiner Beamten, schickte er nach Babylon und instruierte ihn folgendermaßen:

«Am Tage, wo du meinen Brief bekommst, nimm Schuma, seinen Bruder Bel-etir, Apla und die Künstler von Borsippa, die du kennst, mit dir, und bring die Tafeln, soviel in ihren Häusern sind, und die Tafeln, soviel im Tempel Ezida liegen, zusammen.»

Und er schließt den Brief folgendermaßen: «Die kostbaren Tafeln, deren Abschriften in Assyrien nicht vorhanden sind, sucht und bringt sie mir! Jetzt habe ich an den Tempelvorsteher und den Bürgermeister von Borsippa geschrieben, du, Schadanu, sollst die Tafeln in deinem Vorratshause verwahren und niemand soll dir Tafeln vorenthalten. Wenn ihr von irgendeiner Tafel oder von einem Ritualtext findet, daß er für den Palast passend ist, so sucht, nehmt und sendet ihn her!»

Außerdem arbeiteten für ihn Gelehrte und eine ganze «Versammlung von Schreibkünstlern». So brachte er eine Bibliothek zusammen, die das gesamte Wissen der damaligen Zeit repräsentierte, wobei dies Wissen stark von der Magie, von dunklem Glauben und vom Zauber bestimmt war; weshalb der größte Teil der Bücherei durch Werke der Beschwörungs-, Omen- und Ritualwissenschaft gefüllt ist. Doch fehlte nicht eine Fülle medizinischer Werke, die indessen stark medizinisch-zauberischen Charakter tragen, wie auch Werke der Philosophie, Astronomie, Mathematik und der Philologie (im Hügel Kujundschik fand Layard die Schüler-Tafeln, die zur Entzifferung der III. Klasse der Keilschrift soviel beitrugen).

Und auch Königslisten fanden sich schließlich, historische Aufzeichnungen, politische Palastnotizen und sogar poetische Literatur, episch-mythische Erzählungen, Gesänge und Hymnen.

Und unter diesen fanden sich Tontafeln, die das literarisch bedeutsamste Werk der alten mesopotamischen Welt aufgezeichnet trugen, das erste große Epos der Weltgeschichte, die Sage vom herrlich-schrecklichen Gilgamesch – zwei Drittel Gott, ein Drittel Mensch!

Diese Tafeln aber fand nicht mehr Layard, sondern ein Mann, der kurz zuvor durch eine Expedition aus zweijähriger qualvoller Gefangenschaft in Abessinien befreit worden war. Hätte Layard auch sie noch entdeckt – er hätte die Waage seines Ruhms überlastet. Denn dies Gilgamesch-Epos war nicht nur literarisch interessant. Es enthielt eine Erzählung, die ein völlig überraschendes Licht auf unsere allerälteste Vergangenheit warf, eine Erzählung, die noch heute alle Kinder Europas in der Schule lernen, ohne daß bis zu dem Fund im Hügel Kujundschik irgend jemand ahnte, woher diese Geschichte wirklich stammte.

HORMUZD RASSAM war ein Gehilfe Layards. Als Layard seiner Ministerlaufbahn zu folgen begann, wurde Rassam im Auftrag des Britischen Museums sein Nachfolger.

Rassam war chaldäischer Christ, 1826 zu Mossul am Tigris geboren. 1847 begann er sein Studium zu Oxford. 1854 war er Dolmetscher des englischen Ministerresidenten in Aden, bald darauf, kaum dreißig Jahre alt, Unterresident. 1864 reiste er mit einer Botschaft zum König Theodor von Abessinien. Der selbstherrliche Theodor, ein schwarzer König, der wirklich ein König war, ließ ihn gefangensetzen. Zwei Jahre verbrachte Hormuzd Rassam in abessinischen Kerkern, ehe er durch Napiers Expedition befreit werden konnte. Wenig später begann er mit seinen Ausgrabungen bei Ninive.

George Smith sucht die Stecknadel im Heuhaufen

Rassam grub mit kaum geringerem Erfolg als Layard – aber zweierlei fehlte ihm, was Layards Namen zum Ruhm geführt hatte: das Glück, der *Erste* zu sein und dadurch von der sensationellen Neuheit der Funde profitieren zu können; und außerdem die bestrickende Fähigkeit des werdenden Diplomaten und Weltmannes, seine Entdeckung in farbiger Darstellung, glänzender Formulierung und mit kühnen Aspekten dem Publikum wie der Fachwelt vorzutragen.

Wie hätte es Layard zu «servieren» gewußt, wenn er im Hügel Nimrud, der bereits um und um gewühlt war, noch einen Tempel von fünfzig Meter Länge und dreißig Meter Breite bloßgelegt hätte. Mit welchen Farben hätte er die Unterdrückung einer Arbeiterrevolte geschildert, die Rassam mit eiserner Hand erzwang, als er vierzehn Kilometer nördlich von Nimrud, bei Balawat, nicht nur einen Tempel Assurnasirpals ausgrub, sondern die Reste einer Terrassenstadt fand und unter unzähligem anderen ein nahezu sieben Meter hohes bronzenes Flügeltor aufdeckte, damit den bis dahin einzigen Beweis für das Vorhandensein von Türen und Toren in den Palästen des Zweistromlandes überhaupt. Und wie hätte Layard schließlich mit jener glänzenden Bescheidenheit des Stils und der bewußt bestechenden Ehrfurcht des Ausdrucks die Auffindung des Gilgamesch-Epos geschildert, auch wenn er es genausowenig wie Hormuzd Rassam sofort hätte auswerten können.

Denn die volle Kenntnis dieses Werkes, das so überaus tiefe Einblicke gewähren sollte, geschah erst im Laufe der Jahre. Heute freilich erwähnt es jede Geschichte der Weltliteratur auf den ersten Seiten. Aber die modernen Autoren machen es sich leicht, sie zitieren zehn Zeilen und werten literarisch, sie weisen auf den Urquell aller epischen Erzählkunst hin und kümmern sich nicht um den *Gehalt* des ganzen Werkes, der tatsächlich zu den Quellen unseres Menschengeschlechtes, zum Urvater persönlich führt. Diesem Quell auf die Spur gekommen zu sein, ist das Verdienst eines Mannes, der schon vier Jahre nach seiner Tat starb und dessen Dutzendname ihn in der Geschichte der Archäologie zu allergrößtem Unrecht nur in Randbemerkungen und Fußnoten weiterleben läßt.

Dieser Mann war George Smith, wieder einer der Außenseiter auf dem Gebiet der Archäologie, ein Banknoten-Stempelschneider, geboren am 26. März 1840 zu Chelsea bei London, ein Autodidakt, der des Abends in seinem Kämmerchen mit einem Eifer ohnegleichen sich dem Studium der ersten Publikationen der Assyriologie widmete. Als Sechsundzwanzigjähriger schrieb er ein paar kleine Aufsätze über noch zweifelhafte Keilschrift-Charaktere. Diese Aufsätze des Stempelschneiders erregten die Aufmerksamkeit der Fachwelt. Ein paar Jahre später war er Assistent an der Ägyptisch-assyrischen Abteilung des Britischen Museums in London. Als er – viel zu früh – im Jahre 1876 als Sechsunddreißigjähriger starb, da hatte er bereits ein Dutzend Bücher veröffentlicht und seinen Namen mit bedeutsamen Entdeckungen verknüpft.

Dieser ehemalige Banknoten-Stempelschneider saß im Jahre 1872 über den Tafeln, die Hormuzd Rassam an das Museum geschickt hatte, und suchte sie zu entziffern. – Zu dieser Zeit wußte niemand, daß es eine babylonisch-assyrische Literatur gegeben hatte, die wert war, den großen Leistungen der späteren Literaturen beigeordnet zu werden. Dies war es auch nicht, was Smith fesselte, einen im Grunde nur strebsamen und wahrscheinlich amusischen Wissenschaftler. Ihn packte, kaum daß er mit der Entzifferung begonnen hatte, die Erzählung selber, ihr Inhalt, ihr «Was», nicht ihr «Wie», ihr Geschehen, nicht ihre Form. Und je weiter er mit der Entzifferung voranschritt, desto mehr erregte ihn, was dort, ganz nebenbei, ganz am Schluß auch, berichtet wurde...

Den großen Taten des starken Gilgamesch war Smith gefolgt. Von dem Waldmenschen Enkidu hatte er gelesen, der durch eine Priesterdirne in die Stadt geholt wurde, um den Gilgamesch, den Überheblichen, zu besiegen. Aber unentschieden war der gewaltige Heroenkampf ausgegangen. Gilgamesch und Enkidu schlossen Freundschaft und vollbrachten gemeinsam gewaltige Taten, töteten Chumbaba, den schrecklichen Herren des Zedernwaldes, und forderten selbst die Götter heraus, als sie die Ischtar, die Gilgamesch ihre göttliche Liebe angetragen hatte, grob beleidigten.

Und Smith hatte weiter gelesen, in mühevoller Entzifferung, wie Enkidu an schrecklicher Krankheit starb, wie Gilgamesch ihn beweinte und, um nicht das gleiche Schicksal zu erleiden, sich aufmachte, um die Unsterblichkeit zu finden. Zu Ut-napischti wanderte er, dem Urahn aller Menschen, der nach der großen Strafe, die die Götter einst über das Menschengeschlecht verhängt hatten, als einziger mit seiner Familie entkommen und unsterblich gemacht worden war.

Und Ut-napischti, der Urahn, erzählte dem Gilgamesch die Geschichte seiner wundersamen Rettung. Smith las mit brennenden Augen. Doch gerade, als sich seine Erregung in die Gewißheit einer Entdeckung zu verwandeln begann, da tauchten immer größere Lücken im Text der Rassam-Platten auf, und Smith mußte feststellen, daß ihm nur ein Teil der Inschrift vorlag, das für ihn Wesentlichste aber, der Schluß des großen Epos, die Erzählung Ut-napischtis, nur in Bruchstücken vorhanden war.

George Smith sucht die Stecknadel im Heuhaufen

Was er aber bis zu diesem Zeitpunkt aus dem Gilgamesch-Epos herausgelesen hatte, ließ ihm keine Ruhe. Er konnte nicht schweigen. Und das bibelfeste England geriet in Aufruhr. Da war es ein wunderbares Beispiel für das freie Spiel der Meinungen in einem demokratischen Lande, daß eine weitverbreitete Tageszeitung George Smith zu Hilfe kam. Der Londoner «Daily Telegraph» gab bekannt, daß er die Summe von tausend Guineas dem zur Verfügung stellen wolle, der den Rest der Inschrift des Gilgamesch-Epos herbeischaffte, der nach Kujundschik ginge, um sie zu holen.

Der Gedanke war abenteuerlich.

George Smith aber, der Assistent am Britischen Museum, nahm die Herausforderung an. Was verlangt wurde, war nicht mehr und nicht weniger, als daß er Tausende von Kilometern von London nach Mesopotamien reisen und dort in einem ungeheuren Schutthügel – der im Verhältnis zu seiner Größe durch die bisherige Arbeit kaum angeritzt war – einige ganz bestimmte Tontafeln suchen sollte! Solche Aufgabe zu erfüllen, hieß nichts anderes, als eine bestimmte Wasserlaus aus einem See zu fischen, nichts anderes, als die berühmte Stecknadel zu suchen, die in einem Heuhaufen verlorengegangen war.

George Smith nahm den Auftrag an.

Und wieder geschah eins der unglaublichen Wunder im Zuge der Spatenforschung der Archäologie. Smith fand die fehlenden Teile des Gilgamesch-Epos!

Er brachte 384 Tontafel-Fragmente heim, darunter die fehlenden Stücke zur Geschichte Ut-napischtis, deren erste Erwähnung ihn so erregt hatte. Und diese Geschichte war der Bericht von der Sintflut. Nicht von einer jener Wasserkatastrophen, wie sie in der frühen Mythologie fast aller Völker zu finden sind, sondern von der ganz bestimmten Sintflut, von der sehr viel später die Bibel erzählte. Denn Ut-napischti war Noah! Und dies ist der Text, auf den es ankommt (der menschenfreundliche Gott Ea hatte seinem Schützling Ut-napischti im Traum die strafende Absicht der Götter offenbart; und Ut-napischti baute ein Schiff):

«Alles, was ich hatte, nahm ich mit, den ganzen Ertrag meines Lebens
lud ich ein in das Fahrzeug; Familie und all die Verwandten,
die Tiere des Feldes, das Vieh von der Weide und Leute vom
  Handwerk,
alle schiffte ich ein.
Ich bestieg das Fahrzeug und verschloß die Tür...

Als der junge Tag strahlend heraufzog,
ballte fern sich am Horizont eine schwarze Wolke...
Tageshelle wird plötzlich zur Nacht,
der Bruder sieht den Bruder nicht mehr,
das Volk des Himmels kann sich nicht mehr erkennen.
Die Götter waren voll Furcht vor der Flut,
sie flohen und flüchteten bis zum Himmel des Anu,
die Götter kauerten, Hunden gleich, an der Wand und lagen still...
Sechs Tage und sechs Nächte lang
schwollen Sturm und Flut, herrschte Orkan über das Land.
Als der siebente Tag anbrach, da legte sich der Sturm,
es glättete sich die Flut, die wie ein Kriegsheer gewütet;
sanft wurden die Wogen, der Sturmwind ließ nach, und die Flut
  stieg nicht mehr.
Ich hielt Ausschau nach dem Wasser, verstummt war sein Tosen,
zu Lehm alle Menschen geworden!
Bis zu Daches Höhe reichte der Sumpf!...
Ich schaute nach Land, nach dem Horizonte des Meeres,
fern, ganz fern, tauchte ein Eiland auf.
Bis zum Berge Nissir gelangte das Fahrzeug,
am Berge Nissir fuhr es auf und stand wie verankert...
Als der siebente Tag anbrach,
entsandt' ich eine Taube, ich schickte sie aus,
sie flog davon und kehrte wieder, meine Taube,
weil sie kein Ruheplätzchen fand, kam sie zurück.
Ich sandte eine Schwalbe aus, ich ließ sie fliegen,
sie flog davon und kehrte wieder, meine Schwalbe,
weil sie kein Ruheplätzchen fand, kam sie zurück.
Ich sandte einen Raben aus, ich ließ ihn fliegen,
er flog davon, der Rabe, sah, daß der Spiegel des Wassers sich senkte;
er frißt, er fliegt umher, er krächzt und kehrt nicht mehr zurück.»

War hier noch ein Zweifel möglich, daß die Urform der biblischen Sintflutsage gefunden war? Nicht nur die Ähnlichkeit des großen Geschehens ist frappierend. Hier finden sich einzelne Züge, die in der Bibel von neuem auftauchen, hier begegnen wir sogar der Taube und dem Raben, die auch Noah fliegen ließ.

Dieser Keilschrifttext aus dem Gilgamesch-Epos warf für die Zeit des

George Smith die bestürzende Frage auf: War die Wahrheit der Bibel nicht länger mehr die älteste Wahrheit?

Wieder einmal hatte die Spatenforschung einen ungeheuren Sprung in die Vergangenheit getan. Diesmal aber öffneten sich neue Aspekte: War die Geschichte Ut-napischtis nur die Bestätigung der biblischen Sage durch eine noch ältere Sage? War bis vor kurzem nicht alles für Sage gehalten worden, was die Bibel von diesem merkwürdigen reichen Land zwischen den Strömen zu künden gewußt hatte? Und hatte sich nicht gezeigt, daß all diesen Sagen ein wahrer Kern zugrunde lag?

Sollte vielleicht auch die Geschichte von der großen Sintflut mehr sein als Sage?

Wenn man solche Gedanken hegte: Bis in welche Urzeiten reichte dann die Geschichte des Zweistromlandes zurück?

Was man bisher als undurchdringliche Wand genommen hatte, hinter der sich nur das Dunkel der Geschichtslosigkeit befand, das sollte sich bald als bloßer Vorhang vor noch älterem Welttheater zeigen!

Wenige Jahre nach der Entdeckung des George Smith war es wieder ein Franzose, wieder einmal ein Konsularagent, De Sarzec mit Namen, der um das Jahr 1880 bei Tello in Babylonien eine Figur aus dem Sande grub, die eine Art der künstlerischen Behandlung zeigte, wie sie bis dahin nirgends im Zweistromland erkannt worden war; verwandt mit dem bisher Gefundenen – gewiß; doch archaischer und monumentaler, allererste Kunst aus den Kindheitstagen menschlicher Kultur – und weit älter als die ägyptische, die bis dahin als die älteste gegolten hatte.

Der Fund dieser uralten Kulturschichten, dieses uralten Volkes, ist die Frucht einer ungewöhnlich kühnen Hypothese der Gelehrten, verbunden mit dem Zufall von De Sarzecs Fund, der die Hypothese glänzend bestätigte.

Doch dieses Kapitel reicht weiter bis in die zwanziger Jahre unseres Jahrhunderts. Ja, vielleicht findet es seinen Höhepunkt erst in unseren Tagen, da sich – was noch für das vorige Jahrhundert hirnverbrannte Absurdität gewesen wäre – im Jahre 1949 drei Expeditionen aufmachten, um auf die Meldung eines türkischen Bauern hin auf dem Berge Ararat allen Ernstes nach den Resten der Arche Noah zu fahnden.

Vorher aber, um die Jahrhundertwende, begann ein Deutscher mit der Ausgrabung Babels.

24. KAPITEL

KUGELN UM KOLDEWEY

Im Jahre 1878 machte sich der einundzwanzigjährige Bostoner Architekt Francis H. Bacon zusammen mit seinem Freunde Clarke auf, um Griechenland und die Türkei zu bereisen. Clarke arbeitete an einer Geschichte der dorischen Architektur, und Bacon wollte die Zeichnungen dazu liefern. Außer einem kleinen Zuschuß der Bostoner Architekten-Gesellschaft besaßen sie jeder fünfhundert ersparte Dollar.

«Auf der Überfahrt nach England», schrieb Bacon später, «überschlugen wir die Kosten von alledem, was wir vorhatten, und fanden, daß wir nicht genug Geld hätten, um es auf dem gewöhnlichen Wege auszuführen. Wir beschlossen deshalb, in England ein Boot zu kaufen, auf dem wir hausen konnten, und mit ihm über den Kanal zu segeln, den Rhein hinauf, die Donau hinunter ins Schwarze Meer, dann über Konstantinopel und durch die Dardanellen in den Archipel und dort kreuzend die alten griechischen Stätten zu besuchen. — All dies führten wir aus.»

Drei Jahre später gingen diese ungewöhnlich unternehmungslustigen Archäologen auf ihre zweite Reise, diesmal mit größerem Mitarbeiterstab, zu Ausgrabungen in Assos an der Südküste der Troas. Sie waren Wissenschaftler, aber jung, und Männer von Humor.

«Am 4. April 1881», schreibt Bacon, «kauften wir nach langem Handeln ein Boot, wie sie im Hafen von Smyrna gebraucht werden, für acht Pfund, banden es hinter den Dampfer und fuhren, einen Haufen bakschischgieriger Leute am Kai zurücklassend, nach Mytilene.» Ein widriger Nordwind hielt sie auf. «Wir putzten und strichen derweil unser Boot, stritten über einen Namen dafür, und da wir über ‹Arion›, ‹Sappho› oder sonst einen klassischen nicht einig werden konnten, nannten wir es ‹Metschitra›, das heißt ‹Frischer Käse›!»

Am 1. April 1882 stieß zu diesen muntern Männern ein dritter, der ganz ausgezeichnet zu ihnen paßte. Es war der Deutsche Robert Koldewey. Er sollte zwanzig Jahre später zu den erfolgreichsten Archäologen unseres Jahrhunderts zählen.

Damals war er siebenundzwanzig Jahre alt. Am 27. April 1882 schrieb

Bacon über ihn: «Koldewey gewinnt ungeheuer bei der Bekanntschaft und ist just der Mann, der zu Clarke und mir paßt!» Das ist die erste Charakteristik, die wir über Koldewey von einem Fachgenossen haben. Und da sie aus der Feder eines Mannes stammt, der auf einem Schiffchen quer durch Europa ins Mittelmeer fuhr, sein Boot «Frischer Käse» nannte und trotzdem ein ernster Wissenschaftler war, so steht sie hier. Damit aber können wir sowohl Clarke wie auch Bacon verlassen, denn sie rangieren in der Rangliste der großen Archäologen weit unter dem Manne, den sie einst freundlich an ihrer Expedition teilnehmen ließen.

ROBERT KOLDEWEY wurde 1855 in Blankenburg in Deutschland geboren. In Berlin, München und Wien studierte er Architektur, Archäologie und Kunstgeschichte. Vor seinem dreißigsten Lebensjahr noch grub er in Assos auf der Insel Lesbos. 1887 grub er in Babylonien in Surgul und El-Hibba, später in Syrien, in Unteritalien und Sizilien, und 1894 wieder in Syrien.

Von seinem vierzigsten bis zum dreiundvierzigsten Jahre war er Lehrer an einer Bauschule in Görlitz (diese Zeit behagte ihm wenig); dann fing er im Jahre 1898, dreiundvierzig Jahre alt, die Ausgrabung Babels an.

Koldewey war ein ungewöhnlicher Mensch; er war, besonders im Hinblick auf seine Fachkollegen, auch ungewöhnlich als Wissenschaftler. Mit der Archäologie, die in den Publikationen der Fachgelehrten auf sehr trockene Art abgehandelt wird, verband ihn eine Liebe, die ihm weder den offenen Blick für Land und Leute, für den Reiz der Umstände und die tausend Heiterkeiten des Alltags trübte, noch jemals den Quell seines Humors zum Versiegen brachte, den er stets überschäumend sprudeln ließ.

Von dem Archäologen Koldewey gibt es Gedichte, sich überpurzelnde Reimereien reiner Fröhlichkeit, und Aphorismen, die mit zwinkerndem Auge fragwürdige Weisheit geben. Nicht etwa der Student, sondern der bereits weltberühmte sechsundfünfzigjährige Professor scheut sich nicht, diesen Neujahrsgruß zu veröffentlichen:

«Dunkel sind des Schicksals Wege,
ungewiß der Zukunft Stern,
eh ich mich zu Bette lege,
trink ich einen Cognac gern!»

Und es gibt unzählige Briefe von ihm, die den todernsten Normalgelehrten in ihrer schillernden feuilletonistischen Nonchalance nicht nur mißtrauisch stimmen, sondern unwürdig dünken.

Da schreibt er von einer italienischen Reise: «Außer der Ausgrabung passiert jetzt nichts in Selinunt, aber einstmals war hier sozusagen der Teufel los, und man kann sich lebhaft vorstellen, warum: so weit das Auge reicht, prankt die wellige Strandebene in Feldfrucht, Obst und Wein, und das alles gehörte den Griechen von Selinunt, die es ein paar hundert Jahre mit Verständnis und Ruhe genossen. Das dauerte bis etwa 409, wo infolge eines Streites mit den Segestanern die Karthager herankamen und Hannibal Gisgon seine Sturmböcke gegen die Mauern der erschreckten Seliuntier arbeiten ließ, was um so niederträchtiger war, als die Seliuntier noch kurz vorher den Karthagern beigestanden hatten. Aber Hannibal rannte die vernachlässigten Mauern ein, und nach neuntägigem, fürchterlichem Straßenkampf, an welchem die Damen der Stadt heftig teilnahmen, lagen 16 000 Tote in den Straßen, und die karthagischen Barbaren raubten und plünderten und zogen durch profane und heilige Gebiete, den Gürtel geschmückt mit abgehackten Händen und anderen greulichen Sachen. Davon hat sich Selinunt nicht wieder erholt, und daher kommt es, daß heutzutage die Kaninchen so häufig in den Straßen von Selinunt herumlaufen, daß wir hier und da eins zu Abend essen konnten, das Herr Gioffré geschossen hatte und das schon gebraten war, wenn wir abends unseren forschungsmüden Leib in der weit aufrauschenden Brandung des ewig bewegten Meeres gebadet hatten.»

Er schreibt «aus dem Land der Opern und Tenöre»: «Die Leute haben Stimmen, das ist jedenfalls sicher, und ein Mann, dem das hohe C irgendwelche Schwierigkeiten bereitet, wird als verkrüppelt angesehen» – und dann geht er in den nächsten Zeilen sehr ernsthaft auf die Aufstellung der Tempel im fünften vorchristlichen Jahrhundert ein – bis ihm die Beobachtung der italienischen Gendarmen Spaß machte: «... wenn man sie mit stark betreßtem Frack und stolzem Dreimaster vorbeireiten sieht, könnte man sie für berittene Admirale halten –; so reiten sie über menschenleere Chausseen und halten die Ordnung aufrecht.»

Im alten Akragas entdeckte er mit Vergnügen eine antike Kanalisation (wenig später kam ihm die Idee, ein ganzes Buch über die Entwicklung der Kanalisation zu schreiben). «Diese Anlage hat der ‹Phaeax› getroffen, und ihm zu Ehren wurden die alten Kanäle ‹Phäaken› genannt. Der Techniker hat hier überhaupt von Anfang an eine gewaltige Rolle gespielt. Der erste Tyrann von Agrigent, der schreckliche Phalaris, war seines Zeichens Architekt und Bauübernehmer, und als er einen Tempel auf der Burg bauen sollte, baute er auch eine Mauer darum, machte den ‹Stier des Phalaris› und sagte unter Begleitung von Menschenopfern: ‹Ich bin Phalaris, Tyrann von Akragas.› Das war ums Jahr 550 vor Christi Geburt. Heutzutage ist solche Karriere dem Fachgenossen wohl sehr erschwert» – wobei er allerdings nichts ahnte von dem halben Fachgenossen, der vom Jahr 1933 an Europa erschütterte.

Der Tempel von Himera beflügelte ihn zu folgendem Brief: «Aber was ist aus dem mächtigen Himera geworden! ... Unten, dicht neben der Eisenbahn, stehen die kümmerlichen Reste des prächtigen Tempels, und von seinen Säulen stehen ein paar in einem modernen Kuhstall. Sie lesen ganz richtig, wenn Sie lesen: Kuhstall – und die Kühe scheuern sich an den Kannelüren und benehmen sich überhaupt durchaus nicht so, wie man es einem antiken Tempel gegenüber tun soll und muß. Das einzige, was man angesichts solchen Tatbestandes tun kann, ist, daß man den Tempel mißt und bedauert und die Kühe beneidet. Denn was würde mancher deutsche Altertumsforscher darum geben, wenn er in einem antiken Tempel übernachten könnte!»

Die Straßen in Italien waren damals noch unsicher. Koldewey aber fühlt sich enttäuscht. «So ist die Aussicht auf Räuber, die noch vor zehn Jahren ziemlich günstig war, jetzt auf ein Minimum herabgeschwunden. Einen sichtlich sehr gefährlichen haben wir einmal auf der Chaussee, die vor den Tempeln vorbeiführt, schrecklich spreizbeinig stehen sehen – seine Augen glühten aus bronzefarbigem Antlitz, und sein wilder Kalabreser und alles übrige, was er anhatte, war überflutet von einer Farbenpracht und Fülle, wie ich sie sonst nur im Spektrum von überschwefligsaurem Natron gesehen zu haben meine. Da gerade eine Weinschenke in der Nähe war, so traten wir schnell ein, aber er folgte uns, und als wir eine harmlose Unterhaltung mit der Wirtin und ihren langen ausdrucksvoll schwingenden Ohrringen ausspannen über die Uhr und was sie wohl geschlagen hätte – da sagte dieser Räuber wörtlich: ‹'s ischt no' a Viertelstund bis finf!› Er war aus Venedig, hatte viel in Österreich und Bayern gearbeitet und war gar kein Räuber!»

Und dieser Mann, Robert Koldewey, teilt am 2. Oktober 1897 einem Freunde «unterm Siegel der Verschwiegenheit» mit, daß eine babylonische Reise unternommen werden sollte. Aber die Angelegenheit zog sich hin. Doch am 2. August 1898 schreibt er demselben Freunde von einer Konferenz bei Richard Schöne, dem Generaldirektor der Berliner Museen: «Babylon wird ausgegraben!!» und er setzt zwei Ausrufezeichen dahinter. «Jetzt arbeite ich am Entwurf der Instruktion für die Expediton. Die Unternehmung soll auf ein Jahr vorläufig sein. Ich habe im Bericht für Babylon 500 000 Mark – fünf Jahre Arbeit – verlangt, für das erste Jahr 140 000 Mark.» Und am 21. September: «Ich bin der Leiter der Ausgrabungen, kriege

600 Mark monatlich... Ich könnte aus dem Häuschen sein vor Vergnügen..., denn wenn ich mir vorstelle, daß mir einer vor sechzehn Jahren gesagt hätte, ich solle Babylon ausgraben, so würde ich ihn wohl für verrückt gehalten haben.»

Wie sich zeigen sollte, war er der richtige Mann. Als Achtunddreißigjähriger schrieb er einmal: «Ich habe in mir jemanden sitzen, der immer sagt: so, Koldewey, jetzt kannst du nur das und das tun – alles andere ist mir dann einerlei!» So handelte er, selbst dann, wenn ihn die Schüsse der Wüstenräuber umschwirrten, deren Existenz er bezweifelte; als er die Gärten der Semiramis entdeckte und Etemenanki freilegte – den Turm von Babel!

«Die Engländer haben in Babylon und Assyrien meist in Schachten und Tunneln gegraben, und davon sind noch manche zugänglich – aber meist recht beschwerlich und unangenehm – ich pflege immer erst mal reinzuschießen, um das Getier zu vertreiben: Eulen, Hyänen, die manchmal vor Angst nicht wissen, ob sie einen auffressen sollen oder nicht.»

Von solchen Bemerkungen sind Koldeweys Briefe voll. Notizen am Rande, doch ebenso wie die im vorigen Kapitel zitierten geeignet, ein Bild von den tausend kleinen Widerwärtigkeiten zu entwerfen, die der wissenschaftlichen Spatenarbeit im Wege stehen. Die wissenschaftliche Publikation, das Buch, das als Frucht langjähriger Arbeit der Fachwelt vorgelegt wird, enthält meist nichts davon. Nichts vom Kampf gegen das Klima, gegen Krankheit und Beschwernis, gegen unverständige Eingeborene, borniere Ortsgewaltige, schlechte Polizei, Gesindel, Aufsässigkeit der Arbeiter.

Die Briefe aber, die Koldewey schrieb, geben auch davon Nachricht. Als er eine Zwischengrabung in Assur leitet, schreibt er: «Am 25. September war Zahltag, und wir hatten es glücklich auf die Zahl von neunzig Leuten gebracht. Aber achtundzwanzig davon legten bei der Auszahlung die Arbeit nieder. Der Lohn wäre ihnen zuwenig, und sie kriegten Schwielen in den Händen von der schweren Arbeit – sie wollten mehr Lohn haben. Ich ließ sie gehen und deutete ihnen an, daß mir das ganz lieb sei, denn ich könne mich, wie ich sähe, ja doch nicht auf sie verlassen; sie hatten wohl etwas anderes erwartet. Als am anderen Tage einige davon wiederkamen und arbeiten wollten, sagte ich ihnen, daß das so nicht ginge. Wer gehen wolle, den werde ich nicht hindern; aber wer einmal gegangen sei, kriege keine Arbeit wieder. Darauf legten sie sich unter Anführung ihres Scheichs Homadi aufs Bitten. Letzterer behauptete, seine Leute hätten zuwenig Gehirn, worin ich ihm zustimmte. Schließlich versprach ich ihm, seine Leute am Montag wieder anzunehmen. So kamen sie denn heute wieder, nachdem ein jeder auf seinem aufgeblasenen Schaffell den Tigris überschwommen hatte; denn sie wohnen auf der anderen Seite des Flusses und scheinen ihren Schwimmschlauch mit derselben Regelmäßigkeit allzeit bei sich zu führen wie etwa ein Hamburger seinen Regenschirm.»

Sehr häufig sind seine Eintragungen über die Unsicherheit der Wege, über räuberische Araber vom Stamme der Schammar, über kurdische Jeziden. Schilfmatten, Zucker, Lampen können nicht herbeigeschafft werden, weil die Karawanenführer infolge dieser Unsicherheit unsinnige Preise fordern. Seine Mitarbeiter müssen durch bewaffnete Eskorten begleitet werden. Doch verliert er nicht den Humor. «Vorgestern kamen Leute der Beni Hedscheïm in unsere Gegend, um geraubte Schafe etwas stürmisch zurückzufordern. Gestern haben unsere Leute für diesen Angriff Revanche genommen. Es zogen etwa zweihundert Flinten, an deren Spitze unsere Scheichs, Muhammed, Abud und Mis'el mit etwa zwanzig Reitern ritten, in die Gegend von Cherchere. Dort kam es zu der beliebten Balgerei mit Schießen, in deren Verfolg die Beni Hedscheïm einen Toten und den Verlust einer Flinte zu beklagen hatten. Auf dieser Seite erhielt einer von unseren Arbeitern einen Schuß in den Unterleib, viel Keulenschläge auf den Kopf und einer von unseren Wächtern mit dem sehr arabischen und sehr passenden Namen Deibel, der notwendig mit mußte, einen Schuß durch den Oberschenkel; dafür streckte Deibel seinen Gegner a tempo nieder und erbeutete dessen Flinte. So stehen sich die Verluste ungefähr gleich: hier zwei Verwundete, dort ein Toter und eine Flinte. Am Abend saß Deibel – kleiner freundlicher Herr mit nicht ganz reinem Hemd – in rosiger Laune in der Wächterhütte, umringt von den Seinen, die ihn als Löwen priesen, log das Blaue vom Himmel herunter und ließ sich auf seine Wunde mit dem nicht gerade übermäßig glatten Schußkanal ein schönes Pflaster legen, das aus einem Teig von Mehl, Salz und Butter bestand.»

Aber auch er selber geriet ins Feuer. Für die Söhne dieser Wüste ist die Schußwaffe vor allem Knallwaffe, sie haben ihre Freude daran und können es nicht lassen. Wieder von einer Zwischengrabung kommend, diesmal in Fara, ritt er in einer schwülen Nacht heimwärts nach Babylon.

«Etwa zwei Stunden hinter Muradieh bekamen wir Feuer aus einem Dorfe rechts vom Wege. Die biederen Straßenbewohner hielten uns wohl für Montefik-Araber, die auf einem Raubzuge begriffen waren, und in solchem Falle wird nicht erst lange unterhandelt. Um sie von ihrem Irrtum zu überzeugen, ritten wir langsam ins Feuer hinein, bis die Schrote an den Sattel schlugen und das Pfeifen der Kugeln den scharfen, kurz abgebrochenen Laut gutgezielter Schüsse annahm.

Die beiden Soldaten, die uns beschützten, schrien immer: ‹Asker, Asker!› Soldaten!, um sich als harmlos zu legitimieren. Aber diese Legitimation ging unter in dem Knattern des Gewehrfeuers, dem Heulen der Männer und dem Trillern der Weiber, die dadurch ihre schlechten Hälften zu mehr Herzhaftigkeit anzuspornen pflegen.

Die Leute standen im Dunkeln in langer aufgelöster Schützenlinie etwa hundert Meter vor uns, und die grell und kreisrund aufleuchtenden Feuerscheine der Gewehrschüsse machten die sonst nicht dunkle Nacht unsichtiger, als sie von Natur war. Unser Kochgehilfe Abdallah, der sich auf einer Erholungsreise nach Hilleh befand, suchte Deckung hinter dem Packpferd und streckte verzweifelt seine Hand, die einen Mantelzipfel hielt, vor sich und schrie ‹cher Allah!› zum Gaudium der andern, die ihn im Verlauf der Reise dauernd damit neckten.

Jetzt kamen die Araber aus ihrer Angst wieder zur Besinnung, liefen herbei und stellten das Schießen ein. So an zweihundert halbnackte, schwarzbraune Kerle tanzten mit ihren Schießeisen wie die Wilden um uns herum und ließen sich weidlich ausschelten: ‹Ihr Eulen – was seid ihr? Seid ihr Schakale? Könnt ihr denn nicht sehen, daß hier Soldaten kommen und der Beg von Fara und der Postadschi? So eine Unverschämtheit, hier herumzuschießen, als wenn die ganze Wüste euch allein gehörte!›» – «Wie leicht kann einem so etwas ins Auge kommen!» sagt er und fügt noch hinzu: «Diese Schießereien sind eine rechte Kalamität in dieser Gegend!»

25. KAPITEL

ETEMENANKI – DER TURM ZU BABEL

Als Ninive aus dem Range einer Provinzstadt zur Residenz erhoben wurde und Geschichte zu machen begann, da war die Stadt Babylon bereits dreizehn Jahrhunderte lang Hauptstadt gewesen und hatte ihre höchste Pracht und Kraft unter Hammurabi, dem Gesetzgeber, bereits zwölfhundertfünfzig Jahre hinter sich.

Als Ninive zerstört wurde (nicht so wie Babylon, das zerstört und wiederaufgebaut wurde, sondern so, daß der Dichter Lukian den Merkur zu Charon sagen lassen kann: «Ninive aber, mein guter Fährmann, ist bereits zerstört und keine Spur mehr davon übriggeblieben, und man könnte nicht sagen, wo es jemals lag!»), da errichtet der General Nabupolassar in Babel das neue babylonische Reich, und sein Sohn Nebukadnezar II. führt es abermals zu Macht und Herrlichkeit. Dreiundsiebzig Jahre überdauerte es noch Ninive, ehe es dem Perser Kyros zur Beute fiel.

Als Koldewey am 26. März 1899 an der Ostseite des «Kasr», der Burg von Babel, die Spaten ansetzen ließ, wußte er, anders als Botta und Layard, über die Geschichte, die der Schutt verbarg, in großen Zügen Bescheid. Die Ausgrabungen von Khorsabad, Nimrud und Kujundschik, die Riesenbibliothek Assurbanipals vor allem, die ja zum größten Teil Abschriften von babylonischen, weit älteren Originalen enthielt, hatten auch vom Mündungsgebiet der großen Ströme, seiner Geschichte, seinen Völkern und seinen Herrschern Kunde gegeben. Welches Babylon aber würde unter seinem Spaten auferstehen? Das uralte des Hammurabi, der elf Könige der Dynastie von Amurru? Oder ein jüngeres, ein wiederaufgebautes nach der schrecklichen Zerstörung durch Sanherib?

Koldewey ahnte es bereits im Januar 1898, als noch gar nicht feststand, daß er die Ausgrabungen übertragen bekommen würde, als er die verschiedenen Schuttstätten nur untersucht und an die Direktion der Berliner Königlichen Museen seinen Bericht gesandt hatte. «Allerdings», schrieb er in dieser Zeit aus Bagdad über Babylon, «würden dort hauptsächlich Nebukadnezar-Werke gefunden werden.»

Hört sich das nicht an, als erwarte er nicht allzuviel von solcher Beute?

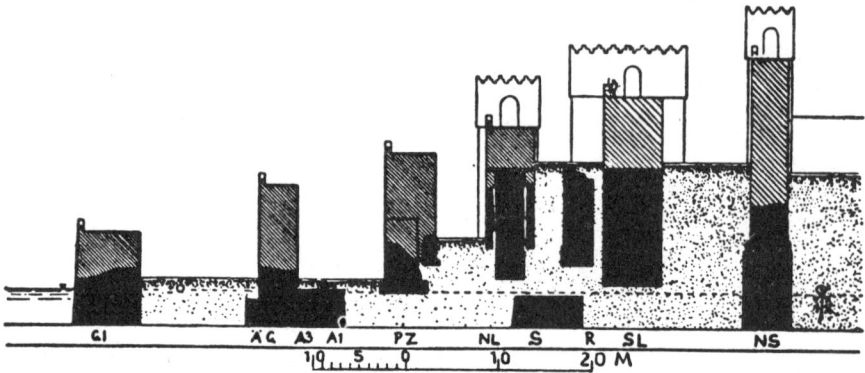

Querschnitt durch die Festungsmauern nördlich der Südburg in Babylon. Auf der mittleren zinnenbewehrten Mauer ist die Gestalt eines Kriegers eingezeichnet, die einen Eindruck von den Größenverhältnissen gibt. A 1 und A 3 = Mauern Nabupolassars, G 1 = Grabenmauer Imgur-Bels, SL = Südliche Lehmziegelmauer, S = Sargonmauer.

Abbildung 31

Sein Jubel, als er den Auftrag bekommt, spricht dagegen. Und jeder Zweifel wäre in Kürze widerlegt worden durch die Funde.

Am 5. April 1899 schreibt er: «Ich grabe seit vierzehn Tagen, und die ganze Sache ist vollständig gelungen!»

Das erste, auf das er stößt, ist die ungeheure babylonische Mauer. Längs dieser Mauer findet er Relieftrümmer, allerdings vorläufig nur Fragmente: Löwenfelle, Löwenzähne, Schwänze, Klauen, Augen, Menschenfüße, Bärte, Menschenaugen, Beine von dünnbeinigem Getier – Gazellen wahrscheinlich – und Eberzähne. Auf einer Mauerstrecke von nur acht Meter findet er etwa tausend Fragmente. Da er die Länge des Reliefs auf dreihundert Meter schätzt, so schreibt er in diesem Brief: «So rechne ich also auf etwa 37000 Fragmente!»

Dies die Aussichten nach vierzehntägiger Grabung!

DIE anschaulichsten Schilderungen, die wir von Babylon haben, danken wir Herodot, dem griechischen Reisenden, und Ktesias, dem Leibarzt Artaxerxes' II. Das größte Wunder, von dem sie zu berichten wußten, war die Stadtmauer, für welche Herodot Maße angibt, die zweitausend Jahre lang für die üblichen Übertreibungen eines Weltreisenden angesehen wurden. Die Überlieferung behauptete, daß die Mauer so ungeheuer breit gewesen sei, daß auf ihrem Rücken Platz genug für zwei sich begegnende Vierergespanne gewesen sei!

Etemenanki – der Turm zu Babel

Koldewey stieß sofort auf diese Mauer. Seine Arbeit war erschwert, sie war weitaus härter als auf irgendeiner anderen Ausgrabungsstelle der Welt. Während überall die Schuttmassen nicht höher als zwei bis drei oder sechs Meter hoch über den Fundschichten lagen, waren hier Erdmassen von zwölf Meter, oft von vierundzwanzig Meter Dicke beiseite zu schaffen. Mit mehr als zweihundert Arbeitern grub Koldewey Sommer und Winter, mehr als anderthalb Jahrzehnte lang...

Er feierte seinen ersten Triumph, als er nachwies, daß Herodots Nachrichten kaum übertrieben gewesen waren. (Hat nicht jeder erfolgreiche Ausgräber mehr oder weniger solches getan? Schliemann hatte die Exaktheit Homers und Pausanias' bewiesen, Evans den wahren Kern der Sagen vom Minotauros, Layard die Wortwörtlichkeit gewisser Bibelstellen.)

Koldewey grub eine sieben Meter dicke Lehmziegelmauer aus. Davor erhob sich im Abstand von etwa zwölf Meter eine sieben Meter achtzig dicke Mauer aus gebrannten Ziegeln, begleitet von der drei Meter dreißig starken Grabenmauer – ebenfalls aus gebrannten Steinen. Davor hatte wahrscheinlich der Graben gelegen, gefüllt mit gelben Wassern, wenn Gefahr von außen drohte.

Der Raum zwischen den Mauern war mit Erdreich angefüllt gewesen, wahrscheinlich bis zur Krone der äußeren Mauer. Das war der Umgang, der für ein Vierergespann Platz bot! Auf der Mauer ritten Wachttürme, alle fünfzig Meter etwa ein Turm. Für die innere Mauer schätzt Koldewey drei-

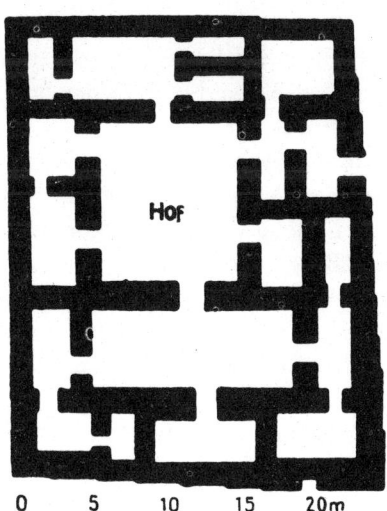

Grundriß des Hauses I in Babylon. Die merkwürdig gezackte Form der Vorderfront erklärt sich daraus, daß dort einst übergreifende Hölzer zum Bau verwendet wurden. Diese Bauweise erhielt sich dann auch bei Steinbauten, obwohl sie bei diesen ihren Sinn verloren hatte.
Abbildung 32

hundertsechzig Türme. Für die äußere nennt Ktesias die Zahl zweihundertfünfzig, was danach ohne weiteres glaubhaft ist.

Mit dieser Mauer hatte Koldewey die absolut größte Stadtbefestigung ausgegraben, die die Welt je gesehen. Die Mauer ließ erkennen, daß Babylon die größte Stadt des ganzen Orients gewesen ist, größer selbst als Ninive. Ja, wenn wir den Begriff der Stadt mittelalterlich fassen als «ummauertes Wohngebiet», so ist Babylon bis heute die größte aller Städte geblieben, die je von Menschenhand erbaut worden sind.

So schrieb Nebukadnezar: «... ließ ich eine gewaltige Mauer im Osten Babylon umgeben. Ihren Graben grub ich und seine Böschung baute ich aus mit Erdpech und Ziegelsteinen. Eine gewaltige Mauer erbaute ich an seinem Ufer berghoch; ihre weiten Tore fügte ich ein, und Türflügel aus Zedernholz mit einem Überzug aus Kupfer errichtete ich in ihnen. Damit der Feind, welcher Böses beabsichtigt, die Seiten von Babylon nicht bedrängte, umgab ich mit mächtigen Fluten wie mit dem Wogenschwall der Meere das Land. Ihr Übergang war wie der Übergang des großen Meeres, des Salzwassers. Damit ein Durchbruch von ihnen nicht gemacht werden könne, schüttete ich eine Erdaufschüttung an ihnen auf und umgab sie mit Kaimauern von Ziegelsteinen. Das Bollwerk befestigte ich kunstvoll und machte die Stadt Babylon zur Festung.»

Es war eine Fortifikation, die uneinnehmbar sein mußte für alle damaligen Sturmmittel. Aber ist nicht dennoch Babel erobert worden? Es bleibt nur eine Lösung: Der Feind siegte von innen und nicht von außen. Stets war im Augenblick, da der Feind vor der Mauer stand, die innere Politik der Stadt verworren, und stets gab es Parteien, die – heute zu Recht, morgen zu Unrecht – den Feind herbeiwünschten als Befreier. So fiel auch diese ungeheuerste Festung der Erde.

Ja, Koldewey traf auf Nebukadnezars Babylon. Durch ihn, den Daniel anredete als «König der Könige» und «Güldenes Haupt», hatte der monumentale Neubau der Stadt begonnen; die Erneuerungen der Tempel Emach auf der Burg, von E-sagila, vom Ninurta-Tempel und dem älteren Ischtar-Tempel in Merkes. Er hatte die Arachtu-Mauer erneuert, er baute die erste steinerne Brücke über den Euphrat und den Kanal Libil-higalla, baute die Südburg mit seinem Palaste aus, schmückte das Ischtar-Tor mit den bunt emaillierten Tierreliefs.

Während die Vorgänger Nebukadnezars alle Bauten aus den sonnengebrannten Lehmziegeln herstellten, die bald zernagt waren von Wind und Wetter, verwandte er vor allem zu den Fortifikationen zum größten Teil wirkliche Backsteine. Haben die älteren Bauten so wenig Spuren hinterlassen im Zweistromlande, daß nichts als die riesigen Schutthügel zurückblieben, so lag das an der Vergänglichkeit des Materials. Haben Nebukadnezars Bauten trotz weit härteren Materials fast ebensowenig gefügte Reste der Nachwelt überliefert, so lag es an dem Raubbau, den jahrhundertelang die Bevölkerung an ihnen trieb, so wie später das päpstliche Mittelalter an den Tempeln des heidnischen Roms frevelte. Die moderne Stadt Hilleh und mehrere Dörfer der Umgebung sind aus Nebukadnezars Ziegeln gebaut (wir wissen es genau, denn sie tragen seinen Stempel); selbst ein moderner Staudamm, der die Wasser des Euphrats gegen den Hindijje-Kanal sperrt, besteht zum größten Teil aus den Ziegeln, über die einst die alten Babylonier schritten, so daß, wenn einst auch dieser Staudamm vergangen und verweht sein wird, spätere Ausgräber durchaus auf den Gedanken kommen können, auch hier ein Bollwerk Nebukadnezars vor sich zu haben.

Der Palast, nein, der Palast-Komplex, eine Palast-Stadt von ungeheurer Ausdehnung, die Nebukadnezar, stets unzufrieden, immer wieder erweiterte – weil das bis dahin Erstellte «für die Würde der königlichen Majestät unzulänglich» geworden war –, dieser Palast ist mit seinem reichen Schmuck, den herrlich emaillierten, glänzend-bunten Ziegel-Reliefs als ein Wunder anzusprechen; ein Wunder von einer kühlen, fremden, barbarischen Pracht! (Übrigens behauptete Nebukadnezar, das Ganze in fünfzehn Tagen erbaut zu haben; eine Nachricht, die treugläubig durch viele Jahrhunderte weitergeleitet worden ist.)

Drei Bauten aber waren es vor allem, bei deren Ausgrabung durch Koldewey die Welt aufhorchte. Das waren ein Garten, ein Turm und eine Straße, die alle drei ihresgleichen auf dieser Erde nicht haben.

EINES Tages fand Koldewey in der Nordostecke der Südburg einen Gewölbebau, der sofort als höchst sonderbar, ja als bisher einmalig registriert werden mußte. Erstens waren hier die einzigen Kellerräume, die in Babel bisher aufgetreten waren. Zweitens hatte sich solche Architektur der Gewölbebogen bis dahin im ganzen Zweistromland noch nicht gezeigt. Drittens fand sich dort ein Brunnen, der aus drei ganz ungewöhnlich angeordneten Schächten bestand. Erst nach langem Nachdenken, und auch dann nicht mit Sicherheit, sah Koldewey hierin einen Schöpfbrunnen mit einem – nun natürlich nicht mehr erhaltenen – paternosterähnlichen Schöpfwerk, der einer kontinuierlichen Bewässerung gedient haben mußte. Und viertens war an diesem Gewölbe nicht nur Ziegelwerk, sondern auch Haustein verwendet

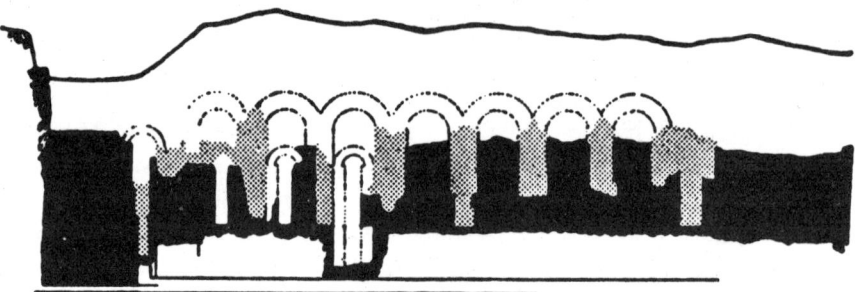

Querschnitt durch den Gewölbebau in Babylon, der, nach Koldewey, wahrscheinlich die «Hängenden Gärten der Semiramis» trug.
Abbildung 33

worden, der in ganz Babylon nur noch an einer einzigen anderen Stelle gefunden worden war – an der Nordmauer des Kasr.

Nahm man alle diese Merkmale des sonderbaren Bauwerks zusammen, so ergab sich eine technisch und architektonisch für die damalige Zeit ungewöhnlich gut durchkonstruierte Anlage, die ganz besonderen Zwecken gedient haben mußte.

Eine glückliche Stunde brachte Koldewey die Erleuchtung. In der gesamten Literatur über Babylon, bei Josephus, bei Diodor, bei Ktesias, bei Strabo und in allen bis dahin entzifferten Keilinschriften, die sich auf die «sündige» Stadt bezogen, werden ebenfalls nur zwei Stellen genannt – und ausdrücklich als bemerkenswert notiert –, wo Haustein verwendet worden ist; das ist bei der Nordmauer des Kasr (wo Koldewey ihn bereits gefunden hatte) und – bei den «Hängenden Gärten der Semiramis».

Hatte Koldewey sie entdeckt, die prangenden Gärten, von deren Schönheit die Alte Welt voll war, so daß sie sie unter die sieben Weltwunder einreihte und mit dem Namen der sagenhaften Semiramis verknüpfte?

Solcher Fund, solche aus glücklicher Eingebung geborene Hypothese erzeugt die Augenblicke fieberhafter Spannung vor umgewühlter Erde, erzeugt Erregung unter allen Beteiligten, endlose Gespräche, hitzige Fachdebatten an Ort und Stelle und abends vor Zelt und Wohnhaus; die Erregung darüber, einem Augenblick beizuwohnen, der Klarheit gibt über etwas, was Jahrtausende hindurch ein Rätsel war.

Koldewey überprüfte die antiken Nachrichten. Jeden Satz, jede Zeile, jedes Wort wog er ab, er wagte sich sogar aufs philologische Gebiet vergleichender Sprachwissenschaft, das ihm fremd war, und dann glaubte er, seine Annahme bejahen zu dürfen! Ja, dies konnte nichts anderes sein als das Gewölbe, das die «Hängenden Gärten» trug, sie auf eine damals unerhörte Art bewässerte und ihnen ewiges Blühen gab.

Nun aber schrumpfte ein Wunder zusammen und entkleidete sich aller Legendenkränze. Denn was waren diese «Hängenden Gärten», wenn Koldeweys Annahme stimmte? Sicher sehr prächtige, sicher sehr imposante Anlagen auf dem Dache eines benutzten Gebäudes, ganz gewiß ein technisches Wunderwerk damals – doch mutet es uns nicht dürftig an im Vergleich zu den anderen Bauten der Babylonier, die der Grieche nicht zu den Wundern der Welt rechnete?

(Alle unsere Nachrichten über die sagenhafte Semiramis sind übrigens fragwürdig. Sie stammen meist von Ktesias, der sich durch wuchernde Erfindungsgabe auszeichnet – so stellte das Riesenbildwerk des Darius zu Behistun seiner Behauptung nach Semiramis dar, umgeben von hundert Leibwächtern! Semiramis, nach Diodor als Kind ausgesetzt, wurde von Tauben ernährt, heiratete einen königlichen Rat, wurde vom König ihrem Gatten weggenommen, trug eine Kleidung, «die nicht erkennen ließ, ob sie Mann oder Weib sei», und flog schließlich, nachdem sie ihrem Sohn die Regierung übergeben, als Taube aus dem Palast davon – direkt in die Unsterblichkeit.)

DER Turm von Babel!

Das Bauwerk, von dem es im ersten Buch Moses, Kp. II, Vs. 3 u. 4, heißt: «Und sie sprachen untereinander: Wohlauf, laßt uns Ziegel streichen und brennen! und nahmen Ziegel zu Stein und Erdharz zu Kalk und sprachen: Wohlauf, laßt uns eine Stadt und einen Turm bauen, des Spitze bis an den Himmel reiche, daß wir uns einen Namen machen! denn wir werden sonst zerstreut in alle Länder.»

Das, was Koldewey ausgrub, war nicht mehr als das ungeheure Fundament. Inschriften aber sagten ihm, daß der Turm bestanden hatte. Der Turm allerdings, von dem die Bibel spricht (und der unzweifelhaft wirklich erbaut worden ist), muß schon zu Hammurabis Zeiten vergangen gewesen sein. Doch der spätere hatte sich hier erhoben, den die Nachfolger errichtet hatten im Gedenken an den alten. Nabupolassar hinterließ die Worte: «Zu jener Zeit gebot mir Marduk, den Turm Babels, der in der Zeit vor mir geschwächt worden, zum Einsturz gebracht war, sein Fundament an die Brust der Unterwelt fest zu gründen, während seine Spitze himmelan strebe.» Und Nebukadnezar, sein Sohn, fuhr fort: «Etemenankis Spitze aufzusetzen, daß mit dem Himmel sie wetteifere, legte ich Hand an.»

In ungeheuren Terrassen hat sich der Turm erhoben. Herodot gibt acht

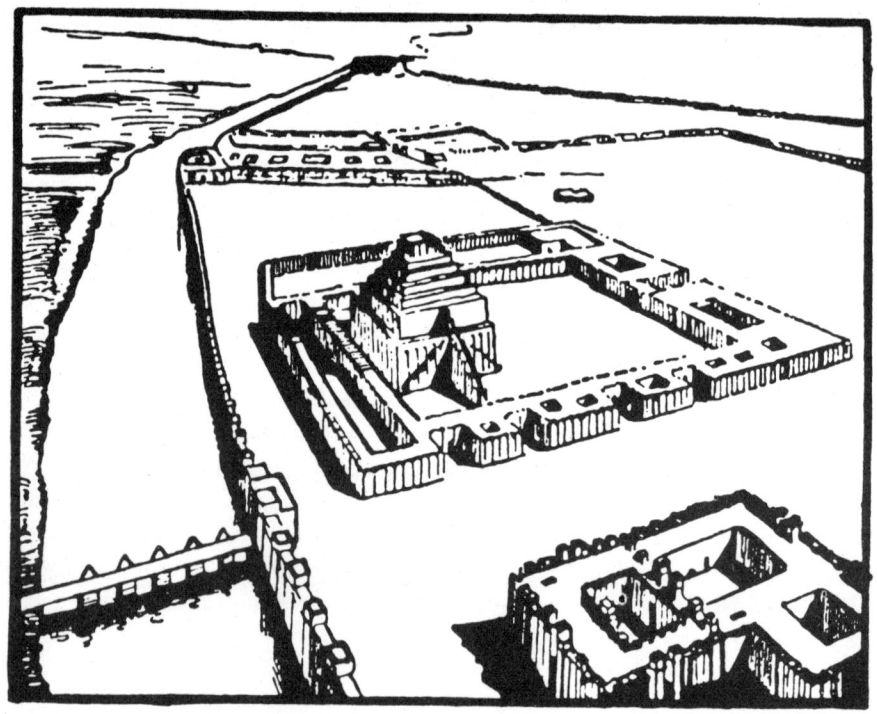

*Der Babylonische Turm «Etemenanki», seine Tempelanlagen
und die Euphratbrücke; Rekonstruktion.*
Abbildung 34

aufeinanderstehende Türme an, einer immer kleiner als der andere, bis sich auf dem kleinsten, hoch über allem Land, der Tempel erhob. (Sieben waren es in Wirklichkeit.)

Er wächst aus der Ebene Sachn, was wörtlich «die Pfanne» heißt. «Unsere Sachn aber», schreibt Koldewey, «ist nichts anderes als die heutige Erscheinungsform des alten heiligen Bezirks, in welchem sich die Zikurrat ‹Etemenanki›, der ‹Grundstein Himmels und der Erde›, der Turm von Babylon, erhob, umgeben von einer Ringmauer, an die sich allerlei mit dem Kult zusammenhängende Baulichkeiten lehnten!» (Zikurrat, Zigura und Ziggurah – nur eine verschiedene Schreibweise für den Sammelnamen der sumerisch-babylonischen Stufenpyramiden oder Türme.)

Neunzig Meter breit war sein Fundament, und neunzig Meter war auch die Höhe dieses Turms. Dreiunddreißig Meter hoch war das erste Geschoß, achtzehn das zweite, je sechs Meter das dritte, vierte, fünfte und sechste, fünfzehn Meter aber der Tempel Marduks, des Gottes von Babylon, gedeckt mit Gold und geschmückt mit blauen Ziegeln, weithin leuchtend und die Reisenden grüßend.

«Aber was sind alle diese schriftlichen Nachrichten im Vergleich zu der Klarheit und Anschauung, die wir aus der Ruine selbst gewinnen, wenn sie auch stark zerstört ist!» schreibt Koldewey. «Das kolossale Massiv des Turms, den die Juden des Alten Testaments als Inbegriff menschlicher Überhebung betrachteten, inmitten der stolzen Priesterpaläste, der weiten Vorratshäuser, der zahllosen Fremdengelasse – weiße Wände, bronzene Tore, drohende Festungsmauern ringsum mit hochragenden Portalen und einem Wald von tausend Türmen –, es muß ein überwältigender Eindruck der Größe, der Macht und der Fülle gewesen sein, wie er ähnlich selten in dem weiten Babylonischen Reiche gewonnen werden konnte.»

Jede größere babylonische Stadt hatte ihre Ziggurah; keine dieser Ziggurahs kam dem «Turm von Babel» gleich. Fünfundachtzig Millionen Ziegelsteine waren zu ihrem Bau verwandt worden, und ungeheuer überragte sie die Landschaft. – Auch der Turm von Babel ist das Werk von Sklaven; auch hier pfiffen die Peitschen der Aufseher wie beim Bau der ägyptischen Pyramiden. Aber eins war hier grundsätzlich anders: die Pyramide baute *ein* Herrscher im Verlauf eines oft kurzen Lebens *für sich allein*, für *seine* Mumie, für *seinen* Ka; den Stufenturm aber bauten Generationen von Herrschern – was der Großvater begann, setzte der Enkel noch fort. Zerfielen die ägyptischen Pyramiden, oder wurden sie von Plünderern zerstört und beraubt, so rührte sich keine Hand, um sie wiederaufzubauen oder gar mit neuen Schätzen zu füllen. Die babylonische Ziggurah aber, zerfallen und mehrere Male zerstört, wurde wiederaufgerichtet und aufs neue geschmückt.

Denn die Herrscher, die ihre Hand an den Aufbau der Ziggurah legten, bauten nicht für sich, sondern für alle. Die Ziggurah war Heiligtum des Volkes, war Prozessionsziel für die Tausende, die Marduk als den Höchsten der Götter verehrten. Welch ein Bild muß es gewesen sein, wenn sie aus dem Tieftempel herbeiströmten, wo sie das erstemal vor Marduk geopfert hatten, vor seiner Statue, die nebst Thron, Schemel und Tisch nach Herodots Angaben ein Gewicht von 800 Talenten gehabt haben und aus purem Golde gewesen sein soll. (In den Priesterräumen fand sich sozusagen das «Urtalent», eine steinerne Ente – «ein richtiges Talent» nach der eingemeißelten Inschrift – im Gewicht von 29,68 Kilogramm. Danach bestand diese Statue Marduks nebst Zubehör – wenn man Herodot glauben will – aus rund 23 700 Kilogramm puren Goldes.)

Welch ein Anblick dann, wenn sie in breitem Zuge die riesigen Steintreppen erklommen, die an der Seite des Babylonischen Turms zum ersten Stockwerk emporführten, dreiunddreißig Meter hoch – währenddessen auf der mittleren Treppe die Priester das zweite Stockwerk gewannen und dann auf geheimen Stiegen die Höhe des Turms, Marduks Heiligtum, erreichten.

Tiefblau strahlten dessen glasierte Ziegel. Herodot sah das Heiligtum ums Jahr 458 v. Chr., also etwa hundertfünfzig Jahre nach Fertigstellung der ganzen Ziggurah, gewiß noch in gutem Zustand. Im Gegensatz zum «Tieftempel» war dieser «Hochtempel» durch keine Statue mehr geschmückt. Nichts war in ihm als ein «wohlbereitetes» Speisesofa (alle vornehmen Orientalen, auch noch die Griechen und Römer, speisten «zu Tisch liegend»), vor dem Sofa ein vergoldeter Tisch. Dieses Allerheiligste war dem gemeinen Volk nicht mehr zugänglich, denn hier erschien Marduk selber, dessen Anblick der gewöhnliche Sterbliche nicht hätte ertragen können. Nur ein Weib blieb dort, ein ausgewähltes Weib; Nacht für Nacht bereit zum Genuß des Gottes.

«Sie sagen auch», berichtet Herodot und zweifelt gleichzeitig, «der Gott selber besuche den Tempel und ruhe auf dessen Lagerstätte – das scheint mir aber nicht glaublich.»

Ringsherum, eingefaßt von einer Mauer, erhoben sich die Häuser, in denen die Pilger wohnten, wenn sie an den großen Festtagen von weit her kamen, sich vorzubereiten zur Prozession. Doch auch Häuser für die Priester Marduks, die, als Priester eines Gottes, der die Könige krönte, zweifellos von Macht waren. So war dieser Hof, in dessen Mitte sich Etemenanki erhob, der babylonische Vatikan, doch dunkler und von einer zyklopischen Pracht.

Tukulti-Ninurta, Sargon, Sanherib und Assurbanipal stürmten Babel und zerstörten auch Marduks Heiligtum, Etemenanki, den Turm von Babel.

Nabupolassar und Nebukadnezar bauten ihn wieder auf. Als Kyros, der Perser, die Stadt nach Nebukadnezars Tode im Jahre 539 v. Chr. eroberte, da war er der erste Eroberer, der nicht zerstörte. Ihn, den historisch gesehen Jüngeren, faszinierte die Kolossalität. Sie faszinierte ihn so, daß er nicht nur die Zerstörung unterließ, sondern sein Grabmal in Gestalt einer Miniatur-Ziggurah, in Gestalt des Babylonischen Turms, eines kleinen Etemenanki, anlegen ließ.

Noch einmal aber wurde der Turm zerstört. Xerxes, der Perser, hinterließ nichts als Schutt, den dann Alexander der Große auf seinem Zuge von Indien vor sich sah. Wieder stand ein Faszinierter vor den gewaltigen Trümmern.

Etemenanki – der Turm zu Babel

Zwei Monate lang ließ er zehntausend Menschen arbeiten, um den Schutt beiseite zu räumen, schließlich sein ganzes Heer; von 600 000 Tagelöhnen spricht Strabo!

Zweiundzwanzig Jahrhunderte später stand vor demselben Platze ein abendländischer Gelehrter. Nicht auf der Suche nach Ruhm, sondern nach Wissen. Nicht mit zehntausend Menschen, sondern nur mit zweihundertfünfzig. Aber in elfjähriger Tätigkeit durfte er 800 000 Tagelöhne ausgeben. Und dann war erkennbar, wie es ausgesehen hatte – dies Bauwerk sondergleichen!

DIE «Hängenden Gärten» hatten die Alten als eins der Weltwunder gepriesen, der «Turm zu Babel» gilt uns noch heute als Sinnbild menschlicher Vermessenheit – und nun grub Koldewey einen anderen Teil der großen Stadt aus, von dem zwar Inschriften gesprochen hatten, der jedoch nie ins allgemeine Bewußtsein der Welt gedrungen war.

Eine Straße war es nur – aber als Koldewey sie jetzt freilegte, enthüllte sie sich als die wohl prächtigste Straße der Welt, alle Straßen der Römer, ja, selbst die Straßen der Neuen Welt nicht ausgenommen, wenn man die Pracht nicht an der Länge mißt. Nicht als Verkehrsstraße war sie gebaut (dies nur in zweiter Linie), sondern als Prozessionsweg für den großen Herrn Marduk, dem zu Babel alles diente, selbst Nebukadnezar.

Dieser König muß in seiner dreiundvierzigjährigen Regierungszeit fast ununterbrochen gebaut haben. Ausführlich berichtet er von der Straße:

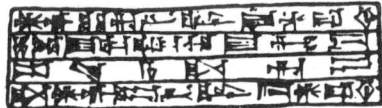
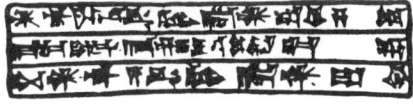
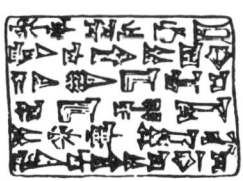

Ziegelstempel Nebukadnezars. Der Inhalt wiederholt sich auf jedem der Millionen Ziegel, aus denen die Bauten des Königs errichtet wurden. Er lautet etwa: «Nebukadnezar, König von Babylon, Pfleger von E-sagila und Egida, Sohn Nabupolassars, König von Babylon.»
Abbildung 35

«Aibur-schabu, die Straße von Babylon, füllte ich für die Prozession des großen Herrn Marduk mit einer hohen Aufschüttung auf, und mit Turminabanda-Steinen und Schadu-Steinen machte ich Aibur-schabu vom Illu-Tore bis Ischtar-sakipat-tebischa für die Prozession seiner Gottheit passend, verband sie mit demjenigen Teile, den mein Vater gebaut hatte, und machte glänzend den Weg.»

Prozessionsweg für Marduk, ja. Aber auch Teil der Stadtbefestigung. Denn diese Straße glich einem ungeheuren Hohlweg. Weder nach rechts noch nach links ließ sie den Blick frei schweifen. Auf beiden Seiten war sie eingefaßt von hohen, sieben Meter mächtigen Festungsmauern. Und da die Straße vom Vorwerk in solcher Art bis zum Ischtar-Tore führte (dem Ischtar-sakipat-tebischa der Inschrift), welches erst die Einfahrt in das eigentliche Babylon bot, so sah sich der Feind, der das Tor stürmen wollte, gezwungen, über diese Straße hin vorwärtszustürmen. Dann aber wurde die Straße zum Todesweg!

Der Eindruck der Bedrängnis, den diese Steinschlucht jedem Angreifer bieten mußte, wurde ganz gewiß noch (für die von Fabelwesen und bösen Geistern ungemein belebte Vorstellungswelt der Zeitgenossen) gesteigert durch den Heerzug von etwa hundertzwanzig Löwen, die, jeder zwei Meter lang, als glänzende Farbreliefs die Mauern schmückten und weit ausgreifend dem Feinde entgegenzuschreiten schienen. Herrlich und stolz schritten sie einher; mit geöffnetem Maul, das die Zähne sehen ließ, mit weißem oder gelbem Fell, mit gelber oder roter Mähne, auf hellblauem oder dunkelblauem Grunde. Dreiundzwanzig Meter breit war die Straße.

Auf einem Ziegelbelag, mit Asphalt überzogen, lagen in der Mitte mächtige Kalksteinblöcke, Quadrate von mehr als einem Meter Seitenlänge; und an den Rändern, halb so groß, rot und weiß geäderte Brecciaplatten, die spitzen Fugen sämtlich mit Asphalt vergossen. Und jeder Stein trug auf der eingegrabenen Seite folgende Prägung: «Nebukadnezar, König von Babylon, Sohn Nabupolassars, König von Babylon, bin ich. Die Babelstraße habe ich für die Prozession des großen Herrn Marduk mit Schadu-Steinplatten gepflastert. Marduk, Herr, schenke ewiges Leben!»

Dieser Sprache entsprach das Tor. Noch heute ist es mit seinen zwölf Meter hoch anstehenden Mauern das Eindrucksvollste, was von Babel geblieben. Zwei riesige Torgebäude waren es eigentlich, mit zwei starken vortretenden Türmen. Und wo auch der Ankommende seine Blicke auftreffen ließ, da leuchteten ihm auch hier die heiligen Tiere entgegen. Auf fünfhundertfünfundsiebzig Tiere schätzte Koldewey das schreckliche Gewim-

Der «Große Herr Marduk», der Oberste der Götter. Zu seinen Füßen das Tier, das ihm heilig ist, der «Sirrusch», der Drache von Babylon.
Abbildung 36

mel, das in seiner Buntheit, leuchtend auf dem auch hier blauen Grunde, den Ankömmling faszinieren und ihn mit Bedrängnis erfüllen mußte ob der Macht der Residenz, die hinter diesem Tore lag.

Nicht der Löwe war es hier, das Tier der Göttin Ischtar, welches das Tor schmückte, sondern der Stier, das heilige Tier Rammans (auch Adad geheißen), des Wettergottes, und der «Sirrusch», der Drache, der Schlangengreif – alles unzulängliche Bezeichnungen für das Fabelwesen, das dem Obersten der Götter, Marduk selber, heilig war. Ein Vierfüßler war es, der, hochbeinig, die Hinterpranken mit Vogelkrallen bewehrt, auf schuppigem Leibe und langem Halse einen großäugigen Schlangenkopf trug, mit gespaltener Zunge züngelnd, ein Horn auf dem flachen Schädel... Es war der Drache von Babylon!

Wieder war ein wahrer Kern der Bibel von den Schalen der Legende befreit. Daniel, der hier zu Babel in der Löwengrube das Wunder Jahwes erfahren, hatte die Machtlosigkeit des Drachens bewiesen gegen seinen Gott, den größeren, der der Gott der nächsten Jahrtausende werden sollte.

«Man kann sich wohl vorstellen», sagte Koldewey, «daß die Priester von E-sagila sich dort ein ähnliches Tier, ein Reptil, vielleicht einen Arval, der in dieser Gegend vorkommt, hielten und ihn im Halbdunkel eines Tempelraumes als einen lebendigen Sirrusch sehen ließen. Zu verwundern wäre dabei jedenfalls nicht, wenn dieser die ihm von Daniel zubereiteten Küchlein aus Haaren und Asphalt nicht vertragen konnte.»

WELCH einen Anblick muß die große Neujahrsprozession über die Marduk-Straße geboten haben. Koldewey versuchte einen Vergleich.

«Ich habe einmal gesehen, wie das überlebensgroße silberne Standbild der Maria, beladen mit Weihgeschenken, Ringen, Edelsteinen, Gold und Silber, auf einer Tragbahre von vierzig Männern getragen, im Portal des Domes von Syrakus hoch über den Köpfen des wimmelnden Volkes erschien, um in feierlichem Zuge bei rauschender Musik und unter dem stürmischen Beten der Menge hinausgebracht zu werden in die Gärten der Latomien. So ähnlich denke ich mir eine Prozession des Gottes Marduk, wenn er von E-sagila aus, vielleicht durch den Peribolos hindurch, seinen Triumphzug auf der Prozessionsstraße von Babylon hielt.»

Aber dieser Vergleich ist sicher schwach. Gewaltiger, kräftiger, prunkvoller und barbarischer wird diese Prozession (wir kennen ihre Riten ziemlich gut) sich vollzogen haben; der Transport der Untergötter vom «Schicksalsgemach» im Tempel E-sagila bis hin an den Strand des Euphrat, ihre dreitägige Anbetung und ihre triumphale Heimkehr!

Um die Zeitwende herum, unter parthischer Herrschaft, begann Babels Verödung. Die Bauten verfielen. In der sassanidischen Zeit (226 bis 636 n. Chr.) werden noch vereinzelt Wohnungen gestanden haben, wo einst Paläste sich erhoben; im arabischen Mittelalter aber waren es nur noch Hütten – bis ins 12. Jahrhundert nach Christo.

Heute schweift der Blick über das von Koldewey wiedererweckte Babylon, über Trümmer, glänzende Fragmente, Reste nur einstiger Herrlichkeit. Wie lauteten die Worte des Propheten Jeremia?

«Darum sollen Wüstentiere und wilde Hunde darin wohnen und die jungen Strauße, und es soll nimmermehr bewohnt werden und niemand darin hausen für und für!»

26. KAPITEL

DIE TAUSENDJÄHRIGEN KÖNIGE
UND DIE SINTFLUT

Denken wir heute, wenn uns eine schwarze Katze über den Weg läuft und unser Aberglaube uns umzukehren heißt, an die alten Babylonier? Erinnern wir uns dieses Volkes, wenn wir auf das zwölfgeteilte Zifferblatt unserer Uhren blicken (wir, die wir sonst nur im Dezimalsystem denken und rechnen), wenn wir «ein Schock» (ausgerechnet sechzig) Eier kaufen, wenn wir beim Blick auf den bestirnten Himmel unser Schicksal zu den Planeten in Beziehung setzen?

Wir müßten es, denn ein Teil unseres Denkens und Fühlens stammt aus Babylonien. Genauer gesagt: vielleicht aus Babylonien, aber nicht von den Babyloniern. –

Bei näherer Anteilnahme an der Geschichte der Menschheit kommt der Augenblick, wo uns der Atem des Ewigen anweht, weil wir die Beweise dafür sehen, daß in fünftausend Jahren menschlicher Geschichte wenig verlorenging; daß oft, was gut war, böse, was richtig war, verfälscht wurde, daß es aber weiterwirkte, auch wenn es nicht mehr in der Helle unseres Bewußtseins lebte. Es ist der Augenblick des jähen und erschreckenden Gefühls, zu wissen, was es heißt, ein Mensch zu sein: nämlich im Strom unzähliger Generationen gebettet zu sein, deren Denken und Fühlen wir als unverlierbares Erbe in uns tragen – meist ohne uns der Größe dieses Erbes (das wir als einziges Säugetier mitschleppen) bewußt zu werden und ohne mit dem gegebenen Pfunde in rechter Weise zu wuchern.

Es war überraschend für die Ausgräber, sozusagen mit jedem Spatenstich neue Aufschlüsse darüber zu erhalten, wieviel in unserem Bewußtsein und Unterbewußtsein, in unserem Denken und Fühlen von dem lebte, was in Babylon gedacht und gefühlt worden war. Aber es war bestürzend, als sich für die forschenden Geister die Anzeichen mehrten, daß selbst die babylonische Weisheit bereits ererbte Weisheit war und von einem Volke stammte, das noch viel älter als die semitischen Babylonier, ja noch älter als die Ägypter war.

Im Jahre 1946 begann der amerikanische Gelehrte Samuel Noah Kramer Tontafel-Dokumente dieses Volkes zu veröffentlichen. 1956, nach sechsundzwanzigjähriger intensivster und schwierigster Entzifferungsarbeit, legte er ein Buch vor, das den kühnen Titel trug: «History begins at Sumer» («Geschichte beginnt in Sumer»). In diesem Buch entkleidete er seine Forschung des wissenschaftlichen Ballasts und *erzählte*. Und er tat es mit Witz. Er stellte nicht weniger als siebenundzwanzig «Firsts» («Erstmaligkeiten») fest, Dinge, Erfahrungen oder Vorfälle also, die in der menschlichen Geschichte *zum ersten Male* von diesem Volk aufgezeichnet wurden; und er scheute sich nicht, sie mit modernsten Begriffen zu kennzeichnen. Wir würden etwas ungemein Wichtiges unterschlagen, wenn wir sie nicht alle aufzählten.

1. Die ersten Schulen. 2. Der erste Fall «milder Bestechung». 3. Der erste

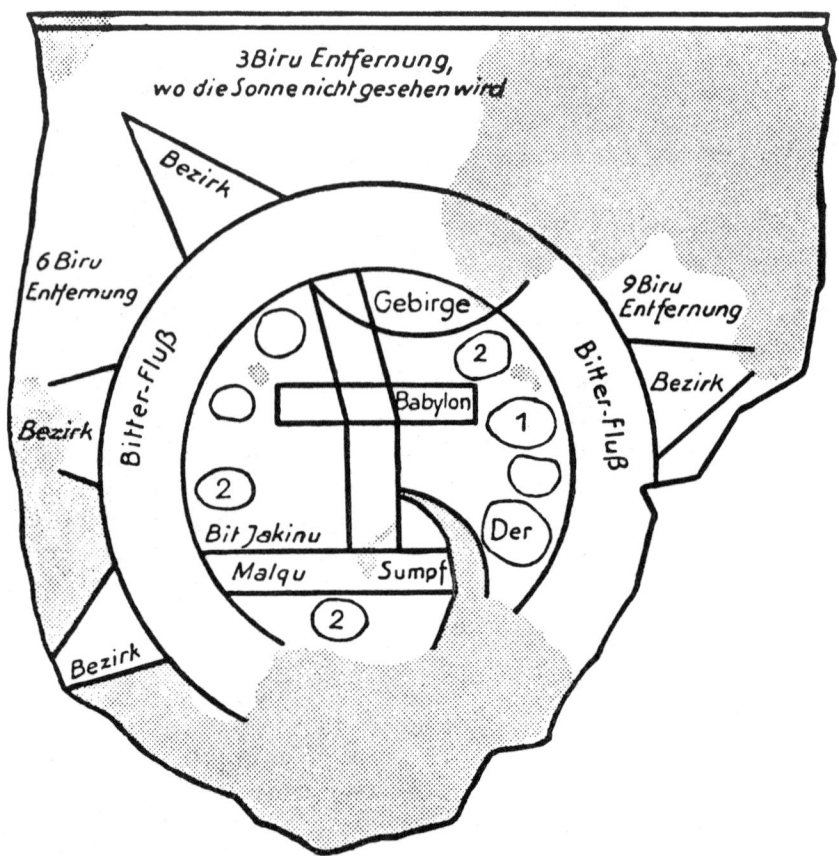

Babylonische Landkarte. *1 = Assyrien, 2 = Stadt. «Biru» ist ein Wegemaß und gibt die Entfernung von einem zum anderen «Bezirk» an. «Bitter-Fluß» ist das Grundwasser, das Meer und der «himmlische Ozean» (Regen); er umfließt kreisförmig das Festland.*
Abbildung 37

39 · So hat Copán wahrscheinlich ausgesehen, als es die Mayas, vor ihrer Auswanderung, noch bevölkerten. Auch bei dieser Rekonstruktion dürfen wir nicht auf Einzelheiten achten, sondern müssen uns den Gesamteindruck dieses ungeheuren Tempelkomplexes vergegenwärtigen, der jeden Vergleich mit ähnlichen Anlagen der Alten Welt aushält. Diesen Ruinenkomplex kaufte Mr. Stephens für fünfzig Dollar

40 · In der Beugung des Schwanzes, der sich emporreckt, trugen diese Schlangensäulen des «Kriegertempels» in Chichen Itzá das Dach (das heute nicht mehr vorhanden ist). Die Mayas geben das wahrscheinlich einzige Beispiel dafür, daß sich die Säule (die überall in der Alten Welt aus Pflanzenformen entwickelt wurde) auch aus Tierleibern entwickeln ließ

41/42 · Zwei Bilder aus dem Jahre 1947. Sie zeigen Mr. Healey, den Leiter einer amerikanischen Expedition, mit einem Lancandon-Indianer vor einem steinernen Maya-Relief zu Bonampak. – Derselbe Indianer ist im unteren Bild gegen eine Reliefwand fotografiert, die nicht ganz anderthalbtausend Jahre älter ist als der Jüngling. Die Ähnlichkeit seines Profils mit dem des Reliefs ist frappierend

43 · Fassade der «Casa del Gobernador» in Uxmál, einer der drei großen Städte des «Neuen Reichs» der Mayas, das sic gründeten, nachdem sie ihr «Altes Reich» aus geheimnisvollem Anlaß plötzlich verlassen hatten. Die in ihren Einzelheiten wunderbar ausgearbeitete Zeichnung wurde vor mehr als hundert Jahren von Frederick Catherwood angefertigt

44/45 · H. E. Thompson baggert den Heiligen Brunnen von Chichen Itzá aus. Oben: Das Boot, Vorläufer des Pontons, von dem aus er in Taucherrüstung in den Brunnen stieg und Mädchenskelette und Goldschmuck ans Licht brachte. Unten: Die Schlammhaufen, bei deren Untersuchung er seinen ersten Fund machte: zwei Stücke Maya-Weihrauch

46/47 · Der «Tempel der Krieger» in Chichen Itzá. Oben: Die Rekonstruktion.
Unten: Eine Fotografie, die das augenblickliche Aussehen wiedergibt – freigelegt
für den Fremdenverkehr. Dieser Tempel ist eines der bedeutendsten Zeugnisse des
«Neuen Reichs» der Mayas; seine Skulpturen und Ornamente verraten toltekischen
Einfluß

48 · Turm und «Palast der Nusta» in Machu Picchu, der Inkaansiedlung in den Bergen Perus, die erst 1911 entdeckt wurde

49 · Inti-Huatanastein, der «Sonnenstein» vom «Rastplatz der Sonne» – Mittelpunkt des inkaischen Sonnentempels in Machu Picchu

50 · Ein Ballspieler aus Ton (Westkultur)

Die tausendjährigen Könige und die Sintflut

Fall von Jugendkriminalität. 4. Der erste «Nervenkrieg». 5. Der erste politische «Zwei-Kammer-Kongreß». 6. Der erste Historiker. 7. Der erste Fall eines Steuer-Nachlasses. 8. Gesetzbücher: Der erste «Moses». 9. Der erste juristische «Präzedenzfall». 10. Die erste Pharmacopoeia (medizinisches Rezeptbuch). 11. Der erste «Bauernkalender». 12. Das erste Garten-Experiment. 13. Der Menschheit erste Kosmogonie und Kosmologie. 14. Die ersten Moral-Gesetze. 15. Der erste «Hiob». 16. Die ersten Sprichwörter. 17. Die ersten Tierfabeln. 18. Die erste philosophische «Wortklauberei». 19. Das erste «Paradies». 20. Der erste «Noah». 21. Die erste «Wiederauferstehungsgeschichte». 22. Der erste «St. Georg». 23. Gilgamesch war ein sumerischer Held. 24. Die erste «Epische Literatur». 25. Das erste Liebeslied. 26. Der erste Bücherkatalog. 27. Das erste «Goldene Zeitalter des Friedens».

Wenn man dies liest, erhebt sich wohl in jedem der Verdacht, daß hier ein Begeisterter etwas allzu gewaltsam moderne Terminologie gesellschaftlichen Phänomenen aufgeprägt hat, die unter anderem Himmel vor Tausenden von Jahren sich ereigneten (manche tatsächlich vor mehr als 4 000 Jahren). Doch wenn man Kramers glänzende Übersetzungen selber liest, bleibt einem der Atem stehen. Wenn man hier nur die Klagen des Vaters über seinen mißratenen Sohn und über die Verlotterung der Jugend im allgemeinen liest, aufgezeichnet auf siebzehn Tontafeln vor 3 700 Jahren (aber in der Urform noch viele Jahrhunderte älter), so spricht hier Vater und Sohn aus unserer heutigen Nachbarschaft. Der Text beginnt mit der Vater-Frage an den Sohn: «Wo bist du hingegangen?» Antwort: «Ich bin nirgendwo hingegangen!» –

Die Existenz dieses Volkes ist auf eine der seltsamsten Arten entdeckt worden, die sich denken läßt. Die Entdeckung ist eine der glänzenden Leistungen des menschlichen Geistes. Sie geschah im Anschluß an die Überlegungen der Entzifferer der Keilschrift. Es läßt sich nicht besser sagen: die Existenz dieses Volkes ist «ausgerechnet» worden.

Es war einer der großen Triumphe der Astronomie, als es zum erstenmal gelang, auf Grund sehr komplizierter Messungen die Behauptung zu wagen, daß auf einer bestimmten Bahn, zu einer bestimmten Zeit, ein Stern auftauchen müsse, der noch keinen Namen hatte und den noch kein menschliches Auge bis dahin erblickt hatte. Der Triumph trat ein, als dieser Stern, genau wie vorhergesagt, zur rechten Zeit tatsächlich erschien.

Es war ein ähnlicher Vorgang, als ein russischer Wissenschaftler in den bis zu seiner Zeit entdeckten, nicht mehr teilbaren Grundstoffen der Natur, den Elementen, eine geheime Ordnung erkannte, sie tabellarisch erfaßte und aus den Lücken, welche die so gewonnene Reihenfolge aufwies, das Vorhandensein bestimmter, bis dahin noch nicht erkannter Elemente mit ganz gewissen Eigenschaften vorhersagte.

Nicht anders war es auf dem Gebiet der Anthropologie, als Haeckel rein theoretisch eine Zwischenform zwischen Menschenaffe und Mensch konstruierte, die er Pithecanthropus nannte, und als Eugen Dubois im Jahre 1892 auf der Insel Java Knochenreste fand, die dieser Konstruktion entsprachen.

Als sich die Spezialisten der Keilschrift, nachdem die Schwierigkeiten der Entzifferung durch Rawlinsons Nachfolger behoben waren, besonderen Fragen, wie Herkunft der Zeichen, sprachlichen Zusammenhängen und ähnlichem widmen konnten, da gerieten sie bei der Untersuchung vieler merkwürdiger Tatsachen auf folgende Theorie, deren Endpunkt eine erstaunliche Behauptung war.

Die Tatsache der Vieldeutigkeit der babylonisch-assyrischen Zeichen ist nicht aus sich selber zu erklären. Ein derart verzwicktes Schriftsystem, eine derartige Mischung aus Buchstabenschrift, aus syllabischer und bildlicher Schrift, kann nicht schlagartig voll ausgebildet vorhanden gewesen sein, als die Babylonier ins Licht der Geschichte traten. Solch System zeigt die Merkmale langer Entwicklung. Es konnte nur Erzeugnis zweiter Hand sein. Und Hunderte vor allem sprachlicher Einzelforschungen kamen zusammen, ergänzten sich und mündeten in die Behauptung, daß nicht die semitischen Babylonier und Assyrer die Erfinder der Keilschrift sein konnten, sondern ein anderes Volk, ein höchstwahrscheinlich nicht semitisches, aus den Hochlanden des Ostens kommendes Volk, dessen Existenz allerdings noch nicht durch den kleinsten Fund bewiesen werden konnte.

Solche Hypothese ließ an Kühnheit nichts zu wünschen übrig. Doch wurden sich im Lauf der Jahre die Forscher ihrer Sache so sicher, daß sie nicht zögerten, diesem Volke, dessen Existenz sie lediglich behaupteten und auf welches nicht eine einzige Inschrift hinwies, sogar einen Namen zu geben. Akkader nannten es die einen, der Deutsch-Franzose Jules Oppert aber sprach von Sumerern, und bei diesem letzten Namen blieb es; er ist dem Titel frühester Herrscher aus dem südlichsten Teil des Zweistromlandes entlehnt, den «Königen von Sumer und Akkad».

Dies die sehr vereinfacht dargestellte Überlegung, Theorie und Behauptung. Und genauso, wie einst der im voraus berechnete Planet erschienen war, wie die vorausgesagten Elemente gefunden worden waren und der konstruierte Pithecanthropus, genauso wurden eines Tages die ersten Spuren des geheimnisvollen Volkes gefunden, das Babylonien und Assyrien die Schrift

Die tausendjährigen Könige und die Sintflut

gegeben hatte. Die Schrift allein? Es dauerte nicht lange, da entdeckte man, daß fast alles, was an kultureller Leistung von Babel und Ninive geboten wurde, zurückzuführen ging auf die Vorarbeit des geheimnisvollen Volkes der Sumerer.

Wir erwähnten bereits Ernest de Sarzec, den französischen Konsularagenten, wieder einmal keinen Archäologen von Profession, sondern einen Mann, der, bevor er den Fuß auf mesopotamischen Boden gesetzt, keine Ahnung gehabt hatte von den Aufgaben grabender Wissenschaft. Die Ruinen und Hügel des Zweistromlandes aber hatten seine Neugier genauso geweckt wie einst die Neugier Paul Emile Bottas (vierzig Jahre waren seitdem vergangen). Und bei seinen anfänglich durchaus dilettantischen Untersuchungen leitete ihn doch derart das Glück des Finders, daß er am Fuße eines Hügels in Tello eine Statue von bis dahin noch nicht gesehener Art ausgrub. Er grub weiter, erfuhr Ermutigung, fand Inschriften und hatte die ersten sichtbaren Spuren des «vorausgesagten» Volkes gefunden, der Sumerer!

Eine Statue des Gaufürsten oder Priesterkönigs Gudea, aus hartem Diorit geschlagen und wunderbar geglättet, war das kostbarste Stück, das mit anderen wertvollen Stücken auf Schiffe verladen wurde und in den Louvre nach Paris gelangte. Welch eine Erregung unter den Wissenschaftlern! Selbst besonnenste und keinerlei historischem Zahlenrausch verfallene Assyriologen mußten aus Fundumständen und Inschriften erkennen, daß einige dieser neu aufgefundenen Steinfragmente aus der Zeit 4000–3000 vor Christi Geburt stammen mußten, also Zeugen einer Kultur waren, die älter war als sogar die ägyptische.

De Sarzec grub vier Jahre, von 1877 bis 1881. Von 1888 bis 1900 gruben die Amerikaner Hilprecht, Peters, Hayne und Fisher in Nippur und Fara. Von 1912 bis 1913 grub die Deutsche Orient-Gesellschaft in Erech und nahm im November 1928 neue Grabungen in Angriff. Und 1931 grub unter der

Abrollung eines Siegelzylinders des Gudea von Lagasch, eines der mächtigen Gaufürsten in früh-babylonischer Zeit.
Abbildung 38

Oberleitung von Erich F. Schmidt eine Expedition der American School of Oriental Research wieder in Fara.

Große Bauten traten ans Licht, Stufenpyramiden, Ziggurahs, die man jeder Stadt so zugehörig erkannte wie der Moschee das Minarett, der Chiesa den Campanile, der Kirche den Turm. Inschriften auch, welche die Geschichte der mesopotamischen Welten immer weiter zurückverfolgen ließen bis ins Zwielicht des menschlichen Beginns. Es war für diese Welten die Entdeckung einer Vorwelt von solcher Wichtigkeit für das Verständnis Babyloniens wie für das Verständnis der griechischen Antike die Entdeckung der kretisch-mykenischen Kultur.

Aber diese sumerische Kultur führte weiter zurück, um vieles weiter. Es schien fast, als träfen sich ihre Anfänge tatsächlich mit der Genesis, wie sie in der Bibel steht, mit den ersten Menschen zumindest nach der großen Flut, die Gott geschickt hatte und die nur Noah überdauerte...

Hatte nicht das Epos vom Halbgott Gilgamesch von solcher Flut erzählt? Das Epos, dessen fehlenden Teil George Smith vom Britischen Museum in den Millionen Scherben des Hügels von Kujundschik gesucht und gefunden hatte?

In den zwanziger Jahren unseres Jahrhunderts begann der englische Archäologe Leonard Woolley in Ur, dem biblischen Ur in Chaldäa, der Heimat Abrahams, zu graben und wies nicht nur nach, daß die große Flut des Gilgamesch-Epos und die Sintflut der Bibel identisch waren, sondern daß diese Flut eine historische Tatsache war!

WENN man wuchernden Schwamm bis zum geringen Teil seiner eigentlichen Größe zusammendrückt, so ist das Ergebnis solcher Zusammenpressung auch stets Trockenheit. Das kann nicht anders sein, wenn wir jetzt die babylonisch-assyrische Geschichte in wenige Seiten pressen. Doch ist solch ein Überblick trotz seiner Trockenheit nützlich für den, der sich nicht allein mit Geschichten begnügen, sondern «Geschichte» sehen will.

Die Geschichte des Zweistromlandes ist nicht einheitlich zu sehen wie etwa die Ägyptens. Wohl aber drängte sich ein Vergleich auf mit dem Ablauf der griechisch-römischen Kultur. Wie einst fremdes Volk von weit her kam und sich in Tiryns und Mykenä Bastionen der eigenen Kultur schuf, wie dann Achäer und Dorier von Norden her barbarisch einbrachen und all dies sich im Lauf von Jahrhunderten verschmolz zum eigentlichen Griechentum – so kam das fremde Volk der Sumerer ins Euphrat- und Tigris-Delta, brachte eine fertige Kultur, Schrift und Gesetz mit und wurde von barbarischen Völkern in einigen Jahrhunderten ausgerottet. Aber auf dem so gedüngten Boden, herauswachsend aus den sumerischen Reichen «Sumer und Akkad», entstand und blühte auf Babylonien.

Berichtet nicht die Bibel von der Sprachverwirrung beim Turmbau von Babel? Tatsächlich wurden in Babylon zwei Staatssprachen gesprochen, Sumerisch und Semitisch (das Sumerische wurde im Laufe der Zeit zur reinen Priester- und Juristensprache); und auch die einbrechenden Amoriter, Aramäer, Elamiter und Kossäer und später in Assyrien die Lulubäer, Mitanni und Hethiter brachten eigene Dialekte.

Der erste Herrscher, dem es gelang, ein großes Gebiet unter seinem Zepter zu vereinigen – von Elam bis nach dem Taurus –, war Sargon I. (2684 bis 2630 v. Chr.). Seine Geburt ist als Mythos überliefert, den wir auch von Kyros und Romulus, von Krischna, Moses und Perseus kennen. Von einer reinen Jungfrau wollte er geboren worden sein, die ihn in einem Gefäß, das sie mit Asphalt verdichtet, einem Strome übergab. Akki, der Wasserschöpfer, soll ihn zum Gärtner gemacht und die Göttin Ischtar ihn zum König erhoben haben. Lange Zeit glaubte man, daß Scharrukên («rechtmäßiger König», Sargon) nicht existiert habe. Heute ist sein geschichtliches Wirken, das bedeutend war, einwandfrei belegt.

Zweihundert Jahre wirkte seine Dynastie. Dann ging sie zugrunde. (Auch die babylonisch-assyrische Geschichte teilen wir in Dynastien ein – ebenso wie die ägyptische; für die Entwicklung in Mesopotamien aber ist diese Einteilung nicht so aufschlußreich wie für Ägypten, deshalb lassen wir sie hier beiseite und folgen ihr nur in der Zeittafel, die am Schluß des Buches zu finden ist.) Einfallende Bergvölker, die Gutäer vor allem, verwüsteten das Land. Stadtkönigtümer rangen um die Vorherrschaft, Priesterkönige in Ur und Lagasch gewannen, wie Ur-Bau und Gudea, zeitweilig weitreichenden Einfluß. Trotz der politischen Wirren entfalteten sich Kunst und Wissenschaft in dieser Zeit, ganz und gar auf dem sumerischen Erbe fußend, zu solch bildender Kraft, daß ihr Einfluß die ganze übrige Geschichte der Menschen viertausend Jahre lang befruchten sollte.

Hammurabi von Babylon war es (um 1700 v. Chr.), der in politischen und militärischen Gewaltstreichen wieder einmal das Land einte, nun aber ein Land und eine Kultur, die den Anspruch auf die Führung in der damaligen Welt erheben durften. Hammurabi war weit mehr als Krieger. Als er bereits die Macht gewonnen hatte, konnte er fünfundzwanzig Jahre lang warten, bis sein mächtigster Feind, Rim-Sin von Larsa, alt genug geworden war, um mit Sicherheit geschlagen werden zu können. Und er ist der erste große

Gesetzgeber der Geschichte. «Daß der Starke den Schwachen nicht schädige, um Waise und Witwe recht zu leiten, hat er in Babylon, und zwar im Tempel E-sagila ... seine kostbaren Worte auf eine Stele geschrieben und sie vor sein ihn als König der Gerechtigkeit darstellendes Bildnis aufgestellt.» (Schon vor ihm gab es kleinere Gesetzaufzeichnungen. Es gab die fixierten Gesetze der Königin von Isin und die von Schulgi, König von Ur in der dritten Dynastie. Und als 1947 der amerikanische Archäologe Francis Steele vier in

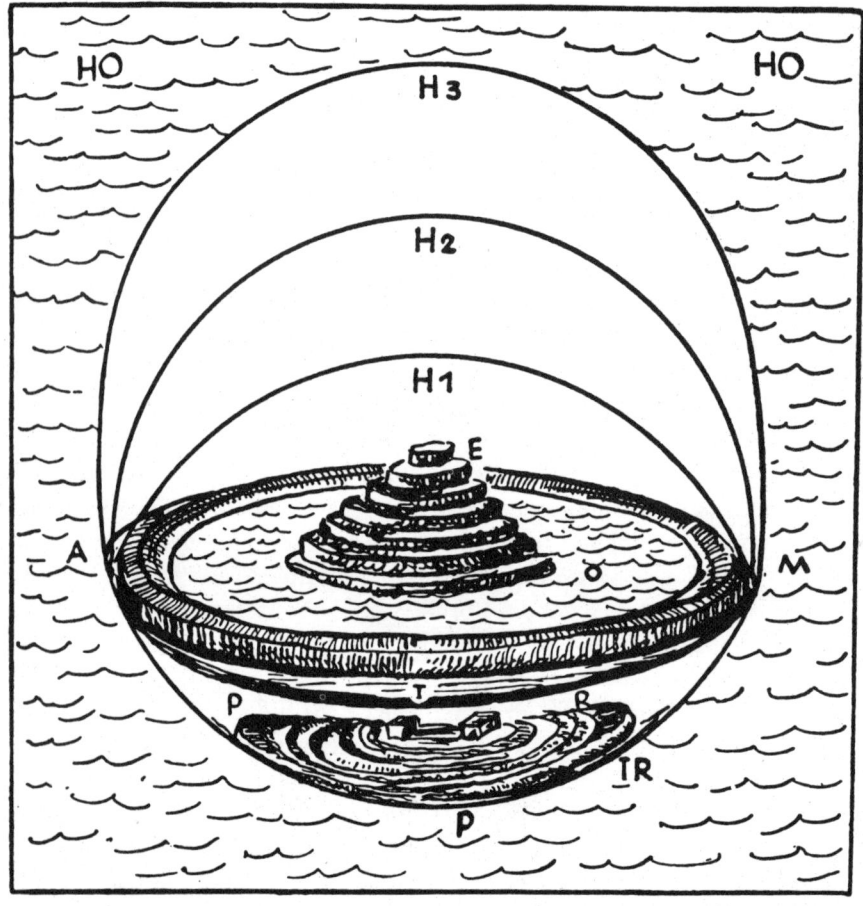

Babylonisches Weltbild. E = Erde; H1, H2, H3 = 1., 2. und 3. Himmel; HO = Himmlischer Ozean; O = Irdischer Ozean; T = Tiefe des Irdischen Ozeans; A = Abend (Westen), Berg des Sonnenuntergangs; M = Morgen (Osten), Berg des Sonnenaufgangs; TR = Die sieben Mauern und der Palast (P) des Totenreichs.
Abbildung 39

Nippur gefundene Keilschriftfragmente zusammenfügte, da hielt er einen Teil eines Gesetzbuches des Königs Lipit-Ischtar in Händen, das anderthalb Jahrhunderte älter war als der «Code» Hammurabis.) König Hammurabis Verdienst aber ist die Vereinigung der lokalen Rechte und Vorschriften zu einem übergeordneten Gesetz, dessen rund dreihundert Paragraphen auch dann noch weiterwirken sollten, als das babylonische Reich schon längst zerfallen war.

In diesem ungeheuren Aufschwung hatte sich die Produktivkraft der sumerisch-babylonischen Kultur auf lange Zeit erschöpft. Die politische Kraft des Reiches wurde zersplittert, die wirtschaftliche (die sich unter Kadaschman-Enlil I. und Burnaburiasch II. über alle Randgebiete bis nach Ägypten hin ausdehnte – wir besitzen eine Korrespondenz, die um das Jahr 1370 v. Chr. mit dem dritten und vierten Amenophis geführt wurde) fiel zusammen. Selbst als die kossäische Fremdherrschaft gebrochen war, sorgten aramäische Beduinen und von Norden hereinflutende Assyrer dafür, daß sich ein neues «Reich» vorläufig nicht mehr bilden konnte.

Und wieder sehen wir nun eine vortreffliche Parallele in der Entwicklung der griechisch-römischen Kultur. Genau wie einst Athen seine Macht, seine Religion, seine Kunst und seine Wissenschaft zerbröckeln sah, als es zusehen mußte, wie all seine Kultur vom neureichen Rom in technisierte und entseelte Zivilisation umgeschmolzen wurde – genauso mußte Babylonien mit seiner Hauptstadt Babylon zusehen, wie seine Kultur zivilisatorische Auferstehung feierte im neureichen Assyrien, das sich schließlich in Ninive die Stadt schuf, die Babel gegenüber nichts anderes war als Rom gegenüber Athen.

Tukulti-Ninurta I. (um 1250 v. Chr.) war der erste Assyrer, der einen babylonischen König gefangennahm. Unter Tiglath-Pileser I. (um 1100 v. Chr.) wurde Assyrien zum Großstaat, der sich jedoch unter den Nachfolgern von so geringer Festigkeit erwies, daß die nomadisierenden Aramäer ihn nicht nur überrumpeln, sondern sich auch auf seinem Boden ansiedeln konnten. Erst Assurnasirpal (884 bis 860 v. Chr.) und Salmanassar IV. (781 bis 772 v. Chr.) richteten das neue Reich wieder auf, drangen bis zum Mittelmeer vor, eroberten ganz Syrien und empfingen selbst von phönizischen Städten Tribut. Assurnasirpal verdankt die Residenz Kalach ihren großartigen Herrscherpalast und die Stadt Ninive ihren Ischtar-Tempel. Vier Jahre regierte «Semiramis» (Scha-ammu-ramat); ihr Sohn Adad-nirari III. (810 bis 782 v. Chr.) bewies den Herrschertakt, der sich einen politischen Erfolg «eine Messe wert» sein läßt, indem er die Gottheiten Babels nach Assyrien einzuführen versuchte. Aber erst Tiglath-Pileser III. (als Phul kennen wir ihn aus der Bibel), ein Usurpator von ungewöhnlicher Tatkraft, gab Assyrien wieder das Recht, sich als Weltmacht zu fühlen und danach zu handeln. Unter ihm (745 bis 727 v. Chr.) dehnten sich die Grenzen des Reiches vom Mittelmeer bis zum Persischen Golf, er drang nach Armenien und Persien vor und bezwang Völker, deren Wildheit jedem anderen standgehalten hatte, eroberte Damaskus und nahm weite Teile von Nordisrael in assyrische Verwaltung.

Zwischen all diesen Herrschern gab es eine ganze Anzahl anderer, deren Namen und Daten wir wissen, deren Taten aber und deren allgemeine Bedeutung nicht groß genug ist, um in komprimierter Übersicht erwähnt werden zu können.

So ist der nächste, den wir erwähnen müssen, erst Sargon II. (722 bis 705 v. Chr.), der Besieger der Hethiter von Karkemisch. Vielleicht hat unter seiner Herrschaft Assyrien die straffste politische Zusammenfassung erlebt. Er ist der Vater Sanheribs (705 bis 681 v. Chr.), des wahnsinnigen Zerstörers von Babylon, der Großvater Asarhaddons (681 bis 669 v. Chr.), der Babylon wiederaufbauen ließ, im Norden die Kimmerer besiegte und 671 v. Chr. Memphis in Ägypten eroberte und für die Schatzkammern Ninives plünderte, und schließlich der Urgroßvater Assurbanipals (668 bis 626 v. Chr.), der zwar die ägyptischen Eroberungen an den Pharao Psammetich I. wieder verlor, aber mit Tatkraft ebenso wie mit Sinn für Intrige seinen aufständischen Bruder Saosduchin, den Herrscher von Babylonien, bis zum Selbstmord zu treiben wußte. Assurbanipal ist der Gründer der größten Bibliothek des Altertums in Ninive (erst die Papyrus-Schätze Alexandriens sollten seine Sammlung übertreffen) und blieb trotz vieler Feldzüge mehr Friedensfürst als Krieger.

Von den darauffolgenden Königen war es Sin-schar-ischkun (625 bis 606 v. Chr.), der die Zügel des Reichs nicht mehr halten konnte, dem immer stärker werdenden Ansturm der Meder nicht mehr gewachsen war, sich dazu in seinem Feldherrn, dem Chaldäer Nabupolassar, einem Verräter anvertraut hatte und sich schließlich, während die Meder bereits in die Gassen des eroberten Ninives stürmten, mit allen Weibern und Schätzen selber verbrannte. (Nach Diodor, der sich auf Ktesias beruft, auf einem vierhundert Fuß hohen Scheiterhaufen mit hundertfünfzig goldenen Ruhebetten und ebensoviel goldenen Tischen, nebst zehn Millionen Talenten Goldes, hundert Millionen Talenten Silbers und einer Menge kostbarer Purpurzeuge.)

War dies das Ende der babylonisch-assyrischen Geschichte? Mit dem abtrünnigen General Nabupolassar erhob sich noch einmal in Babylon ein Usur-

Die tausendjährigen Könige und die Sintflut 297

pator; er bereitete den Weg für den größeren Sohn, für Nebukadnezar II. (604 bis 562 v. Chr.), für einen «Cäsar» des Zweistromlandes!

Was sich jetzt in Babylon an Pracht und Prunk und souveräner Macht entfaltete, kam nicht nur aus dem Geiste, nicht nur aus der Tradition, nicht nur aus der uralten Kultur dieser Stadt. Es hatte seine Brechung in Assyrien erfahren, in Ninive. Keine äußerliche Anknüpfung an alte Kulte, an alte Sitten, an alte gesellschaftliche Formen täuschte darüber hinweg. Dies «Neubabylonische Reich» (wie wir es heute nennen) war dekadente Zivilisation auf altem Kulturboden.

Alle Taten Nebukadnezars sind zivilisatorischer Natur. Mit größter Ausführlichkeit werden seine technischen Verdienste gerühmt: Kanalbauten, Gartenanlagen, Schaffung eines Stausees, und vor allem seine unzähligen Bauwerke sakraler und profaner Art.

Aber auf dem Höhepunkt jeder Zivilisation pflegt sich der Untergang anzukündigen. Sechs Jahre nach seinem Tode wurde durch eine Palastrevolution das Königshaus ausgerottet. Der letzte Herrscher Nabunaid (555 bis 539 v. Chr.), ein altertümlicher Frömmling, verbrannte bei der Einnahme der Königsburg, die Verräter dem Perserkönig Kyros in die Hände gespielt hatten.

Unter Nebukadnezars Herrschaft hatte die Kultur des Zweistromlandes ihren letzten großen Atemzug getan.

Im Jahre 1911 empfing Frau Winifred Fontana, Gattin des britischen Konsuls, drei junge Archäologen bei sich zu Gast. Sie war Malerin, und demgemäß notierte sie in ihrem Tagebuch: «... alle drei sehr schöne Modelle für eine Malerin...»

Die drei Archäologen waren David Hogarth, T. E. Lawrence und Leonard Woolley. Einer von ihnen sollte wenige Jahre später Weltruhm ernten – aber nicht mehr als Archäologe; es war Lawrence, der im Ersten Weltkrieg den arabischen Aufstand leitete. Der dritte erntete geringeren Ruhm in den Augen der Öffentlichkeit, um so mehr in den Augen seiner archäologischen Kollegen.

Es ist verständlich, daß Winifred Fontana, sehr viel später noch einmal nach ihren damaligen Eindrücken befragt, unterm Gewicht der inzwischen historischen Bedeutung des Obersten Lawrence bei erneutem Bericht über den Besuch der drei Archäologen sagt, daß «doch Lawrence meine Aufmerksamkeit immer wieder anzog...»

Ein Syrer, damals gleichfalls Gast im Hause des Konsuls, äußerte sich hingegen zu Frau Fontana: «In welch unglücklichem Gegensatz steht ce jeune Laurens zu Monsieur Woolley, der so sehr ein Mann von Welt ist und ein parfait gentilhomme.»

Dieser «parfait gentilhomme» begann sehr viel später, in den Jahren 1927 und 1928, als Siebenundvierzigjähriger mit Ausgrabungen bei der Stadt Ur am Euphrat, der sagenhaften Heimat Abrahams. Es dauerte nicht lange, so stieß er auf ungewöhnlich reiche Zeugnisse des Volkes der Sumerer! Er deckte die «Königsgräber von Ur» auf, fand reiche Schätze und erweiterte – was wichtiger war als das gefundene Gold – unsere Kenntnis von der babylonischen Vorgeschichte um so zahlreiche Einzelheiten, daß dieser früheste Abschnitt menschlicher Kultur plötzlich farbiges Leben gewann.

Unter den zahlreichen Funden (die wir hier nicht aufzählen können) waren zwei Stücke besonders bemerkenswert: der Perückenschmuck einer sumerischen Königin und die sogenannte «Mosaikstandarte von Ur». Am bedeutungsvollsten aber für unser Wissen um die früheste Geschichte der Menschheit war die Entdeckung, die eine der eindrucksvollsten Erzählungen der Bibel in voller historischer Wahrheit bestätigte. Grausig aber war schließlich ein Fund, der zum erstenmal Licht warf auf Totenbräuche vor fünftausend Jahren, wie wir sie nicht einmal zu vermuten gewagt hätten.

Woolley stieß den üblichen Graben in den Hügel, mit dem fast jede archäologische Untersuchung beginnt. Bis in eine Tiefe von zwölf Meter fand er eine Schicht von Asche, zersetzten Ziegeln, Tonscherben, Schutt und Müll. In diesen Schutt hatten die Bewohner Urs die Gräber für ihre Könige geschaufelt. Im Grab einer Herrscherin fanden sich reiche Schmuckbeigaben, Goldgefäße, zwei Euphratboote, eins aus Kupfer, eins aus Silber, sechzig Zentimeter lang. Und es fand sich dort der Kopfschmuck der Königin. Auf einer dick gepolsterten Perücke reihten sich drei Schnüre aus Lapislazuli und rotem Karneol. An der untersten hingen goldene Ringe, an der zweiten goldene Buchenblätter, an der dritten Weidenblätter und goldene Blumen. Darüber steckte ein fünfspitziger Kamm, geschmückt mit goldenen Blumen mit einer Auflage aus Lapislazuli. Goldene Spiraldrähte schmückten die Schläfen, und goldene Ohrringe, halbmondförmig, hingen schwer herab.

Katharine Woolley hat den Versuch gemacht, nach einem aufgefundenen Schädel aus jener Zeit den Kopf der Königin zu modellieren, der einst diesen Schmuck trug. An Terrakotten orientierte sie sich über die damalige Haartracht, die goldenen Haltebänder informierten sie über die Größenverhältnisse der Perücke. Dies Modell, das jetzt im University Museum in Philadelphia steht und dem wir große Wirklichkeitsnähe zutrauen dürfen, läßt uns

Die tausendjährigen Könige und die Sintflut 299

erkennen, wie weit die Kunst der Edelmetallbehandlung und wie hoch der künstlerische Geschmack vor fünftausend Jahren entwickelt war. Unter den kostbaren Schmuckstücken aus den Königsgräbern von Ur befinden sich Stücke, deren sich heute ein so berühmtes Haus wie Cartier in Paris nicht zu schämen brauchte.

Ein höchst aufschlußreicher Fund aber war die sogenannte «Mosaikstandarte». (Woolley datiert sie in das Jahr 3500 v. Chr.) Diese Standarte bestand aus zwei rechteckigen Tafeln von 55 Zentimeter Länge und 22,5 Zentimeter Breite; dazu gehörten noch zwei dreieckige Ansatzstücke. Es ist anzunehmen, daß diese Tafeln an einer Stange befestigt waren und einst bei Prozessionen und Umzügen vorangetragen wurden.

Diese Tafeln nun waren bedeckt mit einer Unzahl von kleinen Perlmutter- und Muschelfiguren auf Lapislazuligrund. Nicht mit solcher Fülle, längst nicht mit solchen Einzelheiten, wie einst die Wandmalereien im Grabe des reichen Herrn Ti den Forscher Mariette über altägyptisches Leben informiert hatten, aber dennoch reich genug zeigte sich Woolley hier wie in einem Bilderbuche, was fünftausend Jahre vergangen war. Bedenkt man ihr Alter, so war diese Standarte als Schlüsselwerk von außerordentlichem Wert anzusprechen.

Ein Festgelage sehen wir (was uns Auskunft gibt über Bekleidung und Gerät), die Herbeischaffung von Schlachttieren (was uns sagt, welche Haustiere damals gehalten wurden), einen Zug von Gefangenen und einen Zug von Kriegern (was uns Kenntnis von Waffen und Ausrüstungen vermittelt)

Die «Mosaikstandarte von Ur», einer der interessantesten Funde Leonhard Woolleys. Die Zeichnung läßt den Reichtum der Arbeit nicht erkennen. Doch das Original ist für den aufmerksamen Betrachter ein «Bilderbuch» aus dem Leben der Sumerer.
Abbildung 40

und Kriegswagen schließlich, die uns Bescheid geben, daß es die Sumerer waren, die am Ende des vierten Jahrtausends die Wagentruppen in die Kriegsgeschichte einführten, jene Wagentruppen, die die Riesenreiche der Babylonier, Assyrer, Perser und noch der Mazedonier zusammenfügten oder zerschlugen!

Dann aber machte Woolley seinen schrecklichsten Fund. Diese Königsgräber von Ur bargen noch andere Leichen als die der Herrscher und Herrscherinnen selbst.

In diesen Gräbern schienen Metzeleien stattgefunden zu haben. In einem Grab lagen Wachsoldaten, den Kupferhelm neben dem Schädel, den Speer neben der Hand. Erschlagen! Am Ende einer Grabkammer lagen neun Hofdamen, noch mit dem herrlichen Kopfschmuck angetan, den sie wahrscheinlich während der Bestattungsfeierlichkeiten getragen hatten. Dem Eingang gegenüber standen zwei schwere Karren – und in den Karren lagen die Knochen der Kutscher; vorn, neben den Skeletten der Zugochsen, lagen die Knochen der Knechte. Auch sie gemetzelt!

Im Grab der Königin Schub-ad fand Leonard Woolley die Hofdamen hingeschlachtet in zwei Reihen liegend. Als letzter lag dort ein Mann, der Spielmann, der Harfner; seine Armknochen lagen noch über dem kostbaren, intarsienverzierten Instrument, das er offensichtlich umklammert gehalten hatte, bis ihn der tödliche Hieb traf. Sogar direkt an der Bahre, auf der die Königin ruhte, kauerten die Skelette zweier Menschen so, wie ein Schlag sie hingestreckt hatte.

Was bedeutete dieser Fund?

Er ließ nur eine Erklärung zu: Hier war sterblichen Menschen das größte Opfer gebracht worden, das unter Menschen möglich ist – menschliches Leben! Hier stand Woolley vor bewußtem Menschenopfer, wahrscheinlich dargebracht von fanatisierten Priestern, die ein Gottkönigtum konstituieren wollten. Denn aus der Lage der Leichen, aus allen Fundumständen durfte geschlossen werden, daß diese Hofleute, Soldaten und Knechte ihren Herrschern keineswegs freiwillig in den Tod gefolgt waren, so wie es die indischen Witwen taten, wenn sie dem toten Gatten freiwillig auf den Scheiterhaufen folgten. Hier war das Opfer Metzelei! Blutige Hinrichtung zur Ehre toter Könige!

Was schloß die Wissenschaft aus diesem Fund? «Es sind keine Aufzeichnungen bekannt», sagt Woolley, «die auf Menschenopfer solcher Art hinweisen, und auch die Archäologie hat sonst keine Spur eines solchen Brauches, ebensowenig Überbleibsel in späterer Zeit entdeckt. Wenn diese Opfer ... mit

Die tausendjährigen Könige und die Sintflut

der Vergöttlichung der ersten Könige erklärt werden können, darf gesagt werden, daß in geschichtlicher Zeit nicht einmal die größeren Götter einen solchen Ritus verlangten: *ein Beweis also für das außerordentlich hohe Alter der Gräber in Ur!*»

DIESEM hohen Alter der sumerischen Kultur sollte Woolley noch einen Schritt näherkommen.

Als er systematisch in größere Tiefen vorzustoßen begann, geriet er unter den Gräbern, zwölf Meter unter der Oberfläche, auf eine Tonschicht. Diese Schicht war vollkommen sauber, weder durch Scherben noch Müll verunreinigt, und nicht weniger als zweieinhalb Meter dick.

Für das Vorhandensein solch offenkundig natürlicher Schwemmschicht gab es nur eine einzige Erklärung, die der Geologe mit größerer Sicherheit angeben konnte als der Archäologe. Einst mußte über das Land Sumer eine ungeheure Flutkatastrophe hereingebrochen sein. Eine Flut, die, wenn sie eine Tonschicht von zweieinhalb Meter Mächtigkeit ablagern konnte, aus dem Meere und aus allen Schleusen des Himmels gekommen sein mußte. Sie muß, um mit der Bibel, dem 7. Kapitel des 1. Buches Moses zu sprechen, an einem Tage über die Täler und Hügel geströmt sein, «da aufbrachen alle Brunnen der großen Tiefe, und taten sich auf die Fenster des Himmels, und kam ein Regen auf Erden vierzig Tage und vierzig Nächte ... und das Gewässer stand auf Erden hundertfünfzig Tage!»

Woolley stand vor einer ungeheuerlichen Schlußfolgerung.

Wenn er sich an die Übereinstimmung der biblischen Erzählung mit dem viel älteren Gilgamesch-Epos erinnerte, wenn er die sogenannten sumerischen Königslisten zu Hilfe nahm («dann kam die Flut, und nach der Flut stieg das Königtum abermals vom Himmel hernieder»), wenn er außerdem all das andere berücksichtigte, was die Ausgrabungen im Zweistromland bestätigt hatten von der Richtigkeit der alten Legenden und Heiligen Schriften, so konnte es eigentlich keinem Zweifel mehr unterliegen, daß diese große Flut, die er hier einwandfrei nachgewiesen hatte, die Sintflut war.

Natürlich hat diese geschichtliche Flut, die den Anlaß zur mythischen Sintflut gab, nicht das ganze Menschengeschlecht bis auf die eine Familie, die des Ut-napischti-Noah, ausgerottet. Es muß eine der Fluten gewesen sein – zweifellos eine ganz ungewöhnlich schwere –, wie sie sich in dem Überschwemmungsgebiet des Euphrat-Tigris-Deltas immer wieder bildeten. Die Aufzeichnungen, die wir über die ältesten sumerischen Könige vor und nach der Flut haben, lassen den Schluß zu, daß die sumerischen Siedler es waren, die

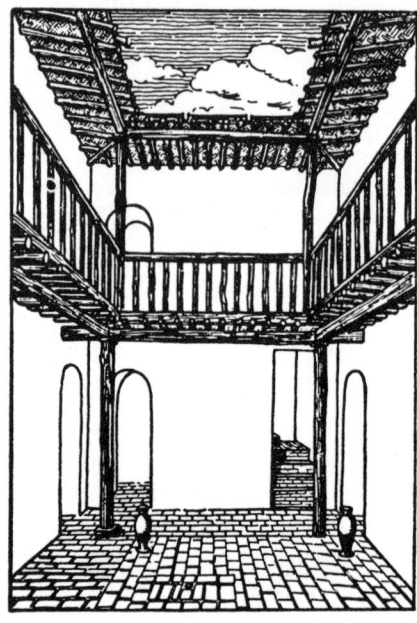

Rekonstruktion eines Privathauses in Ur.
Abbildung 41

die Flut vor allen anderen überlebten – einfach deshalb, weil sie – anders als die einheimischen, noch barbarischen Semiten – schon in wallumgebenen, auf künstlichem Boden errichteten Städten lebten. Und es ist nicht ausgeschlossen, daß Ut-napischti, der sumerische Noah, eine geschichtliche Gestalt ist, einfach ein Siedler, der, auf akkadischem Gebiet sitzend, früher als die anderen vom Steigen der Flut Kenntnis erhielt und rechtzeitig seine Rettungsmaßnahmen traf. Und die göttliche Weisung, die Ut-napischti erhielt, «seid fruchtbar und mehret euch und erfüllet die Erde», haben die überlebenden sumerischen Siedler buchstäblich erfüllt, indem sie mit einer Tatkraft, vor der noch heute die Archäologen bewundernd stehen, das von der Flut zerstörte Land aufs neue in fruchtbare Kulturen verwandelten.

Ins vierte Jahrtausend v. Chr. datiert Woolley seine Funde in den Königsgräbern von Ur. Bis zu diesen Funden war unsere Kenntnis dieser Zeit auf Legende und Mythos beschränkt. Woolley machte dieses Zeitalter historisch. Es sollte ihm gelingen, einen König dieser Zeit, einen der ältesten Könige der Menschheit, dokumentarisch in seiner historischen Existenz zu bestätigen!

Die tausendjährigen Könige und die Sintflut

AUF Grund von wissenschaftlichen Indizienbeweisen ist einst die Existenz der Sumerer behauptet worden. Heute herrscht an dieser Existenz kein Zweifel mehr; zuviel Zeugnisse ihrer Kunst und ihres Handwerks stehen bereits in unseren Museen. Über die *Herkunft* des Volkes aber, das diese Dinge verfertigte, wissen wir so gut wie nichts. Und wieder können wir uns bei Behauptungen nur auf Indizien stützen.

Kein Zweifel ist dies: Die Sumerer, ein nichtsemitisches, dunkelhaariges Volk, «Schwarzköpfe» werden sie in den Inschriften genannt, kamen als letzte ins große Delta von Euphrat und Tigris. Vor ihnen war das Land bereits durch (wahrscheinlich) zweierlei semitische Stämme besiedelt. Aber die Sumerer brachten eine überlegene, in ihren entscheidenden Teilen fertig ausgebildete Kultur mit, die sie den halbbarbarischen Semiten aufzwangen.

Wo haben sie diese Kultur ausgebildet? – Diese Frage schneidet eins der großen, immer noch schwebenden Probleme der grabenden Forschung an.

Ihre Sprache ist dem alten Türkisch (turanisch) ähnlich. Ihrer Konstitution nach gehören sie zum indoeuropäischen Stamm. Das ist alles – denn schon jetzt beginnen die reinen Hypothesen. Menschen, die ihre Götter stets auf Bergesgipfeln sehen und anbeten und ihnen im fremden Flachland sogar künstliche Berge bauen, die Ziggurahs, können auf keinen Fall aus den großen Ebenen stammen. Kommen sie also vielleicht aus dem iranischen Hochland oder noch von weiter her, aus den asiatischen Bergländern? Solcher Schluß wird gestützt durch die Tatsache, daß die früheste sumerische Architektur, die wir im Zweistromland ausgegraben haben, offensichtlich auf einer Überlieferung von Holzkonstruktionen basiert, die nur in stark bewaldeten Hochländern entstehen konnten.

Doch nichts ist hier als sicher zu nehmen. Denn solcher Theorie widerspricht ein Teil der alten sumerischen Legende, die von einem Volk erzählt, das vom Meer her ins Zweistromland eindrang. Auch hierfür gibt es Indizien.

Schließlich stellte eines Tages der Engländer Arthur Keith fest: «Die Gesichtszüge der alten Sumerer kann man noch im Osten, bei den Bewohnern von Afghanistan und Belutschistan bis zum Tal des Indus – etwa 2 400 Kilometer entfernt – feststellen.»

Und kaum war dies ausgesprochen, da fand man bei Ausgrabungen im Indus-Tal, bei Entdeckung einer hochentwickelten alten Kultur, besonders auffallende, rechtwinklige Siegelstöcke, die in der Form, dem Stil ihrer Gravierung und ihrer Inschriften bis aufs Haar denen glichen, die man in Sumer gefunden hatte!

Aber immer noch bleibt offen, woher das geheimnisvolle Volk kam. Und hier dürfen wir keine Ungeduld zeigen. Wir müssen daran denken, in welch graue Vergangenheit allein das zurückreicht, was wir bisher an Zeugnissen der «Schwarzköpfe» gefunden haben. Und blicken wir auf die sogenannten «Königslisten», so öffnen sich noch weitere, noch fernere Vergangenheiten!

ALLE Datierung im früheren Babylon geschah nach einem hervorragenden Ereignis, das im vergangenen Jahre stattgefunden hatte. Doch schon zur Zeit der I. Dynastie von Isin (etwa 2100 v. Chr.) geschah die erste chronologische Fixierung der Vergangenheit. Davon sind uns die Kopien der «Königslisten» erhalten geblieben, schematische, doch für uns wertvolle Tabellen; und aus sehr viel neuerer Zeit (aus dem dritten und vierten Jahrhundert v. Chr.) die ausgeschmückte Darstellung des babylonischen Priesters Berossos, der in griechischer Sprache schrieb.

Nach diesen Listen reicht die Geschichte der Sumerer zurück bis zur Erschaffung der Menschen. Die Bibel kennt von Adam, dem ersten Menschen, bis zur Sintflut zehn «Urväter». Bei den Sumerern heißen sie «Urkönige», ebenfalls zehn an der Zahl. Schon die israelitischen Urväter rühmten sich unwahrscheinlich langer Lebensdauer. Adam, der mit hundertdreißig Jahren seinen ersten Sohn zeugte, soll anschließend noch achthundert Jahre gelebt haben. Und das Alter des Methusalem lebt noch in unserem modernen Sprachschatz. Doch die Lebensdauer der alten Sumerer ist geradezu phantastisch. Nach einer Nachricht (die allerdings nur acht Herrscher aufzählt) haben die Urkönige zusammen 241 200 Jahre regiert, nach einer anderen, die alle zehn aufzählt, sogar 456 000 Jahre!

Dann kam die Sintflut. Es kam die Neuschaffung des Menschengeschlechtes aus dem Stamm Ut-napischtis. Und die Könige, die nun genannt werden, zählten die späteren babylonischen Gelehrten, die um das Jahr 2100 v. Chr. ihre Chroniken schrieben, als absolut historische Persönlichkeiten. Da sich aber in den Reihen dieser Herrscher mehrere befinden, die in der gleichzeitig überlieferten Legende als Götter und Halbgötter leben, und da auch von der ersten Dynastie nach der Flut noch behauptet wird, daß ihre dreiundzwanzig Könige zusammen immerhin 24 510 Jahre, 3 Monate und 3½ Tage regiert hätten, ist es nicht verwunderlich, wenn die abendländischen Forscher den Königslisten anfangs überhaupt keinen Glauben schenkten.

Das ist besonders deshalb kein Wunder, weil es bis in unser Jahrhundert hinein den Archäologen nicht glückte, ein einziges Dokument zu finden, das einen Königsnamen vor der achten Dynastie nach der Sintflut verbürgte.

Als aber Woolley mit eigenen Augen immer ältere Schichten der ältesten

Die tausendjährigen Könige und die Sintflut

Kultur ans Tageslicht treten sah, wuchs sein Zutrauen in die alten Listen. Er befand sich mit solchem Glauben in kaum einer anderen Situation als Schliemann einst vor seinem Homer und Pausanias. Und genau wie diesem großen Dilettanten sollte auch ihm, dem großen Fachmann, ein glücklicher Fund sein Zutrauen bestätigen!

Im Hügel El-Obeid bei Ur in Chaldäa fand Leonard Woolley einen Tempel der Muttergöttin Nin-chursag, der mit Treppe, Terrasse, Vorhalle, hölzernen Säulen, die mit Kupfer ausgelegt waren, mit reichen Mosaiken, Skulpturen von Löwen und Hirschen das älteste Bauwerk der Welt war, das solche Größe mit solch künstlerischer Durcharbeitung vereinigte. Und er fand in diesem Tempel neben vielerlei wertvollen und wertlosen Gegenständen auch eine goldene Perle.

Diese Perle war es, die in ihrer Inschrift Leonard Woolley die erste Nachricht vom Erbauer dieses Tempels gab. Sie trug deutlich lesbar den Namen A-anni-padda!

Und Woolley fand eine Kalksteintafel, die ihm noch mehr sagte als die goldene Perle. Auf der Kalksteintafel wurde in bereits gut entwickelter Keilschrift die Weihung des Gebäudes durch «A-anni-padda, König von Ur, Sohn des Mes-anni-padda, Königs von Ur» bestätigt.

Und Mes-anni-padda erschien in den Königslisten als Gründer der dritten Dynastie nach der Sintflut, der sogenannten I. Dynastie von Ur! Als einer der Könige, die man bis dahin in ihrer geschichtlichen Existenz angezweifelt hatte!

Mit der Frage nach der schwarzen Katze, nach dem Schock, nach dem zwölfgeteilten Zifferblatt begannen wir dieses Kapitel von der Ausgrabung des Volkes der Sumerer und wollen es damit schließen.

Eine Linie führt von den Sumerern bis zu uns, nur prismatisch gebrochen von den Kulturen, die in der Zwischenzeit lebten und starben. Die schöpferische Kraft der sumerischen Kultur war außerordentlich, und ihr Einfluß durchdrang alle Gebiete. Was auch immer in Babylon und Ninive sich reich entfaltete, war auf sumerischem Grunde gewachsen. Nur einige Beispiele wollen wir dafür angeben, wieweit die gesamtbabylonische Kultur der sumerischen verpflichtet ist und wie sich ihre Leistungen gegenüber denen der späteren Kulturen rangmäßig einordnen lassen.

Die große Gesetzesstele, die in Susa gefunden wurde und Hammurabis Codex enthält, ist ihrem Inhalt nach nichts als eine Kompilation altsumerischer Rechtsgrundsätze und Brauchtümer. In unserem Sinne ganz erstaunlich, weil «modern» an dieser Sammlung, war die Herausarbeitung eines klaren Schuldgedankens und die scharfe Betonung rein juristischer Standpunkte (bei Beschränkung religiösen Gebots). Die Blutrache zum Beispiel, die in allen späteren Kulturen lebendig war und selbst in gewissen Teilen Europas noch bis in dieses Jahrhundert ihre verheerenden Wirkungen ausübte, wurde durch Hammurabis Gesetze nahezu abgeschafft; der *Staat* – und dies ist das «modernste» am Gesetz der Stele von Susa – trat als Rächer des Unrechts an die Stelle des *Individuums*. Die Justiz war hart, und die Fülle der rohen Körperstrafen trägt alle Merkmale des orientalischen Despotismus. Aber in ihrer Haltung wirkten die Gesetze des Hammurabi fort bis in den Codex Justinianeus und den Code Napoléon.

Die mit der Magie eng verknüpfte Heilkunst der Babylonier – eine Verknüpfung, die im römischen Sprachgebrauch Babylonier oder Chaldäer gleich Magier setzte – kommt aus Sumer. Babylonien hatte ärztliche Schulen, die vom Staat gefördert wurden. In vielen Fällen war die Kunst des Arztes von religiösen Vorschriften geleitet. In anderen Fällen war er dem Staat, ja, in sehr zahlreichen Fällen der Justiz verantwortlich, die ihn zum Beispiel nach Paragraph 218 des hammurabischen Gesetzes für Kunstfehler folgendermaßen bestrafte: «Hat ein Arzt bei jemandem einen schweren Eingriff vermittels des bronzenen Messers vorgenommen und dadurch den Tod des Betreffenden verursacht, oder hat er jemandes Star mit dem bronzenen Messer eröffnet und dadurch das Auge ruiniert, so soll man ihm die Hand abschneiden!» – Götter und Religion der Sumerer, der Gestirnkult-Anhänger, finden wir unter anderen Namen und oft nur leichten Veränderungen in Babylonien und Assyrien bis in die jüngste Zeit, in Athen und noch in Rom. (Die direkte Einwirkung sumerischer Geschichte und Legende auf die Bibel lernten wir bereits kennen.)

Die Kunde vom Himmel und von den Bewegungen der Gestirne erreichte den Grad exakter Wissenschaft. Sie war die Grundlage für ein planetarisches Weltbild, den Kalender und den Zeitbegriff. Die Tempeltürme der Ziggurahs waren Observatorien. Babylonische Priester berechneten die Bewegungen des Planeten Merkur genauer als Hipparchos und Ptolemäus. Ja, es gelang ihnen, den Mondumlauf nur um 0,4 Sekunden schlechter zu bestimmen als unsere mit hervorragenden technischen Hilfsmitteln ausgerüsteten Astronomen!

Die babylonische Mathematik beruhte auf dem sumerischen Sexagesimalsystem, das die Semiten mit einem Dezimalsystem kreuzten. Die durch solche Kreuzung entstandene Schwerfälligkeit des Rechnens wurde durch Re-

Die tausendjährigen Könige und die Sintflut 307

chentafeln aufgehoben, antike Rechenschieber. Mit diesem Rechensystem aber gelangten die Babylonier zu Zahlenwerten von erstaunlicher Größe. Für die Griechen, die uns auch in mathematisch-astronomischer Hinsicht soviel gelten, verband sich bereits mit der Zahl 10 000 der Begriff der «unzählbar großen Schar». Der Begriff der Million ist erst im 19. Jahrhundert im Abendland aufgekommen. Ein Keilschrifttext im Hügel von Kujundschik aber gibt eine mathematische Reihe an, deren Endprodukt in unserem Zahlensystem durch 195 955 200 000 000 ausgedrückt wird, durch eine Zahl also, die zur Zeit des Descartes und des Leibniz nicht in den Bereich irgendeiner Betrachtung gezogen wurde! –

Doch unheilvoll war all diese Wissenschaft verquickt mit der Astrologie und der Wahrsagerei. Das Schlimmste unter allem Guten, was uns Sumer und Babylon überlieferten, ist der Aberglaube, der die kleinsten Dinge und die geringsten Tätigkeiten in die Enge geheimnisvoller Beziehungen bannte und, sich mit religiösem Wahne treffend, etwa besonders im Hexenwahn eine schaurige Manifestation fand. Auch dies fand über das späte Rom und das maurische Arabien seinen Weg ins Abendland. Der «Malleus maleficarum», der «Hexenhammer», das am intelligentesten geschriebene aller dummen Bücher des Abendlandes, ist nur ein sehr später Nachfahre jenes auf acht Tafeln verzeichneten Keilschrifttextes, der «Verbrennung» betitelt war. –

Leonard Woolley, dem wir das meiste von unserem Wissen über das geheimnisvolle Volk der «Schwarzköpfe» verdanken, gibt aus dem Gebiet der Architektur ein Beispiel für die fortwirkende Kraft einer sumerischen Schöpfung: «Der architektonische Bogen wurde in Europa erst mit den Eroberungen Alexanders des Großen bekannt. Dann griffen ihn die griechischen Architekten als eine neue Bauform begierig auf und führten ihn ... in die westliche Welt ein... Die Rolle der Griechen übernahmen später die Römer. Jetzt bildete der Bogen eine allgemein verbreitete babylonische Baukonstruktion: Nebukadnezar verwendete ihn beim Wiederaufbau von Babylon im Jahre 600 v. Chr.; in Ur steht heute noch ein Bogen in einem Tempel des Kuri-Galzu, eines Königs von Babylon um 1400 v. Chr.; in den Privathäusern der sumerischen Bürger in dem Ur um das Jahr 2000 v. Chr. wurde der Torbogen aus Ziegelsteinen gebaut, die man nach Art des echten Bogens aufsetzte; ein überwölbter Abflußgraben in Nippur muß auf etwa 3000 v. Chr. angesetzt werden, und die echten Bogen, die wir bei der Überdachung der Königsgräber von Ur finden, führen die Beherrschung dieses architektonischen Prinzips um noch weitere 400 oder 500 Jahre zurück. Hier läßt sich also eine deutliche Linie von der Morgenröte sumerischer Kultur bis in unsere moderne Welt verfolgen.»

Und schließlich faßt Woolley zusammen: «Wenn Anstrengungen der Menschen ausschließlich nach ihren Erfolgen beurteilt werden, dann muß den Sumerern ... ein wirklich ehrenvoller, wenn auch nicht hervorragender Platz eingeräumt werden; werden sie aber nach ihrer Wirkung auf die Entwicklung der Geschichte beurteilt, dann verdienen sie, auf eine noch viel höhere Stufe gestellt zu werden. Ihrer Kultur, die in eine noch in tiefer Barbarei versunkene Welt hineinleuchtete, kommt die Bedeutung zu, eines der ersten Antriebsmomente in der Welt gewesen zu sein.

Wir sind mit einer Zeit groß geworden, in der der Ursprung aller Künste noch auf Griechenland zurückgeführt wurde, und man glaubte, Griechenland selbst sei, wie Pallas, dem Haupte des Olympiers Zeus entsprungen. Wir haben jedoch gesehen, wie diese Kulturblüte ihre Lebenskraft von den Lydern, den Hethitern, aus Phönizien, Kreta, Babylon und Ägypten gezogen hat. Die Wurzeln gehen noch weiter zurück: Hinter all diesen Völkern stehen die Sumerer.»

Verfolgen wir in Gesellschaft der Archäologen diese Spuren unseres Lebens bis zurück ins Zweistromland, ins Land der Sintflut und der Urkönige, so spüren wir den Atem der Jahrtausende. Sehen wir die Wirksamkeit von so vielem, was schon vor fünf Jahrtausenden wirksam war im Bösen wie im Guten, so dürfen wir sagen, daß die Jahrtausende wie ein Tag waren.

Bis hierher folgten wir den Archäologen in einen geographischen Raum, der sich nur wenig über die Randgebiete des Mittelmeeres ausdehnte. Jetzt tun wir einen großen Sprung über eine geographische Weite hinweg, aber nur einen kurzen Sprung über eine zeitliche Entfernung. Wir tauchen mit den Männern des Spatens in eine Welt, die erst seit wenigen Jahrhunderten vergangen ist, uns aber fremder, barbarischer, in vielem entsetzlicher und oft unbegreiflicher erscheinen wird als alle Welten, die wir bis jetzt kennenlernten. Wir begeben uns in die Dschungelwelt Mexikos und Yucatans.

IV. DAS BUCH DER TREPPEN

«Die Trümmerstadt lag vor uns gleich einer inmitten des Meeres zerschellten Barke; ihre Masten sind verloren, ihr Name verschwunden, ihre Bemannung untergegangen, und keiner weiß zu sagen, woher sie kam, wem sie gehörte, wie lange sie auf ihrer Reise, was der Anlaß ihres Unterganges war; wer ihre verschwundene Mannschaft war, läßt sich nur durch eine vermeintliche Ähnlichkeit im Bau des Fahrzeugs erraten und vielleicht nie mit Gewißheit erkunden.»

John L. Stephens im Anblick seiner ersten Entdeckung

27. KAPITEL

DER SCHATZ MONTEZUMAS II.

»Mit dem ersten schwachen Dämmerschein war der spanische Befehlshaber auf, um seine Schar aufzustellen. Sie sammelten sich mit klopfenden Herzen unter ihren Fahnen, als die Trompete ihre aufregenden Töne über Wasser und Wald hinweg erschallen ließ, bis sie im fernen Widerhall der Berge erstarben. Die heiligen Feuer auf den Altären der unzähligen Teocallis, der Pyramidentempel, die man nur schwach durch den grauen Morgennebel sah, zeigten die Lage der Hauptstadt an, bis Tempel, Türme und Paläste in der prachtvollen Beleuchtung, welche die über die östliche Bergkette emporsteigende Sonne auf das schöne Tal ergoß, vollständig hervortraten. Es war am 8. November 1519; ein ausgezeichneter Tag in der Geschichte, da an ihm die Europäer zuerst die Hauptstadt der westlichen Welt betraten.«

So beschreibt ein Historiker des vorigen Jahrhunderts (es ist W. H. Prescott, von dem bald Näheres berichtet werden soll) den weltgeschichtlichen Augenblick, da der spanische Abenteurer Hernando Cortez (Cortés – so unterschrieb er auf seinen Briefen) mit der Schar seiner vierhundert Spanier den ersten Blick auf Mexiko tun durfte, die Hauptstadt des Reiches der Azteken.

Als des Cortez Truppen – den Spaniern folgten noch etwa sechstausend Mann eingeborener Hilfsvölker, Tlascalaner vor allem, Erbfeinde der Azteken – über den Deich marschiert waren, der das feste Land mit der Inselstadt verband, passierten sie eine große Hubbrücke. Keiner der Spanier war sich darüber im unklaren, daß sie sich jetzt in die Hand eines Fürsten gegeben hatten, von dessen Macht nicht nur die Scharen der Krieger, die sie umwimmelten, nicht nur die riesigen Bauten vor ihnen, sondern auch die Erzählungen aller Eingeborenen eindrucksvoll gesprochen hatten.

Der Schritt der Spanier dröhnte weiter, ohne zu zögern.

Als sie auf die große Mittelstraße der Stadt gekommen waren, wogte ihnen ein schimmernder Zug geschmückter Menschen entgegen. Hinter drei Staatsbeamten mit goldenen Stäben in der Hand schwankte auf den Schultern von Edelleuten eine goldene Sänfte. Ihr Thronhimmel war von bunter Federarbeit, mit Juwelen übersät und mit Silber eingefaßt. Die Edelleute,

Der Schatz Montezumas II.

die diesen Thronhimmel hielten, waren barfuß, gingen gemessenen Schritts und mit niedergeschlagenen Augen. In gehöriger Entfernung hielt der Zug, und aus der Sänfte stieg ein hochgewachsener, schlanker Mann von etwa vierzig Jahren. Seine Gesichtsfarbe war blasser als die des gewöhnlichen Volkes, sein schwarzes Haar war glatt und nicht sehr lang, sein Bart dünn. Er trug einen mit Perlen und Juwelen bestickten Mantel, dessen Zipfel um seinen Hals zusammengeknotet waren. An den Füßen trug er goldene Sandalen, die mit goldgeschmückten Riemen an seinen Knöcheln befestigt waren. Als er, auf die Arme zweier seiner Edlen gestützt, sich näherte, breiteten Diener baumwollene Decken vor ihm aus, damit seine Füße nicht beschmutzt würden. So stand Montezuma II., Kaiser des Reichs der Azteken, vor Cortez.

Cortez stieg vom Pferd, stützte sich ebenfalls auf zwei seiner Edelleute und ging dem Herrscher entgegen.

Fünfzig Jahre später schreibt Bertal Diaz, einer der Begleiter des Eroberers, über diese Begegnung: «Ich werde dies Schauspiel nie vergessen; es ist mir jetzt, nach so vielen Jahren, noch so gegenwärtig, als hätte ich es gestern erlebt.»

Als die beiden Männer sich ins Auge blickten, als sie einander Freundschaft bezeigten, die von beiden Seiten eine Freundschaft des Wortes und nicht des Fühlens war, da standen sich zwei Welten, zwei Zeitalter gegenüber.

Zum ersten Male in der großen Geschichte der Entdeckungen, die dieses Buch erzählt, ereignete es sich, daß ein Mensch des christlichen Abendlandes eine fremde, reiche Kultur nicht aus ihren Trümmern zu rekonstruieren brauchte, sondern ihr leibhaftig begegnete. Cortez vor Montezuma – das ist, als hätte sich Brugsch-Bey im Tal von Der-el-Bahri plötzlich Ramses dem Großen gegenübergesehen, oder als wäre Koldewey in den «Hängenden Gärten» Babylons dem spazierengehenden Nebukadnezar begegnet, und sie hätten, wie Cortez mit Montezuma, freie Rede tauschen dürfen.

Aber Cortez war ein Eroberer und kein Forscher. Ihn fesselte Schönheit nur, wenn sie kostbar war, und Größe nur, um sich an ihr zu messen. Ihm ging es um Gewinn für sich und die Hispanische Majestät, allenfalls noch um die Errichtung des christlichen Kreuzes, keinesfalls aber um Wissen. (Wenn man nicht seinen geographischen Erkundungsdrang als Drang zum Wissen überhaupt nehmen soll.) Ein knappes Jahr, nachdem er sich mit Montezuma zum erstenmal getroffen, war Montezuma tot. Ein knappes Jahr später war das prangende Mexiko zerstört. Nur Mexiko, nur die Stadt? – Nicht nur sie!

Hierher gehören die Worte eines Kulturhistorikers unserer Zeit, Spenglers: «Diese Kultur ist das einzige Beispiel für einen gewaltsamen Tod. Sie verkümmerte nicht, sie wurde nicht unterdrückt oder gehemmt, sondern in der vollen Pracht ihrer Entfaltung gemordet, zerstört wie eine Sonnenblume, der ein Vorübergehender den Kopf abschlägt!»

UM diesen Vorgang zu begreifen, müssen wir uns einen Rückblick auf die Jahre gestatten, die als «Zeitalter der Konquistadoren» einen Abschnitt der christlich-abendländischen Geschichte bilden, der von der Röte des Feuers und des Blutes gefärbt, mit Kutten verhängt und mit dem Schwerte begrenzt wurde.

1492 entdeckte der genuesische Kapitän Cristóbal Colón, später Christoph Columbus genannt, auf der Fahrt nach Indien die Mittelamerika vorgelagerten Inseln Guanahani, Cuba und Haiti, auf späteren Reisen Dominica, Guadeloupe, Puerto Rico, Jamaica, schließlich die südamerikanische und mittelamerikanische Küste. Während um dieselbe Zeit Vasco da Gama den wirklichen, das heißt den nächsten Seeweg nach Indien fand, erforschten Hojeda und Vespucci und Fernao de Magalhaes die südlicheren Küsten der Neuen Welt. Nach der Reise von John Cabot und der Weltumseglung des Magalhaes war der zusammenhängende amerikanische Kontinent in seiner Ausdehnung bekannt von Labrador bis Feuerland. Und als Nuñez de Balboa mit dem Pathos, dem sich kein großer Entdecker entziehen kann, in voller Rüstung in den Pazifischen Ozean gestiegen war (um ihn «für alle Zeiten» in Besitz zu nehmen), als Pizarro und Almagro von der westlichen Küste her ins Reich der Inkas, das heutige Peru, eingebrochen waren, da war innerhalb eines einzigen Menschenalters die Bresche für das größte europäische Abenteuer geschlagen. Der Entdeckung konnte die Forschung, der Forschung aber mußte die Eroberung folgen. Denn die Neue Welt barg unvorstellbaren Reichtum. Sie barg ihn in zweierlei Sinn: als neu zu erschließende Quelle des Handels und als Schatzkammer, die geplündert werden konnte.

Es ist nicht mehr als gerecht, jenseits aller moralisch-politischen Machiavellismen festzustellen, daß die zuletzt genannte Aussicht die *stärkste* Triebkraft jener unerhörten Wagnisse war, denen sich auf Schiffen, wie sie ihrer Größe nach heute nur unsere Flüsse befahren, immer wieder eine Handvoll Männer aussetzten. Doch wäre es ungerecht, in den Aussichten auf das blinkende Gold des Dorados die *einzige* Triebkraft zu erblicken. Nicht nur Erwerbssinn paarte sich mit Abenteuerlust, nicht nur Habgier mit Draufgängertum. Denn die Forscher und Eroberer fuhren nicht nur für sich, für Isabella und Ferdinand, und dann für Karl V., sie fuhren auch für den Papst, für Alexander VI., den Borgia, der 1493 die Welt mit einem schnur-

Der Schatz Montezumas II. 313

geraden Federstrich zwischen Portugal und Spanien aufgeteilt hatte. Sie fuhren für die Apostolische Majestät, unterm Banner der Jungfrau als Missionare gegen das Heidentum, und keinem ihrer Schiffe fehlte der Priester, der das Kreuz pflanzte.

Mit den Zügen der Forscher und Konquistadoren nach Amerika wurde zum erstenmal in der Geschichte der Menschheit ein Weltbild global. Geist, Religion, Politik und Abenteuer gaben in gleichem Maße ihren Auftrag. Die Wissenschaft vom Himmel, von der Geographie und – Resultat aus beiden – von der Navigation lieferten der expansiven Politik eines wahrhaft europäischen Reiches, «in dem die Sonne nicht unterging», die Mittel. Ein fanatisierter Glaube konnte Abenteurer unter seinen heiligen Fahnen reiten lassen, weil Hidalgoherzen der Träume müde geworden waren und zu Taten drängten.

Dies sind die Stichworte, die für den Zweck unserer Erzählung genügen. Mehr als einmal haben wir die Abseitigkeiten notiert, die entscheidend wurden für die Geschichte unserer Wissenschaft von den versunkenen Kulturen. Und mit Vergnügen wollen wir vermerken, daß Hernando Cortez, der uns unter allen Konquistadoren als Entdecker der Azteken jetzt am meisten interessieren muß, eigentlich Advokat werden sollte. Aus demselben Grunde schreiben wir auf, daß seine erste Flucht aus diesem Beruf, den er haßte, nämlich der Versuch, teilzunehmen an der Expedition des Nicolas de Ovando, des Nachfolgers des Columbus, daran scheiterte, daß die Steine einer hohen Mauer, die den jungen Mann zum Zimmer einer geliebten Dame führen sollten, nachgaben und Hernando unter den Trümmern begruben. Die Quetschungen, die er bei diesem Don-Juanschen Abenteuer erlitt, dem ersten seiner Abenteuer, von dem wir wissen, fesselten ihn ans Bett, bis die Flotte Ovandos ausgelaufen war. Und wir wollen uns die Frage nicht versagen, was in der Geschichte der Neuen Welt anders geworden wäre, wenn die Mauer höher gewesen wäre.

Allerdings sind selbst Männer wie Cortez auswechselbar, wenn die Zeit nach ihnen ruft.

In einem kriegerischen Zuge ganz ohnegleichen stürmte Cortez nach Mexiko. Sechzehn Jahre früher – der damals Neunzehnjährige war gerade in Hispaniola (Espagnola) gelandet – hatte er dem Schreiber des Statthalters, der ihm Land zuweisen wollte, hochmütig erklärt: «Ich bin gekommen, um mir Gold zu schaffen, nicht um wie ein Bauer den Acker zu pflügen!» Doch damit hatte es Weile. Als Vierundzwanzigjähriger nahm er unter Velasquez an der Eroberung Cubas teil. Er zeichnete sich aus, ergriff dann jedoch die Partei der Gegner des neuen Statthalters und wurde ins Gefängnis geworfen. Er floh, wurde ergriffen, floh wieder; schließlich gelang eine Versöhnung mit dem Statthalter. Er ging auf ein Landgut, führte als erster in Cuba europäisches Hornvieh ein, beutete Goldgruben aus und häufte die bedeutende Summe von 2000 bis 3000 Castellanos an. Bischof de Las Casas, einer der wenigen Freunde der Indianer in der Neuen Welt, bemerkte hierzu: «Gott, der allein weiß, auf Kosten von wieviel Indianerleben die Summe erlangt wurde, wird Rechenschaft darüber fordern!»

Die Anhäufung dieses Vermögens war entscheidend für den weiteren Lebensweg Cortez'. Denn nun, da er sich finanziell an jeder Art von Rüstung beteiligen konnte, erlangte er den Oberbefehl über die Kriegsflotte, die er zusammen mit dem Statthalter Velasquez ausrüstete, um endlich die Küste des sagenhaften Landes anzusteuern, von dem immer wieder verheißungsvolle Erzählungen Eingeborener berichteten. Im letzten Augenblick traten neue Zerwürfnisse mit dem Statthalter ein. Als Cortez mit der Flotte, in die er sein ganzes Vermögen und das seiner Freunde gesteckt hatte, bereits in Trinidad (auf Cuba) war, unternahm Velasquez den Versuch, ihn festsetzen zu lassen. Da aber war Cortez bereits der Mann, auf den seine Soldaten schworen. Die Ausführung des Befehls hätte zum Aufstand aller Soldaten geführt. So fuhr Cortez mit elf Schiffen (das größte hatte hundert Tonnen) in sein bedeutendstes Abenteuer.

Zu diesem Zeitpunkt bestand seine gesamte Streitmacht, mit der er auszog, um ein Land zu erobern, von dem er keine Vorstellungen besaß, aus 110 Seeleuten, 553 Soldaten (dabei 32 Armbrustschützen und 13 Büchsenschützen), 10 schweren Geschützen, 4 leichten Feldschlangen und 16 Pferden.

Unter seiner Fahne von schwarzem Samt, goldbestickt, mit rotem Kreuz und der lateinischen Inschrift «Freunde, laßt uns dem Kreuze folgen, und unter diesem Zeichen, wenn wir gläubig sind, werden wir siegen», hielt er dieser Streitmacht eine Rede, die uns überliefert ist und in der er zum Schlusse sagte: «Ihr seid nur gering an Zahl, aber stark an Entschlossenheit, und wenn diese nicht wankt, so zweifelt nicht, daß der Allmächtige, der den Spanier in seinem Kampfe mit den Ungläubigen niemals verließ, euch schützen werde, wenn ihr auch von einem Schwarm von Feinden umringt seid; denn eure Sache ist eine *gerechte Sache*, und ihr werdet unter dem Banner des Kreuzes kämpfen. Vorwärts denn mit heiterem Mut und Vertrauen; bringt das Werk, das so heilverkündend begann, zu einem glorreichen Ende.»

Am 16. August 1519 trat er von einem Küstenplatz in der Nähe des späteren Vera Cruz zur Eroberung von Mexiko an. Er hatte geglaubt, *Stämme* niederfechten zu müssen; jetzt sah er, daß er ein *Reich* erobern mußte. Er hatte angenommen, daß er sich mit barbarischen *Wilden* messen müßte; jetzt wurde er belehrt, daß er mit einem hochzivilisierten *Volk* im Kampfe stand. Er hatte Dörfer und Siedlungen auf seinem Wege erwartet; jetzt wuchsen vor ihm aus der Ebene riesige Städte mit Tempeln und Palästen. Daß er nach solchen Begegnungen und solchem Anblick nicht irre wurde in dem Entschluß, dies Land unter seine Gewalt zu bringen, zeigt, daß er von der Art jener Männer war, denen die Nachwelt nur dann flucht, wenn sie scheiterten.

Die Einzelheiten dieser tollwütigen Eroberung, die ihn in drei Monaten bis in die Hauptstadt Montezumas führte, können in diesem Buche keinen Platz finden. Er überwindet die Hindernisse der Landschaft, des Klimas und der fremden Krankheiten. Er schlägt Schlachten gegen dreißig- bis fünfzigtausend Indianer und siegt. Der Ruf seiner Unbezwingbarkeit eilt ihm von Stadt zu Stadt voraus. Er verbindet in seiner Führung exakteste Feldherrnkunst mit brutaler Metzelei. Er zeigt allerklügste politische Berechnung, wenn er die ständig neuen Gesandtschaften Montezumas stets mit Geschenken entläßt, inzwischen die einzelnen Vasallenvölker des Aztekenkaisers gegeneinander ausspielt und ein Volk wie die Tlascalaner, die heute noch seine Feinde sind, morgen zu seinen Freunden zu machen versteht. Zielstrebig marschiert er weiter, nicht mehr aufzuhalten durch die halben und ziellosen Maßnahmen Montezumas, der ihn schließlich *bittet* (ein Herr über weit mehr als hunderttausend Krieger), die Hauptstadt seines Reiches nicht zu betreten.

Dieser Siegeszug ohnegleichen ist kaum zu erklären. Cortez' Stärke lag in der Paarung geradezu mythischen Rufs mit der Überlegenheit organisierter, disziplinierter Kriegführung. Hier standen – wie ein Historiker sagt – noch einmal die Griechen gegen die Perser. Aber die «Griechen» hatten in diesem Falle ihre Disziplin noch gestärkt durch Feuerwaffen, neu und schrecklich jedem Angreifer. Und sie hatten noch etwas, was immer wieder Bestürzung bei den Indianern hervorrief: Pferde, gewaltige Urtiere in den Augen der aztekischen Völker, die Pferd und Mann miteinander verwachsen glaubten und selbst dann noch nicht ihre abergläubische Scheu verloren, als sie eins dieser Tiere erbeuteten und einer ihrer königlichen Anführer es in Stücke hacken und an alle Städte des Reiches schicken ließ.

Unaufhaltsam kam es so zum Tag der Eroberung der Hauptstadt, dem 8. November 1519, einer Eroberung, die nur noch eine Besetzung war. Aber der Fund, den Cortez in der mexikanischen Metropole machte, der Fund des *Schatzes*, der ihm als Neunzehnjähriger bereits vor Augen geschwebt hatte, sollte zusammen mit dem zu früh gepflanzten Zeichen des Kreuzes auf den Tempeln der aztekischen Götter der Anlaß zu einer Reihe von Verwicklungen werden, die um ein Haar Cortez und seine Spanier um alle Früchte ihrer Eroberung gebracht hätten!

AM 10. November 1519, am dritten Tag nach dem Einzug in die Hauptstadt, bittet Cortez den Aztekenkaiser um die Erlaubnis, in einem der Paläste, die ihm und seinen Leuten angewiesen sind, eine Kapelle einrichten zu dürfen. Die Erlaubnis wird unverzüglich erteilt, ja, Montezuma schickt aztekische Handwerker zur Hilfeleistung. (Moctezuma, Moctheuzoma und Motecuhzoma sind nur verschiedene Lesarten desselben Herrschernamens.)

Die Spanier indessen sahen sich auch selber um. Sie bemerkten in dem alten Mauerwerk eine noch sichtlich frische Mörtelfläche und vermuteten mit der Erfahrung, die viele Requisitionen ihnen verliehen hatten, eine Tür dahinter. Obwohl vorläufig immer noch Gäste im kaiserlichen Palast, machten sie sich kein Gewissen daraus, die Mauer aufzubrechen. Als sich in der Tat eine Tür zeigte, öffneten sie sie sofort und – holten Cortez.

Als Cortez in den erbrochenen Raum blickte, mußte er die Augen schließen. Vor ihm lag eine Halle, voll mit den reichsten und schönsten Stoffen, Schmuckstücken und kostbaren Geräten, Geschmeiden aller Art und Silber und Gold nicht nur in wundervoll verarbeiteten Gegenständen, sondern in gestapelten Barren! Bertal Diaz, der Chronist, der Cortez über die Schulter blickte, schrieb: «Ich war ein junger Mensch, und es schien mir, als wenn alle Reichtümer der Welt sich in jenem Raume befänden!»

Sie standen vorm Schatz des Montezuma; besser gesagt, dem seines Vaters, vermehrt um die Erwerbungen des Sohnes!

Cortez bewies außerordentliche Klugheit. Er ließ die Tür sofort wieder zumauern. Er gab sich keinen Illusionen über seine Lage hin. Er wußte, daß er am Kraterrand eines Vulkans lebte, der jeden Augenblick ausbrechen konnte. Bedenken wir, welche Chance der kleine Trupp der Spanier in dieser Riesenstadt hatte (sie wurde auf 65 000 Häuser geschätzt), so bleibt uns noch heute der Atem stehen vor der Unverfrorenheit dieser Männer.

Ja, welche Chance hatten sie wirklich? Wie sollte das Abenteuer weitergehen? Hatten sie die geringste Aussicht, den endlich greifbaren Schatz jemals aus der Metropole unter den Augen des Kaisers und seiner zahllosen Kriegsscharen abzutransportieren? Konnten sie so verblendet sein, zu glauben, daß sie jemals die Herrschaft über dieses Reich an sich reißen konnten, um es auch wirtschaftlich für alle Zeiten so auszubeuten, wie ihnen das auf den wilden Inseln der Neuen Welt so vortrefflich geglückt war?

Sie waren in der Tat so verblendet. Aber ihre Verblendung ging, von Cortez gezügelt, nicht über die Möglichkeiten der Realpolitik hinaus, auch wenn uns heute solche Politik irreal genug erscheint. Ein einziges Mittel gab es, sich mitten in der Hauptstadt eine Machtposition zu schaffen, ein Mittel, nur von Abenteurern zu erdenken und nur von Konquistadoren auszuführen. Cortez hatte genugsam die nahezu sakrale Bedeutung der Person des Montezuma beobachtet, um nicht darauf zu verfallen, daß allein die Bemächtigung der Person des Kaisers jede feindliche Maßnahme seiner Untertanen ausschloß. Nach angemessener Zeit lud er Montezuma ein, in seinen Palast überzusiedeln und damit das kaiserliche Quartier mit dem seinen zu vereinigen. Und er gab solche Gründe an, vermischt mit verhaltener Bitte und versteckter Drohung (an den Türen standen bereits seine besten Ritter in vollem Harnisch), daß Montezuma in einem Augenblick verwerflichster Schwäche nachgab.

Am Abend dieses Tages geschah es, daß in der neuerrichteten Kapelle die Patres Olmedo und Diaz die Heilige Messe lasen. Während der frommen Übung lag in dem linken Nebenraum der Schatz, an dem jeder der betenden Spanier sich beteiligt fühlte. Rechts davon saß der Besitzer des Schatzes, ein Kaiser inmitten seines Reiches und doch nichts als Geisel in der Hand einiger Männer, und ließ sich von seinen Edlen über die Unwürdigkeit seiner Lage trösten. Zu dieser Situation bemerkt Bertal Diaz, daß alle Spanier in ihrer Andacht ernst und musterhaft waren, «teils wegen der Sache selbst und teils wegen ihres erbaulichen Einflusses auf die nachtumwölkten Heiden»!

Noch war der große Umschlag in den Erfolgen Cortez' nicht gekommen. Noch schien es, als gelänge jeder Streich. Da traten kurz nacheinander drei Ereignisse ein, die das Bild jäh veränderten.

Die ersten Mißhelligkeiten erwuchsen aus den Reihen der Spanier. Nach Montezumas Gefangensetzung sah Cortez keine Veranlassung mehr, den Schatz unberührt zu lassen. (Der unglückliche Kaiser suchte seine Würde zu wahren, indem er jetzt den ganzen Schatz dem großen fernen Herrscher des Cortez, der Spanischen Majestät, zum Geschenk machte – verbunden mit seinem Vasalleneid; was nicht hoch zu veranschlagen ist, wenn man seine Lage bedenkt.) Cortez ließ den Schatz in eine der großen Hallen bringen und ihn taxieren. Der Gesamtwert (die Spanier mußten sich Waagen und

Gewichte, die bei den Azteken, den großen Rechenkünstlern, unbekannt waren, selber herstellen) – der Gesamtwert also belief sich auf etwa 162 000 Goldpesos, was nach einer Rechnung des vorigen Jahrhunderts einer Summe von etwa 6,3 Millionen Dollar gleichkam. Dies war für das 16. Jahrhundert eine so gewaltige Geldmenge, daß wir vermuten dürfen, kein europäischer Herrscher habe sie zu jener Zeit je in seiner Schatzkammer gesehen. War es ein Wunder, daß die Soldaten toll wurden, als sie sich die Größe ihrer gleichen Anteile errechneten?

Aber es stellte sich heraus, daß Cortez anders über die Verteilung dachte. Und war er im Unrecht? Fuhr er nicht im Auftrage der Spanischen Majestät, die mit Recht einen Anteil erwarten durfte? Und wer hatte die Schiffe ausgerüstet, wer war noch jetzt tief verschuldet, wenn nicht er, Cortez, der diese Schulden eines Tages bezahlen mußte? Und Cortez verfügte: ein Fünftel des Schatzes geht an den König von Spanien, ein zweites an ihn selbst, ein drittes zum Teil an Velasquez (der als Statthalter, dessen Befehle Cortez mißachtet und dem er mit allen Schiffen einfach davongefahren war, beschwichtigt werden mußte), ein viertes wird als Prämie an die Edelleute, an die Artilleristen, Büchsen- und Bogenschützen und an die zurückgebliebene Küstenbesatzung von Vera Cruz ausgezahlt. Blieb ein Fünftel, das verteilt werden sollte. Auf jeden Soldaten kamen 100 Goldpesos! Ein Hundegeld für das, was sie geleistet hatten, ein Trinkgeld für das Gefühl all derer, die den ganzen Schatz gesehen hatten!

Des Cortez Schar stand kurz vor der Meuterei. Es kam zu blutigen Duellen. Da fuhr Cortez dazwischen; nicht mit Strenge, sondern mit Beredsamkeit. «Mit süßen Worten, von denen er für jeden erforderlichen Fall einen guten Vorrat hatte», sagt einer seiner Krieger. Und die Soldaten lenkten ein. Cortez malte ihnen weit höheren Lohn an die Wände ihrer Phantasie, als sie sich träumen ließen.

Welcher Schatz aber war nun wirklich verteilt? Nur das eine Fünftel, das an alle zu gleichen Teilen gegangen war. Die vier Fünftel für König, Statthalter und Cortez selber ruhten wohlbewacht im Palast! –

Was aber nun, wenige Monate später, geschah, war weit ernster. Cortez erfährt durch seinen an der Küste zurückgelassenen Hauptmann, daß unter dem Befehl eines gewissen Narváez eine Flotte im Auftrag des wütenden Statthalters bei Vera Cruz gelandet sei, die keine andere Aufgabe habe, als ihn, Cortez, abzusetzen und wegen offener Rebellion und Überschreitung all seiner Befugnisse als Gefangenen nach Cuba zu bringen. Er erfährt unglaubliche Einzelheiten. Die achtzehn Schiffe des Narváez bergen 900 Mann, da-

Der Schatz Montezumas II.

bei 80 Reiter, 80 Büchsen- und 150 Armbrustschützen, nebst zahlreichen schweren Geschützen. Cortez also, auf dem Pulverfaß der Stadt Mexiko, sieht eine Armee seiner eigenen Landsleute gegen sich ziehen, die nicht nur weit stärker ist als alles, was er aufzubieten vermag, sondern die die überhaupt größte Streitmacht darstellt, die bis dahin zum Kampf in der Neuen Welt angesetzt war.

Nun geschieht etwas Außerordentliches. Und jeder, der bis hierher geglaubt hat, des Cortez Erfolge wären allein seinem Glück, seinem Draufgängertum und der Tatsache zu verdanken gewesen, daß seine Gegner schlecht bewaffnete Indianer waren, muß seine Meinung revidieren.

Cortez entschließt sich, Narváez entgegenzuziehen und ihn aufs Haupt zu schlagen!

Womit?

Er wagte es, Pedro de Alvarado, einer seiner Hauptleute, als Besatzung für Mexiko und Bewacher Montezumas, des nach wie vor kostbarsten Pfandes, mit zwei Dritteln seiner gesamten Streitmacht zurückzulassen. Er selbst wirft sich mit dem verbleibenden Drittel – und das sind siebzig Soldaten! – Narváez entgegen. Beim Abschied aus der Hauptstadt bringt er es fertig, Montezuma die Furchtbarkeit des Strafgerichts, das er gegen Verräter seines eigenen Volkes verhängen muß, derart auszumalen, daß der wankelmütige Herrscher das Schrecklichste von der Rückkehr des Spaniers erwartet und seinen Ratgebern gegenüber, die ihn in dieser ungewöhnlich günstigen Stunde aufzuputschen versuchen, taube Ohren zeigt. Ja, er bemüht sich, Cortez zu beschwichtigen, und begleitet ihn in seiner Sänfte (unter guter Bewachung durch Alvarado) bis zum Damm, umarmt ihn und entläßt ihn mit guten Wünschen!

Und dann zieht Cortez mit seinem Heer, nein, mit seinem durch indianische Verstärkung auf 266 Mann angewachsenen Haufen hinab in die Ebene, in die Tierra caliente. Regen strömt herab und Sturm tobt. Durch Kundschafter weiß Cortez, daß Narváez Cempoalla erreicht hat. Nur noch ein Fluß trennt ihn von seinem Gegner.

Narváez inzwischen, keineswegs ohne Erfahrung und kriegerische Vernunft, zieht am Abend hinunter zum Fluß, um Cortez zu stellen. Aber er hört in dem furchtbaren Wetter auf das Murren seiner Soldaten. In der Überzeugung, daß in dieser Nacht Cortez nicht mehr zu erwarten sei, und im Vertrauen auf die Überlegenheit seiner Waffen zieht er sich wieder in die Stadt zurück und begibt sich zur Ruhe.

Cortez aber überschreitet den Fluß. Die Schildwachen des Gegners werden überrumpelt. Es ist die Pfingstnacht des Jahres 1520, und mit dem Kriegsgeschrei «Espiritu Santo» brechen seine kärglichen, schlecht bewaffneten Abteilungen, er selber an der Spitze, in das Lager des Narváez ein, in ein Lager, das von Waffen und Menschen starrt.

Die Überraschung gelingt vollkommen. In einem kurzen, aber furchtbaren Nachtgefecht, erhellt durch Feuerbrände und hier und da durch das Blitzen der Kanonen, die nur einmal zum Schuß kommen, wird das Lager erobert. Narváez verteidigt sich auf der Spitze eines Tempelturms. Ein Speer schlägt ihm das linke Auge aus. Seinem Schmerzensschrei folgt das «Viktoria»-Jauchzen des Cortez! –

Später wurde berichtet, die Cocuyos, ungewöhnlich große Leuchtkäfer, wären der gerechten Sache des Cortez zu Hilfe gekommen, indem sie plötzlich in Scharen auftraten und den Verteidigern vorgaukelten, daß sich ein Heer mit Luntenschlössern nähere! Der Sieg aber war ganz eindeutig der Sieg des Cortez. Sein ganzes Ausmaß wurde deutlich, als sich die meisten der Besiegten bereit erklärten, Cortez den Treueid zu leisten, als er die reiche Beute an Geschützen, Büchsen und Pferden besichtigte und schließlich feststellte, daß er nun zum erstenmal in der Geschichte seines Zuges nach Mexiko wirklich eine machtvolle Truppe befehligen konnte. –

Was aber dem geringen Haufen des Cortez bis dahin auf so wunderbare Weise geglückt war, das sollte der starken Truppe mißlingen.

28. KAPITEL

DIE GEKÖPFTE KULTUR

Unter der Fahne des Kreuzes waren die Spanier marschiert, das «Espiritu Santo», die Anrufung des Heiligen Geistes, hatte sie in ihrem bedeutendsten Treffen geleitet; Kreuze und wenig später Kirchen erhoben sich dort, wo sie festen Fuß faßten; Priester nahmen ihnen vor jeder Schlacht die Beichte ab, zelebrierten feierliche Messen nach jedem Sieg und versuchten anschließend, die aztekischen Völker zu bekehren.

Hier ist nicht der Platz, die Bedeutung und Rechtlichkeit missionarischen Werks zu untersuchen. Hier ist nur eins wichtig: Mit dem Einmarsch ins Reich der Azteken trafen die Spanier zum erstenmal nicht mehr auf Wilde, bei denen die Religion nur in leicht zu erschütternden Riten und Bräuchen bestand, aus einem primitiven Animismus, aus barbarischer Natur- und Geisterverehrung, sondern hier stießen sie auf eine Kulturreligion, die, wenn auch im ganzen polytheistisch, doch in den beiden Hauptgöttern Huitzilopochtli und Quetzalcouatl monotheistische Tendenzen durchblicken ließ und der gesamten Kultur durch ihre enge Verbindung mit der alles regelnden Kalenderwissenschaft einen so starken Stempel aufdrückte, wie es in dem bis dahin sichtbaren Raum nur die Welt- oder Erlösungsreligionen vermocht hatten.

Der Fehler der Spanier und ihrer Priester bestand darin, daß sie diese Tatsache zu spät bemerkten.

Konnten sie sie aber überhaupt bemerken? Wir müssen uns die Bedeutung der Kirche zu Beginn des 16. Jahrhunderts ins Gedächtnis rufen. Martin Luther war in dem Jahr, da Cortez durch Mexiko marschierte, nichts als ein rebellischer Mönch, der einige aufrührerische Schriften publiziert hatte. Kopernikus hatte sein neues Weltbild noch nicht veröffentlicht, und Galileo Galilei und Giordano Bruno, die großen Zweifler, waren noch gar nicht geboren. Es gab keine Kunst außerhalb der Kirche, es gab keine Wissenschaft und kein Leben ohne sie. Das abendländische Weltgefühl war *christlich*. Der Geschlossenheit solchen Weltbildes, dem absoluten Glauben an seine Richtigkeit, seinen ewigen Bestand und seine erlösende Kraft war notwendigerweise die Intoleranz eingeboren. Das hieß, daß alles, was nicht christlich war, heidnisch war, alles, was nicht im selben Weltgefühl dachte und lebte, barbarisch genannt werden mußte.

Diese Grundvorstellung der Menschen des 16. Jahrhunderts hinderte sie absolut daran, *ebenbürtige* Gesittung auch dann als ebenbürtig anzuerkennen, wenn sie *anders* war als ihre eigene, aus *anderem* Weltgefühl geboren. Und diese Vorstellung, die nur Höhe und Tiefe kannte, aber keine Weite, wurde auch dann nicht erschüttert, als die Eroberer Mexikos unverkennbare Zeichen eines klar gegliederten und hoch entwickelten sozialen Lebens sahen, als sie Bekanntschaft mit wohlausgebildetem Schul- und Erziehungswesen machten und als einige die geradezu staunenerregenden Kenntnisse der aztekischen Priester auf dem Gebiet der Sternkunde entdeckten.

Noch weit weniger konnte sie der rein zivilisatorische Fortschritt, wie er in der Anlage der Städte, einem Verkehrs- und Meldewesen und in der Aufführung prunkhafter Profan- und Sakralbauten zutage trat, in ihrer Auffassung beirren, Wilde vor sich zu haben, die der Bekehrung bedurften. In der reichen Stadt Mexiko mit ihren Lagunen, ihren Deichen und Straßen und den schwimmenden Blumeninseln (den «Chinampas», die noch Alexander von Humboldt sah) erkannten sie nichts anderes als Blendwerk des Teufels.

Unglücklicherweise hatte die aztekische Religion eine Eigenart, die in der Tat jeden, der ihre Spuren sah, mit Schauder und Entsetzen erfüllen und an Teufelswerk glauben lassen mußte. Es waren die Menschenopfer, die in unglaublicher Zahl ausgeführt wurden und bei denen die Priester das lebendige Herz aus dem Leibe des Opfers rissen. Und nur wir heute haben vielleicht das Recht, die Spanier, die sich leidenschaftlich dagegen empörten, an die gleichzeitigen Opfer ihrer eigenen Inquisition zu erinnern, deren Fleisch auf den Scheiterhaufen schmorte. Doch ist es wahr, daß diese Seite

Aztekische Zeichnung, die ein Menschenopfer darstellt.
Abbildung 42

Die geköpfte Kultur

der aztekischen Religion alles übertrifft, was jemals irgendwo auf der Welt in dieser Richtung geschehen ist.

Tatsächlich verband sich in der aztekischen Zivilisation hohe Gesittung mit barbarischer Unsitte. Beide zur Einheit *einer* Zivilisation zusammen zu sehen, war den Eiferern nicht möglich. So übersahen sie, daß, anders als die Wilden, mit denen Columbus, Vespucci und Cabral zu tun gehabt hatten, die Azteken ein Volk waren, das sie nur bis zu der Grenze demütigen durften, hinter der ihre Religion begann. Sie wollten nicht erkennen, daß sie sich Greuel, Grausamkeit und Schandtat ungestraft unterm Schutz ihrer furchterregenden Waffen erlauben durften – bis auf die eine: die Schändung der Tempel und Götter. – Und gerade das taten sie.

So kam es folgerichtig zu den Unvorsichtigkeiten, die Cortez nahezu um alle Früchte seiner militärischen und politischen Eroberungen gebracht hätten.

BEMERKENSWERTERWEISE waren es im Gefolge Cortez' nicht die Priester, die sich als die großen Eiferer erwiesen. Die Patres Diaz und Olmedo (besonders der letztere) walteten mit einer Vorsicht ihres Amtes, die von politischer Einsicht getragen war.

Vielmehr war es allen Nachrichten zufolge Cortez selber (vielleicht in einem untergründigen Rechtfertigungsbestreben), der die ersten Bekehrungsversuche Montezumas unternahm. Doch hörte ihn der Kaiser lediglich höflich an, und als der Konquistador im Verlauf seiner Rede schließlich den blutigen Menschenopfern die reine und einfache Feier der katholischen Messe gegenüberstellte, ließ Montezuma durchblicken, daß er es weniger abscheulich fände, Menschen zu opfern, als Fleisch und Blut des Gottes selber zu verzehren. Wir wissen nicht, ob Cortez diesem Standpunkt dialektisch gewachsen war.

Cortez ging noch weiter. Er erbat die Erlaubnis, einen der großen Tempel besichtigen zu dürfen. Die Erlaubnis wurde – nachdem Montezuma mit seinen Priestern beratschlagt hatte – nur zögernd gewährt. Cortez erstieg sofort den großen Teocalli in der Mitte der Hauptstadt, nicht weit von sei-

Das Wort Teocaltitlan (Tempelleute; teo-cal-li = Gottes Haus) in aztekischer Hieroglyphenschrift. Nach einer Deutung von H. Jensen: Links unten das Bildzeichen für Lippen (te-n-tli), rechts daneben ein durch Fußspuren gekennzeichneter Weg (o-tli), darüber ein Haus (cal-li), rechts daneben das Zeichen für Zähne (tlan-tli).
Abbildung 43

nem Quartier. Als er den Pater Olmedo darauf aufmerksam machte, daß hier der geeignetste Platz für die Errichtung des Kreuzes sei, riet der Priester ab. Dann standen sie vor dem Jaspisblock, auf dem die Opfer mit einem Messer aus Obsidian geschlachtet wurden. Und sie sahen das Bild des Gottes Huitzilopochtli, schreckenerregend von Antlitz und den Augen der Spanier nur mit den Masken des leibhaftigen Teufels zu identifizieren, die ihnen ihre eigene Kirche von alters her gezeichnet hatte. In gewaltigen Windungen wand sich eine Schlange, besetzt mit Perlen und kostbaren Steinen, um den Leib des eklen Gottes. Bertal Diaz, wiederum dabei, wandte den Blick ab, aber bemerkte weit Schrecklicheres: Die Seitenwände des ganzen Raumes waren über und über mit geronnenem Menschenblut bedeckt. «Der üble Geruch», schrieb er, «war unleidlicher als der des Schlachthauses in Kastilien.» Dann blickte er auf den Altarstein: Dort lagen drei Menschenherzen, die seine Phantasie noch bluten und dampfen sah!

Wieder herabgestiegen über die zahllosen Stufen, bemerkten sie wenig später auf einem Erdhügel einen großen Fachwerkbau. Sie untersuchten ihn. Er enthielt bis unter die Decke, säuberlich gestapelt, die Schädel der Opfer. Ein Soldat, der zählte, kam auf die Zahl von 136 000.

Bald darauf, die Zeit der Bitten war vorüber und die der knappen Forderungen, gestützt auf Drohung, war gekommen, besetzte Cortez einen der Türme des großen Teocalli. Nach dem ersten Besuch des Turmes hatte er in unbesonnenen, harten Worten gelästert, und Montezuma war bestürzt gewesen. Diesmal aber war Montezuma erregt und wies zum erstenmal darauf hin, daß dies sein Volk nicht dulden werde. Cortez ordnete harten Sinnes die Säuberung des Tempels an, ließ einen Altar errichten und das Kreuz und das Bild der Jungfrau aufstellen. Das Gold und die Juwelen wurden entfernt (wir wollen nicht fragen, wohin) und die Wände mit Blumen geschmückt. Als hier das erste Tedeum erklang vor allen Spaniern, die sich auf der langen Treppe und der Plattform des Teocalli versammelt hatten, da – so wird berichtet – strömten ihnen Tränen der Freude über die Wangen ob dieses Sieges des Kreuzes.

Jetzt war es nur noch ein Schritt bis zur Tat, die die Geduld des Volkes erschöpfen mußte.

SIE ist in wenigen Worten erzählt. Als Cortez von der Hauptstadt abwesend war, um Narváez sein glorreichstes Treffen zu liefern, hatte eine aztekische Priesterabordnung seinen Stellvertreter Alvarado um die Erlaubnis gebeten, im großen Teocalli (in dessen einem Turm sich bereits die spanische Ka-

Die geköpfte Kultur

pelle befand) das alljährliche, mit religiösen Sängen und Tänzen begangene Fest der Weihrauchspende an Huitzilopochtli zu feiern.

Alvarado hatte zwei Bedingungen gestellt. Die Azteken durften keine Menschenopfer darbringen und mußten ohne Waffen erscheinen.

Am Tage des Festes waren etwa sechshundert Azteken erschienen, meist Angehörige des höchsten Adels (die Angaben über die Zahl schwanken), und hatten, unbewaffnet, doch geschmückt mit ihren reichsten Gewändern und kostbarstem Schmuck, ihre religiösen Zeremonien begonnen. Eine ganze Anzahl von Spaniern in voller Rüstung hatte sich bald unter sie gemischt, und auf dem Höhepunkt des Festes waren sie bei verabredetem Zeichen auf die wehrlosen Gläubigen losgestürzt und hatten sie samt und sonders niedergemetzelt!

Diese Tat ist ganz und gar unbegreiflich. Sie ist auch historisch völlig ungeklärt geblieben, weil vor ihr einfach jede Erklärung versagt. Ein Augenzeuge bemerkte: «Das Blut floß in Strömen, wie Wasser bei einem kräftigen Regenguß!»

Als Cortez nach seinem Siege mit starker Truppe wieder in Mexiko einrückte, zog er durch eine völlig veränderte Stadt. Kurz nach diesem hinterhältigen Gemetzel nämlich war das aztekische Volk wie ein Mann aufgestanden, hatte einen Bruder Montezumas, Cuitlahuac, zum Stellvertreter des gefangenen Montezuma gewählt und seitdem nahezu ununterbrochen den Palast berannt, in dem sich Alvarado verschanzt hatte. Als Cortez einzog, war es höchste Zeit, Alvarado zu entsetzen. Aber Entsetzen hieß hier, selber in die Falle zu gehen. Es hieß noch mehr.

Jeder Ausfall, den Cortez jetzt unternahm, wurde noch zu einem Sieg, aber zu einem Pyrrhussieg! Er zerstörte dreihundert Häuser – die Azteken zerstörten all seine Rückzugsbrücken. Er brannte den großen Teocalli ab – die Azteken stürmten mit neuer Wut auf seine Schanze ein. Der fast unbegreifliche Montezuma, der – unbezweifelbar – eine große kriegerische Vergangenheit hatte (an neun Schlachten hat er wahrscheinlich als Kämpfer teilgenommen) und unter dem das aztekische Reich seine größte Pracht und Macht entfaltet hatte, dieser seit dem Einzug der Spanier willenlos gewordene Herrscher bot sich zur Vermittlung an! Angetan mit allen Insignien seines kaiserlichen Amtes, sprach er zu seinem Volk. Und das Volk richtete ihn, indem es ihn steinigte! Am 30. Juni 1520 starb Montezuma II., der einst große Kaiser der Azteken, bis zuletzt Gefangener der Spanier.

Damit schien der Höhepunkt der Gefahr für die Schar der Spanier erreicht, denn ihr letzter Trumpf, die lebende Person des Kaisers, war kein Trumpf mehr in dem Spiel um Mexiko. Und es brach des Cortez schrecklichste Nacht an, die traurige Nacht, als «noche triste» in die Geschichte eingegangen.

  Aztekische Hieroglyphenzeichen. Der Totenschädel steht für «Tod», das tränende Auge für «verwitwet».
Abbildung 44

WAR es bei der Verteilung des Schatzes des Montezuma nicht beinahe zur Meuterei gekommen?

Als in der «noche triste» Cortez den Befehl zum Aufbruch aus der Stadt gab, einen verzweifelten Befehl, wenn man bedenkt, daß eine Handvoll Männer sich durch Zehntausende von Kriegern durchschlagen wollte, da ließ er den Schatz ausbreiten und sagte wegwerfend: «Nehmt davon, was ihr wollt», und als Warnung fügte er lediglich hinzu: «Aber gebt acht, daß ihr euch nicht überladet. Wer in der finsteren Nacht am leichtesten reist, der reist am sichersten!» Nur das Fünftel für seinen obersten Herrn, das Fünftel, das allein ihm, wenn er eine Niederlage überleben sollte, Gnade schaffen konnte vor den Augen der Spanischen Majestät, das nahm er in die Mitte seines Zuges.

Seine alten Soldaten wußten, was sein Rat wert war, und nahmen nur wenig. Die neuen Verpflichteten aus der Truppe des Narváez wußten es nicht und überluden sich mit Schmuck, steckten Goldbarren in die Gürtel und Stiefel, banden sich juwelenbesetzte Geräte an den Leib und beluden sich so, daß sie bereits nach der ersten halben Stunde keuchend bis auf die Nachhut zurückfielen. (Dennoch war der wahrscheinlich größte Teil des Schatzes im Palaste liegengeblieben.)

In der ersten halben Stunde der Nacht des 1. Juli 1520 gelang es, unbemerkt von den Azteken (die eine merkwürdige Scheu zeigten, des Nachts zu kämpfen), durch die tote Stadt zu ziehen und die Deichstraße zu gewinnen. Dann aber gellten die Rufe der Schildwachen und dröhnten die Trommeln der Priester von den Teocallis. Die Hölle brach los.

Es war buchstäblich die Hölle. Es gelang den Spaniern, mit einer transportablen Brücke, die sie selber gezimmert hatten, den ersten Dammdurchstich zu überschreiten. Dann fiel strömender Regen. Und in das Summen des Wassers aus allen Himmeln mischte sich das Plätschern unzähliger Ruder nahender Kriegsboote; in die verzweifelten Rufe der Spanier, die auf dem schlüpfrigen Boden nicht mehr vorankamen, gellte das Kriegspfeifen der Azteken. Dann kamen Steine und Pfeile geflogen, dann sprangen die ersten

Die geköpfte Kultur 327

Krieger, kaum zu sehen im Dunkel der Nacht und in den Güssen von oben, den Spaniern an den Leib, und ihre Keulen, besetzt mit den eisenharten Splittern aus Obsidian, sausten auf spanische Köpfe.

Wo blieb die transportable Brücke, als die Vorhut der Spanier an den zweiten zerstörten Kanalübergang kam? In Rufen von der Nachhut pflanzte sich die Kunde herbei, die schrecklicher war als jede andere: Die Brücke war durch die Last, die sich über sie gewälzt hatte, derart in den aufgeweichten Boden gesunken, daß sie nicht mehr zu lösen war. Was bis zu diesem Augenblick organisierter Rückzug war, wurde jetzt Flucht. Was bisher Truppe war, war jetzt ein Haufe von einzelnen, die um ihr Leben kämpften. Zu Fuß und zu Roß stürzten sie sich in den Graben, um das andere Ufer zu gewinnen. Gepäck, ja Waffen und schließlich sogar das Gold, mit dem sich jeder bepackt hatte, entglitten ins Dunkel der Nacht.

Es geht nicht an, die Einzelheiten dieser aufgelösten Gefechte zu schildern. Kein Spanier, auch Cortez nicht – der nach allen Berichten wahre Wunder der Tapferkeit vollbracht haben soll –, entkam unverwundet. Als der Morgen grau und immer noch regenverhangen anbrach, als der Damm überschritten war und sich die Azteken mehr der ungeheuren Beute widmeten als der Verfolgung und Zerschlagung ihres Feindes, konnte der Befehlshaber Heerschau halten. Alle Angaben der Zeitgenossen über die Verluste dieser Nacht sind verschieden. Bei Setzung einer mittleren Zahl dürfen wir annehmen, daß die Spanier auf ein Drittel, ihre tlascalanischen Verbündeten auf ein Viertel oder Fünftel zusammengeschmolzen waren. Außerdem waren sämtliche Feuerwaffen nebst Schießbedarf verloren, ein Teil der Armbrüste, ein großer Teil der Pferde. Der Haufe des Cortez war ein gespenstischer Schatten der Truppe, mit der er dreiviertel Jahr früher in die Hauptstadt eingezogen war.

Noch aber war der Leidensweg nicht zu Ende. Acht Tage lang folgten Plänkeleien, unter denen sich die Spanier, so schnell sie konnten (und das war nicht schnell bei ausgemergelten Leibern, denen jetzt auch noch die Nahrung ausging), auf tlascalanisches Gebiet zu retten suchten, aufs Gebiet ihrer Verbündeten, der Erbfeinde der Azteken. Da bot sich dem geschlagenen Haufen am 8. Juli 1520, als er die Bergwand überstieg, die das Tal von Otumba einschließt, ein Anblick, der das Schicksal der Spanier endgültig zu besiegeln schien.

So weit der Blick reichte, war das Tal (ihr einziger Durchmarschweg) angefüllt mit aztekischen Kriegern. Sie waren besser geordnet, als das je zuvor zu beobachten gewesen war. In den gegliederten Schlachtsäulen erkannten die Spanier die anführenden Fürsten an ihren buntschillernden Federmänteln, die sich in der Masse der in weiße Baumwollharnische gepreßten einfachen Krieger ausnahmen wie bunte Vögel auf weitem Schnee.

Die Situation war verzweifelt, aber es gab keinerlei Überlegung für die Spanier. Denn was allein konnten sie tun? Sie konnten nicht zurück, sie mußten vorwärts. Sie wollten nicht Schlachtopfer der aztekischen Götter werden, wie jeder Kriegsgefangene es wurde, gemästet oft in hölzernem Käfig, bis er den Göttern genügte. Dann konnten sie nur den Tod suchen, indem sie gleichfalls vorwärts gingen. Eine andere Wahl gab es nicht.

Und jetzt, im Augenblick der völligen Hoffnungslosigkeit (denn die Zahl der Azteken wurde auf etwa 200 000 geschätzt, denen die Spanier ohne all die Waffen gegenüberstanden, mit deren Donner und Feuer sie ihre ersten Siege erfochten hatten) – in dieser ausweglosen Lage geschieht ein Wunder!

In drei Gruppen, an den Flügeln die Reste der Reiterei, zwanzig Pferde, bricht Cortez in das Meer der Azteken, das über allen drei Gruppen zusammenzuschlagen scheint. Die Gasse, die die zwanzig Reiter aufreißen, wie eine Pflugschar trockenen Acker auseinanderbricht, schließt sich gleich dem biegsamen Unkraut über der Scholle, wenn die Azteken die Pferde von hinten anzufallen suchen. Cortez, der in vorderster Linie ficht, verliert sein Pferd, besteigt ein zweites, wird durch einen Hieb am Kopf verwundet, aber stürmt weiter. Doch der Feinde sind Legionen. Da erblickt er zwischen Hieb und Stoß auf einer winzigen Anhöhe eine kleine Versammlung auffallend prächtig geschmückter Krieger, in ihrer Mitte eine Sänfte. Und er sieht den feindlichen Oberbefehlshaber, Cihuacu, kenntlich an dem Stab, der auf seinem Rücken befestigt ist und an seiner Spitze ein goldenes Netz als Fahne und Feldzeichen trägt. Und da geschieht das Wunder, nicht eins der Jungfrau und der Heiligen, sondern das Wunder des Hernando Cortez, würdig eines Sangs an den Feuern aller Krieger. Der verwundete Cortez reißt sein Roß empor, wartet kaum, daß sich zwei, drei seiner Erprobtesten um ihn scharen, und prescht mit Lanze und Schwert, niederreitend, stechend und hauend, quer durch die Phalanx der Azteken. Die feindlichen Krieger brechen unter ihm auseinander. Er erreicht den aztekischen Feldherrn in einem Höllenritt von wenigen Minuten, jagt ihm die Lanze durch den Leib, entreißt ihm die goldene Fahne und schwenkt sie hoch über das wogende Getümmel!

Zu diesem Zeitpunkt war die Schlacht kriegstheoretisch verloren und wurde praktisch gewonnen. Die Azteken, ihr Siegeszeichen in der Hand des weißen Eroberers sehend, der ihnen mächtiger als ihre Götter selbst erscheinen mußte, wendeten sich zu haltloser Flucht. In diesem Augenblick, da

Die geköpfte Kultur 329

Hernando Cortez die Fahne schwang, war Mexiko verloren, des letzten Montezuma Reich erloschen.

Der Historiker hat zum Abschluß dieses Kapitels das Wort: «Was man aber auch von der Eroberung in moralischer Hinsicht denken mag, so muß sie uns als Kriegstat mit Bewunderung erfüllen. Daß eine Handvoll Abenteurer, nur leidlich bewaffnet und ausgerüstet, an den Küsten eines mächtigen, von einem feurigen und kriegerischen Stamm bewohnten Reiches landeten... ohne Kenntnis der Sprache und des Landes, ohne Karte oder Kompaß... völlig ungewiß darüber, ob ihr nächster Schritt sie zu einem feindlich gesinnten Volke oder in eine Wüste führen werde; – daß sie ferner, obgleich bei ihrem ersten Zusammentreffen mit den Bewohnern fast überwältigt, dennoch unablässig gegen die Hauptstadt des Reiches vordrangen, und... weit entfernt, durch den ihnen daselbst dargebotenen Anblick von Macht und Sittigung sich abschrecken zu lassen, nur noch fester bei ihrem ursprünglichen Vorsatze beharrten; – daß sie sich des Kaisers bemächtigten, seine Minister vor den Augen seiner Untertanen hinrichten ließen und, als sie mit Verlust aus den Toren gejagt waren, ihre zerstreuten Kampfreste sammelten und nach einem mit vollendeter Klugheit und Verwegenheit durchgeführten Plane es dahin brachten, die Hauptstadt zu überwältigen und ihre Herrschaft im Lande festzusetzen; – daß alles dieses von einer Handvoll dürftiger Abenteurer bewirkt werden konnte, ist eine dem Wunderbaren verwandte Tatsache – zu auffallend für die von einer Dichtung verlangte Wahrscheinlichkeit und ohne Beispiel im Buche der Geschichte.»

Nur der Übersichtlichkeit und Vollständigkeit halber sei dazu noch erwähnt, daß sich das aztekische Volk vor seinem Untergang (in den Monaten nach der Schlacht von Otumba) noch einmal unter rechter Führung zu der Größe erhob, die es unter Montezuma nicht hatte ahnen lassen, die aber «den amerikanischen Römern», als die sie sich vor des Cortez Erscheinen gezeigt hatten, anstand. Auf Cuitlahuac, den nach vier Monaten die Pocken hinwegrafften, folgte Quauhtemoc, zum Kaiser gewählt im Alter von fünfundzwanzig Jahren. Und er verteidigte die Hauptstadt seines Landes mit solcher Heftigkeit gegen den durch Verstärkungen wieder wohlausgerüsteten Cortez, daß er ihm größere Verluste beibrachte als jeder seiner Feldherren vorher. Das natürliche Ende aber war die Zerstörung Mexikos, das Niederbrennen seiner Häuser, das Stürzen seiner Götter, das Zuschütten seiner Kanäle (Mexiko ist heute kein «Venedig» mehr), Quauhtemocs Gefangenschaft, seine Folterung und sein Ende am Strick.

Der neue Anfang war die Christianisierung und Kolonisierung des Landes. Auf dem Teocalli, von dessen steiler Treppe die Spanier während der letzten Belagerung ihre Landsleute, die in die Hände der Priester Quauhtemocs gefallen waren, mit aufgerissener und des Herzens beraubter Brust hatten stürzen sehen, erhob sich jetzt, weithin leuchtend, eine dem heiligen Franz geweihte Stiftskirche. Die Häuser wurden wieder aufgebaut. Nach wenigen Jahren lebten 2000 spanische (oft gemischte) Familien dort und nicht weniger als 30000 indianische. Das Land ringsum wurde aufgeteilt nach den Grundsätzen der sogenannten «repartimientos», was für alle Völker, die einst zum aztekischen Reich gehört hatten (und für alle, die der weiteren Eroberung zum Opfer fielen), die Sklaverei bedeutete; nur die Tlascalaner, deren Hilfe Cortez soviel zu danken hatte, wurden einige Zeit davon ausgenommen. (Wer hat erwartet, daß sie *immer* frei blieben?)

Dieser Aufschwung, der dem fernen Spanien diente, barg nur eine Bitternis für die Eroberer selbst. Es war die Vernichtung des Schatzes des Montezuma. Was sie damals nicht in die Finsternis der «noche triste» hatten mitschleppen können, glaubten sie bei ihrem zweiten Einzug in Mexiko noch vorzufinden. Es ist verschwunden bis auf den heutigen Tag. Cortez ließ Quauhtemoc foltern, bevor er ihn henkte. Er erhielt keine Auskunft. Er ließ alle Gräben und Lagunen durch Taucher fußweise absuchen. Nur geringe Reste kamen da und dort zum Vorschein; nach langem Suchen schließlich insgesamt nicht mehr als der Wert von 130000 Goldcastellanos. Es wurde gerade so viel, daß das einst versprochene Fünftel an den spanischen Hof geschickt werden konnte. Und wohl jedermann, der sich mit diesem Teil der spanischen Eroberung befaßt, kann eine böse Genugtuung nicht unterdrücken, wenn er erfährt, daß das Schiff mit dem Schatz, das Cortez in einem Brief vom 15. Mai 1522 ankündigte, von Franzosen gekapert wurde, so daß schließlich nicht Karl V., sondern Franz I. von Frankreich sich zu seinem größten Erstaunen im Besitz des gesamten Aztekenschatzes befand. –

Jetzt ist es an der Zeit, eine Atempause der Besinnung einzulegen. Denn da unser Buch keine Geschichte der geographischen Entdeckungen und erst recht nicht die Geschichte der militärischen und politischen Eroberungen ist, müssen wir, die wir uns für die Entdeckung der alten Kulturen interessieren,

  Aztekische Bilderschrift nach der Christianisierung. Darstellung des fünften und des siebten Gebotes.
Abbildung 45

Die geköpfte Kultur

endlich die Frage nach der Bedeutung der Cortezschen Eroberung für unser Bild der alten Kulturen Mittelamerikas erheben.

Daß eine solche Kultur in Mexiko bei Ankunft des Cortez bestand, dürfte nach dem bisher Berichteten deutlich geworden sein. Betrachten wir Cortez von unserem Standpunkt aus nicht als Konquistador, sondern als einen der glücklichsten Finder einer Kultur, die bereits für den Menschen des Jahres 1600 gestorben war und für uns so tot ist wie jede andere, von der wir bisher berichteten (die noch heute in Mexiko angesiedelten etwa 1,8 Millionen Azteken leben in fellachischer Geschichtslosigkeit), so interessiert uns, welche Notiz der Finder, seine Mitwelt und die Nachwelt von ihr nahmen.

Und dabei fällt etwas Erstaunliches ins Auge. Cortez hat ebensowenig wie die zeitgenössischen Augenzeugen jemals unterlassen, auf die Macht und Bedeutung des Volkes hinzuweisen, das er unterjochte; er hätte seine Leistung in den Augen der kritischen Mitwelt verringert. Aber daß er nicht nur ein barbarisch-heidnisches Reich von Wilden zerstörte, sondern tatsächlich, um das schon einmal zitierte Wort wieder zu gebrauchen, eine «Kultur köpfte wie der Vorübergehende eine Sonnenblume», und von welcher Art und wirklichen Bedeutung diese Kultur war – davon nahm er keine Notiz. Wenn dies schon bemerkenswert ist, so ist es doch zu erklären aus dem Geist einer Zeit und aus einem Weltgefühl, das wohl den Chronisten geboren hatte, aber noch nicht den Geschichtsschreiber. Aber eine ganz erstaunliche Tatsache und ganz ohne Beispiel ist, daß die Nachwelt das im Anfang des 16. Jahrhunderts eroberte, in den Einzelheiten ungeheuer reichhaltige Wissen um das Leben, ja, um die Existenz der alten Azteken wieder *vergaß*. Während die Neue Welt immer enger an den wirtschaftlichen und politischen Pulsschlag Europas angeschlossen wurde (so eng, wie etwa das Zweistromland das bis zu diesem Tage noch lange nicht ist), ging im öffentlichen Bewußtsein das Wissen um die einstige Existenz ganz außerordentlicher amerikanischer Kulturen so völlig verloren, daß sich selbst die Wissenschaft bis vor kurzem kaum veranlaßt sah, ihren Blick mit jener Schärfe auf diese alte Welt zu lenken, die ihr gebührt. Das Vorhandensein dieser Lücke bestätigt nicht nur unser eigenes mangelhaftes Normalwissen darüber, sondern auch der Blick in die zahlreich vorhandenen Enzyklopädien und Sammelwerke der Weltgeschichte, in denen die Kulturen der Tolteken, der Mayas und Azteken überhaupt nicht erwähnt oder nur schamhaft gestreift werden.

Der Hinweis, der Grund dafür sei darin zu finden, daß diese Kulturen nicht in jenem innigen entwicklungsgeschichtlichen Zusammenhang mit uns stehen wie die Babyloniens, Ägyptens und Griechenlands, ist nicht stichhaltig. Denn die uns nicht weniger fernliegenden Kulturen der Chinesen und Inder sind unserem Bewußtsein weit lebendiger als die altamerikanischen und liegen dabei unserem wirtschaftlichen und politischen Verkehr trotz der Landbrücke um vieles mehr entrückt als das vor vierhundert Jahren völlig hispanisierte und inzwischen in den kontinentalamerikanischen Wirkungskreis eingeschlossene Mexiko. (Und hierzu ist besonders bemerkenswert: Das erste bedeutende, im Jahre 1879 gegründete Archäologische Institut von Amerika richtete durch Jahrzehnte hindurch seine ganze Arbeitskraft auf Ausgrabungen der europäischen Antike. Und die außerordentlichen Summen, die von amerikanischen wissenschaftlichen Instituten für archäologische Forschungen ausgeworfen werden, gehen noch heute zum *geringsten* Teil in die Hände der wenigen, die sich um die Erforschung des Kulturbodens bemühen, auf dem ein Teil der Institute angesiedelt ist.)

Wir haben es also zum Beispiel bei der Kultur der Azteken nicht nur mit einer erloschenen, sondern – das darf mit gutem Gewissen gesagt werden – nach der ersten Entdeckung auch wieder vergessenen Kultur zu tun. –

Nachdem wir so oft die Kultur der Azteken in ihrer Macht und Größe erwähnten, ist es jetzt Zeit, sie nicht länger zu überschätzen. Wir mußten sie so vordringlich ins Bewußtsein rücken, weil sie als erste entdeckt wurde und sich dieses Buch der Chronologie der Forschung unterworfen hat. Wir werden sehen, daß es andere, weit bedeutendere gab, ja, daß die aztekische Kultur eigentlich nichts anderes war als der zivilisatorische Abglanz einer sehr viel höheren, sehr viel älteren Kultur.

Und damit kommen wir wieder in den Fluß unserer Erzählung. Wir kommen zur *zweiten* Entdeckung des alten Amerika. Zu zwei außergewöhnlichen Männern, von denen der eine, ohne seinen Fuß über die Schwelle seines Studierzimmers zu heben, die alten Azteken, und der andere, sich mit einer Machete durch den Dschungel schlagend, ein sehr viel älteres Volk (auf das ein Gefährte des Cortez als erster gestoßen war) zum zweitenmal entdeckte.

Dieses Mal aber mit dem großen Atemholen vor vergangener Größe, zu dem erst das 19. Jahrhundert fähig wurde. (Das Erstaunen darüber, daß auch diese *zweite* Entdeckung der alten Amerikaner noch nicht ausreichte, sie auf den gebührenden Platz in der Geschichte der Kulturen zu stellen, sondern eine *dritte* notwendig war, die erst in unseren Tagen ihrem Höhepunkt zustrebt – dies Erstaunen wollen wir uns für ein späteres Kapitel vorbehalten.)

29. KAPITEL

MR. STEPHENS KAUFT EINE STADT

AN einem frühen Morgen des Jahres 1839 ritt eine kleine Gesellschaft durch das Tal von Camotán, entlang der Grenze zwischen Honduras und Guatemala. An der Spitze trabten zwei Weiße; die anderen waren Indianer. Obwohl sie alle bewaffnet waren, führte sie doch nur eine friedliche Absicht in diese Landschaft. Aber weder die Waffen noch die Kundgebung ihres zivilen Vorhabens konnten verhindern, daß sich am Abend desselben Tages der ganze Trupp in dem «Rathaus» eines kleinen Städtchens eingeschlossen fand, bewacht von einer Bande betrunkener und die ganze Nacht hindurch randalierender und wild schießender Soldateska.

Dies war der unerfreuliche Auftakt zu dem großen Forschungsabenteuer des John Lloyd Stephens, der das Alte Amerika zum zweitenmal entdeckte. Stephens wurde zu Shrewsbury im Staate New York am 28. November 1805 geboren, studierte die Rechte und war acht Jahre lang an New Yorker Gerichten tätig. Seine private Passion galt Altertümern, allen Spuren alter Völker zu allen Zeiten. Das, worauf wir im vorigen Kapitel hinwiesen, erfüllte sich hier: Der Amerikaner begab sich nicht auf die Spuren der alten Völker des Alten Amerika, nicht nach Mittelamerika, wo unzählige Altertümer angehäuft lagen – denn von ihnen wußte er nichts. Er fuhr nach Ägypten, Arabien und ins Heilige Land, im nächsten Jahr nach Griechenland und in die Türkei. Erst nachdem er als Dreiunddreißigjähriger bereits selber zwei Reisebücher veröffentlicht hatte, fiel ihm der Reisebericht eines anderen in die Hand mit Nachrichten, die ihn aufs höchste erregten und seine Blickrichtung änderten.

Es handelte sich um die schriftliche Niederlegung der amtlichen Erhebungen, die ein gewisser Oberst Garlindo im Jahre 1836 im Auftrage der zentralamerikanischen Regierung bei den Eingeborenen angestellt hatte (zum großen Teil durch eigene Anschauung gestützt), und in denen er von den Resten einer sonderbaren und sicher sehr alten Baukunst sprach, die in den Wäldern Yucatans und Zentralamerikas zu finden wären.

Diese trockenen Anmerkungen eines Militärs reizten Stephens ganz ungemein. Er forschte nach weiteren Nachrichten und stieß auf das Werk des Juarros, des Geschichtsschreibers Guatemalas, das wiederum einen gewissen Fuentes zitierte. Dieser Fuentes behauptete, daß zu seiner Zeit, um das Jahr 1700, in dem Gelände um Copán in Honduras ein altertümlicher Bautenkomplex noch wohlerhalten gewesen sei; «Zirkus» nannte er den Komplex.

Diese spärlichen Nachrichten wurden entscheidend für Stephens. Es ist nahezu unglaubwürdig, daß er nichts Näheres erfuhr, daß er sich nur oberflächlich um die Quellen der Konquistadorenzeit kümmerte. Aber wir müssen wiederholen, daß die Entdeckungen der spanischen Eroberer, soweit sie die Auffindung alter Kulturen betrafen, dem öffentlichen Bewußtsein verlorengegangen waren. Und Stephens konnte nicht ahnen, daß gar nicht weit von ihm entfernt ein anderer Mann saß, ebenfalls Amerikaner, der genau zu der Zeit, als Stephens sich nach Mittelamerika aufmachte, dabei war, alle nur erreichbaren Dokumente über eines der alten mittelamerikanischen Völker zu sammeln. Er wußte nicht, daß dieser Mann aus seinem Studierzimmer heraus in der Lage gewesen wäre, ihm nicht nur viel über diese alten Völker zu erzählen, sondern ihm sogar hätte sagen können, was ungefähr er finden würde!

Stephens sah sich nach einem Begleiter um. Er fand ihn in seinem englischen Freund Frederick Catherwood, einem Zeichner. Und wir treffen hier auf dieselbe Arbeitsgemeinschaft, die wir beobachteten, als Vivant Denon mit dem Stift festhielt, was die Ägyptische Kommission Napoleons sammelte, und als Eugène Flandin die verfallenden Bildwerke zeichnete, die Botta aus den Trümmern Ninives grub.

Als beide bereits mit den Reisevorbereitungen beschäftigt waren, ergab sich eine Gelegenheit, die finanzielle Last des Unternehmens zum größeren Teil die Vereinigten Staaten tragen zu lassen; Mittelamerika rückte wirtschaftlich ins Interessengebiet der USA. Als plötzlich der bisherige Geschäftsträger starb, gelang es Stephens, der aus seiner Zeit bei den New Yorker Gerichten über Beziehungen zum damaligen Gouverneur von New York, nun Präsidenten der Vereinigten Staaten, Martin van Buren, verfügte, Nachfolger des Verstorbenen zu werden. So kam es, daß er seine Reise außer mit vielen Empfehlungen auch unter dem wohlklingenden Titel eines «Encargado de los negocios de los Estados Unidos del Norte» antreten konnte. (Wie viele der Pioniere der Archäologie fanden wir schon als Diplomaten?)

Dies alles aber half ihm nichts, als nach seiner Ankunft betrunkene Soldateska über seine kleine Reisegesellschaft herfiel. Ihm ging es nämlich 1839 in Mittelamerika, wie es Layard sechs Jahre später in Mesopotamien, an den Ufern des Tigris, gehen sollte. Beide setzten ihren Fuß in ein Land, das in hellem Aufruhr stand.

Drei große Parteien gab es damals in Mittelamerika. Die Partei Morazáns, des früheren Präsidenten der Republik San Salvador; die Partei Ferreras, des Mulatten, in Honduras; und die Partei Carreras, des Indianers, in Guatemala. Dieser Indianer stand mit seinen Anhängern, die man wenig freundlich «Cachurecos» (Falsche Münze) nannte, unter Waffen. Zwischen Morazán und Ferrera war bei San Salvador eine Schlacht geschlagen worden. General Morazán war zwar verwundet worden, hatte aber gesiegt, und die Bevölkerung erwartete seinen Einmarsch in Guatemala. Auf diesen vermutlichen Marschweg hin bewegte sich die kleine Karawane von John Lloyd Stephens.

Das Land war zerstört. Operettengenerale wechselten mit Banditenhäuptlingen in der Führung der mehr marodierenden als kriegführenden Truppen und Trüppchen, die aus Indianern, Negern, ein paar abenteuernden europäischen Offizieren und entlaufenen Soldaten aus Napoleons Italienarmee bestanden. Die Dörfer waren geplündert, die Bevölkerung hungerte. «No hay!» war die ständige Antwort auf die Frage Stephens' nach Nahrung. «Nichts da!» Nur Wasser erhielten sie.

Als sie in einem der Städtchen im «Rathaus» Quartier bezogen, hatte sie der Alkalde, bewaffnet mit dem Zeichen seiner Würde, einem Stock mit Silberknopf, mißtrauisch empfangen. In der Nacht brach derselbe Alkalde mit einem Haufen von ungefähr fünfundzwanzig Männern in den Schlafsaal. Der Führer der Truppe war ein Offizier, Parteigänger des Carrera, den Stephens in seiner Beschreibung dieses Abenteuers stets den «Herrn mit Glanzhut» nennt. In der Auseinandersetzung, die nun folgte, ging es ein wenig turbulent zu. Stephens' Diener Augustin wurde durch einen übereilten Machetehieb am Kopf verwundet und schrie: «Feuern, Sir, feuern!» Stephens breitete unterm Licht lodernder Kienspäne seine Pässe aus, auch das Siegel des Generals Cascara, eines entlaufenen Offiziers der napoleonischen Armee, der eine gewisse Rolle im Lande spielte und dessen Empfehlung sich Stephens gesichert hatte. Catherwood hingegen gab eine gelehrte Auseinandersetzung des Völker- und Gesandtenrechts, was allerdings auf den schon betrunkenen Haufen noch weniger Eindruck machte als die Pässe. Die Situation machte einerseits den Eindruck einer Szene aus «Fra Diavolo», andererseits konnte sie, als sich bereits drei Musketen auf Stephens richteten, blutiger Ernst werden.

Da gab es einen Aufschub durch das Auftauchen eines zweiten Offiziers, der sichtlich von höherem Rang war; denn er hatte einen noch sorgfältiger polierten «Glanzhut» auf dem Kopf als der erste. Wiederum wurden die Pässe visitiert. Der Offizier verbot jede Gewalt, machte aber den Alkalden mit seinem Kopfe dafür verantwortlich, daß die Gefangenen in sicherem Gewahrsam blieben. Stephens schrieb in aller Eile einen Brief an General Cascara und siegelte ihn, um des höheren Effektes willen, mit einem amerikanischen Halbdollarstück. «Der Adler breitete seine Schwingen aus und die Sterne erglänzten im Lichte der Kienfackeln und alle traten herzu, um das Ding genau zu betrachten.»

Stephens' kleiner Trupp fand keinen Schlaf. Vor der Unterkunft spielten die Soldaten Feldlager, grölten und johlten und tranken unmäßig Branntwein. Schließlich erschien noch einmal der Alkalde, hinter ihm der ganze betrunkene Haufen. Er hatte den Brief an Cascara in der Hand, also nicht abgeschickt. Da wurde Stephens energisch. Und siehe da: was weder die Pässe noch Catherwoods gelehrte Ansprache vermocht hatten, bewirkte der neue Ton. Der Alkalde prügelte einen Indianer mit dem Brief auf den rechten Weg und verschwand mit dem Haufen. Stephens machte sich auf eine lange Wartezeit gefaßt; da löste sich die Situation ganz von selber zum Guten.

Als am nächsten Tage die Sonne hoch stand, erschien der nüchterne Alkalde zum offiziellen, versöhnenden Empfangsbesuch. Die Soldaten waren im Morgengrauen, plötzlich neuem Befehl folgend, samt und sonders abgezogen.

COPÁN liegt im Staate Honduras, am Fluß gleichen Namens, der sich in den Motagua ergießt und dann in den Golf von Honduras. (Es ist nicht zu verwechseln mit der Stadt Coban am Rio Coban oder Cahabon, nordwestlich von Copán und bereits in Guatemala.)

Auf dieser Strecke ist Cortez marschiert, als er nach der Eroberung des Aztekenreiches im Jahre 1525 von Mexiko nach Honduras zog, um einen Verräter zu strafen; mehr als tausend Kilometer durch Gebirge und Urwald.

Als Stephens, Catherwood und die indianischen Führer und Träger sich aufmachten und bald darauf in eine Waldlandschaft tauchten, die wie ein grünes Meer über ihnen zusammenschlug, begannen sie zu ahnen, warum so wenig Reisende und Forscher vor ihnen hier gewesen waren. «Das Laubwerk», hatte dreihundert Jahre vor ihnen Cortez über ähnliche Wälder geschrieben, «warf einen so dichten Schatten, daß die Soldaten nicht sehen konnten, wohin sie die Füße setzten!» Sumpf ließ die Maultiere bis zum

Mr. Stephens kauft eine Stadt

Bauch versinken, Stachelgewächse zerrissen Stephens und Catherwood Hände und Gesicht, wenn sie abstiegen, um zu helfen. Die brütende Hitze machte sie matt, die Mückenschwärme, die aus dem Morast quollen, fiebrig. «Dieses Klima», schrieben die spanischen Reisenden Don Juan und Ulloa hundert Jahre vor Stephens über das tropische Tieflandklima, «verzehrt die Kräfte des Mannes und tötet die Weiber im ersten Wochenbett. Die Ochsen verlieren ihr Fleisch, die Kühe ihre Milch, und die Hennen hören auf, Eier zu legen...» Die Natur war sich gleichgeblieben seit des Cortez und der beiden Spanier Zeiten. Hätten nicht die kriegerischen Ereignisse im Lande in all ihrer Verworrenheit jede diplomatische Aufgabe von vornherein unmöglich gemacht, so daß also Stephens nichts anderes zu tun hatte, als seiner Entdeckerlust nachzugehen – vielleicht wäre er umgekehrt.

Aber er war vom Schlage derer, die sich auch in der Drangsal dem Zauber des Fremden nicht verschließen. Dieser Wald war nicht nur entnervend in dem immer neuen Ansprung, mit dem er den Eindringling überfiel, er war auch aufpeitschend für Geruch, Gesicht und Gehör. Aus den Niederungen stieg der Moderduft. Mahagoni-Bäume breiteten sich aus, Gelb- und Blauholzbäume. Die Corozo-Palme schirmte mit ihren bis zu zwölf Meter langen Wedeln ein Dach. Dem aufmerksamen Beobachter gelang die Entdeckung einer Orchidee. Wie Blumentöpfe saßen auf den Stämmen der Urwaldbäume die Bromeliazeen. Und wenn des Abends der Urwald erwachte – dann schrien die Brüllaffen, dann krächzten die Papageien, dann gellten Schreie, hallten dumpf abgerissene Rufe, wie sie angerissenes Wild ausstößt, wenn es zusammenbricht.

Stephens und Catherwood fochten sich durch eine Landschaft, die sie nicht einmal erträumt hatten. Zerkratzt und blutig, mit Schlamm bedeckt, kämpften sie sich mit entzündeten Augen voran. Und in dieser verwunschenen Welt, die unberührt schien von Urbeginn an, sollten sich steinerne Bauwerke erheben, große Bauwerke, wie es hieß?

Stephens ist ehrlich. Später gibt er zu, daß er, je tiefer er eindrang in das grüne Reich, desto ungläubiger wurde. «Ich muß gestehen, daß wir beide, Herr Catherwood und ich, ein bißchen zweifelsüchtig waren und uns Copán mehr mit der Hoffnung als mit der Erwartung, Wunder zu finden, nahten.»

Und dann kam der Augenblick, da das Wunder sich zeigte.

IRGENDWO in einem fremden Walde ein Stück alten Mauerwerks zu finden, das von lang vergangenem Leben zeugt, ist interessant und regt zu mannigfaltigen Betrachtungen an; aber niemand wird es ein Wunder nennen. Wir müssen uns vergegenwärtigen, daß Stephens ein Mann war, der den halben Orient kannte und der bereits auf den Ruinenstätten fast aller alten Völker gestanden hatte. Jetzt sollte dieser Mann, mit geringer Hoffnung und ohne große Erwartung (denn welche Maßstäbe standen ihm etwa aus Ägypten zur Verfügung?) einen Anblick haben, der ihn im ersten Augenblick sprachlos machte und schließlich fast an ein Wunder glauben ließ, wenn er sich überlegte, welche Folgerungen für die Wissenschaft seine Entdeckung haben mußte.

Sie waren bis zum Rio Copán vorgestoßen und hatten das Dörfchen berührt, um mit den Eingeborenen der Umgebung, Mestizen und Indianern, alle christianisiert, guten Verkehr zu eröffnen. Sie stießen weiter vor in den Dschungel, als sie sich plötzlich vor einer Mauer fanden, aus Quadern gebaut, gut gefügt und wohlerhalten. Eine Reihe von Stufen führte zu einer Terrasse empor, die indessen so überwuchert war, daß ihre Ausdehnung nicht abzuschätzen ging.

Von diesem Anblick zwar bereits erregt, doch noch zögernd in ihrem Jubel, weil sie nicht sicher waren, ob sie nicht vielleicht vor den Überresten altspanischer Befestigungen stünden, wandten sie sich vom Pfad ab und erblickten ihren Führer, der mit ein paar scharfen Hieben ein Geflecht von Lianen zerschlug. Er riß das Geflecht beiseite wie einen Vorhang vor kommender Szene und wies, «deus ex machina» im Schauspiel dieser Entdeckung, erwartungsvoll, als zeige er Kritikern sein eigenes Werk, auf einen hochragenden dunklen Gegenstand.

Und Stephens und Catherwood, sich jetzt selber mit der Machete freie Sicht schlagend, standen vor einer Stele, einem hohen Bildwerk, wie sie es noch nie in ihrem Leben gesehen hatten, und dabei von einer Art der künstlerischen Ausführung, wie sie sie weder in Europa noch im Orient angetroffen und in Amerika niemals vermutet hätten.

Sie fanden sich vor einem steinernen Bildwerk von solchem Prunk in der Ornamentik, daß ihnen im ersten Augenblick jede Beschreibung unmöglich schien. Es war – wir nehmen die späteren Messungen vorweg – etwa 3,90 Meter hoch, 1,20 Meter breit und 0,90 Meter dick; eine viereckige Säule, über und über bedeckt mit Skulpturen und Ornamenten. Sie stand groß und grau gegen das tiefsatte Grün des Urwalds, in ihren Kerben noch Reste der dunkelglühenden Farben, mit denen sie einst bemalt war.

Auf der Vorderseite trat ihnen die stark erhaben gearbeitete Figur eines Mannes entgegen, dessen Gesicht «feierlich streng und Schrecken einzuflößen geeignet war». Die Seiten waren mit rätselhaften Hieroglyphen bedeckt und die Rückseite mit Skulpturen geschmückt – «sie unterschieden sich von allem, was wir bisher gesehen».

Stephens war fasziniert; aber er war der echte Forscher, der sich auch vorm unerwartetsten Anblick nicht zu übereilter Folgerung hinreißen ließ. So erlaubte er sich als erstes, dies aber mit größter Sicherheit, nur diesen Schluß: «Der Anblick dieses unverhofft gefundenen Monuments... verschaffte uns die Überzeugung, daß die Gegenstände, nach denen wir suchten, interessant wären, nicht nur als die Überreste eines unbekannten Volkes, sondern auch als Werke der Kunst, welche gleich neu entdeckten historischen Urkunden bewiesen, daß das Volk, das einst den Kontinent Amerika bewohnte, nicht zu den Wilden gehörte.»

Aber als er sich, jetzt begleitet von Catherwood, mit der Machete weiter in das Dickicht hineinarbeitete, als er eine zweite, eine dritte, vierte, als er insgesamt vierzehn dieser merkwürdigen Skulptur-Stelen sah und eine ihm immer vollendeter in ihrer Ausführung erschien als die andere, da ging er mit seinen Behauptungen wesentlich weiter. Da sagte er, der die Denkmäler des Nillandes gesehen hatte und der wußte, welch hoher Kultur allein solche Denkmäler zu verdanken sind, daß manche von denen, die er hier im Dschungel von Copán erblickte, «von geschmackvollerer Ausführung waren als die schönsten Monumente der Ägypter, andere ihnen aber in der künstlerischen Arbeit zumindest gleichkamen!»

Dies war eine ungeheuerliche Behauptung für die damalige Welt. Als er in einem Brief die erste Nachricht von seinem Fund gab, erregten seine Mitteilungen nicht nur Unglauben, sondern Gelächter. Konnte er beweisen, was er behauptete?

«Wie beginnen?» fragte er selber angesichts der Größe der Monumente und der Undurchdringlichkeit der grünen Mauern, von denen sie eingeschlossen waren. «Unternehmen fast hoffnungslos. Überall im Walde verborgene Ruinen. Hier war zwar der Fluß, der sich in das Meer ergoß, an dem New York lag, aber der Fluß hatte Stromschnellen. Eins blieb: einen Götzen zerschneiden und in Stücken fortbringen, um als Probe zu dienen, von den anderen aber Abgüsse zu nehmen.» Und er fügte hinzu – und jetzt ging ihm ein Vergleich mit dem, was bis dahin als Beispiel erhabenster Kulturschöpfung galt, bereits glatt aus der Feder: «Die Abgüsse vom Parthenon im Britischen Museum galten als kostbare Denkmäler!»

Aber er kam davon ab. Denn Catherwood war ja da. Er drängte ihn, mit dem Zeichnen zu beginnen. Doch Catherwood, der wunderbare Bildwerke von ägyptischen Denkmälern herausgegeben hatte, zeigte ein mürrisches Gesicht, betastete die verzerrten Steingesichter, die unbegreiflichen Hieroglyphen, die verworrenen Ornamente. Er prüfte immer wieder das Licht, ging den tiefen Schatten in den erhaben gearbeiteten Reliefs nach, schüttelte den Kopf ...

Stephens drängte weiter, schickte den Führer zurück zum Dorf, ließ rundfragen, wer etwas auszusagen wüßte über diese geheimnisvollen Bildwerke. Niemand wußte etwas. Wer konnte solche künstlerischen Arbeiten angefertigt haben? «Quien sabe» – war die stereotype Antwort.

Er schlug sich mit dem Mestizen Bruno, dem Dorfschneider, immer tiefer in den Dschungel. Er fand immer neues Bildwerk, neue Mauern, neue Treppen und Terrassen. Eins der Monumente war «durch riesengroße Wurzeln von seinem Piedestal verrückt, ein anderes von Ästen der Bäume fest umschlungen und fast aus der Erde gehoben, ein anderes auf den Boden geworfen und von ungeheurem Rankengeflecht niedergehalten. Eines endlich stand, mit seinem Altar vor sich, in einem Hain von Bäumen, die es rings umwuchsen, gleich als wollten sie es beschatten und wie ein Heiligtum beschützen, und in des Waldes feierlicher Stille erschien es wie eine Gottheit, die über ein hingesunkenes Volk trauert.»

Als er wieder auf Catherwood traf, meldete er ihm *fünfzig* zu kopierende Gegenstände. Catherwood aber, der erprobte Zeichner, schüttelte wiederum den Kopf. Hier ließe sich nicht zeichnen. Hier müßte Licht geschaffen werden. In diesem Dunkel verschwammen die Schatten und überdeckten die Konturen.

Sie vertagten ihre Arbeit auf den nächsten Morgen. Sie mußten Hilfe haben. Das Dorf mußte ihnen Arbeitskräfte stellen. Kam dort nicht ein Mestize, ein wenig besser und bunter gekleidet als ihre Träger und die anderen, die sie bisher gesehen hatten? Vielleicht brachte er die Hilfe, die sie brauchten? Aber dieser braune Mann stolzierte herbei, stellte sich überraschenderweise als Don José Maria vor und wies Besitzurkunden über das Land am Flusse Copán vor, auf dem die Monumente lagen.

Stephens mußte lachen. Der Gedanke, daß irgend jemandem diese Ruinen im Dschungel «gehören» könnten, erschien ihm absurd. Als Don José Maria auf Befragen zugab, daß er von der Existenz solcher Monumente zwar einmal habe reden hören, aber – da ließ ihn Stephens nicht ausreden und schickte ihn fort.

Des Abends aber, als Stephens in einer kleinen Hütte lag, ging ihm der Gedanke noch einmal durch den Kopf. Wem gehörten die Ruinen wirklich?

Mr. Stephens kauft eine Stadt

Und, schon im Halbschlaf, entschied er kategorisch: «Sie gehörten mit Fug und Recht uns an, und obwohl ich nicht wußte, wie bald wir von hier fortgetrieben werden könnten, so beschloß ich doch, daß sie die unsrigen werden sollten; und während verworrene Bilder und Phantasien von Ruhm und Dank vor meinen Augen vorüberglitten, zog ich meine Decke um mich und sank in Schlaf.»

AM Tage erschallten die scharfen, knappen Hiebe der Machete durch den Dschungel. Die Indianer schlugen ein Dutzend Bäume an; der eine, den sie dann fällten, riß im Sturz die anderen mit und mit ihnen das Gerank der Blätter und Schlingpflanzen.

Stephens beobachtete die Indianer. Er suchte immer wieder in ihren Gesichtern nach den Spuren jener schöpferischen Kraft, die allein die steinernen Kunstwerke zustande gebracht haben konnte, einer Kraft, die fremd war, mit einem unverkennbar grausam-grotesken Zug, aber in so meisterlicher Form sich äußernd, wie sie nicht unvermittelt aus dem Dunkel quillt, sondern auf weitem Grund nur langsam wächst. Aber die Gesichter der Indios schienen ihm stumpf.

Während Catherwood seinen Zeichenrahmen aufstellte, um das erste gewonnene Licht sofort auszunutzen, stieg Stephens wieder in den Dschungel. Er fand die Mauer am Ufer des Flusses. Sie war weit höher, als er beim ersten Anblick geschätzt hatte. Vor allem aber umspannte sie eine weit größere Fläche. Doch war sie mit Stechginster so zugewachsen, daß es aussah, als habe man ihr einen ungeheuren Ginsterhut über die Krone gestülpt. Affen schrien, als sich Stephens mit dem Mestizen in dieses Geflecht zwängte. «Wir sahen diese nachgeäfften Menschen hier zum erstenmal, und umgeben von den wunderbaren Denkmälern kamen sie uns vor wie wandernde Geister des verschwundenen Volksstammes, welche die Trümmer ihrer einstigen Wohnungen behüteten.»

Dann erkannte Stephens einen pyramidenförmigen Bau. Er erkämpfte sich die Stufen einer breiten Treppe, die durch Schößlinge auseinandergetrieben war. Die Treppe führte aus dem Dunkel des Stachelgestrüpps ins Licht der freieren Kronen, schließlich über die Wipfel der Ceiba-Bäume hinaus auf eine Terrasse, die nicht weniger als dreißig Meter über dem Erdboden lag. Stephens schwindelte. Was für ein Volk war hier am Werke gewesen? Seit wann war es ausgestorben? Vor wieviel Hunderten von Jahren hatte es diese Pyramide errichtet? In welcher Zeit und mit welchen Werkzeugen, in wessen Auftrag und zu wessen Ehren die zahllosen Bildwerke geschaffen? –

Eins war klar: Nicht eine einzige Stadt allein konnte aus sich heraus zu solchen Schöpfungen und Bauwerken gelangen, hier mußte die Kraft eines großen und mächtigen Volkes dahinterstehen. Und als er sich vorstellte, wieviel andere Städte solcher Art, von denen niemand etwas wußte, in den weiten Dschungeln von Honduras, Guatemala und Yucatan wohl noch verborgen liegen mochten, schauderte ihm vor der Größe seiner Aufgabe. Tausend Fragen stürmten auf ihn ein, und er konnte keine einzige beantworten. Er blickte über die Wipfel hin, unter denen er den Schimmer der grauen Monumente sah.

«Die Trümmerstadt lag vor uns gleich einer inmitten des Meeres zerschellten Barke; ihre Masten sind verloren, ihr Name verschwunden, ihre Bemannungen untergegangen, und keiner weiß zu sagen, woher sie kam, wem sie gehörte, wie lange sie auf ihrer Reise, was der Anlaß ihres Unterganges war; wer ihre verschwundene Mannschaft war, läßt sich nur durch eine vermeintliche Ähnlichkeit im Bau des Fahrzeuges erraten und vielleicht nicht mit Gewißheit erkunden!» –

Als er die ersten Ergebnisse der Arbeit seines Freundes Catherwood besichtigen wollte, bot sich ihm ein seltsamer Anblick. Der Zeichner stand vor der Stele, die sie als erste entdeckt hatten. Unmengen von Papier lagen auf dem Boden verstreut. Er selber stand mit den Füßen im Morast, mit Dreck bespritzt von oben bis unten, hatte wegen der Moskitos, die in Schwärmen über ihn herfielen, Handschuhe angezogen, das Gesicht bis auf die Augen verhüllt und arbeitete mit jener finsteren Entschlossenheit, die eine aufgetauchte Schwierigkeit um jeden Preis überwinden will. Denn es hatte sich gezeigt: Der Künstler Catherwood, einer der letzten großen Zeichner, deren Tradition nur in einigen englischen Kupferstichen noch bis zur letzten Jahrhundertwende fortlebte und dann im formalistischen Experiment erlosch, sah sich vor einer Aufgabe, der seine Mittel nicht gewachsen zu sein schienen.

Denn diese Formenwelt, die sich ihm hier bot, war jenseits aller Formenwelten, die er bis dahin kennengelernt hatte, und so völlig außerhalb jedes europäischen Bilddenkens, daß ihm der Zeichenstift versagte, er die Proportionen nicht erkannte, die Winkel verschob und weder mit noch ohne «Camera lucida», das damals gebräuchliche Hilfsmittel, ein Ergebnis erzielte, das seinen Ansprüchen genügte. War dies dort Ornament oder menschliches Glied? War dies ein Auge, eine Sonne oder ein Symbol? War dies der Kopf eines Tieres? Wenn ja, wo gab es solche Tiere, aus dem Boden welcher Phantasie konnten derart schreckliche Köpfe wuchern? Die Steine waren in prunkvolle Formen verwandelt, die nirgendwo in der Welt ein Vorbild hatten!

Mr. Stephens kauft eine Stadt

«Es war», sagte Stephens, «als ob der ‹Götze› seiner Kunst trotzte, und auf einem Baume schienen zwei Affen über ihn zu lachen!»

Catherwood aber stand von früh bis spät, und es kam der Tag, da ihm das erste Blatt gelang. Es sollte Aufsehen erregen.

NUN aber begab sich etwas Merkwürdiges. Stephens war, angewiesen auf Hilfe, in näheren Kontakt zu den Dorfbewohnern getreten. Der Verkehr ließ sich freundschaftlich an, denn Stephens konnte – oft wurden Forscher in diese Situation gedrängt – mit einigen Medikamenten und guten Ratschlägen auch auf seine Weise Hilfe leisten. Dann gab es Scherereien. Es meldete sich nämlich immer wieder, mit größter Beharrlichkeit, Don José Maria und zeigte seine Besitzurkunden vor. Eingehende Unterhaltungen mit ihm ließen erkennen, daß das Ruinenfeld völlig ohne Wert für ihn war, daß es ihn auch niemals interessieren würde, daß ihm alle «Götzen» dort gleichgültig waren – es war nichts als gekränktes Eigentümerrecht, das ihn zu ununterbrochenen Behelligungen trieb.

Da Stephens um jeden Preis – er wußte sich in einem politisch aufgewühlten Lande – das gute Einvernehmen mit allen Umwohnern beibehalten wollte, faßte er einen tollen Entschluß. So fragte er kurzweg und rundheraus: «Wieviel wollen Sie für die Ruinenstadt haben?»

«Ich glaube», schreibt Stephens, «er wäre nicht überraschter und betretener gewesen, wenn ich gewünscht hätte, sein armes altes Weib, unsere rheumatische Patientin, zu kaufen... Er schien nicht recht zu wissen, wer von uns beiden den Verstand verloren hätte. Das Besitztum war so ganz und gar wertlos, daß mein Wunsch ihm verdächtig erschien.»

Also mußte sich Stephens bequemen, um die Lauterkeit seines Angebots zu unterstreichen, vor dem sehr schmierigen Don José alle seine Urkunden auszubreiten, die ihn als charakterlich einwandfreien Menschen, als reisenden Wissenschaftler und als Geschäftsträger der großen und mächtigen Vereinigten Staaten auswiesen. Ein Sprach- und Schreibkundiger namens Miguel las laut vor. Der wackere Don José trat von einem Bein aufs andere, sagte, er wolle sich das überlegen und wiederkommen.

Das wiederholte sich. Miguel las die Urkunden zum zweitenmal vor. Als aber auch dies noch nichts fruchtete und Stephens im Kauf der alten Stadt Copán die einzige Möglichkeit sah, Ruhe und Frieden zu halten, entschloß er sich in richtiger Einschätzung der Dschungeldorf-Mentalität zu einer Überredungsszene, die einer Groteske entnommen zu sein scheint.

Er schleppte seinen Reisekoffer herbei und entnahm ihm seine Diplomatenuniform. Seine diplomatische Aufgabe in Mittelamerika hatte er längst als gescheitert angesehen; die Uniform aber sollte nicht ungetragen bleiben. Und der Geschäftsträger der Vereinigten Staaten von Nordamerika zog sich unter feierlichen Bewegungen vor dem erstaunten Mestizen José seinen Galarock über. Zwar trug er dazu einen vom Regen aufgeweichten Panamahut, ein kariertes Hemd und weiße Pantalons, die bis zu den Knien hinauf von gelbem Schmutz starrten. Zwar tropfte der Regen, der den ganzen Tag gefallen war, noch von den Bäumen, und auf dem Boden standen morastige Pfützen. Aber ein paar Sonnenstrahlen blitzten auf den großen Adlerknöpfen und ließen Goldstickerei und Farben mit jener autoritativen Überzeugungskraft leuchten, die auch in anderen Breiten unserer Welt durchaus nicht ohne Wirkung ist.

Wie sollte dieser Anblick ohne Wirkung auf Don José Maria bleiben! Er konnte nicht mehr widerstehen. Und John Lloyd Stephens, der von sich selber sagte, daß er «eine so merkwürdige Figur machte wie jener Negerkönig, der eine Gesellschaft britischer Offiziere in aufgestülptem Hut, Soldatenrock und ohne Inexpressibles empfing», kaufte die alte, im Urwald versunkene Stadt Copán!

Später fügte er hinzu:

«Der Leser ist vielleicht neugierig, zu erfahren, wie man in Zentralamerika alte Städte kauft. Gleich anderen Handelsartikeln richten sie sich nach der Menge am Markte und nach dem Begehr; da sie aber keine Stapelware wie Baumwolle und Indigo sind, so bedingten sie reine Willkürpreise und gingen gerade damals sehr flau. So vernehme denn der Leser, daß ich für Copán 50 Dollar zahlte. Wegen des Preises gab es gar keine Schwierigkeit: Ich bot jene Summe und Don José Maria hielt sie für so übermäßig hoch, daß ich darob in seinen Augen als Narr erschien; hätte ich mehr geboten, er würde mich wahrscheinlich für etwas noch Schlimmeres angesehen haben.»

Es ist klar, daß ein so bedeutendes und wundersames Ereignis, obwohl das ganze Dorf keinerlei Verständnis dafür aufbrachte, dennoch gebührend gefeiert werden mußte. So gab Stephens einen offiziellen Empfang. Und es erschien in feierlichem Zug das ganze Dorf. Zahlreich vertreten waren alte Damen. Zigarren wurden herumgereicht («Cigarro» für die Frauen, «Puro» für die Männer). Die Zeichnungen Catherwoods wurden bewundert. Schließlich auch die Ruinen und Denkmäler selber. Und es gab ein großes Staunen. Denn tatsächlich stellte sich heraus, daß keiner der hier Lebenden je diese Bildwerke zu Gesicht bekommen hatte. Sie hatten nie eine Veranlassung gesehen, in den fieberdunstigen Dschungel einzubrechen, selbst die Söhne

Don Gregorios nicht, des mächtigsten Mannes am Orte, die als kühn galten und als beste Kenner des Waldes.

Und doch gehörten die unvermischten Indianer unter ihnen zum selben Volke, waren aus dem gleichen Stamm und sprachen noch genau dieselbe Sprache wie die lang vergangenen Meister der Steinskulpturen, die Pyramiden-, Treppen- und Terrassenbauer!

ALS im Jahre 1842 in New York Stephens' Buch «Incidents of travel in Central America, Chiapas und Yucatan» und wenig später dazu die Zeichnungen Catherwoods erschienen, da gab es einen Sturm in den Zeitungen; eine öffentliche Diskussion jagte die andere, Historiker sahen eine bis dahin festgefügte Welt zusammenbrechen, und Laien ergingen sich in den kühnsten Schlußfolgerungen.

Stephens und Catherwood waren unter Strapazen aller Art von Copán aus weitergezogen, waren in Guatemala eingedrungen und hatten Chiapas und Yucatan durchzogen. Überall auf ihrem Wege waren sie auf Monumente der Mayas gestoßen. Und was sie nun in Wort und Bild zeigten, warf nicht eine einzelne Frage, sondern tausend Fragen auf einmal auf. Urplötzlich griff man nun zurück auf die spanischen Quellen, fand jetzt im Zusammenhang mit den ersten Entdeckern und Eroberern Yucatans, mit den Taten Hernandez de Cordovas und Franzisco de Montejos die frühesten Hinweise auf dies merkwürdige Volk. Ja, plötzlich geriet ein Buch in die Diskussion, das bereits vier Jahre zuvor in Paris erschienen war, dasselbe berichtete wie Stephens' «Reiseeindrücke», doch bis dahin völlig unbeachtet geblieben war.

Das scheint auf den ersten Blick sehr merkwürdig. Stephens' Werk erregte Sensation, erlebte kurz hintereinander mehrere Auflagen, wurde fast sofort nach seinem Erscheinen in mehrere Sprachen übersetzt, kurz – war in aller Munde. Aber der Bericht des Herrn von Waldeck, der als «Romantische archäologische Reise in Yucatan» 1838 in Paris erschienen war, wurde wenig beachtet und ist heute fast verschollen. Ganz sicher: Stephens' Bericht war gründlicher und ist so glänzend geschrieben, daß er selbst jetzt noch mit Vergnügen gelesen werden kann. Und Waldeck hatte keinen Mann vom Range Catherwoods bei sich, dessen Zeichnungen mit ihrem künstlerischen Wert einen derartigen Grad der Exaktheit verbanden (selbst Photographien erscheinen uns blaß gegen ein Blatt von Catherwood), daß sie heute noch dokumentarischen Wert für die Archäologen besitzen – denn viel von dem, was er noch sah und festhielt mit seinem Stift, ist inzwischen überwuchert, verfallen, verwittert oder zerstört.

Aber der Hauptgrund ist wohl dieser: Frankreich war, als Waldecks Buch erschien, enthusiasmiert von der Entdeckung einer ganz anderen alten Kultur, einer Kultur, an die sich jüngstvergangenes nationales Erlebnis knüpfte. Noch lebten Teilnehmer an der ägyptischen Expedition Napoleons, und noch erregte sich die Öffentlichkeit über das große Werk der Entzifferung der Hieroglyphen. Frankreich, ja Europa und selbst Amerika (denn wohin war Stephens zuerst gereist?) blickte nach Ägypten! Es bedurfte eines massiven Einbruchs in die überkommenen Vorstellungen, um die große Wirkung auszulösen.

Es konnte nicht ausbleiben, daß nun, nachdem die Mayas plötzlich in den Blickpunkt der Öffentlichkeit gerückt waren, jene abenteuerlichen Deutungen geboren wurden, die noch stets eine neue Entdeckung begleitet hatten. Eins konnte nicht mehr bestritten werden nach Stephens' Bericht: die alten Mayas waren ein Volk von einer Kultur, die durchaus neben die Kulturen der Alten Welt gestellt werden konnte. (Dies durfte der Fachmann bereits auf Grund der Bauwerke sagen; denn die hohe Entwicklung der mathematischen Wissenschaften bei den Mayas wurde erst viel später richtig erkannt.)

Und dies warf vor allem folgende Frage auf: Woher kam dieses Volk? War es tatsächlich vom selben indianischen Stamm wie die andern Völker, die im Norden und Süden lebten und nie über ihr Nomadentum hinausgewachsen waren? Wenn es so war, warum entwickelten sich gerade die Mayas zu solcher Höhe? Was war ihr Antrieb? War es überhaupt möglich, daß auf dem amerikanischen Kontinent, abgeschnitten vom großen kulturellen Strom der Alten Welt, eine völlig eigene Kultur hatte entstehen können?

Und hier besonders setzten die ersten kühnen Deutungen ein. Das sei natürlich gänzlich ausgeschlossen, hieß es. Zweifellos müsse in grauer Vorzeit eine Einwanderung aus dem Alten Osten stattgefunden haben. Auf welchem Wege? Nun, über eine wahrscheinlich im Diluvium existierende Landbrücke im hohen Norden! Und andere wieder, betäubt von der Vorstellung, Bewohner der Äquatornähe über die Polarkreise wandern zu lassen, entschlossen sich, in den Mayas die Überlebenden der sagenhaften Insel Atlantis zu sehen. Als keine dieser Deutungen recht befriedigte, fehlte es nicht an Stimmen, die von den Mayas behaupteten, sie seien ein Stamm der Kinder Israel.

Ähnelten nicht einige der Skulpturen, die alle Welt im Werke Catherwoods betrachten konnte, ganz erstaunlich indischen Göttergestalten? Ja, sagten andere, aber die Pyramiden weisen entschieden auf Ägypten hin. Nun, ließen sich einige Forscher vernehmen, es gibt bereits in den spanischen Nachrichten deutliche Hinweise darauf, daß sich in der Maya-Mythologie starke christliche Elemente finden. Es ist das Symbol des Kreuzes gefunden worden, es gibt Anzeichen dafür, daß die Mayas eine Vorstellung von der Sintflut hatten, und es scheint sogar, als käme ihrem Gotte Kukulkan die Rolle eines Messias zu – und dies alles deutet auf das Heilige Land des Orients.

Als diese Diskussion noch in heftigem Gange war (und wir wollen schon hier sagen, daß sie heute, wenn auch auf besserer Grundlage, noch längst nicht abgeschlossen ist), da erschien das Buch eines Mannes, der kein Forscher war wie Stephens, sondern ein Stubengelehrter. Ja, dieser Mann war fast blind, als er von seinem Studierzimmer aus allein mit der Schärfe seines Verstandes die Dschungelpfade hieb, die Stephens mit der Machete schlug. Hatte Stephens das alte Reich der Mayas in Honduras, Guatemala und Yucatan entdeckt, so entdeckte dieser Gelehrte das alte Reich der Azteken zum zweitenmal, das Reich Montezumas in Mexiko. Und nun hob die Verwirrung erst richtig an.

WILLIAM HICKLING PRESCOTT entstammte einem alten puritanischen Geschlecht Neu-Englands. Er wurde am 4. Mai 1796 in Salem geboren. Von 1811 bis 1814 studierte er an der Harvard-Universität Rechtswissenschaft. Wenige Jahre später saß dieser Mann, der als Jurist zu großen Hoffnungen berechtigt hatte, vor einem sonderbaren Schreibrahmen. Es war dies ein sogenannter «Noctograph», die Erfindung eines gewissen Wedgewood. Er glich einer Schiefertafel, auf der die Linien durch quergespannte Messingstäbe ersetzt waren. Da diese Linien die Hand sicher führten, konnte man auf der Tafel – das Eintauchen einer Feder war dadurch vermieden, daß ein Kohlepapier unter den Stäben den Druck eines Stiftes übertrug – mit geschlossenen Augen schreiben. Das heißt, man konnte schreiben, selbst wenn man blind war.

Und William Prescott war nahezu blind. Durch einen unglücklichen Zufall hatte er 1813 im College sein linkes Auge verloren. Anhaltende Studien schwächten sein rechtes Auge so, daß er selbst durch eine zweijährige Rundreise bei europäischen Augenärzten seine Sehkraft nicht wiedergewann. Seine Laufbahn als Jurist war jäh beendet.

Und nun zwang sich dieser Mann mit einer unglaublichen Selbstdisziplin zu historischer Arbeit. Und auf dem «Noctographen» entstand das Werk «Die Eroberung von Mexiko». Es ist der atemraubend erzählte Bericht von den Eroberungen des Cortez. Aber es ist mehr. Hier ist mit einem übermenschlichen Fleiß auch das entlegenste Zeugnis der Zeitgenossen der Konquistadoren herangezogen, um ein Panorama des aztekischen Reichs vor und nach der Eroberung durch die Spanier zu entwerfen. Und als das Werk 1843 erschien, da bedeutete das, daß neben der soeben entdeckten Maya-Kultur nun ebenso plötzlich die kaum weniger rätselhafte Zivilisation der Azteken sich erhob.

Was zeigte sich hier? Ganz offenkundig bestanden gewisse Beziehungen zwischen den Azteken und den Mayas. Offensichtlich zeigte zum Beispiel ihre Religion große Übereinstimmungen; ihre Bauten, die Tempel und Paläste, schienen aus dem gleichen Geist heraus gebaut. Wie aber stand es zum Beispiel mit der Sprache? Und wie stand es mit dem Alter der beiden Völker? Schon oberflächliche Überprüfung ließ erkennen, daß Azteken und Mayas eine Sprache von verschiedenem Stamm sprachen. Und während die Azteken von Cortez augenscheinlich in ihrer höchsten Glanzzeit «geköpft» worden waren, hatten die Mayas ihren kulturellen und politischen Höhepunkt seit Jahrhunderten überschritten, sichtlich ein Volk in den letzten Zuckungen, als die Spanier an seiner Küste landeten.

Dennoch hätte sich hier mit einer Methode, die nicht davor zurückschreckt, selbst die Kinder Israel im vorgeschichtlichen Amerika ins Gespräch zu ziehen, eine Erklärung der Widersprüche finden lassen, wenn nicht Prescott sich einige Randbemerkungen erlaubt hätte, die ein Dutzend neuer Rätsel um die mittelamerikanischen Kulturen entstehen ließen.

So unterbricht er zum Beispiel einmal den Fluß seiner Erzählung von der schrecklichen «noche triste», da Cortez mit geschlagener Mannschaft aus Mexiko flieht. Und der Historiker hält auf dem Fluchtweg inne, um ein Ruinenfeld zu betrachten, dem die verfolgten Spanier damals verständlicherweise wenig Aufmerksamkeit schenkten. Auf diesem Felde erheben sich die Pyramiden von Teotihuacan, die Sonnen- und die Mond-Pyramide vor allem, so gewaltige Bauwerke, daß sie den Vergleich mit den Grabmälern der Pharaonen aushalten. (Die Sonnen-Pyramide erhebt sich höher als 60 Meter und bedeckt eine Grundfläche von mehr als 200 Meter Seitenlänge.)

Diese gigantische Tempelanlage ist kaum einen Tagesmarsch (heute eine Bahnstunde) von Mexiko entfernt, liegt also im Herzen des aztekischen Reiches. Prescott aber läßt sich von geographischer Lage nicht beeindrucken, folgt indianischen Überlieferungen und behauptet, daß diese Ruinen von den Azteken *vorgefunden* wurden, als sie einst als Eroberer in das Land einbrachen. Er behauptet damit, daß ein anderes, noch viel älteres, ein *drittes* Kulturvolk vor den Azteken und noch vor den Mayas in Mittelamerika und Mexiko am Werke gewesen sein muß.

Und er schreibt: «Welche Gedanken müssen sich dem Gemüt des Reisenden aufdrängen... wenn er über die Asche der Geschlechter hinschreitet, von denen diese riesenmäßigen Bauwerke herrühren, die uns... ins graue Altertum versetzen! Aber wer waren die Erbauer? Waren es die fabelhaften Olmeken, deren Geschichte sich, wie die der alten Titanen, in dem Nebel der Fabel verliert, oder, wie man gewöhnlich behauptet, die friedlichen und gewerbstätigen Tolteken, von denen alles, was wir über sie erfahren können, auf kaum sicheren Überlieferungen beruht? Was ist aus den Volksstämmen geworden, die sie erbauten? Sind sie auf jenem Boden geblieben, haben sie sich mit den wilden Azteken, die auf sie folgten, vermischt...? Oder sind sie weiter fort nach Süden gegangen und haben ein ausgedehntes Feld zur Verbreitung ihrer Bildung gefunden, wie sie sich in dem höheren Charakter der baulichen Überreste in den fernen Gegenden Mittelamerikas und Yucatans zeigt?»

Solche Hinweise, die nun von allen Seiten kamen und die wir hier der Einfachheit halber nur aus Prescott zitieren, stifteten begreiflicherweise eine Verwirrung, die nicht zu überbieten war. Wenn aber Prescott sagt: «Das alles ist ein Geheimnis, über das die Zeit einen undurchdringlichen Schleier geworfen hat...» – und wenn er dann hinzufügt: «... einen Schleier, den keine sterbliche Hand zu lüften vermag» –, so zeigt sich der Historiker, soviel er auch aus dem Dunkel der Vergangenheit ans Licht des Tages hob, allzusehr entmutigt. Sterbliche Hände graben noch heute, haben bereits erhellt, was vor hundert Jahren noch undurchdringliches Geheimnis war, und alles spricht dafür, daß sie aufdecken werden, was uns jetzt noch verborgen ist.

30. KAPITEL

ZWISCHENSPIEL

Rund zwanzig Jahre später, im Jahre 1863, fand eines Tages ein Besucher der Königlichen Bibliothek zu Madrid beim Stöbern in den Historischen Staatsarchiven ein vergilbtes Manuskript, sehr alt, sichtlich noch nie gebraucht. Es trug die Jahreszahl 1566. Der Titel war «Relación de las cosas de Yucatan». Es war mit einigen sehr merkwürdigen und auf den ersten Blick unverständlichen Skizzen ausgestattet. Als Verfasser zeichnete Diego de Landa.

Jeder gewöhnliche Besucher hätte das Manuskript wieder zurückgelegt, und ganz gewiß hatten das schon unzählige getan. Zufällig war aber der Mann, der es nun zur Hand nahm, zehn Jahre lang Almosenier der Französischen Gesandtschaft in Mexiko gewesen, seit 1855 Pfarrer des Indianerdorfes Rabinal im Bezirk Salama in Guatemala und hatte sich ausgiebig dem Studium der Indianersprachen und der Überreste der einstigen Kultur gewidmet. (Daß dieser Priester, Indianerbekehrer und Gelehrte unter dem Pseudonym Etienne Charles de Ravensberg auch noch eine ganze Reihe von Erzählungen und historischen Romanen geschrieben hat, wird nur erwähnt, um die Weitläufigkeit seiner Interessen darzutun.)

Als dieser Charles Etienne Brasseur de Bourbourg (er lebte von 1814 bis 1874) das vergilbte Büchlein Diego de Landas in der Hand hielt und *nicht* mehr weglegte, sondern untersuchte, da hatte er eine für das Studium der mittelamerikanischen Kulturen äußerst wichtige Entdeckung gemacht.

William Prescott war neun Jahre älter als Stephens. Brasseur de Bourbourg war neun Jahre jünger. Und obwohl B. de Bourbourg seine wichtige Entdeckung erst 1863 machte, gehört das Werk der drei zusammen. Stephens hatte die Denkmäler der Mayas ausgegraben, Prescott hatte gesammelt und zum erstenmal einen zusammenhängenden Abschnitt der aztekischen Geschichte (wenn es auch der letzte Abschnitt war) beschrieben. Und Brasseur de Bourbourg lieferte den ersten, wenn auch noch kleinen und längst nicht zu allen Schlössern passenden Schlüssel zum Verständnis einer ganzen Reihe von bis dahin unverständlichen Ornamenten und Hieroglyphen. Vor der Erklärung der Wichtigkeit dieser Entdeckung müssen wir uns die Situation der Archäologen klarmachen, die gegenüber dem amerikanischen Problem gänzlich anders war als gegenüber allen Problemen der Alten Welt.

ALS die Chinesen sich vom 3. Jahrtausend vor Christo an – nach ihrer großen Sintflut – zu einem Reich zu sammeln begannen, da taten sie das entlang ihrer beiden größten Ströme, des Hwang-Ho und des Jangtsekiang. Als die Inder ihre ersten Niederlassungen gründeten, geschah es am Indus und am Ganges. Nachdem die Sumerer in Mesopotamien eingerückt waren, wuchs aus ihren ersten Siedlungen die babylonisch-assyrische Kultur zwischen Euphrat und Tigris. Die Kultur der Ägypter lebte nicht nur am Nil, sondern mit dem Nil. Was für diese Völker die Ströme waren, war für die alten Griechen das enge Ägäische Meer. Das heißt, die großen Kulturen der Vergangenheit waren *Strom*kulturen, und die Forschung hatte sich angewöhnt, das Vorhandensein eines Stromes als Voraussetzung für das Entstehen einer Kultur zu nehmen. Nun – die amerikanischen Kulturen waren *keine* Stromkulturen, und an ihrem Blühen und Gedeihen konnte dennoch nicht gezweifelt werden. (Auch die Inka-Kultur auf der Hochebene von Peru war keine Stromkultur; wir kommen später auf sie zu sprechen, denn sie steht nicht in unmittelbarem Zusammenhang mit den mittelamerikanischen Kulturen.)

Als weitere Entstehungsvoraussetzung sah man die Neigung und Fähigkeit der Völker zu Ackerbau und Viehzucht, zur Haustierhaltung. Ackerbau trieben die Mayas (wenn es damit auch eine besondere Bewandtnis hatte). Aber Viehzucht? Die Maya-Kultur ist tatsächlich die einzige Kultur ohne Haustier und Lasttier, also auch ohne Wagen.

Das ist noch nicht alles, was die Mayas so sonderbar erscheinen läßt. Die meisten Kulturvölker der Alten Welt sind gestorben, spurlos von der Erdoberfläche verschwunden. Und mit ihnen starben die Sprachen, die wir als «tote Sprachen» oft über lange Entzifferungswege mühsam lernen müssen. Aber die Mayas leben heute noch, fast eine Million an der Zahl; sie haben sich in ihrer Konstitution nicht verändert, kaum in ihrer materiellen Lebensweise, nur in Geringfügigkeiten ihrer Kleidung. Der Forscher, der sich seinem indianischen Diener zuwendet, hat dasselbe Gesicht vor sich, das er soeben von einem alten Maya-Relief kopierte. Im Jahre 1947 brachten die beiden Zeitschriften «Life» und «Illustrated London News» Photos von neuer Ausgrabung. Da standen ein Maya-Mann und ein Maya-Mädchen vor zwei alten Reliefs, und es schien, als seien die Reliefs nach ihren Gesichtern geschnitten! Hätten die Reliefköpfe sprechen können – sie hätten in der Sprache gesprochen, in der der Maya-Diener von dem Forscher seinen Lohn fordert.

Es scheint, als ob die letztere Tatsache einen besonders günstigen Boden für die Forschung geboten hätte. Aber es scheint nur so. Denn obwohl – ebenfalls im Gegensatz zu allen Kulturen der Alten Welt – die Maya-Kultur nicht bereits 2000 oder 3000, sondern nur 450 Jahre tot ist, sind die Ansatzpunkte zu ihrer Erforschung geringer als irgendwo sonst.

Denn von Babylonien und Ägypten, von den alten Völkern Asiens, Kleinasiens und Griechenlands haben wir Kunde von jeher. Viel ist verlorengegangen, aber sehr viel ist an schriftlicher oder mündlicher Überlieferung erhalten. Sie starben vor sehr langer Zeit, ja – aber noch im Tode reichten sie weiter, was sie geschaffen – und ihr Sterben dauerte sehr lange. Die amerikanischen Kulturen aber – wir sagten es schon – wurden «geköpft». Hinter den Spaniern mit Pferd und Schwert zogen die Priester, und auf Scheiterhaufen loderten die Schriften und Bilder, die uns hätten Auskunft geben können. Don Juan de Zumárraga, erster Erzbischof von Mexiko, vernichtete in einem gigantischen Autodafé jedes erreichbare Schriftstück, die Bischöfe und Priester ahmten ihm nach, und die Soldaten vernichteten mit nicht geringerem Eifer, was übriggeblieben war. Als im Jahre 1848 Lord Kingsborough seine Sammlung übriggebliebener Zeugnisse der alten Azteken abschloß, da enthielt sein Werk nicht ein einziges Stück spanischer Herkunft! – Und was blieb uns von Dokumenten der Mayas aus vorkonquistadorischer Zeit? Es sind drei Manuskripte.

Eins liegt in Dresden, eins in Paris und zwei zusammengehörige jetzt an verschiedenen Stätten in Spanien: der «Codex Dresdensis» (der älteste), der «Codex Peresianus» und die Codices «Troano» und «Cortesianus».

Da wir in einer Aufzählung begriffen sind, wollen wir zum Schluß nicht vergessen, auf die Schwierigkeiten der direkten Erkundung hinzuweisen. Der Archäologe in Griechenland und Italien reist in zivilisierter Landschaft. Der Forscher in Ägypten arbeitet im gesündesten Klima dieser Breiten. Der Mann aber, der sich im vorigen Jahrhundert entschloß, nach neuen Spuren der Mayas und Azteken zu suchen, begab sich in ein höllisches Klima, fern jeder Zivilisation. (Noch bis heute, Mitte der sechziger Jahre, gibt es zum Beispiel zum bedeutendsten Ausgrabungsort, nach Tikál in Guatemala, wo die Universität von Pennsylvanien unter Leitung von William Coe seit einem Jahrzehnt mehr als 300 zum Teil gigantische Bauwerke archäologisch erforscht hat, keinen Landweg für Touristen. Doch kann jedermann heute in einer Flugstunde von Guatemala-City aus hinfliegen und in der gemütlichen «Jungle Lodge» nach «American Plan» wohnen und essen.)

Vor drei Schwierigkeiten also sah sich die Forschung in Mittelamerika:

Zwischenspiel

Erstens vor ganz ungewöhnlichen Fragestellungen durch die Eigenart dieser Kulturen; zweitens vor der Unmöglichkeit, jene Vergleiche und Schlüsse zu ziehen, die allein große Materialfülle erlaubt – denn es gab kaum Material, abgesehen von den Trümmern; drittens vor den Hindernissen, die das Land selber jeder weiteren schnellen Forschung entgegensetzte.

Ist es ein Wunder, daß die Mayas und Azteken nach der großartigen Wiederentdeckung durch Stephens und Prescott noch einmal aus dem Bewußtsein der Öffentlichkeit verschwanden? Daß das Wissen um diese Völker durch vier Jahrzehnte nur bei einigen wenigen Forschern gehütet wurde? Daß zwar zahllose kleine Forschungsergebnisse gewonnen werden konnten, daß aber keine wirklich große Entdeckung eines einzelnen in die Zeit von etwa 1840 bis 1880 fällt? Daß selbst die «Ausgrabung» Brasseur de Bourbourgs aus den Archiven Madrids nur das Interesse einiger Spezialisten fand?

Diego de Landas Buch, das dreihundert Jahre allen greifbar und doch von niemandem benutzt bereitgelegen hatte, barg die Zauberworte, mit denen sich – zum Teil wenigstens – der Sinn der wenigen Maya-Dokumente und -Monumente enträtseln ließ. Aber es waren zuwenig Dokumente, zuwenig Steine, Reliefs und Skulpturen vorhanden, um die Zauberworte anwenden und in entscheidenden Vergleichen ihre Gültigkeit nachprüfen zu können.

31. KAPITEL

DAS GEHEIMNIS DER VERLASSENEN STÄDTE

Zieht man eine Linie von Chichen-Itzá im Norden Yucatans nach Copán (Honduras) im Süden und von Tikál und Ixkún (Guatemala) im Osten über Guatemala-Stadt nach Palenque (Chiapas) im Westen, hat man in etwa die Grenzpunkte der ehemaligen Maya-Kultur bezeichnet. Gleichzeitig hat man das Gebiet umrissen, das der Engländer Alfred Percival Maudslay in den Jahren von 1881 bis 1894, also rund vierzig Jahre nach Stephens, bereiste.

Er tat mehr als Stephens. Er tat das, was inzwischen notwendig geworden war, sollte nicht die Forschung weiterhin brachliegen. Er brachte in nicht weniger als sieben Dschungelzügen nicht nur Beschreibungen und Bilder an die Küste zurück. Er brachte darüber hinaus Originalstücke, äußerst saubere Papierabklatsche und Gipsabdrücke von Reliefs und Inschriften.

Seine Sammlung ging nach England und wanderte vom Victoria- und Albert-Museum ins Britische Museum. Als die «Maudslay-Collection» dem allgemeinen Studium zugänglich wurde, lag das Material bereit, die Denkmäler selber um ihr Alter und ihre Herkunft zu befragen.

Und damit kommen wir wieder zu Diego de Landa. Dieser zweite Erzbischof von Yucatan muß ein Mensch gewesen sein, in dem sich der eifernde Priester mit dem Liebhaber schon moderner, nach Erkenntnis drängender Wissenschaft nicht in Einklang bringen ließ. Es ist bedauerlich, daß im Kampf der zwei Seelen in einer Brust im Endeffekt der Eiferer siegte. Denn Diego de Landa war einer von den Bischöfen, die alle erreichbaren Maya-Dokumente als Teufelswerk zusammentragen und verbrennen ließen. Und die zweite Seele, die in ihm lebendig war, konnte ihn nur noch veranlassen, einen der überlebenden Maya-Fürsten als Scheherezade zu gebrauchen. Allerdings erwies sich, daß diese Scheherezade mehr als Märchen zu erzählen wußte. Und so schrieb Diego de Landa nicht nur Geschichten vom Leben und Treiben, von den Göttern und von den Kriegen der Mayas auf, sondern er fügte seinen Aufzeichnungen auch Skizzen bei, aus denen zu erkennen war, mit welchen Zeichen die Mayas ihre Monate und Tage darstellten.

Dies mag – wird hier jedermann sagen – nicht uninteressant sein; aber warum sollte gerade dieser Mitteilung besondere Bedeutung zukommen?

Das Geheimnis der verlassenen Städte

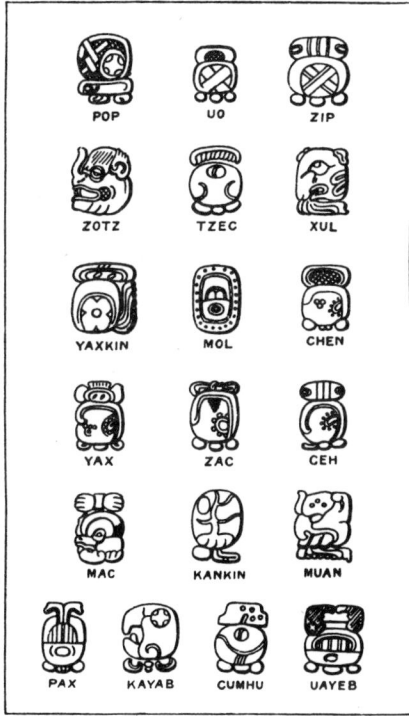

Die Monatszeichen der Mayas.
Abbildung 46

Die Tageszeichen der Mayas.
Abbildung 47

Nun, schon durch diese wenigen Skizzen gewannen plötzlich die bis dahin in ihrer schrecklichen Ornamentik nur unheimlichen Maya-Monumente ein reiches Leben. Mit Diego de Landas Zeichnungen in der Hand und mit der bald gewonnenen Erkenntnis von der Zahlenschreibung der Mayas stand der Forscher vor den Tempeln und Treppenaufgängen, den Säulen und Friesen und sah: In dieser Maya-Kunst, ohne Lasttier und Wagen im Dschungel aufeinandergetürmt und mit Steinwerkzeugen aus dem Stein gemeißelt, gab es kein Ornament und kein Relief, keinen Tierfries und keine Skulptur, die nicht in direkter Beziehung zu einem Datum gestanden hätte! Jedes Bauwerk der Mayas war ein steingewordener Kalender! Keine Anordnung war zufällig, und die Ästhetik unterlag der Mathematik. Wenn man sich bis dahin über die scheinbar sinnlose Wiederholung oder plötzliche Unterbrechung der schrecklichen Steingesichter gewundert hatte, so lernte man jetzt, daß eine Zahl oder eine besondere Kalenderschaltung ausgedrückt war. Wenn auf der Hieroglyphentreppe von Copán das Rampenornament fünfzehnmal wiederholt war, so wußte man jetzt, daß damit die Anzahl der verflossenen Schaltperioden ausgedrückt war. Wenn die Treppe selbst fünfundsiebzig Stufen zählte, so war damit die Anzahl der am Ende der Perioden verflossenen Schalttage (15 mal 5) angegeben. Eine solche ganz dem Kalender unterstellte Architektur und Kunst gab es auf der Welt kein zweites Mal. Und als die Forschung – Gelehrte widmeten ihr ganzes Leben allein dem Maya-Kalender – immer tiefer in das kalendarische Geheimnis eindrang, da stellte sich bei dieser an Überraschungen wahrhaftig schon reichen Kultur eine neue Überraschung heraus: Der Kalender der Mayas war der beste der Welt!

Er war anders aufgebaut als alle Kalender, die wir kennen; und er war dennoch genauer. Unter Außerachtlassung aller Feinheiten (die auch heute noch längst nicht geklärt sind) sieht seine Struktur folgendermaßen aus: Er arbeitete erstens mit einer Serie von zwanzig Tageszeichen, die zusammen mit den Zahlen 1 bis 13 eine Folge von 260 Tagen ergaben, das sogenannte «Tzolkin» (aztek.: «Tonalamatl»). Zweitens mit einer Reihe von achtzehn Monatszeichen, von denen jedes eine Periode von 20 Tagen darstellte, gefolgt von einem Zeichen, das eine Periode von fünf Tagen einschloß. Das war das Maya-Jahr mit 365 Tagen, das sogenannte «Haab». Dazu kam die Rechnung mit einer Periode, die eine Kombination von «Tzolkin» («Tonalamatl») und «Haab» war. Wir nennen sie mit der englischen Bezeichnung, die sich ebenso wie die folgende in der wissenschaftlichen Welt eingebürgert hat, «Calendar-Round». Diese Periode umschloß 18 980 Tage oder 52 Jahre zu je 365 Tagen; sie war, wie wir noch sehen werden, besonders wichtig für das Leben der Mayas. Und schließlich rechneten sie im sogenannten «Long-Count» mit einem System, das in Beziehung zu einem Ausgangsdatum stand. Dieses Ausgangsdatum «4 Ahau, 8 cumhu» entspricht, wenn wir einen vorsichtigen Vergleich wagen wollen, in seiner Funktion unserem Datum von Christi Geburt; wohlgemerkt nur in seiner Funktion, also nicht etwa im Datum selbst.

Mit dieser Art von Zeitrechnung (die so entwickelt und kompliziert ist, daß ihre genaue Darlegung ein eigenes Buch füllen würde) erreichten die Mayas eine Genauigkeit, die jeden anderen Kalender der Welt übertrifft. Zu Unrecht halten wir unseren heut gebräuchlichen Kalender allgemein für die beste Lösung. Er stellt nur seinen Vorgängern gegenüber eine Verbesserung dar. So verbesserte im Jahre 239 v. Chr. Ptolemäus III. die altägyptische Zeitrechnung; Julius Cäsar übernahm die Lösung, die als Julianischer Kalender bis zum Jahre 1582 n. Chr. galt, wo durch Papst Gregor XIII. der Julianische durch den Gregorianischen Kalender ersetzt wurde. Setzen wir

Das Geheimnis der verlassenen Städte

die angenommene Jahreslänge all dieser Kalender in Beziehung zur absoluten, astronomisch errechneten Jahreslänge, so sehen wir, daß keine dem absoluten Wert so nahe kommt wie die der Mayas.

Die Jahreslänge beträgt:
- Nach dem Julianischen Kalender: 365,250 000 Tage
- Nach dem Gregorianischen Kalender: 365,242 500 Tage
- Nach dem Maya-Kalender: 365,242 129 Tage
- Nach astronomischer Berechnung: 365,242 198 Tage

Dieses Volk, das in der Lage war, exakteste Himmelsbeobachtung mit verwickeltsten mathematischen Kunststücken zu vereinigen, das also einen hervorragenden Beweis für rationalistisches Denken lieferte, zeigte auf der anderen Seite völlige Unterwerfung unter schlimmsten Mystizismus. Das Volk der Mayas, das den besten Kalender der Welt entwarf, wurde gleichzeitig zum *Knecht* dieses Kalenders.

An der Aufhellung der Geheimnisse des Maya-Kalenders sind die Fachwissenschaftler bereits in der dritten Generation tätig. Die Arbeit begann mit den Hinweisen de Landas, erzielte ihre ersten Erfolge am Material der Maudslay-Collection und währt noch heute. Bezieht man die Ausdeutung der Bilderschriften ein, so knüpften sich die Erfolge an die Namen E. W. Förstemann (eines Germanisten von Haus aus, der als erster den «Codex Dresdensis» kommentierte); Eduard Seler (den ehemaligen Lehrer, dann Leiter des Berliner Völkerkunde-Museums, der, nach Maudslay, in seinen «Abhandlungen» wohl das reichste Material über die Mayas und Azteken zusammentrug); an Thompson, Goodman, Boas, Preuß, Ricketson, Walter Lehmann, Bowditch und Morley. Doch jede Hervorhebung eines Namens ist eine Ungerechtigkeit gegen die zahllosen anderen, die entweder im Dschungel standen und kopierten oder in den Studierstuben Teilerkenntnisse gewannen. Die Wissenschaft von den amerikanischen Kulturen ist Gemeinschaftsarbeit. Und gemeinschaftlich wurde das ärgste Wegstück vom Kalender zur geschichtlichen Chronologie betreten.

Denn die Kalenderwissenschaft durfte nicht Selbstzweck werden. Die schrecklichen Zahlengesichter, die Monats-, Tages- und Periodenzeichen befanden sich auf den Fassaden, Säulen, Friesen und Treppenrampen der Tempel und Paläste. Jedes der Bauwerke trug sein Geburtsdatum an der Stirn. Jetzt kam es für den Forscher darauf an, die Werke nach zeitlichen Gesichtspunkten zu gruppieren, die Gruppen chronologisch zu ordnen, an den

Die Zahlenzeichen der Mayas.
Abbildung 48

Einflüssen von Gruppe auf Gruppe Stilwandlungen zu erkennen, kurz – Geschichte zu sehen.

Welche Geschichte aber? – Natürlich die Maya-Geschichte. Die Antwort liegt auf der Hand. Die Frage ist dennoch nicht schülerhaft. Denn alle so gewonnenen Erkenntnisse hatten den schlimmen Pferdefuß, daß der Forscher *nur* die Maya-Geschichte sah, nämlich nur – besser ausgedrückt – die Maya-Daten ohne Beziehung zu unserer eigenen Zeitrechnung.

Wieder sahen sich die Forscher vor einem Problem, wie es die Alte Welt in solcher Schärfe noch nicht gestellt hatte. Konstruieren wir des besseren Verständnisses wegen ein Beispiel aus neuerer europäischer Geschichte. Nehmen wir an, England wäre geschichtlich ohne Beziehung zum Kontinent geblieben, wäre in einer eigenen Zeitrechnung nicht vom Fixpunkt der Geburt Christi ausgegangen, sondern von einem uns völlig unbekannten Datum und hätte seine Geschichte dieser eigenen Zeitrechnung gemäß aufgezeichnet.

Das Geheimnis der verlassenen Städte

Nun kommen die Historiker des Kontinents, haben klar vor Augen die relative Geschichtsbeziehung von Richard Löwenherz bis zur Königin Victoria, können aber, weil sie den Ausgangspunkt der Zeitrechnung nicht wissen, nicht angeben, ob Richard Löwenherz ein Zeitgenosse Karls des Großen, Ludwigs XIV. oder Bismarcks war.

In genau dieser Situation befanden sich die Forscher vor den Dschungelmonumenten. Sie konnten sehr bald angeben, um wieviel Jahre älter zum Beispiel die Bauwerke von Copán als die von Quiriguá waren, aber sie konnten nicht einmal vermuten, in welchem Jahrhundert der europäischen Zeitrechnung beide Städte gebaut wurden. Es war klar, daß die nächste Aufgabe sein mußte, die Korrelation zwischen der Maya-Chronologie und der unseren herzustellen. Aber als das im wesentlichen geschafft war, kam man im Verein mit immer genaueren Einzeldatierungen auf wieder ein neues Problem, auf eins der rätselhaften Phänomene in der Geschichte eines großen Volkes, auf das Geheimnis der verlassenen Städte.

DER Versuch, die Methode zu erklären, nach welcher die Korrelation der beiden Chronologien schließlich einigermaßen befriedigend hergestellt wurde, würde den Rahmen unseres Buches sprengen und den Fluß unserer Erzählung stören. Jedoch dürfen wir eine Entdeckung nicht unerwähnt lassen, obwohl sie die ohnehin schwierige Korrelationsmethode noch mehr erschwerte. Sie ist erwähnenswert, weil sie uns direkt in ein lebendiges Stück der spätesten Maya-Geschichte führte und damit auf einem Umweg wiederum zu dem Geheimnis der toten Städte.

An den verschiedensten Stellen Yucatans fand man im vorigen Jahrhundert die sogenannten «Bücher des Chilam Balam». Es waren Aufzeichnungen aus nachkonquistadorischer Zeit, doch farbig und voller politischer Abenteuer, und wertvoll, weil sie zumindest teilweise auf originalen Maya-Dokumenten beruhten.

Das wichtigste Manuskript wurde in den sechziger Jahren des vorigen Jahrhunderts in Chumayel gefunden und dem Bischof und Historiker Crescencio Carillo y Ancona übergeben. Die Philadelphia-Universität publizierte später eine Photographie davon. Als der Bischof starb, landete das Manuskript in der Cepeda-Bibliothek zu Merida. Und von dort verschwand es im Jahre 1916 unter geheimnisvollen Umständen spurlos. – Das Buch ist übrigens – die Photographie blieb erhalten – ein Kuriosum. Es ist in Maya-Sprache unter spanischem Einfluß in lateinischen Buchstaben geschrieben. Aber die Maya-Priester nahmen keinerlei Kenntnis von lateinischer Wortteilung und Interpunktion; manche Worte sind willkürlich zerhackt, andere dagegen ohne den rechten Anfang und das rechte Ende zu neuen Monsterworten zusammengefaßt. Und gewisse Maya-Laute, die es im Spanischen nicht gab, wurden durch Verbindungen lateinischer Buchstaben wiedergegeben, deren Charakter wir nicht mehr kennen. Es ist klar, daß die Entzifferung des außerdem oft prophetisch-dunklen Textes sehr schwierig war.

Die Entdeckung, so erfreulich sie beim allgemeinen Materialmangel war, erzeugte doch Kopfzerbrechen; denn in den «Büchern des Chilam Balam» wurde mit einer Zeitrechnung operiert, die im alten Maya-Reich noch ungebräuchlich gewesen war, nämlich mit dem sogenannten «Katun-Count». Obwohl sich ziemlich schnell herausstellte, daß es sich hierbei nur um eine Simplifizierung des «Long-Count» handelte, so bedeutete diese Tatsache doch, daß jetzt nicht nur zwischen «Long-Count» und christlicher Zeitrechnung, sondern auch zwischen diesen beiden und dem «Katun-Count» die Korrelation hergestellt werden mußte.

Dies war eine bittere zusätzliche Aufgabe, die allerdings durch eins versüßt wurde: So wie man sich ihrer Lösung näherte, wuchs auch die Kenntnis des letzten Abschnittes der Maya-Geschichte, wurde nicht nur lebendig, sondern vor allem auch datierbar. War bis dahin alles, was wir vom alten Volk der Maya gewußt hatten, fremd und fern, eingefroren in Architektur, so erschien wenigstens dies letzte Stück seiner Geschichte nicht anders als die Geschichte aller Völker, die wir kennen; als eine Folge von Überfall, Krieg und Revolution, kurz – menschlich.

Wir hören von den Familien der Xiu und der Itzá, die sich um die Herrschaft streiten. Wir vernehmen vom Glanz der Metropole Chichen Itzá, ihren Prachtbauten, die in Größe und Stil, vergleicht man sie mit den älteren Städten im Süden Yucatans, einen merkwürdigen fremden Einfluß verraten; von Uxmál, das in monumentaler Einfachheit wie die Renaissance des Alten Reiches und seiner Macht wirkt, von Mayapán, in dem beide Formen lebendig waren. Wir hören vom Städtebund zwischen Mayapán, Chichen Itzá und Uxmál. Verrat aber zerschlägt den Bund. Die Heerschar von Chichen Itzá sammelt sich gegen Mayapán. Doch Hunac Ceel, der Herr der Bundeshauptstadt, dingt sich toltekische Söldner; Chichen Itzá wird erobert, seine Fürsten werden als Geiseln an den Hof der Mayapán geschleppt, später als Vizekönige eingesetzt. Aber die Auftriebskraft des Städtebundes ist geschwunden. 1441 kommt es zu einer Fronde der Unterdrückten, angeführt von der Xiu-Dynastie von Uxmál. Mayapán wird eingenommen. Mit ihm fällt nicht nur die Kulisse des Städtebundes, mit ihm fällt das Maya-

Reich. Eine Stadt, die die Xius noch gründen, heißt Mani; das bedeutet nach Ansicht einiger: «Es ist vorbei». Als die Spanier kamen, war es ihnen leichtere Beute, als es Mexiko für Cortez gewesen war.

Dieser Blick in eine datierte Geschichte des Neuen Reiches war in mancherlei Hinsicht aufregend. Um keinen falschen Eindruck über den Zug der Forschungen zu erwecken, müssen wir vor Behandlung des wohl rätselhaftesten Abschnittes der Maya-Geschichte noch einmal feststellen: Die Ergebnisse fügten sich nicht ganz mit der Folgerichtigkeit zusammen, die die Darstellung hier anstrebt, also so, daß auf These stets Antithese und Synthese folgte. Sondern der Forscher, der über den «Büchern des Chilam Balam» brütete, benutzte, um zu einem Schluß zu kommen, was der eine seiner Fachkollegen dreißig Jahre vorher als Ausgräber, der andere vor zehn Jahren als Sprachforscher, der dritte soeben als Kalenderentzifferer erarbeitet hatte. Und niemals folgten in der Eroberung dieser versunkenen Kultur die Erkenntnisse Schlag auf Schlag bis auf unsere Tage, sondern stets *rundeten sich Bilder*.

Und so rundete sich eines Tages auch das Bild von einem geschichtlichen Vorgang, der in der Welt nicht seinesgleichen hat und der auch heute noch nicht so erklärt ist, daß jedermann bereit sein wird, der Erklärung zuzustimmen.

Wir haben soeben zum erstenmal die Ausdrücke «Neues» und «Altes Reich» gebraucht. Wir haben damit vorgegriffen. Aber nachdem wir einiges gehört haben von Mayapán, Chichen Itzá und Uxmál (um nur die bedeutendsten Städte des Neuen Reiches zu nennen), wollen wir uns einmal mit den Männern, die sich mit der Maya-Chronologie befaßten, ein Frage-und-Antwort-Spiel erlauben.

Warum nennt ihr diese Gründungen im Norden Yucatans das «Neue Reich»?

Sie antworten: Weil diese Gründungen sich sehr spät vollzogen, etwa vom 7. bis zum 10. Jahrhundert nach Christo, und weil dieses Neue Reich sich in seinen charakteristischen Äußerungen, sowohl in der Architektur, der bildenden Kunst wie in der Kalenderrechnung, deutlich vom Alten Reich abhebt.

Was heißt in diesem Fall «Gründungen»? Normalerweise wächst eine neue Reichsform aus einer alten hervor.

Sie antworten: Dieser Normalfall ist hier insofern nicht gegeben, als das Neue Reich tatsächlich auf jungfräulichem Dschungelboden neu gegründet wurde, das heißt, zu völlig neuen Städten wurde der Grundstein gelegt. Das Alte Reich befand sich im Süden der Halbinsel Yucatan, auf dem Boden des heutigen Honduras, Guatemala, Chiapas und Tabasco.

So ist also das Neue Reich als Kolonie des Alten Reichs anzusprechen, angelegt von Pionieren?

Sie antworten: Nein, eben nicht, sondern vom ganzen Volke der Mayas.

Wollen Sie damit sagen, fragen wir jetzt, daß eines Tages das ganze Maya-Volk sein wohlgerichtetes Reich, seine festen Städte verließ, um im Norden, aller Ungewißheit jungfräulicher Landschaft ausgeliefert, ein neues Reich aufzubauen?

Und die Forscher antworten diesmal lächelnd: Eben dies wollen wir sagen. Wir wissen selbst, es klingt völlig unwahrscheinlich, aber es ist nichtsdestoweniger eine Tatsache, denn –

Und nun legen sie uns eine Reihe von Daten vor. Und jetzt müssen wir daran erinnern, daß wir bereits davon sprachen, wie das Volk, das den besten Kalender der Welt entwickelt hatte, zum Knecht dieses Kalenders geworden war. Die Mayas nämlich errichteten ihre großen Bauten nicht dann, wenn sie sie brauchten, sondern sie bauten, wenn der Kalender es ihnen befahl. Das heißt, sie errichteten alle fünf, zehn oder zwanzig Jahre ein neues Bauwerk, das sie mit dem Geburtsdatum versahen. Und manchmal bauten sie um eine bereits bestehende Pyramide eine zweite herum, wenn eine neue Kalenderschaltung ihre Verewigung forderte. Dies taten sie durch Hunderte von Jahren mit absoluter Regelmäßigkeit – die eingemeißelten Daten beweisen es. Und diese Regelmäßigkeit konnte nur durch eine Katastrophe unterbrochen werden oder – durch eine Auswanderung.

Wenn wir also sehen, daß die Bautätigkeit zu einem bestimmten Datum in der einen Stadt abbrach und etwa zur selben Zeit in einer anderen Stadt überhaupt erst begann, so läßt das nur den einen Schluß zu: daß die Bevölkerung plötzlich eine Stadt verließ und eine neue gründete.

Ein solcher lokaler Vorgang, obwohl er eine ganze Reihe von Fragen aufwirft, könnte jedoch allenfalls erklärt werden. Doch was sich in der Zeit von etwa 610 n. Chr. an vollzog, spottet jeder Erklärung.

Ein ganzes Volk nämlich, ein Volk von Städtebewohnern, brach auf und verließ die festen Häuser, die Straßen und Plätze, die Tempel und Paläste und wanderte aus in den weiten wilden Norden. Kein einziger von diesen Wanderern kehrte mehr zurück. Die Städte verödeten, der Dschungel fraß sich in die Straßen, das Unkraut wucherte über die Treppen und Schwellen, Samen des Waldes setzte sich fest in den Fugen, die der Wind mit Erdkrumen füllte. Schößlinge wuchsen und brachen das Mauerwerk. Nie wieder ging eines Menschen Fuß über das Pflaster der Höfe oder stieg die Treppe der Pyramiden empor.

Das Geheimnis der verlassenen Städte 363

Um das Ungeheuerliche und vollkommen Unverständliche eines solchen Vorgangs recht vor Augen zu führen, müssen wir uns vorstellen, daß das Volk der Franzosen etwa, rückblickend auf eine tausendjährige Geschichte, plötzlich geschlossen nach Marokko aufbricht, um dort an der Küste ein neues Frankreich zu gründen. Daß es seine Kathedralen zurückläßt und seine großen Städte, daß die Menschen aus Marseille, Toulouse und Bordeaux, aus Lyon, Nantes und Paris plötzlich wandern! Und nicht nur das! Es gehört dazu, daß sie, kaum in Marokko angekommen, sofort damit beginnen, genau das aufzubauen, was sie soeben verlassen haben, also wiederum Kathedralen und Städte! – Ein solcher Vorgang ist bei den Mayas nicht weniger unbegreiflich, als er bei den Franzosen wäre.

Als man dieser Tatsache auf die Spur kam, überstürzten sich die Deutungen. Das natürlichste war, anzunehmen, daß fremde Eindringlinge die Mayas vertrieben hatten. Aber welche Eindringlinge sollten das gewesen sein? Die Mayas standen auf dem Höhepunkt ihrer Entwicklung, und niemand war ihrer kriegerischen Stärke im entferntesten gewachsen. Aber diese Erklärung ist ohnehin unzureichend. In den verlassenen Städten findet sich nicht die Spur fremder Eroberertätigkeit.

Hat eine Naturkatastrophe den Anlaß zur Auswanderung gegeben? Aber wieder müssen wir fragen: Wo sind die Spuren davon, und welche Katastrophe kann ein Volk veranlassen, ein neues Reich aufzubauen, statt nach der Flucht wieder umzukehren?

Brach vielleicht eine verheerende Seuche aus? Wir haben keine Anzeichen dafür, daß sich ein bis auf einen Bruchteil dezimiertes Volk (und nur dann entschließt es sich wohl zur Auswanderung) auf die große Wanderung begab. Im Gegenteil, das Volk, das neue Städte aufbaute wie Chichen Itzá, war stark.

Änderte sich vielleicht plötzlich das Klima, so daß Weiterleben nicht mehr möglich war? Nun, die Luftlinie vom Zentrum des Alten bis zum Zentrum des Neuen Reichs beträgt keine 400 Kilometer. Eine Klimaänderung (für die jedes Anzeichen fehlt), die so umwälzend auf die Struktur eines Reiches gewirkt hätte, dürfte 400 Kilometer weiter kaum wirkungslos gewesen sein.

Was bleibt an Erklärungen noch übrig? – Es scheint, als sei die richtige in den letzten Jahrzehnten gefunden worden. Und es sieht so aus, als sei sie besser als alle anderen, denn immer mehr Forscher bekennen sich zu ihr – und damit zu dem amerikanischen Professor Sylvanus Griswold Morley, der ihr entschiedenster Verfechter ist. Um diese Erklärung zu begründen, müssen wir einen Blick auf die Geschichte und die soziale Struktur des Maya-

Reiches werfen. Und wir werden belohnt werden, indem wir wieder eine Besonderheit dieses sonderbaren Reiches kennenlernen. Unter allen Hochkulturen der Welt ist nämlich die der Mayas die einzige Kultur ohne Pflug!

WIR wollen vorwegnehmen, daß man aus Gründen der Übersichtlichkeit – und auch, weil sich eine Gliederung von den Daten her anbot – das sogenannte «Alte Reich» der Mayas in drei Abschnitte gliedert.

ALTES REICH

Es währte nach einer von S. G. Morley vorgenommenen Korrelation der Baudaten mit der christlichen Zeitrechnung von noch nicht datierbarer Zeit bis 610 n. Chr. (Andere Auffassungen siehe Zeittafel).

Die älteste Periode

undatiert bis 374 n. Chr. Die älteste Stadt scheint Uaxactún zu sein (jedenfalls wurde noch keine ältere gefunden), an der Nordgrenze des heutigen Guatemala. Dann entstanden, nicht weit davon, Tikál und Naranjo. Inzwischen aber war im heutigen Honduras Copán gegründet worden, später dann Piedras Négras am Rio Usumacinta.

Die mittlere Periode

von 374 bis 472 n. Chr. In diesen rund hundert Jahren wurden Palenque (es liegt an der Grenze von Chiapas und Tabasco und wurde auf der Zeitengrenze zwischen ältester und mittlerer Periode errichtet; es wird oft der ältesten Periode zugeordnet), dann Menché (in Chiapas) und schließlich Quiriguá in Guatemala gegründet.

Die große Periode

von 472 bis 610 n. Chr. Es entstanden die Städte Seibál, Ixkún, Flores und Benque Viejo. Am Ende der großen Periode steht die Auswanderung.

Für den interessierten Leser ist es gut, wenn er jetzt die Karte (und auch die Zeittafel) zu Rate zieht, die am Schluß des Buches zu finden ist. Denn wieder stellt sich etwas Bemerkenswertes heraus.

Wenn wir uns den geographischen Raum ansehen, in dem diese Städte des Alten Reiches angesiedelt waren, so bemerken wir, daß er ein Dreieck bildet, dessen Ecken durch Uaxactún, Palenque und Copán gebildet werden. Wir bemerken weiter, daß noch auf den Schenkeln oder bereits innerhalb des Dreiecks die Städte Tikál, Naranjo und Piedras Négras liegen. Und jetzt

Das Geheimnis der verlassenen Städte

erkennen wir, daß (mit einer einzigen Ausnahme: Benque Viejo) die zuletzt gegründeten und kurzlebigsten Städte im *Innern* des Dreiecks liegen: nämlich Seibál, Ixkún und Flores.

Damit ist einer der erstaunlichsten geschichtlichen Vorgänge aufgerissen, die je stattgefunden haben.

Die Mayas dürften das einzige Volk der Welt sein, das ein Reich von außen nach innen entwickelt hat!

Ein Imperialismus ins eigene Zentrum. Ein Wachstum von den Gliedern zum Herzen. Denn es war wirklich Wachstum und «Ausdehnung». Das Reich wurde nicht etwa zusammengedrückt von fremder Macht – es gab keine Macht außer den Mayas –, sondern es entwickelte sich in dieser, aller Logik und aller Erfahrung der Geschichte zuwiderlaufenden Richtung ohne jeden Einfluß von außen.

Wir wollen hier nicht die Chinesen bemühen (und ihre Große Mauer) und wollen nicht den matten psychologischen Grund anführen, daß ein Volk in dekadenter Überheblichkeit sich nicht nach außen entwickeln *wollte*, sondern wir wollen zugeben, daß uns bisher für diese erstaunliche Einzelheit der Maya-Geschichte jede Erklärung fehlt. Da aber bisher nur selten ein historisches Problem auf die Dauer ungelöst geblieben ist – vielleicht findet einer unserer Leser eine Lösung? Diese Frage ist nicht rhetorisch oder nur von Höflichkeit diktiert. Denn das Problem läßt sich kaum allein vom Fachwissen her lösen. Das Fachwissen, soweit es bisher gewonnen wurde, hat zu keinem Ergebnis geführt.

Das archäologische Fachwissen allein führte auch nicht zu der Lösung der Frage, warum die Mayas auf dem Höhepunkt ihrer Entwicklung, als ihre Städte in voller Pracht standen und ihre Macht die größte Reichweite besaß, plötzlich ihre Städte verließen und in den unwirtlichen Norden wanderten.

WIR sagten, die Mayas seien Städtebewohner gewesen. Sie waren es in genau dem beschränkten Sinn, wie seit fünfhundert Jahren alle europäischen Völker Städtebewohner waren: die herrschenden Klassen (Adel und Priesterschaft) saßen in den Städten; alle Macht zwar, aber auch alle Kultur, geistiges Leben und feine Sitte gingen von den Städten aus. All diese Städte aber wären nicht lebensfähig gewesen ohne den Bauer, ohne die Früchte des Landes, ohne die eine Hauptfrucht vor allem, die bei uns das Korn war und bei den mittelamerikanischen Völkern gleichfalls ein Korn, aber ein «Indian corn», auch Kukuruz geheißen, kurz: Mais.

Der Mais ernährte die Städte und die herrschenden Klassen. Auf ihm und durch ihn lebte die Kultur. Er auch schuf den ersten Raum für sie; denn die Städte erhoben sich auf dem abgebrannten Dschungel, der vorher Mais getragen hatte.

Aber die Gesellschaftsordnung der Mayas zeigte schroffere Gegensätze als jede andere, die wir kennen. Ihr Charakter wird bereits deutlich, wenn wir eine moderne europäische Stadt mit einer Maya-Stadt vergleichen. Die moderne Stadt ist ein Gebilde, in dessen Äußerem die sozialen Gegensätze der Bewohner zwar durchaus sichtbar sind, aber doch über tausend Zwischenstufen hinweg zahlreiche Verbindungen und Übergänge aufweisen. Die Maya-Stadt hingegen zeigte die Gegensätze ihrer Bewohner unverhüllt. Auf einem Hügel meist erhoben sich die Tempel und Paläste der Priesterschaft und des Adels. Sie bildeten ein geschlossenes Areal von nahezu festungsartigem Charakter (und sie haben diesen Charakter vielleicht oft beweisen müssen). Und ohne jede Zwischenstufe lagerten sich um die steinerne «City» herum die Laub- und Holzhütten des gewöhnlichen Volkes. Das Maya-Volk teilte sich in eine verschwindend kleine Anzahl Herrschender und in eine überwältigende Masse Unterdrückter.

Die Kluft zwischen den beiden Klassen ist für unsere Begriffe ganz unvorstellbar groß gewesen. Den Mayas scheint die vermittelnde Klasse des Bürgertums völlig gefehlt zu haben. Die Adelsklasse war aufs strengste abgeschlossen; «almehenoob» nannte sie sich – das heißt «Die, die Väter und Mütter haben», also Stammtafeln führten. Aus ihr kamen auch die Priester, und aus ihr stammte der Erbfürst, der «hlach uinic», der «wahre Mann». Und für diese «Väter- und Mütter-Habenden» arbeitete das ganze Volk. Ein Drittel seiner Ernte gab der Bauer an den Adel, ein zweites erhielt die Priesterschaft, und nur das letzte Drittel durfte er behalten. (Man erinnere sich, daß die Abgabe des «Zehnten» in der feudalen Gesellschaftsordnung Europas als nicht zu ertragende Fron zu Revolutionen geführt hat.) Und in der Zeit zwischen Saat und Ernte trat er mit allen Sklaven an, um zu bauen. Ohne Wagen und Lasttier wurden die Blöcke herangeschleppt, ohne Eisen, Kupfer und Bronze, nur mit Steinwerkzeugen wurden die wundervollen Skulpturen und Reliefs gemeißelt. Was diese Maya-Arbeiter leisteten, steht nicht unter der Leistung der ägyptischen Pyramidenbauer; wahrscheinlich darüber.

Eine so schroffe Gesellschaftsordnung (die sich anscheinend durch tausend Jahre hindurch nicht lockerte) trug den Keim des Untergangs in sich. Die hohe Kultur und Wissenschaft der Priester wurde notgedrungen immer

Das Geheimnis der verlassenen Städte

esoterischer. Sie erhielt keine Zufuhr von unten. Es fand kein Erfahrungsaustausch statt. Der scharfe Verstand der Maya-Gelehrten wandte sich immer ausschließlicher den Sternen zu – und vergaß, auf den Acker zu schauen, aus dem allein er auf die Dauer seine Kraft zog. Vergaß, Hilfsmittel zu erfinden, um drohende Katastrophen abzuwenden. Nur aus diesem ganz unvorstellbaren geistigen Hochmut der Maya-Intelligenz ist es zu erklären, daß ein Volk, das so bedeutende wissenschaftliche und künstlerische Leistungen vollbrachte, eins der wichtigsten und dabei einfachsten Werkzeuge nicht zu erfinden vermochte: den Pflug.

Im Verlauf ihrer ganzen Geschichte nämlich trieben die Mayas einen Ackerbau, der an Primitivität nicht zu übertreffen ist. Ihr Ackerbau war ein «Pflanzstockbau». Er bestand darin, daß die Mayas in einem Dschungelstreifen alle Bäume fällten und ihn, nachdem das Holz getrocknet war, kurz vor Eintritt der Regenzeit abbrannten; kurz nach der Regenzeit wurde dann mit langen spitzen Stöcken der Boden aufgestochen und in jedes Loch mehrere Saatkörner Mais gelegt. War das Feld abgeerntet, so zog der Bauer zum nächsten Waldstück. Da jede Düngung fehlte (außer der spärlichen natürlichen Düngung in der Nähe der Siedlungen), brauchte jedes abgeerntete Feld lange Zeit Ruhe, ehe es neue Frucht tragen konnte.

Und damit kommen wir zur wahrscheinlich richtigen Erklärung des Grundes, der die Mayas *zwang*, innerhalb eines kurzen Zeitraums ihre festen Städte zu verlassen.

Denn die Felder erschöpften sich. Die Ruhezeit, die ein Feld brauchte, bis es wieder bewachsen war und von neuem abgebrannt werden konnte, wurde immer größer. Notwendige Folge war, daß der Maya-Bauer seine Brandrodung immer weiter in den Dschungel vortreiben mußte; daß er sich immer weiter von der Stadt entfernte, die er ernähren mußte und die ohne ihn nicht leben konnte; daß sich zwischen ihn und die Stadt schließlich ausgebrannte und erschöpfte Steppe schob! Die große Kultur des Alten Reichs der Maya hörte auf, weil ihr die bäuerliche Basis entzogen wurde, weil es zwar Kulturen ohne Technik geben kann, aber keine Kulturen ohne Pflug! Hungersnöte waren es, die schließlich, als nur noch trockene Grassteppe Stadt mit Stadt verband, das Volk auf die Wanderung trieben!

Es brach auf und verließ Städte und Brachland. Und während im Norden das Neue Reich erstand, kroch langsam der Dschungel wieder in die verlassenen Tempel und Paläste, Brachland wurde wieder zum Wald, der die Bauten überwucherte und sie dem Blick auf tausend Jahre verbarg! Dies mag die Erklärung sein für das Geheimnis der verlassenen Städte.

32. KAPITEL

DER GANG ZUM BRUNNEN

Ein voller Mond schien auf den Dschungel. Nur in Begleitung eines indianischen Führers ritt – tausendfünfhundert Jahre, nachdem die Mayas ihre Städte verlassen und nach Norden aufgebrochen waren – der amerikanische Forscher Edward Herbert Thompson durch das Neue Reich, das sie sich aufgebaut hatten und das seit der Spanier Zeiten ebenfalls zugrunde gegangen war. Er suchte Chichen Itzá, die Stadt, die die größte und schönste gewesen sein sollte, die mächtigste und prunkvollste. Beide Pferde und beide Männer hatten Strapazen hinter sich; Thompson ließ vor Müdigkeit den Kopf hängen, jedes Stolpern des Pferdes brachte ihn aus dem Gleichgewicht. Da rief ihn plötzlich der Führer an. Thompson schreckte hoch, blickte nach vorn und sah eine Märchenwelt.

Über die dunklen Wipfel ragte ein Hügel empor, hoch, steil. Und auf der Spitze dieses Hügels erhob sich, übergossen vom kalten Silberlicht des Mondes, ein Tempel. Im nächtlichen Schweigen stand er über den Wipfeln wie der Parthenon einer indianischen Akropolis. Er schien zu wachsen, je mehr sie sich näherten. Der indianische Führer sprang vom Pferd, sattelte ab und rollte die Decken auf zum Schlaf. Thompson aber blickte fasziniert auf dieses Bauwerk. Er sprang vom Pferd, und während der Führer sich bereits niederlegte, schritt er weiter. Eine steile Treppe führte vom Fuß des Hügels empor zum Tempel, mit Gras und Buschwerk überwuchert, stellenweise verfallen. Thompson kannte die Bilder und wußte um die Bedeutung der ägyptischen Pyramiden. Aber diese Pyramide der Mayas war kein Grab wie die Bauwerke bei Gizeh, sie ähnelte äußerlich den Ziggurahs, aber weit mehr noch als diese babylonischen Türme schien sie nichts zu sein als steinerner Rücken für die ungeheure Treppe, die hoch und höher führte, zu Gott, zur Sonne und zum Mond.

Thompson klomm die Treppe empor. Er sah den Schmuck, die reichen Reliefs. Oben angekommen, fast dreißig Meter über dem Dschungelboden, ließ er den Blick rundum gehen. Er zählte – eins, zwei, drei – bald ein Dutzend Bauwerke, verstreut, überschattet, sich oft nur verratend durch ein Blinken im Mondlicht.

Der Gang zum Brunnen 369

Dies also war Chichen Itzá. Ursprünglich wahrscheinlich weit vorgetriebenes Außenfort zu Beginn der großen Wanderung, war es zur glanzvollen Metropole gewachsen, zum Mittelpunkt des Neuen Reiches. Immer wieder stand Thompson in den nächsten Tagen auf einer der alten Ruinen. «Eines Morgens stand ich auf dem Dach dieses Tempels, gerade als die ersten Strahlen der Sonne den fernen Horizont röteten. Die morgendliche Stille war unergründlich. Die Geräusche der Nacht waren verklungen und die des Tages waren noch nicht erwacht. Oben der ganze Himmel und unten die Erde schienen atemlos auf etwas zu warten. Dann kam die große runde Sonne herauf, strahlend und flammend, und augenblicklich sang und summte die ganze Welt. Die Vögel in den Zweigen und die Insekten auf der Erde sangen ein großes Tedeum. Die Natur selbst lehrte den ersten Menschen, ein Sonnenanbeter zu sein, und immer noch folgt der Mensch in seinem tiefsten Herzen der alten Lehre.» Thompson stand verzaubert. Vor seinem Blick schwand ihm der Dschungel, weite Räume öffneten sich, Prozessionen krochen heran, Musik tönte, Paläste belebten sich ihm mit rauschenden Festen, die Tempel mit beschwörenden Gottesdiensten. Schließlich suchte er im ferner liegenden Gelände Einzelheiten zu erkennen. Da stockte sein Blick. Und war er bis zu diesem Augenblick verzaubert gewesen, so riß jetzt jäh der Vorhang der Phantasie, die Vision der Vergangenheit. Der Forscher sah seine Aufgabe. – Denn dort vor seinen Augen zeichnete sich – als schmaler Weg nur im bleichen Licht – ab, was wahrscheinlich zum erregendsten Geheimnis Chichen Itzás führte: zum Heiligen Brunnen!

IN diesem Buch von den Entdeckungen in Mexiko und Yucatan mangelt es bisher an einer Persönlichkeit vom Schlage Schliemanns, Layards, Petries. Und es mangelt, abgesehen von der ersten Reise des John L. Stephens, an der prickelnden Verbindung zwischen Forschung und Abenteuer, wissenschaftlichem Erfolg und Schatzsucherei, an jenem romantischen Klang, der entsteht, wenn ein Spaten, aus Forschungsdrang angesetzt, plötzlich auf Gold stößt.

Edward Herbert Thompson war der Schliemann Yucatans – denn als er nach Chichen Itzá vorstieß, da folgte er den Worten eines Buches, die von allen anderen nicht ernst genommen worden waren; und behielt recht wie einst der gläubige Schliemann. Und genau wie Layard, der einst mit sechzig Pfund und nur einem Begleiter zu seiner ersten Entdeckung ausgezogen war, genauso arm stieß Thompson in den Dschungel vor. Und als er auf Schwierigkeiten stieß, vor denen jeder andere kapituliert hätte, da bewies er die Hartnäckigkeit Petries.

Hatten wir nicht erwähnt, daß einst, als über Stephens' ersten Entdeckungen sich die Welt erhitzt hatte, auch die Ansicht verfochten worden war, die Mayas seien Nachkommen des versunkenen Volkes von Atlantis?

Thompsons erste Arbeit als angehender Archäologe war, daß er 1879 in einem Aufsatz in populärer Zeitschrift diese gewagte Ansicht vertrat. Doch das spezielle Herkunftsproblem trat in den Hintergrund seines kritischen Bewußtseins, als er, fünfundzwanzig Jahre alt, als jüngster Konsul der USA (der wievielte Konsul ist das, dem wir als Ausgräber begegnen?) im Jahre 1885 nach Yucatan ging und sich weniger mit Theorien als mit den Denkmälern selber beschäftigen konnte.

Statt gewagter Ansicht trug ihn ein Glaube nach Yucatan, so wie einst ein Glaube Schliemann nach Troja gezogen hatte. Es war der Glaube an das Wort des Diego de Landa. Im Buch dieses Bischofs hatte er zum erstenmal die Erzählung von dem Heiligen Brunnen gefunden, dem «Cenote» von Chichen Itzá. Auf breiter Straße, hatte de Landa, auf alten Berichten fußend, behauptet, seien in Zeiten der Dürre die Prozessionen der Priester und des Volkes dahingezogen zum Brunnen, um den Zorn des Regengottes zu besänftigen. Mit sich hätten sie die Opfer geführt, die den Gott gnädig stimmen sollten: junge Mädchen und Jünglinge. Und nach feierlicher Zeremonie seien die Mädchen hinabgestürzt worden in die feuchte Tiefe, so unergründlich, daß nie eins der Opfer wieder zum Vorschein gekommen sei!

Der Mädchen Weg zum Brunnen ist im Liederschatz fast jeden Volkes trotz oft symbolhafter Vertiefung stets mit fröhlicher Bejahung des Lebens beschrieben. Der Weg der jungen Maya-Mädchen zum heiligen Cenote war stets der Weg in den Tod. Reichgeschmückt traten sie ihn an; dann hallte ihr gedämpfter Schrei, wenn sie aufs modrige Wasser schlugen.

Was aber hatte Diego de Landa noch berichtet? Er hatte hinzugefügt, daß es Sitte gewesen sei, den Opfern reiche Gaben nachzuwerfen: Geräte, Schmuck, Gold. Und Thompson hatte gelesen, daß, «wenn dies Land Gold enthalten hatte, sich der größte Teil davon in diesem Brunnen befinden müsse»! Und er hatte wörtlich genommen, was allen anderen als rhetorische Ausschmückung alten Berichts erschienen war; er hatte geglaubt, und er zeigte Entschlossenheit, die Richtigkeit seines Glaubens zu beweisen. Als er in der Mondnacht von der Pyramide herab die Straße sah, die zum Brunnen führte, ahnte er nicht, wieviel Mühsal ihm bevorstand.

Als er nach Jahren zum zweitenmal vor dem Brunnen stand, war er ein erfahrener Dschungelforscher, hatte Yucatan von Nord nach Süd durchstreift und hatte seinen Blick geschärft für die Möglichkeit, Geheimnisse zu

Der Gang zum Brunnen 371

ergründen. In diesem Augenblick war er wirklich Schliemann vergleichbar. Rings um ihn standen prachtvolle Bauten, ihrer Erforschung harrend, wunderbare Aufgabe für jeden Archäologen. Er aber wandte sich dem Brunnen zu, einem dunklen Loche, jetzt angefüllt mit Schlamm, Steinen und dem Dreck von Hunderten von Jahren. Selbst wenn Diego de Landas Bericht auf Tatsachen beruhte – bestand auch nur die geringste Aussicht, in diesem modrig gluckernden Loch Reste des Schmucks zu finden, den die Priester den Opfern nachgeschleudert hatten?

Welche Möglichkeit gab es überhaupt, in diesem Brunnen zu suchen? Die Antwort, die Thompson gab, war abenteuerlich. Sie hieß: Tauchen!

Als er zu einem wissenschaftlichen Kongreß in die USA zurückkehrte, lieh er sich Geld. Er bekam es, obwohl jeder ihn für verrückt hielt.

«Niemand», sagten sie, «kann in die unerforschten Tiefen dieses großen Wasserloches hinuntergehen und erwarten, lebendig wieder herauszukommen. Wenn du schon Selbstmord begehen willst, warum nicht auf eine weniger unangenehme Art?»

Aber Thompson hatte das Für und Wider erwogen und war entschlossen.

«Mein nächster Schritt war, nach Boston zu gehen und Unterricht im Tiefseetauchen zu nehmen. Mein Lehrmeister war Captain Ephraim Nickerson von Long Wharf, der schon vor zwanzig Jahren seinen Abschied genommen hatte. Unter seiner sachgerechten und geduldigen Leitung wurde ich mit der Zeit ein ziemlich guter, jedoch keineswegs ein perfekter Taucher, wie ich einige Zeit später feststellen sollte. Als nächstes besorgte ich mir einen zu meinem Vorhaben passenden Seilbagger mit einer Winde, einem Flaschenzug und einen Dreißig-Fuß-Hebelbaum. All dieses Material war in Kisten verpackt und bereit, auf einen Brief oder ein Telegramm hin verschickt zu werden.» – Und dann stand er wieder am Rand des Brunnens. Die größte Entfernung der Ränder voneinander betrug etwa siebzig Meter. Mit dem Lot stellte er fest, daß sich der Schlammspiegel in etwa fünfundzwanzig Meter Tiefe befand. Er nahm hölzerne Figuren in menschlicher Gestalt und stürzte sie hinab, so wie er glaubte, daß einst die Mädchen als Braut des schrecklichen Gottes hinabgestoßen worden waren. Der Zweck der Übung war: Er wollte sein Suchen auf dem Brunnenboden lokalisieren. Als er dies getan hatte, senkte er zum erstenmal den Seilbagger.

«Ich bezweifle, daß sich jemand meine Spannung vorstellen kann, als der Bagger, mit fünf Männern an Winde und Bremsvorrichtung, mit geöffnetem Stahlgreifer ausschwang, für einen kurzen Moment mitten über dem dunklen Loch hing und dann in langem Schwung nach unten glitt und im stillen

Wasser versank. Ein paar Minuten des Wartens, um den scharfen Zähnen Zeit zu geben, in den Grund zu beißen, und dann beugten sich die Gestalten der Arbeiter über die Winde, und unter der dunklen braunen Haut begannen die Muskeln wie Quecksilber zu spielen, als die Stahlkabel sich unter der Last der heraufgehievten Bürde strafften.

Das Wasser, bis dahin noch rot wie ein Obsidianspiegel, begann zu gurgeln und zu kochen, als der Baggerkorb – aus seinen festgeschlossenen Greifern tropfte klares Wasser – sich langsam, aber stetig zum Rande der Grube gehoben hatte. Am Hebelbaum herumschwingend, lud er auf der mit Planken bedeckten Plattform eine Wagenladung von dunkelbraunem Zeug, faulem Holz, altem Laub, zerbrochenen Zweigen und anderem Kram ab. Dann schwang er zurück und hing wieder in seiner Position, um eine neue Ladung zu holen... Einmal brachte er, zwischen seine Greifer geklemmt, einen Baumstamm mit, welcher so gut erhalten schien, als sei er erst gestern durch einen Sturm in die Grube gestürzt worden. Das war am Sonnabend. Am Montag hatte sich der Stamm aufgelöst, und auf dem Steinhaufen, auf den der Bagger ihn gelegt hatte, blieben nur ein paar Holzfasern zurück, umgeben von einem dunklen holzessigartigen Fleck. Ein anderes Mal brachte der Bagger die Knochen eines Jaguars und eines Rehs als stumme Zeugen einer Waldtragödie herauf.» – Und Tag für Tag geschah nichts anderes, als daß der Bagger hochkam mit Dreck und Schlamm, mit Steinen und Ästen, mit dem Gerippe eines Tieres, das sich in der dürren Zeit, das Wasser der Tiefe witternd, hier ertränkte. Die Sonne brannte herab, der Geruch der Fäulnis wehte aus dem Brunnen empor, wolkte aus dem Schlamm, der sich immer höher am Rande des Brunnens türmte.

«So ging die Arbeit tagelang weiter. Ich fing an, tagsüber nervös zu werden, und konnte nachts nicht schlafen. ‹Ist es möglich›, fragte ich mich, ‹daß ich meine Freunde zu all diesen Ausgaben verleitet habe und mich selbst der Lächerlichkeit aussetzte, nur um zu beweisen, womit viele sich zufriedengegeben haben, daß diese Überlieferungen nichts sind als alte Geschichten, Geschichten ohne irgendwelche tatsächliche Begründung?›»

Da aber kam der Tag, da zwei merkwürdige, gelblich-weiße, harzige Klumpen in Thompsons Hände fielen, als er, wie immer, den soeben emporgeseilten Schlamm durchwühlte. Er roch, er schmeckte sogar. Ein guter Gedanke ließ ihn die harzige Substanz ans Feuer halten: da verbreitete sich betäubender Duft. Thompson hatte den Weihrauch der Mayas aus dem Brunnen geholt, das Räucherharz, das sie verbrannten, während sie opferten. War das der Beweis dafür, daß Thompson auf der richtigen Spur war? Neben Bergen von

Der Gang zum Brunnen 373

Schutt und Schlamm – zwei Stückchen Räucherharz? Für niemanden wäre es ein Beweis gewesen. Für Thompson aber war es mehr: Es war neue Beflügelung seiner Phantasie. «In dieser Nacht schlief ich seit Wochen zum erstenmal lange und tief!» Und er sollte recht behalten. Denn jetzt kam Schlag auf Schlag ans Licht, was er erwartet hatte. Werkzeuge und Schmuckstücke, Vasen und Lanzenspitzen, Messer aus Obsidian und Schalen aus Jadeit. Und dann fand er das erste Mädchenskelett! Diego de Landa hatte recht behalten. –

Bevor Thompson nun zum «verhexten Teil dieser verhexten Unternehmung» schritt, entdeckte er durch einen Zufall wiederum den wahren Kern einer alten Überlieferung. Diego de Landa, der Bischof, hatte ihm den Weg zum Brunnen gewiesen. Don Diego Sarmiento de Figueroa, im Jahre 1579 Alkalde von Valladolid, wies ihn auf den Opferritus am Brunnen hin. Dies ist sein Bericht, der Thompson anfangs nur dunkel und unverständlich erschien: «Der Adel und die Vornehmen des Landes übten die Sitte, nach sechzig Tagen der Abstinenz und des Fastens bei Tagesanbruch an die Öffnung des Brunnens zu treten und indianische Frauen, die diesen Adeligen und Vornehmen selber gehörten, in die dunklen Gründe hinabzuwerfen. Gleichzeitig sagten sie ihnen, sie sollten für ihren Herrn ein günstiges, seinen Wünschen entsprechendes Jahr erbitten. Die Frauen, die ungebunden hineingeworfen wurden, fielen mit großer Wucht und viel Geräusch ins Wasser. Am späten Nachmittag schrien die, welche noch konnten, laut auf, und Seile wurden zu ihnen hinuntergelassen. Nachdem die Frauen halbtot heraufgekommen waren, wurden Feuerstellen um sie herum aufgebaut und Kopalharz vor ihnen verbrannt. Wenn sie wieder zu Sinnen kamen, berichteten sie, daß unten viele ihres Volkes seien, Männer und Frauen, und daß sie von ihnen empfangen worden seien. Wenn sie versucht hätten, ihren Kopf zu heben, um sie anzusehen, hätten sie schwere Schläge auf den Kopf bekommen. Wenn sie ihre Köpfe nach unten geneigt hätten, wären unter dem Wasser viele Höhen und Tiefen zu sehen gewesen, und das Brunnenvolk hätte ihre Fragen nach dem guten oder schlechten Jahr, das ihrem Herrn bestimmt war, beantwortet.»

Diese scheinbar rein märchenhafte Darstellung bereitete Thompson, der immer auf der Spur nach historischem Kern war, sehr viel Kopfzerbrechen. Eines Tages saß er in dem Flachboot, das den späteren Tauchunternehmungen dienen sollte und nun bereits auf dem stillen Wasser trieb. Sechzig oder noch mehr Fuß unter dem Standpunkt des Krans machte er es schließlich an der klippenartig überhängenden Wand fest, und da sah er, zufällig über das Boot hinwegblickend, etwas, was ihn auffahren ließ. «Das war der Schlüssel der Erzählung von den Frauen-Botschaftern aus der alten Überlieferung.»

«Das Wasser des Opferbrunnens ist dunkelfarbig und trübe und wechselt zuzeiten seine Farbe von Braun zu Jadegrün und sogar zu Blutrot, wie ich es noch schildern werde. Es ist aber so trübe, daß es das Licht wie ein Spiegel reflektiert und es nicht bricht. Über das Deck des Flachbootes auf die Wasseroberfläche blickend, konnte ich wie durch ‹große Tiefen und viele Höhen› blicken. In Wirklichkeit waren dies Widerspiegelungen der Höhen und Einbuchtungen in den Wänden des Felsriffes direkt über mir. Als sie ihre Sinne wiederfanden, hatten die Frauen gesagt, unten seien viele Leute ihres Volkes und ... sie beanworteten die Fragen. Als ich fortfuhr, in die Tiefen und Höhen zu spähen, sah ich unten viele Leute ihres Volkes und auch sie antworteten. Es waren die Köpfe und Teile der Körper meiner Arbeiter, die über den Rand des Brunnens lehnten, um einen Blick auf das Flachboot werfen zu können. Dabei unterhielten sie sich leise, und der Ton ihrer Stimmen, der nach unten gerichtet war, traf die Wasseroberfläche und wurde wieder nach oben zurückgeworfen, in sanften, im heimatlichen Akzent klingenden, jedoch unverständlichen Worten. Diese Episode gab mir eine Erklärung der alten Überlieferung...

Die Eingeborenen aus der Umgebung haben außerdem seit langem behauptet, daß das Wasser des Heiligen Brunnens sich zuzeiten in Blut umwandelt. Wir haben herausgefunden, daß die grüne Farbe, die das Wasser manchmal zeigt, von einer mikroskopischen Alge herrührt. Seine gelegentliche braune Farbe stammt von den absterbenden Blättern, und gewisse Blumen- und Samenkörner von blutroter Farbe geben der Wasseroberfläche von Zeit zu Zeit den Anblick geronnenen Blutes.

Ich erwähne diese Entdeckung, um zu zeigen, warum ich daran glaube, daß alle authentischen Überlieferungen auf Tatsachen beruhen und immer durch genügend nahe Betrachtung der Umstände geklärt werden können.» –

Das schwerste Stück Arbeit war noch nicht getan. Und erst jetzt sollte Thompson den Erfolg erringen, der alle anderen in den Schatten stellte. Als der Bagger immer weniger faßte und schließlich nur noch spärliche Steine ans Tageslicht beförderte, wußte er, daß die Zeit gekommen war, mit Händen zu greifen, was die Zähne des Baggers in den Rissen und Spalten nicht mehr fassen konnten. Es ist gut, jetzt unserem ungewöhnlichen Archäologen selber das Wort zu erteilen: «Nicolas, ein griechischer Taucher, mit dem ich schon zuvor alles verabredet hatte, kam von den Bahamas, wo er Schwämme gesammelt hatte. Er brachte sich einen Assistenten mit, auch einen Griechen, und wir trafen unsere Vorbereitungen für die Erforschung *unter Wasser*.

Wir brachten zuerst die Luftpumpen in das Boot, das nun kein Floß mehr war, sondern ein fester Ponton, und dann wurden die beiden Griechen zu

Lehrmeistern und zeigten einer ausgewählten Mannschaft die Handhabung der Luftpumpen, von denen unser Leben abhing; auch wie sie Signale, die von unten gesandt wurden, lesen und beantworten sollte. Als sie überzeugt waren, daß die Männer perfekt ausgebildet waren, bereiteten wir uns zum Tauchen vor. Wir ließen unseren Baggerkorb auf den Ponton hinunter, zogen unsere Ausrüstung an, Anzüge aus wasserdichtem Stoff mit großen Kupferhelmen, mit gläsernen Glotzaugen und Luftventilen nahe den Ohren und am Hals mit Bleiketten, die beinahe halb so schwer wie die Helme waren. Dazu kamen Segeltuchschuhe mit dicken, schmiedeeisernen Sohlen. Mit dem Sprachrohr, Lufthose und sorgfältig angebrachter Rettungsleine taumelte ich mit Hilfe des Assistenten zu einer kurzen, breiten Leiter, die vom Deck aus ins Wasser führte. Als ich auf der ersten Sprosse der Leiter stand, kam jeder einzelne der Pumpmannschaft, alle meine treuen eingeborenen Boys, der Reihe nach an, schüttelten mir mit ernstem Gesicht die Hand und gingen dann wieder zurück, um aufs Signal zu warten. Es war nicht schwer, ihre Gedanken zu lesen. Sie gaben mir ein letztes Lebewohl und erwarteten nicht, mich jemals wiederzusehen. Dann ließ ich mich von der Leiter los und sank wie ein Stück Blei, hinter mir eine Kette silberner Blasen lassend. Während der ersten zehn Fuß wechselten die Lichtstrahlen von Gelb in Grün und dann in ein purpurnes Schwarz. Danach war ich in tiefer Dunkelheit. Der wachsende Luftdruck jagte mir scharfe Schmerzen durch die Ohren. Als ich schluckte und die Luftventile in meinem Helm öffnete, kam ein Geräusch wie ‹pht! pht!› von jedem Ohr, und der Schmerz hörte auf. Das mußte ich mehrere Male wiederholen, bis ich auf dem Grunde stand. Ein anderes merkwürdiges Gefühl fiel mir während meines Herabsinkens auf. Es war, als verlöre ich rapide an Gewicht, und als ich auf dem flachen Ende einer großen Steinsäule stand, die von der alten Ruine des Grabmals oben heruntergefallen war, schien ich überhaupt kein Gewicht mehr zu haben. Ich kam mir mehr wie eine Luftblase als wie ein mit schweren Gewichten beladener Mann vor. Aber ich empfand auch ein sonderbares Gefühl, als ich mir klarmachte, daß ich das einzige lebendige Wesen war, das jemals hierhergelangt war und diesen Ort wieder lebend zu verlassen gedachte. Dann kam der griechische Taucher neben mir herunter, und wir schüttelten uns die Hand.

Ich hatte einen Unterwasserscheinwerfer und ein Unterwassertelefon mitgebracht. Aber beides ließ ich nach dem ersten Tauchen oben. Der Unterwasserscheinwerfer war für klares oder kaum getrübtes Wasser geeignet. Die Substanz, in der wir zu arbeiten hatten, war weder Wasser noch Schlamm, sondern eine Mischung aus beidem, die durch den Bagger aufgewirbelt war.

Es war ein dickes, mehr suppenartiges Gemisch, und kein Lichtstrahl konnte hindurchdringen. So mußten wir in tiefster Dunkelheit arbeiten. Aber schon nach kurzem empfanden wir diese Tatsache kaum mehr als Unbequemlichkeit, denn die Tastnerven unserer Fingerspitzen schienen die Dinge nicht nur durch das Anfühlen zu unterscheiden, sondern sogar beim Erkennen der Farben zu helfen. Das Unterwassertelephon nutzte uns nur wenig und wurde bald beiseite gelegt. Die Verbindung durch das Sprachrohr und durch die Rettungsleine ging leichter und sogar schneller als durchs Telephon.

Noch etwas fiel mir auf, was ich nie von anderen Tauchern erwähnt hörte. Nicolas und ich fanden, daß wir uns in der Tiefe von sechzig bis achtzig Fuß, in der wir arbeiteten, hinsetzen konnten und – wenn wir die Nasen unserer Helme zusammensteckten – uns dann ganz gut und verständlich zu unterhalten vermochten. Unsere Stimmen klangen flach, als kämen sie aus großer Entfernung, aber ich konnte ihm meine Anweisungen geben und konnte seine Antworten ziemlich klar hören. Der merkwürdige Gewichtsverlust unter Wasser war, bis ich mich daran gewöhnt hatte, schuld an einigen komischen Zwischenfällen. Und auf dem Grund von einer Stelle zur anderen zu gehen, brauchte ich nur aufzustehen und mich mit dem Fuß vom Felsboden abzustoßen. Sofort schoß ich wie eine Rakete hoch, segelte majestätisch durch den Schmutzbrei und oft sogar noch etliche Fuß über mein Ziel hinaus.

Grob gesagt ist der Brunnen ein Oval mit 187 Fuß als längstem Durchmesser. Der Abstand der Dschungeloberfläche von der Wasseroberfläche schwankte von 67 bis 80 Fuß. Wo die Wasseroberfläche begann, war leicht festzustellen, wo sie aber endete und der Schlamm des Grundes anfing, war nicht so leicht zu sagen, da keine Grenzlinie existierte. Ich schätzte aber, daß die Gesamttiefe von Schlamm und Wasser 65 Fuß ausmachte. 30 Fuß tief war eine Schlammablagerung, die genügend dick war, um Zweige, Äste und beträchtliche Baumwurzeln tragen zu können. Darin eingebettet lagen Felsen, in Form und Umfang sehr verschieden, so wie Rosinen im Plumpudding. Man kann sich uns also in der Dunkelheit vorstellen, mit diesen Schlammwellen um uns und die Spalten und Risse des rauhen Kalksteinbodens nach Dingen durchforschend, die der Bagger nicht hatte greifen können. Man stelle sich auch vor, daß immer wieder Steinblöcke, die durch das eindringende Wasser aus ihrem Platz herausgelöst wurden, planschend in dieser stygischen Dunkelheit auf uns herniederstürzten. Aber trotzdem war es nicht so schlimm, wie es klingt. Es stimmt, daß die schweren Blöcke, wann und wie sie wollten, herunterfielen und wir sie weder sehen noch dirigieren konnten. Solange wir aber unsere Sprachrohre, Lufthosen, Rettungsleinen und uns selbst von der Wand entfernt hielten, waren wir nicht besonders gefährdet. Wenn die Felsmassen fielen, erreichte uns der Wasserdruck, der ihnen vorausging, lange vor den Felsen, und selbst wenn wir nicht aus eigenem Antrieb weggingen, traf uns der Druck wie ein riesiges weiches Kissen und schickte uns davon, oft mit dem Kopf nach unten und den Beinen nach oben, balancierend und zitternd wie Eiweiß in einem Glas Wasser, bis der Aufruhr verebbte und wir wieder auf die Füße kamen. Hätten wir unvorsichtigerweise mit dem Rücken an der Wand gelehnt, wären wir so glatt wie von einer gigantischen Schere in zwei Hälften geschnitten worden, und zwei weitere Opfer wären dem Regengott dargebracht worden.

Die jetzigen Einwohner dieses Gebietes glauben, daß große Schlangen und Monsterwesen in den dunklen Tiefen des Heiligen Brunnens wohnen. Ob dieser Glaube von einer schwachen Erinnerung an die alte Schlangenverehrung herrührt, oder ob er auf etwas beruht, was einige der Eingeborenen wirklich gesehen haben, ist nur zu vermuten. Ich habe große Schlangen und Eidechsen im Wasser schwimmen sehen, aber es waren nur Schlangen und Eidechsen, die während der Beutejagd aus den Bäumen in den Teich gefallen waren und dann versuchten, wieder herauszukommen. Wir sahen nirgendwo im Teich Spuren besonders großer Reptilien oder Ungeheuer.

Kein unheimliches Reptil bekam mich jemals in seine Fänge, aber ich hatte doch ein Erlebnis, das des Erzählens wert ist. Wir beide, der Grieche und ich, gruben mit unseren Fingern in einer engen Spalte des Grundes, die solch reiche Funde brachte, daß wir einige unserer Vorsichtsmaßnahmen außer acht ließen. Plötzlich fühlte ich etwas über mir, etwas Gewaltiges, das mit heimlichen, gleitenden Bewegungen mich herunterpreßte. Irgend etwas Glattes und Schleimiges drückte mich unabwendbar in den Schlamm. Einen Augenblick lang gerann mein Blut. Dann fühlte ich den Griechen neben mir an dem Gegenstand zerren, und ich half ihm, bis wir uns befreit hatten. Es war ein modernder Baumstamm, der vom Schlammufer abgetrieben und beim Sinken auf meinen hingekauerten Körper getroffen war.

Eines Tages saß ich auf einem Felsblock, einen bemerkenswerten Fund betrachtend, eine gegossene Metallglocke, und ich vergaß völlig, die Luftventile zu öffnen, wie ich es hätte tun sollen. Ich steckte den Fund in meine Tasche und erhob mich, um meine Stellung zu wechseln, als ich plötzlich wie eine aufgeblähte Luftblase nach oben getrieben wurde. Es war lächerlich, aber auch gefährlich, denn in dieser Tiefe ist das Blut wie Champagner voller Bläschen; wenn man nicht langsam aufsteigt und dem Blut Zeit gibt, sich anzupassen, resultiert daraus eine Krankheit, an der man unter schrecklichen

Schmerzen sterben kann. Glücklicherweise hatte ich genug Geistesgegenwart, die Ventile zu öffnen, bevor ich sehr hoch gekommen war, und entging so der schlimmsten Strafe. Aber ich leide noch heute an meiner Unvorsichtigkeit durch verletzte Trommelfelle und sehr vermindertes Gehör.

Selbst als ich schon die Ventile geöffnet hatte und immer langsamer stieg, stieß ich noch kopfüber und halb betäubt von der Erschütterung an den Boden des Pontons. Dann erkannte ich, was geschehen war, und beim Gedanken an die Angst, die meine Boys ausgestanden haben mußten, als sie mich gegen den Boden des Bootes stoßen hörten, lachte ich, krabbelte darunter hervor und streckte den Arm an Deck. Als mein Helm an der Seite erschien, fühlte ich zwei Arme um meinen Hals, und aufgeregte Augen spähten in die Glotzaugen meines Helmes. Als sie meinen Taucheranzug abnahmen, ich in einem Stuhl ausruhte und langsam wieder in meinen normalen Zustand zurückfand, eine Tasse heißen Kaffee und das Sonnenlicht genießend, erzählte mir der junge Grieche die Geschichte.

‹Die Männer›, sagte er, ‹wurden gelbblaß vor Schrecken, als sie den Stoß gegen den Boden hörten, der Ihre unerwartete Ankunft ankündigte. Als ich ihnen sagte, was es sei, schüttelten sie traurig ihre Köpfe, und einer von ihnen, der treue alte Juan Mis, sagt: ‚Es hat keinen Zweck, El Amo, der Chef ist tot. Er ist vom Schlangengott verschluckt und wieder ausgespuckt worden. Wir werden ihn niemals mehr zu uns sprechen hören.' Und seine Augen standen voller Tränen. Als aber Ihr Helm über dem Deck auftauchte, und er durch die Gläser sah, hob er beide Arme über den Kopf und sagte voller Dankbarkeit: ‚Gott sei Dank, er lebt noch und lacht.'›

Was die Resultate unseres Baggerns und Tauchens im großen Wasserloch anbelangt, so ist das erste und wichtigste, daß wir beweisen konnten, daß die Überlieferungen um den Heiligen Brunnen in allen ihren wichtigen Einzelheiten stimmen. Dann fanden wir eine große Anzahl in Jade geschnittener und in Gold- und Kupferplatten gehämmerter Figuren, Kopal und Knötchen von Harzweihrauch, viele Skelettüberreste sowie eine Anzahl von Wurfspeeren und vielen Speere mit schön gearbeiteten Spitzen aus Feuerstein, Kalzit und Obsidian und ein paar Reste alter Gewebe. Alles das hatte großen archäologischen Wert. Es waren Stücke aus beinahe purem Gold darunter, gegossen, gehämmert und graviert... Die meisten sogenannten goldenen Objekte bestanden aus minderen Legierungen mit mehr Kupfer als Gold. Den Hauptwert gaben ihnen die symbolischen Zeichen, die in sie eingegossen oder -graviert waren. Die meisten der heraufgebrachten Stücke waren Fragmente. Wahrscheinlich handelte es sich um Votivgaben, die in einer rituellen Handlung von den Priestern zerbrochen wurden, bevor man sie in den Brunnen warf. Die Bruchstellen waren immer so, daß Kopf- und Gesichtszüge der in Jade oder auf Goldscheiben dargestellten Personen nicht zerstört wurden. Es bestand Grund, anzunehmen, daß diese Jadeanhänger, Goldscheiben und anderen Ornamente auf Metall oder Stein, wenn sie zerbrochen waren, als getötet galten. Es ist bekannt, daß die alten zivilisierten Rassen Amerikas glaubten, so wie ihre noch älteren Vorgänger im nördlichen Asien und bis heute noch die Mongolen, daß Jade und andere geheiligte Gegenstände Leben haben. Daher wurden diese Ornamente zerbrochen oder ‹getötet›, damit ihre Geister dem Botschafter als Schmuck dienten, dessen Geist dann, wenn er endlich vor Hunal Hu, dem einen Obersten Gott im Himmel, erschien, angemessen geschmückt sein würde.» –

Als Thompsons erste Berichte über seine Funde im Heiligen Brunnen an die Öffentlichkeit kamen, horchte die Welt auf. Zu ungewöhnlich waren hier die Fundumstände, zu reich aber auch der Schatz, der aus suppigem Schlammbrunnen geborgen worden war. Dabei handelte es sich weniger um den materiellen Wert.

«Der Goldwert der Dinge», sagt Thompson, «die unter so viel Mühe und so vielen Ausgaben aus dem Heiligen Brunnen geborgen werden konnten, ist recht unbedeutend. Aber der Wert aller Dinge ist relativ. Der Historiker taucht aus demselben Grunde in die Vergangenheit, aus dem der Ingenieur in die Erde eindringt: um die Zukunft zu sichern. Es ist anzunehmen, daß manche dieser Gegenstände auf ihrer Oberfläche, in Symbole verkleidet, Ideen und Überzeugungen eingegraben haben, die durch die Zeiten zurückweisen in die erste Heimat dieses Volkes, in das Land hinter den Seen. Am Beweis hierfür mitzuhelfen, ist die Arbeit eines Lebens wohl wert.»

Dennoch war der Schatz von Chichén Itzá ein archäologischer Goldfund, der in unserem Jahrhundert in seinem Wert nur noch von dem Schatz des Tut-ench-Amun übertroffen wurde. Doch das Gold des Pharao war um eine Mumie gelagert gewesen, die in erhabener Ruhe zu Grabe getragen worden war. Das Gold des Cenote aber lag bei den Gebeinen junger Mädchen, die, Opfer grausamen Gottes und grausamer Priester, mit gellendem Schrei in den Tod gesprungen waren. Hat eins der Mädchen es vermocht, einen der Priester mit sich in die Tiefe zu reißen? Unter den zahlreichen Mädchenschädeln fand sich ein einziger Männerkopf, ein Schädel mit starken Augenwülsten, der Schädel eines alten Mannes. Eines Priesters?

Als Thompson 1935 starb, hatte er keinen Grund, sein Leben zu bereuen, obwohl er, wie er selber schrieb, seine «Substanz» verzehrt hatte im Dienst der Erforschung der Mayas. In den vierundzwanzig Jahren, da er Konsul in Yucatan war, in nahezu fünfzig Jahren der Spatenforschung hatte ihn selten ein Büro gesehen. Er zog durch den Dschungel und lebte mit den Indianern; das ist buchstäblich zu nehmen, denn er aß ihre Speisen, schlief in ihren Hütten, sprach ihre Sprachen. Eine Vergiftung lähmte ihm ein Bein, das Tauchen im Heiligen Brunnen strafte ihn mit chronischen Gehörstörungen. Er bereute nicht. Seine Arbeit trägt alle Anzeichen eines oft überschwenglichen Enthusiasmus; in seinen ersten Berichten schoß er mit seinen Schlußfolgerungen oft weit übers Ziel hinaus. Als er in einer Pyramide mehrere Gräber fand, untereinander angeordnet, dann schließlich unterhalb der Pyramidenbasis im Fels das Hauptgrab bloßlegte, da schien es ihm, als habe er die letzte Ruhestätte Kukulkans entdeckt, des sagenhaften Urlehrers des Volkes der Maya; und als er kostbaren Schmuck aus Jadeit fand (der nicht in Yucatan, sondern viel weiter entfernt geschürft wird), da griff der erfahrene Forscher wieder auf die Atlantistheorie seiner Jugend zurück. Aber ist solcher Enthusiasmus nicht notwendig? Ist es nicht die Begeisterung allein, die lähmenden Zweifel tötet? – Inzwischen ist viel gegraben worden in Yucatan, Chiapas und Guatemala. Schließlich wurde das Flugzeug der Forschung dienstbar gemacht. Oberst Charles Lindbergh, der Ozeanflieger, dürfte der erste gewesen sein, der aus der Vogelperspektive ein Land betrachtete, das schon uralt war, als Cortez es als Neue Welt entdeckte. 1930 überflogen P. C. Madeiro jr. und J. A. Mason die Urwaldmeere Mittelamerikas. Aus der Luft photographierten und kartographierten sie alte Maya-Inseln, die bis dahin unbekannt waren.

In neuester Zeit, im Jahre 1947, zog eine wohlausgerüstete Expedition nach Bonampak in Chiapas. Und es scheint, daß sich den reichen Funden der Vergangenheit eine würdige Neuentdeckung angeschlossen hat. Die Expedition wurde von der United Fruit Company finanziert und von der Carnegie Institution of Washington wissenschaftlich betreut. (Dieses Institut hat sich zusammen mit dem «Smithsonian Institute», Washington, wohl die bedeutendsten Verdienste um die Erforschung der Mayas erworben. Das letztere operiert mit den Zinsen einer Stiftung, die der Engländer James Smithson vor rund hundert Jahren den Vereinigten Staaten zu Forschungszwecken zur Verfügung stellte.) Geleitet wurde die Forschungsgesellschaft von Giles Greville Healey; nach kurzer Zeit fand sie elf reiche Tempel des Alten Reichs, datierbar aus der Zeit kurz vor der Auswanderung. Sie fand drei prächtige Stelen; eine davon ist die zweitgrößte von allen, die bisher gefunden wurden. Sie ist etwa sechs Meter hoch, bedeckt mit Skulpturen.

Der Gang zum Brunnen

Das Wunder aber, das auch Healey im Dschungel fand, waren diesmal die Wandmalereien. Technische Mittel zeigten das ehemals glänzende Rot, Gelb, Ocker, Grün und Blau, zeigten Krieger, Könige und Priester im großen zeremoniellen Kostüm. Ähnliche Bilder sind bisher nur in Chichen Itzá gefunden worden, im «Tempel der Krieger».

Mehr aber als irgendwo sonst wurde in Chichen Itzá gegraben, der Metropole. Ein gänzlich anderes Bild bietet sich heute dem Betrachter, als es sich in der denkwürdigen Mondnacht Thompson bot. Heute sind die Ruinen vom Dschungel befreit, das Wohlerhaltene ragt empor auf freiem Platz, und die Touristen kommen mit Omnibussen auf Wegen, auf denen früher nur die Machete Raum schuf. Und sie sehen den «Tempel der Krieger» mit seinen Säulenkolonnaden, aus denen heraus sich die Treppe erhebt, die auf die Pyramide führt. Sie sehen das sogenannte Observatorium, einen Rundbau, dessen Fenster so eingeschnitten sind, daß sie den Blick auf bestimmte Sterne lenken. Sie wandern über die großen Ballspielplätze, von denen der größte an die hundertsechzig Meter lang und an die vierzig Meter breit ist, auf denen sich die «jeunesse dorée» der Mayas einem Spiel, ähnlich dem Basketball, hingab. Sie stehen schließlich vor dem «Castillo», der größten der Pyramiden. Über neun hohe Absätze wachsen die Treppen empor und tragen den Tempel für Kukulkan, die «Gefiederte Schlange».

Betäubung übermannt den Betrachter, wenn sich sein Auge in den schrecklichen Gesichtern verliert, den entsetzlichen Schlangenköpfen, Götterfratzen und schreitenden Jaguaren; wenn er hinter das Geheimnis der Ornamente und Hieroglyphen kommen will und erfährt, daß hier kein Zeichen, kein Bild, keine Skulptur ohne Beziehung zu astronomischer Zahl ist. Zwei Kreuze noch auf den Augenbrauen eines Schlangenkopfes, eine Jaguarkralle am Ohr des Gottes Kukulkan, die Form eines Tores, die Anzahl der «Tauaugen», die Form der immer wiederkehrenden Treppenmotive – alles drückt Zahl und Zeit aus. Nirgendwo aber war Zahl und Zeit mit solchem Schrecken des Ausdrucks gepaart. (Graham Greene, der englische Romancier, Feind jeder Ruine, schrieb, als er vor einem Jahrzehnt durch Mexiko und Yucatan zog: «Häresie war hier nicht eine menschliche Gefühlsverwirrung – wie etwa der Manichäismus –, sondern ein Rechenfehler! ... Man erwartet, auf dem Pflaster des großen Hofes [er schreibt über Teotihuacan, aber dann über alle] ein Quod erat demonstrandum geschrieben zu sehen – die Pyramiden richtig addiert, die Anzahl der Terrassen mit der Zahl der Stufen multipliziert und durch die Gesamtoberfläche dividiert – und ein Ergebnis, so inhuman wie ein algebraisches Problem!») Der Besucher, der feststellt, daß gefrorene Mathematik eine Höllenwelt sein kann, sieht sich nach Leben um, nach einer Pflanze wenigstens – und siehe, die gesamte prunkvolle Bildwelt und Ornamentik der Mayas, eines Volkes, das von der Maispflanze lebte und umgeben war von prangender, wuchernder Flora –, diese gesamte Bildwelt zeigt höchst selten eine Pflanze, nur wenige der unzähligen Blüten, keine der achthundert Kakteen! Neuerdings will man ein fünfteiliges Ornament als Blüte des «Bombax aquaticum» erkannt haben, eines Baumes, der halb im Wasser wächst. Stimmt es, so bedeutet es nicht viel gegenüber dem sonstigen Fehlen jeden Pflanzenmotivs. Ja, selbst die Säulen, die fast überall auf der Welt aus dem aufstrebenden Baum entwickelt worden waren – sind bei den Mayas aufgeteilte Schlangenleiber, züngelnde Ekelhaftigkeit.

Vor dem «Tempel der Krieger» stehen zwei dieser Säulenschlangen. Der gehörnte Kopf ist auf den Boden gepreßt, das Maul weit aufgesperrt, der Leib reckt sich nach hinten, nach oben empor und stützte mit dem Schwanz einst das Dach des Tempels. Und vor diesen Schlangen und vor diesem «Tempel der Krieger», nein, fast vor den meisten Maya-Bauten in Chichén Itzá, kamen die Forscher immer mehr zu der Überzeugung, daß sie es hier mit einer Kunst zu tun hatten, die sich von den Bauten in Copán und Palenque, in Piedras Négras und Uaxactún nicht nur so unterschied, wie sich stets die Kunst eines Neuen Reiches von der eines Alten Reiches zu unterscheiden pflegt. Die Forscher trieben Stilkunde. Sie prüften und verglichen, hier eine Linie, dort ein Ornament, hier eine Göttermaske, dort ein Schaltzeichen. Und schließlich sagten sie: Hier arbeiteten fremde Hände, hier flossen fremde Gedanken ein, hier sprach ein fremdes Wissen!

Woher aber sollten die fremden Gedanken gekommen sein? Wer sollte sie herbeigetragen haben? Die Forscher wandten ihren Blick nach Mexiko, aber nicht zum Reich der Azteken (das ja sehr viel jünger war als das der Mayas), sondern auf die Bauten, die schon uralt waren, als die Azteken ins Land Mexiko eingebrochen waren.

Gab es zum Verständnis dieser erstaunlichen Tatsache, daß die machtvolle Kultur der Mayas einem fremden Einfluß nachgegeben hatte, keinen historischen Hinweis, keinen Führer, wie das einst Diego de Landa gewesen war? Gab es niemanden, der wenigstens eine Andeutung machte über das geheimnisvolle Volk der großen «Baumeister»?

Der Mann, der diese Andeutungen tatsächlich gemacht hatte, war seit langem bekannt. Aber er war nicht ernst genommen worden. Er war ein Aztekenfürst, Prinz Ixtlilxochitl; ein ganz erstaunlicher Mann.

33. KAPITEL

TREPPEN UNTER WALD UND LAVA

«ER ist», sagte William Prescott vor hundert Jahren über den Prinzen Ixtlilxochitl, «ein unmittelbarer Nachkomme des tezkukanischen Königsgeschlechtes, das im Jahrhundert der Eroberung blühte. Mit jeder Gelegenheit, sich zu belehren, verband er viel Fleiß und Fähigkeit, und wenn seine Erzählung die glänzende Farbengebung eines Mannes an sich hat, der den dahingeschwundenen Ruhm eines alten, aber in Trümmer gesunkenen Hauses wiederbeleben möchte, so hat man ihn doch allgemein wegen seiner Offenheit und Rechtlichkeit gelobt, und es haben die spanischen Schriftsteller, denen seine Handschriften zugänglich gewesen sind, sich ohne Mißtrauen von ihm leiten lassen.»

Sehr viel anders urteilte über diesen Prinzen die Gelehrtenwelt nach Prescott. Das «Jahrhundert der Quellenkritik» hielt ihn für einen romantischen Geschichtenerzähler, einen indianischen Barden, betrachtete ihn verständnisvoll-wohlwollend, wenn er viel Großes über sein Volk berichtete, aber glaubte ihm kein Wort. In der Tat war auch erstaunlich und oft unglaubhaft, was er berichtete. Erst die beiden wohl bedeutendsten deutschen Mexikoforscher Eduard Seler und Walter Lehmann begannen sehr spät an einen «historischen Kern» zu glauben. –

Immer wieder sind wir im Verlauf der Geschichte der Archäologie auf kurze Perioden gestoßen, in denen durch eine Sammlung neuer Fakten ein eben unter größten Schwierigkeiten gewonnenes historisches Bild in die Gefahr der Verzerrung geriet. Und wiederholt konnten wir beobachten, wie diese Verzerrung (beziehungsweise die Gewinnung eines *neuen* Bildes) sehr ängstlich dadurch vermieden wurde, daß man die neuen Fakten nicht zur Kenntnis nahm oder so vorsichtig um sie kreiste wie die Katze um den heißen Brei. Hier liegt Selbstschutz der Wissenschaft vor. Auch ein archäologischer Brei muß abkühlen, ehe er gegessen werden kann. Und so kreisten die Forscher um die altmexikanischen Bauwerke und Trümmer gerade so, als sei die Lava, die diese Ruinen halb zugedeckt hatte, noch ein glühender Fluß. Denn diese Bauwerke, in deren Schatten die Azteken gelebt hatten, waren auf gar keine Weise einzuordnen in das Bild, das sich durch die Funde und

Forschungen im Gebiet der Mayas mit Linien und Farben gefüllt, Perspektiven und Hintergründe gewonnen hatte. Sofern man diese Bauwerke überhaupt bemerkte (und niemand *suchte* sie), ging man ihnen aus dem Wege. Dabei waren zum Beispiel Prescotts Bemerkungen (vor hundert Jahren geschrieben!) über Teotihuacan, die Ruinenstadt, an der Cortez vorbeimarschiert war, als er aus der «noche triste» floh, normalerweise nicht zu übersehen. Nun, dies Übersehen gelang fast allen Forschern bis zur letzten Jahrhundertwende. Vorsichtige Andeutungen und sehr viele Fragezeichen – das war alles, was diese uralten Ruinen kommentierte. Bis plötzlich Schlag auf Schlag die Aufdeckung der Ruinen erfolgte. In den drei letzten Jahrzehnten drängte sich plötzlich zusammen, was schon längst hätte geschehen können. Denn das Erstaunliche war: Zu diesen Pyramiden brauchte man keine Expedition auszurüsten; um zu ihnen zu gelangen, brauchte man sich nicht, mit Fieber, gefährlichem Getier und undurchdringlichem Dschungel kämpfend, mit der Machete den Weg zu bahnen. Zu ihnen fuhr man – es ist unglaublich, aber wahr – mit der Eisenbahn oder ging am Sonntagnachmittag zu Fuß hin, auf bequemem Spaziergang. Denn mehrere dieser größten und erhabensten Zeugnisse der mittelamerikanischen Kultur lagen innerhalb einer Zugstunde von der Hauptstadt Mexiko entfernt, ja, einige direkt am Rande der Stadt.

IXTLILXOCHITL war ein getaufter Prinz, Freund der Spanier. Er war hochgebildet und im Besitz umfangreichen Priesterwissens. Als die Zeit der Kriege vorüber war, begann er die Geschichte seines Volkes aufzuzeichnen. Er saß mit dem Ohr noch am Mund der Überlieferung. Und seine Geschichte (die niemand glauben wollte) beginnt in der grauen Urzeit, beginnt mit der Gründung der Stadt Tula (oder Tollan, im heutigen Staat Hidalgo) durch das Volk der *Tolteken*. Großes berichtet er von ihnen. Schrift, Zahl und Kalender haben sie gekannt, Tempel und Paläste gebaut. Nicht nur als Herrscher saßen sie in Tula, sondern auch als Weise, und die Gesetze, die sie erließen, waren gerecht gegen jedermann. Ihre Religion war milde, frei von den Greueln, die später aufkamen. Fünf Jahrhunderte soll ihr Reich gedauert haben; dann kamen Hungersnöte, Bürgerkriege, dynastische Streitigkeiten. Ein anderes Volk, die Chichimeken, besetzte das Land. Die überlebenden Tolteken aber wanderten aus, flüchteten nach Tabasco erst, dann weiter nach Yucatan!

Wann soll dies alles geschehen sein? Es gibt einige Daten darüber (siehe Zeittafel). Aber wir wollen sie hier nicht erwähnen. Denn sie sind ungenau.

Wir wollen bei Beschreibung der Funde voraztekischer Zeit (auch vormayanischer Zeit) überhaupt kein einziges Datum mehr glauben. Denn der Angaben hierüber gibt es genauso viele, wie es Mexikoforscher gibt – heute eine beträchtliche Anzahl.

Es ist merkwürdig, daß der erste, ein Franzose, der die Berichte des Ixtlilxochitl durch einen Fund bestätigen sollte, dem indianischen Historiker dennoch nicht zur Glaubwürdigkeit verhalf. Kein Archäologe glaubte an die Existenz der Stadt Tula, von der der Prinz berichtete. Mit dem mythischen Tule verglich man die Stadt, von der er so Konkretes erzählte. Selbst die sehr lebendige Existenz des Städtchens Tula im Norden der Hauptstadt Mexiko war den Forschern kein Ansatzpunkt, denn weit und breit fand sich keine Ruine, die die sagenhaften Angaben des prinzlichen Historikers bestätigt hätte. Selbst als der Franzose Désiré Charnay in den achtziger Jahren des vorigen Jahrhunderts bei diesem Tula de Allende eine Pyramide (mehr als Schatzgräber denn als Forscher) «ankratzte», zog die Forschung keine Konsequenzen!

Erst während des letzten Krieges, als fast die ganze übrige Welt dabei war, sämtliche vorhandenen Kulturen zu zertrümmern, begannen mexikanische Forscher, ihre alten Kulturen auszugraben.

Und siehe da!

Im Jahre 1940 mußten sich die Archäologen aller Welt vor dem indianischen Prinzen verbeugen! Hatte solche Verbeugung nicht einst stattgefunden vor Homer (als Schliemann grub), vor der Bibel (als Layard schürfte)? Denn die ungläubigen Forscher fanden das alte Tula, die erste Stadt der Tolteken! Sie fanden die Sonnen- und die Mondpyramide! Sie fanden unter meterdickem Erdschutt erhaltene Reliefs, wohlgeformte Skulpturen.

Egon Erwin Kisch, der Welt bester Reporter, der als deutscher Emigrant einige Jahre in Mexiko verbrachte, war der erste, der die Mondpyramide «interviewte». «Während Pyramide und Interviewer miteinander sprechen», notiert er, verzaubert vom Anblick wiedererstandener Welten, «beugt sich von der Plattform ein scharfes Indiogesicht lauschend herab. Ist Ixtlilxochitl gleichzeitig mit der Pyramide aus der Erde gestiegen, um sich nach vierhundertjähriger Verbannung und Verdammung seine wissenschaftliche Ehre wiederzuholen?»

SCHLAG auf Schlag sagten wir, wurde die «Kultur *unter* den Kulturen», die Kultur der sagenhaften Tolteken unter der der Azteken ans Licht gebracht. Aber ist das richtig? Tatsächlich war es so, daß die Bewohner der Hauptstadt

Mexiko seit mehreren hundert Jahren *zwischen* und *neben* diesen Pyramiden gelebt hatten, ohne davon zu wissen. Sie waren an ihnen vorübergefahren, wenn sie zur Landbestellung mußten. Sie hatten sich an ihrem Fuß gelagert, wenn sie in der Arbeitspause den Schluck Pulque nahmen, den männermordenden Agavenschnaps, den schon die Tolteken gekannt hatten. Sie hätten ein einziges Mal geradeaus gehen müssen – und ihre Nase hätte sich in eine Pyramide gebohrt.

Schlag auf Schlag – im Maßstab der archäologischen Forschung gesprochen – erfolgte jetzt die Exploration. Innerhalb von drei Jahrzehnten wurden die aufsehenerregenden Grabungen durchgeführt. Am Nordwestrand der Hauptstadt gruben die Forscher 1925 die Schlangenpyramide aus und fanden, daß dies nicht *eine* Pyramide war, sondern acht – eine steinerne Zwiebel, eine Schale über der anderen. Kalenderhinweise ergaben, daß wahrscheinlich alle zweiundfünfzig Jahre ein solcher Schalenbau stattgefunden hatte, daß also allein an diesem Bauwerk über vierhundert Jahre lang gebaut worden war (das hat nur im abendländischen Dom- und Kathedralenbau sein würdiges Gegenstück)! Mitten in der Stadt Mexiko grub man nach den Resten des großen «Teocalli» (den Cortez so gründlich zerstören ließ) – und man fand die Grundmauern! Und die Forscher begaben sich hinaus aus der Stadt, immer wieder zum heutigen San Juan Teotihuacan, fünfzig Kilometer von der Hauptstadt entfernt, dem größten Pyramidenfeld, dem großartigsten Zeugnis der alten «Tolteken-Kultur», zur «Stadt, wo Gott Gebete dargebracht werden» (das ist der Sinn des Namens – wobei wir die Merkwürdigkeit notieren dürfen, daß das mexikanische «teo» wie im Altgriechischen «Gott» bedeutet, aber gleich hinzufügen wollen, daß solche zufälligen Lautähnlichkeiten keinerlei Schlüsse zulassen). Siebzehn Quadratkilometer bedeckt dies Ruinenfeld – und erst der geringste Teil wurde bisher freigelegt; denn dies war die Stadt, die allem Anschein nach von den Bewohnern vor ihrer Flucht mit meterdicken Erdschichten zugeschüttet wurde – eine Schutzarbeit, die nicht weniger staunenswert ist als der Bau selber. Denn die größten Pyramiden (Stufenpyramiden mit den charakteristischen Treppen) sind bis zu sechzig Meter hoch.

Und schließlich stießen die Forscher in die Provinzen vor. Eduard Seler beschrieb als erster die Festungspyramide von Xochicalco, achtzig Kilometer südlich der Hauptstadt. Und sie gruben in Cholula! Wo einst Cortez einen seiner schändlichsten Vertrauensbrüche beging, da gruben nun die Archäologen, legten im Innern der größten Pyramide (die einst eine größere Grundfläche bedeckte als die Cheopspyramide) kilometerweite Labyrinthgänge

Treppen unter Wald und Lava 387

bloß! Und noch weiter nach Süden stießen sie vor. 1931 grub der Mexikaner Alfonso Caso im Auftrag der Regierung auf dem Monte Albán bei Oaxaca – und was vielleicht keiner dieser Ausgräber je ausgesprochen, aber höchstwahrscheinlich stets gehofft hatte, hier geschah es:

Ein Schatz wurde gefunden!

Der Schatz vom Monte Albán. Und hier wollen wir einem besseren Beschreiber das Wort lassen. Egon Erwin Kisch, der gründliche Reporter, interviewte auch diesen Berg.

«Gibt es einen Erdenfleck», so fragte er, «der sich gleichzeitig in so absolutes Dunkel hüllt und uns ohne Antwort läßt auf alle Fragen? Überwiegt in uns das Entzücken oder die Verwirrung?» Und er fragte nach den Gründen. «Ist es dieser Raumkomplex, dessen Umrisse Ausblicke ins Unendliche sind? Oder sind es die Pyramiden, die aussehen wie Prunktreppen in die Innenräume des Himmels? Oder ist es der Tempelhof, der – kraft unseres Vorstellungsvermögens – erfüllt ist von vieltausend Indios in ungestümen Gebeten? Oder ist es das Observatorium, dessen ins Mauerwerk eingeschlossener Auslug mit dem Meridiankreis den Winkel Azimut bildet? Oder ist es der Blick auf ein Stadion, wie es Europa seit der römischen Antike bis zum zwanzigsten Jahrhundert nicht gebaut hat, hundertzwanzig steinerne, schräg aufsteigende Reihen von Sitzen?

Ist es das System, Hunderte von Grüften so anzuordnen, daß der Raum kein Friedhof wurde, kein Grab ein anderes störte? Sind es die bunten Mosaiken, die Fresken mit ihren Figuren, Szenen, Symbolen und Hieroglyphen? Oder die Tonbehälter, Opferschalen von edler Schwingung, Urnen von geometrischer Gradlinigkeit, vierfüßig, und im Innern eines jeden Fußes eine Schelle, die um Hilfe klingelt, wenn ein Frevler sie davontragen will?

Oder ist es der Schmuck? Verblaßte nicht auf der New Yorker Weltausstellung die Schau der historischen und modernen Goldschmiedekunst vor dem Schmuck vom Monte Albán?

Ein kleiner Teil dieses Schatzes leuchtet in einer Vitrine des Nationalmuseums von Mexiko!

Wer hätte ‹Wilden› zugetraut, Bergkristalle mit solcher Präzisionstechnik zu schleifen, zwanzigreihige Halsketten mit 854 ziselierten, mathematisch gleichen Gliedern aus Gold und Edelsteinen zu verfertigen? Eine Brosche stellt einen Ritter des Todes dar, den Lucas Cranach nicht apokalyptischer entworfen hätte. Kniebänder, dem englischen Hosenbandorden ähnlich. Ohrgehänge, wie aus Tränen und Dornen gewoben. Kopfschmuck – eine Tiara, würdig eines Papstes über alle Päpste. Geflochtene Ringe zur Zier der Fingernägel. Bracelets und Armspangen mit bauchigen Ornamenten, Mantelschließen und Agraffen aus Jade, Türkis, Perlen, Bernstein, Korallen, Obsidian, Jaguarzähnen, Knochen und Muschelschalen. Eine Goldmaske, über deren Wangen und Nase eine Trophäe aus Menschenhaut skulptiert ist. Ein Tabakbehälter aus goldgetränkten Kürbisblättern. Fächer aus den Federn des Quetzalvogels – welche byzantinische Kaiserin, welche indische Maharani, welche amerikanische Multimillionärin besaß je zu Lebzeiten so prächtige Geschmeide, wie es viele dieser Indios noch im Grabe trugen?»

«Fragen, nichts als Fragen auf dem Monte Albán», überschreibt Kisch dies Kapitel seines Mexikoberichts. Nur auf dem Monte Albán?

Wenn wir ehrlich sein wollen, müssen wir zugeben, daß wir über dies Baumeistervolk der voraztekischen Zeit vorläufig weniger als nichts wissen. Weniger als nichts – das bedeutet: viel Falsches. Mexiko und Yucatan sind die Länder des Dschungels – und im Dschungel verfängt sich der Archäologe, wenn er beginnt, hier zu deuten. Was eigentlich steht fest?

Was wirklich feststeht, ist nur dies: Die Kultur der drei Völker steht in innigem Zusammenhang. Alle drei bauten Pyramiden, deren Treppen zu den Göttern, zur Sonne oder zum Monde führten. All diese Pyramiden sind, wie wir jetzt wissen, nach astronomischen Gesichtspunkten ausgerichtet und unterm Zwang des Kalenders erbaut worden. Der Amerikaner Ricketson jr. war der erste, der dies 1928 auch an einer Maya-Pyramide in Uaxactún nachwies; heute haben wir den Beweis dafür aus jüngerer Zeit aus Chichen Itzá und aus uralter Zeit am Monte Albán. All diese Völker lebten unterm Damoklesschwert ihrer großen Kalenderzyklen; so wenn sie glaubten, daß jedesmal nach Ablauf von zweiundfünfzig Jahren die Welt unterginge. (Aus solchen Vorstellungen resultierte die Macht der Priester; denn ihnen allein konnte es gelingen, das drohende Unheil abzuwenden. Die Mittel, die sie anwendeten, wurden im Laufe der Zeit härter, das heißt grausamer, arteten aus zu den ungeheuren Menschenopfern und zum Fest des Xipe Totec, des Erd- und Frühlingsgottes, dem zu Ehren die Priester das Menschenschinden betrieben, indem sie sich die blutende Haut des noch zuckenden Opfers selber überzogen.)

Die enge Beziehung der Völker wird auch anschaulich in ihren Göttern, die sich zueinander verhalten wie die griechischen zu den römischen. Eine der Hauptgottheiten, der große und weise Quetzalcouatl, lebte als Kukumatz in Guatemala und als Kukulkan in Yucatan; sein Bild – die «Gefiederte Schlange» – ist auf den ältesten und den jüngsten Bauwerken zu finden.

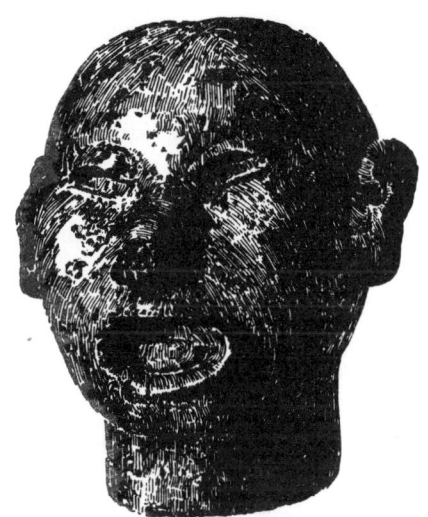

Der aztekische Gott Xipe Totec, «Unser Herr der Geschundene», zu dessen Ehre Gefangenen bei lebendigem Leibe die Haut abgezogen wurde. Der Kopf besteht aus grünem Stein.
Abbildung 49

Selbst die Lebensweise aller mittelamerikanischen Völker ähnelte einander; und obwohl ihre Sprachen sehr zahlreich sind, gehören alle – wenn wir bei den Kulturvölkern bleiben – nur zwei großen Gruppen an.

Nach Feststellung solcher innerer Verwandtschaften (wozu neuerdings fast unübersehbares Einzelmaterial zusammengetragen wurde) taucht die Frage nach den Beziehungen auf, nach den Wellen, in denen diese Völker gegeneinander- und übereinanderfluteten, kurz: nach Geschichte. Und hier tappen wir – was die älteste Geschichte betrifft – noch völlig im dunkeln. Trotz hervorragender Forschungsergebnisse, die zu höchstwahrscheinlich treffsicherer Korrelation des Maya-Kalenders mit dem unseren geführt haben, fehlt uns nach wie vor der Ausgangspunkt, der Fixpunkt. Der Dschungel, den wir heut von den Pyramiden und Palästen des uralten Amerika entfernen, gibt Bauwerke frei, aber noch nicht die Vergangenheit, Daten, aber noch keine Geschichte; wir können Theorien bilden, aber nur wenige Fakten aufzeichnen!

Wir sagten, daß wir uns vor Zahlenangaben hüten wollten. Verletzen wir ein einziges Mal unser Vorhaben, um einen Begriff von den Zeiträumen zu geben, in denen die Archäologen zu rechnen haben.

So glauben einige Forscher nach vielerlei Anzeichen, daß die Gründung der großen Pyramiden in Mexiko durch die Tolteken im vierten Jahrhundert *nach* Christo geschehen sei.

Nun, wir haben einige dieser Pyramiden von Tula bis zum Monte Albán aufgezählt. Von einer haben wir noch nicht gesprochen. Es ist die auf einem sieben Meter hohen Hügel am Südrand der Stadt Mexiko stehende Pyramide Cuicuilco. Sie steht in einer unheimlichen Landschaft, die aussieht, als sei sie gefroren. Die Vulkane Ajusco und Xitli (vielleicht auch nur der letztere) brachen einst aus und wälzten ihre glühenden Ströme gegen dieses Bauwerk, dem der Gott, der auf ihm wohnte, nur halbe Hilfe zuteil werden ließ – nur zur Hälfte nämlich wurde es vom brodelnden Schlamm überflutet. Und hier nun riefen die Archäologen ein paar Kollegen von einer anderen Fakultät zu Hilfe: die Geologen. Wie alt ist die Lava? fragten sie. Und die Geologen, nicht ahnend, daß sie mit ihrer Antwort ein historisches Weltbild aus den Angeln hoben, antworteten schlicht: «Achttausend Jahre!»

Heut wissen wir, daß diese Antwort falsch war, weil die Datierungsmethoden der Geologen unzulänglich sind, wenn es sich um relativ «kurze» Zeiträume handelt (Geologen rechnen mit Hunderttausenden oder Millionen von Jahren).

Daß die amerikanischen Völker, Nachfahren mongolischer Stämme, auf einer Landbrücke oder in Booten vor zwanzig- oder dreißigtausend Jahren über Sibirien oder Alaska nach Amerika gekommen sind – das nehmen wir jetzt mit größter Sicherheit an. Woher aus solcher angenommenen Wandergruppe die Erbauer der Teotihuacan-Kulturen und die Tolteken kamen, warum gerade diese Volksgruppen zwischen Alaska und Panama in der Lage waren, die Urerfindungen jeder Kultur zu machen, wissen wir nicht.

Ja, wir wissen nicht einmal genau, ob es wirklich hauptsächlich ein Volk von «Tolteken» war, das solches schuf. Denn welche Rolle spielten zum Beispiel die Zapoteken oder die Olmeken, von denen wir überall in Mexiko Spuren finden? Wenn wir als Vorläufer der Maya- und Azteken-Kultur jetzt allgemein die Tolteken nennen (in neuester Zeit trennt die Wissenschaft die Tolteken- von der Teotihuacan-Kultur), so müssen wir uns darüber klar sein, daß wir vorläufig nichts als einen Sammelnamen für die Schöpfer der mittelamerikanischen Kulturen gefunden haben. Vielleicht bedeutet das Wort Tolteken wirklich nichts anderes als «Baumeister»!

Vielleicht aber dürfen wir uns wirklich, um in die gegenseitige Beeinflussung der drei großen Reiche Ordnung zu bringen, einen Vergleich aus der Alten Welt erlauben, wie ihn der deutsche Forscher Theodor-Wilhelm Danzel in einer seiner Arbeiten für Mexiko noch zieht:

«Man hat wohl gelegentlich, um die Eigenart der aztekischen und Maya-Kultur zu kennzeichnen, altweltliche Vergleiche gezogen und die Azteken zu den Römern, die Maya zu den Griechen in Parallele gestellt. Der Vergleich ist im großen und ganzen zutreffend. Die Maya waren in der Tat ein Volk, das, in Gemeinwesen zerspalten, die miteinander haderten, nur zeitweilig, wenn es galt, einem gemeinsamen Feinde entgegenzutreten, sich zu festerer Einheit zusammenschloß. Wenn auch die politische Rolle, die die Maya spielten, nicht eben von großer Bedeutung gewesen ist, so haben sie doch auf den Gebieten der Plastik, Architektur, Astronomie, Arithmetik hervorragende Werke geschaffen.

Die Azteken andererseits waren ein kriegerisches Volk, das sein Reich auf den Trümmern eines anderen Volkes (der Tolteken) aufbaute, das der Kraft des Ansturms nicht zu widerstehen vermochte. Die Tolteken können, wenn wir den Vergleich weiter ausführen, den Etruskern parallelisiert werden.»

Und wir können dem Leser, der sich mit einiger Aufmerksamkeit durch unser Buch gelesen hat, auch noch einen anderen Vergleich zumuten. Die Tolteken (und vielleicht noch frühere) sind in ihrer geschichtlichen Funktion den erfinderischen Sumerern ähnlich. Die Mayas sind dann die Babylonier, die als Nutznießer überlegener Erfindungen ein Kulturreich zimmern. Und die Azteken sind die kriegerischen Assyrer, die vom überlegenen Geiste noch profitieren, doch diesen Geist bereits in reine Macht ummünzen. In Verfolg solchen Vergleichs wurde dann die Hauptstadt Mexiko auf der Höhe ihres Ruhms von den Spaniern genauso geköpft wie die Hauptstadt der Assyrer, das prangende Ninive, einst von den Medern!

Beide Beispiele aber treffen eins nicht. Nämlich die nahezu unerklärliche Tatsache, daß urplötzlich von den Tolteken her, nachdem ihr Reich längst vergangen war, ein neuer Aufbruch erfolgte, sie ins Neue Reich der Mayas eindrangen und ihm ihren Stempel aufdrückten in der Stadt Chichen Itzá. Das ist ohne Beispiel in der Alten Geschichte! Aber war es so? Es kann alles ganz anders gewesen sein. Und es gibt eine Legende, in der alles ganz anders ist und in der sogar die Ankunft der Spanier in das entwicklungsgeschichtliche Bild auf eine mythische Weise im voraus eingeordnet wird. Quetzalcouatl nämlich, heißt es da (den wir bisher nur als Gott erwähnten), kam aus einem «Land der aufgehenden Sonne». Er trug ein langes weißes Gewand und einen Bart; er lehrte das Volk alle Wissenschaften, rechte Sitten und die Festlegung weiser Gesetze, er schuf ein Reich, in dem die Maisähren Mannesgröße hatten und die Baumwolle bereits farbig wuchs. Aber aus irgendeinem Grunde mußte er das Reich verlassen. Er nahm seine Gesetze, seine Schriften, seine Gesänge und begab sich auf den Weg, den er gekommen war. In Cholula machte er halt und verkündete noch einmal seine Weisheit. Dann begab er sich ans Meer, hub an zu weinen und verbrannte sich selber. Sein

Herz wurde zum Morgenstern! Andere sagen, er bestieg sein Schiff und fuhr davon in das Land, aus dem er gekommen war. Einig aber sind sich die Legenden darin, daß er versprochen habe wiederzukommen!

Wir haben im Verlauf unseres Buches so oft gesehen, wie der Kern einer Legende sich als Wirklichkeit enthüllte, daß wir uns hüten werden, hier einfach als poetische Erfindung abzutun, was für den ersten Blick so erscheint. Können wir nicht vielleicht für das weiße Gewand eine weiße Haut setzen, wenn wir bedenken, daß Quetzalcouatl einen Bart getragen haben soll – ganz und gar ungewöhnliches Charakteristikum für Völker, die selber nahezu bartlos waren?

Können wir vielleicht so weit gehen (und wir zitieren hier nur durchaus ernstgemeinte fremde Ansichten), in ihm den Missionar eines fernen, fremden Landes zu sehen? So wie einige in ihm einen der frühesten katholischen Missionare aus dem 6. Jahrhundert sehen, andere sogar den Apostel Thomas persönlich? Oder erfährt mit dieser Legende neue Nahrung, was einst der junge Thompson glaubte, als er behauptete, die Kulturschöpfer des frühesten Maya-Reichs seien Atlanter gewesen?

Wir wissen es nicht.

Nur eins wissen wir: Die Spanier, die, als sie in Mexiko einbrachen, im Gedenken an das letzte Versprechen des weißen Mannes mit dem Barte für die «weißen Götter aus dem Osten» gehalten wurden – diese Spanier (lassen wir allen Nationalstolz beiseite; generalisieren wir und sagen wir besser: die Europäer) –, sie waren gewiß nicht die Nachfolger des Quetzalcouatl, der Sitte und Gerechtigkeit gepredigt hatte.

Einer der größten Götter der Mayas und Azteken, Quetzalcouatl, in Guatemala Kukumatz, in Yucatan Kukulkan genannt – was alles «Gefiederte Schlange» bedeutet. Zeichnung nach einem Relief, das in Chichen Itzá gefunden wurde und in künstlerischer Beziehung den toltekischen Einfluß auf das Neue Reich der Mayas erkennen läßt.
Abbildung 50

V. DIE BÜCHER, DIE NOCH NICHT GESCHRIEBEN WERDEN KÖNNEN

Wenn wir als Menschen Bescheidenheit lernen wollen, so ist es nicht nötig, unseren Blick auf den bestirnten Himmel zu richten. Es genügt der Blick auf die Kulturwelten, die Tausende von Jahren vor uns da waren, vor uns groß waren und vor uns vergingen.

34. KAPITEL

NEUE FORSCHUNG IN ALTEN REICHEN

WIR sind am Ende unserer Darstellung der großen archäologischen Entdeckungen, damit am Ende eines Spaziergangs, der uns durch fünf Jahrtausende führte.

Das Thema ist längst nicht erschöpft. Wenn wir es dennoch abschließen, so deshalb, weil der Umfang eines Buches einer eigenen Ökonomie unterliegt. Doch war die Auswahl, die wir unter der Fülle archäologischer Entdeckungen trafen, auch von besonderer Absicht gelenkt. Indem wir die Ausgrabungen nicht chronologisch ordneten, sondern nach dem kulturellen Raum, in welchem sie stattfanden, gewannen wir in unseren vier Büchern ein nun fast von selber entstehendes Bild von vier geschlossenen Kulturkreisen, von vier der bedeutendsten Hochkulturen der Menschheit. Es ist notwendig, sich vor Augen zu halten, daß zwischen diesen wenigen Hochkulturen und den zahllosen primitiven Gesellschaften ein Unterschied besteht wie zwischen «Geschichte» und Vegetation, zwischen Bewußtsein und Instinkt, zwischen schöpferischer Formung der Umwelt und passivem Dahindämmern.

Wenn dieses Nachwort von den «Büchern, die noch nicht geschrieben werden können» sprechen soll, so sind damit vor allem drei Kulturen gemeint, die in ihrer Bedeutung den hier abgehandelten kaum nachstehen. Es ist die Kultur der Hethiter, die Indus-Kultur und die Kultur der Inkas. Die Bücher über sie können in dem Sinne, wie wir hier über vier andere Kulturen «Bücher» schrieben, noch nicht abgeschlossen werden, weil diese Kulturen noch nicht mit solcher Klarheit durchleuchtet werden konnten, daß sich ihre entwicklungsgeschichtliche Lebenskurve mit den Mitteln nachzeichnen ließe, die wir angewendet haben.

Außerdem: Unser Buch nennt sich «Roman der Archäologie». Um diesem Titel gerecht zu werden, haben wir mit Bedacht die Kulturen ausgewählt, an deren Erforschung die Archäologie wirklich zum romantischen Abenteuer wurde. Von den Inkas wissen wir fast soviel wie von den Mayas – aber unter den Erforschern der Andenkultur befindet sich weder ein Stephens noch ein Thompson. Andererseits wissen wir recht viel über die Geschichte Chinas. Aber unser Wissen darüber stammt zum geringsten Teil aus grabender Tätigkeit. Es ist klar, warum wir beide aus dem Kreis unserer Betrachtung ließen.

Bei den Hethitern aber und im Indus-Tal wird seit einigen Jahrzehnten gründlich und mit sehr großem Erfolg gegraben. Diese «Bücher» also werden eines Tages geschrieben werden müssen*.

Über eines aber müssen wir uns klar sein. Auch wenn wir unseren vier Büchern noch drei angliedern können, so haben wir damit längst nicht alle Hochkulturen dargestellt. Dem Normal-Gebildeten unserer Tage ist außer der christlich-abendländischen Kultur nur noch die griechisch-römische Antike lebendiger geistiger Besitz. Schon bei Beschreibung des geheimnisvollen Volkes der Sumerer merkten wir indessen, daß sehr viel fernere und ältere Kulturen im Untergrunde unseres Bewußtseins noch weiterwirken. Und der moderne englische Kulturhistoriker Arnold J. Toynbee sieht die Geschichte der Menschheit als ein Neben- und Nacheinander (meist im Vater-und-Sohn-Verhältnis) von *einundzwanzig Kulturen!*

Zu dieser hohen Zahl gelangt er, weil er unter «Kultur» nicht wie Spengler einen «Kulturkreis» versteht, sondern eine «zivilisierte Gesellschaft». So untersucht er zum Beispiel die christlich-orthodoxe Gesellschaft getrennt: als eine byzantinisch-orthodoxe und eine russisch-orthodoxe. Und von der chinesischen Kultur trennt er als selbständig die japanisch-koreanische.

Toynbees vielbändiges gewaltiges Werk (der Historiker D. C. Somervell gab eine daraus komprimierte einbändige Ausgabe heraus), das den bescheidenen Titel trägt «A Study of History», dürfte die bedeutendste kulturhistorische Publikation der letzten Jahrzehnte sein. Es begräbt endgültig das schon von Spengler gestürzte, doch noch immer in unseren Schulen gelehrte Geschichtsbild der «fortschreitenden Entwicklung» – das nun wirklich unhaltbar gewordene Schema «Altertum – Mittelalter – Neuzeit – Neueste Zeit». Um ein rechtes Bild davon zu geben, mit welchen Kulturen, außer denen, die wir in unserm «Roman» lebendig zu machen versuchten, der Historiker heute rechnen muß, zählen wir sie auf, so wie Toynbee sie sieht:

die westliche	die japanisch-koreanische
die byzantinisch-orthodoxe	die von Minos
die russisch-orthodoxe	die sumerische
die persische	die hethitische

---
* Diese Sätze wurden 1949 geschrieben. Die Jahre 1951 und 1953 boten dem Autor günstige Gelegenheit, die neuesten Ausgrabungen im Reich der Hethiter (hauptsächlich im Südosten der heutigen Türkei) selbst zu besichtigen. Darüber berichtet das Werk von C. W. Ceram «Enge Schlucht und Schwarzer Berg», Entdeckung des Hethiter-Reiches.

die arabische	die babylonische
die der Hindus	die ägyptische
die des Fernen Ostens	die der Anden
die der Hellenen	die Mexikos
die der Syrer	die Yucatans
die der Inder	die der Mayas
die chinesische	

Tatsächlich ließe sich diese Reihe, wenn wir anderen Forschern folgen wollten, noch einmal verlängern. Plato berichtet uns von der untergegangenen Kultur von Atlantis. Die Literatur, die inzwischen über dieses untergegangene Reich (dessen Existenz überhaupt noch nicht bewiesen werden konnte) verfaßt worden ist, beläuft sich inzwischen auf rund zwanzigtausend Bände. Darunter gibt es zahllose Werke, für die das Geschichtsbild unserer Welt ohne Atlantis eine Absurdität darstellt. Auch der große deutsche Afrikareisende und Kulturhistoriker Leo Frobenius wäre mit Toynbees Liste nicht zufrieden gewesen. Gewiß hätte er darauf bestanden, ihr noch einige «Schwarze Kulturen» anzufügen. Auch Frobenius übrigens operiert stets mit dem Begriff einer «Atlantischen Kultur». Wer wagt außerdem zu behaupten, daß nicht die grabenden Archäologen noch Kulturen ans Licht heben, von denen wir bisher überhaupt nichts ahnen? Ja, es gibt auf der Welt verstreut Monumente, die einsam und rätselhaft nur für sich selber zeugen – aber uns bisher nichts darüber verraten haben, auf dem Boden welcher Kultur sie gewachsen sind. Die am meisten diskutierten sind die geheimnisvollen Standbilder auf der Osterinsel – etwa 260 Steinbilder aus schwarzem Tuff, die früher noch einen breiten Hut aus rotem Tuff trugen. Sie schweigen. Zahlreiche Holztafeln, bedeckt mit hieroglyphenähnlicher Schrift, könnten uns vielleicht das Rätsel lösen. 1958 veröffentlichte der deutsche Völkerkundler Thomas Barthel seine unerhört scharfsinnigen «Grundlagen zur Entzifferung der Osterinselschrift» – mit einer Deutung zahlreicher Zeichen. Kurz vorher besuchte der norwegische Forscher Thor Heyerdahl, der 1947 Weltruhm erlangt hatte, als er auf dem Floß «Kon-Tiki» (den alten Inkas nachgebaut) den Stillen Ozean von Callao bis zu den Tuamotu-Inseln überquerte, die Oster-Insel erneut. Schon sein populärer Bericht von 1957 ließ aufhorchen; 1966 erschien die erste wissenschaftliche Auswertung. Sie ist kritisch gegenüber Barthel, ja, es scheint, als sei die Schrift noch rätselhafter als zuvor.

Denn eine Grundthese der Philologen, daß nämlich Inschriften in unbekannter Sprache *und* unbekannter Schrift ohne Bilingue (also ohne Zwei-

Neue Forschung in alten Reichen

sprachen-Text) niemals zu lösen seien, ist inzwischen widerlegt worden. Schon 1930 entzifferte der Deutsche Hans Bauer in kühnem Wurf (in nur wenigen Wochen deutete er von 30 vorhandenen Zeichen 17 richtig) das Ugaritische. Das Glück (das aber nur dem Tüchtigen blüht), noch einmal eine Bilingue zu finden, fiel Helmuth Th. Bossert zu. 1947 fand er das zweisprachige Inschriften-Relief am Karatepe in der heutigen Türkei – und das Hieroglyphen-Hethitische, woran drei Generationen von Forschern vergeblich gearbeitet hatten, konnte entziffert werden.

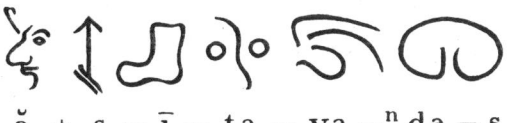

ă + s – ī – ta – va –^{n} da – s

Namenszug des Asitawandas, Beherrscher eines hethitischen Großfürstentums am Karatepe im Südosten der heutigen Türkei.
Abbildung 51

Die größte Entzifferungsleistung unseres Jahrhunderts jedoch gelang einem Außenseiter: Nach fünfzigjähriger vergeblicher internationaler Forschung entzifferte der junge englische Architekt Michael Ventris 1953 die Kretische sogenannte «Linear-Schrift B» – ohne Bilingue, und entdeckte in ihr einen alt-griechischen Dialekt.*

In unserem Jahrhundert hat die Anzahl der Ausgrabungen von Jahrzehnt zu Jahrzehnt zugenommen. Nur die sinnlosen Kriege waren Unterbrechungen. Einige Forscher widmeten ihr Leben einem einzigen Komplex. So der Franzose Claude F. A. Schaeffer der alt-syrischen Hafenstadt Ugarit; oder der Deutsche Kurt Bittel der alten Hethiter-Hauptstadt Hattusas – er begann 1931, und gräbt noch heute dort; oder in der Nachfolge Sir John Marshalls, der 1922 bei Harappa in Indien grub, Sir Mortimer Wheeler, der eine ganze unbekannte «Indus-Kultur» (Hauptausgrabungsort Mohenjo-Daro) ans Licht hob, die auch heute noch zahllose Rätsel bietet; oder der Italiener Amedeo Maiuri, der mehr als vierzig Jahre (bis 1962) in Pompeji wühlte; und doch sind heute erst drei Fünftel dieser Stadt freigelegt. Hier wie an anderen Plätzen geschieht ständig eine Korrektur alter Ergebnisse. So fand bei Neuausgrabungen am Troja-Hügel der amerikanische Professor Blegen, daß Schliemann und Dörpfeld unrecht gehabt hatten: Nicht Schicht VI, sondern Schicht VII A barg das homerische Troja (1200–1190 v. Chr.).

Einigen anderen gelangen aufsehenerregende Glücksfunde, die manchmal

---

* Siehe «Götter, Gräber und Gelehrte im Bild»

ihrer tatsächlichen Bedeutung wegen, oft aber nur der sensationellen Fundumstände halber Balkenüberschriften in der Weltpresse machten. Leonard Woolley, der große Ausgräber von Ur, schürfte von 1937–1939, dann wieder ab 1946 bei Alalakh in der Türkei, und 1947 meldete er das Grab eines Königs namens Yarim-Lim, fast viertausend Jahre alt. Der Amerikaner Nelson Glueck krönte eine erfolgreiche Entdeckerlaufbahn mit der Bloßlegung von «König Salomons Minen». Der Mexikaner Alberto Ruz stürzte die scheinbar unantastbare These, daß zwar alle ägyptischen Pyramiden Königsgräber seien, die alten mexikanischen jedoch nur Tempelsockel: Er entdeckte 1949 in der Maya-Pyramide von Palenque ein Herrschergrab. Und fünf Jahre später gelingt dem Ägypter Zakaria Goneim das Unwahrscheinliche: Er setzt den Spaten bei Sakkara an und findet eine noch völlig unbekannte Stufenpyramide.

Wissenschaftlich von größter Bedeutung war die musterhafte Bloßlegung einer neolithischen Stadt bei Çatal Hüyük in der Türkei (die 6000 v. Chr. wahrscheinlich tatsächlich schon eine *Stadt* war) ab 1958 durch den Engländer James Mellaart – nachdem vorher eine ebenso überraschend alte Stadt unter den Trümmern Jerichos vor allem durch Kathleen Kenyon freigelegt worden war. Doch unterliegt sowohl das Alter dieser *Städte* noch der Diskussion wie vor allem der Begriff *Stadt* in so früher Zeit – eine Frage für die Soziologen unter den Kulturhistorikern mehr als für die reinen Archäologen. Und die spektakulärste Ausgrabung neuester Zeit unternahm wohl der ehemalige Generalstabschef der israelischen Armee und gleichzeitige Archäologe Yigael Yadin, als er die Felsenfestung Masada in der judäischen Wüste freilegte, von der der große jüdische Historiker Josephus berichtet, daß dort 960 Zeloten sich selber niedermetzelten, um sich nicht den römischen Belagerern ergeben zu müssen.

Und ein purer Glücksfall war es, der zu dem wohl interessantesten und bedeutendsten Fund der gesamten christlich-abendländischen Archäologie führte, ein Fund, der noch heute Gelehrte in aller Welt an den Studiertisch fesselt: 1947 entdeckten beduinische Ziegenhirten in einer Höhle bei Kumran, nördlich vom Toten Meer, althebräische Schriftrollen, darunter einen vollständigen Jesaja-Text. Hinzu kommen weitere Funde in anderen Höhlen. Und die inzwischen weltberühmt gewordenen «Schriftrollen vom Toten Meer» erweisen sich als die ältesten je aufgefundenen Texte, die neues Licht auf die Berichte der Bibel werfen werden.

Das allgemein-wichtigste jedoch, was sich für die Archäologie nach dem Zweiten Weltkrieg begeben hat, ist der vehemente Einfluß der Naturwissenschaften und der Technik. Es begann damit, daß die kaum vorher versuchte Archäologie unter Wasser und aus der Luft neue Impulse bekam. Der Amerikaner Paul Kosock hatte bedeutend vorgearbeitet, als er aus der Luft das Vorhandensein eines ganzen Netzwerkes sogenannter «Inka-Straßen» in den Anden entdeckte. Heute gehört die archäologische Aufnahme aus der Luft (oft riesiger Territorien, die der ameisenhafte Fußgänger niemals abschreiten oder durchdringen könnte) zu den bereits selbstverständlich gewordenen Vorbereitungen; denn das Luft-Photo zeigt auch, durch die Verschiedenartigkeit des Pflanzenbewuchses und der Erdfärbung, die Spuren alter Bauwerke *unter* der Erdoberfläche.

Und was einst einsame Schwammtaucher um die Jahrhundertwende an der griechischen Küste begannen, als sie die ersten Amphoren dem «Blauen Museum» entrissen, das ist durch den kühnen Franzosen Jacques-Yves Cousteau, den Erfinder der Aqualunge, zu einer echten Unterwasser-Archäologie geworden; was die Hunderte von antiken Schiffswracks bergen, die vor den Mittelmeer-Küsten liegen, vermag noch niemand zu ahnen.

Technik und Physik brachen zuerst mit einem Außenseiter in die Archäologie ein. Der italienische Ingenieur und Industrielle Carlo M. Lerici übertrug geophysikalische Methoden, mit denen man bis dahin nur Öl und Wasser in den Wüsten und Gebirgen gesucht hatte, auf die archäologische Bodenforschung. Er begann in den riesigen Totenfeldern der alten Etrusker nördlich von Rom. Mit seinen hochempfindlichen Geräten lokalisierte er in kürzester Zeit Hunderte von Grabkammern. Unnütze Grabungsarbeit (an leerem Grab) vermied er: Er entwickelte einen Spezialbohrer und senkte durch das gedrillte Loch ein «Periskop», mit dem er das Grabinnere vor der Ausgrabung photographisch abtastete. Lerici hat Schliemannsche Züge: Der reiche Industrielle wandte sich auf der Höhe seines Lebens gänzlich der Archäologie zu und spendete ein Vermögen dafür. 1964, nach einem knappen Jahrzehnt der Arbeit, meldete er 5250 neuentdeckte etruskische Gräber allein im Raum von Cerveteri und Tarquinia!

Doch die beiden bedeutendsten naturwissenschaftlichen Hilfen erwuchsen der modernen Archäologie diesmal aus Amerika; die Atomphysik und die Biologie lieferten sie. Und der älteste Traum aller Archäologen erfüllte sich: die Möglichkeit exakter Datierung. 1948 entwickelte der Amerikaner Willard F. Libby seine Methode des «Radiocarbon-Dating». Sie beruht darauf, daß man die Zerfallsgeschwindigkeit des Isotops C 14 kennt, das sich in allen organischen Stoffen findet. Relikte aus Gräbern, deren Ursprung weit jenseits der Zeit lag, da schriftliche Aufzeichnungen Kunde gaben, verrieten Libbys

«Zeitenuhr» ihr Geburtsdatum. Doch diese physikalisch-chemische Bestimmung war nicht *aufs Jahr* genau (sie zeigte eine Plus-und-Minus-Differenz, die mit der Höhe des Alters wuchs). Da zeigte sich, daß ein anderer Amerikaner, Andrew E. Douglass, eigentlich Physiker und Astronom, bereits seit Jahrzehnten eine andere Methode vorbereitet hatte, die jetzt von einem Teamwork der Universität von Arizona in wenigen Jahren zu höchster Feinheit vervollkommnet wurde: das «Tree-Ring-Dating», die sogenannte Dendrochronologie. Es handelt sich um nichts anderes als das Ablesen genauer Jahreszahlen aus der Anzahl und dem Charakter der Jahresringe von Bäumen, von Baumresten, selbst von verkohlten. Die Verfeinerung der altbekannten Methode bestand darin, daß man die Möglichkeit fand, die Jahresringe von Bäumen gänzlich verschiedenen Alters sozusagen zu «überlappen», und sich so «von Baum zu Baum» (wo immer sich Baumreste in Gräbern und Ruinen fanden) in die Vergangenheit zurückzuarbeiten. So stieß man bereits in einigen Teilen Nordamerikas bei der Untersuchung vorkolumbischer Ruinen bis zu Christi Geburt vor – oder besser zurück. Sogenannte «flutende» Chronologien (ohne Anschluß an ein absolutes Datum unserer Zeitrechnung), nämlich die Feststellung, ob dieses Stück ein Jahr älter oder jünger ist als jenes, lassen sich mit dieser Methode innerhalb aller Jahrtausende anlegen und werden sich als Bestätigung oder Widerlegung bereits vorhandener korrespondierender Daten in unserer alten Welt von unschätzbarem Wert erweisen.

Aber allein schon der Gebrauch eines so lange bekannten Instruments wie des Mikroskops hat sich im Arbeitsbereich der Archäologie heute so verfeinert, daß kürzlich ein spezielles Lehrbuch dafür geschrieben werden mußte.

All diese modernen Methoden haben aber nicht nur die Qualität der archäologischen Forschung verfeinert, sondern ganz erheblich die *Quantität* der Ergebnisse erhöht. Die Expeditionen, die früher «im Felde» standen, konnte man an den Händen abzählen. Heute überwacht allein die Universität von Pennsylvanien in USA mehr als zwanzig Expeditionen pro Jahr. Ja, die Fülle des täglich anfallenden Materials ist auf manchen Gebieten zu groß – die rein wissenschaftliche Arbeit, die ordnende und interpretierende, kann nicht mehr mitkommen. So wandert, und das ist die Gefahr, das eben ausgegrabene Material in die Museen, um dort sofort von neuem begraben zu werden.

Aber ein Gutes zeigte sich: die früher so esoterische Wissenschaft ist ins Licht der Öffentlichkeit gerückt. Die Anteilnahme des Menschen unserer Zeit, der ganz und gar absorbiert zu sein schien von dem, was täglich auf ihn einstürmt und womit ihn die Zukunft bedroht – diese Anteilnahme an der Vergangenheit, die Neugier nach rückwärts, hat sich vervielfacht, sie ist brennend geworden. Das zeigte sich mit einer Gewalt, die niemand auch nur vermutete, als die Techniker verkündeten, sie würden in Ägypten einen Damm bauen, dessen angestaute Wassermengen leider – leider! – einige Denkmäler überspülen würden. Es handelte sich dabei aber vor allem um die gewaltigen Felsskulpturen von Abu Simbel und um rund hundert andere Denkmäler, die zu den ältesten und bedeutendsten Kunstwerken der Menschheit gehören. Und ein Aufschrei erhob sich in der kultivierten Welt. Große Organisationen bis hinab zu kleinsten Schulklassen gründeten Hilfsfonds. Die UNESCO griff ein, und mehr als zwanzig Staaten fanden sich zusammen – zur Rettung von Abu Simbel! –

Was bleibt zu sagen?

Es wird weitergegraben in aller Welt. Denn wir brauchen die letzten 5000 Jahre, um die nächsten 100 mit einiger Gelassenheit ertragen zu können.

ANHANG

ZEITTAFELN
I. ÖSTLICHES MITTELMEER
DIE REICHE DER MINOER UND GRIECHEN

(Diese Übersicht basiert auf der kurzen Tabelle Dr. Ludwig Reinhardts in der «Urgeschichte der Welt», geringfügig erweitert. Im Gegensatz zu den andern Zeittafeln unseres Buches gibt sie nur ganz allgemeine Daten, die aber hier genügen, da über Einzelheiten und genaue Daten der griechischen Geschichte auch das kleinste Lexikon Auskunft gibt.)

    2400–2000 vor Christo Frühminoische Zeit.
    2000–1600 vor Christo Mittelminoische Zeit.
    1600–1400 vor Christo Spätminoische (frühmykenische) Zeit.
    1400–1200 vor Christo Mykenische Zeit.
    1200–1000 vor Christo Zeit der dorischen Wanderung.
    1000– 800 vor Christo Griechisches Altertum
     800– 600 vor Christo Griechisches Mittelalter (Zeit der Kolonisation).
(Alle Zahlen gelten auch weiterhin als *vor* Christi Geburt.)

Im griechischen Altertum von 1000 bis 750 stand das Königtum in seiner Blüte, doch schließlich im Kampf gegen die Aristokratie (s. Homer). Im griechischen Mittelalter von 750 bis 560 gelangte die Aristokratie fast überall zum Siege, konnte sich aber der Tyrannis nicht erwehren, die ihrerseits der Demokratie erlag.

Um 800 lebte «Homer» im ionischen Kleinasien. Höchstwahrscheinlich ist er der Verfasser der «Ilias», ob auch der «Odyssee» ist fragwürdig.

VON DER ERSTEN GEZÄHLTEN OLYMPIADE
BIS ZUM BEGINN DER PERSERKRIEGE (776–500)

776   Neuordnung der alle vier Jahre abgehaltenen Olympischen Spiele. Beginn der Zeitrechnung nach Olympiaden, die bis zur Aufhebung der Olympischen Spiele im Jahre 394 n. Chr. bestand.

Von 750 bis 650 Blütezeit der griechischen Kolonisation, die von den wichtigsten Handelsplätzen um das Ägäische Meer ausging.

Um 750   Der Dichter Hesiod von Askra in Böotien. Er war der Sohn eines Auswanderers der äolischen Küstenstadt Kyme in Kleinasien nördlich von Phokäa; kein Böotier.

Seit 740   Ausbreitung der spartanischen Hegemonie im Peloponnes (die messenischen Kriege).

Seit 650   Beginn der Entwicklung des griechischen Tempels unter reichlicher Verwendung von Holz und weichem Kalkstein (póros). Alle Tempelformen noch im Fluß. Anfänge der Relief- und Rundplastik (Xóana als Götterbilder aus Holz geschnitzt und bunt bemalt). Blüte der außerattischen Töpferindustrie.

Um 650   Kallinos von Ephesos, Archilochos von Paros und Simonides von Amorgos.

Um 640   Tyrtaios in Sparta tätig.

Um 620   Drakons Gesetzgebung in Athen.

640–555   Stesichoros von Himera in Sizilien.

Um 600   Älteste Metopen von Selinunt. Blüte der ionischen Kunst auf Chios (Achermos).

Zeittafel Östliches Mittelmeer

594 Solons Verfassung in Athen. Die Tyrannis in Hellas und in den kleinasiatischen Kolonien.

590 Periander in Korinth.

Um 585 Thales von Milet; einer der «sieben Weisen» Griechenlands.

Um 580 Porosbildwerke archaischer Kunst in Athen von ionischen Künstlern angeregt. Fabrikation schwarzfiguriger attischer Vasen.

560–510 Peisistratos und seine Söhne in Athen. Polykrates von Samos.

Um 550 Beginn der Marmorbildnerei in Athen, beeinflußt von den von Peisistratos an den Hof gezogenen ionischen Bildhauern aus Chios, Naxos und Samos, die schon vorher in ihrer Heimat in Marmor gebildet hatten.
Theognis von Megara und Arion von Lesbos in Korinth, Anakreon von Teos, Ibykos von Rhegion, Pythagoras von Samos in Kroton. Die Eleaten (Xenophanes von Kolophon, Parmenides und Zenon von Elea).

540–480 Erste Blütezeit der athenischen Kunst, durch Peisistratos und seine Söhne gefördert. Erstes Auftreten des rotfigurigen Vasenstils.

Um 520 Erste marmorne Tempelbauten auf der Akropolis in Athen.

510 Vertreibung der Peisistratiden aus Athen, endgültige Abschaffung der Tyrannis in dieser Stadt.

509 Gesetzgebung des Kleisthenes in Athen.

Um 500 Blüte der peloponnesischen Erzbildnerei. Herakleitos von Ephesos und Hekataios von Milet.

VOM BEGINN DER PERSERKRIEGE BIS ZUM ENDE DES PELOPONNESISCHEN KRIEGES
(500–404)

500–494 Mißlungener Aufstand der ionischen Städte Kleinasiens zur Abschüttelung der Perserherrschaft. Aus Rache für Athens Mithilfe dabei.

493–490 Erster Feldzug der Perser gegen Griechenland, wobei das von Sparta verlassene Athen den ersten wuchtigen Stoß unter Darius' I. Schwiegersohn Mardonios fast allein auszuhalten hatte. 490 Sieg der Athener unter Miltiades bei Marathon.

480 Zug des etwa fünfundzwanzigjährigen Xerxes gegen die Griechen. Griechische Siege an den Thermopylen und bei Salamis.

479 Weitere Siege über die Perser, zuerst bei Platää, wo Mardonios fiel, und dann bei Mykale unweit Samos unter Spartas Führung. Neubau des Parthenons auf der Akropolis und des Zeustempels in Olympia.

556–468 Simonides von Keos und Bakchylides von Keos.

525–456 Aischylos, 496–406 Sophokles und 480–406 Euripides in Athen.

522–422 Pindar von Theben, Epicharmos von Syrakus und Empedokles von Akragas.

500–450 Tyrannis in Sizilien (Hieron I. von Syrakus 467 gestorben).

477–404 Athen an der Spitze des griechischen Seebundes.

485–425 Herodot von Halikarnassos. Die Atomistiker (Leukippos von Milet und Demokritos von Abdera). Anaxagoras von Klazomenä in Athen.

Seit 450 Die Sophisten (Protagoras von Abdera, Gorgias von Leontini, Prodikos von Keos und Hippias von Elis).

495–431 Phidias, Sohn des Charmides, Bildhauer in Athen.

449 Tod des athenischen Feldherrn Kimon, Sohn des Miltiades, von Kition auf Cypern.

444–429 Blütezeit Athens unter Perikles.

Um 430 Schule des Phidias.

470–404 Polyklet der Ältere von Sikyon in Argos tätig.

415 Der auf Alkibiades' Veranlassung unternommene athenische Zug nach Sizilien endet mit einer Katastrophe für Athen. Mit dem Ende des Peloponnesischen Krieges endet die Vorherrschaft Athens.

VOM ENDE ATHENISCHER VORHERRSCHAFT BIS ZUR SCHLACHT BEI CHÄRONEIA (404–338)

Um 410 Verfall der athenischen Vasenindustrie.

Nach 400 Entwicklung des korinthischen Baustils. Blüte der sizilischen Münzprägung.

400–350 Schaffenszeit des Skopas von Paros.

380–340 Polyklet der Jüngere, Architekt und Bildhauer.

Um 370 Erste Werke des Praxiteles.

371–362 Hegemonie der Thebaner nach dem glänzenden Siege von Leuktra.

359–336 König Philipp von Makedonien und Untergang der griechischen Gemeindestaaten. 338 erliegen die Demokratien, die sich dem Joche Philipps entziehen wollen, bei Chäroneia.

GRIECHENLAND UNTER FREMDHERRSCHAFT (ab 338)

334 Alexander der Große versucht ein Weltreich zu gründen. Siege am Granikos, 333 bei Issos, 331 bei Gaugamela.

323 Alexanders Tod.

322 Ende des «Lamischen Krieges», Sieg der Makedonier.

311 Ende der Diadochenkämpfe.

Nach 300 Ausbreitung der griechischen Kultur über die östlichen Mittelmeerländer in Gestalt des Hellenismus, dessen Einfluß sich auch die Römer nicht entziehen können.

II. DAS NILLAND

DIE REICHE DER ÄGYPTER

(Diese Zeittabelle folgt in der Reihenfolge und Schreibweise der Königsnamen im wesentlichen den Forschungen des Amerikaners Breasted; die Einteilung in «Reiche», und ihre Datierung, richtet sich nach den Angaben des Deutschen Georg Steindorff. Abweichungen bis zu hundert Jahren sind besonders in der Frühzeit nicht zu vermeiden; zum ersten Datum vergleiche Fußnote auf Seite 410.)

DAS ALTE REICH (2900 bis 2270 v. Chr.)

I. Dynastie
Menes; Athotis; Kenkenes (wahrscheinlich Zer und Zet); Usaphais (Wedimu); Miebis (Anez-jeb); Semempses (Semerchet); Bieneches (Kaj-a)

II. Dynastie
Hetep-sechemui; Nebre; Neterimu (Binothris); Sechem-jeb (Tlas); Perj-ibsen; Sendi (Sethenes); Cha'sechem; Cha'sechemui

III. Dynastie
Djoser; Cha'ba; Sanecht; Neferkere; Huni (hier ist die Reihenfolge völlig unsicher)

IV. Dynastie
Snofru; Cheops; Dedefre; Chefren; Mykerinos; Schepseskef

V. Dynastie
Weserkef; Sahure; Neferkere; Schepseskere; Nefrere; Neuserre; Menkauhor; Zedkere; Unas

VI. Dynastie
Teti; Weserkere; Phiops I.; Mernere I.; Phiops II.; Mernere II.; Neterikere (Nitokris)

Die erste Zwischenzeit (2270 bis 2100 v. Chr.)

VII. und VIII. Dynastie
Etwa zwanzig wenig bekannte Könige

IX. und X. Dynastie
Etwa zwölf Könige; darunter zwei mit dem Namen Neferkere und drei mit dem Namen Cheti

DAS MITTLERE REICH (2100 bis etwa 1700 v. Chr.)

XI. Dynastie
Etwa zwölf Könige; darunter Mentuhotpe, der als Begründer des Mittleren Reiches anzusehen ist

XII. Dynastie
Amenemhet I.	(2000 bis 1970 v. Chr.)	Sesostris III.	(1887 bis 1849 v. Chr.)
Sesostris I.	(1980 bis 1935 v. Chr.)	Amenemhet III.	(1849 bis 1801 v. Chr.)
Amenemhet II.	(1938 bis 1903 v. Chr.)	Amenemhet IV.	(1801 bis 1792 v. Chr.)
Sesostris II.	(1906 bis 1887 v. Chr.)	Sebeknefrure	(1792 bis 1788 v. Chr.)

XIII. Dynastie (1788 bis ? v. Chr.)
Sehr viele Könige; darunter mehrere mit Namen Amenemhet, Sesostris, Sebekhotpe, Neferhotpe und Mentuhotpe

Die zweite Zwischenzeit (etwa 1700 bis 1555 v. Chr.)

XIV. Dynastie
Rund dreißig kaum bekannte Könige

XV. und XVI. Dynastie (Hyksosherrschaft)
Etwa fünfunddreißig wenig bekannte Könige

XVII. Dynastie (? bis 1555 v. Chr.)
Mehr als dreißig Könige

DAS NEUE REICH (1555 bis 1090 v. Chr.)

XVIII. Dynastie (etwa 1555 bis 1335 v. Chr.)
- Amosis (etwa 1580 bis 1558) (Nach Breasted gehört dieser König zur XVII. Dynastie, daher das übergreifende Datum)
- Amenophis I. ⎫
- Thutmosis I. ⎬ (etwa 1557 bis 1505)
- Thutmosis II. ⎭
- Hatschepsut ⎫ (etwa 1504 bis 1450)
- Thutmosis III. ⎭
- Amenophis II. ⎫ (etwa 1450 bis 1405)
- Thutmosis IV. ⎭
- Amenophis III. (etwa 1405 bis 1370)
- Amenophis IV. (Echnaton) (etwa 1370 bis 1352)
- Sakere ⎫
- Tut-ench-Amun ⎬ (etwa 1370 bis 1335)
- Eje ⎭

XIX. Dynastie (etwa 1335 bis 1205 v. Chr.)
- Haremheb (etwa 1335 bis 1310)
- Ramses I. (etwa 1309)
- Sethos I. (etwa 1308 bis 1298)
- Ramses II. (1298 bis 1232)
- Menephta ⎫
- Amenmeses ⎬ (etwa 1232 bis 1205)
- Siptah ⎬
- Sethos II. ⎭

XX. Dynastie (etwa 1200 bis 1090 v. Chr.)
- Nachseth (etwa 1200)
- Ramses III. (etwa 1200 bis 1168)
- Ramses IV. bis Ramses XI. (etwa 1168 bis 1090)

Die dritte Zwischenzeit (1090 bis 712 v. Chr.)
(Hier herrschen über die Einzeldatierungen noch Zweifel)

XXI. Dynastie (etwa 1090 bis 945 v. Chr.)
- Smendes ⎫ (1090 bis 1085)
- Hrihor ⎭
- Psusennes I. (1085 bis 1067)
- Painozem I. (1067 bis 1026)
- Amenempet (1026 bis 976)
- Siamon (976 bis 958)
- Psusennes II. (958 bis 945)

XXII. Dynastie (etwa 945 bis 745 v. Chr.)
- Schoschenk I. (945 bis 924)
- Osorkon I. (924 bis 895)
- Takelothis I. (895 bis 874)
- Schoschenk II. ⎫ (874 bis 853)
- Osorkon II. ⎭
- Takelothis II. (853 bis 834)
- Schoschenk III. (834 bis 784)
- Pemu (784 bis 782)
- Schoschenk IV. (782 bis 745)

XXIII. Dynastie (etwa 745 bis 718 v. Chr.)
- Petobastis (745 bis 721)
- Osorkon III. ⎫ (721 bis 718)
- Takelothis III. ⎭

XXIV. Dynastie (718 bis 712 v. Chr.)
- Bockchoris (etwa 718 bis 712)

Die Spätzeit (712 bis 525 v. Chr.)

XXV. Dynastie (712 bis 670 v. Chr.)
- Schabaka (712 bis 700)   Schabataka (700 bis 688)   Taharka (688 bis 670)

ASSYRISCHE ZWISCHENHERRSCHAFT (670 bis 663 v. Chr.)

XXVI. Dynastie (663 bis 525 v. Chr.)
- Psammetich I. (663 bis 609)
- Necho (609 bis 593)
- Psammetich II. (593 bis 588)
- Apries (Hophra) (588 bis 569)
- Amasis (569 bis 525)
- Psammetich III. (525)

DIE PERSISCHE HERRSCHAFT (525 bis 332 v. Chr.)
DIE GRIECHISCH-RÖMISCHE HERRSCHAFT
(332 v. Chr. bis 638 n. Chr.)

III. MESOPOTAMIEN

DIE REICHE DER SUMERER, BABYLONIER UND ASSYRER

(Diese Zeitliste basiert von den vorsintflutlichen Königen an bis zur III. Dynastie von Kisch auf den Forschungen Sir Leonard Woolleys; von da an folgt die Liste den Datierungen und allgemeinen Angaben Professor Ernst F. Weidners. Neueste, hier noch nicht verarbeitete Forschungsergebnisse siehe Schmidtke, Seite 421.)

Die Könige vor der Sintflut

Name	Stadt	Angebliche Regierungsdauer
1. A-lu-lim	NUNki	28 800 Jahre
2. A-la(l)-gar	NUNki	36 000 Jahre
3. En-me-en-lu-an-na	Bad-tabira	43 200 Jahre
4. En-me-en-gal-an-na	Bad-tabira	28 800 Jahre
5. Dumuzi, «der Schäfer»	Bad-tabira	36 000 Jahre
6. En-sib-zi-an-na	Larak	28 800 Jahre
7. En-me-en-dur-an-na	Sippar	21 000 Jahre
8. (?) du-du	Schuruppak	18 600 Jahre

(8 Könige, 5 Städte, 241 200 Jahre)

Nicht nur die Könige vor der Sintflut werden vorläufig als mythisch betrachtet, sondern auch noch die Herrscher nach der Flut bis zur I. Dynastie von Ur. Die älteste datierbare Königsinschrift, die L. Woolley fand, stammt von A-anni-padda, dem Sohn des Mes-anni-padda; etwa um 3000 v. Chr. (Zur Erklärung der abnorm langen Regierungszeiten siehe Kapitel «Die tausendjährigen Könige und die Sintflut», ab Seite 287.)

Die Könige nach der Sintflut

Die I. Dynastie von KISCH

1. GA-UR	1200 Jahre	13. Etana, der Schäfer	1500 Jahre
2. GUL-la-NIDABA-an-na	960 Jahre	14. Ba-li-ich	400 Jahre
3. (?)		15. En-me-nun-na	660 Jahre
4. (?)		16. Me-lam-Kisch	900 Jahre
5. Ba-...		17. Bar-rak-nun-na	1200 Jahre
6. (?)		18. Mes-za (?)	140 Jahre
7. Ga-li-bu-um	360 Jahre	19. Ti-iz-gar	306 Jahre
8. Ka-lu-mu-mu	840 Jahre	20. Il-ku-u	900 Jahre
9. Ka-ga-gi-ib	900 Jahre	21. Il-ta-sa-du-um	1200 Jahre
10. A-tab	600 Jahre	22. En-me-en-bara-gi-si	900 Jahre
11. A-tab-ba	840 Jahre	23. Ag-ga	625 Jahre
12. Ar-pi-um	720 Jahre		

(23 Könige, 24 510 Jahre 3 Monate 3 ½ Tage)

Die I. Dynastie von ERECH

1. Mes-ki-ag-ga-sche-ir (Sohn des Sonnengottes)	325 Jahre	6. Ur-Nungal	30 Jahre
2. En-me-kar	420 Jahre	7. Utul-kalamma	15 Jahre
3. (Der Gott) Lugulbanda, der Schäfer	1200 Jahre	8. Labascher	9 Jahre
		9. Ennunnadanna	8 Jahre
4. (Der Gott) Dumuzi, der Fischer	100 Jahre	10. ....-che-de	36 Jahre
		11. Me-lam-an-na	6 Jahre
5. Gilgamesch, Herr von Kullab	126 Jahre	12. Lugal-ki-aga	36 Jahre

(12 Könige, 2310 Jahre)

Zeittafel Mesopotamien

Die I. Dynastie von UR (um 3100 bis 2930 v. Chr.)

1. Mes-anni-padda	80 Jahre	3. Elulu	25 Jahre
(Sohn A-anni-padda)		4. Balulu	36 Jahre
2. Mes-ki-ag-Nannar	36 Jahre		

(4 Könige [es sollten 5 sein], 177 Jahre)

Die II. Dynastie von KISCH

1. (?)	201 Jahre	5. KU-E	300 Jahre
2. Da-da-sig	(?)	6. ... nun-na	180 Jahre
3. Ma-ma-gal-la	360 Jahre	7. I-bi-ni-	290 Jahre
4. Ka-al-bu-	195 Jahre	8. Lugal-mu	360 Jahre

(8 Könige, 3195 Jahre)

Die Dynastie von HAMASI
Hadanisch . . . . 360 Jahre
(1 König, 360 Jahre)

Die II. Dynastie von ERECH
En-uk-du-an-na . . . . . . 60 Jahre
(Im ganzen dauerte das Königtum 120 Jahre. Die Herrschaft dauerte 480 Jahre)

Die II. Dynastie von UR
(4 Könige, 108 Jahre)

Die Dynastie von ADAB
Lugal-an-ni-mu-un-du . . . . 90 Jahre
(1 König, 90 Jahre)

Die Dynastie von MARI

1. An-pu	30 Jahre	4. . . . -lugal-gal	20 Jahre
2. . . . -zi	(?)	5. . . . -bi-im	30 Jahre
3. . . . -lugal	30 Jahre	6. . . .	9 Jahre

(6 Könige, 136 Jahre)

Die III. Dynastie von KISCH
KU-Bau, eine Weinhändlerin . . . 100 Jahre

Die bisher genannten Dynastien haben teilweise gleichzeitig regiert, doch können wir sie vorläufig nicht synchronisieren. Wohl ist das bereits möglich für die nun folgenden Dynastien. Wir verzichten aber auf eine komplizierte tabellarische Übersicht zugunsten eines ausführlicheren Textes, der geschichtliche Angaben macht. (Bis etwa 2225 v. Chr. spielt sich die kulturschaffende Geschichte des Zweistromlandes vorzugsweise am Mündungsgebiet des Euphrat und Tigris ab und ist eindeutig sumerisch-babylonisch bestimmt.)

BABYLONIEN

Um 2800: Ur-Nansche, Priesterfürst von Lagasch. Zahlreiche Bauinschriften und Reliefs mit Darstellungen des Königs und seiner Familie.

Um 2750: Eannadu von Lagasch, Enkel Ur-Nansches. Er erobert weite Teile Babyloniens und der angrenzenden Länder.

Um 2700: Entemena von Lagasch, Neffe des Eannadu. Neue Kämpfe in Babylonien und Elam mit meist glücklichem Erfolge. Wertvolle Kunstdenkmäler (Silbervase des Entemena).

Um 2670: Urukagina, König von Lagasch. Umfassender Versuch einer sozialen Reform ohne bleibenden Erfolg. Er wird von Lugalzaggisi entthront.

Zeittafel Mesopotamien

Um 2650: Lugalzaggisi, einziger Herrscher der III. Dynastie von Uruk. Gründer des ersten größeren Reiches in Südbabylonien. Sein Zug an das Mittelländische Meer. Er wird von Sargon I. gestürzt.

2637–2457: Dynastie von Akkad (11 Könige). Der semitische Einfluß gewinnt in Babylonien die Oberhand. Der Begründer der Dynastie ist

2637–2582: Sargon I. Er erobert ganz Babylonien, Assyrien und Elam und stößt bis nach Syrien, Palästina und Kleinasien vor. (Zum erstenmal rein semitische Inschriften.)

2581–2573: Rimusch und

2572–2558: Manischtusu, Söhne Sargons I., unternehmen zahlreiche Feldzüge zur Erhaltung des Reiches.

2557–2520: Naram-Sin erweitert die Eroberungen Sargons. (Siegesstele aus Susa.)

2519–2496: Schar-kali-scharri, Sohn des Naram-Sin. Abstieg des Reiches und dann rascher Zusammenbruch.

2456–2427: IV. Dynastie von Uruk (5 Könige).

2426–2302: Dynastie von Gutium. Babylonien unter Fremdherrschaft.

Um 2420: Gudea, Priesterfürst von Lagasch. Zahlreiche Bau- und Kunstdenkmäler von bereits ausgeprägter Eigenart.

2301–2295: Utuchegal, einziger Herrscher der V. Dynastie von Uruk. Befreier Babyloniens von den Gutäern.

2294–2187: III. Dynastie von Ur. Letzte erfolgreiche Reaktion des sumerischen Südbabylonien gegen das semitische Nordbabylonien. Handelsverkehr bis nach Kleinasien. Zahlreiche religiöse Bauten; stark ausgeprägter Herrscherkult. Die fünf Herrscher der Dynastie sind Ur-Nammu, Schulgi, Amar-Sin, Schu-Sin und Ibi-Sin.

Nun beginnen weiter im Norden, in Assyrien, sich selbständige geschichtliche Vorgänge abzuspielen, so daß wir von jetzt an unsere Tabelle in eine babylonische und eine assyrische teilen. (Über die Kulturbezeichnung zwischen Babylonien und Assyrien siehe Seite 292 ff.)

BABYLONIEN

2212–2187: Ibi-Sin. Er wird nach Elam in Gefangenschaft geschleppt. Babylonien zerfällt in zwei Herrschaftsgebiete unter der Vorherrschaft der Städte Isin und Larsa.

2186–1961: Erste Dynastie von Isin. Von ihren 15 Herrschern hat das merkwürdigste Schicksal Ellilbani gehabt, der es vom Gärtner bis zum König gebracht hat.

2186–1901: Dynastie von Larsa, 16 Könige. Der bedeutendste Herrscher der Dynastie:

1985–1925: Rim-Sin. Er erobert ganz Babylonien (mit Ausnahme des Herrschaftsbereiches von Babel), Assyrien und die elamischen Grenzlande. Im Entscheidungskampfe mit Babel wird er von Hammurabi besiegt und entthront.

2057–1758: Dynastie von Amurru, 11 Könige. Die Vorherrschaft im Zweistromlande geht endgültig an Nordbabylonien mit Babel als Reichshauptstadt über. Der bedeutendste Herrscher ist

ASSYRIEN

Um 2225: Zariku von Assur, Statthalter des Amar-Sin. Älteste erhaltene Inschrift eines assyrischen Fürsten.

2056–2040: Iluschuma von Assur. Er erobert Südbabylonien und das Transtigrisgebiet.

2039–2019: Irischu I., Sohn des Iluschuma. Zahlreiche Bauten in der Hauptstadt Assur. Die Eroberungen seines Vaters kann er nicht halten.

1955–1913: Hammurabi. Durch den Sieg über Rim-Sin vereinigt er ganz Babylonien unter seinem Zepter. Höchste Blüte der Kultur. (Gesetzessammlung Hammurabis.) *

1912–1875: Samsuiluna, Sohn des Hammurabi. Beginnender Niedergang. Das «Meerland» am Persischen Golf macht sich selbständig.

1758: Die Hethiter erobern Babel und stürzen Samsuditana, den letzten König der Dynastie vom Amurru.

1904–1536: I. Dynastie des Meerlandes, 12 Herrscher.

1746: Die Kossäer erobern Babylonien.

1746–1171: Die Dynastie der Kossäer, 36 Könige. (Kultureller Niedergang Babyloniens.)

1530–1510: Ulamburiasch. Er erobert das Meerland nach dem Sturze Ea-ga-mils, des letzten Herrschers der I. Dynastie des Meerlandes, und vereinigt wieder ganz Babylonien.

1389–1370: Kadaschman-Ellil I. und
1369–1345: Burnaburiasch II. korrespondieren mit den Pharaonen Amenophis III. und Amenophis IV. (Briefe von Tell-el-Amarna.)

1344–1320: Kurigalzu III., Urenkel des Assyrerkönigs Assur-uballit.

1319–1294: Nazimaruttasch.

1293–1277: Kadaschman-Turgu. Bündnis und Briefwechsel mit dem Hethiterkönig Chattuschil III.

1249–1242: Kaschtiliasch IV. Er wird von Tukulti-Ninurta I. besiegt und in die Gefangenschaft fortgeführt.

1241–1240: Ellil-nadin-schum.

1240–1239: Kadaschman-charbe II.

1239: Tukulti-Ninurta I. erobert und zerstört Babel.

* Neuere französische Forschungen im Mâri am mittleren Euphrat, die Auffindung eines Staatsarchivs, zeigen eine Beziehung zwischen Hammurabi und dem Assyrerkönig Samsi-Adad I. Die Regierungszeit Hammurabis kann nun endgültig auf die Jahre 1728 bis 1686 festgelegt werden. Dadurch verschiebt sich nicht nur die babylonische, sondern auch die ägyptische Chronologie (König Menes frühestens 2900 v. Chr.; letzte bisherige Annahme 3200 v. Chr.). Die Gesamtverschiebungen, die sich dadurch ergeben, können hier noch nicht aufgenommen werden.

1892–1860: Samsi-Adad I. Er beherrscht ganz Mesopotamien und unternimmt einen Feldzug nach dem Mittelländischen Meer.

1380–1340: Assur-uballit I. von Assur besiegt die Mitanni und erobert den größten Teil Mesopotamiens. In Babylonien verhilft er seinem Urenkel Kurigalzu III. zur Thronfolge. Korrespondenz mit Amenophis IV.

1340–1326: Ellil-narari. Er bringt Kurigalzu III. eine schwere Niederlage bei.

1325–1311: Arik-den-ilu. Kämpfe gegen die Bergvölker im Norden Assyriens und gegen die Beduinen der syrischen Wüste.

1310–1281: Adad-narari I. Ganz Mesopotamien wird dem Zepter des assyrischen Königs unterworfen. Nazimaruttasch wird besiegt; beide Herrscher schließen einen Vertrag. Zahlreiche Bauten Adad-nararis in der Hauptstadt Assur.

1280–1261: Salmanassar I. kämpft um die Vorherrschaft in Mesopotamien und siegt. Bauten in Assur, Gründung der neuen Hauptstadt Kalasch.

1260–1232: Tukulti-Ninurta I. besiegt den babylonischen König Kaschtiliasch IV. Bei einem Aufstande zerstört er Babel und führt die Marduk-Statue fort. Gründung der neuen Residenz Kar-Tukulti-Ninurta. Er wird ermordet von seinem Sohne und Nachfolger.

Zeittafel Mesopotamien

1238–1233: Adad-schum-iddin.

1232–1203: Adad-schum-nassir. Babylonien gewinnt wieder das Übergewicht über Assyrien. Der König fällt im Zweikampfe mit Ellil-kudur-ussur.

1202–1188: Melischipak II.

1187–1175: Merodachbaladan I.

1174: Zababa-schum-iddin.

1173–1171: Ellil-nadin-ach. Letzter Herrscher der Kossäerdynastie.

1170–1039: Zweite Dynastie von Isin. 11 Könige. Ihr bedeutendster Herrscher ist

1146–1123: Nebukadnezar I. Siegreiche Kämpfe gegen Elam und die Bergvölker im Zagros. Assyrien zunächst unter babylonischer Oberherrschaft, dann Freiheitskampf unter Assur-resch-ischi I., der Nebukadnezar besiegt.

1116–1101: Marduk-nadin-ach. Wechselvolle Kämpfe gegen Assyrien. Schließlich wird Marduk-nadin-ach von Tiglath-Pileser I. vernichtend geschlagen und fällt im Kampfe.

1038–1017. II. Dynastie des Meerlandes, 3 Könige.

1231–1214: Assur-nadin-apal. Rascher Zusammenbruch des von Tukulti-Ninurta I. gegründeten Reiches.

1213–1208: Assur-nirari III. Er steht unter der Oberhoheit des babylonischen Königs Adad-schum-nassir.

1207–1203: Ellil-kudur-ussur. Kämpfe mit Babylonien. Er fällt im Zweikampf mit Adad-schum-nassir.

1202–1176: Ninurta-apal-ekur I. Begründer einer neuen Dynastie.

1175–1141: Assur-dan I.

1140–1138: Ninurta-tukulti-Assur. Ein Usurpator, doch unter dem Einflusse des babylonischen Königs Nebukadnezar I. Er gibt die von Tukulti-Ninurta I. geraubte Marduk-Statue zurück.

1137–1128: Mutakkil-Nusku. Das Geschlecht Ninurta-apal-ekurs I. gelangt wieder zur Regierung. Assyrien weiter unter babylonischer Herrschaft.

1127–1116: Assur-resch-ischi I. Kämpfe gegen Gebirgsvölker und Beduinen. Auch Nebukadnezar I. wird besiegt und Assyrien wieder befreit.

1115–1093: Tiglath-Pileser I. Assyrien wieder Großmacht. Vorstoß nach Syrien und Zug an der phönizischen Küste bis Arward. Wüstenmarsch nach Palmyra. Wechselvolle Kämpfe mit Babylonien. Schließlich wird Marduk-nadin-ach geschlagen und Babel erobert.

1092–1083: Ninurta-apal-ekur II.

1082–1062: Assur-bel-kala, Sohn Tiglath-Pilesers I. Babylonien hat die Freiheit zurückgewonnen. Bündnis mit den zeitgenössischen babylonischen Königen.

1061–1056: Eriba-Adad II.

1055–1050: Samsi-Adad IV., Sohn Tiglath-Pilesers I.

1049–1031: Assurnasirpal I.

1030–1019: Salmanassar II.

Zeittafel Mesopotamien

1016–996: Dynastie v. Bassu, 3 Könige.
996–991: Ein Elamit.
990–732: Sogenannte Dynastie «H», 22 Könige.
941–901: Schamasch-mudammik. Er wird von Adad-nirari II. besiegt.
900–886: Nabu-schum-ukin I. Von Adadnirari II. besiegt. Bündnis mit ihm.

885–852: Nabu-apal-iddin. Er baut den Schamasch-Tempel in Sippar wieder auf.

851–828: Marduk-zakir-schum I. Kampf gegen seinen Bruder Marduk-bel-usati. Salmanassar III., der zu Hilfe gerufen wird, vertreibt Marduk-bel-usati und besetzt Babel und die anderen großen Städte Babyloniens. Er bleibt der Schutzherr Babyloniens.
827–815: Marduk-balatsu-ikbi. Versuche der Befreiung von der assyrischen Vorherrschaft ohne Erfolg.
814–803: Interregnum mit mehreren Fürsten, die nur für kurze Zeit ans Ruder gelangen und von Assyrien abhängig sind.
802–763: Eriba-Marduk. Schwere Kämpfe gegen die Aramäer.

762–748: Nabu-schum-ischkun.

1018–1013: Assur-nirari IV.
1012–967: Assur-rabi II. und Assur-reschischi II.
966–934: Tiglath-Pileser II.
933–912: Assur-dan II. Von allen diesen Herrschern ist nur sehr wenig bekannt.
911–891: Adad-nirari II. Zahlreiche Feldzüge. Schamasch-mudammik und Nabuschum-ukin I. von Babylonien werden besiegt und müssen umfangreiche Gebiete ihres Landes an Assyrien abtreten. Bündnis mit Nabu-schum-ukin I.
890–885: Tukulti-Ninurta II. Zug durch die mesopotamischen Randgebiete. Kämpfe mit Armenien.
884–859: Assurnasirpal II. Kämpfe mit den aramäischen Staaten und Armenien. Zug nach Syrien und Phönizien. Verlegung der Residenz nach Kalach.
858–824: Salmanassar III. Er erweitert die Eroberungen seines Vorgängers. Zahlreiche Feldzüge nach Syrien und Phönizien.
853: Schlacht bei Karkar gegen Biridri von Damaskus, Ahab von Israel und zehn ihnen verbündete Fürsten ohne entscheidenden Erfolg.
851–850: Zug Salmanassars III. gegen Babylonien, dessen Schutzherr er wird.
848–838: Weitere Kämpfe gegen Damaskus, Israel und ihre Verbündeten.
823–811: Samsi-Adad V. Feldzüge nach Armenien und Babylonien.
810–806: Semiramis. Sie führt vier Jahre für ihren unmündigen Sohn Adad-nirari III. die Herrschaft.
805–782: Adad-nirari III. Große Ausdehnung der assyrischen Macht. Syrien (mit Damaskus) und Phönizien unterwerfen sich. Babylonien wieder völlig unter assyrischer Vorherrschaft.
781–722: Salmanassar IV. Politischer Rückschlag. Armenien gewinnt die Freiheit.
771–754: Assur-dan III. Weiterer Rückgang der assyrischen Machtstellung. Züge nach Syrien. Zahlreiche Aufstände in Assyrien.
753–746: Assur-nirari V. Nur wenige Feldzüge. Vertrag mit Matiilu von Agusi.

Zeittafel Mesopotamien

747–734: Nabu-nassir. Mit ihm beginnen der Kanon des Ptolemäus und die Babylonische Chronik. Verworrene politische Verhältnisse in Babylonien.

733–732: Nabu-nadin-zer.

731: Nabu-schum-ukin II.

731–729: Ukin-zer, ein Chaldäerfürst.

728–727: Tiglath-Pileser III. unter dem Namen Pulu König von Babylonien.

726–722: Salmanassar V. unter dem Namen Ululai König von Babylonien.

721–710: Merodachbaladan II. Er behauptet sich mit Hilfe Elams gegen Assyrien.

710: Merodachbaladan von Sargon II. entthront und verjagt.

709–705: Sargon II. König von Babylonien.

704–703: Sanherib König von Babylonien.

703: Marduk-zakir-schum II. Er behauptet sich nur einen Monat.

703: Merodachbaladan II. versucht Babylonien zurückzuerobern, wird aber von Sanherib besiegt und vertrieben.

702–700: Bel-ibni, von Sanherib eingesetzt. Er verbündet sich mit Elam und wird von Sanherib entthront.

699–694: Assur-nadin-schum, Sohn Sanheribs. Er wird nach Elam in Gefangenschaft geschleppt. Babylonien wirft von neuem das assyrische Joch ab.

693: Nergal-uschezib (genannt Schuzub, der Babylonier). Er wird bei Nippur geschlagen und gefangengenommen.

692–689: Muschezib-Marduk (genannt Schuzub, der Chaldäer). Er behauptet sich mit Hilfe der Chaldäer, der Aramäer und Elams.

745–727: Tiglath-Pileser III. Neuer Aufstieg Assyriens. Syrien, Phönizien, Palästina unterwerfen sich. Arabische Völker erkennen die assyrische Oberherrschaft an. Babylonien wird dem assyrischen Reiche einverleibt.

738: Tiglath-Pileser in Phönizien und Nordisrael. Menahem von Samaria zahlt Tribut.

734: Nordisrael wird assyrische Provinz.

732: Damaskus, von Tiglath-Pileser erobert, wird assyrische Provinz.

729: Babylonien wird assyrische Provinz.

726–722: Salmanassar V. Kämpfe gegen Israel und Tyrus.

721–705: Sargon II., Begründer einer neuen Dynastie. Zahlreiche meist siegreiche Kämpfe in allen Teilen Vorderasiens. Er erbaut sich unweit von Ninive eine eigene Residenz, Dur-Scharrukin.

721: Eroberung Samarias und Fortführung der zehn Stämme.

710: Babylonien wieder erobert.

704–681: Sanherib. Kämpfe gegen Phönizien, Palästina und Babylonien. Er macht Ninive zur Hauptstadt.

701: Erfolglose Belagerung Jerusalems.

691: Schlacht bei Chalule zwischen Babylonien und Assyrien, in der Sanherib eine Niederlage erleidet.

689: Sanherib erobert Babel und zerstört es völlig.

688–681: Sanherib wiederum König von Babylon. Babel bleibt Ödland.

680–669: Asarhaddon König von Babylonien. Mit dem Wiederaufbau von Babel wird sofort nach seinem Regierungsantritt begonnen.

689: Zerstörung Babels durch Sanherib.

681: Sanherib wird in Ninive von einem seiner Söhne ermordet.

680–669: Asarhaddon. Unter ihm erreicht Assyrien seine größte Ausdehnung. Im Norden beunruhigen die Kimmerier die Grenzen Assyriens. Feldzüge nach Ägypten und Arabien. Wiederaufbau von Babel.

671: Zug nach Ägypten. Memphis wird erobert. In Ägypten werden Gaukönige unter assyrischer Aufsicht eingesetzt.

668–648: Schamasch-schum-ukin, Bruder Assurbanipals. Kampf gegen Assyrien. Assurbanipal erobert Babel; dabei kommt Schamasch-schum-ukin in den Flammen seines Palastes um.

668–626: Assurbanipal. Ägypten kann auf die Dauer nicht gehalten werden. Verteidigungskriege an den Grenzen, langwierige Kämpfe gegen Elam, die mit der Vernichtung des elamischen Reiches endigen. Glanzzeit für die Hauptstadt Ninive. (Die Bibliothek Assurbanipals.)

647–626: Kandalanu (wahrscheinlich babylonischer Name Assurbanipals) König von Babylonien.

648: Assurbanipal erobert Babylonien und verleibt es seinem Reiche ein.

625–621: Assur-etil-ilani, Assurbanipals Sohn. Rascher Abstieg des assyrischen Reiches.

620: Sin-schum-lischir, General des Assur-etil-ilani, greift nach der Krone, kann sich aber nur wenige Monate halten.

619–612: Sin-schar-ischkun, ein Sohn Assurbanipals.

614: Die Meder erobern und zerstören die alte Hauptstadt Assur.

612: Ninive wird von den Medern (Kyaxares) und Babyloniern erobert und völlig zerstört. Sin-schar-ischkun findet dabei seinen Tod.

625–605: Nabupolassar, Begründer der chaldäischen Dynastie. Er wirft das assyrische Joch ab und legt die Grundlage zu einem neuen Aufstieg Babyloniens.

605: Schlacht bei Karkemisch. Der ägyptische Pharao Necho von Nabupolassars Sohn Nebukadnezar besiegt.

611–606: Assur-uballit II. Er entrinnt bei der Zerstörung Ninives und errichtet in Harran ein neues assyrisches Reich. Nach der Eroberung Harrans durch die Babylonier und Meder im Jahre 610 rascher Verfall.

Zeittafel Mesopotamien

604–562: Nebukadnezar II. Neue Blütezeit des babylonischen Reiches. Reiches geschäftliches Leben. Zahlreiche Prachtbauten in Babel und den anderen Städten Babyloniens.

586: Jerusalem erobert und zerstört. Fortführung der Juden in die Gefangenschaft.

561–560: Amel-Marduk. Abkehr von der Politik Nebukadnezars und beginnender Abstieg. Er wird ermordet.

559–556: Nergal-schar-ussur, Nebukadnezars Schwiegersohn. Die Meder besetzen Mesopotamien.

556: Labaschi-Marduk, Sohn Nergal-scharussurs. Er kommt als Kind auf den Thron und wird nach neun Monaten ermordet.

555–539: Nabunaid, der letzte babylonische König. Bevorzugung des Kultes des Mondgottes. (Viele Tempelbauten, besonders in Ur und Harran.)

539: Das babylonische Heer unter Nabunaids Sohn Bel-schar-ussur (Belsazar) wird bei Opis von dem Perserkönige Kyros vernichtend geschlagen. Babel nimmt Kyros als Befreier an. Babylonien verliert endgültig seine Selbständigkeit.

Das Perserreich wächst zu Macht und Größe.

Kyros 555–529

Kambyses 529–522

(Thronwirren 522–521)

Darius I., Sohn des Hystaspes 521–485

Xerxes 485–464

Artaxerxes I. 464–424

Darius II. 424–405

Artaxerxes II. 405–359

Artaxerxes III. 359–336

Arses 336–333

Darius III. 333–330

Alexander der Große von Mazedonien entthront Darius III.

IV. MEXIKO · DIE REICHE DER TOLTEKEN UND AZTEKEN

GESCHICHTE

Wahrscheinlich folgten drei Reiche aufeinander:

1. DAS TOLTEKISCHE,

dessen Beginn vorläufig noch nicht datiert werden kann. Es wird angenommen, daß die Tolteken (neuerdings trennt man von ihnen die ebenso alten oder noch älteren Erbauer der sogenannten «Teotihuacan-Kultur») allen späteren mittelamerikanischen Kulturreichen die Grundlagen der Schrift, des Kalenders, der Religion und der bildenden Kunst gegeben haben.

Der Untergang des Reiches scheint im 10. oder 11. Jahrhundert n. Chr. erfolgt zu sein. Überlebende wanderten aus und nahmen Einfluß auf das im Norden Yucatans inzwischen entstandene Neue Reich der Mayas.

2. DAS CHICHIMEKISCHE ist nur als Zwischenreich zu betrachten, in dem reine Eroberherrschaft geübt wurde.

3. DAS AZTEKISCHE REICH

Sein Ursprung ist mythisch.

Das eigentliche Reich der Azteken bildete sich durch einen Staatenbund zwischen Tenochtitlan (Mexiko), Tlacopan und Tetzcoco.

Als erster geschichtlich fixierbarer König wird Acamapichtli betrachtet, der im Jahre 1376 seine Regierung begann.

Die Reihenfolge der Könige (ohne Sicherheit für die Richtigkeit der Daten):

Acamapichtli, 1376 bis 1396 n. Chr. (oder 1366 bis 1387 n. Chr.)
Huitzilihuitl, 1396 bis 1417 n. Chr. (oder 1387 bis 1410 n. Chr.)
Chimalpopoca, 1417 bis 1427 n. Chr. (oder 1410 bis 1412 n. Chr.)
Itzcouatl, 1427 bis 1440 n. Chr. (oder 1412 bis 1440 n. Chr.)
Montezuma I., 1440 bis 1469 n. Chr. (oder 1440 bis 1468 n. Chr.)
Axayacatl, 1469 bis 1482 n. Chr.
Tizoc, 1482 bis 1486 n. Chr.
Ahuizotl, 1486 bis 1502 n. Chr.
Montezuma II., 1502 bis 1520 n. Chr. Unter seiner Regierung wird das Aztekenreich von den Spaniern erobert, er selber von Cortez gefangengesetzt und schließlich von seinem Volke gesteinigt.
Cuitlahuac, 1520. Er jagt die Spanier aus Mexiko-Stadt, stirbt aber schon nach vier Monaten an einer Krankheit.
Quauhtemoc, 1520 bis 1521 n. Chr. Er leistet den Spaniern einen letzten verzweifelten Widerstand bei Verteidigung der erneut angegriffenen Hauptstadt; er muß kapitulieren und wird später von Cortez gehenkt.

Damit ist die Geschichte des Aztekenreiches gewaltsam beendet.

BAUWERKE

Bauwerke in Teotihuacan; Rundpyramide von Cuicuilco; Sonnen- und Mondpyramide von Tula; Pyramidentempel in Cholula; Pyramide von Xochicalco; achtfache Pyramide von Tenayuca; Monte Albán.

Einige Anzeichen sprechen dafür, daß die Tolteken (oder wie auch immer die Bewohner geheißen haben mögen) vor ihrem Abzug einen Teil ihrer Tempel durch einen dicken Erdbewurf zu schützen suchten.

Die Chichimeken sind kaum Baumeister gewesen. Wahrscheinlich zerstörten sie sogar einen Teil der toltekischen Bauwerke; andere wurden durch Lavaströme ganz oder teilweise zugedeckt.

Tempel (Teocallis) und vor allem weitläufig-prunkvolle Palastanlagen in Mexiko-Stadt und den Hauptstädten des Reiches.

Die meisten Tempelbauten werden durch die Spanier zerstört. Christliche Kirchen werden auf den Ruinen errichtet.

IVa. YUCATAN · DIE REICHE DER MAYAS

(Um einen Begriff vom Kalender der Mayas zu geben, zeigen wir hier auszugsweise eine Korrelation zum Christlichen Kalender nach der sogenannten «Goodman-Martinez Hernandez-Thompson Tabelle» von den ersten Städtegründungen bis zum Städtezerfall. Nach dem Stand der Wissenschaft von 1963 – vor allem nach einigen neueren Radiocarbon-Datierungen – hat aber auch wieder die sogenannte Spinden-Korrelation einiges für sich, nach welcher sich die Ereignisse von zum Beispiel 900 n. Chr. schon um 650 n. Chr. abgespielt hätten.)

DAS ALTE REICH

Maya Long Count		Anno Domini	Städte
8.14. 0.0.0	7 Ahau 3 Xul	1. Sep. 317	Tikál und Uaxactún kurz hintereinander gegründet
9. 0. 0.0.0	8 Ahau 13 Ceh	11. Dez. 435	
9. 1.10.0.0	5 Ahau 3 Tzec	6. Juli 465	Copán gegründet
9. 4. 0.0.0	13 Ahau 18 Yax	18. Okt. 514	Piedras Négras gegründet
9.10. 0.0.0	1 Ahau 8 Kayab	27. Jan. 633	Palenque gegründet
9.13.10.0.0	7 Ahau 8 Cumhu	26. Jan. 702	Quiriguá gegründet
9.16. 0.0.0	2 Ahau 13 Tzec	9. Mai 751	Seibal gegründet
9.18.10.0.0	10 Ahau 8 Zac	19. Aug. 800	Copán verlassen
10. 2. 0.0.0	3 Ahau 3 Ceh	17. Aug. 869	Zwischen 870 und 890 Tikál, Uaxactún und Seibal verlassen.

DAS NEUE REICH

Nach einer noch unbestimmt langen Übergangszeit, in der die Mayas alle alten Städte verließen und in den Kopf der Halbinsel Yucatan auswanderten, begannen sie mit dem Aufbau eines Neuen Reiches; architektonischer Mittelpunkt wurde Chichén Itzá; ein starker Städtebund entstand unter Führung der Stadt Mayapán. Die nächste Periode des Neuen Reiches ist gekennzeichnet durch den Einfluß mexikanischer Völkerschaften (Tolteken) auf die Maya-Kultur, besonders deutlich abzulesen in der Baukunst. Hunac-Ceel, Herrscher in Mayapán, erobert mit toltekischen Hilfskräften um 1200 n. Chr. Chichén Itzá. Mayapán bleibt Mittelpunkt, die Kraft des Städtebundes aber ist gebrochen. 1441 revoltiert der Adel unter Führung Xius aus Uxmál. Mayapán wird erobert.
Danach beginnt der Zerfall des Reiches. Nur noch zwei größere Städte werden gegründet, andere Städte entvölkern sich langsam. Bäurische Siedlungsgruppen entstehen, die sich gegenseitig befehden.
Als die Spanier kommen, wird ihnen das letzte Maya-Reich leichte Beute. In wenigen Jahrzehnten erlischt alles Geistesleben.

LITERATURHINWEISE

(Dem Band «Götter, Gräber und Gelehrte» sind inzwischen gefolgt «Götter, Gräber und Gelehrte im BILD» und «Ruhmestaten der Archäologie – Götter, Gräber und Gelehrte IN DOKUMENTEN». Dadurch entstand eine Trilogie, die zur *Geschichte* der Archäologie *wohl das umfangreichste Material in Text, dokumentarischen Bildern und Quellenstücken vorlegt, das bisher in lesbarer Form zusammengestellt wurde* und zahlreiche Fakten enthält, die selbst für die Fachwelt lange verschollen waren. Der «Bild-» und der «Dokumenten-» Band enthalten ebenfalls fast 100 Literaturhinweise und rund 300 Bilderquellen-Angaben. Der Trilogie schließt sich der Sonderband «Enge Schlucht und Schwarzer Berg, Die Entdeckung des Hethiter-Reiches» an, der ebenfalls noch einmal rund 400 bibliographische Angaben bietet. – Die Literaturhinweise für das vorliegende Buch sind von Auflage zu Auflage laufend um neue, wichtige und leicht zugängliche Werke vermehrt worden, damit der interessierte Leser und Student die Möglichkeit hat, sich aus nunmehr fast 1000 zitierten Werken und Bildern über die allerneuesten Forschungsergebnisse und Ansichten der Wissenschaft zu unterrichten.)

ALLGEMEINES

Bibby, Geoffrey: «Four Thousand Years Ago» (Dt. Ausgabe «Zu Abrahams Zeiten», Reinbek 1964).
Bibel (Altes und Neues Testament).
Bulle: «Handbuch der Archäologie» (Bd. VI des «Handbuchs der klassischen Altertumswissenschaften»), München 1913.
Cleator, P. E.: «Lost Languages», London 1959.
Daniel, Glyn E.: «A Hundred Years of Archaeology», London 1950.
«Das Erwachen der Menschheit» (Propyläen-Weltgeschichte), Berlin 1931.
Daux, G.: «Les Etapes de l'Archéologie», 1942.
Delitzsch, Friedrich: «Babel und Bibel», Leipzig 1903.
Frobenius, Leo: «Der Ursprung der Afrikanischen Kulturen», Berlin 1898.
–, «Kulturgeschichte Afrikas» (Prolegomena zu einer historischen Gestaltlehre), Zürich 1933.
Glover, T. R.: «The Ancient World», Penguin Books, 1948.
Hawkes, Jacquetta (Herausgeberin): «The World of the Past», I.–II., New York 1963 (Eine Anthologie von Ausgrabungsberichten).
Heizer, Robert F.: «The Archaeologist at Work, A Source Book in Archaeological Method and Interpretation», New York 1959.
Hennig, Richard: «Von rätselhaften Ländern», München 1925.
Hertslet, W. L.: «Der Treppenwitz der Weltgeschichte», Berlin 1927.
Jensen, Hans: «Die Schrift», Glückstadt 1935.
Jirku, Anton: «Die Welt der Bibel, Fünf Jahrtausende in Palästina–Syrien», Stuttgart 1957.
Kemmerich, Max: «Kulturkuriosa», I.–II., München 1910.
Kenyon, Kathleen M.: «Beginning in Archaeology», New York 1953.
Koepp, Fr.: «Archäologie», I.–IV., Leipzig 1919–1920.
–, «Geschichte der Archäologie» in «Handbuch der Archäologie», herausgegeben von Walter Otto, Band I., München 1939.
Lübke, Wilhelm: «Die Kunst des Altertums» (Bd. I aus «Grundriß der Kunstgeschichte»), Eßlingen 1921.
Meissinger, K. A.: «Roman des Abendlandes», Leipzig 1939.
Meyer, Eduard: «Geschichte des Altertums», I.–V., Stuttgart–Berlin 1926–1931.
Michaelis, Adolf: «Die archäologischen Entdeckungen des Neunzehnten Jahrhunderts», Leipzig 1906.
Oppeln-Bronikowski, Friedrich von: «Archäologische Entdeckungen im 20. Jahrhundert», Berlin 1931.
Piggot, Stuart (Herausgeber): «The Dawn of Civilization, The first World Survey of Human Cultures in Early Times», London 1961.

Reinhardt, Ludwig: «Urgeschichte der Welt», I.–II., Berlin–Wien 1924.
Robert, Carl: «Archäologische Hermeneutik», Berlin 1919.
Rodenwaldt, G.: «Die Kunst des Altertums», 1927.
Schefold, Karl: «Orient, Hellas und Rom in der archäologischen Forschung seit 1939», Bern 1949.
Schmökel, Hartmut (in Zusammenarbeit mit Heinrich Otten, Victor Maag und Thomas Beran): «Kulturgeschichte des Alten Orient», Stuttgart 1961.
Schuchardt, Carl: «Die Burg im Wandel der Weltgeschichte», Potsdam 1931.
Spengler, Oswald: «Der Untergang des Abendlandes», I.–II., München 1920.
Springer, Anton: «Kunstgeschichte», I.–V., Leipzig 1923.
Toynbee, Arnold J.: «A Study of History», I.–VI., London 1933–1939 (dt. «Studie zur Weltgeschichte», einbändige von D. C. Somervell gekürzte Ausgabe, Hamburg 1949).
Wegner, Max: «Altertumskunde», Freiburg–München 1951.
Wheeler, Sir Mortimer: «Archaeology from the Earth», London 1954 (dt. «Moderne Archäologie», rowohlts deutsche enzyklopädie, Band 111/112, Reinbek 1960).
Woolley, C. Leonard: «Mit Hacke und Spaten», Leipzig 1950.

ZUM «BUCH DER STATUEN»

Bossert, Helmuth Th.: «Alt-Kreta», Berlin 1923.
Buschor, Ernst: «Die Plastik der Griechen», Berlin 1936.
Chadwick, John: «The Decipherment of Linear B», New York 1963.
Corti, Egon Cäsar Conte: «Untergang und Auferstehung von Pompeji und Herkulaneum», München 1940.
Curtius, Ludwig: «Antike Kunst», I.–II. (im «Handbuch der Kunstwissenschaft», Athenaion), Potsdam 1938.
–, «Deutsche und Antike Welt», Stuttgart 1950.
Evans, Arthur: «Scripta Minoa», Oxford 1909.
–, «The Palace of Minos», I.–III., London 1921–1930.
Fimmen: «Die kretisch-mykenische Kultur», 1924.
Goethe, Johann Wolfgang von: «Winckelmann und sein Jahrhundert», 1805.
Holm/Deecke/Soltau: «Kulturgeschichte des Klassischen Altertums», Leipzig 1897.
Homer: «Ilias» und «Odyssee», übersetzt von Voß, Hamburg 1793.
Justi, Carl: «Winckelmann», Leipzig 1866.
Lichtenberg, R. von: «Die Ägäische Kultur», Leipzig 1911.
Ludwig, Emil: «Schliemann», Berlin 1932.
Maiuri, Amedeo: «Pompeji», Novara 1956.
Matz, Friedrich: «Kreta, Mykene, Troja», Stuttgart 1957.
Meyer, Ernst: «Briefe von Heinrich Schliemann», Berlin–Leipzig 1936.
Palmer, Leonard R.: «Mycenaeans and Minoans», 2. Ausgabe, New York 1965.
Pendlebury, J. D. S.: «A Handbook to the Palace of Minos, Knossos with its Dependencies», London 1954.
Pfister, Kurt: «Die Etrusker», München 1940.
Schliemann, Heinrich: «Ithaka», Leipzig 1869.
–, «Mykenä», Leipzig 1878.
–, «Ilios», Leipzig 1881.
–, «Troja», Leipzig 1884.
–, «Tiryns», Leipzig 1886.
Schuchardt/Wiegand: «Carl Humann», 1931.
Uhde-Bernays: «Winckelmanns kleine Schriften», Leipzig 1913.
Vietta, Egon: «Zauberland Kreta», Wien–Wiesbaden 1952.
Winckelmann, Johann Joachim: «Sendschreiben von den herculanischen Entdeckungen», 1762.
–, «Neue Nachrichten von den neuesten herculanischen Entdeckungen», 1764.
–, «Geschichte der Kunst des Altertums», 1764.
–, «Monumenti antichi inediti», I.–II., Rom 1767.

ZUM «BUCH DER PYRAMIDEN»

Belzoni, Giovanni Battista: «Narrative of Operations and Recent Researches in Egypt and Nubia», London 1820.
Breasted, J. A.: «Ancient Records of Egypt», I.–V., Chicago 1906–1907.
–, «A History of Egypt» (dt. Ausg. «Geschichte Ägyptens» von H. Ranke, Wien 1936).
Brugsch, Heinrich: «Inscriptio Rosettana», Berlin 1851.
–, «Die Ägyptologie», Leipzig 1891.
–, «Steininschrift und Bibelwort», Berlin 1891.
Burckhardt, Johann Ludwig: «Travels in Nubia», London 1819.
Carter/Mace: «Tut-ench-Amun» (Bd. I), Leipzig 1924.
Carter, Howard: «Tut-ench-Amun» (Bd. II), Leipzig 1924.
Champollion, Jean François: «Lettre à M. Dacier, relative à l'alphabet des hiéroglyphes phonétiques», Paris 1822.
–, «Panthéon égyptien», Paris 1823.
Denon, Vivant: «Voyages dans la basse et la haute Égypte», I.–II., Paris 1802.
Desroches-Noblecourt, Christiane: «Life and Death of a Pharao, Tutankhamen», London 1963.
Ebers, Georg: «Papyros Ebers», I.–II., 1875.
–, «Eine ägyptische Königstochter», I.–III. (Roman) 1884.
Edwards, A. A. B.: «Pharaohs, Fellahs and Explorers», 1891.
Edwards, I. E. S.: «The Pyramids of Egypt», Penguin Books, 1952.
Erman, Adolf: «Die Hieroglyphen», 1917.
–, «Die Literatur der Ägypter», Leipzig 1923.
–, «Die Welt am Nil», Leipzig 1936.
Friedell, Egon: «Kulturgeschichte Ägyptens und des Alten Orients», München 1951.
Goneim, Mohammed Zakaria: «The buried Pyramids», London 1955 (dt. «Die verschollene Pyramide», Wiesbaden 1955).
Hartleben, H.: «Champollion», I.–II., Berlin 1906.
Lange, Kurt: «Pyramiden, Sphinxe, Pharaonen», München 1952.
Lepsius, Richard: «Denkmäler aus Ägypten und Äthiopien», 1849–1959, Textbände 1879 bis 1913.
Ludwig, Emil: «Napoleon», Berlin 1930.
Mariette, Auguste: «Monuments of Upper Egypt», London 1877.
Meier-Graefe, Julius: «Pyramide und Tempel», Berlin 1927.
Mertz, Barbara: «Temples, Tombs and Hieroglyphs», The story of Egyptology, New York 1964.
Petrie, William M. Flinders: «Ten years' digging in Egypt», 1881–1891.
–, «Methods and aims in archaeology», 1904.
Reybaud: «Histoire scientifique et militaire de l'expédition française en Egypte», I.–X., 1830–1836.
Scharff, Alexander / Moortgat, Anton: «Ägypten und Vorderasien im Altertum», München 1951.
Schott, Siegfried: «Hieroglyphen, Untersuchungen zum Ursprung der Schrift», Mainz 1951.
Sethe, Kurt: «Die altägyptischen Pyramidentexte», I.–IV., 1908–1922.
Steindorff, Georg: «Die ägyptischen Gaue und ihre politische Entwicklung», 1909.
–, «Blütezeit des Pharaonenreiches», 1926.
Wolf, Walther: «Die Welt der Ägypter», Stuttgart 1958.

ZUM «BUCH DER TÜRME»

Botta, Paul Emile: «Monuments de Ninive découverts et décrit par Botta, mesurés et dessinés par E. Flandin», I.–V., Paris 1847–1850.
Diez, Ernst: «Entschleiertes Asien», Berlin 1943.
Grotefend, Georg Friedrich: «Beiträge zur Erläuterung der persepolitanischen Keilschrift», Hannover 1837.

Hedin, Sven: «Bagdad, Babylon, Niniveh», Leipzig 1918.
Jordan, Franzis: «In den Tagen des Tammuz», München 1950.
Kittel, Rudolf: «Die orientalischen Ausgrabungen», Leipzig 1908.
Koldewey, Robert: «Das wiedererstehende Babylon», Leipzig 1914.
Koldewey / Schuchardt: «Heitere und ernste Briefe», Berlin 1925.
Kramer, Samuel Noah: «History begins at Sumer», New York 1956.
Kubie, Nora Benjamin: «Road to Niniveh: The Adventures and Excavations of Sir Austen Henry Layard», New York 1964.
Layard, Austen Henry: «Autobiography and Letters», 1903.
–, «Niniveh and its remains», I. II., London 1848 (deutsche Ausgabe von Meißner, Leipzig 1850).
–, «Niniveh and Babylon, being the narrative of discoveries», London 1853 (deutsche Ausgabe Leipzig 1856).
Lawrence: «The letters of T. E.», London, o. J. (dt. T. E. Lawrence: «Selbstbildnis in Briefen», München–Leipzig 1948).
Lloyd, Seton: «Foundations in the Dust», London 1949.
Meißner, Bruno: «Babylon und Assyrien», I.–II., 1920–1925.
–, «Könige Babylons und Assyriens», Leipzig 1926.
Parrot, André: «Sumer, The Dawn of Art», New York 1961.
–, «The Arts of Assyria», New York 1961.
Rawlinson, Henry Creswicke: «The Persian cuneiform inscriptions at Behistun», 1846.
–, «Commentary on the cuneiform inscriptions of Babylonia and Assyria», 1850.
–, «Outline of the history of Assyria, as collected from the inscriptions discovered in the ruins of Niniveh», London 1852.
Rawlinson, G.: «A Memoir of Major-General Sir Henry Creswicke Rawlinson», 1938.
Schmidtke, Friedrich: «Der Aufbau der babylonischen Chronologie», Münster 1952.
Schmökel, Hartmut: «Ur, Assur und Babylon, Drei Jahrtausende im Zweistromland», Stuttgart 1955.
Smith, George: «Assyrian Discoveries», London 1875.
Weidner, Ernst F.: «Studien zur assyrisch-babylonischen Chronologie und Geschichte», 1917.
Woolley, Sir Leonard: «Ur of the Chaldees, A. Record of seven Years of Excavation», Pelican Book, London 1952.
–, «Vor 5000 Jahren», Stuttgart 1929.

ZUM «BUCH DER TREPPEN»

Batres, Leopoldo: «Teotihuacan», Mexiko 1906.
Bowditch, Charles P.: «A suggestive Maya inscription», Cambridge, USA, 1903.
–, «Mexican and Central American antiquities, calendar systems and history«, Washington 1904.
Catherwood, F.: «Views of ancient monuments in Central America, Chiapas and Yucatan», 1844.
Charney, Désiré: «Ruines américaine», Paris 1863.
Collier, John: «Indians of the Americas», New York 1948.
Danzel, Theodor-Wilhelm: «Mexiko», I.–II., Hagen 1923.
–, «Mexiko und das Reich der Inkas», Hamburg (o. J.).
Dieseldorff, E. P.: «Kunst und Religion der Mayavölker», I.–III., Berlin 1926–1933.
Greene, Graham: «The Lawless Roads» (dt. «Gesetzlose Straßen», Wien 1949).
Humboldt, Alexander von: «Reise in die Äquinoktialgegenden des neuen Kontinents», Stuttgart 1859–1860.
Joyce, T. A.: «Mexican Archaeology», London 1914.
–, «Central American and West Indian Archaeology», London 1914.
Kingsborough, Edward Lord: «Antiquities of Mexico», I.–IX., London 1831–1848.
Kisch, Egon Erwin: «Entdeckungen in Mexiko», Berlin 1947.
Landa, Diego de: «Relacion de las cosas de Yucatan», 1956 (frz.: «Relation des choses de Yucatan», herausgegeben von Brasseur de Bourbourg, Paris 1864).

Lehmann, Walter: «Ergebnisse und Aufgaben der mexikanischen Forschung», Arch. f. Anthr., Braunschweig 1907.
Maudslay, Alfred P.: «Bilogia Centrali Americana», I.–IV., London 1889–1902.
«Maya-Sculptures, Guide to the Maudslay Collections of», British Museum, London 1938.
Morley, Sylvanus Griswold / Brainerd, George W.: «The Ancient Maya», 3. Ausgabe, Stanford 1963.
–, «The rise and fall of the Maya Civilization in the light of the monuments and the native chronicles», New York 1917.
Peterson, Frederick A.: «Ancient Mexico, An Introduction to the Pre-Hispanic Cultures», London 1959.
Prescott, William H.: «History of the Conquest of Mexico», 1844 (zahlreiche deutsche Ausgaben).
Radin, Paul: «The Story of the American Indian», New York 1944.
Ricketson jr., Oliver G.: «Six Seasons at Uaxactún», Intern. Congr. of America, 1928.
Ruz, Alberto: «An Astonishing Discovery», Illustrated London News, 29. August 1953.
Sahagun, Fr. Bernardino de: «Historia General de las cosas de Nueva España», I.–III., Mexiko 1829 (engl.: «A History of Ancient Mexico», translated by F. Bandelier, 1932).
Schultze-Jena, Leonhard: «Gliederung des Alt-Aztekischen Volks in Familie, Stand und Beruf», Stuttgart 1952.
Seler, Eduard: «Gesammelte Abhandlungen zur amerikanischen Sprach- und Altertumskunde», I.–V., Berlin 1902–1923.
Stephens, John L.: «Incidents of Travel in Central America, Chiapas and Yucatan», New York 1842.
Termer, Franz: «Mittelamerika und Westindien», Handb. d. Geogr. Wiss.
Thompson, J. Eric: «Civilization of the Mayas», Chicago 1927.
Thompson, Eduard Herbert: «People of the Serpent», London 1932.
Vaillant, G. C.: «The Aztecs of Mexico», Penguin Books, 1951.
Verrill, A. Hyatt and Ruth: «America's Ancient Civilizations», New York 1953.
Westheim, Paul: «Arte antiguo de México», Mexiko 1950.

ZU DEN «BÜCHERN, DIE NOCH NICHT GESCHRIEBEN WERDEN KÖNNEN»

(Hier auch einige Werke zu den in diesem Kapitel erwähnten modernen Forschungen und naturwissenschaftlichen Hilfsmethoden.)

Allegro, John Marco: «The Dead Sea Scrolls», Pelican Books, London 1956.
Barthel, Thomas: «Grundlagen zur Entzifferung der Osterinselschrift», Abhandl. aus dem Gebiet der Auslandskunde, Bd. 64, Reihe B, Bd. 36, Hamburg 1958.
Bass, George F.: «Archäologie unter Wasser», Bergisch-Gladbach 1966.
Baudin, Louis: «Les Incas de Pérou», Paris 1942 (deutsch: «Der sozialistische Staat der Inka.» rowohlts deutsche enzyklopädie, Band 16, 2. Aufl., Hamburg 1959).
Biek, Leo: «Archaeology and the Microscope», New York 1963.
Bingham, Hiram: «Inca Land», Boston 1923.
–, «Lost City of the Incas, The Story of Machu Picchu and its Builders«, New York 1948.
Brothwell / Higgs, Don and Eric: «Science in Archaeology», London 1963. (Hier wird über mehr als 50 verschiedene naturwissenschaftliche Methoden berichtet, die heutzutage der Archäologie dienlich sind.)
Ceram / Lyon, C. W. and Peter: «The Blue Museum», Horizon, Vol. I, Nr. 2, New York, November 1958.
Cousteau, Jacques-Yves: «Die schweigende Welt», Berlin 1953.
Crawford, O. G. S.: «Archaeology in the Fields», New York 1953.
Glueck, Nelson: «Rivers in the Desert», New York 1959.
Hagen, Victor W. von: «The Desert Kingdoms of Peru», London 1964.
Heyerdahl, Thor: «Aku-Aku, The Secret of the Easter-Island», New York 1958.
Kosambi, D. D.: «Ancient India», New York 1965.

Kosock, Paul: «Life, Land and Water in Ancient Peru», New York 1965.
Lerici, Carlo Maurilio: «A Great Adventure of Italian Archaeologie» (1955–1965, Ten Years of Archaeological Prospecting), Lerici Editori, o. J., o. O.
Libby, Willard F.: «Radiocarbon Dating», Chicago 1952.
Mackay, D.: «Early Indus Civilizations», 1948.
Mackay, E. J. K.: «Excavations at Mohenjo-Daro», Delhi 1938.
Marshall, John: «Mohenjo-Daro and the Indus civilizations», I.–III., London 1931.
Mellaart, James: «Çatal Hüyük, A Neolithic Town in Anatolia», London 1967.
Piggot, Stuart: «Prehistoric India to 1000 B. C.», Penguin Books, 1952.
Prescott, William H.: «History of the Conquest of Peru», 1847 (zahlreiche deutsche Ausgaben).
Schaeffer, Claude F. A.: «Le Palais Royal d'Ugarit», Paris 1956.
Spanuth, Jürgen: «Atlantis», Tübingen 1965. (Das erste Werk, das *alle* bisherigen Theorien über Atlantis zusammenfaßt und eine neue, unbewiesene hinzufügt.)
Stallings, W. S.: «Dating Prehistoric Ruins by Tree-Rings», Laboratory of Tree-Ring-Research, University of Arizona 1960.
Ubbelohde-Doering, Heinrich: «Kunst im Reiche der Inca», Tübingen 1952.
Wheeler, R. E. M.: «5000 Years of Pakistan», London 1950.
–, «Early India and Pakistan», New York 1959.
Yadin, Yigael: «Masada, der letzte Kampf um die Festung des Herodes», Hamburg 1967.

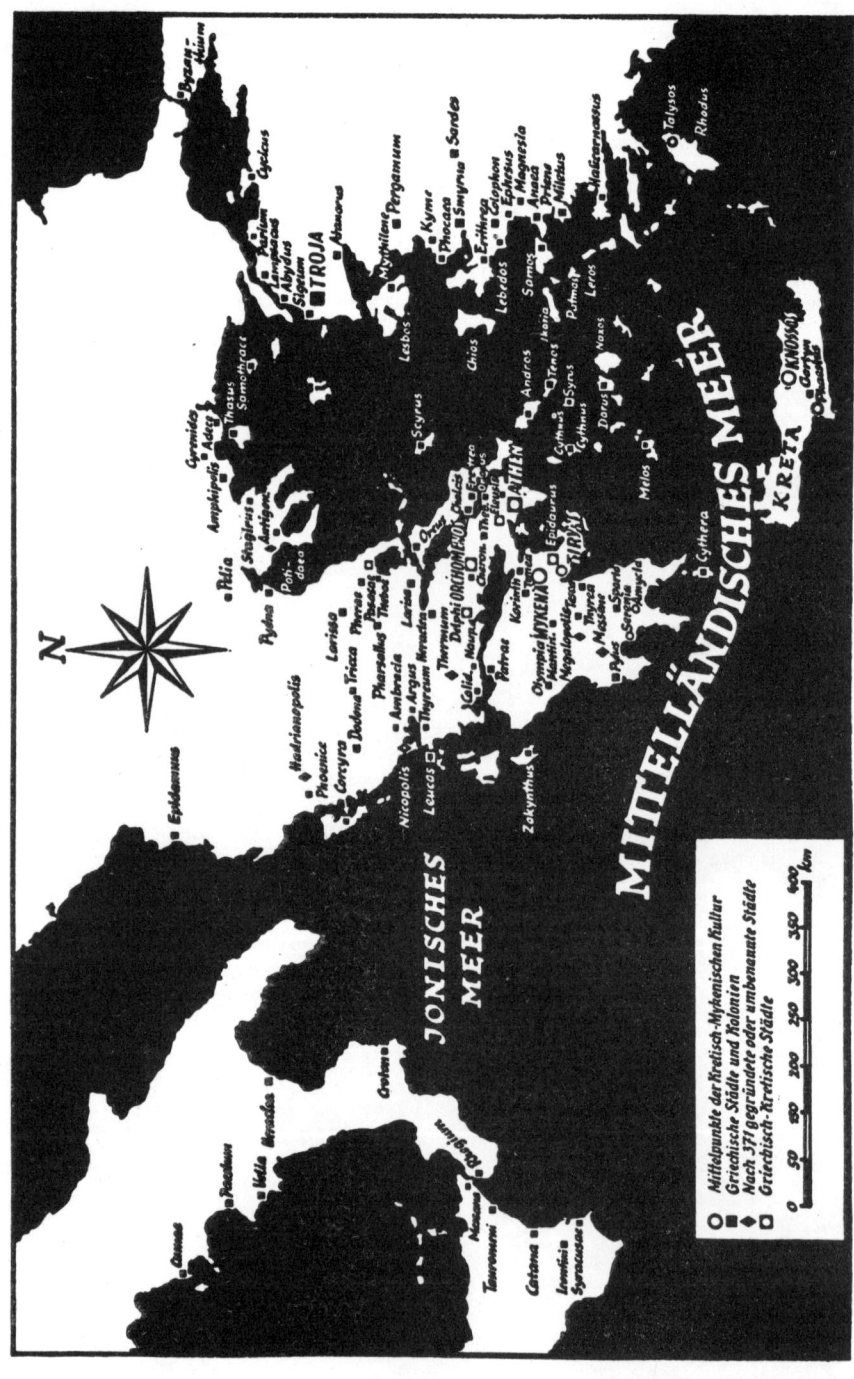

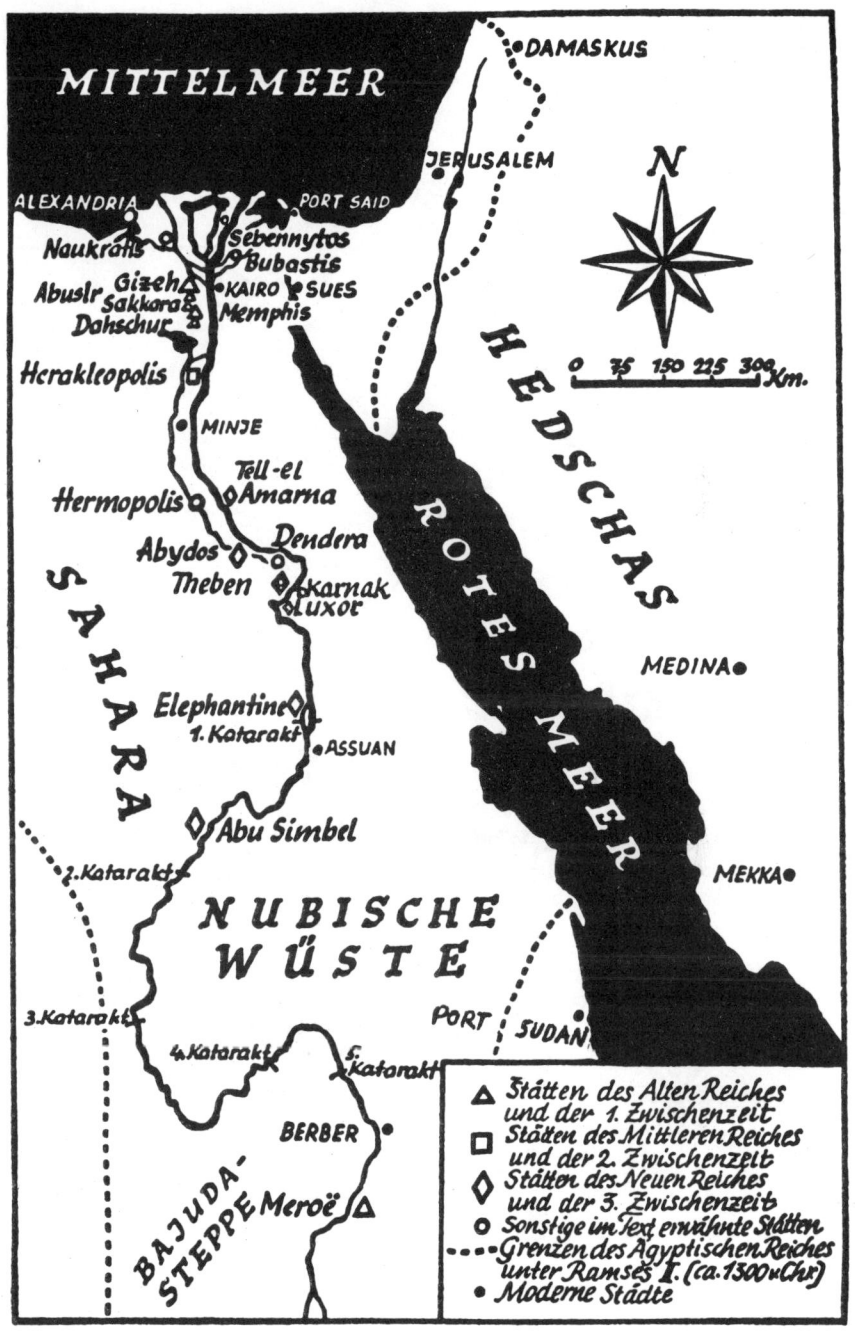

Karte Nilland

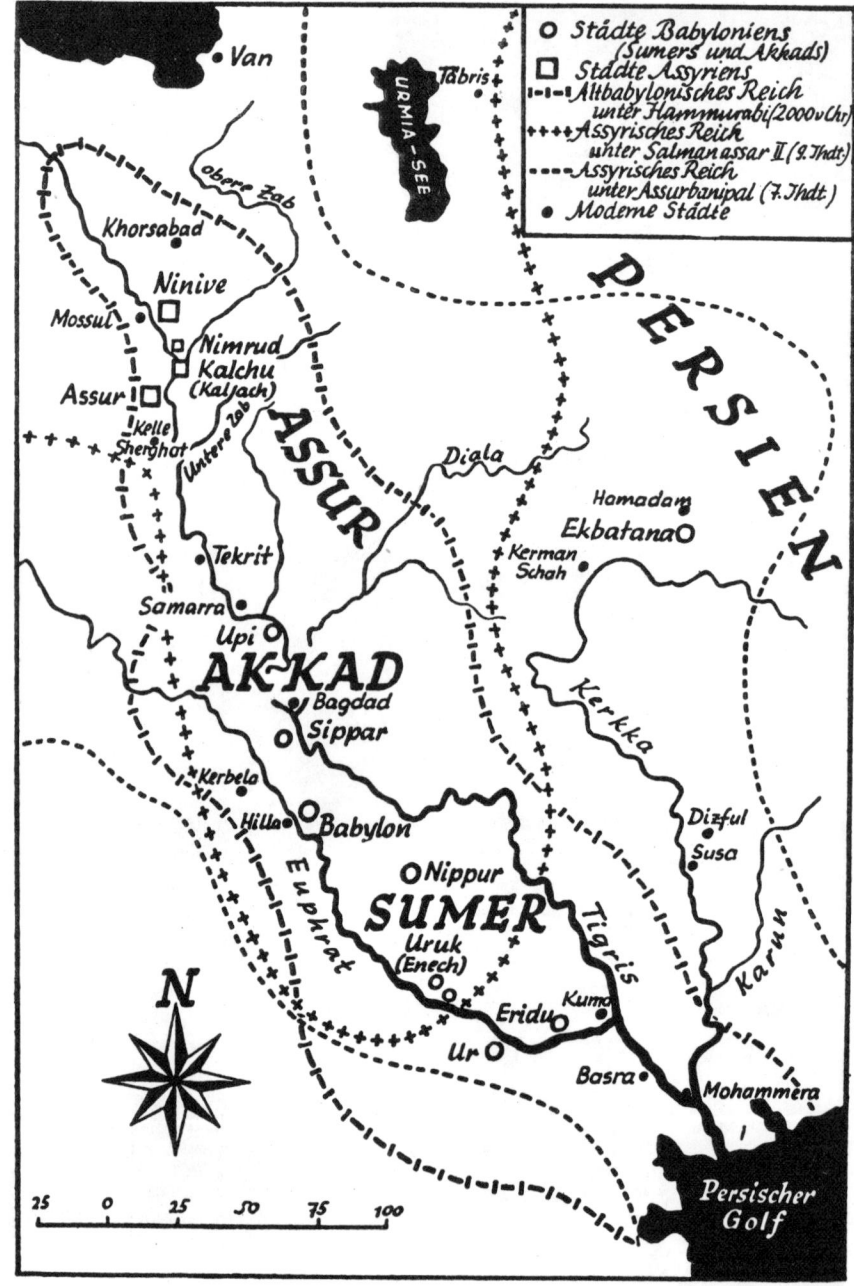

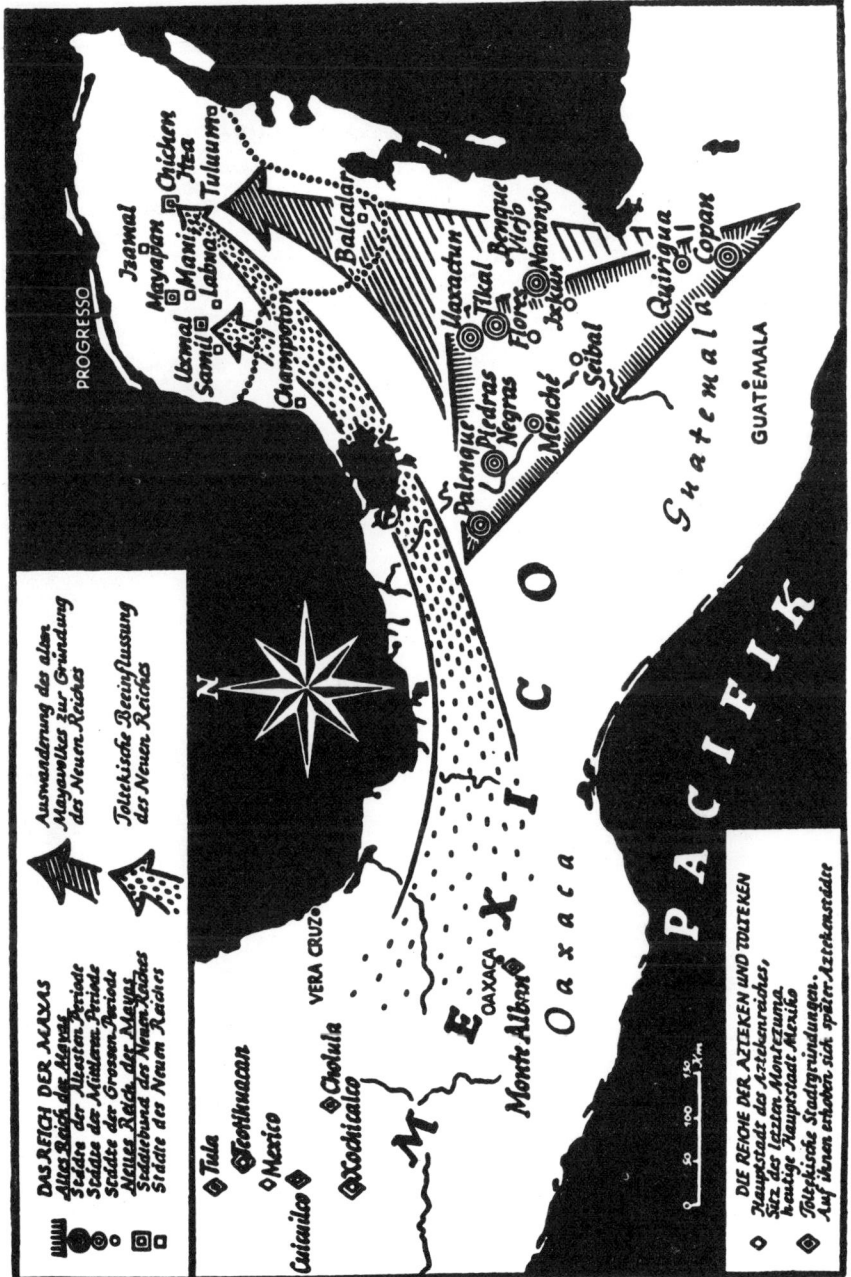
Karte Mexiko und Yucatan

PERSONEN- UND SACHREGISTER

A-anni-padda, 305
Abälard, 104
Abdallah, 272
Abdelad, Ahmed, 189
Abd-el-Latif, 145, 170
Abd-el-Rasul, 166 ff., 173, 177, 188
Abd-er-Rahman, 205, 248 f.
Abraham, 292, 298
Abud, 271
Abukir, 83
Abu Roasch, 142
Abu Simbel, 129, 401
Abusir, 142
Abydos, 126, 129, 155
Achäer, 43, 45, 78, 292
Achämeniden, 225
Achilles, 38, 43, 45 f.
Adad, 285
Adad-Nirari, 295
Adam, 304
Adapa, 256
Aden, 260
Afghanistan, 227, 303
Afrika, 21, 71, 249
Ägäisches Meer, 71, 351
Agamemnon, 43, 52 ff., 56, 59
Agamemnon (Schliemanns Sohn), 69
Ägeus, 76 f.
Agisandros, 33
Ägisthos, 52, 55
Agora, 54, 56
Agrigent, 268
Ägypten, 21, 25, 57, 67, 71, 74, 82 ff., 88 ff., 209, 214 f., 217, 245, 281, 292, 295 f., 308, 331, 333, 339, 346, 351 f., 401
Ägyptische Augenkrankheit, 83
– Expedition, 82 ff., 346
– Geschichte, 126 ff.
– Kommission, 114, 117, 164, 215, 334
Ägyptisches Institut (Kairo), 87, 95
– Museum (Berlin), 113, 124
– (Kairo), 126, 136, 166
Ägyptologie, 87, 125
Ahmed Bin Abubekr, 108

Aibur-schabu, 284
Ainsworth, 211
Aischylos, 52, 56
Ajusco, 390
Akademie der Wissenschaften (Göttingen), 220
Akerblad, 110
Akkad, 210, 237, 290, 293
Akki, 293
Akragas, 268
Akropolis (von Athen), 28
–. (von Chichen Itzá), 368
– (von Mykenä), 59
Alalakh, 398
Alaska, 390
Albani, Kardinal, 25
Albert, Prinzgemahl, 113
Alcubierre, R. G. de, 18 ff., 27, 179
Aleppo, 235
Alexander der Große, 33, 47 f., 82, 125, 130, 217, 222, 282, 307
Alexander VI., Papst, 312
Alexandrien, 87, 98, 120, 130 f., 211
Almagro, 312
Almehenoob, 366
Alpen, 37
Altes Testament, 101, 207, 281
Alvarado, Pedro de, 319, 324 f.
Amalthea, 71
Amenemheb, 159
Amenemhet (vier Herrscher), 128
– III., 139, 146, 149 ff., 160
Amenophis I., 161, 169
– II., 150, 161, 172, 204
– III., 86, 129, 139, 150 f., 160, 183, 295
– IV., (Echnaton), 123, 129, 175, 180, 184, 197, 200, 295
American School of Oriental Research, 292
Amerika (siehe auch Mittelamerika), 63, 331, 333, 338, 344, 346, 348, 379
Amerikanischer Bürgerkrieg, 42
Amor, 35

Amoriter, 293
Amosis I., 161, 169
Amphitheater, 20, 24
Amsterdam, 39 f.
Amun, 154, 156
Amundsen, 101
Amun-Priester, 129, 156
Amurru, 273
Anches-en-Amun, 198
Anden, 394, 399
Andreas, 217
Androgeus, 76
Andromache (Schliemanns Tochter), 69
Äneas, 38, 43
Angkor-Wat, 154
Anthropolog. Gesellschaft (Berlin), 65
Anu, 264
Aphrodite, 43
Apis-Stiere, 131 ff.
Apla, 259
Apollon, 43, 48
Apollon Sauroktonos, 30
Aqualunge, 399
Araber, 90, 142, 210, 241, 246 f., 271 f.
Arachtu-Kanal, 257
– -Mauer, 276
Aramäer, 293, 295
Aram-Nacharaim, 210
Arcangeli, 29
Archäologie, 13 f., 28, 31 ff., 125, 175
Arche Noah, 263 ff.
Argos, 53, 66
Ariadne, 72, 76
– Faden der, 76 f.
Aristoteles, 109
Armenien, 257, 296
Arrianus, 47
Artaxerxes, 225, 274
Arval, 285
Asarhaddon, König v. Assyrien 129, 257 f., 296
Aschmunen, 133
Asien, 352
Asine, 67
Askalon, 256
Assos, 266 f.
Assuan, 86
Assur, 210, 245, 247, 254, 256, 270

Personen- und Sachregister

Assur-etil-schame-irsiti-ubalitsu, 258
Assurbanipal (Sardanapal), 212, 254 f., 258, 273, 282
Assurnasirpal II., 233, 247, 261, 295 f.
Assyrer, 89, 129, 206, 214, 290, 292, 295, 391
Assyrien, 129, 207, 210, 215, 235 f., 241, 259, 270, 290, 292, 295 f.
Assyriologie, 125, 227, 261
Athen, 28 f., 50, 69, 76, 295, 306
Athene, 48
Athenodoros, 33
Äthiopien, 129
Äthiopier, 89, 142
Atlantis, 346, 370, 380, 392, 396
Atreus, 53 f.
Aufklärung, 206
August III. (v. Sachsen), 18
Augustin, 335
Augustus, 30, 89, 114, 256
Australien, 120
Autodafé, 352
Awad, 239, 242
Azteken, 310, 321 ff., 331 f., 347 ff., 350 ff., 357, 382 ff., 390 f.

Baalbek, 236
Babylon (Babel), 176, 204, 206, 210, 214, 220, 228, 237, 241, 258, 269 f., 271, 273 ff., 292 f., 295 ff., 305 ff.
Babylonien, 129, 210, 235, 241, 254, 256 f., 265, 267, 287 ff., 295, 305, 331, 351 f., 391
Babylonier 221, 254, 277, 287 ff.
Bacon, 266 f.
Badawi, Ahmad, 204
Bad Langenschwalbach, 177
Bagdad, 210 f., 219, 227, 234, 241, 249, 273
Bagistana, 228
Bahamas, 374
Baj, 143
Balawat, 261
Balboa, Nuñez de, 312
Balzac, 85
Banks, 111
Barthel, Thomas, 396

Basra, 210, 249
Bauer, Hans, 397
Bayardi, 26
Beduinen, 90, 206, 209 f., 239 f., 246, 295
Behistun, 219, 227 ff., 241, 279
Bel-Etir, 259
Belutschistan, 303
Belzoni, 119 ff., 131, 146, 168, 179, 215
Beni Hedscheïm, 271
Benihasan, 133
Benque Viejo, 364 f.
Berber, 90
Beringer, 33 f., 99
Berlin, 64 f., 123, 267
Berliner Illustrirte Zeitung, 208
Berliner Museum für Früh- und Vorgeschichte, 65
Berossos, 304
Bethlehem, 89
Biban-el-muluk, 122, 154, 179
Bibel, 206 ff., 214, 216, 237, 245, 247, 254, 263, 275, 279, 285, 292 f., 298, 301, 304, 306, 385, 398
«Bibel in Stein», 148
Bilingue, 396 f.
Bismarck, 65, 359
Bittel, Kurt, 397
Blankenburg, 267
«Blaues Museum», 399
Blegen, 80, 397
Boas, 357
Boccaccio, 238
Boetticher, 64
Bökh, 125
Bombax aquaticum, 382
Bombay, 225
Bonampak, 380
Borchardt, Ludwig, 149
Bordeaux, 363
Borsippa, 259
Bossert, 79, 397
Botta, P. E., 88, 175, 210 ff., 216 f., 220, 227, 229, 231, 233, 237, 239, 241, 244, 247, 249, 253, 273, 291
Bouchard, 97
Boulogne, 130
Bourbonen, 103
Bourboug, Brasseur de, 350, 353
Bowditch, 357

Breasted, J. A., 125 ff., 151, 190
Britisches Museum, 87, 98, 120, 249, 262 f., 292, 339, 354
Bruce (siehe Elgin)
Bruce, James, 163 f.
Brugsch, Heinrich, 113, 125, 168
Brugsch-Bey, Emil, 168 ff., 172 ff., 248, 311
Bruno, Giordano, 321
Bruno (Stephens Diener), 340
Bubastis, 132 f.
Buffon, 62
Bulwer, E. L., 22 f.
Bunarbashi, 44 ff.
Bünau, Graf von, 25
Bundeslade, 147
Bunsen, 125
Bunzlau, 153
Burckhardt, 120
Buren, van, 334
Burnaburiasch II., 295
Burnouf, E., 215, 226 f.
Burton, H., 189 f., 197
Buto, 132

Cabot, J., 312
Cachurecos, 335
Calendar-Round, 356
Callender, 184, 186, 188, 192
Calvert, F., 46
Cambridge, 176
Camera lucida, 342
Camotán, 333
Campagna, 30
Canning, 237
Caracalla-Bäder, 32
Carillo y Ancona, 359
Carmagnole, 94
Carnarvon, Aubrey Herbert (Halbbruder des Lord C), 203
–, Lady Elisabeth, 203
–, Lady Evelyn, 184
–, Lord, 57, 175 ff., 188 ff.
Carnegie Institution (Washington), 380
Caroline (Schwester Napoleons), 92
Carrera, 335
Carter, H., 57, 119, 122, 156, 158, 160, 163, 166, 170, 173 f., 175 ff., 188 ff.

Personen- und Sachregister 431

Cartouche, 111, 123
Casanova, Bruder des, 34
Cäsar, 47, 126, 356
Cäsarismus, 128, 155, 254 f.
Casas, Las, 314
Cascara, 335 f.
Caso, Alfonso, 387
Castillo, 381
Çatal Hüyük, 398
Catherwood, F., 334 ff.
Cempoalla, 319
Cenote (s. Heiliger Brunnen)
Cepeda-Bibliothek (Merida), 359
Cerveteri, 399
Chabas, 125
Chaldäa, 235, 292, 305
Chaldäer, 206, 247, 250, 306
Chalne, 237
Champollion, Jacques, 93
–, Jean François, 63, 93 ff., 125, 138, 175, 204, 211, 221, 226
Champollion-Figeac, 94 f., 99 f., 105 f.
Chamwese, 158
Charnay, D., 385
Charon, 273
Chartres, 149
Chefren, 122, 128, 134, 142, 144, 146
Chelsea, 261
Cheops, 128, 134, 141, 144, 146, 148
Cherchere, 271
Chiapas, 345, 354, 361, 364, 380
Chicago, 190
Chichen Itzá, 354, 360 f., 363, 368 ff., 381, 388, 391
Chichimeken, 384
Chilam Balam, Bücher des, 359 ff.
China, 108, 394
Chinampas, 322
Chinesen, 332, 351, 365
Chnum, 132
Cholula, 386, 391
Chumayel, 359
Chumbaba, 262
Chus, 237
Cicero, Haus des, 20
Cihuacu, 328
Cività, 20
Clarke, 266 f.
Claudel, P., 211
Clemens, Alexandrinus, 107

Cleopatra, 5, 112, 126
Coban, 336
Cocuyos, 320
Codex Cortesianus, 352
– Dresdensis, 352, 357
– Justinianeus, 306
– Peresianus, 352
– Troano, 352
Coe, William, 352
Collège de France, 101
Columbus, 63, 312 f., 323
Copán, 334 ff., 354 ff., 364, 382
Copley-Medaille, 69
Cordova, Hern. de, 345
Cortez, Hern., 310 ff., 321 ff., 336, 347 f., 361, 380, 384, 386
Coste, 218
Courrier de l'Egypte, 92, 98
Cousteau, Jacques-Yves, 399
Cranach, Lucas, 387
Cuba, 312, 314, 318
Cuicuilco, 390
Cuitlahuac, 325, 329
Curtius, Ernst, 54

Dädalos, 72
Daguerre, 63
Dahschur, 142
Daily Telegraph, 263
Damaskus, 219, 234, 296
Daniel, 276, 285 f.
Danzel, Th.-Wilh., 390
Daphnae, 139
Dardanellen, 266
Darius I., 129, 217, 219 225 f., 228, 279
Da'ud-Pascha, 166 f.
Dauphiné, 93, 105
David, J. L., 85
Davis, Th., 175, 177, 180
Deibel, 271
«Dekret v. Kanopus», 118
D'Elbœuf, 18 ff., 78
Delphinatischer Bund, 106
Demotische Schrift, 97, 112
Dendera, 86, 108, 114 ff.
Dendrochronologie, 400
Denon, V., 82, 84 ff., 126, 215, 334
Derabgerd, 170
Der-el-Bahri, 133, 162, 164 ff., 311
Derry, D. E., 171, 190, 199 f.
Desaix, 83, 86, 116

Descartes, 93, 307
Description de l'Egypte, 87 f., 92, 207
Deutsche Orient-Gesellschaft, 291
Deutschland, 98, 113, 177, 207, 211, 267
Dhautpoul, 97
Diaz, Bertal, 311, 316 f., 323 f.
– Pater, 317, 323
Dikte, 71
Dilettantentum, 61 ff.
Diluvium, 346
Dinosaurier, 114
Diodor, 36, 107, 217, 278 f., 296
Diogenes, 104
Djami-el-Azhar, 83
Dodwell, 54
Domenech, Abbé, 34
Dominica, 312
Domitian, 114
Donau, 266
Donauländer, 78
Dorado, 312
«Dorfschulze», 90
Dorier, 78, 292
Dörpfeld, W., 62, 63 f., 66, 78, 397
Douglass, Andrew E., 400
Dourgnon, 137
Drache von Babylon (siehe Sirrusch)
Dragomane, 142
Dreisprachenstein von Rosette, 87, 97, 100, 108, 111, 221
Dresden, 18, 25, 352
«Drittes Reich», 208
Droysen, 217
Dubois, 290
Duris, 30
Düsseldorf, 33
Dynastien (ägyptische), 125, 127 ff.
– (babylon.-assyr.), 293 f.

Ea, 263
East Indian Company, 211, 217, 227
Ebers, G., 124
Echet-Chufu, 141
Echnaton (siehe Amenophis IV.)
Eckenbrecher, 46
Edfu, 91, 133

Personen- und Sachregister

Egyptian Court, 113
– Hall, 122
Ehenufer, 159
Eileithyiaspolis, 171
Einbalsamierung (siehe Mumifizierung)
Eje, 179
Ekron, 256
Elam, 293
El-Amir, Mustapha, 204
Elamiter, 258, 293
Elektra, 54, 56
Elephantine, 86, 133, 171
Eleusis, 67
Elgin, Lord, 50 f.
El Haram el-Kaddab, 142
El Hibba, 267
Elias, 53
Elis, 36
Elisabeth (v. Österr.), 202
El-Obeid, 305
Emach, 276
Engastromenos, Sophia, 47, 49, 55, 58
England, 64, 83, 87, 98, 111, 139, 146, 188, 207, 227, 234, 259, 263, 266, 354, 358
Enkidu, 262
Eos, 139
Ephoros, 36
Erdmann, Kurt, 16
Erech, 237, 291
Eremiten, 163
Erfurt, 139
E-sagila, 257, 276, 285 f., 294
Etemenanki (siehe «Turm von Babel»)
Etrusker, 31 f., 391, 399
Euböa, 53
Euklid, 93
Euphrat, 204, 206, 208, 210, 220, 235, 276 f., 286, 292, 298, 301 ff., 351
Euripides, 54, 56, 66
Europa, 79, 170, 241, 247, 338, 346
Eurymedon, 54 f.
Eusebius, 125
Evans, Arthur, 60, 63, 69 ff., 78 f., 139, 175 f., 275
Ezida, 259

Fabricius, 68
Fara, 271, 291 f.
Faraday, 62
Farouk, König, 204
Fellachen, 90, 116, 248
Ferdinand (von Kastilien), 312
Ferrara, 335
Feuerland, 312
Figeac, 93 f.
Figueroa, 373
«Firsts» 288
Fisher, 291
Flandin, E. N., 215, 218, 334
Florenz, 84
Flores, 364 f.
Flower, 217
«Fluch des Pharao», 201 f.
Fontana, Winifred, 297 f.
Forchhammer, 64
Förstemann, 357
Forum Romanum, 32
Fourier, 95 ff., 98
Frankfurt/Main, 220
Franklin, 62
Frankreich, 85, 87, 98, 113, 207, 213 f., 346
Franz I. (v. Frankr.), 330
Franz Ferdinand, Erzherzog, 202
Franziskus, 330
Franzosen, 363
Französische Revolution, 84, 103
Fraunhofer, 62
Friede von Campo Formio, 82
Friedrich V. (von Dänemark), 217
Friedrich Wilhelm IV. (v. Preußen), 113, 123
Frobenius, 396
Fuchs, Eduard, 85
Fuentes, 334
Fuhlrott, 33
Fürstenberg, 39, 42

Gabra, Sami, 204
Galahad, Sir, 147
Galilei, 138, 321
Gall, 93
Galläer, 256
Galvani, 62
Gama, Vasco da, 312
Ganges, 351
Ganymed, 34
Gardiner, Alan, 190
Garlindo, Oberst, 333
Garstin, William, 172
«Gärten der Semiramis», 270, 278 f., 283, 311
Gas Hassan, 189
Gaulle, de, 153
Gaumata, 228
«Gefiederte Schlange» (siehe Quetzalcouatl)
Genf, 108
«Geometrische Muster», 67
Georg III. (von Engl.), 87
Germanen, 89
Gesell, Silvio, 147 f.
Gilgamesch, 233, 256, 260 ff., 292
Gilgamesch-Epos, 260 ff., 292 301
Gioffré, 268
Girge, 114, 163
Gizeh, 83, 113, 122, 128, 131, 137, 140, 368
Gladstone, 64
Glueck, Nelson, 398
Goethe, 5, 22, 25, 29, 82, 93
Goldmaske (des «Agamemnon»), 58
– (vom Monte Albán), 387 f.
– (des Tut-ench-Amun), 199
Goldsarg (des Tut-ench-Amun), 196 f.
Goldschatz (von Chichen Itzá), 378 f.
– (v. Monte Albán), 387 f.
– (d. Montezuma), 316 ff., 326, 330
– (von Mykenä), 57 f.
– (des «Priamos»), 49 ff., 65
Goneim, Zakaria, 398
Goodman, 357
Görlitz, 267
Göttingen, 69, 92, 204, 208, 217, 220, 224
Grabräuber (siehe Räuber)
Grabschändung (s. Räuber)
Grébaut, 137
Greene, Graham, 381
Gregor XIII., Papst, 356
Gregorio, Don, 345
Grenoble, 94 ff., 103 ff.
Griechen, 43, 76, 89, 125, 139, 225, 279, 282, 307, 351, 390
Griechenland, 41, 43 f., 67, 71, 78, 124, 129, 155, 209, 245, 266, 307 f., 331, 333, 351 f.
Grimm, Brüder, 124

Groß, 63
Grotefend, 63, 92, 175, 220 ff., 227 ff.
Gründerzeit, 60
Guadeloupe, 312
Guanahani, 312
Guatemala, 333 ff., 342, 345, 347, 350, 352, 354, 361, 364, 380, 388
Gudea, 291, 293
Guericke, Otto von, 62
Guignes, de 107
Gutäer, 293

Haab, 356
Hadrian, 139
Haeckel, 290
Hagemann, Walter, 16
Haiti, 312
Hlach uinic, 366
Hall, 189
Ham, 237
Hamadan, 228
Hamburg, 39
Hammer-Purgstall, 108
Hammurabi, 219, 254, 273, 279, 293 ff., 305 f.
Hamum Ali, 235
«Hängende Gärten» (siehe «Gärten der Semiramis»)
Hannibal Gisgon, 268
Hannover, 220
Hapi, 159
Harappa, 397
Haremheb, 157, 175
Harrow, 69
Harun-al-Raschid, 209, 219
Harvard-Universität, 347
Hassan Awad, 189
Hathor, 114, 117, 132
Hatschepsut, 162, 178
Hattusas, 397
Hauser, 189
Hauwara, 139, 142
Hauwaret-el-Matka, 149
Hayne, 291
«Heiliger Brunnen» (Chichen Itzá), 369 ff.
Healey, G. G., 380 f.
«Heiliges Land», 333, 347
Hektor, 38, 43, 45 f.
Helena, 38
Helmholtz, Hermann v., 62
Hennig (Bradenkierl), 38 f.
Hera, 35 f., 43, 55
Herakleopolis, 128
Herakles, 66

Herculaneum, 19 ff., 25 ff.
Herder, Johann Gottfried von, 61
Hermeneutik, 34 ff.
Herodot, 35 f., 43, 46, 77, 89 f., 98, 107, 124, 139, 140 f., 170 f., 219, 225, 274 f., 279, 281 f.
Herzfeld, Ernst, 219
Hethiter, 122, 293, 296, 308, 394 f.
Heyerdahl, Th., 396
Hidalgo, 384
Hieratische Schrift, 112
Hieroglyphen, 86, 91 f., 94 f., 97 f., 100 f., 102, 103 ff., 112 f., 127, 147, 220 f., 226, 338, 346, 381, 397
Hilleh, 272, 277
Hilprecht, V., 226, 291
Himera, 269
Hincks, 229, 232
Hindijje-Kanal, 277
Hipparchos, 306
Hirtenkönige (s. Hyksos)
Hiskia, 256
Hissarlik, 46 f., 63 f.
Hitler, A., 256
Hoang-ti, 155
Hogarth, David, 297
Hohlwelt-Theorie, 148
Hojeda, 312
Homadi, 270
Homer, 25, 38 f., 42 f., 44 ff., 53 f., 56, 61, 66 f., 77, 80, 234, 275, 305, 385
Honduras, 333 ff., 342, 347, 354, 361, 364
Hope-Diamant, 202
Horapollon, 107 ff.
Horus, 132
Hrozny, 79
Hückstaedt, 42
Huitzilopochtli, 321, 324
Humann, 63
Humboldt, Alexander v., 123, 321
Hunac Ceel, 360
Hunal Hu, 379
«Hundert Tage», 105
Hutchinson, 87
Hwang-Ho, 351
Hyde, 217
Hyde-Park, 233
Hyksos, 128, 169
Hystaspes, 226

Ida, 47
Ilfeld, 220
Ilias, 39, 44 f., 48, 64, 68
Ilium Novum, 46 f.
Illahun, 142
Illustrated London News, 351
Inder, 332, 351
Indian corn, 365
Indien, 63, 82 f., 227, 282, 312, 397
Indigo-Versteigerung, 40
Indus, 303, 351, 394 f., 397
Ineni, 156 f.
Inhapi, 161
Inkas, 143, 312, 351, 394, 396
«Inkastraßen», 399
Innozenz, 32
Inquisition, 322
Inschrift v. Behistun, 227 f.
Institut de France, 84
Ionien, 236
Irak, 210, 234
Iramun, 159
Iran, 210, 234
Isabella (v. Kastilien), 312
Ischtar, 262, 285, 293
– -Tempel, 254, 276, 295
– -Tor, 276, 284 f.
Isère-Departement, 95
Isin, 294, 304
Isis, 114, 117
Islam, 83, 218
Israel, 128, 169, 346
Italien, 69, 98, 113, 209, 211, 233, 267, 352
Ithaka, 41 f., 62
Itzá, 360
Ixkún, 354, 364 f.
Ixtlilxochitl, 382 ff.

Jacqou, 93
Jamaica, 312
Jandolo, Augusto, 31
Jangtsekiang, 351
Java, 290
Jemen, 211
Jensen, Hans, 78
Jeremia, 206, 286
Jericho, 147, 398
Jerrer, 38
Jerusalem, 129, 257
Jesaja, 206, 214, 256 f., 398
Jethro, 147
Jeziden, 271
Jivaros, 143

434 Personen- und Sachregister

Jomard, François, 87, 114
Jones, William, 63
José Maria, Don, 340, 343 f.
Josephine, Kaiserin, 84 f.
Josephus, 125; 278, 398
Juan, Don, 337
Juan, Mis, 378
Juarros, 334
Jucundus, 30
Juda, 256
Juden, 206, 235, 281
Judenpech, 170
Julius Africanus, 125
Jupiter, 34, 47

Ka, 143 ff., 155 f., 281
Kabbala, 108
Kadaschman-Enlil I., 295
Kairo, 57, 83, 87, 90, 95, 126 f., 130 f., 137, 153, 164 ff., 173, 188 f., 191, 206, 215, 248
Kaiser von Brasilien, 56 f.
Kalah Schergat, 235
Kalach, 295
Kalchu, 247, 254
Kalender, ägyptischer, 127
–, babylonisch-assyrischer, 306
– der Mayas, 355 ff., 361, 388 f.
–, gregorianischer, 127, 356 f.
–, julianischer, 127, 356 f.
Kalifen, 210
Kalifenreich, 130
Kalifornien, 44, 120
Kambyses, 129, 225
Kandahar, 227
Kandia, 79
Kanopen, 172
Kantara, 139
Kap Horn, 227
Kapitol, 32, 89
Karatepe, 397
Karkemisch, 296
Karl V., 312, 330
Karl von Bourbon, 18 f.
Karl der Große, 219, 359
Karnak, 129, 133, 154 f., 189
Karthager, 268
Kasr (von Babel), 273, 278
Kassandra, 54 f.
Katharina II., 84
Katun-Count, 360
Kauffmann, Angelika, 25

Keilschrift, 92, 209, 216 ff., 227 ff., 261, 278, 289 f., 295, 305
Keith, Arthur, 303
Kej, 157
Kelten, 88
Kemwese, 159
Kench, 173
Kenyon, Kathleen, 398
Kermanschah, 228
Khorsabad, 212, 214, 237, 241, 253, 273
Khshayarsha, 228
Kim, 171
Kimmerer, 296
Kincardine (siehe Elgin)
Kingsborough, Lord, 352
Kinneir, 211
Kircher, Ath., 107
Kirchenväter, 124
Kirk, Giös, 45
Kisch, E. E., 385, 387 f.
Kleinasien, 352
Kleitarchos, 217
Klytämnestra, 52, 55, 59
Knossos, 68, 71 ff., 139, 175 f.
Kober, Alice, 79
Kohlhaas, Michael, 57
Koldewey, Robert, 175, 266 ff., 273 ff., 311
Kölner Dom, 141, 149
Kolosseum, 32, 219
Kondottieri, 32
Kongogreuel, 201
König von Griechenland, 55, 69
Königlich Asiatische Gesellschaft (London), 229, 232
Königliche Bibliothek (Madrid), 350
«König Salomons Minen», 398
Königslisten, sumerische, 301, 304
«Königstafel von Karnak», 126
– von Sakkara», 126
Konquistadoren, 312, 347
Konstantinopel, 214, 234, 237, 247, 266
«Kon-Tiki», 396
Kopernikus, 321
Kophinion, 66
Koptische Sprache, 105, 107
Korah, Rotte, 147
Kosock, Paul, 399
Kossäer, 256, 293

Kramer, Samuel Noah, 287, 289
Kreidezeit, 114
Kreta, 60, 67 ff., 71 ff., 308
Kretische Mode, 75
Kretische Schrift, 78 ff., 397
Kretisch-mykenische Kultur, 67, 72 ff., 292
Krimkrieg, 41 f.
Krischna, 293
Kristallpalast (Lond.), 233
Kronos, 71
Kronprinz von Griechenland, 69
Kruif, Paul de, 15
Ktesias, 274, 278 f., 296
Kuft, 173
Kujundschik, 212 f., 231, 241, 253 ff., 260, 263, 273, 292, 307
Kukulkan (siehe Quetzalcouatl)
Kukumatz (siehe Quetzalcouatl)
Kukuruz, 365
Kulturen (Wesen und Anzahl), 395 f.
Kumran, 398
Kurden, 209
Kuri-Galzu, 307
Kurna, 163, 167, 173, 178
Kyaxares, 254
Kyros, 221, 225, 273, 282, 293, 297

Labrador, 312
Labyrinth, 72, 76 f.
Lacau, 193 f.
Lacroma, 202
Lagasch, 293
Lakedämon, 47
Landa, Diego de, 350, 353 ff., 370 f., 373, 382
Lang, Joh., 148
Laokoon-Gruppe, 33
Lapilli, 19, 21 ff.
Larissa, 236
Larsa, 293
Lassen, Christ., 226 f.
Laterna magica, 107
Latour, 106
Lauth, 125
Lava, 19, 21, 390
Lawrence, T. E., 211, 297
Layard, 175 f., 205, 215 f., 233 ff., 253 ff., 273, 275, 335, 369, 385

Lebus, Schloß, 65
Leemans, 113
Lehmann, Walter, 357, 383
Leibniz, 82, 307
Lenoir, A., 101 f.
Leonardos, 56 f.
Lepsius, R., 113, 118 f., 123 ff., 131, 145, 175, 180, 208
Lerici, Carlo M., 399
Lesbos, 267
Lessing, Gotth. Ephr., 24
Lesueur, 125
L'hôte, 116 f.
Libanon, 245
Libby, Willard F., 399
Libil-higalla, 276
Libyer, 89, 122
Liebesapfel (Mandragora), 190
Life, 351
Lindbergh, Oberst, 380
«Linear-Schrift B», 80, 397
Lipit-Ischtar, 295
Lischt, 189
London, 50, 98, 100, 118 f., 122, 136 ff., 234, 247, 249, 261, 263
Long-Count, 356, 360
Long Wharf, 371
Loret, 149, 172, 179
Louvre, 35, 99, 130, 215, 291
«Löwentor» (von Mykenä), 53 f., 253
Lucas, 190, 197
Ludolfsche Zahl, 149
Ludwig II. (v. Bayern), 202
– XIV., 82, 359
– XV., 84
Ludwig, Emil, 41
«Lügenkönige», 228
Lukian, 273
Lulubäer, 293
Luther, Martin, 321
Luxor, 120, 129, 153 ff., 162, 164 f., 168, 173, 177, 183
Lyder, 308
Lyon, 363
Lythgoe, 189

Mace, A. C., 189, 192, 203
MacLaren, 46
Madeiro, Jr., 380
Madrid, 234, 350, 353
Magalhães, Fernão de, 312

Maiskultur, 365 f.,
Maiuri, Amadeo, 397
Malcolm, John, 227
Malleus maleficarum, 307
Malraux, André, 154, 211
Malta, 82
Mamelucken, 83, 90, 116, 120
Manencourt, de, 99
Manetho, 125
Mani, 361
Manouph, 108
Maoris, 143
Marc Aurel, 30
Marduk, 244, 279, 281 ff.
Maria Amalia Christine, 18
Maria-Theresia (von Österreich), 29
Mariette, Aug., 114, 119, 125, 130 ff., 153, 171, 175, 215, 299
Marokko, 363
Marseillaise, 114
Marseille, 363
Marshall, John, 397
Martorelli, 26
Masada, 398
Mason, 380
Maspero, Gaston, 137, 165, 168, 177, 180
Mastabas, 123, 146
Materialismus, Philosophien des, 206
Matriarchat, 147
Maudslay, A. P., 354, 357
–, «Collection», 354, 357
Maximilian (v. Österr.), 202
Mayapán, 360 f.
Mayas, 331, 345 ff., 350 ff., 354 ff., 384, 390 f., 394
– (Altes Reich), 360 ff., 380, 382
– (Auswanderung), 361 ff.
–, Geschichte der, 359 ff., 389 ff.
– (Neues Reich), 360 ff., 368 ff., 382, 391
Mayer, Julius Robert, 62
Mayer-Bonn, 33
Mazedonier, 300
Mecklenburg, 38, 41
Mécran, Witwe, 102
Meder, 254, 296, 391
Megaron, 67
Meier-Graefe, 153
Meißner, Bruno, 207, 256
Mellaart, James, 398
Memel, 42

Memnon, 120, 139
Memnonsäulen, 139
Memphis, 98, 114, 123, 127 ff., 131 f., 171, 204, 296
Menché, 364
Menelaos, 67
Menes, 108, 125 ff.
Menschenopfer (in Mittelamerika), 322 f., 370 ff., 388
– (in Sumer), 300
Mentu-her-chopschef, 179
Mercklin, E. von, 16
Mereruka, 136
Merida, 359
Meriggi, 79
Merkes, 276
Merkur, 273
Meroë, 142
Mes-anni-padda, 305
Mesopotamien, 210 ff., 220, 263, 291 ff., 335, 351
Methusalem, 304
Metropolitan Museum of Art, 180, 189
Metschitra, 266
Mexiko, 209, 310 ff., 321 ff., 330, 336, 347 f., 350, 352, 361, 369, 381, 384 ff., 390 f.
Meyer, Ed., 14, 63, 78, 125, 127
Meyer, Ernst, 16
Miguel, 343
Mindaros, 47
Minos, 71 f., 74 ff.
Minotauros, 72, 76, 275
Minyas, 66
Mis'el, 271
Mitanni, 293
Mit-Rahine, 114
Mittelalter, 66, 107
Mittelamerika, 312, 331, 333 ff., 344, 348 f., 351 f., 380
Mittelmeer, 83, 267, 296, 399
Mohammed Ali, 120, 210
Mohammed Bey (Gouverneur von Girge), 114
Mohenjo-Daro, 397
Mokattam-Gebirge, 83, 145
Moltke, 65
Mongolen, 379
Monte Albán, 387 ff.
Montefik-Araber, 271

Montejo, Franz. de, 345
Montet, 204
Montezuma II., 77, 311 ff., 323 ff., 347
Mophta, 107
Morazán, 335
Morgan, de, 137
Morley, S. G., 357, 363 f.
Morse, Samuel, 63
Mosaikstandarte (von Ur), 298 ff.
Moses, 147 f., 169, 237, 279, 293, 301
Mossul, 208, 211, 233, 235, 237 ff., 242, 247, 249, 253, 260
Motagua, 336
Muhammed (Scheich), 271
Muiron, 84
Mumien, 116, 122, 150, 156, 159 f., 167 ff., 186, 190 f., 193, 199 f., 281, 379
«Mumienweizen», 202
Mumifizierung, 143, 170 ff.
München, 267
Münden, 220
Murad-Bey, 83, 86
Muradieh, 271
Mykenä, 46, 52 ff., 56, 59 f., 63, 66 f., 71, 78, 253, 292
Mykerinos, 128, 134, 142, 144, 146
Mythologie (griechische), 28, 35 f.
Mytilene, 266

Nabunaid, 297
Nabupolassar, 273, 279, 282, 284, 296
Nakija, 257 f.
Nantes, 363
Napier, 260
Napoleon I., 81, 82 ff., 87, 92, 103 ff., 114, 130, 164, 204, 215, 217, 334, 346
Naranjo, 364
Narváez, 318 ff., 324, 326
Nationalmuseum Mexiko, 387
Naukratis, 139
Naumburg, 123
Nauplion, 57, 67
Neandertalmensch, 33
Neapel, 13
Nebesche, 139
Nebo, 244
Nebukadnezar II., 206, 230, 273, 276 f., 279, 282 ff., 297, 307, 311
Nefertem, 132
Neger, 90
Neith, 132
Nelson, 83
Nergal, 244
Nero, 255
Nerva, 114
New York, 79, 155, 333 f., 339, 387
Newberry, P. E., 190
Neu-Ilium (siehe Ilium Novum)
Nickerson, 371
Nicolas, 374 ff.
Niebuhr, Carsten, 84, 217, 220
Niederlande, 113
Nil, 83 f., 89 ff., 136, 153, 210, 248, 351
Nimrud, 233 ff., 244 ff.
– (Hügel), 237, 239, 243, 247, 249, 253, 261, 273
Nin, 254
Nin-chursag, 305
Ninive, 88, 155, 204, 206, 210 ff., 215 f., 235, 241, 245, 250, 253 ff., 260, 273, 276, 291, 295 f., 305, 334, 391
Ninurta, 244, 276, 282
Nippur, 226, 291, 295, 307
Nissir, 264
Noah, 237, 246, 248, 263 f., 292, 301 f.
«Noche triste», 326, 330, 348, 384
Noctograph, 347
Nofretete, 129, 175
Nubier, 90

Oaxaca, 387
Obelisk, Pamphylisch., 108
– (von Philä), 111
Obelisken, 89 f., 120, 209
Observatorium (Chichen Itzá), 381
– (Monte Albán), 387
Odyssee, 44, 67
Odysseus, 67
Odysseus (Sohn des Hufschmieds), 44
Olmedo, Pater, 317, 323 f.
Olmeken, 349, 390
Ombos, 133
Onnos, 114

Ophthalmia Militaris, 84
Oppert, J., 229, 232, 290
Orchomenos, 66
Orestes, 52, 56
Oriental Institute (Chicago), 219
Ortega y Gasset, 5
Osiris, 107, 126, 161, 196, 204
Osman Bey, 163
Osmanenreich, 130
Osorkon I., 163
Osterinsel, 396
Ostwald, Wilhelm, 62
Otumba, 327, 329
Ovando, Nicolas de, 313
Oxford, 69, 260

Padua, 119
Page-Renouf, Le, 118
Palästina, 41, 254
Palenque, 354, 364, 382, 398
Palermo, Kapuzinerkloster zu, 171
Palin, Graf, 108
Pallas, 308
Palmer, 80, 125
Panama, 390
Papin, Denis, 62
Papyri, 26 f., 91, 95, 100, 106, 130, 136, 154, 158, 164 f., 171
Paris, 82, 84, 96 ff., 105 f., 215, 233, 241, 291, 345, 352, 363
Paris, Alexandros, 38
Pariser Arsenalbibliothek, 34
Pariser Inschriften-Akademie, 107
Pariser Nationalbibliothek, 126
Parseval, 63
Parthenon, 339
Patroklos, 2
Pausanias, 53 f., 66, 139, 275, 305
Pelopiden, 52 f.
Peloponnes, 42, 52
Pelusium, 129
Penelope (Frau des Hufschmieds), 44
Pentagondodekaeder (Alpenfund), 37
Persepolis, 92, 217, 220 f.
Persepolitanische Inschriften, 220 f.

Personen- und Sachregister

Perser, 89, 129, 221, 226, 254
Perseus, 293
Persien, 170, 210, 217, 227, 234, 296
Persischer Meerbusen, 210, 249, 257, 296
Peru, 312, 351
Peser, 158 ff.
Peters, 291
Petersburg, 40 f., 64, 84
Peterskirche, 141
Petrie, W. M. Fl., 119, 138 ff., 160, 175 ff., 181, 369
Petruschen, 65
Pewero, 158 ff.
Pflanzenstockbau, 367
Phäaken, 268
Phädra, 72
Phalaris, 268
Pharaonen, 125, 128 ff., 143, 146, 348
Phidias, 36
Philochoros, 36
Philodemos, 20, 26 f.
Phönizien, 78, 308
Phönizier, 67
Phul (siehe Tiglath-Pileser III.)
Piccadilly, 122
Piedras Négras, 364, 382
Pinutem, 161
Pithecanthropus, 290
Pius IX., 32
Pizarro, 312
Place, Victor, 215
Plato, 41, 396
Plenderleith, H. J., 190
Plutarch, 36
Pocoke, Rich., 163
Polydoros, 33
Polyklet, 30
Pompadour, Madame, 84
Pompeji, 19 ff., 25 ff., 32, 34, 60, 78, 92, 179, 397
Pornographie, 85
Porphyrius, 107
Portikus von Dendera, 116 f.
Portugal, 313
Poseidon, 48
Praxiteles, 30
Prescott, Will. H., 310, 347 ff., 350 f., 353, 383 f.
Preuß, 357
Preußen, 25, 63

Priamos, 43, 45, 47 f., 49 f., 67
Priester-Räuber, 160 f., 169, 199
Proitos, 66
Prozessionsstraße (für Marduk), 284
Pruner-Bey, 33
Psammetich I., 139, 296
– III., 129
Psyche, 35
Ptah, 132
Ptahhotep, 136
Ptah-nofru, 139, 150
Ptolemäer, 89, 114, 117, 125, 130, 133
Ptolemäus, Claudius, 306
– III., 130, 356
– V., 98, 110 ff.
Puerto Rico, 312
Pylos, 80
Pyramiden (ägyptische), 66, 83, 86, 90, 113, 122 f., 128, 134, 139 ff., 148 ff., 189 f., 202, 209, 281, 368, 398
– (Bau der ägyptischen), 140 ff., 145 ff., 366
– (mittelamerikanische), 341, 346, 348, 368, 380 f., 384 ff., 388 f., 398
– (Bau der mittelamerikanischen), 362 f.
– (sumerisch-babylonische; siehe Ziggurahs)
– (Zahlenmystik der), 147 ff., 202

Quauhtemoc, 329 f.
Quedlinburg, Schloß zu, 171
Quellen, homerische, 44, 46
Quetzalcouatl (Kukulkan, Kukumatz), 321, 347, 380 f., 388, 391 f.
Quiriguá, 364

Rabinal, 350
Rachid, 97
«Radiocarbon Dating», 399
Raffael, 24
Ragusa, 202
Rais Ahmed Gurgar, 189
Rais Hussein, 189
Ramesseum, 122, 129
Ramman, 285
Ramses I., 155, 179
– II., 114, 120, 122, 126,

129, 144, 147, 155, 157, 160 f., 169, 179, 199, 311
– III., 129, 161, 164
– IV., 183
– VI., 179, 181
– IX., 158
Rassam, Hormuzd 260 ff.
Rathjens, Carl, 16
Räuber, ägyptische, 133, 141, 144, 150 f., 177 f., 183, 186 f., 192, 199
Ravensberg, de (siehe Bourbourg)
Rawlinson, H. C., 63, 175 f., 227 ff., 233, 241, 290
Rehoboth-Ir, 237
Reid, Arch. Dougl., 203
Renauldon, 96
Repartimientos, 330
Rhea, 71
Rhein, 266
Rhind, Papyrus, 171
Rhodische Kunstschule, 33
Rich, C. J., 138, 211
Richard Löwenherz, 359
Ricketson jr., O. G., 357, 388
Rim-Sin, 293
Rio Coban (Cahabon), 336
Rio Copán, 338, 340
Rio Usamacinta, 364
Robespierre, 85
Rom, 25 ff., 29, 89 f., 130, 219, 255 f., 277, 295, 306 f., 399
Römer, 88 f., 117, 282 f., 307, 390
Romulus, 293
Rosellini, 113
Rosette, 92, 97
Rosette-Stein (siehe Dreisprachenstein)
Rougé, de, 113
Royal Society, 69, 118
Rudolf, Kronprinz, 202
Rußland, 40 f., 64, 78, 211
Ruz, Alberto, 398

Sachn, 280
Sacy, de, 92, 98 f., 110
Sakere, 183
Sakkara, 86, 114, 131, 142, 398
Salama, 350
Saleh Bey Hamdi, 190
Salem, 347
Salmanassar IV., 295

Salomonischer Tempel, 129
Salt, 120, 179
Sanherib, 155, 219, 253 ff., 257 f., 273, 282, 296
San Salvador, 335
Sanskrit, 99, 154, 229
Sanssouci, 214
Saosduchin, 296
Sargon I., 214, 256, 282, 293
– II., 296
Sartre, Jean-Paul, 52
Sarzec, de, 265, 291
Saud-Arabien, 210
Sayce, A. H., 64
Scha-Ammu-Ramat (siehe Semiramis)
Schadanu, 259
Schaeffer, C. F. A., 397
Schamasch-Schum-Ukin, 258
Schammar, 271
Scharrukên, 293
«Schatzhäuser», 53 f.
Schiller, Fr. von, 17, 29
Schiras, 217, 219
Schleichhandel, 258
Schliemann, Heinrich, 38 ff., 66 ff., 72, 75, 78, 79, 88, 95, 100, 138, 164, 175 f., 215, 219, 234, 253, 275, 305, 369 ff., 385, 397, 399
Schmidt, Erich F., 292
Schmökel, Hartmut, 16
«Schmuck der Helena», 49 f.
Schöne, Rich., 269
Schönebeck, 65
Schopenhauer, 61 f.
Schub-ad (Königin), 300
Schuma, 259
Schulgi, 294
«Schwarzköpfe» (siehe Sumerer)
Schwarzes Meer, 266
Scott, Alex., 190
– Kapitän, 101
Sebennytos, 125
Seehausen, 25
Sediman, 86
Segestaner, 268
Seibal, 364 f.
Selamijah, 243
Seldschucken, 210
Seler, Ed., 357, 383, 386
Selinunt, 268
Semiramis (siehe auch «Gärten d. S.»), 270, 278 f., 295

Sennaar, 210
Serapeum, 32, 131 f., 134, 136
Sesonchis I., 129
Sesostris (3 Herrscher), 128
Sethos I., 122, 126, 144, 157, 160 f., 168, 179, 199
– II., 157
Severus, Septimius, 139
Sheshank, 204
Shrewsbury, 333
Sibirien, 390
Sidon, 256
Singapur, 154
Sin-schar-ischkum, 254, 296
Sintflut, 246, 248, 256, 263 ff., 292, 301 ff., 308, 347, 351
Siptah, 175
Sirius, 127
Sirrusch, 285 f.
Sittig, Ernst, 79 f.
Sizilien, 267
Skäisches Tor, 38, 48
Skamandros, 44, 64
Skarabäen, 89, 120, 172, 183
Skelette, 33, 55, 57, 300
Smith, Elliot, 171
–, George, 261 ff., 292
Smithson, James, 380
Smithsonian-Institute (Washington), 380
Smyrna, 266
Soane-Museum, 122
Sodom und Gomorra, 206
Somervell, D. C., 395
Sömmering, Thomas, 62
Sophokles, 56
Spanien, 313 f., 352
Spanier, 310 ff., 321, 348, 361, 391 f.
Spengler, O., 124, 155, 311, 395
Sphinx, 90, 131, 140, 142
Sphinxallee, 131
St. Bernhard, Großer, 171
St. Helena, 106
St.-Pauls-Kathedrale, 141
Steele, Francis, 294
Steindorff, G., 126, 128, 203
Stendal, 25
Stendhal (H. Beyle), 82
Stephansdom, 141
Stephens, John L., 175, 309, 333 f., 350, 353 f., 369 f., 394

Stiertänzer (Kreta), 75, 77
– (Tiryns), 67 f., 75
Stiller Ozean, 396
Stolze, 219
Stonehenge, 139
Strabo, 89, 107, 139, 157, 163, 278, 283
Stufenpyramide, 86, 131, 134, 280, 292, 398
Suchos, 132
Südpol, 101
Suezkanal, 82, 249
Sumer, 210, 288, 306
Sumerer, 290 ff., 298 f., 303 f., 305 f., 351, 391, 395
Sundwall, 79
Surgul, 267
Susa, 305 f.
Sydenham, 113, 233
Syrakus, 286
Syrer, 122
Syrien, 21, 41, 120, 139, 210, 234 f., 236, 254, 267, 295
Syringe, 157, 163

Tabasco, 361, 364, 365
Tachpanches, 139
«Tal der Könige», 122, 123, 153 ff., 163 f., 175 ff., 179 ff.
Talbot, 232
Tandeau, Abbé, 108
Tarquinia, 399
Tataren, 210
Taurus, 293
Teeimport, 42
Teheran, 227
Telemach, 40
– (Sohn des Hufschmieds), 44
Tell-el-Amarna, 114, 123, 129
Tello, 265, 291
Tempel der Krieger (Chichen Itzá), 382
Teocalli, 310, 323 ff., 330, 386
Teotihuacan, 348, 381, 384, 386, 390
Termer, Franz, 16
Texel, 39
Tezkukaner, 383
Thaïs, 217
Theben, 86, 122 f., 129, 153 f., 156 ff., 171, 189

Personen- und Sachregister

Theodor (von Abessinien), 260
Theseus, 76 f.
Thomas (Apostel), 392
Thompson, E. H., 175, 357, 368 ff., 381, 392, 394
Thout (Datum), 127
– (Gott), 132
Thukydides, 43, 77
Thutmosis I., 155 ff.
– II., 161
– III., 67, 114, 128, 162, 169, 181, 183
– IV., 157, 175
Ti, 134 ff., 299
Tierra caliente, 319
Tiglath-Pileser I., 232, 295
– III., 295
Tigris, 204, 206, 208, 210 f., 215, 220, 233, 235 ff., 249, 253, 255, 260, 271, 292, 301 ff., 335, 351
Tikál, 352, 354, 364
Tilmun, 257
Timbuktu, 122
Times, 64
Tiryns, 46, 60, 63, 66, 71 f., 78, 292
Tlascalaner, 310, 315, 330
Tolteken, 331, 349, 384 ff., 389 ff.
Tonalamatl, 356
Tontafeln, 222, 226, 231, 258, 262, 287, 289
Tontafel-Bibliothek, 226, 259 ff.
Totes Meer, 398
Toulon, 82
Toulouse, 363
Toynbee, Arnold Joseph, 395 f.
Trajan, 114
«Tree-Ring-Dating» (siehe Dendrochronologie)
Trinidad (Cuba), 314
Trinity-College (Cambridge), 176
Troas, 66, 266
Troja, 38 f., 42, 44 ff., 53, 55, 60 ff., 64 ff., 67, 88, 125, 164, 175, 219, 253, 370, 397
Tukulti-Ninurta I., 282, 295
Tula, 384 f., 389
Tunri, 126
Türkei, 50, 210, 266, 333, 397 f.

Turm von Babel, 204, 270, 279 ff.
Tut-ench-Amun, 81, 123, 129, 157, 162, 164, 171, 175 ff., 188 ff., 197 ff., 379
Tyros, 256
Tzolkin, 356

Uaxactún, 364, 382, 388
Ugarit, 397
Ulloa, 337
UNESCO, 401
Unger, 125
United Fruit Company, 380
University-Museum (Philadelphia), 298
Ur, 176, 292, 298 ff., 305, 307, 398
Ur-Bau, 293
Urkönige, 304, 308
Urväter, 304
Usermare, 161
Ut-napischti, 262 ff., 301 f.
Uxmál, 360 f.

Valetta, 26
Valladolid, 373
Valle, Pietro della, 217
Vansleb, 139
Vatikan, 90
Velasquez, 313 f. 318
Venedig, 35
Venezuela, 39
Ventris, Michael, 80, 397
Venuti, Marcello, 18, 24, 78
Vera Cruz, 315, 318
Versteinerungen, 33 f.
Vespucci, 312, 323
Vesuv, 18, 21, 78
Victoria (Königin), 113, 359
Victoria- und Albert-Museum, 354
Villa dei Papiri, 20, 26
Virchow, Rudolf, 33, 64 ff.
Vishtaspa, 228
Völkerkunde-Museum (Berlin), 357
Voltaire, 84, 104, 108
Vyse, 146

Wagner-Göttingen, 33
Waldeck, von, 345 f.
Washington, 380
Wedgewood, 347
Weidner, Ernst F., 207 f., 247

Weigall, Arth., 203
Westbury, Lord, 202, 204
– (Sohn d. Lord W.), 202, 204
Westergaard, 229
Wheeler, Mortimer, 397
White, A. T., 15 f.
Wien, 267
Wilkinson, 125
Winckelmann, J. J., 20, 25 ff., 33 ff., 60 f., 63, 92, 100, 175
Winckelmannstag, 29
Woolley, Leonard, 176, 292, 297 ff., 398
–, Katharine, 298
Würzburg, 33

Xenophon, 47, 236
Xerxes, 46, 48, 129, 217, 225, 282
Xipe Totec, 388
Xitli, 390
Xiu, 360
Xochicalco, 386

Yadin, Yigael, 398
Yarim-Lim, 398
Young, Thomas, 63, 110
Yucatan, 175, 209, 308, 333, 342, 345, 347, 349 f., 354, 359 ff., 369 ff., 380 ff., 384, 388

Zab, 235 f., 243
Zahnsteuer, 238
Zapoteken, 390
Zend-Avesta, 104, 226
Zend-Sprache, 229
Zentralamerika (siehe Mittelamerika)
Zephanja, 245
Zeppelin, Graf, 63
Zer, 156
Zeus, 30, 43, 71 f., 308
Ziggurahs, 145, 280 ff., 292, 303, 306, 368
Zitadelle von Kairo, 130
Zoëga, 110
Zumárraga, 352
Zweisprachen-Text (siehe Bilingue)
Zweistromland, 125, 175, 207 ff., 210 ff., 277, 290 ff., 301, 303, 308, 331
–, Geschichte des, 292 ff.
Zyklopen, 45, 66

BILDERQUELLEN

A: TEXTABBILDUNGEN

1: W. Lübke, «Die Kunst des Altertums»
2: C. Robert, «Archäologische Hermeneutik»
3: H. Kunz, «Aus dunklen Tiefen zum Sonnenlicht»
4: H. Kunz, «Aus dunklen Tiefen zum Sonnenlicht»
5: C. Schuchardt, «Die Burg im Wandel der Weltgeschichte»
6: Rowohlt Archiv
7: Rowohlt-Archiv
8: Rowohlt-Archiv
9: H. Jensen, «Die Schrift»
10: H. Carter/Mace, «Tut-ench-Amun»
11: W. Lübke, «Die Kunst des Altertums»
12: L. Reinhardt, «Urgeschichte der Welt»
13: H. Jensen, «Die Schrift»
14: L. Reinhardt, «Urgeschichte der Welt»
15: H. Jensen, «Die Schrift»
16: H. Jensen, «Die Schrift»
17: L. Reinhardt, «Urgeschichte der Welt»
18: J. H. Breasted, «Geschichte Ägyptens»
19: Rowohlt-Archiv
20: Karl Baedeker, «Ägypten und der Sudan»
21: Rowohlt-Archiv
22: Rowohlt-Archiv
23: H. Carter/Mace, «Tut-ench-Amun»
24: C. Schuchardt, «Die Burg im Wandel der Weltgeschichte»
25: B. Meißner, «Könige Babyloniens und Assyriens»
26: R. Koldewey, «Das wiedererstehende Babylon»
27: R. Koldewey, «Das wiedererstehende Babylon»
28: H. Jensen, «Die Schrift»
29: B. Meißner, «Könige Babyloniens und Assyriens»
30: E. Diez, «Entschleiertes Asien»
31: R. Koldewey, «Das wiedererstehende Babylon»
32: R. Koldewey, «Das wiedererstehende Babylon»
33: R. Koldewey, «Das wiedererstehende Babylon»
34: E. Diez, «Entschleiertes Asien»
35: R. Koldewey, «Das wiedererstehende Babylon»
36: B. Meißner, «Könige Babyloniens und Assyriens»
37: B. Meißner, «Könige Babyloniens und Assyriens»
38: C. L. Woolley, «Vor 5000 Jahren» (mit Genehmigung des British Museum, London, und des University Museum, Philadelphia)
39: B. Meißner, «Könige Babyloniens und Assyriens»
40: C. L. Woolley, «Vor 5000 Jahren» (mit Genehmigung des British Museum, London, und des University Museum, Philadelphia)
41: C. L. Woolley, «Vor 5000 Jahren» (mit Genehmigung des British Museum, London, und des University Museum, Philadelphia)
42: Rowohlt-Archiv
43: H. Jensen, «Die Schrift»
44: H. Jensen, «Die Schrift»
45: H. Jensen, «Die Schrift»
46: «Guide to the Maudslay-Collection of Maya-Sculptures» (British Museum)
47: «Guide to the Maudslay-Collection of Maya-Sculptures» (British Museum)
48: «Guide to the Maudslay-Collection of Maya-Sculptures» (British Museum)
49: Th.-W. Danzel, «Mexiko und das Reich der Inkas»
50: «Guide to the Maudslay-Collection of Maya-Sculptures» (British Museum)
51: Zeichnung von Martin Andersch

Bilderquellen

B: TAFELABBILDUNGEN

 1: Ullstein Bilderdienst
 2: Heinz Müller-Brunke, Grassau
 3: Toni Schneiders, Lindau
 4: Ullstein Bilderdienst
 5: Bildarchiv Foto Marburg
 6: Bildarchiv Foto Marburg
 7: aus H. Carter/Mace, «Tut-ench-Amun»
 8: aus H. Carter/Mace, «Tut-ench-Amun»
 9: Bildarchiv Foto Marburg
10: aus H. Carter/Mace, «Tut-ench-Amun»
11: aus H. Carter/Mace, «Tut-ench-Amun»
12: aus H. Carter/Mace, «Tut-ench-Amun»
13: aus H. Carter/Mace, «Tut-ench-Amun»
14: aus H. Carter/Mace, «Tut-ench-Amun»
15: aus J. H. Breasted, «Geschichte Ägyptens»
16: Bildarchiv Foto Marburg
17: Bildarchiv Foto Marburg
18: aus L. Reinhardt, «Urgeschichte der Welt»
19: handkolorierter Stich aus G. Semper: «Über Anwendung der Farben in der Baukunst», Dresden 1836
20: mit Erlaubnis der Trustees des British Museum
21: George Allan
22: Prof. Max Hirmer
23: mit Erlaubnis der Trustees des British Museum
24: E. Boudot-Lamotte
25: I. Groth Kimball, Mexico
26: I. Groth Kimball, Mexico
27: aus R. Koldewey, «Das wiedererstehende Babylon»
28: aus R. Koldewey, «Das wiedererstehende Babylon»
29: aus C. L. Woolley, «Vor 5000 Jahren»
30: Bildarchiv Foto Marburg
31: Rowohlt-Archiv
32: aus L. Reinhardt, «Urgeschichte der Welt»
33: aus L. Reinhardt, «Urgeschichte der Welt»
34: aus «Guide to the Maudslay-Collection of Maya-Sculptures» (British Museum)
35: aus J. L. Stephens, «Incidents of Travel in Central America, Chiapas and Yucatan»
36: aus P. Radin, «The Story of the American Indian»
37: aus P. Radin, «The Story of the American Indian»
38: aus E. P. Dieseldorff, «Kunst und Religion der Mayavölker»
39: aus «Guide to the Maudslay-Collection of Maya-Sculptures» (British Museum)
40: aus E. P. Dieseldorff, «Kunst und Religion der Mayavölker»
41: aus E. P. Dieseldorff, «Kunst und Religion der Mayavölker»
42: aus E. P. Dieseldorff, «Kunst und Religion der Mayavölker»
43: aus «The Illustrated London News»
44: aus E. H. Thompson, «People of the Serpent»
45: aus E. H. Thompson, «People of the Serpent»
46: aus «LIFE»
47: aus «LIFE»
48: Prof. A. Heim, Zürich
49: Prof. A. Heim, Zürich
50: I. Groth Kimball, Mexico

INHALTSVERZEICHNIS

Vorbemerkung 5

EINLEITUNG

Wovon die Rede ist 13

I. DAS BUCH DER STATUEN

1. *Vorspiel auf klassischem Boden* 18
   Der erste Schacht in die Vergangenheit · Herculaneum wird entdeckt · Der Werdegang Pompejis · Dreierlei Tod · Teilnehmer am eigenen Begräbnis · «Viel schöner als die Werke Raffaels» · Lessing verschenkt zehn Jahre

2. *Winckelmann oder Die Geburt einer Wissenschaft* 25
   Der Sohn des Schuhflickers · Der Konvertit · Die «Sendschreiben» · Ein Vorwort von 2677 Seiten · Das problematische Tintenfaß · Der verbitterte Pater · Winckelmanns Fehler · So war die Antike nicht! · Winckelmanns Ermordung

3. *Fährtensucher der Geschichte* 30
   Woher wissen wir Bescheid? · Der tote Krieger · Sammlerleidenschaft · Das Kolosseum als Steinbruch · Das rätselhafte Skelett · Versteinerungen als «Heimarbeit» · Casanovas Bruder täuscht Winckelmann · Psyche mit Bart · Die Weisheit der Hera · Wie starb Phidias?

4. *Das Märchen vom armen Jungen, der einen Schatz fand* 38
   Der Bösewicht Hennig, genannt Bradenkierl · Ein Siebenjähriger will nach Troja · Ein Betrunkener deklamiert Homer · Das Sprachgenie · Der Goldhändler · Schliemann glaubt an Homer · Bunarbashi oder Hissarlik? · Schliemann findet Troja · Die neun Schichten · Der «Schatz des Priamos» · Lord Elgin macht ein schlechtes Geschäft

5. *Die Maske des Agamemnon* 52
   «Agamemnon» von Aischylos bis Sartre · Das Löwentor · Backofen oder Schatzhaus? · Sophia Schliemann hilft graben · Die toten Gesichter · Juwelen und Gold · Die Masken · Das Trinkgeld des Kaisers von Brasilien · Gold, Gold, Gold

6. *Schliemann und die Wissenschaft* 60
   Winckelmann und Schliemann · Wissenschaft und Reklame · Schopenhauer spricht · Die großen Dilettanten · Schliemanns Fehler · Wer kauft die Sammlungen? · Die Ehrenbürger Bismarck, Moltke und Schliemann · Troja wird in Deutschland ausgegraben!

7. *Mykenä, Tiryns und die Insel der Rätsel* 66
   Die «goldenen» Städte · Geburtsort des Herakles · Die Mauern von Tiryns · Das Straußenei von Mykenä · Die seltsamen Stierbilder · Es geht um 1612 Olivenbäume · Schliemann stirbt · Evans sucht eine alte Schrift

Inhaltsverzeichnis

8. Der Faden der Ariadne 71
Kreta, das Reich des Minos · Evans findet das Labyrinth · 75 000 Liter Öl · Entwicklung der minoischen Kultur · Frauenmoden in Kreta · Noch einmal Stierbilder · Die Opfer für den Minotauros · Die schwarzen Segel des Theseus · Jahrtausende im Zeitraffer

II. DAS BUCH DER PYRAMIDEN

9. Eine Niederlage wird zum Sieg 82
Napoleon und seine «Gelehrten Zivilisten» · «Vierzig Jahrhunderte blicken auf euch herab!» · Denon zeichnet · Die Entdeckung des alten Ägypten · Der Nil · Das Rätsel der Hieroglyphen

10. Champollion und der Dreisprachenstein 93
Wieder ein Sprachgenie · Seine wundersame Geburt · Der siebzehnjährige Akademiker · Ein unbekannter Soldat findet den Stein von Rosette · Champollion in Paris · Kapitän Scott am Südpol · Sind die Hieroglyphen bereits entziffert?

11. Ein Hochverräter entziffert die Hieroglyphen 103
Ein Zwölfjähriger äußert sich zur Politik · Napoleons «Hundert Tage» · Champollion wird verbannt · Entzifferungsversuche · Der Weg gegen Horapollon · Die Königsnamen · Ptolemäus und Cleopatra · Das Wesen der Hieroglyphen · Champollion unterm Portikus von Dendera

12. «Vierzig Jahrhunderte blicken auf euch herab!» 119
Die vier großen Namen · Der «Italienische Riese» · Sturmbock gegen Grabkammern! · Lepsius ordnet die Geschichte · Die «Denkwürdigkeiten» des Manetho · Entwicklung der ägyptischen Geschichte · Mariette findet die Heiligen Stiere · Der reiche Herr Ti

13. Petrie und das Grab des Amenemhet 138
Petrie gräbt ein Leben lang · Der nackte Mann in der Pyramide · «Horizont des Cheops» · Grabmäler unter Blut und Tränen · Der «Ka» · Silvio Gesell und die Bundeslade · Zahlenmystik · Petrie gräbt im Wasser · Auf der Spur der Grabräuber

14. Räuber im «Tal der Könige» 153
Ein Amerikaner kauft Antiquitäten · Die Geschichte des «Tals» ist die Geschichte seiner Plünderung · Moderner Prozeß vor 3000 Jahren · Der dreimal bestattete Ramses III. · Massengräber für Könige

15. Mumien 163
Pococke und Bruce im «Tal» · Gräber – elektrisch beleuchtet · Schwarzhandel mit Antiquitäten · Abd-el-Rasul · Die Dynastie der Räuber · Brugsch-Bey findet 40 tote Könige · Wie mumifizierte man? · Fellachen geleiten ihre Herrscher

16. Howard Carter entdeckt Tut-ench-Amun 175
Höhepunkt der archäologischen Entdeckungen · Autounfall Carnarvons · Carter überrascht Grabräuber · Die erste Steinstufe · Eine versiegelte Tür · Wieder auf der Spur der Räuber · Blick in die Vorkammer · «Wunderbare Dinge!» · Kostbarkeiten in der Seitenkammer

17. Die goldene Mauer 188
Organisation der Ausgrabung · Brief des Rais Ahmet Gurgar · 700 Geräte in der Vorkammer · Der goldene Schrein · Noch größere Schätze · Carter tadelt die alten Ägypter · Der goldene Sarg des Tut-ench-Amun · Wer war dieser König? · Die Mumie wird aufgewickelt · 12 300 Touristen · Der Unsinn vom «Fluch des Pharao»

III. DAS BUCH DER TÜRME

18. In der Bibel steht geschrieben 206
Die Strafgerichte · Der französische Insektensammler · Redakteur und Archäologe · Nichts als ein paar Hügel

19. Botta findet Ninive 210
Das Land Mesopotamien · Ein Wunderkind · Diplomatie und Wissenschaft · Grabung bei Kujundschik · Der erste assyrische Palast bei Khorsabad · Sabotage · Mißglückter Transport · Die Welt horcht auf

20. Die Entzifferung der Keilschrift 216
Ein Hilfslehrer schließt eine Wette ab · Niebuhrs Reisen · Persepolis · Kultur auf Kultur · Georg Friedrich Grotefend · Der geniale Einfall · «Großkönig – König der Könige...» · Großvater, Vater und Sohn

21. Die Probe aufs Exempel 227
Redakteur mit siebzehn Jahren · Die Inschrift von Behistun · «Es kündet König Darayawaush» · Arbeit in fünfzig Meter Höhe · Zweite Entzifferung der Keilschrift · Rückschläge · Das Wörterbuch auf Ton · Vier Gelehrte kommen zum gleichen Ergebnis

22. Paläste unterm Hügel Nimrud 233
Henry Austen Layard · Erste Reise · «Der gewaltige Jäger vor dem Herrn» · Mit 60 Pfund beginnt das Abenteuer · Aufruhr! · Der künstliche Friedhof · Nimrud entsteigt der Erde · Entsetzen auf dem Markte · Die Rede des Scheichs · Die geflügelten Menschenstiere in London · Layard beschreibt den Hügel

23. George Smith sucht die Stecknadel im Heuhaufen 253
Noch einmal Grabung bei Kujundschik · Das prangende Ninive · Krieg, Mord, Plünderung, Unterdrückung · Der Garten auf Fels · Sanherib – der assyrische Diktator · Babylon ist «ausradiert» · Die Tontafelbibliothek Assurbanipals · Hormuzd Rassam findet das Gilgamesch-Epos · Smith entdeckt eine Sintflut-Sage · Ut-napischti – der babylonische Noah

24. Kugeln um Koldewey 266
Ein Boot heißt «Frischer Käse» · Ein Professor macht ein Gedicht · «Im Land der Opern und Tenöre» · Der Räuber aus Venedig · Schießereien – «eine rechte Kalamität in dieser Gegend»

25. Etemenanki – der Turm zu Babel 273
Nebukadnezars Babylon · Die breite Mauer · Die «Hängenden Gärten der Semiramis» · Der babylonische Turm · Zerstörungen · Die Prozessionsstraße · Der «Drache von Babylon» · Die Prophezeiung des Jeremia

26. Die tausendjährigen Könige und die Sintflut 287
Unser Aberglaube stammt aus Babylon · Die Existenz eines Volkes wird «ausgerechnet» · Die älteste Kultur der Welt? · Sargon hat existiert! · Übersicht über die Geschichte des Zweistromlandes · Woolley – der «parfait gentilhomme» · Die Mosaikstandarte · Eine schreckliche Entdeckung · Die Sintflut · Die «Königslisten» · Mesanni-padda

Inhaltsverzeichnis 445

IV. DAS BUCH DER TREPPEN

27. Der Schatz Montezumas II. 310
Cortez steht vor Mexiko · Begegnung mit dem Kaiser der Azteken · Die Entdeckung Mittelamerikas · Cortez fällt vom Balkon · Die «gerechte Sache» der Spanier · Entdeckung des Schatzes · Montezumas Gefangennahme · Cortez schlägt Narváez

28. Die geköpfte Kultur 321
Die aztekische Religion · 20 000 Menschenopfer an einem Tage · Aufstand der Azteken · Flucht in die «noche triste» · Die Schlacht von Otumba · Des Cortez Heldentat · Der letzte Kaiser wird gehenkt · Eine Kultur wird vergessen

29. Mr. Stephens kauft eine Stadt 333
Spärliche Nachrichten über Yucatan · Stephens und Catherwood · Bürgerkrieg in Mittelamerika · «Der Herr im Glanzhut» · Die Ruinen von Copán · Fremde Formenwelten · Stephens kauft Copán · Die Reise Waldecks · Woher kamen die Mayas? · Willam H. Prescott

30. Zwischenspiel 350
Ein altes Manuskript wird gefunden · Pfarrer bei den Indianern · Diego de Landa · Die Kultur ohne Haustier · Die heutigen Mayas · Nur drei Maya-Dokumente!

31. Das Geheimnis der verlassenen Städte 354
Die Maudslay-Sammlung · Der Maya-Kalender ist der beste der Welt · Die Schwierigkeit der Synchronisation · Die «Bücher des Chilam Balam» · Das «Neue Reich» · Die geheimnisvolle Auswanderung · Überblick über die Geschichte des «Alten Reichs» · Imperialismus nach innen · Die Kultur ohne Pflug

32. Der Gang zum Brunnen 368
Thompson blickt auf Chichen Itzá · Der Schliemann Amerikas · Der Heilige Brunnen · Thompson lernt tauchen · Archäologie unter Wasser · Gold und Gebeine · Neueste Ausgrabungen im alten Maya-Reich · Die Kunst ohne Pflanzenmotiv · Die Schlangensäulen · Gefrorene Astronomie

33. Treppen unter Wald und Lava 383
Prinz Ixtlilxochitl · Eine Kultur – älter als die der Mayas · Tula · Pyramiden um Mexiko · Der Schatz vom Monte Albán · Tolteken, Olmeken, Zapoteken · Alle 52 Jahre geht die Welt unter · Die Pyramide unter achttausendjähriger Lava · Quetzalcouatl

V. DIE BÜCHER, DIE NOCH NICHT GESCHRIEBEN WERDEN KÖNNEN

34. Neue Forschung in alten Reichen 394
Toynbees einundzwanzig Zivilisationen · Gab es «Schwarze Kulturen»? · Atlantis · Yarim-Lim, König der Hethiter · Kosock fliegt über «Inkastraßen» · Neue Entzifferungen · Archäologie und Naturwissenschaft

Zeittafeln 402
Literaturhinweise 418
Karten 424
Personen- und Sachregister 429

DÜKENBAI DOSSHANOW
DIE SEIDENSTRASSE

Historischer Roman
Aus dem Russischen von Ruprecht Willnow
432 Seiten · Leinen · 10,80 M

Mittelasien im 13. Jahrhundert. Raubend und mordend ziehen die Heere Tschinggis-Chans immer weiter nach Norden und Westen. Der Chan von Otrar, einem blühenden Handelszentrum an der Seidenstraße, begreift die drohende Gefahr. Nach blutigen Schlachten muß sich sein Volk dem Mongolenherrscher unterwerfen, Otrar versinkt in Schutt und Asche...
Die historischen Vorgänge, von Dükenbai Dosshanow, 1942 geboren, spannend erzählt, machen nur eine Seite dieses Romans aus. Detailgetreue Schilderungen von Palästen und Basaren, von Handwerk und Dichtkunst, Sitten und Bräuchen geben einen umfassenden Einblick in das damalige Leben der Kasachen. Ein Sängerwettstreit oder eine Hochzeit haben darin ebenso Platz wie eine Ratssitzung beim Schah, ein Zweikampf auf Leben und Tod oder eine mittelalterlich grausame Hinrichtung.

VERLAG VOLK UND WELT
BERLIN

FRIDTJOF NANSEN
IN NACHT UND EIS

Reisebericht in zwei Bänden
über die norwegische Polarexpedition
1893–1896
Herausgegeben von Rudolf Kähler
Aus dem Norwegischen
Zusammen 480 Seiten Text
sowie 32 Seiten Originalfotografien und -zeichnungen
Broschur · Etwa 28,40 M

Mit dem Spezialschiff «Fram» brach Fridtjof Nansen (1861–1930) im Jahre 1893 mit zwölf weiteren Norwegern zu einer Expedition auf, die als eine der kühnsten Unternehmungen in die Geschichte der Polarforschung einging. Drei Jahre lang trieb die «Fram», im ewigen Eis eingeschlossen und ohne Verbindung zur Welt, von den Neusibirischen Inseln bis nach Spitzbergen und erreichte Regionen, die noch nie ein Mensch gesehen hatte. Im März 1895 verließ Nansen das Schiff und stieß mit Hundeschlitten bis zum 86. Breitengrad vor, überlebte in einer selbstgebauten Erdhöhle im Norden von Franz-Joseph-Land die gefürchtete Polarnacht und kehrte im Sommer 1896 nach Norwegen zurück.

«In Nacht und Eis» ist der spannende Bericht vom abenteuerlichen Verlauf der Expedition.

VERLAG VOLK UND WELT
BERLIN